版权声明© 2010 by The University of Chicago. All rights reserved
Licensed by The University of Chicago, Chicago, Illinois, USA

企业家的尊严

——为什么经济学无法解释现代世界

Bourgeois Dignity: Why Economics Can't
Explain the Modern World

[美]迪尔德丽·N. 麦克洛斯基　著
沈　路　陈舒扬　孙一梁　译
冯兴元　沈　路　陈舒扬　校

中国社会科学出版社

图字:01-2015-3937号

图书在版编目(CIP)数据

企业家的尊严:为什么经济学无法解释现代世界=Bourgeois Dignity:Why Economics Can't Explain the Modern World:英文/(美)迪尔德丽·N.麦克洛斯基著.沈路,陈舒扬,孙一梁译—北京:中国社会科学出版社,2018.1(2024.10重印)
(西方现代思想丛书)
ISBN 978-7-5161-9966-4

Ⅰ.①企… Ⅱ.①迪… Ⅲ.①西方经济-经济增长-英文 Ⅳ.①F112.2

中国版本图书馆 CIP 数据核字(2017)第 042063 号

出 版 人	赵剑英
责任编辑	李庆红
责任校对	杨 林
责任印制	张雪娇

出 版	中国社会科学出版社
社 址	北京鼓楼西大街甲 158 号
邮 编	100720
网 址	http://www.csspw.cn
发行部	010-84083685
门市部	010-84029450
经 销	新华书店及其他书店
印 刷	北京君升印刷有限公司
装 订	廊坊市广阳区广增装订厂
版 次	2018 年 1 月第 1 版
印 次	2024 年 10 月第 4 次印刷
开 本	880×1230 1/32
印 张	23
插 页	2
字 数	595 千字
定 价	108.00 元

凡购买中国社会科学出版社图书,如有质量问题请与本社营销中心联系调换
电话:010-84083683
版权所有 侵权必究

《西方现代思想丛书》之一

主　　编　冯隆灏
编 委 会　(按姓氏笔画为序)
　　　　　冯兴元　何梦笔　孟艺达
　　　　　陆玉衡　青　泯　柯汉民

亚历山大·格申克龙

1904—1978

榜样与导师

Pars enim scientia est, scire quid nescio

繁荣来自观念和修辞的力量
——《企业家的尊严》译校序

《企业家的尊严:为什么经济学无法解释现代世界》一书英文原版出版于2010年,该书英文原名为 Bourgeois Dignity: Why Economics Can't Explain the Modern World,如果直译为中文,原书名为《资产阶级的尊严:为什么经济学不能理解现代世界》。

该书的作者为美国著名经济学家迪尔德丽·N.麦克洛斯基(Deirdre N.McCloskey),原名罗伯特·麦克洛斯基(Robert McCloskey),53岁时选择变性改用现名。迪尔德丽·N.麦克洛斯基出生于1942年,现任美国伊利诺伊大学经济学、历史学、英文与传媒学杰出教授,1970年获哈佛大学经济学博士学位,并拥有6项名誉博士学位。她于2013年由于研究历史中人类成就和繁荣的影响因素而获美国竞争性企业研究所颁发的朱利安·西蒙纪念奖。她的主要研究兴趣包括现代世界的起源,经济学中统计显著性的误用,经济体制研究,修辞和思想对人类经济繁荣的影响等。麦克洛斯基教授的主要贡献是:英国经济史,量化史学研究,经济学修辞,人类科学修辞,经济学方法论,女权主义经济学,非主流经济学,数量经济学,统计显著性在经济学中的误用,经济体制研究。

麦克洛斯基知识渊博,著述颇丰。这位高产作家迄今为止已经至少著述了23部书作。本书属于麦克洛斯基新近推出的《资产阶级时代:工业革命的起源》(*The Bourgeois Era*, *The Origins of* the Industrial Revolution，2010）三部曲中的第二部。第一部为《资产阶级的美德：商业时代的伦理》（The Bourgeois Virtues：Ethics for an Age of Commerce，2006）。第三部则为《资产阶级的平等：思想，而非资本或者制度如何使得世界变富》（Bourgeois Equality：How Ideas，Not Capital or Institutions，Enriched the World，2016）。

本书中译本取名为《企业家的尊严》，有其充足的理由。根据麦克洛斯基自己在书中第一章的说明，书中的法语"bourgeoisie"（资产阶级），实际上是指广义上的"企业家"，包括所有雇佣他人、拥有资产、专精于某项技能或受过教育的群体，不是指"大资产阶级"。她还指出，书名中的"bourgeois"不带"ie"后缀，是个形容词，但通常也指在城市里的"中产阶级"（middle class）。这样总体看来，中文书名取"企业家的尊严"更为贴切。

本书的核心论点为：是人的观念或修辞（rhetoric）改变了世界，造就了现代世界的繁荣。作者认为，经济繁荣不是由贸易或投资所致。现代世界发源于经济浪潮，但经济并非起因。在该书"前言与致谢"部分，作者开门见山地指出，大众有关市场和创新的普遍观念的改变，导致了工业革命，也导致随之而来的现代世界。其结论是，人类之所以实现繁荣，企业家享受到尊严和经济自由或许才是真正原因。而企业家能够享有尊严和经济自由，是改变观念或修辞的结果。作者强调，企业家需要同时享受到尊严和经济自由。尊严是有经济自由的尊严，经济自由是有尊严的经济自由。没有尊严的经济自由，商人可能得到的仅仅是被人鄙视的行商的待遇。没有经济自由的尊严，则使社会阶层固化，使个人生活无望。这种观念或修辞的改变导致创新，使我们得以过上富足的生活。

根据本书的介绍，西方国家对商业和企业家的价值和地位的看法在过去很长的历史长河中总体是负面的。到17—19世纪，人们对商业和企业家的价值和地位的看法出现了较大的转向，由此导致了一系列的有利于商业发展和创新的大变局,造就了惊人的经济成就。作者写道:"在1600年前后,先是在具有开拓精神的荷兰,然后在18世纪,在充满创新意识的英国,以更大的规模和永久性地,精英阶层的一部分开始重新评价城镇及其世俗和腐蚀性的创新精神。"①这里受到重新评价的其实就是商业、企业家和创新的地位和价值。

作者在书中对其现代繁荣的观念与修辞决定论做了多方的论证。她认为,离开了对商业、企业家和创新的地位和价值的重新评估和正面肯定,用古代文明,文化演化(遗传),贪婪,新教伦理,种族,节俭,效用最大化,教育,储蓄,挤压工资,增发货币,圈地,分工,区位,自然资源禀赋,运输成本的变化,贸易引擎(由贸易带动增长),外贸,奴隶贸易,国内外掠夺,产业政策,制度,科学,新达尔文主义(其观点之一是富裕阶层的后代更优秀),静态资源配置等因素均不能说明现代世界的繁荣。因此,作者区分许多不同的章节论证了为什么如此。

这里,科学不等于创新,科学和创新均需要找到其发生的源头,因此说科学不是现代世界繁荣的决定因素,这还好理解一点。麦克洛斯基自己也在书中写道:"说什么'科学和技术'使我们过上了美好生活。但是这个词语却让我们忽视了政治和社会的变化,而正是它们——我称为的企业家价值的重新评估——让科学有了用武之地。"②

作者说制度也不是现代世界繁荣的源头,这一点可能让人迷茫,尤其对于中国大量的制度经济学家如此。制度决定论可从道格拉斯·诺斯1973年出版的《西方国家的兴起》和阿西莫格鲁

---

① 见本书第二章。
② 本书第三十八章。

2012年出版的《国家为什么会失败》中看到。① 诺斯在其书中写道："本书的中心论点是一目了然的,那就是有效率的经济组织是经济增长的关键;一个有效率的经济组织在西欧的发展正是西方兴起的原因所在,有效率的组织需要在制度上作出安排和确立所有权以便造成一种刺激,将个人的经济努力变成私人收益率接近社会收益率的活动。"② 阿西莫格鲁在其书里写道："本书将说明,虽然经济制度对决定国家的贫穷或富裕极其重要,但决定国家经济制度的是政治和政治制度。归根结底,美国良好的经济制度来自于1619年起逐步发展而来的政治制度。我们解释世界不平等的理论说明,政治与经济制度如何交互影响而造成了贫穷或富裕,以及世界不同的部分如何产生不同的制度。"③ 但是,麦克洛斯基在其书中则专门以第三十三—三十六章四章的篇幅解释了为什么制度也不是造成现代世界繁荣的决定因素。比如她在第三十六章指出单纯产权制度也不能说明它是现代世界繁荣的决定因素:"财产安全在1689年的英国不是一个新鲜事,同时代的中国或奥斯曼帝国也是如此"。值得注意的是,即便有人仍然认定制度决定论,制度的变化最终也是取决于观念和修辞的变化。

与熊彼特相同,作者认为创新是资本主义制度的本质之一,并把创新视同为资本主义。两者均认为资本主义并不完美,但是解决方案则大不一样:麦克洛斯基教授主张容忍它,因为她担心替代方案更加糟糕;熊彼特则毫不讳言资本主义发展会停滞,而

---

① 参见[美]道格拉斯·诺斯、[美]罗伯特·托马斯《西方世界的兴起》,厉以平、蔡磊译,华夏出版社1989年版;[美]德隆·阿西莫格鲁、[美]詹姆斯·A.罗宾逊《国家为什么会失败》,李增刚译,湖南科学技术出版社2015年版。

② 诺斯等,同上书,第1页。在该页注释中,诺斯解释了私人收益率和社会收益率的概念。其中"私人收益率是经济单位从事一种活动所得的净收入。社会收益率是社会从这一活动所得的总净收益(正的或负的)。它等于私人收益率加这一活动使社会其他每个人的净收益。"

③ 阿西莫格鲁、罗宾逊:《国家为什么会失败》,第1章。

资本主义社会会"大步进入社会主义"（march into socialism）。①

麦克洛斯基不认为经济学可以解释现代世界的繁荣与财富创造。她在《企业家的尊严》一书中指出，经济学最严重的缺陷并非在于预测未来商业周期的、必然是错误的数理理论，而是在于它的唯物质论（也就是唯利益论）和关于过去增长历史的、并非必要的理论。也就是说经济学的数理分析、唯利益分析和历史分析均不能解释现代世界的繁荣。正因为如此，她为本书加上了"为什么经济学无法解释现代世界"这一副标题。

作者在全书中论证了观念和修辞的变化对现代世界实现经济繁荣的决定性影响。其论点和论证总体上可以自成其说。这是因为她的论证反映了人类逻辑的自然秩序：首先，人类与动物决定性的差别在于人类会语言，而语言的背后是智慧，智慧和语言决定了人的观念和修辞；其次，人的观念和修辞的变化带来了各种文化、意识形态和制度、组织与技术等诸方面的变化；再次，各社会阶层的特定观念和修辞，也就是这里讲的"立商"观念和修辞，即对商业和企业家价值和地位的肯定性评价，最终促进形成现代世界的繁荣的一整套先决条件和基础，以及对这些先决条件和基础的充分利用。所以作者实际上是回到逻辑链的较为前端环节去揭秘现代世界的繁荣的成因，很有说服力。如果在逻辑链的较为靠后环节去寻找成因，则容易被人找到反例，抓住"辫子"。

有关观念的力量，并不是单单麦克洛斯基有感触，很多著名的思想家和经济学家有着类似的体悟和感叹。麦克洛斯基与他们的差别可能恰恰在于她在一本厚书中从头到尾、细致入微地去

---

① 参见 Schumpeter, Peter, *Capitalism, Socialism and Democracy*, London and New York, Routledge, 2003, 第 421 页。有关"marsh into socialism"的译法较多。这里选用"大步进入社会主义"的译法，见[美]约瑟夫·熊彼特《资本主义、社会主义与民主》，吴良健译，商务印书馆 1999 年版，第 25 页。熊彼特指出，他所说的"社会主义"，是指由国家控制生产资料、决定怎样生产、生产什么以及谁该得到什么的那种社会组织。而他所说的"大步进入社会主义"，指的是把人民经济事务由私人领域转移到公共领域。

论证这一点。米瑟斯在《自由与繁荣的国度》中指出:"人类的进步大多是通过以下方式实现的:即从一小部分人偏离大多数人的思想和生活习惯开始,直到他们的行为最终得到大多数人的认同和接受,从而形成了人的观念和生活方式的更新。如果将权力赋予多数人,让他们规定少数人可以想什么,可以谈什么,可以做什么,那么,人类的一切进步都会就此中止。"①凯恩斯在《就业、利息和货币通论》中认为:"经济学家以及政治哲学家之思想,其力量之大,往往出乎常人意料。事实上统治世界者,就只是这些思想而已。许多实践家自以为不受任何学理之影响,却往往当了某个已故经济学家之奴隶。……或早或晚,不论是好是坏,危险的倒不是既得利益,而是思想。"②哈耶克也同样注重观念的力量。他在1944年出版的《通往奴役之路》里写道:"观念的改变和人类意志的力量塑造了今天的世界。"③他这句名言可以从正反两方面来理解。按其原文出处,实际上他当时主要是从负面来看观念的作用:由于观念的改变和我们的意志,导致了纳粹德国的极权体制,而英国众多知识分子的种种观念倾向导致英国走向这条"通往奴役之路"。哈耶克还说道:"在社会演化中,没有什么是不可避免的,使其成为不可避免的,是思想。"④这句话也同样是反着说的:"在继续走向完全有计划的社会的进程中,德国人及一切模仿他们的人们,只不过是遵循19世纪思想家们,特别是德国思想家们,为他们设计出来的方针而已。"⑤

---

① [奥]米瑟斯:《自由与繁荣的国度》,韩光明等译,中国社会科学出版社1994年版,第92页。
② [英]约翰·梅纳德·凯恩斯:《就业、利息和货币通论》,高鸿业译,商务印书馆1999年版,第396—397页。
③ [英]弗里德里希·奥古斯特·冯·哈耶克:《通往奴役之路》修订版,王明毅、冯兴元等译,中国社会科学出版社2013年版,第39页。
④ 同上书,第72页。
⑤ 同上。

麦克洛斯基在《企业家的尊严》一书中还反复强调单纯事功不是现代世界经济繁荣的决定因素。全书大约有117处出现了"事功"，其英文名词为"prudence"，形容词为"prudent"。根据作者的观点，"prudence"属于天主教伦理所提倡的人类"七德"之一。其他"六德"为：公正（justice）、节制（temperance）、仁爱（love）、勇气（courage）、希望（hope）和信念（faith）。"prudence"一词的本身含义较多，中文译法也多。根据网上的《维科英汉词典》，它有"审慎，慎重；节俭；精明，深谋远虑；善于经营"之义。一般选择"审慎"这一译法。如果把它作为"七德"之一翻译成"审慎"，似乎与其他"六德"相辅相成，结合得天衣无缝。其实不然。如果使用"审慎"这个译法，在书中很多地方根本说不通。比如作者在书中第三十三章写道（这里暂且不译出"prudence"）："prudence是一种美德，它是一种表现人类单纯追求物质利益的美德，也可以理解为老鼠寻找奶酪或者小草向往阳光。考虑到节制、勇气、仁爱、公正、希望、信念也都是美德，是它们与prudence一起定义了人类的意义。prudence是从生命到准生命的细菌和病毒都具备的特征，其他美德则是人类独有，也是人类语言和含义的特征。一棵事功的小草不可能表现出'勇气'，一只事功的老鼠不可能表现出'信念'。"

这里，如果把"prudence"翻译成"审慎"，那么这一译法明显牵强附会，它完全适用于人类，但是不大适合于鼠类，完全不适合于草木。上述段落实际上已经定义了"prudence"的含义，即它"表现人类单纯追求物质利益"。因此，只需要找到确切对应的中文表述。作者在本书第十四章对"prudence"作了进一步的解释。按此，它"代表实践智慧的基本美德"，体现"理性、实际的知识"，涉及"合理的行动、效率、正确部署和灵活机制"。很显然，从全书各处来看，它的含义包括自利考虑和审慎。如果全文不同的地方采取上述不同的译法或全部译为"审慎"，可能连勉强做到"信达雅"翻译标准也算不上。而且"自利考虑"也有"欠雅"之嫌,不足以作为"一德"成为上述"七德"之一。显然,如果这样去处理"prudence"的翻译,关系到整部译著的成败。

其实,"prudence"一词可在中文找到差不多完全对应的用词,那就是"事功"。笔者在经过数日苦思冥想之后,偶然想到南宋永嘉学派思想中的"事功"概念,方觉醍醐灌顶,豁然开朗。"事功"一词在中文里非常古老。最早在《周礼·夏官·司勋》中有记载:"事功曰劳",指为国勤奋努力工作的功勋。根据郑玄的注释,事功在该处是指"以劳定国若禹"。按照贾公彦的注疏,事功是指"据勤劳施国而言"。

在中文里,"事功"共有四层意思。其第一层意思就是上述为国勤奋努力工作的功勋。第二层意思是功绩、功业与功劳。比如,《三国志·魏志·牵招传》记载:"渔阳傅容在雁门有名绩,继招后,在辽东又有事功。""事功"的第三层含义是功利。清唐甄《潜书·良功》:"儒者不言事功,以为外务。""事功"的第四层含义是指职责和任务。汉陆贾《新语·辅政》:"邪臣好为诈伪,自媚饰非,而不能为公方,藏其端巧,逃其事功。"中文"事功"的概念也包括了对做事效率和审慎处事的强调。

麦克洛斯基在这么多处述及事功,主要是说明作为追求自利和功利,反映上述第三层含义。值得注意的是,上述中文"事功"的概念,除了第三层含义"功利"之外,其他三层含义主要强调儒家和前儒家的"立德、立功、立言"观念,而与现代世界的"立商"无关。这里"立商"就是赋予企业家以人格尊严和经济自由。第三层含义的"事功",属于非"立商"意义上的事功。人类追求自利或功利虽然重要,但是为改变世界提供正能量的修辞和观念更为重要。而"立商"意义上的事功,则是改变人的修辞和观念的结果,为世界的繁荣提供了正能量。拿麦克洛斯基在"前言与致谢"中的话来说:"人类世界的繁荣富足并非'唯事功'(prudence only)的产物,因为这是连老鼠和草木都共有的美德。正是由于事功及其他人类独有美德的词语内涵发生了变化,并在商业社会中加以实践,才开启了物质文明和精神文明的进步。"

上述"唯事功"是指唯利益最大化,或者该书下文中的"唯物质论"。作者反对经济学家只重视"事功"的做法,认为应该将它与公正、节制、仁爱、勇气、希望和信念这些美德并重。他认为,这种简化到"唯事功"的做法会在经济中的某些部分中如鱼得水,比如说如果人们想理解外汇市场的无风险套利时,就必须用到这种"唯事功论",但它无法解释过去两百年里人类取得的最为惊人的发展成就。[①]

值得注意的是,虽然事功的第三层含义"功利"不等同于"立商",但是"立商"必然涉及"功利"。古代儒家的正统思想还没有到"立商"的地步,这是可以理解的。古代西方也是如此。不过,南宋永嘉学派作为儒家的旁支,却已经有了"立商"的理念。它产生自温州(古称永嘉),也称永嘉事功学派。儒家的正统思想强调"以义和利",也就是以"义"来协调"利"。这里的"义",指"正义"和"道义",虽然其含义有着特定的自然法和习惯法基础,但是需要经由当时在位的皇帝、官僚阶层与儒家认定或者解释,然后内化到社会各阶层。商人追求自利的行为,被这样认定和解释的"义"所框定。而商人则在"士农工商"四个等级中处于最低等级。永嘉学派的代表人物叶适强调"学与道合,人与德合"和"通商惠工",反对"重农抑商",主张工商皆本。他提出过"四民交致其用而后治化兴,抑末厚本,非正论也"。这里"四民"即为"士农工商"。此外,叶适主张"以利和义,不以义抑利"。其核心的隐含前提与正统儒家一样,也是以诚为本。按照叶适的观点,我以诚立本,放开追求自利,其结果就是正义的。这种主张因此被称为

---

① 见本书第一章。

"以利和义"观,意指个体各自以诚立本,其对自利追求之和合即为"义"。这种观点恰好与正统儒家的"以义和利"观相对立。而且叶适特别强调"不以义抑利",恰恰就是为了不使在位的君主和主流儒家拿自己认定或解释的"义"来压制"利"。"以利和义"观中,追求利润是放开的,而在"以义和利"观中,利润其实是受限的。根据永嘉学派的"以利和义"观,基于以诚立本的利润追求,利润越大,往往为社会创造的价值越大,对社会的贡献越大。比如微软和苹果公司就反映了这种情况。但是,根据正统儒家的"以义和利"观,则可能对微软和苹果公司在中国的经营征以"反暴利税"。永嘉学派虽然源自南宋时期的一个学派的观点,但符合现代精神,有利于市场经济的发展。儒家的正统思想出现在古代轴心时代甚至更早,但总体上包括前现代因素,只有对其进行重新诠释,才能确保其符合现代性要求,从而有利于市场经济的发展。

此外,社会学上还有"述行性(performativity)理论"。根据该理论,理论或者交流沟通作为"述",可以影响到受众的行为,即"行"。此外,认同(identity)可以是个人更为次级的行动(言语、手势等)的来源。[①] 比如巴特勒(Judith Butler)把述行性描述为"反复作用的话语权(reiterative power of discourse)产生受其调节和制约的现象"。[②] 巴特勒也认为,即便是普通的交流和言语行为也带有述行性(performative),即它们有助于确立某种认同。[③] 这似乎意味着这种述行性观念逆转了上述"认同是个人更为次级的行动(言语、手势等)的来源"的断言。其实"述"影响"行","行"

[①] 参见维基百科词条"performativity", https://en.wikipedia.org/wiki/Performativity#cite_note-7.
[②] Butler, Judith: *Bodies that Matter: On the Discursive Limits of "Sex"*, New York: Routledge, 1993, p.xii.
[③] Butler, Judith: *Gender Trouble*, New York: Routledge, 1990.

也可以影响"述",是可以理解的。后者恰恰是"述"的来源之一。联系到本书以及人类社会的现实,既然"立商"话语作为正面肯定商业和企业家价值与地位的观念及修辞如此重要,那么我们在实际生活中就要多在这个方向上作"述",以推动更多的个体之"行"有利于保护产权,促进竞争,弘扬企业家精神,推动创新,由此推动、实现经济的繁荣与发展。

值得注意的是,麦克洛斯基对中国和印度的经济发展抱有赞赏的态度。她认为,我们这个时代的经济大事件是中国在1978年以及印度在1991年接纳了市场理念,开始赋予企业家曾经被剥夺的自由。① 她指出,像中国和印度这样正在急速企业家化的道路,才是通往现代化的门票。②

像麦克洛斯基这样的西方学者,其书作虽然能够给读者带来许多妙趣和营养,但是也难免掺杂一些为其个人所崇尚但不符合中国国情和国人理念的观点。国内读者在阅读此类书作时,需要抱有扬弃的态度:既要取其精华,又要去其糟粕;既不可盲从他人,也不可故步自封。

本书的翻译由沈路、陈舒扬和孙一梁承担,沈路和陈舒扬对全部译文进行了互校,笔者则在此基础上进行了统校。中国社会科学出版社李庆红对中文版全书的编辑和出版做出了很大的努力。中国人民大学公共政策研究院执行副院长毛寿龙教授和助理黄爱丽博士具体安排和组织了翻译工作。在此衷心感谢上述译校者、出版社同人和组织者的努力。也希望国内读者能够喜欢此书,感到开卷有益。

冯兴元

中国社会科学院农村发展研究所研究员

2016年10月5日于北京

---

① 见本书"前言与致谢"部分。
② 见本书第三十六章。

前言与致谢

大众对于市场和创新的普遍观念的改变,导致了工业革命,以及随之而来的现代世界。这种变化在17世纪和18世纪发生于欧洲西北部。几乎一夜之间,荷兰人、英国人,接着是美国人和法国人开始谈论社会中等阶层,无论是上层资产阶级还是小资产阶级——资产阶级(bourgeoisie)①——仿佛这个词语就意味着尊严与自由。大众谈论的结果就导致了现代经济增长。

也就是说,是观念或"修辞"(rhetoric)使我们得以过上富足的生活。② 换言之,正是"语言"的演变,人类所有成就中最"人性"的产物,导致了现代经济增长。增长的原因从一开始就不是经济或物质上的改变,不是某个阶级的崛起,不是某类贸易的繁荣,也不是对某个群体的剥削。如果让我换种说法,那就是人类世界的繁荣富足并非"唯事功"(Prudence Only)③的产物,因为这是连老鼠和草

---

① "bourgeoisie"最初的意思是指在村庄中心拥有房子的自由人,最适合中国人理解的译法就是"资产阶级"。——译者

② 自17世纪以来,修辞这个词语一直被误解为谎言或诡辩。我在本书中则使用该词语的古意,即"非强迫的说服手段",它包含逻辑和比喻,事实与故事。现代实用主义、批判主义和社会心理学在很大程度上是对古代修辞的改造,重视言语的作用。如果你觉得我这种论断太疯狂或站不住脚,请参考我之前的著作1985a(1998),1990,1994c。这里的"修辞"一词接近于意识形态,又不同于意识形态,还意味着同一种词语的褒贬含义的改变,对同一种行为态度的变化,比如"荣耀"这个词语可以用来称赞精明的商业行为,读者请明辨。——译者

③ "Prudence"这个词语有多种含义,既能用来表示善于经营和精明,还能表示深谋远虑和审慎。其比较完整的解释见本书第十四章。比较合适的译法为"事功"。按照第十四章的解释,"Prudence"即"事功",是"代表实践智慧的基本美德",是"理性、实际的知识"、"合理的行动、效率、正确部署和灵活机智"。此外,在全书其他场合,"Prudence"还有自利之义。因此,译为"事功"最为合适。——译者

木都共有的美德。正是由于事功及其他人类独有美德的词语内涵发生了变化,并在商业社会中加以实践,才开启了物质文明和精神文明的进步。自那时起,企业家观念已经在全世界纾缓了贫困,扩大了人类精神生活的边界。长久以来,左派一直预言市场和创新会令穷人的生活更凄惨;右派则预言工业革命带来的物质收益会被其导致的道德沦丧所抵消,历史证明无论左派还是右派都错了。①

本书之后将出版的两本书将从正面论证人类生活的极大繁荣是由修辞或意识形态的改变所造成。本书旨在驳斥那些错误的理论,传统的唯物质论经济史观似乎无法解释人类的繁荣,企业家的尊严和自由或许才是真正原因。

这个课题其实非常古老,最早可以上溯到 18 世纪的政治理论。但它又是一个全新的课题,就和 21 世纪的话语学研究一样前沿。不管怎样,这个课题都挑战了传统的"资本主义"概念。大部分人对于现代经济起源的看法,已被历史学或经济科学证明是错误的。人们或者错误地认为帝国主义缔造了欧洲的繁荣;错误地认为市场和贪婪是新近才出现的现象。或者,人们错误地认为"资本主义"必然意味着一个全新阶级的崛起,或者对于本阶级的一个全新的自我认识(相对于旧阶级地位的新修辞)。或者,人们错误地认为所有的经济活动"最终"只能通过对物质的追求来解释。或者,人们错误地认为是工会和政府保护提高了工人阶级的地位。所有这些认识都是错误的,我希望能够说服你。现代经济起源之谜的正确答案是观念的改变。

我试图写一本面向有一定教育基础的读者的作品,只是本书的讨论必须用到经济学家和历史学家的研究成果,并深入他们论

---

① 美国的左派和右派划分不同于中国的左右两派的划分,一般情况下正好颠倒,读者需留意,无须按中国的左右派定义来理解。——译者

述的一些细节中去。我讲述的是一个关于现代经济增长的故事，总结了我们自以为知晓的从1776年到当前的国家富裕的本质和原因——我们如何用上电冰箱、取得大学学位、拥有不记名投票制度等。本书用历史上真实发生的事情考察传统史观，驳斥了那些被新近的科学的历史所证明的错误史观。传统史观里的谬误之多让人惊讶：历史决定论错了，马克斯·韦伯(Max Weber)①和他的清教徒论错了，费尔南德·布罗代尔(Fernand Braudel)②和他的黑手党式资本主义论错了，道格拉斯·诺斯(Douglass C. North)③和他的制度理论错了，数理学派的内生增长理论及其资本积累论错了。

但我最终的结论是积极的。政治学家约翰·穆勒(John Mueller)说过，资本主义——我更愿意称之为"创新"——就像加里森·凯勒(Garrison Keillor)笔下的明尼苏达的沃比冈湖畔小镇上低调的拉尔夫水果店那样——"相当不错"④。不错的东西就是不错吧。资本主义并不完美，不是乌托邦，但由于替代方案更加糟糕，它倒是值得我们拥有。资本主义创新，在不伤及他人利益的情况下，消灭了数十亿的贫困人口。⑤ 现如今，这种"相当不错"

---

① 马克斯·韦伯(1864—1920)：德国著名社会学家、经济学家和政治学家，在其名著《新教伦理与资本主义精神》中提出了一个著名的观点，即认为清教徒的思想影响了资本主义的发展。——译者
② 费尔南德·布罗代尔(1902—1985)：法国著名历史学家，在名著《15—18世纪的物质文明、经济和资本主义》中提出15世纪地理大发现创造了欧洲的奇迹。——译者
③ 道格拉斯·诺斯(1920—2015)：美国著名经济学家，由于建立了包括产权理论、国家理论和意识形态理论在内的"制度变迁理论"，获得1993年诺贝尔经济学奖。——译者
④ Mueller, 1999. 约翰·穆勒(1806—1873)：英国著名哲学家和经济学家，19世纪影响力很大的古典自由主义思想家。——译者
⑤ 本书通篇使用的"自由主义"(liberal)一词，并不是20世纪美国左派使用的混乱意思，而是欧洲人使用的更古老的含义，即"致力于自由，特别是政治与经济的自由"。美国含义的自由主义可能会腐蚀真正的自由主义，这也是我观点的一部分。(不过，新保守主义也会。)

的创新甚至在帮助中国人和印度人。就让我们保留它吧。

尽管2007—2009年的大萧条令人不快,但它并不是我们这个时代的经济大事件。最重要的寓意也不是2009年间舆论得出的结论,他们认为这场萧条证明了经济学,尤其是自由市场经济学,彻底腐朽不堪。未能预测大萧条的到来并非经济学或自由市场经济学的错。这种预测是不可能的:如果经济学家聪明到能够预测萧条,他们早成了富翁,实际上他们收入并不高。① 没有任何科学能够预测到自身的未来,这正是预测商业周期的理论所昭示的。经济学家也是人们指望他们预测的周期中的一分子。在一个组成分子在不断观察和套利的社会里,没有人能预测未来。

然而,我要在本书中证明,经济学的最严重缺陷并非预测未来商业周期的数理理论,这必然是错的,而在于它的唯物主义和并不必要的关于过去增长历史的理论。我们这个时代的经济大事件是中国在1978年、印度在1991年接纳了自由主义经济思想,开始赋予企业家曾经被剥夺的自由。于是两国都出现了爆发性的经济增长。最重要的寓意在于,在大众过上相当不错的生活和获得充分的生存机会的过程中,观念所起的作用远比物质更重要。经济史学家乔尔·莫基尔(Joel Mokyr)在他的一本著作的开篇第一句写道:"在所有时代,经济增长对于人们观念的依赖程度,远大于许多经济学家所相信的。"②两百年前的经济大事件,是1700年和1800年后北海周边国家出现的创新;晚近的经济大事件,是在曾经贫困不堪的中国台湾和爱尔兰等地发生的变革;而如今最引人注目的,则是在全球最庞大的威权国家和最庞大的民主国家发生的巨变。这些经济大事件令众多曾经贫穷无知的人有了致富的机会。与一些左右翼经济学家过去所宣称的不同,这

---

① McCloskey,1990.
② Mokyr,2010,p. 1. 乔尔·莫基尔:美国西北大学著名的经济史学家和理论经济学家。——译者

些经济大事件并非由贸易或投资所导致,而是由观念所导致。

由意识形态支持的创新,最终许下了让我们所有人过上好日子的承诺。左派和右派总是互相把对方的意识形态贬低成一种"faith"(信仰)。这种称呼贬低了"信仰"一词的价值。信仰是一种高贵的美德,是研究物理学和哲学所必须具备的,也未必就不理性。但也许两派都是对的,左派坚持对政府规划的信念,尽管计划经济被证明对穷人毫无益处。保守派坚持对军事—工业复合体的信念,坚信凡是有利于军工复合体的方案,就有利于国家,尽管事实证明它使人民陷入贫穷和野蛮。

与左派和保守派观点相反,真正的自由主义,即亚当·斯密所说的"明显和纯粹的自然自由体系",是有历史证据为支撑的。尽管有政府管制和社团主义(还有福利主义)的阻挠,在过去的两个世纪中,自由还是极大改善了穷人和普通人的生活。我想,我们应该保有自由,最好是保有自由的伦理。

在《资产阶级的美德:商业时代的伦理》(2006年出版;开始涉及伦理道德)中,我感谢了许多曾在我的治学道路中给予我帮助的人。我要在本书(系列丛书的第二卷)中再次向你们致以谢意。2008年3月,参加西北大学经济学史研习会的各位同人听取了本书前几章的报告,给我提出了很多优秀的建议。伊利诺伊大学芝加哥分校历史系的午餐研习会三次听取了本书论点纲要。2008年秋天在艾奥瓦大学的修辞探究项目(Poroi)上,同人们也对书稿进行了一次讨论。本书第十一章探讨英国生产力的变化,其中部分内容来源于我对《英国经济史》一书的撰文部分,第一版是1981年,第二版是1994年,由罗德里克·弗洛德(Roderick Floud)和本人编辑。我感谢罗德里克当时给予我的鼓励,很遗憾我们现在相隔遥远。本书第十四章关于节俭的论述,曾经发表在约什·耶茨(Josh Yates)主编的《节俭与美国文化》(哥伦比亚大学出版社,2009),以及《经济哲学讽刺剧》(2007)

上；第二十六、二十七章关于帝国主义的论述，部分曾发表于2006年的《南非经济史杂志》；关于优生唯物主义的第三十、三十一和三十二章的大部分，出现于《欧洲经济史评论》(2008b)和《历史计量学学会通讯》(2008c)中。我的整个观点，在早期不成熟的时候，曾经只鳞片爪地发表于《美国学术家》杂志(1994a)和《经济史杂志》(1998)。早些时候伦敦历史研究院的一场由奈格力·哈特(Negley Harte)主持的研讨会尤其让我深受启迪。2009年到现在，我在孟菲斯的罗德学院、牛津的密西西比大学、芝加哥大学布斯商学院人口中心、斯德哥尔摩的朝圣山学会、在华盛顿、在美洲大学、世界银行以及乔治梅森大学莫卡特斯中心和政府经济学家协会都对本书进行过修订和讨论，也深受启发。

我要感谢贝丝·马斯顿(Beth Marston)，她在2008年夏天在文献和电脑操作方面给予了我出色的研究协助，还要感谢苏珊·麦克唐纳(Susan MacDonald)对于维护我的个人网站所做的出色工作(网址 deirdremccloskey.org，在这里我们可以探讨该项目)。提到电脑和网络，我要感谢严肃而无私的古腾堡项目，以及充满企业家精神但(我们祈祷)并不垄断的谷歌公司，以及民主编辑、毫无秩序因而有时犯错的维基百科。"电子世界"[如修辞学家理查德·蓝哈姆(Richard Lanham)所说]像改变我们的生活那样剧烈地改变了学术界。① 这套系列丛书就是一个创造性建设和毁灭的实证。我无法感谢互联网本身，因为这是一个由充满创新意识和企业家精神的人们自发产生的秩序，没有可以指名道姓进行致谢的企业家、政治家或官员[或许也不一定，比如莱斯特大学的伯尔纳多·巴提斯拉佐(Bernardo Batiz-Lazo)，他的nephis@ lists. repec. org 论坛值得感谢]。但如果考虑到在古腾

---

① Lanham,1993.

堡、谷歌和维基的虚拟大厅上风行的电子语言,以及伯尔纳多网站上的对话,它们在很大程度上都依赖于那种自发秩序和企业家的创新——而这正是本书的主旨所在。

我要感谢斯坦陵布什高级进修院,特别是伯尔纳德·拉提甘(Bernard Lategan)、斯坦尼斯拉夫·都·普莱西斯(Stanislav du Plessis)和亨德里克·盖耶(Hendrik Geyer)在2008年5月的周到安排,使我能在南非度过一段宁静的日子,完成本书的初稿。我同样还要感谢商学院、经济与法学院、经济史与银行道德研究组,特别是劳夫·沃尔夫(Rolf Wolff)、斯滕·强森(Sten Jönsson)、里克·维克斯(Rick Wicks)、克里斯特·伦特(Christer Lundt)和芭芭拉·琪雅纳斯卡(Barbara Cziarnawska),感谢他们在本书收尾阶段,让我在古腾堡大学度过了非常充实的一个月。我还要感谢参加芝加哥地区经济思想史研讨会的同事们,包括约翰·伯德尔(John Berdell)、史蒂芬·英格曼(Stephen Engermann)、塞缪·弗莱沙克(Samuel Fleischacker)、马克·古格利尔摩(Mark Guglielmo)和约瑟夫·珀斯基(Joseph Persky),感谢你们在本书最后定稿前给我的建议。曼尼托巴大学圣约翰学院的安东尼·沃特曼(Anthony Waterman),一位远方的朋友,仔细通读了书稿并纠正了我的许多错误。玛格丽特·雅各布(Margaret Jacob)是我在加州大学洛杉矶分校的好友,用她历史学家的批判性眼光,为芝加哥大学出版社帮我审稿。乔治梅森大学的泰勒·科文(Tyler Cowen)则用经济学家的批判性眼光为我审稿。斯坦利·费什(Stanley Fish)和德怀特·马克布里德(Dwight McBride)院长领导下的伊利诺伊大学芝加哥分校人文科学学院对我也帮助颇多,因此,我先向他们致以谢意。我同时还要感谢伊利诺伊州的纳税人和伊利诺伊大学芝加哥分校的自费生们,他们也提供了力所能及的帮助。当安东尼·拉瓦锡(证明空气由氮和氧组成的化学理论家),一位贵族(你可以在维基百科上查询),在法国大革命时期被逮捕时,他抗议说自己是一名科学家。据史料称,当时的官员不为所动,官员说:"共和国不需要科学家。"幸运的是,我们的共和国认识到了科学家的重要性。我还要感谢在1990—2000年期间,在伊利诺伊大学芝加哥分校、艾奥瓦大学、鹿特丹伊拉斯穆大学和南非自由邦大学曾选修我的各种课程的学生们,不管他们是否自费生。教学与写作是相辅相成的。不需要教学的大陆研究院尽管起初听上去像是学者的天堂,似乎不是个好设想。

我还要特别感谢一次小型研讨会的与会者,会上我们把这个企业家系列的第二卷和即将出版的第三、第四卷放在了一起讨论,颇有点令人感到尴尬和混乱。那次研讨会是2008年1月在乔治梅森大学的莫卡特斯中心举行的。与会者包括保罗·德拉格斯·阿利吉卡(Paul Dragos Aligica)、格里高利·克拉克(Gregory Clark)、亨利·克拉克(Henry Clark)、简·德·法利斯(Jan de Vries)、帕米拉·爱德华(Pamela Edwards)、杰克·戈德斯登(Jack Goldstone)、托马斯·哈斯克尔(Thomas Haskell)、伦纳德·里乔(Leonard Liggio)、阿兰·梅吉尔(Allan Megill)、约翰·奈尔(John Nye)、阿兰·瑞安(Alan Ryan)、佛吉尔·斯托尔(Virgil Storr)、斯科特·泰勒(Scott Taylor)和温纳尔特·罗斯肯(Werner Troesken)。我还要特别感谢会议的组织者克莱尔·莫甘(Claire Morgan)和罗布·赫利特(Rob Herritt)。有这么多的杰出学者——有些还是老朋友——来鼓励我,纠正我的错误并给予指导,很令我振奋。想想何为女人的光荣大多开始和终结之处,说说何为她的光荣,那就是:她有过这样的朋友。①

---

① 原文取自叶芝《重访市立美术馆》,作者用"woman"代替了"man"。——译者

目 录

第一章 现代世界发源于经济浪潮但经济并非起因 ……… (1)
第二章 自由主义观念导致创新 ………………………… (13)
第三章 一种新修辞保护了新观念 ……………………… (27)
第四章 许多貌似有理的理论站不住脚 ………………… (42)
第五章 正确的理论应赞美创新 ………………………… (54)
第六章 现代经济至少是16倍的增长 …………………… (65)
第七章 扩大自我实现空间而增加非物质享受式幸福
　　　 是关键 ………………………………………… (81)
第八章 穷人也是赢家 …………………………………… (94)
第九章 功利主义支持"创造性毁灭" …………………… (105)
第十章 英国经济学家未意识到经济浪潮 ……………… (114)
第十一章 数字会讲故事 ………………………………… (123)
第十二章 英国(和欧洲)的领先只是一个插曲 ………… (133)
第十三章 后发国家可以跨越式发展 …………………… (147)
第十四章 工业革命的浪潮不因节俭而起 ……………… (162)
第十五章 资本决定论错了 ……………………………… (172)
第十六章 贪婪或新教伦理的兴起并未发生 …………… (180)
第十七章 "无穷无尽"的积累非现代世界特有 ………… (188)
第十八章 原始积累或掠夺不是原因 …………………… (198)
第十九章 晚近以前人力资本的积累也不是原因 ……… (207)
第二十章 交通或其他内部要素重组没有引发工业
　　　　 革命 …………………………………………… (216)

第二十一章	地理因素或自然因素也不是原因	(228)
第二十二章	甚至煤炭也不是原因	(237)
第二十三章	全球物价背景下对外贸易也并非致因	(250)
第二十四章	贸易引擎论的逻辑很可疑	(263)
第二十五章	对外贸易的动态效应也微不足道	(276)
第二十六章	奴隶贸易与英帝国主义对欧洲的影响仍然较小	(291)
第二十七章	无论是国内外的掠夺都不曾让普通欧洲人受惠	(304)
第二十八章	纯粹增加流动性也不是原因	(316)
第二十九章	掠夺剩余价值也不是原因	(325)
第三十章	优生唯物主义没有效果	(339)
第三十一章	新达尔文主义不能提供定量证明	(353)
第三十二章	遗传论也站不住脚	(364)
第三十三章	制度不仅是提供激励的约束	(378)
第三十四章	所谓1689年形成的制度也无法解释工业革命的发生	(397)
第三十五章	无论如何私有产权的彻底缺位与地点和历史无关	(417)
第三十六章	对产权和激励的年代衡量有误	(431)
第三十七章	常规的效用最大化理论不起作用	(444)
第三十八章	原因也不是科学	(456)
第三十九章	启蒙运动与企业家尊严和自由密不可分	(470)
第四十章	原因并不是分配	(484)
第四十一章	言辞才是关键	(494)
第四十二章	普通人的尊严和自由是最重要的"外部性"	(504)
第四十三章	这个模型可以被公式化	(521)

第四十四章	反对企业家使穷人遭殃	(537)
第四十五章	企业家时代证明了政治或环保悲观主义的失败	(549)
第四十六章	谨慎却亲切的乐观主义	(560)
附录1	参考书目	(574)
附录2	人名表	(654)
附录3	术语表	(701)

第一章　现代世界发源于经济浪潮但经济并非起因

两个世纪前,世界经济尚处今天孟加拉国的水平。在18世纪的美好旧时光里,比起今天的孟加拉国,普通的挪威或日本年轻人更加无望在有生之年看到自己的国家结束贫穷,或至少看到脱贫的先兆。1800年的普通人每天只消费3美元,他们对自己的子女、孙辈乃至曾孙辈的期待也不过如此。[①] 这个数字是按当今美国的物价来表示,根据生活成本进行了修正,是相当令人震惊的。

相反,如果你生活在今天的一个彻底的企业家社会里,比如日本或法国,可能每天要消费差不多100美元。100美元对比3美元:这就是现代经济增长的巨大数量级。18世纪以前,日均消

[①] 严格地讲,应该是"1990年国际元",所以我还是把数字夸大了一点(使用了美国1991年以来的消费者价格指数),以便以2008年美国的物价水平大致表现出数据。要这样理解3美元:仿佛你生活在2008年的芝加哥,却只有1800年的人均实际收入。这些数据是已故的安格斯·麦迪森在《世界经济》(2006)一书中估算出来的,这些特定数字在该书第642页。这本书是一个神奇的数字宫殿。(我极为依赖安格斯的研究。如果今天的经济学不是过分偏执于"数据收集",他早就该获得诺贝尔奖了。想象一下天文学和生物学如果这样偏执会是什么情况!)无论如何,他的著作对于我和其他许多人来说,都是研究的"必要条件"(sine quo nullum)。至于"两个世纪以前"的提法,我使用他对于1700—1820年的平均数据。经济史学家普遍同意全球人均实际收入自18世纪以来翻了10倍左右,例如Easterlin 1995, p.84。安格斯·麦迪森(Angus Maddison,1926—2010):英国著名经济学家,发展了生产法购买力平价理论及其在国际比较中的应用。其创建的"麦迪森数据库"惠及很多研究者。其代表作有《世界经济千年史》《世界经济千年统计》等。——译者

费能超过3美元的,只有贵族、主教和极少数的商人。人类的整个历史,包括史前时期,大抵如此。以3美元的消费水平,作为一个地球的常住民,她只能享受到几磅土豆、一点牛奶,偶尔吃上一片肉,或买件羊毛披巾。如果她生活在一个有文化的社会且足够幸运,还能获得一两年的基础教育。她自呱呱落地起,有50%的可能性在30岁以前死去。她或许是个乐天派,在没文化、疾病肆虐、迷信崇拜、阶段性的饥荒以及前景渺茫的情况下也很"开心"。毕竟,她还有家庭、信仰和社区,能替她做每一个决定。但是,她是赤贫的,她作为人类的生活范围极度狭窄。

两百年以后的今天,世界能养活的人口超出了当年的6.5倍。然而,与马尔萨斯悲观地预言人口增长将造成严重问题相反,今天的人均收入和消费水平以及所享受到的商品和服务几乎10倍于18世纪。尽管自1800年以来全球经济经历了三十多次的衰退,每一次都使经济陷入令人不安的停滞,然而每次经济周期的低谷之后的几年,总会出现穷人收入又创新高的局面。历时非常长的复苏发生在两次世界大战之后,那也是非常遥远的往事了。① 如今全球范围内的饥荒程度处于历史最低点,且在不断下降;识字率则和预期寿命处于历史最高点,且在不断提高;自由远播四方;奴隶制度在消退,包括奴役女性的父权制。

在今天那些富裕的国家,比如挪威,人均日收入竟是1800年的45倍,达到137美元;美国是120美元;日本是90美元。② 在这些发达地区,富裕和受过良好教育的企业家所忧心忡忡的自然环

---

① 根据麦迪森对1869—2001年12个西欧国家的实际人均GDP进行的测算(Maddison,2006,pp.439—441;这是一个合理的总量,因为它们与商业周期耦合,且都处于发展中),12个新高中有8个是在经济探底后仅仅2—3年之后实现的突破(1884年、1890年、1900年、1907年、1974年、1980年和1992年)。在两次严重的大萧条(1875年和1929年)之后,峰值在6—7年之后才被突破;而两次世界大战都发生在峰值年之间,峰值分别用了16年(1913年)和12年(1939年)才得以突破。

② World Bank,2008,pp.161,216,112.

境正在日益改善。哪怕在人均收入增长不快的地方,如每日人均收入只有13美元(比起1978年多了不少)的中国,人们也开始关心地球的未来。① 人类经济史就像一根横放在地上的冰球杆,1800年以前长达20万年的智人历史就是那长长的平直杆柄,人均日收入只有3美元,杆柄上有一些微小的隆起,那是古罗马、中世纪早期的阿拉伯世界和中世纪中期的欧洲,后来又回归到3美元的水平——然而在最近的两百年里,杆刃出人意料地突然上翘,达到了日均30美元,许多地方还远远不止。②

的确,有些国家整体还很贫困,甚至在如中国和印度这样飞速发展的经济体中,仍有许多人极度贫困。全球67亿人口里,赤贫人口构筑了"最底部的10亿"。虽然这个数字在日益缩小,但是对于目前仍然在3美元一天下煎熬的穷人来说,他们的命运自从非洲大草原时代以来就未曾改变。印度还有几亿人每天靠1美元过活,晚上就在孟买街头席地而睡。③ 有2700万人实际上就是奴隶,比如苏丹的丁卡人。在世界范围内,依然有许多女孩和女性(许多在阿富汗)处于奴隶般的无知状态。但是,世界上极度贫困与极度不自由的人口数量正在以史无前例的速度减少。世界人口增长自1970年起就开始减速,在几代人之后,人口事实上将开始减少。④ 不妨看看你身边的现代家庭的人数规模,就会知晓。

---

① World Bank,2008,p.58.
② "杆刃上翘"说法借用了沃尔特·沙伊德尔(Walter Scheidel)和格雷戈里·克拉克(Gregory Clark)的说法,见Zanden,2009,p.274,fig.35。
③ "最底部的10亿"是保罗·科利尔(Paul Collier)的发明(Collier,2007)。2006年挪威人均GDP是世界人均GDP的5.4倍(按购买力平价计算,根据生活成本加以调整,根据世界银行,2008年,第8、161页)。而按照现行的标准,挪威的人均GDP是相对低收入国家的27倍,也就是每天137美元对每天5美元(World Bank,2008)。保罗·科利尔是牛津大学非洲经济研究中心主任。——译者
④ Maddison,2006,p.615;美国人口普查局人口处预计说,到2050年,世界人口增速将下降到0.5%每年,而1960年的峰值是2.0%每年。

如果世界按照1800年以来的速度继续发展下去，那么在未来五十年里，赤贫人口将不复存在；奴隶和妇女将在很大程度上获得自由；自然环境会得到改善；所有人都会成为企业家。在1800年，悲观主义的存在有着充分的理由——虽然在那个黎明时期也有许多乐观派。今日，身处一个末世论不断涌现的时代，我们却有更多的理由对未来表示乐观。

世界许多地方已经出现了乐观的结果。马克思主义者一直对美国工人阶级洋洋自得的企业家性格相当无语。经济史学家维尔纳·桑巴特（Werner Sombart）①在1906年问道："为什么美国没有出现社会主义？"然后自答道："所有社会主义乌托邦构想在美国的烤牛肉和苹果派面前都黯然无光。"②历史证明，富裕的美国人在给英国人、法国人和日本人指路。我们似乎正在融合为一个普世的创新的资产阶级（bourgeoisie），而不是一个普世的无产阶级（我用的是法语bourgeoisie在广义上的含义"企业家"，是指所有雇佣他人、拥有资产、专精于某技能或受过教育的群体。不带-ie后缀的bourgeois，"boor-zhwa"是个形容词，也指这个阶级里的男性成员，通常在城市里是"中产阶级"。bourgeoisie这个词通常会等同于马克思主义者语境下的la haute bourgeoisie，后者仅指大资产阶级，此处的这个词语并非此意）。你的理疗师为阿斯利特公司工作，每小时赚35美元，也就是每周赚280美元。他去上了大学，读了研究生，现在还在继续受教育，他不会认为自己是一个工资奴隶。③他每周工作四天，他的妻子也是个理疗师，每周工作三天。他俩随时可以开一间私人诊所行医。生产关系不再代表受雇者的心态或前景。为薪水工作的你，会感到很凄惨吗？亲

---

① 维尔纳·桑巴特（1863—1941）：德国社会学家、思想家、经济学家。——译者
② Sombart, 1906.
③ Bureau of Labor Statistics, U. S. Department of Commerce, at http://www.bls.gov/oes/current/oes291123.htm.

爱的读者们，你们因教育得到企业家精神，请回忆一下你们的祖先在1800年所过的那种真正的赤贫生活，对企业家纪元和创新时代表示感激吧。

2007年，经济学家保罗·科利尔（Paul Collier）观察到，在过去几十年里，"发展难题（被认为）是一个10亿人口的富人世界与50亿人口的穷人世界的难题……然而到2015年，这种发展概念显然会过时。在先前50亿贫困人口中，有大约80%（40亿）的人生活在以惊人速度发展的国家里"①。科利尔是正确的，甚或到2015年，更可能是60亿富人或正在致富的人口面对最底层的10亿持续贫穷的人口。② 看看今天正在变富的中国和印度吧——按照中国香港或比利时的标准，两国还很穷，但两国的实际人均收入正在以惊人的、前所未有的每年7%—10%的速度增长，是其他国家的两到三倍。两国的增长速度是美国和日本所不曾达到过的，这意味着其国民的生活广度在短短的一代人内，也就是14—20年内，就能扩大3倍。两代人以后，他们的人均日收入将增长16倍达到48美元，也就是美国在20世纪40年代的水平。这个事实有助于我们科学地理解应该为底层的10亿人做些什么。

科利尔还说，"从1980年以来全球贫困人口一直在持续减少，这在人类历史上是第一次"。他最后的这个判断不准确（或许他的意思是贫困人口的绝对数量，而非贫困人口的比例，这种情况下他也许是对的）。因为世界贫困人口占总人口的比例不是近20年来才开始下降，而是已经下降了近两个世纪。自1800年以来，每天能赚30美元、48美元、137美元或248美元的人口比例越来越多，构成60亿人口顶部的40亿。再看看日本和挪威，它们都曾极度贫困。历史能让我们科学地认识到我们怎样走到今天，以

---

① Collier, 2007, p. 3（以及 p. x）.
② 2009年世界人口大约是67.7亿。

及在往何处去。

过去的两百年里,这个世界恩宠普通人,尤其是生活在企业家精神国度的人们。今年35岁的伊娃·斯塔兰德(Eva Stuland)和我同为一个高祖父母所生,他们在很久以前移民到了挪威西部的哈丹阁福贾德的迪斯瓦克(Dimelsvik)。我们共同的祖先在1800年的日收入只有3美元,堪比今天孟加拉国的水平。而到今天,在10代人过后,那些诚实、受过教育、拥有丰富石油资源的挪威人的人均收入排在世界第二。依据美国2006年的物价水平,挪威的人均年收入为50000美元,日均收入137美元(在全世界209个国家中,小国卢森堡排名第一,人均年收入60000美元。不接纳移民的科威特第三,人均48000美元。而泱泱大国美国仅排名第四,人均年收入44000美元,但美国的人均收入在1900—1950年大增,美国穷人的收入增长更快)。[1] 斯塔兰德表妹把她的每天137美元收入消费在大把的比利时巧克力上,她拥有山间的一处夏日小屋,还有一辆漂亮的奥迪轿车(她丈夫奥拉夫开的是宝马)。她的日均收入当然高于137美元,也远远高于阿斯利特公司的理疗师,因为她只周一到周五工作,还有充裕的假期。挪威人的平均消费还包括孩子享受到的安家费用和父母、祖父母的养老金。她和其他挪威人一样,工作时间比其他富裕国家的人都短,比日本和美国的工作狂们就更短了。打出生起,伊娃预期就能活到85岁。她的两个孩子甚至能更长寿,在经济上也会更富足,除非他们决定从事绘画或慈善事业,但这种高尚职业所带来的满足感也能弥补收入的不足了。[2]

挪威政府对于国际慈善捐助的金额按人均来算是全球第一。伊娃也支持非暴力和民主制度。她毕业于波尔根大学,学的是数

---

[1] 此处数据也出自美国购买力平价,Word Bank,2008。
[2] Abbing,2002.

学,毕业后在一家保险公司做精算师,每年可以到西西里或佛罗里达享受6周的带薪休假。她的丈夫(绝对不是她的主人或老爷)以前做过几年油井的操作工,目前在挪威国家石油公司的地区办公室做行政工作。伊娃在大学读过许多挪威文的易卜森著作,甚至还读过几本简化英文版的莎士比亚作品。她既喜欢看奥斯陆国家大剧院的演出,也喜欢看山间的演出。她的家里摆放着艾德瓦德·格里格(Edvard Grieg)的音乐作品,他其实是她母亲的一个亲戚,还不是远亲。①

这一切是如何发生的?世界人均收入是怎样从每天3美元增加到每天30美元的?挪威人又是如何从贫病交加、罕有自由且蒙昧无知的状态,变成富裕、健康、彻底自由且大多数受教育的状态的?

本书的主要观点是,世界人均收入曲线呈冰球杆刃状的飙升,如挪威的从3美元到137美元的增长,及其相伴随的政治与文化方面的成就,并不是传统的经济学解释的结果。并不是欧洲的贸易、荷兰的投资、大英帝国主义或挪威海盗的横征劫掠带来了人均收入的飞跃。经济学在构造模式方面有作用,通常也如此。谁在受益、生产什么,何时何地生产,这些的确都是经济学问题——事关收入、财产、激励和相对价格。如果一个历史学家不了解经济学,他就无法理解现代历史的模式。棉花贸易、港口投资、蒸汽机的生产、对基础教育的需求、锻铁的成本、铁路的效益、对种植园奴隶的剥削以及妇女对市场的参与等构成了现代历史的模型。物质层面的经济学当然可以解释,为什么美国人用木头和木炭做燃料的时间比森林贫乏却煤炭资源丰富的西北欧人长几十年。经济学能够解释为什么1840年的英国女侍不值得花费时间和精力读书识字,为什么是美国而不是埃及向曼彻斯特、英

---

① 伊娃是虚构的人物,但我在现实生活中有许多表妹生活在迪斯瓦克。

格兰或新汉普什尔供应了大量的棉花,或者为什么今天非洲的萨赫勒地区因为美国的棉农补贴政策①而深受其害。经济学也能解释英国从印度进口棉花,织成布后再出口到印度的比较优势。

但经济学解释不了全世界的人均收入(绝对值)从过去3美元一天到30美元,再到137美元一天的跃升。这也是本书的主要学术观点。经济学解释不了这根冰球杆在杆刃处的曲线式增长,经济学能解释现代世界的细节,却解释不了其开始或延续,解释不了独特的现代世界的庞大体量——汽车、选举、电脑、宽容、抗生素、冰冻比萨、中央空调以及高等教育的普及,这些是就连你和我,还有伊娃都能享受得到的好处。如果一个经济学家不理解历史,他就不会明白现代历史事件中这个至关重要的部分。我们身处史无前例的收入增长中,所有人都平等享受到了其中的好处,但这不是某种左翼经济学或右翼经济学的解释造成的,它们至多只能描述这个模式的细节。我认为,物质的和经济的力量并不是现代人(从1800年到当下)收入增长的根源,也不是其持续的根源。经济学最有效地解释了收入增长浪潮如何在地理上的哪个位置出现,如何被导向这个或那个出口,如何与上游的河流融汇,并以某种高度拍打着堤岸。但这股浪潮本身由其他的原因造成。

那么原因何在?我在本书以及接下来的系列丛书中主张,是创新(而非投资或剥削)导致了工业革命。这一点许多历史学家和经济学家都同意,所以不会太有争议。但我同时认为,是言论、道德和观念导致了创新,这一点却很少有历史学家或经济学家会

---

① 美国棉农补贴政策:美国是最大的棉花出口国,也是对棉花补贴最多的国家。一旦棉农的实际收入达不到预期收入的90%,联邦政府将对棉农提供10%—30%的损失保险。此外,美国联邦政府还将为棉农支付保险费用的80%,并对提供STAX服务的保险公司给予补贴。——译者

同意。道德(以及不道德)言论主导着世界。1/4 的国民收入是由市场和管理层的甜言蜜语贡献的。① 或许经济学及其许多好友应该承认这一事实,否则他们就会遇到麻烦。想象一下若鼓励银行无视专业精神和诚信品德,全然依赖高管薪酬这样的沉默的金钱激励来运作,会有什么后果吧。经济学家和他们勤奋的学生们只选择了事功(Prudence),而把人类的其他美德——公正、节制、仁爱、勇气、希望和信念——置之一旁,也忽视了相应的不作为和作为的罪行。事功的理论家们拒绝道德,即便在充斥着专业术语的银行业也是如此。这种简化到唯事功的做法在经济中的某些部分中如鱼得水。比如说你想理解外汇市场的无风险套利(covered interest arbitrage)时,就必须用到这种唯事功的理论,但它无法解释我们这两百年里最为惊人的发展成就。

特别是在三个世纪以前的荷兰和英国,那里的人们在谈论和思考"中产阶级"时,对这个词语的态度开始转变。日常交流间,人们开始以肯定的态度来对待创新和市场。高高在上的理论家们开始大胆反省过去对企业家的偏见,这是一种有几千年传统的偏见(不幸的是,当时在中国、印度、非洲或奥斯曼帝国,沿着这个方向开始的谈论、偏见和理论并没有走向正确的道路。如今他们转变了,尽管欧洲的进步主义者或非欧洲的传统主义者转而掉头攻击企业家)。出现在北海国家的这些言论最终急剧改变了当地的经济、政治和修辞。在 1700 年左右的欧洲西北部,舆论逐渐青睐企业家,尤其称赞他们的市场行为与创新活动。这种转变是很突然的。在 18 世纪和 19 世纪,亚历西斯·德·托克维尔(Alexis de Tocqueville)所说的"头脑的习惯"(habits of the mind)——或者

---

① McCloskey and Klamer, 1995.

更准确地说,人们说话的习惯——发生了巨大的转变。① 人们不再嘲笑市场创新和其他企业家美德,而这种美德向来远离传统的荣誉殿堂(圣彼得大教堂、凡尔赛宫和血腥的布莱登菲尔德会战②)。

这里我要对经济学家同僚们说几句。一些学者在顿悟了18世纪,尤其是19世纪和20世纪发生的经济巨变之后,挽救了我们的模型。他们会提到"非线性"(nonlinearities)、"规模经济"(economies of scale)或"多重均衡"(multiple equilibria)之类的说法。这些小把戏很有趣,却并不科学。还有一些经济学家,以一群极为重视增长理论的经济史学家和极为重视历史的增长理论家为首,却主张欧洲,特别是英国,当时已经为人均收入的杆刃式突进准备了几百年。这种新史观与旧史观都有一个相似的主题,即都将欧洲的崛起归功于其古文明,归功于从以色列发展起来的基督教、从古希腊发展起来的人文主义,还有来自森林的日耳曼部落等。问题在于,就像这群经济学家中最优秀的学者所困惑的那样,印度、阿拉伯、伊朗、中国,特别是日本,也同样有悠久卓越的文明,他们也同样做好了准备。在这些富饶之地,许多早就产生了经济学家们所称道的低利率和良好的产权法,比如公元17世纪的中国、15世纪的意大利北部、10世纪的阿拉伯世界以及1世纪的罗马。但千年以来,这些地方的人均收入并未经历杆刃式的

---

① 亚历西斯·德·托克维尔(Alexis de Tocqueville,1805-1859):法国著名政治思想家和历史学家,其名著《论美国的民主》成功预言了美国的崛起。托克维尔认为,政治社会不是由法律塑造的,而是组成社会的人的情感、信仰、观念以及心灵、头脑的习惯(habits of the heart and mind)所预定的,是创造社会的天性和教育的结果。——译者

② 布莱登菲尔德会战:公元1631年9月17日爆发于神圣罗马帝国境内的布莱登菲尔德地区的一次著名战役,也是德意志三十年战争第三阶段瑞典阶段的决定性战役。在此次战役中,瑞典国王古斯塔夫二世所率领的瑞典和萨克森联军击败了由神圣罗马帝国老将蒂利伯爵所率领的帝国军队,带领新教势力取得了德意志三十年战争初期以来被系统性地击败后的第一次重大的胜利,极大增强了新教联盟信心,沉重打击了天主教封建势力,改变了世界历史的进程。——译者

突飞猛进。①

而当人们的意识形态改变后，收入上的飞跃就发生了。我认为，北海国家在18—19世纪，特别是20世纪经历了远远超出预期的经济增长，不是因为机械的经济因素，比如对外贸易的规模化、储蓄或人力资本积累的水平，等等。这些发展都很不错，但并非本源动力。北海国家、大西洋国家以及全世界的经济增长，是因为人们对于"市场"、"创业"以及"发明"这些言语的形式发生了改变。从技术上讲（还是说给经济学同僚），这种全新的对话导致了埃奇沃斯盒状图（Edgeworth box）的量级发生了爆炸式增长。在一个固定的盒状图内，无论是通过交换实现帕累托最优分配（Pareto-optimal reallocation）②，还是沿着契约曲线（contract curve）③依靠暴力再分配，或者通过投资实现盒状图的最有限的扩张，其实并非历史上的真相——尽管这三条路径是经济学家们最喜欢侃侃而谈的，因为他们只懂得这些。相反，生产可能性曲线（the production possibility curve），也即埃奇沃斯盒状图的规模，发生了剧烈的突变，这是无法用传统经济学理论来解释的。④

任何一位善于思考的经济学家都不应对我的观点感到惊讶。1870年以来的所有经济学家都意识到了经济学是某种存在于人们头脑中的东西。无论是门格尔还是马歇尔式的新古典经济学范式，抑或制度经济学或现代马克思主义，都是这个主张。估价、看法、街头巷尾的舆论、想象力、预期和希望在驱动一个经济体的

---

① Zanden（2009）最近对这个主题进行了一次全面的研究。他著作的第289页及多处都承认当时的中国和日本已做好准备。
② 帕累托最优分配：资源分配的一种状态，在不使任何人境况变坏的情况下，而不可能再使某些人的处境变好。——译者
③ 契约曲线：指（在消费者之间进行交换时）两个消费者的边际替代率相等的点的轨迹，或者（在生产者之间进行交换时）两个生产者的边际技术替代率相等的点的轨迹。——译者
④ 这种表述问题的方式，是我在2009年斯德哥尔摩经济学院与卡勒·沃纳尔德（Karl Wärneryd）的一次谈话中受到启发的。

运转。换言之，你身为一个经济学家，无须必然是一个否定主观作用的唯物主义者。恰恰相反，新增长理论的主要贡献者之一，罗伯特·卢卡斯（Robert Lucas）宣称："如果一个社会的整体收入要增长，则社会里的大多数人必须经历一场改变，改变对自己及后代可能生活方式的设想……换言之……经济发展的前提是'百万反叛'。"①与本书主张的社会学或修辞学原因相比，卢卡斯的陈述更偏重心理因素。话虽如此，我们相信17世纪，尤其是18世纪，人们的语言习惯发生了变化，却不因此而否定传统经济学的作用。我们认为语言习惯因各种善意的有趣的原因而变化，一些反过来影响物质，一些仅仅是修辞内部的变化。我们只是更重视言论在经济和社会中的作用。这开启了一门人文主义的经济科学，巴特·威尔森（Bart Wilson）②称为"人文经济学"（humanomics）。言论，而非外贸或国内投资等方面的物质变化导致了非线性的收入增长，或者（用更传统的理论术语）说，导致了生产可能性曲线的突变，以及对生活可能性之想象力的跃变。我们从经验中也能部分理解这一点，对外贸易和投资古已有之，而大众的尊严和自由则是我们这个时代的独特之处。拥有企业家精神的大众遍布街头巷尾的小店和咖啡吧，他们带来了一股全新的好说服他人的气氛。我也是其中的一位，试图以本书说服你们，亲爱的唯物主义经济学家们。

---

① Lucas, 2002, p. 17. Zanden（2009）.用卢卡斯的评论作为他书本的格言，但是"百万反叛"的年代出现在其本人研究的年份之后，即1800年之后。罗伯特·卢卡斯（Robert Lucas）：美国著名经济学家、芝加哥经济学派代表人物之一、芝加哥大学教授，1995年诺贝尔经济学奖得主。——译者

② 巴特·威尔森：美国查理曼大学的实验经济学家。——译者

第二章　自由主义观念导致创新

人们对于企业家的看法和谈论企业家时态度的转变,对于现代世界的形成所起到的作用,很可能比 1517 年德国宗教改革或者意大利在托斯卡纳的特伦托时期及以后的贵族式文艺复兴更为重要。虽然前两个历史事件都影响了人们的谈话方式,促成了早现代时期第三次伟大的革命性变革,威力也更加强大。这场成功的变革持续了超过三个世纪,震动了荷兰、英国、美国、波兰,最终波及法国及所有被拿破仑征服的地区。然而本书侧重于第四次,也是欧洲所特有的伟大变革——"企业家价值的重新评估",使荷兰和英国在 17 世纪和 18 世纪和平地实现。文艺复兴、宗教改革和大革命对于人类今天的生活间接起到了重要作用,不过若没有它们,现代世界只是有所残缺而已。但企业家的价值若没有得到重新评估,我们今天的文明将不复存在。曾经被牧师、贵族和农民阶层鄙视的城镇居民阶层,逐渐能生活得更有尊严,这种转变体现在人们对城镇居民的看法和谈论他们的方式上,体现在欧洲关于"中产阶级"活动的修辞的变化上。连同新的尊严一起,企业家还获得了新的自由。这两者都是修辞事件。

在七美德中,信念是一种向后看的美德,代表清晰的自我认知。[1] 我们要保持信念。尊严激发信念,成为真正的自己,你就活

---

[1] 有关这一点和其他美德的所有论证,参阅 McCloskey,2006a,特别是 pp. 151-194。

得有尊严,无论是作为一个芝加哥人、一个学者,还是一个女人。相比之下,希望是一种向前看的美德,代表清晰的目标。自由激发希望,即便受到各种稀缺的可怕制约,你依然拥有冒险的自由,拥有改变自己的自由,拥有生产可调式扳手的创业的自由,拥有做一个亚述研究学教授的自由。我认为,现代世界是由企业家新获得的充满信念的尊严和充满希望的自由缔造的。企业家有了尊严才能得到属于自己的合适地位,有了自由才能向前冒险。地位和冒险,尊严和自由,都是修辞上的全新的含义。

尊严和自由两者缺一不可。我的自由意志主义(libertarian)[①]朋友相信仅靠自由就足够了,在我看来还不够。单纯修改法律并不足以缔造现代世界(尽管这是一个良好开端——恶法必会阻碍经济增长)。自1600年以来,新的尊严和新的自由通常相辅相成,而且这种相互作用可能就是经济学家所说的"非线性"增长现象的根源之一。尊严和自由难以单独存在,这是普遍认可的。[②] 但尊严是一个社会因素,自由则是经济因素。尊严关系到他人对于货店老板的看法,自由关系到约束货店老板的法律。社会与经济是交互的。但与唯物质论的一元化处理不同,它们并非一回事。即使观念不变,法律也能改变,比如说过去90年里早先的禁酒和后来的禁毒。[③] 有时候,观念变了,法律却没变,比如当年北美的英国殖民者长达几十年争取独立的斗争。

尊严与自由同时起作用,这一点很重要。没有尊严的自由,

[①] 自由意志主义(Libertarianism):一种唯心主义哲学思想,认为人的一举一动都是因为自由意志的存在,而非外物所决定。自由意志主义其实是古典自由主义的延伸,只不过"自由主义"(liberalism)一词在从英国传入美国后,在近代已经异化为"人权",主张政府应该给予个人的种种福利,所以改名为libertarianism,以显示和自由主义的区别。自由意志主义是反对社会福利的,主张最大化个人选择自由。——译者

[②] 这是经济学家丹尼尔·克莱恩(Daniel Klein)曾经对我说的。

[③] 美国曾在1920年颁布过禁酒令,写入宪法,后在1932年开放酒禁。20世纪80年代里根总统在位时期颁布禁毒令,至今(2015年)尚未废除,但在一些州已有所松动。——译者

比如中世纪的欧洲、中国、南亚或非洲的流浪商人在异国他乡所遭遇的鄙视,他们行商却没有应得的尊严。流浪商人很热情,但充满了一种卑微和自鄙的心态。薇拉·凯瑟(Willa Cather)在1931年写道,他们是"神经兮兮窜上窜下的家伙,努力跟人套近乎",她在此处的对比对象是自己钦佩的早年中西部的成功企业家 R. E. 狄龙和 J. H. 特鲁门,她认为那才是真正的成功。① 小企业家们如果缺少尊严,就会受到来自政治、社会和文学的攻击,会导致许多恶劣的经济政策出台,正如当年的哈布斯堡王朝、波旁王朝、法西斯主义的西班牙和人均日收入 3 美元的日子。欧洲历史上最著名的例子就是犹太人,他们在 18 世纪和 19 世纪获得了法律上的解放,但并未获得尊严——结果导致了俄罗斯的反犹运动、维也纳的反犹政治以及纳粹的"终极方案"。

同样,没有自由的尊严会使社会阶层固化,使个人没有希望,仅仅是古时等级制度的翻版,正如威尼斯或吕贝克在全盛时期过度行会化的城镇一样。历史一遍又一遍重复着这样的故事:积极进取和勇于创新的企业家最终升迁到了当地的最高政治地位,却停止了创新(直到 19 世纪的觉醒),比如当年瑞士的"贵族阶级"(patriciate)和荷兰的"摄政阶级"(regents)。威尼斯的商人贵族在 1297 年就消亡了,然而威尼斯人凭借着非同一般的爱国主义精神和专注力,在随后的几百年里牢牢把持着通往东方的黄金商路。寡头的崛起、止步和沉睡是更加司空见惯的情形。和努力抗争相比,躺着收取租金更加惬意吧。如果企业家就此被纳入精英阶层,但付出的代价是失去了警觉与外向创新的能力,那么现代世界将会像北意大利的古代政权或汉莎同盟时代一样,人均日收入停滞在 1—5 美元。

随着 17—19 世纪企业家价值的重新评估,所有这一切发生了极大的变化,荷兰首当其冲。人们从不会主动接受创新的成

---

① Cather, 1931(1992), p. 675.

果，人们需要被说服。伟大的经济学家约瑟夫·熊彼特（Joseph Schumpeter）①在1942年带着怀旧情结回顾了"一战"前的欧洲，称那是一个"尊重商业的文明"。要让社会尊重商业，是一个非常复杂的文化使命。但是在欧洲西北部，有史以来第一次也是独一无二的一次，经由一系列的愉快的前提条件和偶然事件，人们的想法开始改变。人们重新定义了"荣耀"，这个词语不再局限于英雄主义、神圣性或宫廷气派，结果导致了社会与政治的变革。贵族愤愤地说，发明一台制造螺丝的机器或冒险去中国贸易居然也能被社会视为"荣耀"！相对而言，托克维尔所说的"心灵的习惯"倒没有改变多少。最初的变化并非心理上的（马克斯·韦伯在1905年，罗伯特·卢卡斯在2002年这样认为），或是经济上的（卡尔·马克思和弗里德里希·恩格斯在1848年，道格拉斯·诺斯在1990年这样认为），而是社会、历史和政治上的。在1600年前后，先是在具有开拓精神的荷兰，然后在18世纪，在充满创新意识的英国，以更大的规模和永久性地，精英阶层的一部分开始重新评价城镇及其世俗和腐蚀性的创新精神。

约翰·李尔本（John Lilburne）是伦敦那些出身贵族的激进的重商主义分子中的一员（他出生于格林尼治的皇家领地），也是1642年英国革命中的平等派。他在1653年见到，作为上帝和英格兰的法律，"任何人……都不应承担任何罪名，除非他在物质上侵犯了他人的人身、财产或名誉"②。阁下，请不要干涉我们，除非

---

① 约瑟夫·熊彼特（1883—1950）：一位有深远影响的奥地利经济学家（但并不是"奥地利学派"成员），其商业周期理论和创造性毁灭的企业家精神的表述享誉后世。——译者

② 李尔本，"约翰·李尔本对扰乱精神罪的正义辩护"，参见 http://www.strecorsoc.org/docs/defence1.html。在引用了本句之后，H. N. 布雷斯福德称赞这是"对于自由主义信条最早也最为大胆的陈述之一"，并提到了里面的严格的自由意志主义寓意——不过随后作为1961年的英国左派，信奉集体主义精神的他拒绝了李尔本的观点。（Brailsford，1961，p. 75）

我们偷窃。到1669年,荷兰布商皮埃尔·德拉考特(Pieter de la Court)宣称"如果个人能够为自身安全而行使天赋的权利和使用自己的财产('追求幸福'很快将成为家喻户晓的口头禅)……那么这个社会将成为……人间天堂:正如帝国或王国需要自由,个人的思想,尤其事关他全部的幸福所在,也需要自由"①。请不要再有贵族统治的帝国或王国了,我们是企业家社会,只需要追求自身幸福的自由。1690年,一位前往奥斯曼帝国的英国商人达德利·诺斯(Dudley North,出身贵族家庭)在书信中以更现代、更有经济主义与企业家精神的方式写道:"对公众来说,不存在无利可图的贸易,如果一种贸易无利可图,人们就会将其舍弃。凡是商贾往来的地方,作为交易一方的大众也会随之富足。"②因此,18世纪早期憧憬企业家生活方式的法国理论家皮埃尔·布阿吉尔贝尔(Pierre de Boisguilbert)开始谈论"无为而治"(laissez faire,做任何想做的,没有政府监管)的政府,再后来发展到"贸易通行证"(laissez passer,买卖你想买卖的)③。

在此之前,这种倾市场的价值观从未成为普世价值观。尽管莎士比亚的观众中有很大一部分是伦敦商人和学徒,他只有两部作品涉及企业家题材:《威尼斯商人》和《温莎的风流娘儿们》。在《威尼斯商人》中,资本家安东尼奥对于贵族巴萨尼奥的仁爱是

---

① De la Court,1669,Part Ⅲ,chap. viii,"conclusion".本书引用自1743年的英文版。皮埃尔·德拉考特(Pieter de la Court,1618—1685):荷兰经济学家和商人,著名的德拉考特家族的第一代。——译者

② North,1691,preface,p. viii. 我在这里及它处对拼写和标点进行了更改,以免使读者有距离感。杰出的文学评论家斯蒂芬·格林布拉特(Stephen Greenblatt)称赞了牛津出版社(1986)改善莎士比亚著作拼写的做法,称其避免了某种"懒散的、老式英语的古怪感"(Greenblatt,1997,p. 73)。距离感的产生应该是那个时代的思维习惯与现代相异的缘故,而非标点和拼写的近代惯例。出于同一理由,我将英式拼法改成了美式,"honour"改成了"honor"等,标题除外。我在引用16世纪的著作时,有时会忍不住保留"-eth",它是如此舒适和古雅。

③ Tribe,1995;Rothschild,2001,p. 20. 皮埃尔·布阿吉尔贝尔(1646—1714):法国立法者和商人,市场经济概念的发明者之一。——译者

愚蠢的,而另一个资本家人物是夏洛克。这位诗人的所有作品都在歌颂贵族的荣耀、农民的可笑和牧羊人的乖巧(牧师被刻意地忽视了)。莎翁笔下值得尊敬的角色,其对白都是素体诗而不是散文体(《风流娘儿们》的对白几乎都是资本家/下里巴人的散文体)。这反映了他那个时代尊严的社会含义,以及伊丽莎白时期剧场的等级制传统。在莎士比亚的时代之后的一百多年时间里,精英阶层才逐渐认可商业创新,不再嗤之以鼻,我们可以从丹尼尔·迪福(Daniel Defoe)到艾迪森与斯梯尔的散文和戏剧,再到英格兰、法国和德国舞台上的"资本家悲剧",最后是欧洲现代小说里看到社会态度的转变。莎士比亚之后的两百年,甚至是在简·奥斯汀的小说里,哪怕是非绅士阶层的主人公们都在用理性与感性、事功与仁爱进行思考。亲爱的奥斯汀本人在信中也热情地谈到自己的写作事业,津津乐道于自己的版税。然而,就连英国也没有彻底根除反对商业的绅士情结。在小说《爱玛》(1815)中,我们可以看到爱玛·伍德豪斯失败地建议哈里特·史密斯不要嫁给仅仅是农夫的罗伯特·马丁(资本家)。简的一个兄长曾经做过一段时间银行家(大资产阶级),不过另外两个兄长后来成为皇家海军的贵族上将。贵族或基督教美德从未彻底离开过西方世界,或者东方世界。它们有时候会带来不幸的结果,如日本的军国主义和美国的原教旨主义;有时候则成就了光荣的企业家伦理。

与价值重新评估一样,关于自由的那一半也是姗姗来迟,且更引人注目。英国政坛长期被反自由、反资本家,实质是反民主的当权派所把持,这种局面从未彻底改变过——不信请看20世纪80年代的一部英国电视剧《是,大臣》(Yes, Minister)。历史学家玛格丽特·雅各布(Margaret Jacob)很早之前就提出过一个观点,最近又得到了历史学家乔纳森·伊斯雷尔(Jonathan Israel)的肯定,那就是在思想史上,平等派诸人、德拉考特(de la Court)、斯

第二章 自由主义观念导致创新

宾诺莎(Spinoza)、曼德维尔(Mandeville)、罗素(Rousseau)、本杰明·拉什(Benjamin Rush)、玛丽·沃斯通克拉夫特(Mary Wollstonecraft)及其他著名的自由人士主张的自由市场、自由选举的"激进启蒙"长期被洛克(Locke)、牛顿、伏尔泰、亚当·斯密、约翰·亚当斯等自由人士主张的保守启蒙所压制,双方只有在贸易彻底自由方面取得共识,在其他方面则不是。需要注意这两个派别都不乏企业家的仰慕者。①[当然,各个时代的反动势力都不遗余力地打击这两派,不是把他们送上绞刑架就是送到军舰上服苦役。在1686年到1759年,法国法律禁止印花棉布的制作和进口,此举保护了国内羊毛和亚麻生产商,他们正是老一辈的重商主义企业家。据瑞典经济史学家厄里·赫克歇尔(Eli Heckscher)记载,这些措施导致了16000人丧命,有些被绞死,有些因武装冲突失去了性命,此外还有数不清的人……被送上军舰服苦役……有一次在瓦伦斯,77人被判绞刑,58人被判碟轮,631人被送上舰船服役。]②

然而,在西北欧的许多地方,新的企业家自由主义价值观以及价值重估赢得了胜利,并取得了惊人的经济成就。技术史学家克里斯汀·麦克劳德(Christine MacLeod)测算出,英国发明家最终获得崇高地位的时间是在19世纪早期。同思想上的变化一样,开始于17世纪荷兰的修辞上变化当然也值得留意。麦克劳德举出了一个例子,即1824年前伦敦公众为在威斯敏斯特教堂竖立发明分离冷凝器蒸汽机的詹姆斯·瓦特(James Watt,1736—1819)的纪念碑(纪念碑后来被移至圣保罗大教堂)而做出的举动,民众将他与国王、牧师和诗人同列。纪念碑上铭刻着这样的文字:"不是为了让一个名字永恒,此人的名字必定与和平技艺的

---

① Jacob,1981(2006);Israel,2001.
② Heckscher,1931,Vol.1,p.173.

繁荣一样永存;而是为了表明,人类学会了尊重那些最值得感激的人……(例如詹姆斯·瓦特)他们扩大了其祖国的资源,增强了人类的力量,因此得以与最杰出的科学家和世界真正的恩人同列。"一位同时代人曾烦恼地问:"这个巨大的人物代表了什么,这个利益阶层以前怎么没听说过?[未必没听说过吧]在现代社会整体框架里这算是什么革命。"①此人没有跟上时代的步伐。据麦克劳德记载,《泰晤士报》在1826年4月22日就宣称发明家们是"被上帝选中的人"②。她还发现在19世纪30年代,法官和评审团对待专利的态度有了明显的转变……对侵权行为的诉讼逐渐有了更大的胜算,同时专利所有者逐渐不再被认为是贪婪的垄断者(在伊丽莎白时期如此),更多地被认为是对国家有益的人。这距亚当·斯密清楚有力的阐述已经过去了60年之久。③ 人们开始认为世界真正的恩人是那些商业创新者和探寻"科学"的人[顺便说一下,这个称谓仍然按照古意来使用:瓦特被认为是工匠,而不是后来流行的定义"物理科学家"。他的朋友,创立了热动力学的物理学家和化学家约瑟夫·布莱克(Joseph Black)也是如此]。

有人间或依旧反对创新的尊严和创业的自由,再加上糟糕的气候和糟糕的起步条件,一些国家仍然贫困。我们相信,如果那些支持美国补贴棉农的人们能够感到羞耻,布基纳法索东部和非洲萨赫勒其他地方的人们的处境会有所改善。北方发达国家凭借零和理论的修辞,打着"保护主义"和"竞争"的旗帜,首先在道义上陷入了失败,对这些地区的持续贫穷负有不可推卸的责任。但即便气候再恶劣,起步再落后,即便发达国家为了保护本国富农和商会而搬出不道德的政策,通过压制竞争来帮助他们,这些贫穷国家也未必会持续贫穷。这就是今天处于"底部10亿"的孟

---

① Dean Stanley,1834,转引自 MacLeod,1998,p. 96。
② MacLeod,1998,p. 108.
③ MacLeod,1998,p. 108.

加拉国和1800年的挪威和日本的不同选择,当时挪威和日本都贫穷到毫无任何希望,就像一个古老的十字架任人占有(在你死后,你会在天堂得到美食)。无论是像中国这样稳定的专制国家,还是像印度这样动荡的法治国家,一旦他们意识到了市场与创新的价值,并在一定程度上允许了商业自由,普通国民的衣食住行和教育就出现了迅速的改善。在几代人的时间内,如果两国不倒行逆施,中国和印度的生活水平将会接近我的挪威表妹伊娃的水平。他们已经跻身科利尔所说的全球60亿人口中处于顶部40亿人的行列。想象一下,如果全世界37%的人口都富裕到能拿起画笔、开始写作、从事音乐或计算机,会出现何等壮观的艺术和思想的百花齐放局面吧。一国内部道德层面的变化就可以促成生活水平的现代化,而这一切始于1700年前后的西北欧。

"资本主义"在1700年并不是一个新鲜事物。市场、非农产业以及从事这些行当的城镇中产阶级古来有之。你也许不知道,市场经济自远古洞穴时代就出现了。人类学家杰克·顾迪(Jack Goody)宣称:"从最早的时代起,包括市场制度和一些专业人群(后来的商人)在内,贸易对于人类生活的发展就至关重要。"[①]按照某些记载,公元前7万年到公元前5万年的非洲出现了完整的语言,这在考古学上体现在石器(如燧石和黑曜石)移动距离突然间大幅增加,贸易距离达到了几十英里,而不是之前的几英里。这种情况持续了几千年。人类自从发明了农业,就需要建立有围墙的城镇来保护收获的庄稼,于是公元前8000年就出现了以色列的杰里科和土耳其的恰塔霍裕克。数千年过去,城镇的数量激增,同时激增的还有其市场、企业家和行业规模。公元前3世纪左右,在今天的巴基斯坦地区,来自印度河流域的城镇商人向伊拉克南部地区的苏美尔镇出口谷物和棉布。信用及其前提货币

---

① Goody,2010,p.60.

积累也古已有之。① 公元前 8 世纪或公元前 7 世纪,中国、印度和今天的土耳其同时发明了金属铸币。但在那之前及之后的很长时间里,世界各地的人们都在使用货币等价物,比如铜条或铁条、银币、牲畜、贝壳或可可豆。在公元 965 年的布拉格,人们用布条作为货币。②"在 1519 年,与特诺奇蒂特兰城(今天的墨西哥城)相邻的特拉特洛尔科城的大市场每天要接纳数万名消费者,人们用可可豆支付。""这种情形早在至少公元前 3000 年就开始了",经济史学家乔治·格兰瑟姆(George Grantham)写道,"爱琴海岛上的农民生产的橄榄油和葡萄酒数量远超过岛内市场消费需要。"③他们的对外贸易可以通过货币替代物来平衡,比如来自大陆的小麦或者后来的铜条或锌条。

传统史观中所谓的"商业化"、"货币化"及其对立的"自给自足"和"共同财产",以及所谓的农村"继承性的、礼俗社会"(Gemeinschaft)与城市"缔造性的、法理社会"(Gesellschaft)之间的尖锐对立,以及最近的"理性的崛起"和令人悲哀的"法理社会"的主宰地位,基本上都是历史神话而非历史事实。19 世纪的德国学者们发明了这些神话。当时德国深受欧洲中心论的种族浪漫主义影响,他们这样做是为了回应法国和苏格兰启蒙运动的普世主张。但恰恰相反(法国人和苏格兰人也一致同意),从最早的年代开始,农民和城里人、农业和机械,就受到同样的人类美德和罪恶的驱使。斐迪南·滕尼斯(Ferdinand Tönnies)发明了"礼俗社会"和"法理社会"之说,他在 1887 年宣称:"几乎不存在……商业化的礼俗社会。"其实这样的社会是存在的,而且商业运转良好的前提必须是讲究人情的社区。"礼俗社会里,丈夫和妻子的财产不

---

① Cohen,1992. 对于古代美索不达米亚地区存在"资本主义"制度证据的有力总结,参见 Baechler,1971(1975),pp. 37-38。
② Grierson,1978,pp. 3,5;Demetz,1997,p. 16.
③ Grantham,2003,p. 73.

能被称为法理社会的财产。"①哦,也是可以的,而且妻子们要获得身份独立,最好是这样。

人性从古至今没有发生过变化,而把一个既能发动世界大战又能搞现代竞技体育大赛的社会归之以"理性"的出现,至少看上去有些奇怪。特别地,从心理构成角度讲,古代的城镇居民与现代企业家似乎别无二致,我们可以从希伯来先知对于城镇居民的诅咒中得出这样的判断(《阿摩司书》8:4—7、《何西阿书》12:7—8,还有其他例子)。② 16世纪的资本家们并没有升华出"理性"的品格。无论过去还是现在,商人对利润的渴望都是一样的,我们每个人也是如此——进一步说,所有生命形式都是如此,就连小草也是理性的。逐利的城镇人相信,获得利润的最好途径就是通过腐败的法官、国王和市长获得垄断地位,然后获得他们的庇护,无论过去还是现在,他们都乐此不疲:例如,法国的羊毛和亚麻生产商就说服政府将棉布进口商送上军舰服苦役或磔轮处死。但是,资本家也愿意进行创新,前提是受到竞争的压力,有合作可能,并获得从业的尊敬。他们只是在等待西北欧的一场社会和政治上的解放,只是在等待地方贸易保护主义的终结,只是在等待发明者获得社会的认可,从而开始一场史无前例的创新,并创造出独一无二和繁荣昌盛的资本家时代。

创新当然也不是一个在1700年才出现的新鲜事物。无论是女人织布还是男人磨制箭头,人类在技艺上一直都富有创造力。旧石器时代晚期,新颖工具、饰品和乐器的大量涌现,以及公元前4万年原始新几内亚人和澳大利亚人驾着远洋船只穿越华莱士

---

① Tönnies, 1887(1957), p.34.
② 《阿摩司书》是《圣经》旧约的一卷书,该卷书共9章。《何西阿书》是圣经全套书的第28本书,旧约圣经小先知书的第一本书。

线,都昭示着现代语言的出现。① 公元前 4000 年左右,乌克兰的古印欧人,其远祖来自非洲,似乎已经开始驯养马匹,并进而征服、迁入和震动欧洲、伊朗以及南亚的大部。在公元前 3500 年左右,中国台湾原住民似乎发明了桨叉架独木舟,继而前往太平洋地区繁衍生息。这些原住民来自中国大陆,但从最根本来说,和我们一样来自非洲。

但在 1800 年之前,所有这些创新只是让人类得以在数量和生态幅度上进行扩张,或用一种文化取代另一种文化,对人类命运本身鲜有改善。两个世纪之前,据马尔萨斯所说,更好的服装和更好的船只不能改变当时人们(无论是祖鲁族农民还是爱斯基摩狩猎者)每天 3 美元的生活水平。如果某群人的生活好过一些,他们就会生育更多子女,情况就会变得糟糕,在经济学家眼里,这就是"一定土地条件下的劳动收益递减"。即便在"欧洲式婚姻模式"下,即很多人不婚、晚婚,或家庭规模小的情况下,日子只不过稍微好过一点,无法突破每天 3 美元的生活水准。诚然,正如人类学家马歇尔·萨林斯(Marshall Sahlins)很早之前雄辩过的那样,狩猎—采集者的"石器时代经济学"要求的工作时间要比农业时代工作时间短得多。② [但是后来经济史学家斯坦利·勒伯格特(Stanley Lebergott)尖锐地反驳萨林斯的反工业化隐喻,他说:"美国人也可以选择过同样简单的生活,每天靠 300 颗坚果、半磅生肉和一些蔬菜过活,但鉴于美国先进的生产手段,他们只

---

① 库恩(Kuhn)与他人合著(2001):他们说在一个广大的区域内突然涌现出"多余的、标准化的装饰物件",推测是交际用途。人类早期的艺术品很罕见,都很独特,每一件都是不同的样子,不像是语言文化的产物。来自基因家族树和约瑟夫·格林伯格(Joseph Greenberg)-梅里特·鲁伦(Merritt Ruhlen)学派的历史语言学证据(有争议的)也指出是大约同一时间。人类何时发明语言是一个很有争议的话题,不过近期的一些发现表明,语言的一些迹象(声带、大脑能力、艺术、葬礼)很早以前就在非洲南部出现了。

② Sahlins,1974(2004),特别是第二章,"家庭生产方式:生产不足的结构"。

需每周工作2小时就足以生产这些物资了。"(只是萨林斯的时间量的一个零头)]①人类转向了辛劳的农耕文明,就需要仓库和守卫,进而支撑起了城市、寺庙和文化。这是一种交换,用人烟稀少目不识丁的游牧生活交换人口密集的城市生活,城市里有一个富裕的统治者,少数的读书识字人群,以及更少数的作家(这也是早已埋下的现代工业世界的种子)。② 关键在于,直到工业世界出现之前,无论是亚马孙人或苏美尔人的选择,都没有扩大普通人的生态幅度。对1800年以前的大部分人来说,不论他是一个普通的诺曼人还是罗马人,贫穷、文盲、狭隘、多病和短寿就是他一生的写照。

在1800年前后出现,并在1900年后势不可当的变化,就是全新的、无尽的,可持续并几乎疯狂的创新,并最终打破了马尔萨斯魔咒。随着人们越来越富足,他们最终开始少生而不是多子,这与马尔萨斯的预测相反。即便在大家庭的社会里,比如在企业家化的英格兰,富裕也惠及了每个人,创新带来的前所未有的力量可见一斑。蒸汽机、公司形式、飞机和沃尔玛的发明第一次让普通民众富裕起来,其程度远胜古代的狩猎者、采集者、游牧民、定居农民或帝国臣民,并促使现代人选择了更小的家庭和更高的教育质量。在自由主义受尊敬的环境里,财富跟社会和政治相互作用。小说家与自由主义者马里奥·巴尔加斯·略萨(Mario Vargas Llosa)曾说,我们应该读一下1920年西班牙的公共知识分子何塞·奥尔特加·加塞特(José Ortega y Gasset)的作品,"会重新发现自由主义首先是一种对待人生和社会的态度,基于宽容和共存,基于对历史丰富性的尊重和对不同文化独特体验的尊重,基于对自由的坚决捍卫……许多人把自由主义理解为只是一个经

---

① Lebergott,1993,pp.63-64.
② 勒伯格特深入阐述了猎人 vs. 农夫的经济学,见 1984,pp.13-16。

济上的事物,认为它只是自由市场、低关税、有限的政府开支和私有企业,他们的理解太狭隘……经济自由是自由主义信条的一个核心要素,但不是唯一。"①各位,再回想一下我们祖先的贫穷与不自由状态,为今天的生活庆幸吧。

---

① Vargas Llosa,2008,p. 68.

第三章 一种新修辞保护了新观念

经济学家和犹太牧师伊斯雷尔·柯兹纳(Israel Kirzner)曾说过,创新依赖于警觉。① 对大大小小的企业家们而言,尊严赋予了他们创业的勇气,自由赋予了他们行动的空间,从而能敏锐地注意到并把握住机会。当然,警觉若要有益于社会,就绝不能像古代和现代的企业家一样执着地寻求垄断,绝不能像坦慕尼协会的政客乔治·华盛顿·普伦凯特(George Washington Plunkitt)在1905年所说的:"有一种诚实的贿赂,我就是这种运作方式的例证。我可以用一句话来总结:'我看到并抓住了机会。'"②这种利用政府扶持的垄断生意索取贿赂的"机会",最好的结果是将纳税人应得的收入重新转移到普伦凯特的口袋里,而最坏的结果则是整体收入"蛋糕"的缩小,这也是更可能发生的情况。现代经济保护主义必然会缩小整体收入的"蛋糕",因为它让人们继续从事没

---

① 例如 Kirzner,1976,p. 83,及其他著述,特别是1973年。我已经批评过他的论述。他的研究硕果累累,但还是走得不够远。他没有意识到企业家精神的社会影响,尤其是"说服"的作用(McCloskey,2008d; compare Storr,2008)。[伊斯雷尔·柯兹纳(1930—):美国经济学家,当代奥地利经济学派掌门人。——译者]

② W. L. Riordon, *Plunkitt of Tammany Hall* (1905), pp. 3–10, reproduced in Leland D. Baldwin, *The Flavor of The Past: Readings in American Socialand Political Portrait Life*, Vol. 2 (New York: Van Nostrand, 1968), pp. 57–60, and then at http://www.uhb.fr/faulkner/ny/plunkitt.htm. 顺便说一下,普伦凯特的"诚实"(honest)即是后来意义上的"光荣"(honorable)。[乔治·华盛顿·普伦凯特(1842—1924):纽约市民主党政治机器"坦慕尼协会"的重要人物之一,掌握该协会长达25年之久,是美国进步时代的典型腐败人物。——译者]

有效率的工作。法国传记作家和自由主义理论家弗里德里克·巴斯夏(Frédéric Bastiat)在1845年滑稽地模仿了一封蜡烛商反对阳光的立法请愿书,因为允许阳光进入室内就意味着蜡烛商的失业。生产是因为消费的需要,经济保护主义让人们留在错误的工作岗位上生产照明用蜡烛,而阳光本身就可以提供免费照明。禁止阳光照进建筑减少了每个人可消费的光明。[①]

巴斯夏关于古代城市垄断和现代经济保护主义最有趣的例子莫过于"反效铁路"了。19世纪40年代早期,有人倡议修建一条从巴黎到马德里的铁路,位于沿途1/3处波尔多市却要求铁路在该市断开,理由是这样能够给搬运工、旅店和出租车行当"创造就业"(在政客和垄断势力的运作下,巴黎、伦敦和芝加哥等城市长久以来都实行类似的安排。旅客列车不是沿大城市的边缘通行,而是把大城市作为终点。在美国的铁路时代,人们常常会说"到芝加哥换乘")。巴斯夏注意到,按照这种"创造就业"的逻辑,铁路沿线的每一个城镇都应该看到机会并抓住它。那乘客就得在塞纳河畔的阿布隆、埃弗里、艾松河畔巴郎库尔和拉弗尔特阿莱都换乘了。通往马德里的火车每隔几公里,只要到达一个村庄,乘客就得在"巴黎北站"这样的站台下车,乘客和货物在耗费了各种费用给当地创造了就业之后,再从该处搭上另一列火车前行。于是法国和西班牙全国的收入都可以靠这条铁路来创造了,代价则是牺牲了其他所有形式的生产和消费。这样是会"创造"就业。不过由政治推动的保护性生产,会取代劳动力和资本的更有效的使用。这样的铁路是一条反效的铁路,代表着保护主义和计划经济的胜利,后世的经济学家会把波尔多和阿布隆的政客的

[①] Bastiat,1845,I. 7.〔弗里德里克·巴斯夏(1801—1850):19世纪法国的古典自由主义理论家、政治经济学家以及法国立法议会的议员,被视为早期的自由意志主义者。1845年,法国下议院接到了一封以全体法国蜡烛商名义写来的请愿书,希望把全国的窗户封闭起来以保护蜡烛商的利益。——译者〕

做法称为"寻租"行为。①

相反,如果企业家看到的是真正能够改善现状的机会,而不是寻租的机会和合法的盗窃(比如阻止阳光进屋或修建无效铁路),社会将变得更富足。创新活动是正和活动:把市场搬迁到更方便的地段、低成本生产希腊橄榄油并高价卖出、集装箱货轮的发明、$E=mc^2$规律的发现、个人电脑的设计等,莫不如此。

但是这种警觉的经营活动却始终遭到精英阶层的鄙夷,在城镇里尤甚。毕竟,婆罗门的精英和武士凭借对下层阶级——无产的首陀罗和有产的吠舍——强征税款和租金过活。首陀罗靠体力劳动生活,他们也因此脏兮兮的。吠舍属于中产阶级,生活稍微好些,他们靠倒买倒卖维生,低价买进一匹布或一个好点子,并高价卖给认为值更多钱的人。吠舍改善了所有人的生活,但是在企业家价值被重估之前,他们在统治精英眼里只是一群骗子。公元前44年,西塞罗声称:"小商业值得鄙夷;但大商业未必那么不堪……如果商人能满足与自己的利润……离开港口……回到乡间的庄园。"②西塞罗说,商人的生财之道就是把劣质产品吹嘘得天花乱坠,这是可耻的(只是像西塞罗这样的演说家,通过把恶法吹嘘成良法而赢得了他的罗马宅邸,却是天生的贵族之一)。1516年,托马斯·莫尔(Thomas More)或者他笔下的人物拉斐尔·希斯拉德(Raphael Hythloday)(古希腊文"瞎掰扯淡"的意思;在大部分时候,托马斯爵士都谨慎地持模棱两可的立场)的猛烈抨击足以代表几千年来对城镇庸俗商人和创新者的谩骂:"他

---

① 如果你认为巴斯夏举的例子不过是虚构,不妨看一下今天中国汉川(湖北)官员的所作所为。他们也非常急切地想为本地白酒创造就业机会,于是要求当地的国家工作人员每年必须购买30万美元的本地白酒。由于这等于要求每人每天需饮三瓶这种"清窦"的白酒,所以这项政策很快被取消了。即使在中国,人们有时候也会注意到此种重商主义做法的荒谬。(Sharon LaFraniere, "Chinese Mock Bewildering Rules", *International Herald Tribune*, Oct. 20, 2009, p. 2)

② Cicero, 44 BCE, I:42. compare Finley, 1973, pp. 60, 23.

们千方百计……用卑劣手段聚敛钱财,然后极力压低工价剥削穷人的劳动……这些贪得无厌的腐化之徒……他们享受到的幸福还是远不及乌托邦国家……在乌托邦,金钱既不使用,人们也就不贪金钱。这就砍掉了多少烦恼啊!"①16世纪80年代,莱斯特伯爵受英国伊丽莎白女王派遣插手荷兰政治。当时的荷兰已经企业家化了,伯爵毫不掩饰对必须与之打交道的"磨坊主和奶酪商人上议院"的鄙视。② 甚至在很商业化的荷兰也有这样的谚语:"谎言是商人的财富"(Een laugen is koopmans welvaart)。

然而,英国到了1700年左右,就像早些时候的荷兰一样,在无法预料的创造力作用下,经济、货币和交易活动的低俗感逐渐消退,不再被认为是堕落行为。它们开始在理论上被认为值得一定程度的尊敬,并不是绝对地庸俗、罪恶、卑劣和下作。总而言之,商业逐渐获得了人们的尊重,部分因为它们被认为有益于国家,并非一种无益的欺诈行为。在意大利、西班牙和法国,一些教授小心谨慎地提出,(所有领域的)经济活动也是一种美德,即使低买高卖谷物和制作奶酪这样的小商业也是如此。在13世纪中叶,托马斯·阿奎那(Thomas Aquinas)曾经以那些反企业家的古代大师的风格写作,特别是以奥利金、圣·奥古斯丁和沙漠修士,以及贵族导师亚里士多德的风格,他写道:"贸易,从其本性而言,具有一种卑劣品质,所以从本质上不具备一种美德或必需的目的。"③但是阿奎那和同时代

---

① More,1516,p. 132. (托马斯·莫尔是欧洲早期空想社会主义者,以《乌托邦》一书名垂青史。——译者)

② Israel,1995,p. 222. 然而到了1702年,马尔堡公爵在出席海牙的由奶酪商人组成的议会时用了"尊敬的阁下们"的称呼,毫无戏谑之意。

③ Aquinas, 1267 – 1273, Second Part of the Second Part, Q. 77, art. 4, "I answer that."并非所有的沙漠修士都是如此:"一位修士对皮斯塔蒙(Pistamon)说,我在卖我做的东西时,深深感到灵魂的不安"。皮斯塔蒙回答:"此举并无害处……只要价格公道(不讨价还价)……无论你拥有多少,不要停止生产。只要灵魂安宁,尽可能多地生产。"(*The Desert Fathers*: *Sayings of the Early Christian Monks*, translated by Benedicta Ward,London:Penguin,2003,p. 56)(阿奎那是中世纪经院哲学的哲学家和神学家,自然神学最早的提倡者之一。——译者)

第三章 一种新修辞保护了新观念

的城市僧侣们却竭力反对几千年来的轻商传统,反对斯多各学派和高柱苦行者的否定世俗生活的理念,强调劳动就像是上帝创造的[劳动就是祈祷(Laborare est orare),本笃会一直这样信奉,后来被主张自由的共济会奉为他们的座右铭——作者]。阿奎那还暗示贸易也是值得做的事情,"逐利是贸易之目的,其本质亦没有任何美德或必要之处,却不意味着任何罪恶和违反美德。任何事情都无法阻止利润被用于必要甚或美德之目的,因此贸易合乎上帝的法则。例如,一名男子可能寄希望于用贸易获取的适度利润来维持家庭"——比如在普拉托"维持"拥有 15 个房间,20 个仆人的城堡生活。

事实上,在公元 1200 年以后,普拉托、佛罗伦萨或巴塞罗那的统治者再也不认为低买高卖是不道德的行为——他们把这种落后观念留给了生活在北部内陆地区(北部沿海地区的居民早已发展出浓厚的商业传统)的人们。但是在北海国家,在 17 世纪,特别是 18 世纪,不管是在内陆地区还是沿海地区,许多艺术家、思想家,甚至还有一些神职人员和贵族,开始容忍甚至钦佩企业家,就像他们沿海地区的祖先当年羡慕、惧怕,或加入重商的维京人一样。企业家价值由此得到了重新的评估。

到了 1800 年,许多西北欧人秉着或多或少的宽宏大量,逐渐接受了市场的结果。这个现象在 1900 年出现于欧洲他处,在 2000 年蔓延到了世界各地。克里斯汀·麦克劳德解释说,按照古代的"贵族文化霸权"标准,低价买入点子再高价卖出的"发明家不可能成为英雄"。而到了 19 世纪初的英国,发明家竟成了英雄人物,成了被公认的为世界做出贡献的人。[①] 荷兰人和美国人,接着是英国人,再是世界其

---

① MacLeod,2007,pp.1,13. 麦克劳德发现,发明家的威望在 20 世纪初有所下降,但我认为这是由于那时发明家的英雄主义已经普遍化了。在麦克唐奈尔(A. G. Macdonnell)的漫画小说《英格兰,他们的英格兰》(1933)中有一位工程师角色,来自北方的威廉·罗兹(William Rhodes)。他仍然受到尊重,尽管从英国南方或上流阶级的角度看,稍微有点儿受到怀疑(麦克唐奈尔是苏格兰人)。固然,麦克劳德所指的是严格意义上的发明家,而不是发明的使用者。但是正如 Edgerton(1991,1996,2005)所说的,尽管有后维多利亚时代的惋惜,英国仍然是全球最具创造力的经济体之一。

他地方的人们有史以来第一次(例如19世纪晚期的瑞典人)认可了市场经济,甚至认可那些逐利性的创新行为带来的创造性毁灭。后来,《弗吉尼亚人》(*The Virginian*,1902年出版的小说,1929年、1946年改编为电影)和《原野奇侠》(*Shane*,1949年版小说,1953年改编为电影)里的美国牛仔都颂扬诚实和非暴力的商业活动。① 1913年,当同时代的美国知识分子开始嘲笑企业家的时候,薇拉·凯瑟笔下的女主人公,瑞典裔美国人亚历山大·柏格森(Alexandra Bergson)却说道:"福勒(房地产商)又来了,我希望做他的商业伙伴!他可是为自己牟利不少!要是穷人(比如亚历山大那些缺乏企业家精神的兄弟们)能从富人那里学点招儿就好了!"② 在日本,上班族开始成为小说里的主人公。尽管遇到了许多前卫知识分子和艺术家的抵制,全世界开始重新评价企业家城市的价值。在2005年,英国哲学家和作家阿兰·德波顿(Alain de Botton)在谈到自己那单调的企业家故乡瑞士苏黎世时说:"这座城市与众不同的地方就是它提醒了我们,当要求一个城市只具备单调和企业家的时候,它会变得多么充满想象力和人情味。"他引用了法国作家蒙田在16世纪的最后十年写的语句:

> 攻占一个要塞,率领一个使团,管理一个国家,这是威风显赫的事情。持家教子,银钱往来,交朋结友,表达爱憎,是不引人注意的平常事,然而能在这些平常事上做到公正平和,认真不懈,表里如一,却是更难能可贵的。因此不管社会成见如何,在我看来归隐生活的人比

---

① 对于牛仔小说和电影中的企业家精神及其张力的讨论,参见 McCloskey, 2006a, pp. 212—230。好莱坞莫名其妙地变得仇视商业,正如《巨人》和《华尔街》两部影片。

② Cather, 1913, p. 58.

第三章 一种新修辞保护了新观念

之其他人肩负着同等的,甚至更加艰辛的责任。①

企业家价值的重估不仅是"中产阶级的崛起",如果说这意味着扩大了的企业家正在成为一股政治力量。在意大利北部四分五裂的共和国、汉莎、荷兰、瑞士和日内瓦以及英国在北美的殖民地之外,中产阶级的崛起是很久以后的事情了。历史学家杰克·赫克斯特(Jack Hexter)早就指出,中产阶级始终在"崛起"——但直到晚近,这个阶层才终于在企业家化的英格兰社会里上升到顶层。② 中产阶级到了19世纪还没有得到自己的政治地位,在贵族统治的16—17世纪当然更不用说了。英国直到晚近才废除贵族统治——温斯顿·丘吉尔出生在布伦海姆宫就是明证。③ 直到最近,如果有人想登上英国政治舞台,必须拥有一口拿腔拿调的BBC或牛津剑桥发音,即便对许多来自"凯尔特小圈子"的政客来说也是如此。一个出身富商家庭的孩子在上了伊顿公学和基督教堂学院之后,也会摆出一副贵族架子,并买一个最热门军团的军衔。

早现代史上最关键的经济大事件反而是对企业家行为的重新评估,是社会和企业家自身对企业家美德的逐步接纳,尽管有时不那么心甘情愿——持家教子,银钱往来,交朋结友,这些事情都远谈不上丰功伟绩。正如历史学家乔伊斯·阿普尔比(Joyce Appleby)在1978年所提出的,17世纪晚期及以后,英国的中产阶级"融合而不是取代了当时的统治阶级……社会变革……并不要求出现一个新的阶级,而要求出现一个现代阶级,不管该阶级是

---

① Montaigne, Essays, book 3.2, "Of Repentance", quoted in Botton 2005, p.46; alternatively translated in Montaigne, trans. D. Frame, Essays, p.614.
② Hexter, 1961.
③ Cannadine, 1994(2005).

如何形成的"①。或者,要我说,社会变革要求现有阶级转变自身的态度。这种态度的转变首先发生在荷兰,然后是英语国家,再是世界上其他地方。

在那些重新认识企业家价值的国家,市场和企业家用几乎所有人都享受到的惊人财富回报了社会的赞赏,并为战争积累了充分的物资(统治阶级满意地注意到了)。企业家有史以来第一次在社会舞台上扮演了重要的角色,享受着尊严和自由,同时由于政府取消了重商主义政策,他们也被迫面对残酷的创新和竞争(顺便指出,企业家未必需要自我意识才能扮演该角色——认为一个社会阶级必须具有自我意识才能构成一个阶级的谬论已经误导历史学家很久了)。企业家通过创新和争取客户来致富,并且无心插柳地提高了英国和后来其他地方穷人们的福利,起先提高了100%,后来是900%,再后来是1500%,最后达到了100美元每天。甚至在加纳和埃及,如今同样的事情也在发生。

按照企业家的平等主义的新说(或者像约翰·斯图亚特·穆勒所说的"自力更生"),某种程度上,一种正和游戏从零和博弈的政治里释放出来了。企业家的自由和尊严能带来进步的观念主导了西方对社会的想象。拿破仑的军队每征服一地,必认为自己的首要责任就是废除那里的垄断行会。在1857年,国际条约终结了丹麦征收进出波罗的海的厄勒海峡通行费的权力(那些获得解放的国家为此向丹麦支付了一笔高昂的补偿金),在此之前,丹麦已经从哈姆雷特的故乡赫尔辛格(Elsinore,莎士比亚)收取了几百年的通行费。到19世纪中叶,英国和法国都成了自由贸易国家。② 所有这些国家都走在欣欣向荣的企业家道路上。

换言之,这轮在人类历史上独一无二的10倍、16倍乃至更高

---

① Appleby,1978,pp.11-12.
② Nye,2007.

的经济增长,以及它所带来的政治和精神变革,更多的是观念所导致,而非物质因素所导致。企业家拥有自由和尊严的观念触发了蒸汽机、大众营销和民主的想法。马克思和恩格斯1848年在《共产党宣言》里写道:"资产阶级在它的不到一百年的阶级统治中所创造的生产力,比过去一切世代创造的全部生产力还要多,还要大。"①这是事实,在下一个百年里它们会创造更多,而且大大改善了穷人的生活。这与马克思和恩格斯在1848年的预见恰恰相反,也与从过去到今天好心的左派人士[比如美国电影制片人迈克尔·摩尔(Michael Moore)等]的判断相反。企业家还提升了人类精神,这与托马斯·卡莱尔(Thomas Carlyle)在1829年的预测相反,也与从过去一直到今天好心的右派人士[如美国传记作家帕特·布坎南(Pat Buchanan)等]的判断相反。年轻的美国评论家蒂莫西·沃克(Timothy Walker)批评卡莱尔的道德悲观主义。沃克曾经在托克维尔的美国之行中在辛辛那提招待过他,他在1831年说他们不是在谈论仆妇和奴隶供养的雅典贵族制度,而是在谈论民主这个符合人民大众的道义。"我们的信条是,只有从永久的劳形苦役中解放出来,人类才能取得伟大的精神成就。"②美国人做到了。祝贺像沃克这样具有企业家精神的美国人。

参与创造和人类解放的,不仅仅是贸易、投资和资源的开发,还有观念。首要的两个观念:一是人应该有希望的自由;二是诚信的经济生活应该赋予普通人以尊严和荣耀,无论是奶酪商领主还是尊贵的莱斯特公爵都应得到同样的尊重。世人眼中的公正概念发生了转变,公正不再是遵从身份而是遵从契约。这一词汇(起源于拉丁文,受亚里士多德启发)不再是旧的"分配"正义,而

---

① Marx and Engels,1848(1988),sec. 1, p. 59.(中译文引自《共产党宣言》,人民出版社1997年版,第32页。——译者)
② Quoted in Leo Marx 1964, p. 190.

是新的"交换"正义,不再是旧的身份正义,而是新的契约正义。(现代左派又回归了分配正义,这是现代左派的信条类似于自由主义出现之前的旧时右派的另一实例。)阿奎那曾经说过,仿佛是为"民主"转折做准备(尽管17世纪的荷兰很难称得上民主,更不用说18世纪的英国了):"在分配正义原则下,个体依据他在社会中地位的重要程度而得到相应商品。身份的重要性根据社会形式的不同而异,在贵族社会中根据美德决定;在寡头社会中根据财富决定;在民主社会中根据自由决定。"①约翰·洛克以一种交换正义代替了这种正义。交换正义尊重每个人,不仅仅是继承特权。根据交换正义,公爵也要付裁缝费,而产权通过劳动确立。亚当·斯密同样用民主再定义了"分配正义",旧的定义只青睐精英阶级,斯密的定义则青睐包括穷人在内的所有人。② 欧洲人开始相信,应该鼓励这一匪夷所思的平均主义带来的破坏性后果。

用马克思的教导说,现代世界建立在一种全新的"意识形态"上。或者说,它建立在一种全新的社会"修辞"(更老的用语,同样的意思)之上。例如,在莎士比亚时代的英文词典和莎士比亚的剧本里,"诚实"(honest)一词主要是指"尊贵"(noble)(战争或法庭上以贵族方式取得的尊敬:诚实,诚实的伊阿古)(《奥赛罗》角色)。在18世纪,这个单词的修辞意义发生了巨大变化,成为"作为普通人的尊严"和"实话实说"的意思(以可信赖的企业家方式做交易)。简·奥斯汀在1793—1816年一共写了八部作品(包括1804年未完成的《华生一家》,和她早年未发表的作品《苏珊女士》,但不包括她最后一部未完成的作品《桑底顿》),其中"诚实"

---

① Aquinas,1267-1273,Second Part of the Second Part,Q. 61,art. 2,"I answer that."
② 这些想法要归功于我朋友的著作:保罗·图尔平(Paul Turpin,2005)和塞缪尔·弗莱施哈克尔(Samuel Fleischacker,2004)。

出现了 31 次。① 这个词语在这 31 次里有 6 次意味着"正直"(upright),"正直"在旧时用法里意味着"一个诚实的人"。没有一次是莎士比亚时代的"尊贵的社会地位、英勇的战斗作风、贵族气派"的旧式用法。在 1/3 的情况下,这个词语意味着"纯正",比如"一个真正的、纯正的旧式寄宿学校"(《爱玛》),与"贵族"的含义相去甚远。在最后 1/3 的情况下,这个单词是按照现代语义里的"真诚"(sincere)来使用;而在全部出现的 31 次里,有 4 次严格意味着"说真话"。1934 年的《韦氏新国际词典》对"诚实"的古义有两个解释:第一个是"荣耀",举例为"一个诚实的(贞洁的)女人"(这种用法在《奥赛罗》中不止一次用在苔丝·狄蒙娜身上)。词典将"诚实"的名词形式(honesty)的"荣耀"含义标注为过时用法。韦式词典认为,"诚实"的第二个主要用法为公平、正直、真实,举例为"一个诚实的法官或商人,或一个诚实的陈述"(斜体表示)。韦式完全没有提到贵族或光荣的战争。令人吃惊之处在于,就在"诚实"一词的意思从贵族式转向企业家式的同时,在其他日耳曼或罗马语系中"商业"的含义也同样发生了转变,比如说荷兰语中的"eerlich"和意大利语中的"onesto"。这是企业家价值得到重新评估。②

"存在之链"(拉丁语:scala naturae,自然的阶梯,任何人都无法逾越。"阶梯"用"链条"来表述更为合适)主宰着伊丽莎白时代的世界图景,正如它主宰着柏拉图时代的全世界图景一样。自从大规模农业社会出现之后,数千年来伊拉克、埃及、中国北部地区还有夏威夷不断重复着这种等级尊严制度。③ 但是自 17 世纪

---

① http://www.pemberley.com/janeinfo/novlsrch.html.
② 我即将出版的《企业家价值的重估》会对"诚实"一词的各种变幻进行全面的讨论。
③ 关于"存在之链",参见蒂利亚德(Tillyard, 1943)。新历史主义者(一种文学批评流派,蒂利亚德有点莫名其妙地成了替罪羊)指出,存在之链通过其自身面临的挑战而获得意义,例如卡利班挑战埃里厄尔(莎士比亚的戏剧《暴风雨》中的人物)。正统意味着异端的存在,并被镇压。

以降,"存在之链"开始在西北欧崩溃,到了 19 世纪,它开始被许多人视为反动——尽管它仍然有着强大的势力。可能是由于 1568—1689 年荷兰、英格兰和苏格兰地区的成功暴动,在这些地方,社会学家们所说的"社会距离"[这个术语是社会学家乔治·齐美尔(Georg Simmel)在 20 世纪初发明的,开始被美国社会学家罗伯特·帕克(Robert Park)和埃默里·博加德斯(Emory Bogardus)首次系统化地使用]缩短。① 18 世纪法国的进步人士,如伏尔泰、卢梭和其他被反动势力妖魔化的学者开始将社会距离的缩小加以理论化,而反动势力则坚决反对缩小社会距离。以今天的世界打比方,就像是西北欧国家到 1800 年突然放弃旧有的南亚或朝鲜的顺从模式,选择了美国或以色列模式一样。这场转变并非一帆风顺。在北海周边,贵族和主教们开始不情愿地对城市人做出一点点的让步,最后甚至对农民做出了让步。先在荷兰,再是西北欧的其他国家,普通人逐渐获得了上层阶级长期以来一直努力压制的尊严和自由。

齐美尔在 1908 年以令人印象深刻的评论道出了一副企业家的古老形象:"在整个经济活动史上,陌生人处处为商人,而商人处处为陌生人。"②14 世纪的薄伽丘笔下的萨拉丁乔装成商人(in forma di mercatante)就是一个例子。大约在 1600 年,一种非陌生感的新修辞开始在荷兰出现,然后流传到了英格兰及他处,一直延续到了今天。在革命性的 1795 年,农民诗人罗伯特·伯恩斯(Robert Burns)宣布:"做人高风亮节,有尊严和自豪,这比爵位更崇高,不管怎么着……/男儿当自强。"司汤达在 1820 年的小说里描绘了一个反动的帕尔马修道院,其笔下的人物康特·莫斯卡·德拉·罗维尔(Conte Mosca della Rovere)以特有的洞察力说道:

---

① 参见 Ethington,1997;至于经济学家对这个观点的使用,参见 Akerlof,1997。
② 转引自 Ethington,1997。

第三章 一种新修辞保护了新观念

"我怀疑(对于我们贵族的)狂热尊敬是否能维持到我们的有生之年。"①在欧洲,一切都在改变。

西北欧的城镇居民失去了中世纪舒适的垄断地位,换来的是作为创新者的新的尊严,以及与统治阶级距离的缩小(不过在1820年的帕尔马修道院,企业家仍遭到贵族和绅士们的鄙夷,在司汤达1839年的小说里,这个阶级也被作者所鄙夷)。②首先是荷兰、英国,接着是其他地方,还有美国,变成了人类有史以来第一次彻底尊敬企业家的社会,企业家最终在这些地方成了新的英雄。沃尔特·惠特曼(Walt Whitman)在1855年写道:"美国公民(当然,当时的'公民'排除了妇女、黑人、印第安人、移民和许多贫穷的白人)真正令人惊奇之处,是他们完全不知道站在上等人面前是什么感觉。"③

毫无疑问,贸易和创新在日常生活中获得的新的尊严,反过来又自我强化了。部分原因当然是经济和物质上的,但同样肯定的是,有些原因是修辞和观念上的。比如说,荷兰的正和政治带来的巨大回报,会直接引发英格兰的效仿,正如今天引发印度的效仿一样。一件事情推动另一件事情的发展,一种利益催生新的利益出现。统治阶级热衷于建立强大的海军和陆军,他们需要资源,这无疑会推动政策和态度的改变:例如彼得大帝为了民族荣耀(并非为了让人民过得更好)致力于让俄罗斯现代化。你也可以称这是观念所导致。印度在独立后的40年里施行许可证制

---

① Stendhal,1839,p. 147,italics his.
② Stendhal,1839,他在许多地方都表示了自己对于企业家的鄙视(都没有采用间接文体,因为很可能与司汤达本人的观点冲突),比如:第90页(他头脑里只有钱);第103页(法布里奇奥认为中产阶级……很愚蠢);第119页(在路易—菲利普时代的法国,"唯一活下来的激情就是对金钱的欲望");第254页(在中产阶级眼里,夸大是美丽的);第427页(在一个像美国这样的共和国里,一个人被迫整天对街头小贩表示尊重,而且变得像他们一样无味和愚蠢)。我没有核对过小说的法文版,也许是翻译错误。
③ Whitman,1855,p. 6.

度,经济也陷入停滞,然而它的大敌中国在 1978 年以后的飞速发展深深刺激了这个国家,最终催生了一场修辞上的变革,尤其是 1991 年以后。同样,在 17 世纪,荷兰在商业上的成功让英国人耿耿于怀,激发了他们去模仿,这种情形就好像最近香港和台湾的成功创新对中国大陆的影响一样。① 企业家价值重估浪潮的接连兴起,如同征服国的民族主义情绪催生了被征服国的民族主义一样,英国人刺激了法国人,还有印度人。你可以称这个过程是物质上的,或是观念上的。

但马克思(还有恩格斯)的错误在于,他认为意识形态或修辞上的改变始终是物质经济利益改变的反映。驱使希特勒屠戮数千万国民,以及驱使波尔布特屠戮柬埔寨 1/3 人口的,并不是物质利益,而是某种精神上的因素。② 在刚刚过去的意识形态大战的世纪里,是意识形态在驱使双方行动。思想本身无疑部分地依赖利益因素,但并非总是如此。人们成为保守主义者或自由主义者、成为法西斯分子或共产主义者,并不是总是出于自私。正如经济学家和哲学家阿马蒂亚·森(Amartya Sen)所说,他们的献身精神证明了他们的忠诚。或者在我看来,无论是为恶还是为善,都证明了他们的道德复杂性。③

在重估过程最关键的早期,在 1600—1800 年的西北欧,是言语和观念引领着前进的道路。乔尔·莫基尔在 1990 年写道:"对于精神因素在长期经济发展里的作用,经济学家们传统上持怀疑态度。在最初解释西方经济崛起的著作里,这类因素一直被无视或被草草反驳。"1986 年之前的约翰·希克斯(John R. Hicks)、道格拉斯·诺斯、罗伯特·保罗·托马斯、埃里克·琼斯(Eric

---

① 关于荷兰如何在 17 世纪让英国人受到刺激,参见 Appleby, 1978, chapter 4, "The Dutch as a Source of Evidence"。
② Otteson, 2006, p. 178.
③ Sen, 1985.

Jones)、内森·罗森伯格(Nathan Rosenberg)和小伯泽尔(L. E. Birdzell)的作品都莫不如此。① 但自那以后的经济学家们,甚至包括上述学者中的几位,开始更为明智。欧洲的大革命、宗教改革、文艺复兴,特别是企业家价值的重新评估赋予了城镇居民以勇气,并提升了他们在整个社会中的地位。正如经济学家迪帕克·拉尔(Deepak Lal)最近说的:"资本主义作为一种经济制度(我称为创新),是在商人和企业家终于获得社会认可(尊严),并不再受到国家的掠夺(自由)之后出现的。"②拉尔在芝加哥大学洛杉矶分校的历史学同事乔伊斯·阿普比(Joyce Appleby)说过:"资本主义兴起之谜不仅是经济上的,也是政治和道德上的:企业家是如何摆脱习俗的束缚(自由)而获得力量(自由)和尊重(尊严),从而得以改造,而非恪守固有的社会秩序(更多的自由和全新的尊严标准)?"③北海各国携着冒险的自由抵达了本书标题中的"企业家尊严"的彼岸,物质经济的发展也随之而来。

---

① Mokyr,1990,p. 171.
② Lal 2006,p. 2. 此处拉尔可能接受了道格拉斯·诺斯的观点,认为一直到1688年"掠夺"在英国都是普遍现象。拉尔本人关于私有产权源于中世纪中期的观点更好一些。
③ Appleby,2010,p. 7.

第四章　许多貌似有理的理论站不住脚

我的许多研究社会科学的同僚,甚至其中人文主义倾向的学者,都强烈反对我的观点,且反对的不仅仅是我对企业家的赞美。他们带着强烈的唯心主义,深信任何有关观念的观念都是不科学的。从1890年到1980年的大约一个世纪里,实证主义、行为主义和经济主义的观念占据着社会科学的舞台,许多老一辈的"演员"依然恪守我们大学里学到的那些唯心主义教条。[①] 那些自认为超脱于任何哲学之外的经济学家和历史学家们,往往是许多年前就已破产的科学哲学思想的奴隶,最普遍的就是一百年前就已经摇摇欲坠的逻辑实证主义思想。

他们的信念值得敬佩。然而(在科学对话开始之前)否定言语、修辞、身份和创新的作用,只关注数字、利益、物质和唯事功的做法就是在否定大量历史证据,甚至在否定自托马斯·库恩(Thomas Kuhn)以来半个世纪的科学研究成果。站在反对观念一派的正是那些被现代马克思主义者蔑称为"庸俗马克思主义者"的学派:渴望被认为是讲究实际的行为主义者、实证主义者、唯物主义者和计量经济学家。他们一方面宣称"以证据为准绳",另一方面却无视常识或历史证据。他们非常确信自己

[①] 在历史学领域,关于客观主义的最全面的表述当属彼得·诺维克(Peter Novick)的传世著作:《那个高贵的梦想》(*That Noble Dream*,1988)。本人的《经济学修辞》(1985a;1998)也讲述了一个类似的经济学故事。

的方法论能产生唯一的科学事实。正是由于这个共性,当某些不讲科学的"傻瓜"宣称观念导致了某事件时,他们才会心烦意乱和出口成"脏"。他们甚至觉得(我回忆)拒绝观念的态度很有男子气概。

问题在于这种方法论上的偏见常常被历史证明是错误的。以美国宪法为例,正如历史学家伯纳德·贝林(Bernard Bailyn)所认为的,它是一个观念上的创新,它的经济根基被轻易夸大了。① 乔纳森·伊斯雷尔写道:"18世纪晚期大西洋的民主革命,主要源于观念、想法和态度的转变,这是一场思想的革命。"②废奴政策起初不过是一群激进教徒(以及孟德斯鸠男爵)的主张,活跃在19世纪20—30年代的英国政坛,后来却无疑在美国政治中扮演了更重要的角色。北方的经济利益对废奴政策的影响,甚至还比不上由于印刷成本降低加强了基督教福音派宣传能力的作用。林肯在接见《汤姆叔叔的小屋》(1852)的作者时说了那句名言:"原来就是这位瘦小的女士写了一本引发大战的书。"一本书确实可能引爆战争——厄斯金·奇尔德斯(Erskine Childers)的间谍小说《沙岸之谜:谍战回忆录》(1903)对英德两国的海上争霸起了不可低估的影响。令人失望的1848年革命只出现在议会、政党和宣言之中,而在此之后,社会主义思想及至社会主义实践开始扩散。在拿破仑的征服过后,形形色色的民族主义在欧洲大陆泛起,随后被诗歌、民谣及寓居伦敦的流亡者的文字所完善。谈话啊,谈话啊,再谈话。人们的观念至关重要。

如果要解释西北欧的中产阶级获得的新的尊严,要解释它为现代世界带来的成就,社会学家们需要调整对唯物主义的狂

---

① Bailyn, 2003, especially chapter 1, "Politics and the Creative Imagination".
② Israel, 2010, pp. 37, 39; see also pp. 87, 91.

热信仰——当然并不彻底否定物质的力量。他们要在收集铁价和议员受贿金额等资料的同时,也收集关于观点、修辞和社会距离的资料。科学方法并未规定一个经济课题,如革命性的经济增长,只能通过狭隘的经济上的因素来解释。马歇尔·萨林斯这样说道:

> 我们没有否定物质的力量和约束,没有否定它们对文化秩序的真实影响。而是影响的本质不能通过(物质)力量的本质来解读,因为物质上的影响也依赖于它们所处的文化氛围……人们在生产中的现实利益只是象征性的……从它们满足物质(生物)需求的能力上完全无从解释为何(在西方)狗肉不能食用,而小公牛的后腿肉却可以充分满足食欲。①

社会学家拉克什·库拉纳(Rakesh Khurana)讲述了美国商学院的历史,及其如何先合法化再腐化职业经理人的历史,他宣称:"我认为观念利益是专业化领域里的重要因素,而对这些观念的陈述有时候只能按表面意义(face value)理解……将其与社会角色和个人利益(物质的或权力的)合并理解。"②类似地,宗教社会学家罗德尼·斯塔克(Rodney Stark)虽绝没有忽视物质的力量,也劝我们有时要按表面意义——或至少某种意义——理解宗教教义。③ 有时候人们所说即所想,或至少会无意间说出自己的真实用意。对于社会科学来说,言语也是事实。

读者眼前的这本书间接地倾向观念的作用。对于工业革命

---

① Sahlins,1976,pp. 206-207.
② Khurana,2007,p. 11.
③ Stark,2003,p. 2:"关于上帝的观念……存在着后果";p. 11:"一神教对于激发人的行动有无限的力量"。

第四章　许多貌似有理的理论站不住脚　　45

和现代世界的各种看似颇有道理的物质上和反修辞的解释,本书考察了它们的代表性例子。那些解释包括了投资、掠夺、地理、对外贸易、帝国主义、基因或产权因素等。所有这些解释都出人意料地缺乏说服力。因此我认为(我承认存在推理上的漏洞)剩下的因素,例如观念和修辞,一定起了很大作用(后面的两卷书会提供更多关于修辞演变的正面证据)。

穆勒,这位无比开明而博学的学者在其《逻辑体系》(1843)中推荐了"剩余法"作为四种归纳法之一。穆勒深入浅出地写道:"如果通过之前的归纳,所有现象都能归于已知的原因,那么剩余的现象将是之前被忽视的原因所导致,或者是某种不确定因素所导致。"①用简单的话说,去掉已知的原因,剩下的就是未知的原因。传统史观认为工业革命的起因是经济上和物质上的,如果这些解释被证明不够充分,那么剩下的那一大块或许就是剩下的原因所导致——修辞的演变。如果新/旧投资和贸易都无法解释工业革命,或许新的思考和谈话方式就能成为原因。我认为,市场、创新和企业家的修辞在1700年左右的变化,以及在1800年后的扩散,才是关键的剩余原因。改变的只不过是人们头脑中和交流时关于尊严和自由的含义。但这种改变确是在历史上独一无二,并在经济上强大无比。它掀起了巨浪[纵观人类的全部历史,这股巨浪更像海啸(tsunami);海啸这个日语词汇含有的突然之意能更好地表达这个现象]。

物质上的解释已经连篇累牍了,从早期马克思主义史学家们青睐的"原始积累",到晚近萨缪尔森学派经济学家们青睐的"新

---

① Mill,1843,p. 464.(作者引用穆勒的意思是,把所有解释工业革命起因和人类经济大发展的不靠谱的理论都排除掉,剩下的理论可能就是靠谱的。——译者)

制度主义"莫不如此。① 本书没有把迄今所有可能的理论都打入地狱的第八层,也没有诅咒这些理论的支持者们,好些人还是我的朋友和值得敬佩的同僚,不管是马克思主义者还是萨缪尔森主义者。无论是断定资本家长期占有剩余价值,还是用再配置理论解释国民收入的2%至3%中效率提高的部分,都很可能是正确的。但是科学证据似乎强有力地证明,无论从单独还是整体上看,仅靠唯事功论的经济主义理论无法解释自1700年以来人均实际收入的惊人增长。所以或许修辞能够解释。

总结过去半世纪的经济学家和历史学家的研究成果,我们看到:

对外贸易古来有之,规模也太小,不足以承载西北欧洲在1700年之后的崛起。资本积累也不是关键因素,因为资本很容易积累。识字是一种人力资源的投资,只是顺应需求而生的产物。煤炭资源自古就能被运输而不局限于一隅。无论你怎么想,帝国主义也不是欧洲国家进步的原因,关于这段历史的描述是错误的,帝国主义在人类早期的历史上非常普遍。同样地,人类早在工业革命前的许多个世纪就建立了私有产权制度,中国对产权的保护甚至比欧洲更严格。欧洲的婚姻模式并非欧洲人所独有。贪婪并未在西方突然兴起。在工业革命时期的西方企业家国度里,天主教徒与新教徒做得一样好,至少在同样的条件下双方不

---

① 现代美国式经济学可以用"萨缪尔森主义"来形容,它源于平易近人的伟大经济学家保罗·萨缪尔森(1915—2009)及其妹夫(同样平易近人的)肯尼斯·阿罗(生于1921年)。萨缪尔森1947年的博士毕业论文《经济分析基础》中宣布了这个思想。萨缪尔森坚持认为,任何一个经济问题都必须被视为追求功利的个人在约束最大化下表现的问题。阿罗用数学方法进行了证明(不同于物理系或工程系的风格,后者根本不在意这种存在定理证明)。萨缪尔森经济学,特别是结合了米尔顿·弗里德曼理论之后的最新形态,一般就被称为"新古典主义"。但这个称呼延续了一个时代错误,因为新古典主义经济学原指19世纪70年代诞生的新经济学(门格尔、瓦尔拉斯、杰文斯、马歇尔、克拉克、维克塞尔),其方法论比萨缪尔森的要广阔,其结论则宽于弗里德曼的。

相伯仲,阿姆斯特丹就是一个明证。穆斯林、印度教徒和佛教徒,还有儒家信徒和万物有灵论者,和基督徒一样能理性地思考盈利和亏损。爆炸式的人口增长在之前的时代和其他地方都出现过。黑死病袭击了整个欧亚大陆。基因变异和进化的作用太慢,与欧洲人取得的成就无关。在18世纪以前,远东、近东和东南半球的大部分地区和西方同样富裕,而且和西方的某些地方一样都做好了创新的准备——除了它们不具备企业家的尊严和自由这个关键因素。在17世纪之前,中国人和阿拉伯人的科学水平远超欧洲人。科学革命时期的科学进步基本上都是物理学和天文学方面的,而且在20世纪之前,科学领域的其他分支也对于世俗的追求并无太大用处。对创造性毁灭的认可是观念领域中的一次反常规的革命性插曲,的确,在划时代的意义上,欧洲科学的崛起也是一条同样重要的并行线。但是发明家获得的新的自由和尊严是一种科学之外的修辞上的事件,从此世人更加认同企业家的坚持不懈(像比如查尔斯·达尔文)的态度,而非贵族姿态(例如培根勋爵),这从而影响了科学自身的发展。

在1500年,世界上最大的十个城市中只有一个在欧洲,即巴黎。在1800年也只有巴黎、伦敦和那不勒斯跻身世界十大城市之列。① 但是经过一个世纪的惊天巨变之后,在欧洲和美国之外只有一个城市位于十大城市之列(即东京,它也是在日本工业化之后出现的)。② 然而在我们这个时代,据估计到2015年,只有两座部分欧洲血统的城市——墨西哥城和圣保罗,会位于十大城市之列。杰克·顾迪称这种现象为"轮换",经济学家则称之为"收敛"。顾迪写道:"没有人会否认欧美近代的优势……我要质疑的只是太多人把欧美崛起的原因归结于某种幻想中的长期优

---

① Hohenberg, 2003, p. 179.
② "分化"这个词以及1800年以后才发生的观念来自彭慕兰(2000)和其他"加利福尼亚学派"的人。

势……欧美的优势……更多源于近代和具体的原因。"①历史车轮一直在滚滚前行。总之，欧洲人1700年前在经济上并无特别之处，他们只是在1800年之后的两个世纪里（就像在之前的数世纪里，他们向世界展现自己天生的野蛮那样）才最清晰地展露了天生的创造力。到了21世纪初，他们又还原到了从前，甚至连残暴的本性也失去了。欧洲人特殊的创造力与欧洲崛起，来源于其有关经济的修辞的改变，这种改变造成了东西方的差距。

我的伊利诺伊大学芝加哥分校英语系同事，现代语言协会前会长格拉德·格拉夫（Gerald Graff）说："学会认识冲突很重要。"他和凯茜·比肯施泰因（Cathy Birkenstein）合作将这种观念转化成了实际的成果，两人合写了一本教材——《他们说/我说：学术写作中重要的步骤》（2005）——把自己的观念灌输给了学生。②这本精彩的小册子里提到，一个学生或一个科学家如果不能公正地总结他人的立场，就无法分辨自己的立场。我的理论虽然是修辞的改变诞生了工业革命和现代世界，不过在本书里我也相当公正地考察了相对于我的（正确）理论之外的众多谬论（很遗憾谬论实在太多）。借用格拉夫和比肯施泰因的论证修辞方法，"我那些令人尊敬的朋友们，无论是专攻经济、历史还是经济史，说现代世界来源于贸易、掠夺或法律的改变，都是走上了歧路。他们是这样认为的，我反对。正是由于寻常经济生活的修辞的变化，才导致了富兰克林炉和酸性贝塞麦炼钢法，导致了政治权力的和平过渡以及我们所有的欢声笑语"。

我承认这种系统性地否定其他理论的做法会让人恼火，人们

---

① Goody, 2010, p. 122.
② 格拉夫和比肯施泰因（2005）以及格拉夫（1992）。我的另外一位朋友杰克·戈德斯通已经在他的一本优秀的教材《为什么是欧洲？世界史上西方的崛起，1500—1850》（2009）中实践了冲突法和剩余法。我从该书中受益颇多，我还没有看到他即将出版的《一条奇特的路》，我相信能从中学到更多。

不喜欢听到认为发生却没有发生的事情。而且总是存在蒙田说的那种令人尴尬的危险:"在有争议的事情上,我们的理由和论点通常会反噬自身,我们总是被自己的武器刺穿。"①然而这种冒险的排他性毕竟是科学哲学中的传统理想——就算通常在实践中被忽视(这种实践通常是社会学家们所说的"经验主义者的独白",即我的伟大理论,只有我的理论是伟大的)。例如,最近《科学》杂志发表了一篇排他性的文章,文中描述了"太阳模型问题",认为比氢和氦更重的元素在太阳里的含量比对流模型里的更多。作者礼貌地否定了四种"起初获得一定支持"的"直接的"假设,得出结论说,"也许唯一留下的假设就是内部重力流假设"②。类似的,在1965年,阿诺·彭齐亚斯和罗伯特·威尔逊利用新设计的指向夜空的微波探测器发现了一种静态噪声,他们通过排除所有其他可能解释后(包括某种当地鸽子的活动),发现了宇宙大爆炸理论里的3K背景辐射。在理想情况下,我们会在自己的理论中"包围"他人的理论并成功地证明我们的理论能解释事实,而他们的理论不能。既然鸽子说不成立,那就只剩下大爆炸理论可以解释了。

　　古代的柏拉图在对话中也使用了同样的排他法和认识冲突的方法,正如在《理想国》卷一那样(麦克纳译本,p. 335),苏格拉底就是"包围者"。犹太教的《塔木德》也是;还有圣托马斯·阿奎那,他在某种程度上受到了迈蒙尼德(Maimonides)以及彼得·阿伯拉尔(Peter Abelard)开创的学院辩论传统影响,更加剧了爱任钮和奥里根两位神父之后持续数世纪之久的基督教神学辩论。排他法在早现代科学里的经典案例就是伽利略1632年的名著《对话》,书中这位日心论者"辛普利西奥"(Simplicio)用哥白尼的

---

① Montaigne,1588,book 3.8,"Of the Art of Discussion",p. 709.
② Asplund,2008,p. 51.

理论所向披靡。伽利略把反哥白尼人物命名为"辛普利西奥"也许并非在讨好宗教裁判所,他很可能是以此对6世纪的一位新柏拉图主义者辛普里丘(古典拉丁语"同一性质"的意思,源自 simplex,在现代意大利语中拼为 simplice,是直截了当的意思;但在中世纪拉丁文中意为"天真")表示敬意。

　　排他法在医学上的经典案例就是约翰·斯诺(John Snow, 1813—1858),他在经过 1849 年的初期调查之后,于 1855 年证明了霍乱源于"伦敦供水系统受到了下水道污水影响"①。他考察了水因理论的种种替代解释,比如瘴气说或人际传染说。在积累了足够多的证据之后,斯诺发现其他解释都不成立——例如他在 1854 年疫情暴发的时候进行了挨家挨户的调查,并以此为基础绘制了精妙的伦敦霍乱地图。他特别得出结论:"如果除了旧理论声称的之外,霍乱没有其他传播途径,那它的范围会局限于拥挤的贫民窟,并在一地逐渐消散,因为它需要有接触新鲜受害者的机会才能传播;但实际上,往往会有一条途径让它更广泛地传播,并接触到富人社区;我认为是携带霍乱的人类排泄物污染了供水系统(导致了疫情的扩散)。"同理,"受到尊重的商人和获得自由的生产者在传播的范围和速度上都远胜对外贸易、帝国主义、资本投资,或所谓的英国人种族优势"的思想,能更容易地解释为何世界其他地方也能最终掌握致富的窍门。美国、比利时、法国、德国、意大利、韩国、中国台湾、中国香港、西班牙、泰国、博茨瓦纳、中国、爱尔兰、印度和他们的模仿者都掌握了窍门,所以取得了经济的飞速增长。

　　排他法在现代经济学里就是剩余法,它的经典应用就是 20 世纪 50 年代约翰·肯德里克(John Kendrick)、摩西·阿布拉莫维茨(Moses Abramovitz)和罗伯特·索罗(Robert Solow)所做的生产

---

① Snow,1855,p. 75.

力计算(经济史学家琼斯在 1933 年就做过了预测)。① 经济学家们运用"边际生产力理论"扣除了纯人均资本积累对于产出的影响。把能直接衡量的部分扣除,剩下的部分就是你无法衡量的——即无法直接衡量的创新的影响。在本书里,对于 1800 年以后的经济飞跃,我们将能够直接衡量的唯物主义和经济学解释取出后,发现它们的贡献非常小。剩下的解释——让我们祈祷——就是无法直接衡量的,因修辞改变而释放出来的创新了。

本书里提出了一个有关这个假说的科学和哲学的普遍样本。自 20 世纪 60 年代以来,我从事了一些经济史,特别是英国经济史的研究,而 20 世纪 80 年代以后,也从事了一些哲学和文学评论方面的写作。但我在本书里举出的大多数证据和推理都是由他人发现或发明的。本书以散文形式写就,并非一本科研专著。专业人士会发现书里有一些旧的故事以新的样貌呈现。

我们经济史学家自 20 世纪 60 年代就明白,资本积累理论无法解释工业革命或随后的冰球杆效应。但这个理念尚未充分地为学术界所接受,甚至遭到一些误入歧途的经济史学家们的抵制。来自那些从事增长理论和经济发展理论研究的经济学家的抵制尤其激烈。他们极度希望能相信产出不取决于与物质无关的观念,而主要取决于劳动力的投入和(特别是)现存的物理和人力资本,$Q = F(L, K)$——这个公式多么可爱,多么坚强,多么具有男子气概,而且可以无休止地数理化。左倾的法文系若听到创新不依赖于剥削无产阶级而来的资本积累,会无比震惊。然而这个科学发现却是多年以前的事情,也无可置疑。

---

① 阿布拉莫维茨在 1956 年、肯德里克在 1956 年和 1961 年,以及索洛在 1957 年。琼斯的收益递增说(1933)应该更为经济学家所熟悉。他师从阿尔弗雷德·马歇尔,预见到了后来被称作"价格双重残余"的数理。他英年早逝,其贡献在经济史学界外不为人知。在 19 世纪,经济学界普遍接受用投入价格(例如煤、劳动力和木材的价格)除以产出价格(例如铁、麦子和家具的价格)来衡量生产力的概念,而不是 20 世纪非常模糊的"原始数量"概念。

同样，文学评论家知道企业家能读能写。欧洲的现实主义小说，从《鲁宾孙漂流记》到《兔子富了》，都在同时颂扬和攻击企业家美德，尽管在具体方式上有所不一。① 普通经济学家认为小说和戏剧能够教会我们关于企业家理念和创新的历史的想法是荒唐和不科学的，比如英文系的同僚们对此就不感冒。然而这个科学发现也是多年以前的事情，同样无可置疑。

（我通篇使用的"科学"这个词语，取其广义，即"严肃而系统性的探寻"之义，除了过去150年中的英语，它在所有语言里都表达此意，如荷兰语wetenschap（科学），荷兰语中有kunstwetenschap一词［艺术科学，英语中不可能用一个词来表示］；德语Wissenschaft（科学），比如有die Geisteswissenschaften一词［即人文科学，字面意思是有点吓人的"精神科学"］；法语是science，例如les sciences humaines［意思是对于严肃而系统性的探寻人类生存条件，比如文学、哲学或人类学研究，字面意思是"人类科学"，这在现代英语中又是一个不可能的矛盾］；或在1850年之前在英语中的"科学"这个词。因而，教皇亚历山大在1711年说："我们囿于思想的局限/总是看到眼前，看不到长远：/谁知用异样的惊喜/凝视着无尽科学的遥远天幕的崛起！"② 他说的不是物理学或化学。约翰·斯图亚特·穆勒在所有著作中使用的"科学"这个词，都取自它的古意。③《牛津英语大辞典》里对"科学"的释义5b将它的含义局限于"物理或生物科学"，这是19世纪中期英语学术界的一次政治意外，却诱使了近代英语学者盲目致力于将一种严肃而系统性的探寻与另一种探寻划分开来。）

同样，无论同意与否，哲学系里没人会被"美德伦理学"这个

---

① 例如，不管是否逻辑论证，迈克尔·麦凯恩1987（2002）。
② Pope, 1711, *Essay on Criticism*, lines 221—224.
③ 你可以搜索任何穆勒的文章来说服自己，检索他对"科学"一词的用法，比如他会提到"关于道德的科学"。

概念所吓到。这个概念最早在《企业家的美德》(2006)一书中解释过,在本书中不时被用于谈论企业家价值的重估(例如,我前面就用它来表示由价值重估重新引发的希望和信念的美德)。它可能更适应康德或功利主义的论点——用哲学术语讲,就是"道义伦理"和"结果伦理"——诞生于18世纪,并从此主宰着学院哲学。自1789年至今处于学术霸权地位的功利主义,在今天的商学院中反复以庸俗的面孔出现,比如"利益攸关者"是唯一的道德理由,或在经济系里,假设效用函数 $U = U(X, Y)$ 是人类选择的唯一方式。但至少哲学家们会知晓更多美德伦理的古代说法,及其近来以女权主义面孔出现的复兴。这些都不是什么新鲜的东西。

本书的新鲜之处,或许科学上有争议之处,是认为18世纪观念和物质因素相互作用,并为现代世界的发展提供了动力。不过即便是这样的假设,也有着古代的起源。

第五章　正确的理论应赞美创新

本书是计划六卷丛书的第二本,全卷已完成三本,第一本已于 2006 年出版。我的目的是为我们的现代创新形式——被普遍(误导性地)称为"资本主义"——进行全面的辩护。这些书为你这样心存疑问的人而写,若你认为市场和创新需要这样的辩护。本书的目标读者是一个很小众的群体——能认真对待人文学科而且承认小说和哲学也是资料的科学家;或者喜欢计算并欣赏经济观点的人文学家;或者有兴致耐心听取证据和推理的大众读者。这些证据和推理,将推翻他们所持的产生于 1600 年至今的大部分左右派经济学理论。①

这六卷书合在一起就形成了一个重要观点:市场和创新这一古已有之、只是近代以来才获得尊严和自由的事物,与有道德的生活是一致的。无论是羊毛缩绒机的发明,还是让英格兰人能够方便支付弗罗林②的银行的发明,在以前都是不名誉的企业家行为,然而 1300 年以后,在欧洲南部的一些地区(佛罗伦萨、威尼斯、巴塞罗那),就像世界各地不同时代发生过的一样,出现了一场支持这类行为的道德伦理和修辞上的转变。在 1400 年以后,

---

①　在现代英语世界的文学评论界里,"人文主义者"是个战斗词汇,但本书回避了它的战斗含义。本书中它都指"在英语、法语、音乐、艺术、哲学、神学、历史学等学科的学者,即对 die Geisteswissenschaften 或 les sciences humaines 感兴趣的人"。这并不意味着我们在追随马修·阿诺德(Matthew Arnold)、艾略特、布鲁姆(哈罗德或艾伦),还有我的老师霍华德·芒福德·琼斯的脚步。

②　19 世纪在英国发行的银币。——译者

这场转变出现在了欧洲南部的一些城镇（比如里斯本）和北部汉萨地区；在 1600 年之后，欧洲北部（荷兰）大片的城镇加入了这股潮流；1700 年之后它扩散到了英国、苏格兰和英属北美殖民地；1800 年之后扩散到了比利时南部、莱茵地区、法国北部乃至席卷全世界。言语、对话或修辞无论在过去和现在都影响着经济。人类的言语使贫困现象在 1800 年以后大幅减少，使人类精神有了极大提升。

然而在 19 世纪，艺术家和受过教育的人——塞缪尔·泰勒·柯勒律治（Samuel Taylor Coleridge）和我称为的"知识阶层"（clerisy）——转而反对自由创新。知识阶层的背叛导致了 21 世纪的极端环保主义、工会左派和传统右派的阴郁的悲观主义。知识阶层为他们的态度提供了"科学"依据，比如科学帝国主义、科学种族主义、科学马尔萨斯主义或最近的科学新优生学。这些科学辩护再度主张恢复精英对新解放的穷人的控制。想一想希特勒的《我的奋斗》，就是从科学梦想中提炼出的蚁群社会构想。再比如伟大的统计学家卡尔·皮尔逊（Karl A. Pearson）在 1900 年为支持帝国主义而赞同科学种族主义："认为能干和健壮的白人种族不应该取代（不能对人类知识作出贡献的）黑人种族，是一种错误的人类团结观。"[①]他在 1925 年撰文反对东欧犹太人移民英国，理由是"异族的犹太人在身体和智力上劣于本地民族"，例如"在衣冠整洁方面"[②]。或者想想伟大的美国法学家奥利弗·温德尔·霍姆斯（Oliver Wendell Holmes）在 1895 年以社会达尔文主义的口吻讥讽说："不管是阻止虐待动物，还是社会大同，有人

---

① Pearson，1900，pp. 26–28. 顺便提一句，即使按照严格的基因理论，皮尔逊的说法也是错误的。非洲的基因多样性确保了黑人最终会对人类知识的积累做出贡献，并让白人、黄种人和棕色人种相形见绌。

② Pearson and Moul，1925. 皮尔特和利维在 2005 年，在 19 世纪末和 20 世纪初的新优生学的社会科学背景下全面和深入地考察了皮尔逊和莫尔的文章（chap. 5，pp. 87–103）。

说……在人生之战中受伤是多么不幸,让任何一个人失败是多么可怕。"①他在 1927 年以科学功利主义和优生学为依据赞同强制节育,"与其坐等堕落的下一代犯罪而处死他们,或者因他们自身的低能而饿死,社会可以阻止那些明显不适合繁衍后代的个体生育,这会造福整个世界。强制接种疫苗的原则足以延伸至切除输卵管,三代低能已经足够了"②。可悲的是,这些论调并非"垃圾科学"或"伪科学",很难用方法论的规则将其与真正的科学划清界限。它是常规的、紧跟时代潮流且被广泛接受的科学理论,就像现在那些经常发表在《科学》杂志上的没有任何经济内容的环保主义论调一样。科学是神奇的,但它并不总是等同于智慧,而且一知半解十分危险。

知识阶层自 1848 年以来重复至今的反创新、反市场和反自由的修辞,严重误解了科学史。知识阶层说,每一次破坏环境的溢出效应(spillover)都合法化了全球性的政府控制。科学的经济学揭示并非如此。某些溢出效应最好是在区域层面治理,我们需要确立更多而非更少的私有产权。知识阶层说,如果不对生育进行强制,自由繁衍下的人类种族会出现退化。但科学的基因学揭示并非如此。人类的能力因多样性而茁壮成长,我们即将在非洲见证这个预测。知识阶层说,创新使人贫穷,但科学的经济学揭示并非如此,中国香港就是明证。知识阶层说,国家规划或国家动员比自发的商业秩序更好,但科学的历史证明这是错的,就像苏联的失败。社会主义和民族主义一直在打断资本主义的商业带来的富裕和繁荣。知识阶层说,现代城市文明使人疏远,但科学的社会学揭示,法国人的企业家式生活大大增强了许多弱联系,使人们摆脱农村的桎梏,现代西班牙或希腊也是同样的情况。

---

① Holmes,1895,p. 264.
② Holmes,*Buck v. Bell*,274 U. S. 200(1927). 见阿修勒(Alschuler)(2000)对霍姆斯的致命批判。

第五章 正确的理论应赞美创新

知识阶层还说市场及经济自由在政治上很危险,但政治科学揭示了相反的结果,自由市场使普通人获得了尊严,使人们变得温和宽容,就像荷兰和瑞典,无论按照何种标准来衡量都是如此。

本书是全六卷的系列丛书中的第二本,这个系列称为《企业家纪元》。《企业家纪元》向现代社会提供了一个"解释"(apology)——这个词语在希腊语中指法庭上的辩护,在神学意义上指对你们所有人(我亲爱的异教徒们、极度正统派和中间路线者)的布道。我亲爱的左派朋友和(同样被误导的)右派朋友们都主张:资本主义,正如马克思在 1867 年所说,"他的目的也不是取得一次利润,而只是谋取利润的无休止的运动。这种绝对的致富欲,这种价值追逐狂……"①许多左派人士为所谓的坏的物质结局愤愤不平——尽管这是误解,因为对财富的渴望是普遍的,其以现代企业家面貌实践的物质结局实际上大大有利于全世界的穷人,而非在损害他们的利益。许多右派人士则恰恰相反,为这同样一段被误解的历史拍手叫好。他们和站在对面的左派人士一样,都认为马克思正确地将现代社会定性为唯利是图。他们自鸣得意地确信,这种贪婪对于巴巴多斯的能容纳三辆车的车库和分时享有权是"好事",要习惯贪婪的世界。

两派中都有许多有情有义的人士,对他们在新的贪婪中发现的精神上的庸俗感到沮丧。他们眼中的未来一片黑暗。这种悲观主义(尽管伴随着一种更长期的末日乐观主义)是一些左派人士的特征,他们把每一次的经济下滑都视为全球资本主义的末日。一些右派人士则具有另一种形式的悲观主义(没有末日乐观

---

① 《资本论》,1867 年,第 168 页(第 2 篇,第 4 章,"资本的总公式")。(中译文引自马克思《资本论》第一卷,人民出版社 2004 年版,第 179 页。——译者)英文译本(尽管得到了恩格斯的认可)在很多重要细节上有误。因此穆尔和艾威林的译本(比如现代图书馆版本)说:"对财富的无休止的贪婪"(第 171 页),但"贪婪"这个词并不是对应的那个德语(Gier 或 Geltgier)的意思,实际上马克思在全书中都避免这样定性,因为这是在说教和不科学的。

主义成分），他们把所有新的文化时尚都视为庸俗的统治导致的腐败。

我必须承认，左右两派的目光短浅的悲观主义都很有市场。艾伦·布鲁姆（Allan Bloom）那本灌注右派悲观主义的《美国思想的封闭》（1987）仅精装本就卖了50万册。不久以后，在一个我们俩都参加的小型研讨会上，主办方指定艾伦评价我的一篇题为"如果你很聪明，为何没发财？"的文章。他以一个小玩笑作为开场白："我要声明我现在很有钱。"保罗·埃利希（Paul Ehrlich）的《人口炸弹》（1968）总销量达300万本，然而书中信誓旦旦预测的那些事情几乎无一成为现实。我买过一本拉维·巴特拉（Ravi Bahtra）的《1990年大萧条》（另一个从未实现的预言，却在1987年成了畅销书），那是在1992年一次大甩卖的时候花1.57美元得到的。我常常将它作为反对经济悲观主义的例证拿给学生们看。

所以我承认，我对于现代世界，尤其是长期前景的乐观看法确实不如我的左右派好友们"四眼天鸡"式的预期那般深刻。然而当你抛开"末日临近"的信念后，会发现我售卖的乐观主义的、反"四眼天鸡"式的观点至少具备科学上正确这个优点。

第一卷《企业家的美德：商业时代的道德》（2006）提出了企业家生活是否道德这个命题。我的回答是它无论在过去、现在还是将来都是也应该是道德的。本卷，就像我说过的，通过从经济和历史角度批判工业革命成因的唯物主义解释，来为道德和修辞的解释正名。我从1961年以来就一直热爱、学习并教授唯物主义经济学，对它大加批判我并不开心。像我这样的经济学家喜欢常规的贸易说、资本积累说或产权说，因为我们对它们了如指掌，甚至能够计算。我可以在黑板上向你们证明保护主义的害处和投资的好处。加上一点数学，我就能证明产权的缺失会导致公地悲剧。这些都是很漂亮的理论。①

相反,观念和修辞却不在今日经济科学的范畴之内。最优秀的经济学家也没能注意到,人类是会说话的动物,人类这种动物会在对话中加入更多的含义,不单纯是"我出价 2.71828 美元"②。要解释自从人类发明农业以来,甚或是人类发明语言以来经济史上这一最重要的事件,历史事实似乎在否定我过去一直主张的唯物质论或反修辞的理念。换言之,唯物质论经济学需要大动筋骨,我们需要人文经济学。

"唯物质论"的对立面并不一定是"唯心论",如果这个词语是按照黑格尔的绝对精神论来理解的话。在教条式的唯物质论、实证主义、行为主义之外,科学理论会承认生产模式有时也会起很大作用。但它同时也会提醒我们对话的重要性。想象一下非哲学家用哲学语言表述的"客观"和"主观"这两个平行的术语。笛卡尔之后的任何一位哲学家都能告诉你,不存在纯粹的客观和主观(近来的哲学家用更为复杂的方式表达这种观点,但大致意思不变)。如果"客观"指的是"上帝眼中的真实存在",是康德所称的"本体"(noumena),那我们人类在基督再次降临人间之前是绝对看不到它的。宇宙是由弦构成的吗?圣餐饼会变成基督的肉体吗?芝加哥小熊队真有可能赢得职业大联盟吗?而如果"主观"指的是存在于我头脑中的东西,那你绝无法真正得知它(请注意我在此用了"真正"来修辞)。你对于红色的体验真的和我的体验相同吗?我们都无法得知。你可以进行大脑扫描,却无法和我有绝对相同的感受。

---

① 你可以欣赏它的美丽,见 McCloskey,1985b,网站 deirdremccloskey.org 有提供。
② McCloskey,2008d.

我们能够认识到的既非客观,也非主观,而是"耦观"①,它是我们通过对话共同获得的。② 拼写的话,就是"con"加上"jective","一起相聚"之意。20世纪人文科学的主要发现就是,人文科学一定是关于耦观的、能够检验的看得见摸得着的现象。绝无希望实现的客观或主观没有科学可言。正如尼尔斯·玻尔(Niels Bohr)所说的,即使物理学也是关于人们能说什么的学科。耦观主义者当然承认一只蛤蜊躺在海洋里,甚至"在上帝的眼中"也是如此。但是她要指出,对于蛤蜊为什么会成为以食用为目的的"海洋的果实",始终是因为人与人之间达成的共识。这并不意味着"蛤蜊"是虚构的,只意味着它是耦观的。正如萨林斯在1976年拒斥讨论中常见的将"唯心主义"和"唯物主义"强行对立的做法,他指出"一个人必然生活在一个物质世界中,他与所有的有机体共享一个环境,但是……他是按照一个人类设计的有意义的方案而生活的……按照一个有着明确符号的方案而生活的,这个方案绝不是只有一种可能性"③。他还在他处说道:"自然,依其存在的本身,只是上帝之手提供的原材料,等待着人类思想为其赋予有意义的(注意这个词)形状和内容。这正如大理石块与雕像的区别。"④

在今天的我看来,这些都是显而易见的。但当萨哈林第一次这样说[在他之前还有很多人这样说过,包括普罗塔哥拉(Protagoras)、杜威(Dewey)、詹姆斯(James)、维特根斯坦(Wittgenstein),还有与他同时代的格尔兹(Geertz)和罗蒂(Rorty)]时,却被我毫

---

① 耦观(conjective)是作者自创的一个词,介于客观(objective)与主观(subjective)之间,意思是我们所能认识到的是我们共同影响的结果,既非完全客观也非完全主观。——译者
② McCloskey,1994c,pp. 201,311,347,353,378.
③ Sahlins,1976,pp. ix,viii. 萨林斯把文化比作一个第三元素(tertium quid),就像耦观一样(p. x)。
④ Sahlins,1976,p. 210.

不犹豫地拒绝了。相信我,我对唯心主义没有特殊的青睐,只是唯物主义让我失望了。在20世纪70年代,我和大多数经济学家一样,是一个固执的实证主义者,但后来逐渐认识到耦观才是我们能够认知的东西。你也应该成为一个耦观主义者。

即将出版的第三卷《企业家价值的重估:创新如何成为美德,1600—1848》会详细论述社会对企业家生活的态度是如何转变的。第四卷书暂名为《企业家修辞:工业革命时期的兴趣和对话》,这本书会构想一种经过修正的经济学,指出人类确实言之所想,并证明人们谈话的改变,是如何使企业家的尊严、自由、价值重估及大众的受益成为可能。① 这本书将经济学家和哲学家弗兰克·奈特(Frank Knight)在1935年的论断加以变现,奈特说:"经济学在更大程度上是美学和道德学的分支,而非机械学。"②第五卷《企业家的敌人:知识分子的背叛,从1848年至今》将探索在1848年革命失败之后,欧洲的艺术家和知识阶层如何开始在修辞中蔑视企业家,这种观念如何逐步侵蚀社会并导致了20世纪的灾难,以及如果我们不反对左右两派的理论,为何会陷入新的灾难。最后一卷书《企业家的时代:捍卫值得捍卫的》将考察当代的反创新和反市场的修辞,例如所谓的全球化的原罪、对环境的掠夺、商业言论自由即广告的罪恶,以及所谓创新依赖于所谓的失业大军的说法。

这套系列丛书将相互佐证。如果你对于创新和市场的道德基础的顾虑在本卷中未得到充分释怀,或许《企业家美德》能够满足你。如果你觉得本卷对于全球变暖或失业问题未给予足够关注,我会在《企业家的时代》里弥补。如果你想知道本卷何以敢声称修辞如此重要,你可以参阅《企业家价值的重估》和《企业家修

---

① 网站 deirdremccloskey.org 提供了两卷书的草稿。
② Knight,1935,p. 97.

辞》二书。如果你认为本卷给出的论据不足以解释为何成功的企业家生活方式会被极为进步和极为保守的阵营所鄙视,你的一些疑惑可在《企业家的敌人》中得到解答。

这一辩护看起来的确用了六卷书的宏大规模。我向读者表示歉意。一位哲学家最近写了一篇文章,解释了他为何将自己的"正当的(基督教)信仰"(warranted Christian belief)塞进三本大部头的书里,而不是分成四本。他说:"三部曲也许过度自我放纵了,但四部曲是不可原谅的。"①愿上帝保佑,你们面对的是六本厚书,面前的这本只是第二卷。② 但是自1848年以来,企业家生活方式和创新已经遭到了连篇累牍的攻击,比历史上饱受攻击的正当的基督教信仰还要悲催。过去两百年的控诉,通过无数本触动人心的著作,铸就了一份对发展中的自由的、企业家的、尊重商业的文明的控诉书,它出自这些人之手:罗伯特·骚塞、席勒、卡莱尔、狄更斯(反对创新的力量不仅仅来自左派)、亚历山大·赫尔岑、波德莱尔、马克思、恩格斯、米哈伊尔·布哈林、拉斯金、威廉·莫里斯、尼采、克鲁泡特金王子(我14岁时的英雄,当时我在卡内基捐助的地区图书馆里与社会无政府主义坠入了爱河)、托尔斯泰、萧伯纳、艾达·塔贝尔、厄普顿·辛克莱、罗莎·卢森堡、艾玛·高德曼(也是我曾景仰过的人物,当时我作为一位年轻的经济学家,再次确认了反中央集权的信念)、劳伦斯、伯特兰·罗素、列宁、托洛茨基(在我少年时期短暂信仰共产主义的时候)、约翰·里德(同上)、凡勃伦、奥尔特加·加塞特、辛克莱·刘易斯、艾略特、弗吉尼亚·伍尔夫、墨索里尼、乔瓦尼·詹蒂莱、希特勒、海德格尔、维特根斯坦、里维斯、卡尔·波兰尼、瓦尔特·本雅明、

---

① Plantinga,2000,p. xiv.
② 我不会称它是"hexology",希腊语与四部曲正确的对应("hex"在西日耳曼语中的意思是"女巫");而且,尽管有更高销量的诱惑,但我肯定不会使用低俗的拉丁希腊组合语"sexology"。

萨特、西蒙娜·德·波伏瓦、西蒙娜·韦伊、多萝西·戴、伍迪·格思(他的歌曲和演唱使我在大学期间成为一个琼·贝兹式的社会主义者——反对企业家尊严和自由的左派总是有最好听的曲调)、皮特和佩吉·西格(同上)、伊万·麦科尔(也是如此)、刘易斯·芒福德、汉娜·阿伦特、赫伯特·马尔库塞、莫里斯·梅洛—庞蒂、加尔布雷思、路易·阿尔都塞、艾伦·布鲁姆、弗雷德里克·詹姆逊、索尔·贝娄、霍华德·津恩、诺姆·乔姆斯基、埃里克·霍布斯鲍姆、卡尔·汤普森、欧内斯特·曼德尔、伊曼纽尔·沃勒斯坦、保罗·埃尔利希、斯图亚特·霍尔、詹姆斯、乔治·斯坦纳、雅克·拉康、斯坦利·豪尔瓦斯、特里·伊格尔顿、阿兰·巴迪乌、斯拉沃基·齐泽克、查尔斯·塞勒斯、芭芭拉·埃伦赖希、纳奥米·克莱恩、南希·佛伯尔(我的私人朋友)、杰米·加尔布雷思(同上),还有杰克·阿玛格雷奥(同上)。① 在左翼进步人士和右翼保守主义者的口诛笔伐之下,在潮水般的凶猛攻击之下,几乎没有人捍卫商业活动。从希伯来预言到柏拉图,再到孔子的《论语》,一直到今天,对市场和创新的控诉一直没有中断,只有唯事功论的经济学家在为市场辩解,他们说,毕竟市场和创新让我们赚了大钱。面对如此盛大而冗长的指控,我只推出六卷书进行辩护,我实在很佩服自己的克制。正如亨利·菲尔丁在《汤姆·琼斯》(一本"巨大"的书)的末尾写道:"当你细读了本书的那些重大事件,你会发现这寥寥几页根本不够讲述整个故事。"②

换言之,这套《企业家纪元》丛书试图开启为企业家生活方式辩护的先声,它不仅仅局限于经济上的资产负债表,当然也没有忽视它。它为我们全球化的灵魂描绘出了一幅符合道德的修辞轮廓,提供了一种日常生活的理想,就像亨里克·易卜生和薇

---

① 以上都是反对资产阶级尊严和自由的名人,有左派也有右派。——译者
② Fielding,1749,Vol.2,p.409(book 18,chap).

拉·凯瑟曾经构想的那样。它恢复了我们大多数人所过的既非英雄也非圣徒的生活的道德性。如果你成长于左派或中左派的家庭,从小被灌输创新活动和企业家生活方式的原罪的思想,相信它们是全球贫穷和腐败的源头,就像它们在全球化和金融危机中的作用,那么或许这个系列的一两卷会在你心中埋下一颗怀疑的种子。同样的,如果你成长于右派或中右派的家庭,从小被灌输资本主义"唯利是图,只渴望发财致富,只追求金钱价值"的思想,经济学家和计划者已经污染了我们的圣洁,使我们不再高贵,正如1960年以来的摇滚乐、女权主义和解构主义所做的一样,而欧洲的荣耀是永远地消失了,那这几本书或许能给你埋下一些自我批评的种子。①

哲学家查尔斯·泰勒说的"本真性"就是我的系列丛书中的"创新":"我提供的图景是一个已经失去光辉的理想,但非常值得为之奋斗,实际上我想说,是无法被现代人所拒绝的理想……我们需要做的是恢复工作,从而让这个理想能够帮助我们重塑过去的辉煌。"②企业家修辞支持下的创新让人们过上了美好生活,让现代人追求本真性成为可能。《企业家纪元》的这六重唱或许能够说服你——不管你是进步人士、保守派或者是中间派——让你相信,以前你所认为的创新即贪婪和企业家即卑鄙的想法有可能是错的。这部为企业家正名的作品集或许会说服,若继续从道德上攻击商业生活,或者从那个意义上说,若继续捍卫贪婪的商业生活,将腐化我们的灵魂和毒害我们的政治。

---

① 伊曼纽尔·沃勒斯坦在1983年也提出了无论左右两派在攻击企业家时的方式都相同的观点(1995年,p.115)。
② Taylor,1992,p.23.

第六章　现代经济至少是 16 倍的增长

这里的核心是"16"这个数字。今天的人均实际收入远远超越了 1700 年或 1800 年的水平,英国或其他经历了现代经济增长的国家,其人均实际收入至少是当时的 16 倍。① 作为英国经济体里的一个普通人,你在一天之内获得的衣食住行和教育服务是两三百年前的祖上的 16 倍。不是 16%,而是以前的生活水平乘以 16。如果你在美国或韩国,比起 1653 年的史密斯一家和 1953 年的金家,你的收入提高还不止 16 倍。再者,如果航空旅行、维生素片和即时通信这类创新的价值得到恰当的评估,人类的物质改善情况远不止 16 倍,而是 18 倍或 30 倍,甚至更多。对普通人来说,这是人类历史上任何先前的繁荣时代都无法企及的,不管是中国宋朝还是古埃及新王国,不管是古希腊还是古罗马的全盛时期,都未有过这样的局面。

任何一位称职的经济学家,无论其政治倾向如何,都不会否认这个"伟大事实"。比如,强调社区概念的经济学家斯蒂芬·马格林(Stephen Marglin)就认为社区被这个"伟大事实"及相伴的唯事功论的修辞所破坏。作为一个坚定的社会主义者,比起自由市

---

① 关于国际比较的数据,见麦迪森在 2006 年的论述,尤其见第 437—443 页关于 1700—2001 年增长 16 倍的论述,以 1990 年的国际元为标准。当一个像这样的数据并非以脚注的形式出现时,通常就会在麦迪森的全部著作里反复出现,如麦迪森(2007)。关于英国数据,参见范因斯坦(1972),以及范因斯坦和波拉德(1988)。

场经济学家,他相信这一"伟大事实"跟权力和斗争更为相关。①不管怎样,无论是新马克思主义经济学家,还是自由市场经济学家,都承认财富极大繁荣这个事实。但是,经济史学家格雷戈里·克拉克却强调,达尔文式的为地位而奋斗才是原因。作为一位最近才信仰优生主义的学者,他认为人的命运是天生注定的,而真正的自由主义者会认为这种观点在道德上令人担忧,至少在科学上值得怀疑。② 不管如何,无论优生主义经济学家,还是真正的自由主义经济学家,都承认"伟大事实"打破了马尔萨斯诅咒。

然而在经济学界和历史学界之外,有许多人,无论是左派还是右派,都对创新持怀疑态度,对市场存有敌意,也没有意识到这个"伟大事实"的量级。他们知道一些事情的确发生了——庸俗的企业家辩护士会称之为"进步"——但很可能会有争议,至少严重损害了穷人的利益,或破坏了优雅的生活方式。但左右两派对经济学和历史知之甚少的门外汉们,完全不知道这个"伟大事实"如何让无数穷人脱贫致富,如何让优雅的"本真"生活成为可能。他们担忧的是,从1973年至今的"新自由主义秩序"(经济史学家安格斯·麦迪森这样称呼),使得那些拒绝或管制企业家尊严和自由的地方,经济增长率已经下降,甚至出现负增长。他们没有意识到,即使把那些运气不好而排斥自由主义的地区包括在内,当下的世界经济增长率还是远高于1913—1950年的水平,略高于1870—1913年的水平,比起1870年以前的增长率更是天壤之别。③ 如果你询问《国家》(*Nation*)或《国民评论》(*National Review*)的固定读者,问他们普通美国人的物质生活在克林顿时代比门罗总统时代增加了多少,他们会给出什么数字呢?猜一猜,

---

① Marglin,2008. 对比优秀的马克思主义经济学家 Joan Robinson(1966,p. ix),后者写道:"在现代工业国家……实际工资水平通常随着技术进步而提高。"
② Clark,2007a.
③ Maddison,2006,pp. 125–126.

是200%、400%，还是800%？都不对，答案是增加了1700%，将近18倍，这还是美国历史上增加较低的时期。同期英国人的实际收入增加了1500%。这两个数据都很惊人。

对于实际收入的增长，本书缺乏精确的数据，这值得专业人士的注意，但本书的目的不在于此。英国、美国、日本或韩国的生活水平基于1700年的增长幅度，可能是8倍、10倍或35倍，而不是16倍或18倍，但这不影响事情的实质。过去的人们一直过着每天产出和消费3美元的生活，但今天全球普通人的日均消费是30美元，挪威人则是137美元。经济学家和经济史学家们在过去50年里建立的科学事实是：现代经济增长率令人震惊和前所未有，也是始料未及的，它是经济史上最大的意外。它实现了，甚至是超额实现了英国平等主义者的愿景，和激进哲学家们及托马斯·潘恩（Tom Paine）的愿景。人类有史以来第一次，经济为普通人服务，而非为特权者服务。

"国民人均实际收入"（Real national income per head）指以一个国家为整体来衡量除去货币通胀因素之后的国内人均所得。它衡量了我们人均拥有的东西——面包的磅数、剪头发次数等方方面面的事物——不仅仅指赚到的美元或日元。因此经济学家才用他们喜欢的"实际"收入称呼它。托马斯·摩尔鄙夷16世纪初期英格兰荒诞的消费主义，他说："四五件羊毛外衣和四五件丝质衬衫都无法让一个（非常富裕的）人满足；如果他再挑剔些，十件都不够。"[①]今天的普通英国人恐怕拥有二三十件衣服，碰上讲究的人怕有上百件了吧。我有次帮一个新泽西朋友分类重整他家的T恤衫，我们那个下午一共整理了不下300件，后来都懒得数了。相比之下，你的曾高祖母当年可能只有一件去教堂穿的裙子，一件平时穿的裙子，可能还有一件外套，几双鞋子，或者至少

---

① More, 1516, p. 65.

还有一件披巾和几双木底鞋。夏季或天热时,她可能会光脚出门,因而会患上钩虫病。

如果你的祖先生活在芬兰,那么相较以前,如今物质条件可能改善了29倍还多。而在1700年前后,普通芬兰人的物质条件仅比普通非洲人高出60%。如果你是非裔美国人,你的生活水平则要比1800年的非洲同胞们好上40倍到50倍。从1800年以来,普通挪威人的生活水平也比以前提高了40倍到50倍。1700年,荷兰是全球最企业家化的国家,因而也成了全球最富裕的国家,其人均财富要比不久后将成为"联合王国"的英国多70%。因此如果你的祖先生活在荷兰,他们现代的富裕程度仅仅是当初的10倍。无论如何,所有这些数字都计算得非常保守,并未把当代药品、居住和即时通信的质量之高考虑在内。如果我们瞧瞧17世纪油画中的普通人简·斯蒂恩的家庭生活,把它与今天哈莱姆或希尔弗瑟姆的富人生活比一比,会发现荷兰实际生活水平增长了不止10倍。现代日本人的生活水平比1700年增长了35倍。[①]拉丁美洲尽管落后,但比起1800年,也为穷人提供了多得多的食品和教育服务。韩国在1953年时(尽管接触了一些现代技术:载货卡车和电灯等)的人均收入只不过是欧洲450年前的水准,但现在几乎是当时的18倍。韩国在40年里实现了当初的荷兰和英国用了300年实现的巨变。

天文学界在20世纪20年代意识到,人类用望远镜观察到的大部分星云(拉丁语,意思是"灰尘、困惑、错误")实际上是离我们非常遥远的星系,与此相似,由历史学家和经济学家在1950年发现并在之后年代不断细化的这个经济增长方面的"伟大事实"也改变了一切。其实,现有的创新对人类福祉的提高程度远超过官方保守的统计。从麻醉术到空调,无数在1700年或1820年无

---

① 所有这些数字都来自 Maddison,2006(2001),appendix B,table 21,p. 264。

法想象的新事物充斥着我们的生活。这些新事物让16倍、18倍甚至是30倍的增长数字显得十分苍白。经济学家史蒂芬·佩森(Steven Payson)在1994年使用西尔斯百货公司的商品目录推算出,从1928年到1993年,商品满足人们需求的能力得到了急剧提升。他比较了连续年份间的"代表性商品",这些商品按照用户使用它们的能力以及约束它们发展的自然法则进行了界定。如果我们对比1993年8倍变焦的松下PV—22摄像机与1928年的布朗尼相机,前者重现一个场景的能力当然在提高,但是会受到光学定律、人类眼睛和人类想象力的约束。商品目录中的价格差异能够衡量使用者对这些商品的价值考量。极为大众化的产品的质量在这段时间内有了很大提高——佩森发现男士鞋子的质量每年提高2.7%,沙发和安乐椅的质量每年提高2.1%,煤气灶具的质量每年提高2.8%,这意味着商品质量每隔30年就会翻一番。然而经历了模式转变的产品在质量方面改善得尤其更快:制冷设备每年改善7.46%,对比1993年的空调与1928年的电扇,服务质量总计提高了88倍(1953—1958年变化最大,因为经历了从电扇到空调的模式转变)。可视化设备的改善速度更为惊人,人类在1969—1973年经历了从布朗尼相机到松下摄像机的模式转变,期间设备质量平均每年改善9.25%。[①] 传统的统计是将1993年和1928年的物价进行对比,但那样无法捕捉到佩森所发现的那些改善。

威廉·诺德豪斯(William Nordhaus)是一位贡献卓著的耶鲁经济学家,他在1997年的一篇关于照明历史的经济论文中,开头就用到了美国人均实际收入增长的数字,他使用传统方法得出的结果,即自1800年以来增长了18倍,如果用实际工资而非实际收

---

① Payson, 1994, pp. 113, 116-117.

入来衡量,则增长了13倍。① 经济学家劳伦斯·奥菲瑟尔(Lawrence Officer)最近计算了美国制造业实际收入的变化,考虑到所有补偿因素(如养老保险和医疗保险),实际收入自1800年以来增长了远远不止18倍,而是大约37倍。② 诺德豪斯和我们专业的经济学家都知道(你们业余人士只能凭借常识),用于衡量通货膨胀因素的价格指数上升太快了,因为经过通胀指数修正的每一美元的商品,质量变得更好,提供了更多的服务。在佩森的研究中,空调取代了电扇;三车库的标准房型取代了一车库的标准房型;电灯取代了蜡烛;麻醉剂取代了一品托的威士忌和咬牙切齿的疼痛。

商品品质的这些无法衡量的改善是最近发生的。举一个有点政治敏感的例子吧,1970—1992年这段时期,根据美国和许多国家的正式统计,是实际工资滞胀的年代——实际的货币工资除以实际的消费者物价指数。你会听到左派说普通美国人的生活在1970—1992年这段时间内没有得到任何改善,如今依然艰难。他们始终相信资本主义最后危机就快到了。左派关于克林顿繁荣之前的这几十年的担忧也不全是错的。但是用传统方法衡量的1970—1992年的价格变化情况无法充分反映每一美元所能买到的住宅面积的增加,相机成像成本的降低,以及汽车轮胎耐用性的提高等。大多数经济学家估计,考虑到品质提高的因素,用传统方法衡量的那段时期的年通胀率平均高估了1%(此后继续按这种程度被高估)。③ 如果把产品和服务质量的改善考虑进来,同期实际工资的名义上的滞胀(每年1%的增长,没有其他改善)

---

① Nordhaus,1997.
② Officer,2009.
③ Boskin and others,1998. Gordon(2006)在2006年对数据进行了修正,有的数据下调了,显示了传统消费者价格指数里年均1%的偏高倾向。参见莫尔顿早在1996年制作的总结性表格。

在修正后其实增长了 1/3,这才是真正重要的。①

人均工资每年 1% 的增长并非了不起的经济成就。自 1820 年以来,美国实际人均工资的增长速度大约为年均 2%。② 从 1970 年到 1992 年,美国的创新确实受到了一些不利影响,因此普通美国人的实际工资并未以 1945 年到 1970 年的速度增长。这确实令人遗憾和需要反省。经济学家本杰明·弗里德曼(Benjamin Friedman)已经证明了,当经济增长率下降到零的时候,政治是如何恶化的。③ 1% 的增速非常接近于零增长,从而美国和其他如英国这样的发达国家的政治也相应变得危机四伏。然而普通人的工资增长,从未像左派朋友们信誓旦旦和充满愤怒的声讨中那样陷入停滞。资本主义在 1970—1992 年并未陷入危机。在那期间及以后的年代,资本主义以史上最快的速度提高了全世界穷人的生活水平[而且根据经济学家罗伯特·戈登(Robert Gordon)的说法,在 20 世纪 90 年代的互联网泡沫破灭之后,美国经济开始停止向富人回馈过多的回报]。美国工人实际福利的增长在 1970—1992 年并未陷入停滞——你可以从人均住房面积、汽车保有量或人均去饭馆的次数的统计数据中看出。在持续创新之下,美国人的实际福利在适度增长,例如建筑用自动锤以及连锁快餐店的出现,都扩大了美国人的福利。虽然快餐有时候会带来害处,但终归使食品更便宜了。任何经历了那个阶段的人都明白确实如此,当然官方的未经修正的数据会掩盖他们的普遍感受。根据佩森的统计,从 1968 年到 1993 年,西尔斯商品目录里的五类商品——出行、座椅、烹饪、空调以及视觉产品——的供应商都极大提高了

---

① 这里还要加上(Fogel,2008 的脚注)凯迪拉克级别的医疗保险水平,这是美国人的发明,也是工资滞胀论所忽视的。凯迪拉克级医保能够让保险人立刻获得心脏搭桥手术(1970 年以后才广泛应用)和器官移植手术。即便是一些穷人也能享受到这个级别的医保,在常规医疗程序上可以比其他级别的医保排队更短。
② Maddison,2006,p. 265.
③ Friedman,2005.

产品质量。① 然而太多的进步没有被传统的消费者价格指数反映出来。

即便近来不平等状况加剧，极度贫困者的物质生活还是有了很大的改善。历史学家、人口学家和诺贝尔经济学奖得主罗伯特·福格尔(Robert Fogel)在2002年的著作里指出，与1900年相比，今天美国穷人面临的物质困难要少多了，他们更多面临"精神上"(福格尔说)的困扰。② 1900年的时候，许多美国人的生活都非常贫困，而今天穷人面临的问题倒不再是物质上的匮乏——而是毒品战争破坏了他们的社区、教师工会破坏了他们的学校，嘻哈文化剥夺了他们下一代的理想，还有反黑人和反移民的态势剥夺了他们的机会。迈克尔·考克斯(Michael Cox)和理查德·阿尔姆(Richard Alm)在1999年的书里发表了一些富有争议的言论，认为美国穷人阶层固化了。不过他们关于穷人消费状况的数据是没有争议的。他们的结论是："多数情况下，20世纪90年代的穷人家庭在配件方面和普通中产阶级家庭不相上下。例如，在1994年几乎半数穷人家庭拥有空调，而1971年全国只有三分之一的家庭有空调。"③这是真的，任何一个经历过70年代生活并了解或本身是穷人的人都知道。在20世纪40年代的美国，我们这一代人经历过的那个年代，真正的穷人根本用不上自来水或电力，而平民直到战后才用上了青霉素。再拿居住质量做比较，那时的穷人的居住面积只有今天穷人的一半，还没有汽车。在1938年，每4.4个美国人中有一辆车，20世纪60年代是每2.4人一辆，而2003年是每1.3人一辆。在2003年甚至许多穷人也开上了汽车，这在1938年是极为罕见的事情。苏联在20世纪40年代公映了美国影片《愤怒的葡萄》(*The Grapes of Wrath*)，本指望揭示

---

① Payson, 1994, p. 117.
② Fogel, 2002, pp. 1, 2, 4, 236.
③ Cox and Alm, 1999, pp. 14-15.

资本主义美国的穷人的悲惨生活,没想到适得其反。苏联观众惊奇地发现,乔德一家竟然是驾车逃荒。

长远来看,正确衡量物价的变化,会极大提高1800年迄今的现代经济增长的估计。当时的一户住宅跟现在的一户住宅是一回事吗?如果每户住宅的人数减少了,自然就不是一回事了。在1910年时,有几乎1/4的美国住宅是每间卧室住了超过三个人。到1989年,这个比例下降到了1%。年纪较大的人都知道,当他们年轻时,兄弟姐妹之间共住一个房间是很普遍的;现在每个小孩都有自己的房间。1890年只有1/4的城市住宅通自来水,在1989年,几乎所有住宅都用上了自来水。① 考克斯和阿尔姆观察到,1915年横跨美国的三分钟长途电话话费相当于90个小时的劳动。② 在1999年,同样的长途电话话费降到了一分半钟的劳动。难怪你的奶奶总喜欢在电话里说:"打这个电话花了你很多钱吧。"曾几何时,的确如此。考克斯和阿尔姆还注意到,在1900年,一把剪刀的成本相当于现在67美元的单位劳动报酬,这就是为什么在过去一个中产家庭的母亲会小心翼翼地保管一把剪刀,用它来裁衣,只有在特殊的雨天才会让孩子用剪刀将去年的"蒙哥马利—沃德"目录裁剪成纸娃娃的原因。福格尔计算出,在1875年的美国,家庭平均会把74%的收入用于购买食物、衣着、住所。在1995年只需要13%的收入即可。③

诺德豪斯为了证明商品和服务实际成本的下降,研究了一种商品在过去数世纪来的成本变化,那就是照明。④ 照明的成本很容易测量,以花费一美元能买到的流明小时即可测出,更精确一点就是每流明小时需要付出多少劳动。

---

① Lebergott,1993,pp.97,101.
② Cox and Alm,1999,p.43.
③ Fogel,2002,p.266.
④ 对比 Fouquet,2008。

传统的照明价格指数可以通过追踪逐年照明价格来考察,也就是追踪牛油蜡烛或花哨点的植物油蜡烛的价格。这种办法在19世纪初管用,因为那时蜡烛是室内照明的主要来源。然而要考察1800—1992年的照明"价格",只有疯子才会把蜡烛作为参考标准,要知道今天的蜡烛只有仪式用途。诺德豪斯观察到照明服务越来越廉价:先是19世纪煤气灯在城镇普及,接着是灯芯油灯的发明,再是鲸鱼油用作了住宅照明;然后随着煤油灯的出现,照明价格又一次大幅降低;再后来出现了更为廉价的电气照明,而电灯的价格也在持续下降,直到我们现在用荧光灯代替了白炽灯泡。廉价的LED照明也指日可待,它正越来越多地用于交通信号灯。换言之,我们可以轻松地考察每种照明形式在各自盛行年代的价格变化,然而要进行跨时代的考察就不那么容易了。牧师和智者西德尼·史密斯(Sydney Smith)在1820年就写过:"宁愿在煤气灯旁吃干面包,也不愿在蜡烛旁吃野牛肉。"[1]照明产品的对比尚且如此艰难,对于许多比照明服务更难以衡量的产品来说情况就更糟了。抗抑郁药物在19世纪初值多少钱呢?电影和电视呢?互联网呢?如果在1850年只花七个半小时就能从芝加哥到伦敦,你愿意付多少钱?

不过,我们可以追踪各种照明手段每小时产生的烛光度,再与购买这些烛光度所需的劳动小时数进行比较,就能考察跨时代的照明价格了。如果你以前看过许多关于英国历史的影视作品,诺德豪斯就证实了你的猜测:有效照明量的增长幅度极为巨大,时至今日,每小时的劳动能产生成千上万小时的照明度。在芝加哥的南迪尔伯恩大街矗立着一幢17层高的蒙纳德诺克大厦,这座建筑的每一个可见的细节都细心地恢复了其历史原貌(该建筑的北半楼完工于1891年,是芝加哥最后一座用砖头修建的摩天

---

[1] 引自 Lebergott,1993,p. 119。

大楼;南半楼始建于1891年,是首批钢结构建筑之一)。原貌复原的一个细节是,大厅和电梯里的照明均采用细小的白炽灯以再现1891年的微弱灯光。如果你对照明的革命性发展有所怀疑,就来参观一下这座蒙纳德诺克大厦吧。

诺德豪斯计算出,根据粗略地定量考察,在公元前9000年左右,要用50小时的劳动才能聚集足够的捆绑的火种或其他材料以达到1000流明小时的照明效果(想一想我们住在阿尔塔米拉洞穴深处的祖先绘画欧洲野牛、骏马和手持棍棒的狩猎者们的情形)。在1800年,产生同样的流明小时要花费5个小时的劳动(想象一下约翰·亚当斯在奢侈的蜡烛烛光下奋笔疾书,写着一封要寄给塔列朗的长信以阻止与法国交战的情景)。在1900年,由于煤油灯和新电灯在城镇的普及,尽管它们照明度还不强,但产生同样的流明小时只需花0.22个小时的劳动。这就是一场革命,因为从此人们能在日落之后进行长时间阅读了(安静的家居,平静的世界/读者成了书;而夏天的夜晚/就像那书册中有意识的存在①)。在1992年,感谢电气照明价格的急剧下降,只用0.00012小时的劳动就能产生同样多的照明度。这是另一场革命,照明的价格仅相当于1.1万年前的1/417000倍,两个世纪前的1/41700(注意两个数字都过于精确,诺德豪斯并未进行准确的计算,他寻找的重点是数量级的变化)。乔治时代的欧洲蜡烛(如本杰明·富兰克林年幼时协助他的父亲制作的)照明价格仅仅相当于罗马时代橄榄油照明的1/10左右。与之相比,照明价格在过去两个世纪里飞速下降,这昭示了近代欧洲惊人的科技进步(同时在科技层面证明了中国例外论,如果不算它在现代的高速增长的话。中国人在公元前4世纪就发明了天然气照明法,后来他们把气体装进袋子四处携带②)。

---

① 美国诗人华莱士·斯蒂文斯(Wallace Stevens,1879—1955)的诗。——译者
② Temple,1986(2007),p.89.

环顾你的住所或街道，估算一下你所得到的光明，想象一下需要多少根蜡烛才能实现同样的效果，就像哈利·波特电影里的大堂一幕，或者斯堪的那维亚的圣诞节派对，或者是梵蒂冈的西斯廷教堂，那里的天顶画被几个世纪的蜡烛烟所损坏。如果你幻想生活在过去昏暗烛光的浪漫生活里，那么经济和社会历史学家会委婉地建议你三思。在使用蜡烛的时代，一个成年人在冬天的长夜里要睡十个小时，而非现在的八个小时。确切地说，夜晚的彻骨严寒会让你不想使用蜡烛。甚至在仲夏夜，也是黑暗笼罩一切，家宅悄无声息，世界一片寂静。

诺德豪斯将这个论证进一步延伸到其他发明上，如飞机、胰岛素、雷达、电话等，大体上可以涵盖所有的经济领域。这虽然有取巧的嫌疑，却也貌似有理（国民收入学派的伟大学徒安格斯·麦迪森对诺德豪斯的证明不屑一顾，他写了一篇文章反驳诺德豪斯，用了一个讽刺性的标题："引发幻觉的历史：诺德豪斯和布拉德福德·德隆"。但是麦迪森在文中却一反常态地始终停留在愤慨的层次，没有给出任何理由[1]）。诺德豪斯估计，如果将"照明"、"居住"、"交通"和"医疗保健"等产品和服务的质量改善考虑在内，今天一个小时的劳动能买到的照明和其他东西的数量比起1800年以来有了天翻地覆的区别。

以医疗保健为例，据散文家和医生刘易斯·托马斯（耶鲁大学医学院和纽约大学医学院的院长，现代免疫学之父）推算，直到1920年之前，生病去看医生反而会降低你的存活机会。多数医疗保健都是在家庭内部解决的。在20世纪20年代一个富裕国家的中产阶级家庭里，总是常备一本大部头的医学百科全书，里面都是关于如何在家里处理猩红热和如何接生等医学知识。妈妈就是护士。这种状况一直到20世纪40年代末才发生了根

---

[1] Maddison, 2007, p. 320.

本改观，起因是青霉素在民间的普及。安德鲁·卡内基（Andrew Carnegie）虽然富可敌国，却买不到一支青霉素来治疗害死他母亲的肺炎；伟大的社会学家马克斯·韦伯也是在声望达到顶峰的时候死于肺炎。我自己也得过两次肺炎，而上一次在三天之内就治好了。① 或者以精神病学为例，直到抗精神病药物在20世纪50年代发明和在20世纪70年代普遍临床应用之前，精神病学家对抑郁症束手无策（他们也曾一度对同性恋束手无策，这是他们的耻辱）。他们只能温柔地和你谈话，无计可施了就用电击疗法。

诺德豪斯的结论是，从1800—1992年，美国的实际工资——即货币工资除以实物价格，但根据产品质量的改善经过了适当地调整——并没有像传统和粗糙的计算那样增长了13倍，而是增长了40倍到190倍。190倍，我的上帝。大致平均一下取中间值也有100倍。也就是说，一个小时的劳动能够买到的东西比以前多了100倍。这完全差了两个数量级。

如果你睁大眼睛看一下自己的房间，并使用自己想象力回到你的曾高祖母生活的时代，你会发现，从购买力来看，人均100倍的增长是相当合理的推算。你阅读时的灯泡发出的光量远胜于你的祖先能够负担得起的烛台亮光，而且前人使用蜡烛也很谨慎，只在月黑之夜去康瑟尔布拉夫斯的室外茅厕时，或去索尔福德的街道深处时点亮，为了不被绊倒或死于非命。相比之下，今天的你无论在室内外都可以享受到光明。②

---

① 关于卡内基的故事见奥特森（2006），p. 165。
② 佩森指出，真正有用的光明取决于人眼的能力。在光线明亮的现代建筑里，学生们挤在一起，我们得到较少的光线也无所谓。比如夜空中闪亮的街灯，在遮蔽了繁星的同时也是一种浪费。从安全角度来说，街灯并没有带来任何好处，因为人类无法在天空中使用光明；更何况无法在夜晚看到上帝的奇观也是一种精神上的损失。在瑞典，灯泡的标准瓦数是25瓦和40瓦，而在燃烧的美国则是60瓦和100瓦。瑞典建筑虽然看上去更加灰暗，但学生能够自行调整。

如果你想给爱人写信，你会拿出一台笔记本电脑，而它的处理能力相当于一整栋大楼的旧"电脑"（直到20世纪40年代，这个词语的意思还是"从事计算工作的妇女"）。你可以毫不费力地在笔记本上打字，然后用电子邮件在一瞬间发送给世界另一端的爱人（而不是数天或一周的邮政服务）。或当你随手写下购物清单时，可以使用圆珠笔，它比用鹅毛笔和墨水写提高了六倍的效率。你的书写不会更快速，但不必像你祖先那样，把时间花费在削尖羽毛笔或蘸墨水上——而且墨水在冬季会冻结。请记住，你的祖先没有集中供暖，她还必须带着半指手套书写。而相比过去购买钢笔或纸张所需的劳动时间，今天的一支圆珠笔或一张纸只需要你付出微不足道的劳动时间。圆珠笔在第二次世界大战后刚面世时，像钢笔一样昂贵，需要花费许多个小时的劳动才能买一支。但你现在有四五十支圆珠笔，把你的房间里各式各样的马克杯塞得满满的。我自己就有大约一百支圆珠笔（但毕竟，我的工作就是码字）。在你刷信用卡签名后，收银员也往往会忘记要回他的笔。既然提到信用，今天的信用机构为你提供的支付手段之便捷远远超过1800年的水平。就耗费的劳动时间来衡量，你用信用卡买书的成本只是1800年同样一本书的微不足道的一小部分。纸张更加便宜了，印刷电子化了，装订也机械化了。现在有些书店还配备了自动印书机器，可现场将200万本绝版书的任何一本在20分钟内打印成实体书。谷歌也正致力于把1200万本书放到网上供你阅读。一个身处波哥大的穷学究，可以瞬间搜索到密歇根大学图书馆的全部资料。还有成千上万的类似例子，所以你的实际收入远远高于你的祖先。如果你是个书虫，你可以轻松地从桑德迈尔书店、芝加哥大学的Co-op独立书店、波特兰的鲍威尔书店或亚马逊买书，或者从谷歌下载。你坐拥的书籍典藏连托马斯·杰斐逊也甘拜下风。你的生活空间就是这样被扩大的，并且还在继续扩大中。

第六章 现代经济至少是16倍的增长

你也可以从生产的一侧看到100倍的增长效果,如今新产品的层出不穷和旧产品的不断改良简直可以用疯狂来形容。美国的食品店每年上架几乎一万种新产品。我的一个广告业朋友仍然留着20世纪70年代品客的"新奇薯片"的文案,当时他们的薯片吃起来还像硬纸板。新颖、新颖、更新颖。经济史学家玛克辛·伯格(Maxine Berg)力主将"产品创新(新产品和产品改良)涵盖进工业革命的分析"①。她引用已故美国经济史学家肯尼思·索科洛夫(Kenneth Sokoloff)的说法,认为新产品在19世纪推动了美国大量的工艺创新,需要在创新中有一席之地。② 戈登、佩森和诺德豪斯一直抱怨称,传统经济史在谈到创新过程时忽视了新产品的影响,这导致人们大大低估了现代经济增长的幅度。因为一只灯泡(如果你的家里有电力供应)在为消费者提供照明方面是远比蜡烛要优秀的产品;而空调的制冷效果也远胜于1928年的电风扇。以往对近代工业革命的研究侧重于工艺创新,伯格一反常规,研究了18世纪的英国专利,她发现当时涌现出了令人惊讶的新产品,比如雕刻玻璃或模制玻璃、可伸缩的烤面包货架、涂漆器具(东方发明进行的逆向工程改造)、锡片按钮,此外还有115项金属冲压、锻压及压纹专利。③

这并非说工艺创新就不重要,工艺创新本身与产品创新交织在一起。伯格指出,"制造小工具、复杂车床和引擎(提高生产速度)的人"通常也是装饰性铜质盖章、奖章和机械玩具的生产者。④ 消费品的生产导致了制造品的进步。不过在准确地衡量制造品时,我们遇到了与衡量消费品时同样的问题,即产品的质量在不断提高。罗伯特·戈登(他在20世纪70年代率先使用了这些方

---

① Berg,1998,p. 140.
② Sokoloff,1988;Sokoloff and Khan,1990.
③ Berg,1998,pp. 146-148.
④ Berg,1998,p. 154.

法)使用佩森的西尔斯—罗巴克商品目录的数据作为历史资料,并结合计量经济学的享乐价格指数,他发现制造品(车床、马达等)的涨价速度和消费品一样被过高估计了,因为没有考虑产品的质量改进。[1] 总之,即便依照衡量国民生产力的传统方法得出的结论,与1800年相比,我们今天的生活也好上太多了。

---

[1] Gordon,1990.

第七章　扩大自我实现空间而增加
　　　　非物质享受式幸福是关键

　　那些更新颖、更优质、更丰富的事物——包括理发、教育和娱乐等无形服务——并没有囊括人类的全部成就,也不能用来衡量甚至被认为可以完美衡量的方面。原始森林和金色水仙花的面积在缩小(当然从另一方面看,普通人拥有了更多的闲暇时间和更多的旅行方式,能以更廉价的劳动时间成本游览名胜景点,比如7月初游历南方大峡谷。如果他们不想挤旅游旺季,也可以选择1月底去那里)。按照经济学家的说法,我们所拥有的巨大财富中,每增加一笔新的财富,其额外效用是不断递减的。比起你在1700年的祖先们,你拥有的椅子数量也许比他们多18倍,但是你躺在椅子上的快乐增幅未必比他们多18倍。换言之,这种激进的成百倍的经济增长,严格来说是可能性的增长,而不能以幸福的增长幅度来衡量,比如吃饱喝足的物质享受或者人类更深层次的自我实现。在讨论诺德豪斯的研究结果时,同样才华横溢的经济学家蒂莫西·布雷斯纳汉(Timothy Bresnahan)和罗伯特·戈登注意到,照明量增加最后1倍所带来的效用,即从99倍增加到100倍的效用(毕竟仅为1%),远远小于最初几倍(第2倍、3倍、4倍)增加的效用。[①] 得到第一百支圆珠笔产生的快乐少于得到第二支或第三支笔的快乐,这就是"收益递减",或者更确切地

---

① Bresnahan and Gordon,1997,p. 19.

说是"边际效用递减"①。它就像 GDP 或国际收支平衡一样,成为又一个进入人们日常谈话的经济学术语。你对这个词的理解基本是正确的。毫无疑问,对一位 1800 年的深棕肤色的苏格兰女孩来说,如果她足够幸运地躲过了天花和营养不良之苦,那么"她的眼睛如此熠熠生辉/她的脸庞如此坦率自在"②,她的幸福程度(以物质享受来衡量)丝毫不亚于今天格拉斯哥街头的普通人。无论如何,这便是最近关于"幸福"的研究所得出的结论,也较为可信。③ 经济学家、历史学家和人口统计学家理查德·伊斯特林(Richard Easterlin)曾将幸福研究引入经济学,他最近总结说,"人们对理想生活的期待……与其收入成正比。其后果是,尽管收入的增长使人们有条件更好地满足自己的愿望,他们却不会因此更快乐,因为对未来的期许也提高了"④。在 1800 年,一个智商高达 140 的贫穷的格拉斯哥少女,她做梦都想成为贵族宅邸的厨房领班,她会因此感到非常高兴;她同样聪明的母亲则会渴望成为挤奶工领班。这位新厨师的"幸福"就在于此。

伊斯特林不认同亚伯拉罕·马斯洛(Abraham Maslow)和罗纳德·英格尔哈特(Ronald Inglehart)(他们相信各层次的需求可以得到满足)所主张的"免于匮乏的自由"即幸福。他认为,经济增长本身就是一种物质文化的载体,决定了人类会永远陷入对更多商品的追求。⑤ 我们可以看到,关于幸福的研究一开始就倾向于腐朽庸俗的现代消费和毫无意义的军备竞赛。美国知识界反

---

① 边际效用递减:新古典经济学核心观点,指在一定时间内,在其他商品的消费数量保持不变的条件下,当一个人连续消费某种物品时,随着所消费的该物品的数量增加,其总效用(total utility)虽然相应增加,但物品的边际效用(marginal utility,即每消费一个单位的该物品,其所带来的效用的增加量)有递减的趋势。
② 这是苏格兰民歌《苏格兰的蓝铃花》中的句子。——译者
③ Easterlin,1973,1974.
④ Easterlin,2003,p. 349.
⑤ Easterlin,2004,p. 52.

抗"消费主义"长达百年,这个课题已成为他们的主要科学依据之一。他们认为大众惨遭消费主义的奴役,经济学家罗伯特·弗兰克、社会学家朱丽叶·斯格尔(Juliet Schor),还有经济学家蒂博尔·西托夫斯基(Tibor Scitovsky),以及百年前的著名社会经济学家托斯丹·凡勃伦(Thorstein Veblen)都在著作中描述过。①

我承认现代人"陷进去",甚至"被奴役"了。自凡勃伦以来的社会科学已经发现了一个答案:任何程度的收入都是一种"物质文化载体",无论是3美元一天还是137美元一天。人类学家和心理学家,甚至偶尔经济学家都会指出,吃一顿饭、搭一间屋子或讲一个故事都会使对象陷入欲望的陷阱,不管是卡拉哈里的布须曼人还是华尔街的场内交易员,都难逃这个法则。② 经济史学家斯坦利·勒伯格特却反问道:"什么样的社会只会致力于追求物质文明?"并引用了怀特黑德(Whitehead)的名言:"人类是宇宙的子女……有着非理性的希望……一棵树只是为了活着而活,一只牡蛎也是。"③人类则不然。萨林斯解释说:"'活着'并非人的唯一目的,重要的是怎样活着",比如部落的生活方式。④"消费主义",就像友爱的部落人在篝火旁与同胞饱餐白土蚕和兔肉那样,是所有人类文明的特征——这样一来就削弱了这个术语的科学或政治用处。

伊斯特林呼吁我们抵制消费主义并成为"经济增长的主人"⑤。这类"我们"需要做什么的呼吁值得我们警惕,因为"我们"太容易堕落了,比如被狂热的民族主义或势利的知识阶层所腐化。伊斯特林会同意这点。但在道德意义上,他无疑是正确

---

① Frank,1985,他比这里的定性更加微妙;Frank and Cook,1995;Schor,1993,1998,2004;Scitovsky,1976;Veblen,1899。
② Douglas and Isherwood,1979;Csikszentmihalyi and Rochberg-Halton,1981.
③ Lebergott,1993,pp. 6,3.
④ Sahlins,1976,p. 168.
⑤ Easterlin,2004,p. 53.

的。"我们"确实需要互相说服以利用现代免于匮乏的自由的优势,而非看更多的娱乐节目,吃更多的乐事薯片或者沉沦在这个业已陷入消费主义的世界里。毫无疑问,我们像祖先那样陷进去了。"虚空的虚空,凡事都是虚空,凡事都是捕风。"布道者说道。① 即便如此,在现代物质条件下,我们也可以让人性最好的一面沉沦于值得的事物,我们可以沉沦于莫扎特,沉沦于大众的庆祝活动,或者在六月初的风和日丽的天气下,沉沦于伦敦罗德板球场的为期五天的"骨灰杯"板球赛。然而这个"高贵的沉沦"的建议,早已是自书写发明以来世界文学的主题之一。斗鸡比赛中卑劣的奴役和过多的装饰与这个"伟大事实"(以及解放)无关,只不过现代经济增长让更多人有条件沉沦于这些下流事情。虽然教育会让人们得到忠告,但这种忠告理应是浓情蜜意的说服,而非以征税、强制,甚至在背后强推的手段,当然说服本身是由知识阶层自身所认定的正义标准来决定的。

这就涉及近来经济学家的幸福研究遭到的另一种人文主义式的批评。近来的幸福研究忽略了幸福不可量化和数学化的本质(顺便说一句,"定量化"和"数学化"不是一回事,在近来的研究中两者常常没有任何科学联系,但往往为了给不足以信的理论营造一种貌似真实的氛围,被单独拉出来使用)。布鲁诺·弗雷(Bruno Frey)是一位杰出的经济学批评家,也是与我意见常常一致的友人,但他在新书《幸福:一场经济学革命》里只用了一句话来评价所谓的"定量化"出现以前的"幸福":"数世纪以来,幸福一直是哲学的一个中心主题。"② 就这么简单。哦,我亲爱的布鲁诺,他没有提到,幸福还是诗歌、小说、传记以及宗教的中心主题。那孤独的句子后面有一个孤独的注脚,列举了六本关于"哲学家

---

① 出自圣经《传道书》第一章,意思是,人的一生,结果是一个"空"。——译者
② Frey, 2008, p. 13.

如何处理幸福主题"的参考书目,是该书 670 本参考书目中的六本。在接下来的句子,弗雷毅然摒弃了这些垃圾,转向了"幸福的实证研究",仿佛索福克勒斯的《安提戈涅》或柏拉图的《理想国》没有洞察到幸福的"实证"一面("实证"来自古希腊语"经验"),相比之下,后者至少没有跑到雅典街头,随机向希腊人提问,让他们就是否"幸福"做三选一的回答。

结果是,除了从人生的完整意义出发对幸福的苦思冥想,诸如"博伽梵歌"或希伯来文圣经,或佛陀、亚里士多德、鲁米或莎士比亚,亚当·斯密也算在内,"幸福"就简化成了自我报告——从 1 到 3 的分数("不是很幸福"= 1,"相当幸福"= 2,"极为幸福"= 3)。一个采访者在马路上突然拦住了你,把一个麦克风贴到你的面前,要你回答"1、2、3,是哪一个?"这样的计算面临很多问题,光技术上的问题就很难克服。举例来说,一个非间隔的级别被当作间隔来处理,就好像 2 和 3 之间相差的一个单位就是上帝眼中"相当"和"极为"的差别一样。这就像测量温度的时候,要求路人把"相当热"等于 2,"极为热"等于 3,并且期待就此构建一座热力学大厦一样荒谬。再者,这种研究经常依赖于对"统计意义"这个已经破产的概念的误用。实际上所有使用这种调查方式的文献都把"统计意义"与科学意义混为一谈了。[①] 此外,正如我之前指出的,测量手段和数学理论依赖于不同的水平面。

由此得到的所谓"实证"结果常常在科学上不可信。弗雷就曾报告了 1994—1996 年美国的统计数据,声称依据 1 到 3 的级别,底层收入者的幸福度为 1.94,而顶层收入者为 2.36。很多人对这个分析结果很满意,因为这是基于"全国民意研究中心"(National Opinion Research Center)的庞大而细致的调研结果得出的。确实很棒,谁都可以将这个调研结果进行对照、平均和回归的处

---

① 策里克和麦克洛斯基在 2008 年对这一点有过完整的阐述。

理,只要他愿意忽视其中的哲学和技术问题。然而真的有人会相信,在严格的相对意义上,一个年收入 2596 美元(依据 1996 年的物价指数,后同)且住在犯罪猖獗的公租房里的美国人会比一个年收入 62836 美元且住在带门卫的公寓大楼的美国人仅仅不幸福 18% 吗？如果你不相信,你就不应该用这个数据回归分析其他变量。

我意识到许多我尊敬的经济学同僚情愿接受这个虚构的数据。我也希望我和他们一样：

> "我不相信!"爱丽丝说。
> "你不相信吗?"王后遗憾地说,"那么你试一遍看,先深深地吸一口气,再闭紧你的眼睛。"
> 爱丽丝笑了,说："试也没用,一个人不能相信不可能的事。"
> "我敢说这是你练习得不够,"王后说,"我像你这样大的时候,每天练上半个小时呢。嘿! 有时候,我吃早饭前就能相信六件不可能的事哩。"①

作为一位幸福研究的支持者,英国著名经济学家理查德·莱亚德(Richard Layard)热衷于指出："自从 20 世纪 50 年代以来,美国、英国和联邦德国(短期内)的幸福度并没有提高。"②这样一个难以置信的断言,恐怕只能让人们怀疑如此衡量"幸福"是否适当。任何经历过美国或英国 20 世纪 50 年代生活(我把对 20 世纪 70 年代联邦德国生活的评价留给后人)的人都不会认同,他们在早餐前后拿起《麦田里的守望者》或《长跑运动员的孤独》来看

---

① 本段对话出自《爱丽丝镜中奇遇记》。——译者
② Layard,2009.

的时候,都不会认为书中那个时代的生活会比现在更丰富。

此外,即便依据其可疑的"衡量"方法,上述"事实"都已遭合理的驳斥,比如英格哈特(Inglehart)及同事在2008年凭借庞大的多国数据进行的分析。"(即便基于不可信的测量方法的回归分析)幸福在45个国家中的42个国家里提高了,这是使用了大量的时间序列数据的分析结果。回归分析(即便使用业已破产的统计显著性概念)揭示了,一个社会允许自由选择的程度对幸福度有非常重要的影响。"①即便在所谓的抑制贸易的美国、英国和联邦德国,"依据按时间排序"从最早期的调查到最近的调查的分析,所有国家里表示自己极为幸福的人群的百分比的变化"非常大"——如果在上帝的眼中这些数字也足够"大"的话。

如我所说,主要问题是,文人墨客、历史学家和哲学家从一开始对于"人类幸福是什么"的见解被简单地无视了。被视为自我报告的情绪式的"幸福"肯定不是一个完整的人生追求。如果像赫胥黎设想中的索麻(soma,索麻是赫胥黎反乌托邦科幻小说《美丽新世界》中的一种精神药物,类似抗抑郁或兴奋剂,能让人感觉良好)。那样,把你用一种药物麻醉,你会在任何时候都对研究者说自己的幸福度是3。所以肯定有哪些地方不对劲。问问你自己:如果把你绑在一台神奇的机器上,让你体验一个半小时的美妙经历(哲学家罗伯特·诺齐克提出的假设),但是接着就会死去,你会接受这个建议吗?当然不会,除非你本来就是将死之人。你有自己的生活和身份,这是你所珍视的东西,不管是否"幸福"。这个观点早已被许多现代哲学家所表述过,如马克·切克拉(Mark Chekola,2007),以及较早时候的诺齐克和大卫·施密茨(David Schmidtz)以及其他哲学家、神学家和诗人,甚至可追溯到

---

① Inglehart and other,2008,abstract. 后一句引用来自标题图6,p.277。

庄子和主奎师那。① 如果我们的经济学家对于幸福的认识无法比可疑的"物质享受式"幸福观更深刻,或许我们至少应该坚持能够通过科学手段获得的认识——即正确计算的国民收入,它可以衡量幸福的"可能性"或我说的"范围",用阿马蒂亚·森和玛莎·努斯鲍姆的话说就是"能力"——比如阅读能力,或开拓事业的能力,或成为艺术家的可能性。

不管是否每个人都能充分抓住机会,现代经济增长都扩大了我们做事的范围。敦促加尔各答街头的垂死之人去过一种更"高级"的生活是不切要领的,然而这就是特蕾莎修女的事业。我们可以合理地怀疑其道德价值(如果不是放到其自身的宗教体系中衡量)。森和努斯鲍姆明智地抛弃了物质享受式"幸福",转而着眼于用"能力"来衡量幸福,依据后者的尺度,今日的挪威远胜1800年的印度,与今日印度相比也有过之而无不及。② 这些才华横溢的教授们——包括伊斯特林、弗兰克、肖尔、凡勃伦、弗雷、莱亚德、切克拉、诺齐克、施密茨、麦克洛斯基、努斯鲍姆和森——无论是支持还是反对"物质享受"的幸福观,其先祖都是目不识丁的农民或一贫如洗的鞋匠(嗯,也许森的祖先例外)。除非这些人的祖先属于极少数特权王侯或主教之列,或属于那群通过精神训练达到涅槃境界或不需要凡俗之物就能实现幸福的一小撮人,他们绝不会接近任何完整的人生意义上的幸福,也就是当今世界上越来越多的人所享受到的幸福。

你可以走悲观路线,与许多反对创新的人士比肩而立,就像伊斯特林那样,声称经济增长创造了"物质主义和个人主义文

---

① Nozick,1974,pp.42-44;Schimdtz 1993,p.170. 我在 McCloskey 2006a,pp.123-125 里对此有过讨论。庄子对惠子说:"你看,这些鱼是多么的幸福!"惠子说:"你怎么知道它们是幸福的?"庄子说:"你怎么知道我不知道?"印度教中的至尊人格首神,所有灵性世界和物质世界的根源。——译者

② Nussbaum and Sen,1993;Sen,1999;and Nussbaum,1999.

化"。只是这方面的证据似乎很薄弱。历史学家丽莎·贾丁(Lisa Jardine)从1400—1600年欧洲备受推崇的油画和其他世俗商品推断出,"奢华铺张的消费"是文艺复兴的一种表达,也体现了重商主义的自豪感(丽莎在这里使用的"重商主义"似乎偏指重视商业,非一般意义上的保护主义经济政策——作者),刺激冒险的占有欲……对欲望的颂扬,以及占有其他文化瑰宝的好奇心。[1] 请读者注意,我们在贾丁的证据里看到,物质主义和个人主义都不是近来才有的,也不局限于工业时代的欧洲。

历史学家彼得·斯特恩斯(Peter Stearns)以沉闷的传统方式写道:"工业化导致了物质主义的稳步增长……而与工业化始终互为因果的消费主义,则集中体现在个人对商品的追求上,从华尔街到莫斯科街头无一例外。"[2]我不知道斯特恩斯教授是否考虑过他周围的世界,在那里人们一以贯之地潜心于学术研究,或接受基督作为他们的拯救者,有些人的孩子成为艺术家,栖居于高大宽敞的空间,在这个国家的每个企业家化的社区都会见到这样的情景;我也不知道他是否听说过文艺复兴。消费本身就是一种谈资,而现代生活赋予了更多的谈话素材。萨林斯观察到:"消费,作为一种人类观念,不再是它本身,人们把各种事物当作媒介,通过它们进行对话。"在一个富饶的世界里,消费"甚至比起动物物种的特征(指部落社会的图腾崇拜中,不同部落选择不同的动物作为图腾),更能担任一个浩瀚的、动态的思想体系的媒介的角色。"[3]尽管无数的意见刊物喋喋不休现代物质主义生活的腐朽堕落,关于商品的心理学研究却发现,贫困国家的穷人比富人更在乎物质拥有。这样的结果似乎是合理的,即便从经济学角度看,依据边际收益递减原则,你拥有的第十七把温莎椅远不如第

---

[1] Jardine,1996,pp. 34,33.
[2] Stearns,2007,pp. 296-297.
[3] Sahlins,1976,p. 178,summarizing and extending Jean Baudrillard.

一把来得迷人。一项由社会心理学家进行的最新调查提到,"文化批评家经常断言,生活在西方国家的人比那些发展中国家(或过去的社会)的人更坚持幸福来自财富和物质占有的增加,但是研究证据(来自对同样值得推敲的主观幸福感的研究)却给出了相反的结论。"①

斯特恩斯的传统智慧又来了:"其他(非资本主义的——作者)文化活动,包括艺术、人文、宗教,以及这些领域的专业人士,开始失去市场。"事实并非如此。在发达国家,博物馆和音乐厅四处可见。高雅文化大繁荣的时代总是和生机勃勃的商业时代一起到来,如古希腊、中国的宋朝、文艺复兴时期的意大利、荷兰的黄金时代,或者第二次世界大战后文化事业欣欣向荣的美国,而伴随而来的高等教育革命,进一步刺激了文化的繁荣。在经济合作与发展组织的30个民主国家中,约27%的成人(25—64岁)已完成高等教育,具体比例从土耳其的10%到加拿大的47%不等。②欧洲的大学毕业人数已经超过其1800年的总人口。蓬勃发展的文化活动让许多人的生活超越了物质主义。文化经济学家泰勒·考恩(Tyler Cowen)指出,今天,现代生活产生的艺术家在数量上超过了以前所有时代的艺术家总和。③ 在20世纪60年代,美国的高等教育机构雇用的教授数量超过了美国教育史上的总和。在美国和英国,高等教育的扩大培养出了一大批严肃文学小说的读者。④

特里·伊格尔顿(Terry Eagleton)是一位才华横溢和颇有影响力的左翼严肃文学小说评论家,他提出过这样一种传统的主张:企业家应为其"创造的骇人听闻的利己主义文明"承担罪责。

---

① Vargas and Yoon, 2006.
② OECD, 2009, p. 12.
③ Cowen, 1998.
④ Menand, 2009, p. 109.

难道他不知道乔叟的《宽恕者》或者莎士比亚的《伊阿古》吗,这些可都是教会和城堡时代的骇人听闻的利己主义文明的代表。① 向往一个更简单的时代,一个所得和花销不像现在这么多的时代,这差不多是另一版本的田园牧歌,它们反复出现在每一个时代的世界文学中,却独立于任何社会学证据。提奥克里图斯②和后来的贺拉斯就曾感叹,自己错过了仙女和牧羊人的黄金时代。正如伊格尔顿提到,亚当·弗格森(Adam Ferguson)在1767年感叹,苏格兰人民的"分离和孤立",其"亲情关系被打破"。③ 三分之一个世纪后的华兹华斯(Wordsworth)和歌德(Goethe),以及再半个世纪后的迪斯雷利(Disraeli)、卡莱尔(Carlyle)和狄更斯也发出过类似的感叹。我们总是为自己变成了自私和互相疏远的城里人而哀叹。我们父母的孩提时代总是被视为家庭和睦社会团结的美好年代,就像知识分子版本的《诺曼·洛克威尔的世界》④,不管我们身处20世纪20年代还是克洛诺斯的黄金时代。

但事实并非如此。如果是透过科学的历史,而非透过古希腊田园主义或德国浪漫主义的历史来看,古代的礼俗社会被证明是有缺陷的。13世纪英国乡村的谋杀率远高于今天的高谋杀率街区。⑤ 中世纪的英国农民实际上地域流动性很强,他们的生活很"破碎"。⑥ 幻想中的"传统"家族生活从来没有在英格兰存在过。⑦ 俄国革命前的村社组织不是平均主义,其古典性是德国浪

---

① Eagleton,2009,p.40;后面所引的弗格森的话在第19页。
② 提奥克里图斯是希腊田园诗人;贺拉斯是古罗马诗人。——译者
③ 亚当·弗格森是18世纪苏格兰启蒙运动的主要思想家之一。——译者
④ 插画家诺曼·洛克威尔20世纪70年代制作的动画短片。——译者
⑤ Hanawalt,1979,p.271f.
⑥ Raftis,1964,Chps.Ⅵ-Ⅷ.
⑦ Wrigley and Schofield,1981.

漫主义史学虚构出来的。① 老式美国家庭的甜蜜生活，比如以前的电视节目《我记得母亲》严重地夸大了事实，实际上过去的生活更像电影《血色将至》里的情节。② 20世纪60年代的越南农民也不是生活在安宁封闭的社区里。③ 总之，按理说，亲情在当今的西方资本主义社会里更加浓厚了，无论如何不会比所谓更团结一致的老式生活淡薄。女权主义经济学家南希·佛伯尔（Nancy Folbre）评论说："我们不能以某种旧社会的浪漫主义版本为依据来批评当前的市场社会，就好像旧社会是一个大家庭一样。在那样的大家庭里，老爹通常控制着一切。"④

社会学家罗伯特·贝拉（Robert Bellah）及他的合著者在《心灵的习惯》（*The Habits of the Heart*, 1985, 1996）里重述了失落的团结的童话，这是那本书的主题之一。他们说："现代化对社会生态造成了毁灭性的后果……这种破坏是因人与人互相结合的微妙联系被打破而造成的，它使人孤独和惊慌失措。"他们下此断言的时候没有给出任何证据。在他们看来，为何要为这样一个显而易见的事实寻求证明呢？⑤ 他们担心"美国人的第一语言，即个人主义，已经像癌细胞一样生长"⑥。这两位社会科学家用传统形式审查他们的邻居，察觉邻居"没有过着一种每日里都为生活赋予美感和道德意义的传统生活方式"，并由此为自己的日常生活赋予了一种美感和道德意义。⑦ 人人都相信这个说法，除了那些考察

---

① Dennison and Carus, 2003. 至于对虚构历史的依赖，见恩格斯对1888年英文版《共产党宣言》的第一个脚注，其中赞美了哈克斯特豪森的俄国村社组织的概念。托克维尔很早就揭露了欧洲意识形态在这些历史事实上的分裂一面，声称哈克斯特豪森的"思维狭隘且没有公平"（引自爱泼斯坦，2006，第17页）。

② Coontz, 1992.

③ Popkin, 1979.

④ Folbre, 2001, p. 20.

⑤ Bellah, 1996, p. 284.

⑥ Bellah, 1996, p. xlii.

⑦ Bellah, 1996, p. 291.

过大量证据的历史学家。

不管怎样,深棕肤色少女的现代格拉斯哥后裔继承了古老的智慧,其生活空间也远比以前开阔,无论其是否受到劝告去充分利用这一空间。她有着数不清的机会——范围、能力、潜力、人均实际收入——威廉·冯·洪堡(Wilhelm von Humboldt)在1792年称此为"教育"(Bildung),即"自我培养"、"自我发展"、生活计划、第二选择。她能做的事情比过去多100倍,她过着更加充实的生活——工作、旅行、教育、持家,以及悠闲地在互联网上用英文和盖尔语听"深棕肤色少女"。在"物质享受"意义上的幸福研究中,一只懒洋洋晒太阳的肥猫是"幸福"的。现代世界为男男女女和孩子们(而不是为猫)提供的不仅仅是这样的"幸福",而是一个独一无二的广阔天地,让每个人都能充分实现自身的价值。当然,我们大可拒绝"教养",而选择每天看真人秀节目虚度时光。然而,数十亿的人有能力做更多的事情。如今,只要他们愿意,只要适度的节制,他们就能过着猫一样的懒洋洋的生活,过着物质主义的"幸福"生活。"老板,给我来根巴斯金·罗宾斯冰淇淋!"

第八章　穷人也是赢家

世人常道,创新的时代,穷人变得更穷。实则不然,恰恰相反,穷人是现代创新的主要受益者。这一历史给出的结论无可辩驳,却因另一事实的存在而被掩盖:创新所带来的利润,首先流入了企业家富人的口袋。不过在接下来的一幕里,正如大量记录在案的史实表明,一旦闻见利润的气味,其他的资本家便一拥而上。价格于是相对工资下降,也就是说,人均获得的商品和服务在增加——这一过程一次又一次发生——穷人的境遇因此改善。这一至关重要、历时长久的利润摊薄之过程,并非单纯的逻辑演绎,也并非某些未被证明的新自由主义信条。自 1800 年以来,企业家式的交易屡屡上演:"让我低价买进发明,高价卖出它们,赚得盆满钵满(请别觊觎我的财产,也不要多管闲事),就能分你一杯羹。"这正是发生在经济史上的事,也是你今天能大把挣钱大手花钱的原因。

2009 年,一位深刻的作家,伊格尔顿,向他的读者们展示了一颗社会主义者的"哭泣的心",反对"既无力供养人类又不能生产足够的正义的政治体制"[①]。他的呼吁,既犯了历史学上的错误,也犯了经济学上的错误。这一体制在满足社会需求(以 1989 年时的联邦德国和民主德国为证:当时联邦德国居民的日均收入已有 30 美元,而民主德国仅 3 美元;亦可拿今天的挪威和 1800 年的

---

① Eagleton,2009,p. 326.

挪威比较)和维持社会正义(民主、反殖民主义、出版自由、废除私刑、妇女平权、爱尔兰的独立)方面取得了大量成就。如果不以十年为一阶段,而以半个世纪为一阶段来看,一国内部的分配平等也已有改善,一代不如一代的情况从未发生。当富人变得更富有,如1978年后的美国,穷人却没有变得更贫穷——只不过其致富速度赶不上当地的基金经理罢了。想必伊格尔顿的祖先和我的祖先一样,在战乱时期的爱尔兰穷困潦倒,也远不如他们毕恭毕敬面对的盎格鲁主人那样过得惬意。且看我们现在的生活水平。2002年,通过购买力平价换算成美元的爱尔兰人均国内生产总值居世界第三,领先于历史上许多爱尔兰人曾流亡移民的美国。① 2005年,在《经济学人》的生活质量指数排行上,奉行新自由主义的爱尔兰排在首位,领先挪威两位,领先美国12位。②

不妨回过头看你的先辈,与你现在的状况作比较。你过着优裕太多的生活,还有多得多的机会接受教育。诚然,你并不拥有一条75英尺长的游艇。这实在丧气。但是,身为一名有理智、有阅读和独立思考能力的成年人,你理应知道,从实际的人的价值考虑,有钱人和名流的快乐不过比你略多——有关幸福的科学研究已经证明,纯物质享受式幸福的边际效应急剧衰减。"让蠢人穿绫罗绸缎,让恶棍去花天酒地,不管那一切,人总是人。"③正如历史人类学家艾伦·麦克法兰(Alan Macfarlane)所说,"一种普遍的平均已经到来……贫富差距再度拉开的趋势近年(20世纪末)

---

① 联合国/世界银行公用数据库,http://globalis.gvu.unu.edu/ indicator.cfm?IndicatorID=19&country=BZ#rowBZ。

② *Economist*,Intelligence Unit 2005. 2008—2009年的危机没有太影响到爱尔兰的排名。遗憾的是,它的方法具有纯"物质享受"的统计数据的所有缺陷,如依赖于"显著性"的t检验。例如,他们舍弃了性别平等这一因素,因为其"不显著"。

③ 源自苏格兰民族诗人罗伯特·彭斯(Robert Burns)1795年发表的著名诗歌,抒发即使贫穷也应保持做人的尊严,不贪钱财,不畏惧权贵,不能丢失洞察真理的睿智。——译者

出现,然而,更大范围去看,占1%到5%的那些收入1000倍于平均水平的人之中……财富的递变更加平缓。"①如果说财富还不太恰当,真实的舒适度无疑如此。

统计声称,美国的穷人在20世纪后期过得很不好。相对而言,这是真实和令人遗憾的现实。正如我说过,这是急需高等教育的经济体遇到的教育停滞(发达国家的教育程度在20世纪60年代出现了一个急剧的飞跃,随后又稳定了下来)以及全球化的后果。全球化在为世界上极其贫困的地区带来每天30美元的薪水的同时,其副作用是降低了发达国家的工资增长速度。② 类似地,在19世纪初,英国和美国的技术优势,被用来解释当时世界经济增长的不平衡。③ 但后来英美的这一优势不再。基于此类原因,财富蛋糕的分配发生了变化。然而,收入分配在几百年间非常稳定。如经济学家所说,基尼系数和帕累托参数没有大的变化。若是将发达国家,特别是美国,近年加重的不平等,当作一种永久趋势的开端,或马克思有关贫困的预言的实现,那便是无视长期的事实(以及,正如我所说,还有短期事实):即便在过去的几十年里,即便在发达国家,穷人的实际收入在增加,至于在那些确立了企业家的尊严和自由的国家:印度、中国、爱尔兰,穷人收入的增长更是爆发性的。新自由主义近年遭到的攻击始于20世纪70年代,攻击者包括才高八斗的马克思主义者、地理学家和人类学家大卫·哈维(David Harvey,2007)。若我们从更早的1800年或1900年算起,故事就会变成技术革新让穷人脱贫致富了。就像左派和右派都倾向的一样,在最近的一篇文章里,哈维关注的是创新带来的破坏性的一面:"快速的技术变革……让人们失去工作",这话就好像实际工资并没有上涨(事实上有),或其他工作

---

① Macfarlane,2000,p. 5.
② Goldin and Katz,2008.
③ Zanden,2003,p. 57. 这一结论是没有争议的。

没有被创造出来(事实上也有),或穷人真实的消费量没有上升(哈维也承认上升了)。①

经济史学家同意,穷人从现代经济增长中受益最多。不论古今、不论地域,没有哪一种经济体,能够完美地平均分配财富。任何现实的制度皆然。如果你认为全面的计划经济是在实践平均主义,不妨三思。勒伯格特估计,在1985年,苏联的精英家庭(收入最高的那1.6%)的消费量至少3.8倍于该国平均水平,美国收入最高的1.5%的家庭也是如此。② 当然,从逻辑上说,在收入分配结构中,总有人属于最底层的10%,除非我们生活在乌比冈湖。③ 即便世界人均日收入达到挪威的137美元,而不是现在的30美元,情况依然不变。然而,自1800年以来,整体的收入分配格局已经变化。不管是在统计数据中,还是实质上,最贫穷的人受益最多。这一领域细心的研究者罗伯特·福格尔指出:"自1890年以来,美国最底层的五分之一的人口的平均实际收入,已经翻了二十倍,比其余人口平均增加的收入多出好几倍。"④最底层的10%从营养不良变成营养过剩,从拥挤的贫民窟搬到不那么拥挤的贫民窟,交通工具也从破烂的公交车变成破烂的汽车。相比住在大房子里的贵妇,其钻石项链从一条添加到了16条,经济的改善对你我,对卑微的农民的后代,对城市里的贫民,意义更加重大。饥荒已在全球范围内减少。像古生物学家奈尔斯·埃尔德里奇(Niles Eldridge)这样的环保主义人士曾经在1995年信誓旦旦地说:"穷人们将……越来越多地倒在饥荒中。"⑤但事实恰恰相反。不,他们没有也不会如此。经济史学家科尔马克·奥格拉

---

① Harvey,2009.
② Lebergott,1996,p.36.
③ 美国幽默作家盖瑞森·凯勒虚拟的草原小镇,所有人都"在平均水平之上"。——译者
④ Fogel,2002,p.37.
⑤ Eldridge,1995,p.7.

达（Cormac Ó Gráda）在2009年写道："饥荒已不如过去那么频繁，在恰当的条件下，未来可能会更少。"他指出，"即便在七大洲中最脆弱的非洲，在过去十年左右发生的饥荒，按历史标准，只不过是'小'饥荒"①。

经济学家布兰科·米拉诺维奇（Branko Milanovic）最近提到，如今人与人之间最大的不平等，并非源自每个国家的精英的不同寻常的出身，而是来自国与国之间人均收入的差异。② 当国与国之间的收入分配恶化，如1948年到1978年的香港和中国内地，1949年到1990年的民主德国和联邦德国，1953年到现在的韩国和朝鲜，1959年到现在的佛罗里达州的小哈瓦那和古巴的大哈瓦那，1950年至今的土耳其和伊拉克，2000年至今的博茨瓦纳和津巴布韦，原因往往是那些发展停滞的国家，以令人叹为观止的执迷不悟，拒绝开放和创新。③ 这些国家的主人没有给企业家尊严和创新的自由。他们因禁了百万富翁，奴役了妇女，并管制经济，这样做或因为贪婪堕落，或渴望权力，或仅仅出于愚蠢的目的。许多欧洲左翼依然钦佩夸梅·恩克鲁玛（Kwame Nkrumah，1909—1972），将其视作社会主义理想主义者。然而，他的理想主义，在1955年到1966年毁了加纳的穷人。十年间，非洲最富有的经济体之一，变成了最穷的之一。那些失败的经济体，如黑手党统治下的西西里岛，或施行种族隔离的美国南部，他们的统治者即便不是出于左或右的扼杀发展的意识形态，也通过简单粗暴的恐吓和窃取达到了同样的结果，就如今天的尼日利亚（或前资本主义时代欧洲的某些地区，并且一些地方现今依然）。在这种极其错

---

① Ó Gráda,2009,pp. 2,1.
② Milanovic,2009.
③ 麦迪逊估计,1950—2002年,土耳其人均实际收入在上升（相当慢）,复兴党统治下的叙利亚上升得更慢,伊拉克和伊朗20世纪70年代之前上升很快,此后至2002年实际已经在下降（在伊拉克,人均收入增长率在1979年达到20%的峰值）。见Maddison,2006,pp. 564-565。

误的统治下，这些国家的经济蛋糕无法做大，从而，它们落后于那些财富不断扩张的国家，如联邦德国和土耳其，完全是自食其果。

甚至某些增长迟缓的国家——比如巴西——能够用死亡率和患病率的降低部分弥补其收入上升之缓慢（至少以韩国、新加坡、越南，这些高速增长并部分采用自由市场的国家的标准来看）。自然，这样的进步，还是资本主义和现代经济的发展的结果。但事实上，在具备理性的民粹主义思想的总统路易斯·伊纳西奥·卢拉·达·席尔瓦（Luiz Inácio Lula da Silva）的领导下，巴西已发展得相当不错，并有着很好的维持增长的政治基础，或许，这一基础还胜过"金砖国家"（BRICs，印度是 I）中的俄罗斯和中国。在印度西南部，被共产主义长期统治的喀拉拉邦，对企业家创新仍然表现出强烈的敌意，正如印度刚独立后四十年的困难时期一样。然而，喀拉拉邦用来弥补收入低增长的是其在南亚国家中最低的文盲率和最高的预期寿命——无可否认，应当向别的地方的企业家所开发的医疗技术和其他发明致敬，但喀拉拉邦历史上卓越的教育以及政府的诚信也不能忽略。意大利的博洛尼亚，很长一段时间里，也由共产党统治良好。（不过，由于喀拉拉邦的政策对企业家抱有过分的敌意，它也被称为印度的人才流失之邦。企业家不断离开。）

经济的创新史，体现了《正义论》（1971）一书的作者、著名哲学家约翰·罗尔斯（John Rawls）所谓的差别原则。这一原则是，只有当一个改变帮助了最贫穷的人，它在伦理上才是正当的。市场、资产阶级和创新正是如此。（顺便说明，以罗尔斯的所有作品观之，说他是一个非社会主义者更为确切，甚至可以说他有一点倾向市场。）① 任何有理智的人，都不会将百万富翁的豪邸，视作现代经济发展最值得称道的成就。罗尔斯也不会这样看。在一个

---

① Rawls, 1993; Buchanan, 2003.

自由经济体接二连三上演的故事里,创新时代的真相不是如此。

人均实际收入的16倍或18倍的增长(最保守的估计,真实数字会更高),已经大大改善了穷人的境遇。人们可以通过历史的片段来了解。沃克·埃文斯(Walker Evans)曾在1936年为他和詹姆斯·艾吉(James Agee)的书《让我们来歌颂那些著名的人》(*Let Us Now Praise Famous Men*)拍摄照片①,书中记录了亚拉巴马州的穷人,这些人的子孙,比起他们著名的先辈,物质上可能好10倍、20倍(用保守的估计)。他们往往受过大学教育,并且都有一辆车。其中一些人还跻身知识分子行列,比如在杜克大学教英语。约翰·斯坦贝克(John Steinbeck)在他1939年创作的《愤怒的葡萄》②里,描写了大平原农村地区的移民,他们幸存下来的后代,过着比父辈优裕8倍甚至16倍的生活。他们在爱沙列图③坚固的房屋里居住,在咖啡店里消费。他们中的一些还在伯克利教经济学。更具革命性的变革,以及它带来的居民平均生活水平的变化,发生在1700年以来的英国,1820年以来的美国,1868年以来的日本和1978年以来的中国。这些国家的人民一开始都生活在无法言状的贫穷里,一天靠1—5美元过活。他们生存其中的经济体制经历了革新,他们的子孙,即便仍是受雇的员工,也已成为富裕的中产阶级(尽管中国还有几代的路要走)。

"资本主义得到发展",我们说,而我们所指的,正是"资本主义"这一修辞之流变带来的结果。欧洲及其影响范围越来越"资本主义化",直至洲际航行的实现和次贷危机的到来。欧洲人更愿意称他们的体制为"社会市场经济",然而他们赞赏革新者,多

---

① 沃克·埃文斯是美国摄影师,詹姆斯·艾吉是美国小说家、影评家和诗人,《让我们来歌颂那些著名的人》一书中南方佃农的形象成为美国纪实摄影史上的经典。——译者

② 该书写的是贫苦农民从生态恶化的俄克拉何马州平原流落到富庶的加利福尼亚州谷地的悲惨故事。——译者

③ 美国加利福尼亚西部城市。——译者

数情况下不会阻挠创新(在德国、法国、荷兰,围绕星期日停业法的长期斗争,显示了阻挠创新的倾向)。美国人更容易领会"资本主义"一词的含义,它曾被用来表达对市场、创新和私有财产的蔑视,美国的大学生对这段历史更为熟悉。

然而,"资本主义"一词——就像"意识形态"一样,在1800年前后出现,在我们的学术措辞里,它的含义主要归功于马克思的使用——导向了金钱、储蓄和积累这个错误的方向。① 它让人想起唐老鸭漫画书里的守财奴高治·麦克老鸭,和它那成堆的钱。或者是一个稍微现实的版本:《辛普森一家》里的查尔斯·蒙哥马利·伯恩斯,和他那成片的工厂。这样的联想哪里不对?答案是:世界的改变,并不光靠钱或资本就能堆出来,世界的改变靠的是蒸汽机的改进,以及创造发明的成果被更明智地接受。

尽管如此,自18世纪以来,经济学家们青睐的观念是,资本积累才是现代社会的缔造者,由于它强调成本,这一点上他们是专家,因为成本更容易用统计学和数学描述。19世纪末期以来,正统的数学表达式声称,资本积累通过资本投入K与劳动力投入L获得,这两个要素造就了我们的繁荣,用商品和服务的"数量"来衡量,即 $Q = F(K, L)$。这个公式令资产阶级经济学家激动不已,并且迎合了他们的奥古斯丁—加尔文主义神学。② 马克思主义经济学家们在更多的奥古斯丁—加尔文主义神学影响下,继续谈论资本积累和剩余价值的吸收。经济学家们偏离了重点,遑论创造守财奴形象的漫画家。常规的再投资,仅仅是建筑、道路、机器,甚至教育的重复堆砌,演奏不出强劲的节奏(需要"2次和弦

---

① 诚然,马克思本人并没有使用"Kapitalismus"(即资本主义)。在德语版的《资本论》第一卷,他在几乎每一页上使用了"Kapital"和"kapitalische",但不是"Kapitalismus"。英语的译本也只有两次用了"资本主义"。23年之前,在《过去和现在》(*Past and Present*)(1843)里,凯雷(Carlyle)使用了"拜金主义"。此后,特别是在20世纪(资本增值主义盛行的年代),"资本主义"变得更普遍。

② 提到神学不仅仅是要花腔。见 Nelson,1991,2001,and 2009。

和1次小鼓",爵士乐手开玩笑说)①,创新做到了。没有节奏不成调子,没有起伏不成故事。资本积累不是经济增长的核心。创新才是。将人们引入歧途的旧的"资本主义"一词,当抛弃之。

我们将以更好的方式,使用没有"资本主义"误导性的内涵的词来称呼这一事物:它诞生于欧洲近代早期,在19世纪和20世纪,出乎所有人意料地令世界变得富足。"进步"太含糊,政治意味过浓。若你喜欢新词,可以称之为"创新主义"。但最好直接叫"创新"。经济史学家尼克·冯·滕泽尔曼(Nick von Tunzelmann)指出:"技术变革成为累积的……突破……导致一连串进一步的增长……早期的变化涉及一段不平衡的时期(比如说下射式水轮机被采用的时候——作者),一旦变化被吸收,接着又会回归某种平衡……反而,(自1800年以来的两个世纪里——作者)系统性的变化发生了,企业家不得不认为任何改进……可能很快会黯然失色。"②比尔·盖茨不承认微软是垄断企业,他提醒说就在自己演讲的时刻,某些还在地下车库里工作的聪明的企业家设计出的创新可能颠覆微软——正如史蒂夫·乔布斯和他自己,两三个大学辍学生就能颠覆IBM。新的修辞最终创造了现代世界,它们被称作"企业家精神的胜利",或"商业和机械创新的殊荣",或"连续涌现的新生事物",或"发明的发明",或新产品对老产品的"创造性毁灭"(如滕泽尔曼认为,有时是老产品中新品质的"创造性积累",有时是一个全新的产品),或"好的资本主义"[鲍莫尔、利坦和施拉姆(2007——作者)描述了美国的企业家资本主义],又或者是,温顿·马萨利斯(Wynton Marsalis)和杰弗里·沃德(Geoffrey Ward)最近即兴创作、形容爵士乐的社会意义

---

① Marsalis and Ward,2008,p. 131.
② Tunzelmann,2003,p. 85.

的"一致同意的创造力的爆发"①。用"创新的时代"这一表达来替代误导性的"现代资本主义",将指明正确的方向。经济学家阿林·杨格(Allyn Young)在1928年提到,它是"一个这样的时代:人类转到了新的方向,经济发展并非只能有意去追求,似乎还能以某种方式从事物的本性中生长出来"②。

允许创新和企业家美德发挥作用的国家的繁荣昌盛,进一步支持了创新和企业家美德的重要性。这里的繁荣指的是历史人均收入的提高,并且不光是大企业首脑,罗尔斯所说的那些真正的穷人的收入也一样提高了。它提供了一个更现实的理由,为那些既不如军人英勇也不如圣徒崇高的企业家辩护。你可以回击说,金钱并非万能。不过,正如塞缪尔·约翰逊(Samuel Johnson)说:"当我一个穷光蛋在这个小镇上四处溜达时,我盛赞贫穷的优势,但同时,我为穷人感到难过。"③没有人会拒绝到手的钱财。你可以问印度居民(以1990年美元在美国的购买力计算,1998年他们的人均收入是1746美元)或中国居民(3117美元),问他们当时是否愿意有一笔27331美元④的年收入。现在中印老百姓的年收入和美国相比接近很多了。你还可以注意到历史上人口永久性迁移的方向,当今这类现象更多——在利比亚等待偷渡到意大利的西非人,或那些勇闯美国西南荒漠,拿低工资为盎格鲁人卖

---

① "企业家精神"来自熊彼特和他的奥地利经济学派传统,例如Schumpeter, 1926(1934);"创造性毁灭"来自Schumpeter, 1942(1950), pp. 82−85(借用自维尔纳·桑巴特1913年的《战争与资本主义》)。一些当代的论证有:鲍莫尔,2002,和戴蒙德即将出版的作品;"连续涌现的新生事物"来自厄谢尔,见Usher, 1960, p. 110;"发明的发明"则来自许多人,如南森·罗森博格、戴维·兰德斯、乔尔莫基尔,最终为怀特黑德,见Whitehead, 1925(chap. 6), p. 96,提到"19世纪最伟大的发明是发明方法的发明";"创造性积累"来自滕泽尔曼,见Tunzelmann, 2003, p. 88;"一致同意的创造力"来自马萨利斯和沃德,见Marsalis and Ward, 2008, p. 167。

② Young, 1928.
③ Boswell, 1791, for 1763, Aetat. 54(Vol. 1, p. 273).
④ 1998年的美国人均GDP。——译者

命,在北部边境从事令人胆寒的犯罪活动的墨西哥人。一名西班牙裔喜剧演员早在2008—2009年的经济衰退时说:"当墨西哥人停止涌向美国,你就知道情况真的很糟。"在20世纪30年代,这一流动确曾停止过,与2007年相比,2009年的流入规模也要小得多。

第九章 功利主义支持"创造性毁灭"

穷人向来是企业家尊严和自由的主要受益人,这一说法可以给出哲学式的理由。我宁愿使用"道德伦理"和现代世界培养出的更优秀的人来为自己辩护。鞭刑的消失和现代音乐的繁荣,都能轻而易举证明我的观点。但是,让我暂且顾及我那些严谨刻板和功利主义的同事,基于他们的理由做出"理性"解释。

某些创新带来的富裕是"双赢"的,用滕泽尔曼的话说是"创造性积累"。想想呼啦圈或滑板,这些新产品没有相近替代品,也就无害于其他。然而,许多新生事物确实伤害了一部分人——通过"创造性毁灭",这一短语最先由维尔纳·桑巴特(1863—1941)提出,因约瑟夫·熊彼特(1883—1950)的使用而出名。换言之,有赢家也有输家,这一情形很普遍。想想新的便携式的可折叠帆布草坪椅,从一开始卖40美元到现在的6美元,让大批生产老式铝制椅的公司破产。后者也曾经淘汰了老式的木制折叠躺椅,再往前推是更老的阿尔岗金族印第安人的木椅。芝加哥的强力崛起让圣路易斯黯然失色。蒸汽机逐步替代了水车。赶马车的鞭子失去市场。沃尔玛与当地缺乏竞争力的垄断零售商打价格战,让穷人买得到廉价商品。

如果企业家交易没有关键性的第二步,即造福你我他,尤其是穷人,这个追求利润的经济模式就没有道德上的正当性。如果利润只聚积在企业家的手里,没人会赞美创新,无论它是"创造性积累"还是"创造性毁灭"。但事实上,由于更多企业家嗅到利润的气味而进入,发明灯泡或发明自动装配生产线的回报变薄。纵观创新的历史,利润占国民收入的比重相对很小,也从未提高过。而那些仪表堂堂的利润制造者和同样有功于此的穷人共同分享的财富,其绝对值极大地增长了,这是创造性毁灭,或者是利润激励和新的企业家自由和尊严带来的。①

创造性毁灭不只发生在经济中。糖业生产或公司组织的创新让许多人成功,同时也制造出一些失败者——艺术或知识领域的创新亦然。查理·帕克(Charlie Parker)和迪兹·吉莱斯皮(Dizzy Gillespie)的出现,令许多摇摆乐时代的爵士音乐家下课,摇摆乐也曾取代迪克西兰爵士乐,迪克西兰爵士乐则取代过拉格泰姆乐。喜爱帕克和他的波普爵士乐的顾客是赢家之一。那些喜爱早期爵士乐的人,如英国诗人菲利普·拉金,就成了输家。可可香奈儿令许多老式的裁缝破产,尽管它发明的黑色迷你裙解放了众多女性,还有它设计的男性商务套装,让男人在商业活动中更有尊严。② 许多物理学家认同欧几里得和牛顿的宇宙观,阿尔伯特·爱因斯坦的出现让他们显得过时。不久后,尼尔斯·玻尔和沃纳·海森堡(Werner Heisenberg)提出了量子力学,又局部冲击了爱因斯坦深思熟虑的思想。商品、艺术或思想的"自由贸易"并不会帮到每一个人。③

然而,创新的毁灭性一面并不意味着商品、艺术或思想的自由交易是件坏事情。整体权衡,事实是压倒性的输家少、赢家多。总体还是赢的。至少,开明的欧洲人和新企业家自由主义者认为,这种变化与统治世界多年的零和博弈的概念相反,后一种情

---

① Baumol,2002;Diamond forthcoming.
② Hollander,1994.
③ 创意并非总是好的,比如芥子气,色情视频。新的种族观念于1900年前后在欧洲兴起,在学术领域占据了很长一段时间,排斥了更科学的观念,并造成灾难性后果。19世纪80年代精神病学自信地宣布同性恋是种病态,这是另一场灾难。

况下,欧洲每赢得的一笔,都被认为来自其他地区对应的损失。这种博弈依靠"竞争","所得和所失相加为零。利润是魔鬼。"不是这样的,开明的自由主义者穆勒指出,事实常常并非如此——社会核算有可能是输少赢多。

这种计算,在哲学里叫作行为(或直接的)功利主义。如果你将输赢各方以某种方法加总,某些创新的社会总收益就会为正。在商学院,人们会讲到"利益相关人",并不再进行得失核算的道德分析。

穆勒发展了一种更复杂的理论:"规则"或间接的功利主义。① 首先承认每一购买或创新行为都可能有输家。诚然,除非一种商品的买主和用处不可替代,或除非创新或创意不会让任何人失业,否则必然会有输家。如果我买了幅毕加索的《老年吉他手》,意思是说另外某个人无法再拥有它。这个人会去寻找《老年吉他手》的替代品,那件替代品的价格一定会上涨。如果这个人不承认自愿交换的结果,对我的购买拥有否决权,他一定会行使。创新行为类似于购买行为。一个人人须被动接受财产权在各人之间进行分派的社会(如上述《老年吉他手》画作产权的重新划分),可能拥有极好的平等,但它在技术上不会是先进的——艺术上、智力上或精神上亦然。市场会变成政治,仿佛我买花生的行为关系到花生市场上的每一个人,或是关系到同一个选区里的所有人。"溢出效应"——例如你儿子致命的花生过敏——不会让购买花生的行为变成一家俱乐部或一座城邦的集体利益,只不过需要谨慎处理,比如禁止将其带上飞机。罗伯特·弗兰克(Robert

---

① Mill,1843:"有很多正直的行为,甚至可称为正直的典范的行为(虽然我认为这种情况不常发生),在特定情况下牺牲了幸福,产生了更多的痛苦。但是,依然可以为它们的施行辩护,仅仅因为可以表明,它们整体上会让这个世界更幸福,如果感情是被教化的,在某些情况下,会让人们忽略幸福。"(6.12.7)20年后,在《功利主义》中,对此他有更多的话说。

Frank)雄辩地指出了消费环境——我们都不自觉地将居所布置得美轮美奂——造成了溢出效应,构成一种隐性的消费税;想想在巴基斯坦,邻人们举办一个比一个昂贵的婚礼,破产比赛似的互相攀比;或想想不断上升的衣橱容量标准。① 然而,他并不建议社会主义化我们所有的消费决策。

当然,在一个自由社会,纯粹的个人嫉妒不应被当作需要处理的"溢出效应"。将一人一票的民主制度引进经济活动,会带来纵容嫉妒和扼杀财富增长的危险。创新时代下的民主,是消费者决定的民主,人们被迫考虑其选择的机会成本,不得用无成本的政治选票决定有成本的商品配置,这才是更好的民主。张三只会羡慕你买了花生,或为你在沃尔玛以廉价购得感到愤怒,却没有权力阻止你多买一袋。在俄罗斯的寓言里,神告诉农民伊万,他可以拥有他想要的任何东西,但有一个气人的条件:他的邻居鲍里斯获得的将是他的两倍。伊万被难住了,因为正如许多旧时代的俄罗斯人,他们被嫉妒心支配。"啊",他最后对神说,"我想到了。给我这样一个礼物,抠出我的一只眼睛。"捷克也有类似的寓言,讲的是乔装打扮的上帝和圣彼得在乡间流浪,求人收留却屡遭拒绝,最后是一对很穷但热情好客的农人夫妇让他们进屋。上帝揭示了自己的身份,并告诉他们,作为行善的报偿,他们可以得到自己想要的任何东西。丈夫和妻子在一起商量了片刻。丈夫开口说,"我们只有可怜的小鸡,但我们的邻居有一只山羊,每天产奶……"上帝猜测道:"你的意思是,你也想要一只山羊?""不是。我们想要你杀了邻居的羊。"农人夫妇一无所得。

穆勒、亨利·西季威克(Henry Sidgwick,1838—1900)和彼得·辛格(Peter Singer,1946—),以及其他思想深邃的功利主义者力促的一种"规则"(或"倾向")是,为确保进步,我们不仅需

---

① Frank,1985.

要在行动的层面,还要在行动规则制定的层面做出道德和政治的决策。我们可以因此避免非输即赢的分配逻辑,和其他行为功利主义中更戏剧化的悖论。① 经济学家詹姆斯·布坎南(James Buchanan)早就声称,这样一个到宪法决策层的跳跃,"有助于促成共识"②。张三当时可能不愿意是你而不是他买到了花生,但在一场制宪会议中,他可能更容易同意,干涉其他人购买花生不公平。霍布斯、康德、穆勒、布坎南和罗尔斯的追随者们的工作巩固了布坎南所谓的"立宪经济学"。"如果政治被定义为两个阶段或两个层面的过程[立宪(确立基本规则)和后立宪(规则下的选择行为)],同意准则……更容易被接受。"③这就是布坎南和戈登·图洛克(Gordon Tullock)在《同意的计算》(*The Calculus of Consent*)里提到的"不确定性的面纱",也就是在立法时期,人们并不知道他们在以后的决策规则运行时处于什么位置。这也是他们的朋友约翰·罗尔斯在后来的《正义论》(1971年)里设想的"无知之幕",人们在决定我们的社会是否允许奴隶制的时候,并不知道走出幕后他们是奴隶还是奴隶主。

假使这一论证是正确的,那么尚有更高一层面存在(依布坎南的逻辑,应"更合情理"),即道德的层面——如不行妒事,关心宪法之正义,尊重自愿交易。除非首先遵从完备的"七美德"道德准则,否则我们制定不出好的宪法,行不出更多的善。霍布斯、罗尔斯、布坎南等希望跳过道德的条件建立他们的体系,声称规则功利主义"将有效地服务于博弈者的利益"(如布坎南所说)。我

---

① 这里有一例:行为功利主义下,杀死张三养活李四是可以接受的。你明白我说的"戏剧性的矛盾"指什么,然而它被大多数经济学家所接受。另一个例子是:根据行为功利主义,更容易获得快乐的人应该得到更多食物。一个印度律师指出,"婆罗门有可以享受到25倍于其他人的快乐的能力"(Lebergott,1993,p.12)。

② Buchanan,1986.

③ Buchanan,2006,p.991.(宪政经济学——分析宪法和宪政的经济后果的经济学。——译者)

不认为他们仅凭事功这一个美德的论证就能得出他们的结论。如马克思主义者和保守派都赞成的,立宪经济学需要道德基础。①

然而,布坎南是对的,即便不全对。从历史上看,我认为1800年前后在道德层面上发生了一次至关重要的变化,它使北美、波兰、法国在18世纪末期爆发了真实的制宪运动。社会开始接受市场均衡的结果(不阻挠他人发财致富),或多或少接受了民主政体,或采纳了"人生而平等"(杰斐逊会补充说,我的奴隶除外)的政治宣言。这一结果对最需要帮助的那些人有好处。②

不管怎样,对讲究实际的经济学家来说,行为功利主义在一个更低的层面上很有魅力。它指出,如果木材的价格在英国高于瑞典,那么将瑞典木材从诺尔兰运到伦敦就能创造价值,大小相当于两者的差价扣除交易成本。木材生产或贸易组织中的创新,同样可被视为一种敏捷的套利行为,与低价买入生产、运输、销售的创意,然后高价卖出一样。再一次,价格差距就是价值收益。在经济学家那里,价差减去交易成本便是"利润",也就是创意的回报,创意可以是木材新的配置方式、一台新的柴油发动机,或一笔新的金融资产。瑞典的木材大亨斯文·斯文森发达了,伦敦的木材商琼斯也一样——他的员工和客户亦然。诚然,瑞典出口的木材会令一些人的利益受损。原产于威尔特郡的木材(它必然是瑞典木材的替代品)在伦敦市场的价格下降,下降的部分等同于威尔特郡的木材站所有者杰克·怀特曼的损失。英国的需求推高了瑞典市场的价格,损害了瑞典的消费者。而处于竞争地位的瑞典木材大亨乔恩·琼森,必会因为斯文·斯文森的成功而遭受

---

① 因此,我有过论证(McCloskey,2006d),并提出康德存在一个并行问题,他说"你不能"仅仅将伦理学建立在人类行为的事实层面,却没有给出为什么人愿意在这个意义上符合"道德"的原因。我还说过,玛莎·努斯鲍姆犯了类似的错误。(2006d)

② 原文 the least among us 应出自马太福音 25:40:王嘉许臣民,臣民说他们什么都没做,王说,当你们帮助了最需要帮助的人,就是帮助了我。——译者

打击。且不说收入的缩水,仅仅因为嫉妒,他都会幻想禁止这一切的发生。正如"杀死邻居的山羊"。

然而经济学的逻辑是,利用价格差或套利机会的行为,将物料从低价值的利用转移到了高价值的利用中去,在使用价值上产生了一个总的国民净收益。它体现为国民收入之上升。自然,人人都会关心收入分配,但历史的证据是,通过商业中的竞争,即使最贫困的人群的收益长远来看也不断扩大。毕竟,在富裕的经济体中,穷人的境遇得到极大的改善——我将重复,即便"邪恶"的资本家企图把创新带来的所有利润永久地装入自己的口袋,他们也没有如愿让经济停留在第一幕。回忆一下20世纪30年代美国的穷人,再想想他们和他们的子女是如何发达的。价格差并非民粹主义者声称的那样,"仅仅是利润",就好像利润的产生与整个社会无关,或是靠偷窃,而不是靠警觉得来,或者它从未随着竞争者的进入而减少。从最初资源的低价值的利用中获益的人的确也会受损,但更多的人受益(从购买力来看)——因为他们付出的代价下降。其他木材或替代品的供应商受损,然而如木结构房屋一类互补品的众多需求者受益。

这看似复杂。然而,经济学家可以在黑板上向你展示,在很容易接受的假设条件下,允许木材的自由贸易带来的净收益始终为正。如果你有耐心,我只需要半小时的时间就能向你图解证明。如果你数学很好,五分钟足够。如巴斯夏早年在为"无为而治"辩护时所说,"我利用从太阳那免费获得光线省下来的钱,去买衣物、家具,甚至蜡烛"①。经济学家会说,证明相当简单——除非存在某种令人不安的情况,比如"次优"的考虑或"非凸性"干涉,或除非你在道德上不同意用购买力来衡量。②

---

① Bastiat,1845,2.15.33.(巴斯夏讽刺当时的法国政府的保护主义:不允许人民购买低价的人工照明产品,却允许使用免费的太阳。——译者)

② 如 McCloskey,1985b,sections 9.2,10.2,10.3,24.1。

且不管黑板上的证明和那令人不安的"最优"假设,以及未考虑道德评价的收入分配,历史事实已足够有力。每次经济发生变化,无疑总有人受到伤害,正如学科知识、潮流趋势、气候的改变也会给部分人带来痛苦。新创意伤害了在旧观念下谋生的人。如莫基尔所说:

> 经济学家倾向于相信,大多数的成本最多是暂时现象。然而,技术进步从未……让所有人受益:这一过程中必有输家,即便受惠一方能够做出补偿,他们也很少这么做。一个经济体越是反感对现有经济秩序的破坏,越不可能提供有利于技术进步的氛围。①

然而,同样无疑的是,自 1800 年以来,经济变化带来的收益,无论在金钱还是道德上,远超因瑞典木材而失业的英国伐木工人的损失,因汽车的发明而失业的美国马蹄铁匠人的损失,或因卡车而失业的印度牛车车夫的损失。赢家的数量远远多于输家。回到规则功利主义和宪政经济学的框架下,你宁愿出生在什么样的社会:是禁止会导致任何个体损失的创新、人均收入 3 美元一天、坚持认为太阳绕着地球转、画作必须始终表现具体事物的社会,还是允许创新,或者有着像挪威一样的社会安全网、人均日收入 137 美元、容得下哥白尼和毕加索的社会?

这就是为什么领会现代经济增长的巨大体量极其重要。如果像 19 世纪英国的古典经济学家指出的那样,新创造的价值不过是效率少许提高后所得,人们可能会合乎情理地陷入怀疑,并重新回归保守派和进步人士都青睐的保护主义。(虽然,黑板上的内容为真正的自由主义者提供了自由贸易产生收益的证据,但

---

① Mokyr,1990,p. 153.

第九章 功利主义支持"创造性毁灭" 113

这证明令人不安;一个更有力的证据是,让人们永远停留在他们旧的工作中,如保护主义者所做的那样,将明显是一个错误;一个还要有力的证据是,如果反对自由贸易有益于国家,为何不把它推广到地区、城市或街坊,甚至你的家里?)但当创造的价值以 10 倍或更高的系数增长——人均日收入从 3 美元涨到 30 美元,更别说从 3 美元涨到 137 美元,也即埃奇沃思盒状图的急剧扩大——更难让人相信:在历史上,替代品(其他的木材)供应商的损失,超过了其他人的收益(木材的购买人,或住在木结构房屋里的人)。或再用宪政经济学的话说,我们更难认同,人们在不确定性的面纱背后(即不知道自己在一个社会中的身份),会更青睐执行将社会引向愚昧和贫穷的规则,而不是将其引向开化和富裕的规则。经济学家彼得·休伊特(Peter Howitt)总结了莫基尔的历史工作,他写道:"新技术下赢家和输家的冲突,是经济史上反复讨论的主题,调解冲突之困难,往往影响到整个社会培养和接纳经济增长的决心。"①

---

① Howitt,2005,p.10,参阅 Mokyr,1990。

第十章　英国经济学家未意识到经济浪潮

需要解释的是现代世界极大的物质繁荣,繁荣到即便连我们中最穷的人也能享受更为广阔的精神和思想生活。保守估计,英国的人均收入自 18 世纪初以来增长了 16 倍。全世界并非所有地方的人们都能充分利用创新和企业家美德。即便如此,1800 年以来,在世界人口增长了 6.5 倍的同时,谨慎衡量得出的真实人均收入也增长了 10 倍。这一切何以发生?

英国是经济最早腾飞的国家,因此从这里寻找答案也很合适。在英国,经济很早就被视作独立于政治的范畴(荷兰更早,法国要晚,德国则晚更多),这是企业家修辞形成之迹象。英国引领了经济学研究——受益于西班牙教授、荷兰商人、法国医生和意大利刑法学者——从 17 世纪的政治经济学家开始,出现了大卫·休谟、亚当·斯密、托马斯·罗伯特·马尔萨斯、大卫·李嘉图、约翰·斯图亚特·穆勒,及 20 世纪早期的一批英国经济学者。经济学作为一门学科,很长时间内只在英国甚至苏格兰才存在。直到第二次世界大战后,像许多其他学科领域一样,经济学才被美国人统治。

奇怪的是,1776 年、1817 年或 1871 年前后的英国经济学家都没有意识到正在发生的 16 倍的人均收入的增长。甚至今日他们的继承人美国,也时常将此抛之脑后。经济学家的理论对于解释微小的经济变化非常有效——棉花工厂出现后人均收入增长了

5%,或拿破仑统治欧洲时人均收入下降了10%——明察秋毫却不见舆薪:从1780年到1860年,人均收入的增长可不止5%、10%,而是100%,且越走越高,今天英国的人均收入同18世纪相比,即便保守测量,也增长了前所未有的1500%。直到最近,即自20世纪50年代开始,在对国民财富增长的原因和本质的探究中,这一疏忽才被承认。

早在20世纪40年代末,约瑟夫·熊彼特就讽刺了古典经济学家对现实的失明。他指出,托马斯·罗伯特·马尔萨斯(1766—1834)和大卫·李嘉图(1772—1823)"生活在前所未有的经济开始腾飞的时代……眼中却只是没有出路、为了每日的面包同挥之不去的衰退艰难抗争的经济"①。他们的学生穆勒(1806—1873),即使在1871年时"还不知道资本主义的火车头会开到哪"。而就算在1830年,一些人已经注意到了社会的富裕。历史学家麦考利(Macaulay)写道:

> 如果有人曾对1720年南海公司破产后处于混乱和恐慌中的英国议会说,到1830年,英国的财富将是他们做梦都想不到的……伦敦将是之前的两倍大……死亡率会降低一半……交通出行不再使用帆船和马车,我们的祖先会以为这是像《格列佛游记》一样的天方夜谭。然而如果有人这么预言,他将是对的。②

英国圣公会牧师和经济学家马尔萨斯在他的《人口原理》(1798)中做出相反的预测。他的观点在激进的环保主义者中依

---

① Schumpeter,1954,p.571. "在20世纪40年代末",因为他在20世纪50年代初去世,这本书为他身后出版,他的妻子、经济史学家伊丽莎白·巴迪·熊彼特为此做了艰巨的编辑工作。

② Macaulay,1830.

然流行,后者认为人口增长对自然资源是个问题,或直接视人类为问题。他们梦想着没有亚当和夏娃的花园,并兴致勃勃地欣赏电视纪录片《人类消失后的世界》。① 这些激进的环保主义者没有意识到,自 1800 年后,自然资源的稀缺逐渐不再成为主要问题。如今(明智地说)不再有自然资源问题,只有人能不能想得到了。不过,马尔萨斯仍然道出了关于早期历史的伟大真理。例如,在中世纪的英格兰,1348 年前的两个世纪里,贫困伴随人口增长而发生;在伊丽莎白时代的英国,出于同样的原因:数量有限且收益递减的土地面对不断增长的人口,贫困再次发生。当土地仍是一个经济体的主要资源,经济头脑没有用武之地,更多的英国人口意味着更少的人均土地和所得。然而,在乔治王朝晚期和维多利亚时代早期的英国,凭借日后才受到推崇的创造力的发挥,不断扩大的人口同时富裕起来。土地对人类的约束力显著地下降了。

古典经济学家的预言每每与事实相反,今天他们众多继承者的分析也是如此。② 经济学家大多不屑于免费午餐的概念,并持之以恒地抨击它。我也长期不懈地教授本科生这一不幸的事实。"你必汗流满面才得糊口。"(创世纪 3:19)一个人可以合理安排自己的劳动力,从而事半功倍。但是,经济学家宣称,钱财从来不会平白无故从天上掉下来。因此,1830 年前后,与历史学家麦考利或数学家兼工程师查尔斯·巴贝奇(Charles Babbage)不同,经济学家们看不到前景,他们只看到工人的苦难和地主的富裕。像现代环保主义者一样,古典经济学家深信不疑的是黑板上的命题

---

① 《人类消失后的世界》:科幻纪录片,表现人类消失后,野生动植物再次统治地球。——译者

② 这很常见,顺便可以用卡莱尔的那句"阴郁的科学"来概括古典经济学家的悲观结论。不过它在这里的含义与这一说法的起源不同。卡莱尔称他的朋友约翰·斯图亚特·穆勒和他的同事是"阴郁的",是因为他们反对奴隶制,而卡莱尔认为,这一制度有益而美好、富中世纪精神,且对那些不幸缺乏技能的非裔种族来说是相称的(Persky,1990;Levy,2001;Levy and Peart,2001)。

第十章 英国经济学家未意识到经济浪潮

("终极看来,所有资源都是有限的"),而不是他们眼前的证据。后来的新古典主义经济学家,以及再后来他们中的萨缪尔森主义者(就像我在职业生涯早期一样),为了否认这些证据,一头钻进用来代替"免费午餐"的资本积累的反复计算中。

1845年,穆勒以他惯有的洞察力和公正对此做出总结。在马尔萨斯教士之前,工人阶级境遇之改善多被认为是无望的,如穆勒表示,这是一种"大自然的规定,有人说,工人阶级的存在是上帝的法则,是人类命运的一部分,公共或私人慈善机构只能部分改善个别人的状况"①。在1803年第二版的《人口原理》中,马尔萨斯无论如何都认为贫穷是人口增长的结果,不过他给出了保持希望而不是绝望的理由。(作为一名圣公会牧师,他也许为1798年《人口原理》里赤裸裸的声明感到担忧,因为倦怠、绝望、缺乏基督徒的盼望,是对圣灵的第二大罪。)正如一名中间派的圣公会教徒会凭良心宣传的——只要穷人在生养孩子时更加谨慎和尽责,一定的技术就能帮助他们过上好一些的生活。穆勒指出,除了马尔萨斯的通过节制生育能让穷人的境遇有限改善的承诺,另外两种乐观的理由不那么可信(穆勒的观点在1845年似乎是合理的,到19世纪晚期实际工资暴涨的年代就不是了)。"他们似乎欢迎任何其他观点(除了'穷人注定一天只得一两美元,就算禁欲也不过得五美元'这一由来已久的悲观论调):预言物理知识和机械工艺的进步,足以从根本上改变人类的状况;或称贫穷是人为的,产生于政府的暴政与富人的贪婪。"从穆勒的其他著作可以推断,他对"预言中物理知识的进步"不抱期望,此处他被证明大错特错。他也不相信革命性的重新分配有用,而在这点上,很不幸,他被证明是对的。

换言之,经济学家们并没有注意到,在1760年或1780年到

---

① Mill,1843.

1860年出现了一些全新的变化。如人口学家安东尼·瑞格里（Anthony Wrigley）近期所述，"古典经济学家不仅未意识到发生在他们周围的现在称之为工业革命的变化；事实上他们还对经济发展的性质持一种坚定的观点，把发生工业革命的可能性排除在外"。① 约翰·斯图亚特·穆勒刚理解了平衡状态下的经济，此时（1848年）经济却告别平衡开始增长。到他去世的1873年，这种增长在全球范围内加速；据安格斯·麦迪森估计，1820—1870年，世界人均实际收入每年增长0.53%，但在他所说的"自由秩序"时期的1870—1913年，年增长率达到1.3%。② 这好似，一个工程师得意于自己的静力学能使一架巨型喷气式飞机在跑道上轰轰作响却安立无虞，却没有注意到它不知何时竟已驶入云霄。

那时的经济学家们相信——有同样多的学者直到目前也相信——他们掌握了社会运动规律的完整理论。他们忽略了应用创新，也就是说，忽视了现代经济中交谈的创造力，及其意外扮演的角色。经济学家巴兹尔·摩尔（Basil Moore）在一篇精彩的经济评论中表达了这一观点：第一次工业革命以来，世界经济已呈非线性动态。③ 经济学家弗里德里希·哈耶克（Friedrich Hayek）（1899—1992）表达了类似的观点，认为经济不可预测，因为它是人类交谈的结果。④ 比如说，未来的数学对话无从预测，因为如果它是可预测的，我们现在就能知道数学未来的面目，那就不是"未来"了。人类广泛的活动，如时尚、工程技术等亦然。⑤ 好莱坞有谚云"没有人知道任何事情"。换言之，艺术上的成功不可能被机械预测的（另一方面，票房的成功却能准确预计——在荧幕上炸

---

① 这是很多年前已故的龙多·卡梅隆引述于我的，出现在卡梅隆和瑞格里的通信里。
② Maddison, 2006, pp. 125–126.
③ Moore, 2006.
④ Hayek, 1945.
⑤ 在我1990年的论文中有详细论证。

掉足够多的汽车,就能吸引14岁的男孩入场;然而一旦这样的规律人尽皆知,制片人的成功便取决于她能否经常推陈出新)。① 摩尔和哈耶克批评的静态经济学在工业革命前运作良好。从短期和中期来看,它仍然揭示了许多常规的经济现象。没必要舍弃静态经济学,因为自然地说,常规很普遍。但长期来看,自18世纪后期以来,经济的变化越来越反常规:蒸汽机令它"惊奇",发电机给它"充电",计算机又让它"迷糊",首要的是,"价值重估"赋予了它新的生命力。

1767年,瓷器商乔赛亚·韦奇伍德(中国瓷器的仿制者)写道:无论如何,在陶瓷制造上,"一场革命在即"②。在陶瓷领域和英国之外,卢梭和后来的孔多塞也宣告,人类可以无限趋于完美。1783年,塞缪尔·约翰逊宣布,"这是一个疯狂追求创新的年代,世上所有的工作将以新的方式完成,绞死犯人也会用新的方法",他自己则对一种新的酿酒法产生了兴趣。③ 法国大革命早期,断头台得以改良,成为一种新的可造福所有阶层的死刑工具。④ 1787年,持异议的传教士、政治激进派、保险计量学者理查德·普赖斯(Richard Price)更加乐观("乐观"和"悲观"是18世纪的哲学造词):

> 进步的本质是自我的不断完善……在这种情况下,不存在任何一条界限,限制知识和进步可以达到的范围……就像过去机械技术和数学领域一样,许多的发现,也许就要在未来出现,它们将壮大人类的力量,改善

---

① Gladwell,2006.
② 致托马斯·宾利的信里,引自 Mokyr,2010,p.86。
③ Boswell,1791,for 1783(Vol.2,p.447).
④ 新的断头台改进了斧头的形状,可以减轻犯人的痛苦。作者举这个例子意在说明创新不是只让资产阶级受益。——译者

人类的境遇，让后代人大大优越于现代人，正如现代人优越于古代人。①

化学家汉弗莱·戴维(Humphrey Davy)在 1802 年也颇为乐观："我们或可指望……光明的白天，因为我们已经历了破晓。"② 1814 年，商人和计算员帕特里克·科尔克霍恩(Patrick Colquhoun)称赞道，"在所有受资本和技术鼓舞、应用于伟大的羊毛和棉纺织工厂③的机械发明中，蒸汽机居首，它的改进带来的影响，是一切深思熟虑的计算所不能及的"④。

而在 1830 年，我曾提到的历史学家麦考利，对自己所处时代的经济学怀抱敬意，但同时具备远见，因而比他的大部分经济学家好友更好地观察到了这个经济大事件。他写道："如果我们预言，到 1930 年，比我们现在吃穿用度更好的 5000 万英国人口，将覆盖所有岛屿，苏塞克斯和亨廷顿郡将比现在最富裕的西约克郡还富裕，今天尚未发明的机器将出现在每个家庭里，很多人会以为我们疯了。"⑤到 19 世纪晚期，尤其到了 20 世纪中叶社会主义者的黄金年代，对这种乐观的抨击常有，麦考利也常被描述为无可救药的"辉格主义"、布尔乔亚、"进步主义头脑"、"唯创新是瞻"。当然，一点没错，他是一个彻底的"布尔乔亚"。辉格主义也好，进步主义也好，庸俗的唯创新是瞻也好，不论怎样，他在预测上完全正确，甚至连英国 1930 年的人口也没说错（如果包括最近分离出去的爱尔兰共和国，他少讲了不到 2%）。

无论穆勒这样的经济学家，还是约翰·罗斯金这样的反经济

---

① Price, 1787.
② Quoted In Mokyr, 2010, p. 80.
③ 一种常见的观点认为，棉纺织等行业推动了工业革命，故称其"伟大"。——译者
④ Quoted In Mokyr, 1999, p. 4.
⑤ Macaulay, 1830: I, ii, p. 185.

学者,与麦考利同时代的悲观主义者都错了。当然,在那个时代,他们是受欢迎的,恰如悲观论者永远受欢迎——熊彼特对此评论说:"在公众心目中,对某一事物悲观的看法,总比乐观的看法显得更'深刻'。"①比起你预测的进步没有实现,你预测的灾难没有发生让你看起来更不那么愚蠢——生物学家中的灾难预言家保罗·埃利希的职业生涯便是见证,其错误连连的预测并未妨碍其享受盛名,而这种错误能摧毁大多数其他领域的科学家的信誉,即便在经济学界也如此。或者,也许悲观论的流行源自一种感觉:倘若你预言进步,上帝或魔鬼就会生气,保守一点总归更好。这据说是犹太人悲观传统的起源,这一传统在大屠杀发生前就存在,后者更显出他们的先见之明。②

培根和麦考利等,便是启蒙运动时代的傻呵呵的乐天派。他们认为有无限进步的可能,不仅仅看到已很可观但仍然有限的贸易所得。在19世纪30年代和40年代,乐观主义者们(熊彼特这么称呼他们),如美国的亨利·凯里(Henry Carey),德国的弗里德里希·李斯特(Friedrich List),连同英国的数学家巴贝奇,"看到了不久的将来隐约可见的巨大潜力"③。他们也都是傻呵呵的乐天派(凯里和李斯特同时还是傻兮兮的保护主义者)。然而,他们正确预言了经济增长的量级,他们的对手、古典经济学家的悲观主义却大错特错。这也令当下时髦的悲观情绪显得可疑。

从亚当·斯密到马克思,古典经济学家们著述之时,还未迎来19世纪下半叶英法美三国工人的实际工资之猛涨,更不用说20世纪全世界收入爆发性的增长。他们所能想象的温和上涨的人均收入,大概最多一两倍的涨幅,而要达到这一成就,有以下几种合情合理的途径:使苏格兰高地发展成资本充足的荷兰(斯密

---

① Schumpeter,1954,p. 572n5.
② Wex,2006,p. 95.
③ Schumpeter,1954,p. 572.

的观点),让曼彻斯特的制造商通过剥削他们的工人进行储蓄和再投资(马克思的观点),或拿出全球化生产中积累的利润,投资于欧洲的工厂(约翰·斯图亚特·穆勒的观点)。(一再提醒我的同行们,他们都专注于资本边际产出的下滑,而无视人均收入16倍的骤然上涨。)然而,我再次重申,古典经济学家们错了,我今天的同行,当他们用古典经济学的术语进行思考,也一样错了。

或许,工业革命萌芽之缓慢(与后来的速度相比),解释了为何经济学家和其他观察者没有发觉工业的变化——尽管对许多具备常识和视力的人来说并非如此。1830年,麦考利写道,"或有碎浪褪去,但潮水显然正在涌来"①。潮水确已到来,如我曾说,经济学家们描绘了扑向大陆的浪潮边缘的形状,却未能估测潮水本身的力量。维多利亚早期的诗人阿瑟·休·克劳夫,虽是棉花生产商的儿子,却不赞美创新,同当时大多数浪漫主义者一样,他憎恨这一切——倘若他看到自己的诗句被用来记录1860年前经济上发生的事情,想必会大为光火:

> 疲倦的波浪,一阵阵溅起徒劳的浪花,
> 似乎在此一无所获,
> 然而通过小溪和狭缝,
> 无声无息,涌入了大海。②

---

① Macaulay,1830,p. 185.
② 出自《莫说斗争未竟功》一诗,鼓励人们不要悲观,保持希望。——译者

第十一章 数字会讲故事

尼古拉斯·克拉夫茨(Nicholas Crafts)和科尼克·哈利(C. Knick Harley)提出,在19世纪末之前,工业革命萌芽缓慢,工业创新范围狭窄,这与该领域众多学者赞同的模式迥然不同。①两位尼克——我们这样亲切地称呼他们——认为巨大的变化发生在1820年尤其是1848年后。②尼克们更重视科学的作用,而一般的经济史学家,如玛克辛·伯格、帕特·哈德森(Pat Hudson)、彼得·特明(Peter Temin)、理查德·沙利文(Richard Sullivan)和我,认为很长一段时间里,创新主要来自车间,而非实验室,以新产品而非新的科研进展的形式大量出现。然而保守衡量的国民收入更好地反映了实验室的作用,而非车间的作用。正如经济史学家彼得·马赛厄斯(Peter Mathias)所示,诸多大产业如酿酒业在18世纪经历彻底变革,却又如他所指出,这些产业在传统的以棉铁业为主的工业革命史上地位不高。③

换言之,我们这些乐观主义者,认为人们理应觉察到18世纪广泛发生的生产率的变化,这一变化是可测的:通过众多产业以及全新产品专利申请的投入产出价格(然而我们必须承认,第一手资料对精确性的要求非常高,而这方面的工作还开展得很不

---

① Berg,1985;McCloskey,1994b;Berg and Hudson,1994;Temin,1997,2000.

② Harley,1993;Crafts and Harley,1992,2004. 他们的观点与龙多·卡梅隆的类似,不太受欢迎。

③ Mathias,1953(1979),p.209;and Mathias,1959.

够),或通过全国上下的小说、剧本和信件往来里,对改善的公路、农业,以及生产啤酒、餐具、玩具、手表的轰鸣的工业区的描写(虽然我们也得承认,关于这些第一手资料的工作,也未足够广泛地进行)。因此,我们能看到早几十年的增长之活跃。① 我们这些乐观主义者,有很好的理由相信,两个尼克所谓的缓慢发展的工业革命,与1760年至1860年的古典时期记录在案的英国产业的广泛进步相悖。即便像塞缪尔·泰勒·柯勒律治(Samuel Taylor Coleridge)这样罗曼蒂克、保守和悲观的观察者,尽管看到了1817年这一年商业周期带来的巨大损失,却依然写道:"我没有无知到不了解过去60年中,凭借一种加速的推动力,国家实力和繁荣度一直上升。在任何人口与生产性土地比例与我们相当的国家中,这种推动力都是史无前例的,在某种程度上,甚至是这一体制的后果。② 通过改进事业组织的方式,大批雄心勃勃的个人和各类险被埋没的人才,被号召行动起来。"③尼克们认为,除少许先进的领域之外,其他行业的生产率停滞不前——这与工业的研究成果相抵触。两位尼克的汇总数字想必太低,因为它们等于说,在玻璃、化工、制鞋、黄铜、玩具、乐器等剩下的行业里,生产率的增长极小(换言之几乎没有),这与事实不符。

然而这些只是细枝末节。不论乐观主义者或相对而言的悲观主义者,我们都同意,以1820年为中点,前后各推40年,在此期间,某种闻所未闻的、将创造财富和改变世界的事件,在英国的一些地方发生了。1780年到1860年,作为一场根本性变化的时间范围,至少对大多数的学术研究目的而言,已足够准确,尤其考虑

---

① 以两个尼克的风格,有一种相反的观点称,"1800年之前产量增长主要是由于'勤劳的革命'"[简·德·福瑞斯(Jan de Vries)发明的术语],见 Broadberry, 2003, p.253。

② 这一体制指引发商业周期的资本主义制度。——译者

③ Coleridge, 1817(1852), p.235.

到随后而来的惊人的富裕。当然,到1860年,史无前例地,一个大得多的国家①人均更加富裕,并更加支持创新。但这一趋势肇始于英国,它导致了16倍,进而是100倍②的增长。

在查尔斯·范因斯坦(Charles Feinstein)对自1855年起的国民收入进行更精确的测量之前,安格斯·麦迪森针对严格意义上的大不列颠,使用克拉夫茨和哈利的保守数字(并非常粗略地将爱尔兰——作为英联邦的一大部分——的萧条考虑在内),给出了英联邦以1990年的国际元③表示的人均收入(见表1)。

表1　　保守估算:英国实际人均收入自1800年左右开始改善,然后加速

年份	1990年国际元换算的实际人均GDP	从前时间点开始的年均增长率	人口（百万）
1600	$ 974	—	6.2
1700	1250	0.25	8.6
1820	1706	0.26	21.2
1850	2330	1.0	27.2
1870	3190	1.5	31.4
1913	4927	1.0	45.6
2001	20127	1.6	59.7

资料来源:麦迪森,2006年,第437、439、443页关于实际人均GDP的数字;第413、415、419页关于人口的数字。增长率取年复合数字。

变革始于何时?如果问的是哪个世纪而不是哪个十年,这个问题就关乎紧要。始于中世纪早期与始于1860年的解释必然不同。

---

① 指美国。——译者
② 指1800—1992年的美国的人均收入,见第六章。——译者
③ 一种经济学中常见的假设的通货单位,等同于某一时期美元在美国的购买力,常以1990年和2000年为基准年。——译者

前人提出了各种各样的标志日期——1760年1月1日,这一天斯特灵郡的卡伦钢铁厂的高炉被点燃;1769年的5个月里,瓦特拿到了蒸汽机中分离冷凝器的专利,阿克莱特则拥有了水力纺纱机的专利;在著名的1776年3月9日,亚当·斯密《国富论》出版了,为所处的时代提供了一种修辞术。但有人认为变革起始于更早的世纪。似乎每个经济史学家都有一个偏爱的日子和一个对应的故事。埃莉诺拉·卡鲁斯—威尔逊(Eleanora Carus-Wilson)提到"13世纪的工业革命"。她发现,缩绒机(加厚羊毛布的机器)的发明应归功于"科学发现和技术变革",特别是对水力的控制,并冲击了曾主导织布业的城市中心区,"注定会改变中世纪英格兰的面貌"。[1] 站在1907年,美国历史学家亨利·亚当斯(Henry Adams)看到了"一场自1200年到1900年的从单一到多样的运动……不曾间断并加快速度"。[2] 经济史学家埃里克·琼斯和安格斯·麦迪森,以及经济学家迪帕克·拉尔持有一种相似的欧洲卓异主义观点。[3] 1888年,沃尔特·惠特曼表示,"即便当今美国的骚动和萌芽……亦可追溯至伊丽莎白时代",他还在诗论中表达了历史之连续:"真的,当我们去寻找,有什么事物的生长或来临,不是可以一直往前追溯,直到消失——或许最诱人的线索也会消失——在模糊的地平线上呢?"[4]然而,最普遍的观点认为,工业革命的开端,准确地说是引发16倍增长的开端,仍然是18世纪晚期。这个时间点的突发性和近代性更符合历史。麦迪森认为,欧洲1820年开始了工业革命,远远领先于其他地区,不过他仍然强调,当时欧洲人均收入增长有限,过后才变得非常

---

[1] Carus-Wilson, 1941, p. 41.
[2] Adams, 1907(1918), p. 498.
[3] Jones, 1981, 1988; Maddison, 2006, pp. 47-48; Lal, 1998 and Lal, 2006, chap. 6.
[4] Whitman, 1888, p. 300n. 沃尔特·麦克杜格尔在他最近的美国历史研究中,讲述了一个类似的伊丽莎白时代的故事(McDougall, 2004, pp. 16, 22)。

快。以上便是有关工业革命开始的所有年代学观点。

如果现代经济增长源于自我推动，那么它的开端或只是一个简单的意外，并的确只能追溯到"线索的消失"。莫基尔看出了讲故事的泥潭：在工业革命这一伟大橡树的果实中寻找这棵树的种子，"有点儿像对公元前50年到公元后50年犹太异见者的研究。我们寻找的是重大事件微小甚至意外的开端"，但是"这开端注定要改变西方世界每一个男人和女人的生活"。① 然而，或有人问，为何它以前没有发生？我会以各种方式在本书中反复向你说明。"对初始条件的敏感依赖"是一个专业术语，用来描述某些"非线性"模型——所谓"混沌理论"的一部分。但这种情形下，历史便成为不可述说的，最诱人的线索也消失了。② 也许世界事实上就是巴兹尔·摩尔认为的那样，呈非线性动态。然而如此一来，我们必须放弃找寻工业革命起源的大工程，因为真实的原因将由"马蹄铁钉的掉落"③和"蝴蝶效应"这类细微之事构成，它们无法被检测到。此中道理同人们无法预测遥远的天气一样："当前对未来5天的预测是有效的"，一名该领域领先的研究人士写道："但要预测两周后的天气，理论上是不可能的。"④"理论上"不可能，是因为流体力学、辐射传输、光化学、海气的相互作用等"是极端非线性和强耦合的"。这一思想的发明者爱德华·洛伦兹（Edward Lorenz）说过，一只蝴蝶在蒙古扇动翅膀，可能引起三个星期后古巴的一场飓风。

无论如何，工业化一旦开始，它便以一种豪迈的步伐前进。

---

① Mokyr,1985,p.44.
② McCloskey,1991a.
③ 源自欧洲古老的寓言，"失了一颗铁钉，丢了一只马蹄铁；丢了一只马蹄铁，折了一匹战马；折了一匹战马，损了一位将军；损了一位将军，输了一场战争；输了一场战争，亡了一个国家"。——译者
④ Boyd,2008,p.16. 两周的限制解释了为什么下面我用"三个星期"表示"蝴蝶效应"发生的时间。

19世纪中叶,英国还不是世界工厂。1851年,从事纺织业也就是身处创新前沿的英国人的数量,远远小于农业生产者的数量,略小于"家政和私人服务"从业者的数量,新技术对这两个行业的改变不多,尽管农业的改变已经开始。① 经济史学家约翰·克拉彭(John Clapham)1926年提出了他的观点,他观察到在1831年"典型的英国人……尚未……同新产业主义的铁轮绑在一起,也未成为为大企业服务的工薪族"。② 他指出,直到1851年,一半的家庭住在"乡村"地区,其中只有部分地方有工厂或煤窑。他总结道,在19世纪的"哪一关键时点","典型的工人可以被描述为从事着会令他们的前辈目瞪口呆的工作,是一个需要讨论的问题。或许可以说,这一时点其实是个时间段,相当长地贯穿了整个世纪"。③ 数量庞大的家仆证明了这一点,其实即使在英国的制造业中,足够让人"目瞪口呆"的活动并不普遍,到19世纪后期才有所改变。玛克辛·伯格和帕特里夏·哈德森指出,一些技术滞后的行业(如建筑业、缝纫机发明前的制衣业,乃至所有服务业)经历了大规模扩张、雇用了更多的工人,而一些技术先进的行业几无变化(印花税废除前的造纸业)。一些大型机械制造业,在技术革新上无所作为(早期的军舰制造厂)。一些小型厂商成为杰出的创新者(金属制品贸易,英国率先使用煤炭炼制金属和玻璃制品)。④ 那些史上闻名的行业的扩张,不是人均收入到19世纪中期翻番的全部原因,更无法解释后来16倍的增长。1870—1907年("相当长地贯穿整个世纪"),蒸汽动力增强了整整10倍,彼时黑暗、

---

① Mitchell,1962,p.60. 马克思作了类似的计算,采用1861年的人口普查,支持他的机器让工人失业的观点[Marx,1867(1887),p.488]。
② Clapham,1926,p.67.
③ Clapham,1926,p.74. 对照 Pollard,1981,pp.24-25。
④ Berg,1985;Hudson,1889,1986,1992.

邪恶的工厂进入英国人的意识有很多年头了。①

1780—1860 年,生产率变化之迅速在纺织业最引人注目。变化一直延续到今天。在 1700 年还是奢侈品的棉布,19 世纪中期已成为最常见和廉价的面料。它也因此找到了新的用途。1982 年以后,"沙洗"丝绸小规模再现了这一过程。每种布料皆然。合成纤维,如一开始的人造棉,或后来的大品种尼龙,都曾相当昂贵。今天你拥有一个大衣橱,塞满了由各种提炼自石油的便宜的纤维制成的服装。至于大衣橱:19 世纪建造的房屋里极少有它,因为那时你只需一个柜子来放置少量的衣物。

通过产品的价格,能够最好地观察生产率的变化。现代统计学被用来测量诸如"资本存量"一类想象出来的总量,在它出现之前,价格提供了一种简单的(如果未充分利用的话)生产率衡量方法。一块棉布在 18 世纪 80 年代能卖七八十先令(一个工人两个月的工资),到 19 世纪 50 年代只卖五个先令(几天的工资),到现在也就值几分钟的工资。成品纯棉布价格的下降,一小部分归功于棉花自身价格的下跌——即发生在轧棉机被引进后(1793 年在早期各种机械的基础上得以改进),特别是美国南部的育种实验使得棉花产量增加 4 倍、美国棉花种植面积因此扩大之后。② 不过,投入到棉花上的其他价格上涨了。例如到 1860 年,棉花工人的货币工资比起 1780 年显著提高。那么成品布的价格何以下降?因为 1780—1860 年,棉纺织业的组织性和机械化得以极大的改进,这样的改进后来也未停止。

这一例子的典型性在于,它展现了更多不为人所知的变化。计算结果表明,棉纺织业生产率的变化在 19 世纪最初的时候放

---

① Musson,1978,pp.8,61,167-168. 顺便提及,通常这被认为是布莱克对棉纺厂的描写,虽然我在这里依了大多数人的用法,但这本身值得怀疑。他说的"工厂"可能是指磨坊。

② Olmstead 和 Rhode,2008a,2008b.

慢了——因为后来出现的动力编织,显然不如羊毛业的动力梳毛和动力纺纱重要。它体现了经济史学家的主要发现之一,即发明和创新不是一回事。① 棉纺织业伟大的发明时代——出现了第一批不折不扣的发明成果的时代——结束于18世纪80年代,哈格里夫斯(Hargreaves)②、阿克莱特(Arkwright)、凯伊(Kay)③、康普顿(Crompton)④和卡特莱特(Cartwright)⑤经历了他们的辉煌。然而,他们的发明日后又得以逐步改良。这一模式颇为典型,发明只是第一步。其他行业亦然,铁路运输在进入20世纪前,经历了大量小处的改进,如内燃机的应用大幅降低了实际成本。若没有后来的液压制动器和自动开关的发明,火车延长到50节车厢便无可能。而百节车厢的火车,在1920年,还需要六人"全员规格"的车务员专用车厢(在密尔沃基铁路上,我的祖父曾是那里的负责人),到后来靠两个人就能运行,车务员车厢再无必要。棉纺织业的实际成本在18世纪末已经减半。然而到了1860年,又减半再减半。日后如此再三。没有任何行业,在工业革命的古典时期进步如棉纺织业这般巨大。钢铁业的生产率增长只有它的1/3到一半那么快,这说明生产率的变化有别于产量的变化。英国钢铁产量在1780—1860年增长巨大——达到56倍,也即每年以5.5%增长⑥(你可能认为5.5%的增长率不算大,但若保持这一增长速度,看看将带来什么:以历史的标准来看,5.5%堪称爆发性的工业增长率,意味着每72/5.5 = 13.2年翻一番;这也是韩国1956年以来实际收入的增长速度)。英国产能的不断扩张,令瑞典的钢铁出口日渐萎缩,并一步步使英国成为世界工厂。关键在

---

① 对照 Chapman 和 Butt,1988。
② 詹姆斯·哈格里夫斯:1765年发明珍妮纺纱机。——译者
③ 约翰·凯伊:1733年发明飞梭。——译者
④ 赛缪尔·康普顿:1779年发明"骡机"。——译者
⑤ 艾德蒙特·卡特莱特:1785年发明动力织布机。——译者
⑥ Davies and Pollard,1988.

于,这一结果,主要源自某种改良的技术(如炼铁)应用于更广泛的领域,而非依靠如发生在棉纺织业的成本大幅和持续的下降。计算表明:投入到炼铁上的成本(主要是煤)在1780—1860年变化不大。同期产出品(成品锻铁)的价格从每吨20英镑降至每吨8英镑,这无疑是好事。实际成本的下降,在此又一次用来测量生产率的变化。因此可以说,锻铁的生产率提高到原来的2.5倍左右,已经很值得钦羡。然而,同样的时间段里,我们看到棉纺织品的生产率,是一开始的7.7倍。

其他纺织品同棉布类似,它们的产品价格大幅下降,尽管速度往往比不上这一时代的主要产业:棉纺织业生产率年增长2.6%,精纺毛织物(一种不会起毛的羊毛织物,将羊毛纺成薄纱再编织而成)是1.8%,粗纺毛织品则是0.9%。[1] 不过沿海和国外航运的生产率着实经历了近似棉纺织业的爆炸性增长(约2.3%的年增长率,棉纺织业是2.6%)。根据道格拉斯·诺斯的估计,1814—1860年,大西洋航运业生产率的年增长上升到3.3%。[2] 这一"低"增长率的累积效应是巨大的:货运和客运票价下跌如落石,价格指数从拿破仑战争后的200左右降到19世纪50年代的40。运河和铁路运输生产率年增长约1.3%。[3] 由此可见交通运输业也处在进步较显著的行业之列。

然而,许多其他行业,在19世纪后期之前,生产率的变化较慢,如我们看到的钢铁工业。农业的生产率变化一度被认为在工业革命期间更慢,拖累了整个经济的平均值。两个尼克,得到了天才的格雷戈里·克拉克和其他农业历史学家的研究支持,他们相信,恰恰相反,农业相当不错,生产率每年约有0.7%的增长。[4]

---

[1] McCloskey,1981,p.114.
[2] North,1968.
[3] Hawke,1970.
[4] Harley,1993,table 3.6,p.200.

不管怎样，1780—1860年，农业仍然是全国近1/3收入的来源，这一点很重要，但无论如何，其生产率的变化比棉纺织、羊毛精纺、运河和铁路这些工业革命的领导产业缓慢。不同行业的生产率的变化向来差距很大，一个行业率先推动了国家的生产力，而另一行业则习惯于常规的固定技术，就像如今计算机接替了化学和电力，成为产业革命的主导。在19世纪收割机和蒸汽拖拉机出现后，农业的生产率开始了相当迅速的变化。动植物的选择性育种可能甚至还要重要——即便在20世纪的基因工程时代。[①] 不论如何，1780—1860年，纺织和运输是"领头羊"。当为勇敢的英国人喝彩。

---

① Olmstead and Rhode, 2008a and 2008b.

第十二章　英国(和欧洲)的领先只是一个插曲

然而务必慎下判断。面对18世纪和19世纪初的这一盛况,欧洲人,尤其是英国人,习惯于骄傲地吹嘘,他们的祖先——其中又以英格兰人为最——如何卓尔不凡。艾伦·麦克法兰早已雄辩地指出,英国的个人主义源远流长,体现为盎格鲁—撒克逊人的婚姻模式(至少在他们来到英格兰后)[①],以及日耳曼法中非集体主义的财产观。[②] 然而,毕竟中国人也有自己的卓异之处,他们还可能对早期的工业化做出了贡献。中国人组织修建了长城和京杭大运河这等惊人的集体工程,完成了郑和下西洋之壮举,在长达几个世纪里拥有世界最大城市,这样的民族不太像会对经济增长无能为力。同样可以这样评价埃及人、罗马人、阿巴斯人、土耳其人、印加人,或密西西比河堤的建造者。然而到头来,西北欧人尤其是英国人启动了现代经济的增长,因此他们往往自我陶醉,自视为天生的一流民族。国家主义、更别说种族主义的修辞,也就轻而易举地渗透进来。假如你是一个欧洲人,特别是英国人,这倒会让你十分受用。

然而,社会学家、历史学家和经济学家,如杰克·戈德斯通(Jack Goldstone)、肯尼斯·彭慕兰(Kenneth Pomeranz)、罗伯特·

---

① 指婚姻关系中男女平等。——译者
② Macfarlane,1978.(英国普通法的许多具体规则都源于日耳曼法。——译者)

艾伦(Robert Allen)等,首先站出来指明,19世纪之前,中国富裕地区的人均收入,与英国这样的欧洲国家相当。① 这一主张并非没有遇到挑战,例如布罗德伯里(Broadberry)和比什奴普莱利亚(Bishnupriya)(2005)曾有力反驳,在1800年以前,中国的富裕地区看起来更像欧洲的贫困地区。艾伦和他的同事们近来已证实了这一格局。② 汉斯—乔亚吉姆·沃斯(Hans-Joachim Voth)和尼科·福伦达(Nico Voigtländer)(2008)以这一反驳为基础,主张存在"第一次分岔":1800年之前,欧洲西北部的实际工资高于长江流域。他们的论据值得注意:黑死病促使人们进入城镇,又死在那里(中国的城市相对卫生),从而减轻了马尔萨斯所说的人口压力,使实际工资上涨。③ 不管人们认为"第二次分岔"的起点在哪,无人不同意,中国在1500年尚处领先地位,到19世纪末(第二次也是更重要的分岔发生的时代)却已显著落后。这里主要的观点是:欧洲的技术优势并非古来有之。

过去几十年里"发现伟大中国"的学术团体被称作"加州学派"(因为很多教师在加利福尼亚州)。④ 可以说,在与杰克·顾迪和李约瑟共同进行研究之后,这一学派告诉我们,许多根深蒂固的欧洲卓异论是错误的——如欧洲独有的婚姻模式,或欧洲人在水力、风力方面的创造力,或所谓欧洲财富的长期领先,或在欧

---

① Goldstone,2003,Pomeranz,2000,Allen,2008.
② Allen,Bassino,Ma,Moll-Murata,and Zanden,2009.
③ 14世纪中后期,黑死病引起的劳动力缺乏使农民大规模流向城市,到了15世纪,城市又成为瘟疫的重灾区,黑死病让英国损失了大量的人口,加速了农奴制和封建庄园经济的瓦解。——译者
④ Goldstone,2002a and 2002b;他列举了王斌、彭慕兰、理查德·冯格拉恩、王丰、卡梅隆·坎贝尔、丹尼斯·弗林、阿图罗·吉拉尔德兹、李中清、罗伯特·马克斯和他自己(所有人都居住在加州),以及安德烈·冈德·弗兰克、杰克·顾迪、詹姆斯·布劳特和珍妮特·阿布-卢格霍特。我想补充托马斯·罗斯基、罗伯特·艾伦和弗朗西斯·布雷。在早期有关这一议题的会议上,我是一个旁观者,此后除了慢慢加入剑桥/约翰·霍普金斯的思想史学派外,我还可以宣称自己现在是世界史学的加州学派的票友。

第十二章　英国(和欧洲)的领先只是一个插曲

洲中心主义的鼻祖马克思的分析中,从东方专制主义到封建主义再到资产阶级胜利之转变。① 杰克·戈德斯通宽容地表示,"其中一些错误,只是源于人们拿了解得相当细致深入的欧洲的变迁,与所知相当模糊和过于简单的亚洲相比较"。② 马克思和历史学家大卫·兰德斯(David Landes)(1924—)正是如此。

启发了加州学派的李约瑟(Joseph Needham)(1900—1995)和他的汉学家同事在过去50年里指出,在西方人着迷于发明之前,中国人几千年来早就有了令人惊叹的创造力。(类似的申辩也适用于南亚人,他们最先种植棉花和研究系统的语法。③ 还有阿拉伯人,他们创建了大学、开创了天文学和园艺学。④)西方人没有意识到,创造发明多大程度应归功于中国人,或中国人进行了怎样的先行实践——它们往往领先好几百年,比如鼓风炉(被认为是瑞典发明的)和薄铁铸件(被认为是荷兰发明的)。当欧洲的制图师还在地图空白处填上"怪物出没"时⑤,中国早几百年就精确绘制了他们的疆域。值得注意的是,在西方的傲慢面前,中国人也忘了自己曾走在前面,直到李约瑟为之翻案。

罗伯特·坦普尔(Robert Temple)1986年写了一本精彩的畅销书⑥,解释了李约瑟的24卷册⑦中的内容。⑧ 在2007年第三版中,他用一张图表列举了110项由中国人抢先并广泛运用的发明[另一本畅销书,西蒙·温彻斯特(Simon Winchester)写的李约瑟传记里,有一个更完整的275项发明列表,其中还包括了公元前6

---

① Goody,1996.
② Goldstone,2009,p. 19;compare p. 47.
③ 阿马蒂亚·森已经开始了这项工作,见Sen,2005。
④ Watson,1983.
⑤ 古时欧洲常用"here be dragons"标注未开发的地域。——译者
⑥ 指 *The Genius of China*:3000 *Years of Science*, *Discovery*, *and Invention*,中译名为《中国——发现和发明的国度》。——译者
⑦ 指《中国科学技术史》,前书中的资料主要源自该文献。——译者
⑧ Temple,1986(2007).

世纪的带帆独轮手推车,和公元前5世纪的土壤生态科学①]。众所周知,公元前2世纪,纸在中国就被发明和广泛使用(甚至还有布,尽管直到公元1世纪才用来书写;所以在袖子上写字的也是中国人)。在西方,纸张却直到13世纪才制造出来,落后1500年。在纸板的发明上,中国比欧洲早了两个世纪。指南针在中国公元前4世纪就被发明和使用(尽管直到公元1世纪末才用于海上航行),在西方直到12世纪才被采用,又是落后1500年。② 至于更让西方人感兴趣的火器,这次他们只落后了50年,中国在1180年才发明了火枪,不过在使用炮弹和炸弹对付蒙古(他们很快学会以其人之道还治其人之身)这件事上,宋朝军队领先了西方很长的时间。经济学家都知道的纸币,则落后了850年,直到走投无路的新英格兰人想起使用它(本杰明·富兰克林在费城发迹后,再回到波士顿,当他掏出他的铸币的时候,用他的话说,在习惯了纸币的波士顿人看来,自己就像个街头要宝的)。农业历史学家可能已经知道,铁铸的弯曲铧式犁,在公元前500年就被中国人发明,17世纪才流传到荷兰,并从那里传到英国。在李约瑟之前,少有人知道:中国人早西方1800年使用播种机,早1100年使用手摇曲柄,早1900年钻探天然气,早1300年使用独轮车,早1400年使用含有零的十进位制,早哈维1800年了解血液循环的知识。

李约瑟的研究确立了如今公认的事实:1500年之前,欧洲的技术水平不如中国(也不如日本、印度、阿拉伯、波斯和土耳其),直到1700年,在许多方面也处于劣势(在那时候,欧洲人尚未开始破解或机械化诸如薄瓷、漆涂料或印花细棉布这样古老的东方工艺)。历史学家林恩·怀特(Lynn White)和大卫·兰德斯宣称

---

① Winchester,2008,pp. 267-277.
② Temple,1986(2007):造纸在pp. 92-95,指南针在pp. 162-166。

第十二章 英国(和欧洲)的领先只是一个插曲

欧洲特有的创新精神可以追溯到10世纪,李约瑟及其伙伴和追随者证明他们似乎错了。例如,发明风车的其实是阿拉伯人。诚然,中世纪的欧洲人发明了自己的缩绒机,完善了机械钟(怀特特别强调这一点,但根据李约瑟的研究,中国人在公元8世纪就发明了它,直到1310年,欧洲人才听说了这种中国机械,并加以改造),发明了眼镜,如果你坚持欧洲中心主义,还可以说瑞典发明了鼓风炉——尽管落后中国人很久,并且有趣的是,他们使用了中国整整一个世纪前的设计。① 欧洲人乐意听到这些。然而,到现在为止,大多数技术史的研究人士肯定,自第一个千年末始,欧洲人不得不向中国或其他国家的人学习:马镫、马项圈、印刷、金属活字(朝鲜人在12世纪发明了它)、多桅的船头船尾索具,以及其他大大小小的众多发明,其中又以中国为主。汉学家彼得·珀杜(Peter Perdue)解释说,丝绸之路高昂的运输费用,要求贸易品必须是"一种生产技术由中国垄断两千年的神秘面料",也就是丝绸,这一技术最终被老谋深算的意大利人偷走了,同时被偷走的还有面条。② 李约瑟写道,17世纪初,"弗朗西斯·培根选出了三项发明,造纸和印刷、火药、指南针,认为它们造成的影响超越了任何宗教信念或占星术,或任何征服者的成就,彻底改造了现代世界……它们全都是中国人的发明"。③ 到了1600年左右,东方仍然在艺术、音乐、文学和哲学领域领先,与此同时野蛮的西方帝国正在兴起,这种情形让人们想起甘地的俏皮话,当被问到怎样看待西方文明时,他回答:"我认为这是个好主意。"④

然而,李约瑟的研究还提出了别的内容,他一再强调并百思

---

① 李约瑟自己提出了关于鼓风炉的这一观点,在他给坦普尔写的引言里,见坦普尔,1986(2007),p.10。
② Perdue,2003,p.491.
③ In Temple,1986(2007),p.10.
④ 原文"I think it would be a good idea",言下之意是西方文明尚不存在,仅仅是个想法。——译者

不得其解,这也是这里要谈到的。从 17 世纪开始,在一股创造力的浪潮下,欧洲人抄袭、复制、吸收、改进、扩展、破解——但最重要的是应用了从中国人以及在他们热衷的有利可图的旅行中遇到的其他民族那里学到的东西——例如来自埃塞俄比亚、取道奥斯曼帝国的咖啡,美洲土著人的土豆、番茄和烟草,以及东亚人绘画中的留白艺术。玛丽·沃特利·蒙塔古夫人(Mary Wortley Montagu)(1689—1762)将接种天花疫苗的方法从奥斯曼帝国带到英格兰,成功用在了自己孩子身上。① 到了 1800 年,如戈德斯通所称,欧洲人仅仅"赶上了亚洲的先进文明,后者已经生产出大量高品质的棉花、瓷器和铸铁"。② 不过,在追赶的过程中,欧洲人开始对企业家的美德青睐有加,比如他们在创造性事业中的乐观和勇气……创新无处不在,甚至在绘画里。

与此相反,1800 年的几个世纪前,中国人(以及朝鲜人、日本人、奥斯曼人、莫卧儿人、阿芝台克人和印加人)由于各种原因(戈德斯通论述过)不幸止步于他们的艺术和华服。欧洲的抄写员曾试图阻止印刷术的传播。但是,长期来看他们未能得逞。与此同时,几个世纪前就发明了金属活字印刷的朝鲜人,建立了一个字母系统,这本该使活字印刷在朝鲜如在欧洲一样意义重大——但受过教育的精英阻挠了它的应用,因为担心高贵的汉字书写会因此降格。至于奥斯曼人,梅汀·寇斯基尔(Metin Cosgel)、托马斯·米塞利(Thomas Miceli)和贾里德·鲁宾(Jared Rubin)指出,在古腾堡③解决了阿拉伯文印刷之后,它的应用延迟了近三个世纪。不过,奥斯曼人以闪电般的速度采用了火药技术。④ 定都北京的清政权对创新的敌意,或由纯粹的儒家保守主义所导致。但

---

① Jacob, 2001, p. 23.
② Goldstone, 2009, p. 32.
③ 古腾堡:德国活版印刷发明人。——译者
④ Cosgel, Miceli, and Rubin, 2009.

第十二章 英国(和欧洲)的领先只是一个插曲

是,仅仅用伊斯兰保守主义显然无法解释伊斯坦布尔及周边地区对印刷术和武器的接受情况的天壤之别。寇斯基尔、米塞利和鲁宾表明,当火药被一个政权垄断的时候,最能够使这个国家强大。但印刷机却被看作是对宗教垄断的潜在威胁——宗教权威为政权提供了合法性,让民众忠于政府,从而成为一个国家除武力之外的另一半非暴力的支持力量。伊朗近些年的历史再一次显示了,在伊斯兰世界中,宗教权威和政权合法性之间的紧密联系,这一联系在欧洲中断于16世纪,最早发生在意大利:在1077年的卡诺萨,海因里希四世,神圣罗马帝国的皇帝,为了请求教皇格里高利七世的原谅,在冰天雪地里站了三天;而威尼斯人则长期抵抗着罗马教皇的法令,在四个半世纪后的1527年,瑞典的古斯塔夫·瓦萨攻占了教皇的修道院,1536年,英国的亨利八世效仿了此举。

李约瑟认为,在1700年左右征服欧洲的"不间断的试验","就像商人的价值标准"。准确地说,不论其宗教动机是什么,欧洲的商人——而非各国的官僚——开始掌握权力,即便不是在政治上,至少也在港口的改进、玻璃制造和印度洋贸易这些事务上大展身手。据说在与西方的访问者交谈的时候,毛泽东总结了中国人习惯上对培根强调的三大发明的遗憾:"我们的祖先确实是聪明的。他们发明了印刷,但没有发明报纸。他们发明了火药,但只用来放烟花。最后,他们发明了指南针,但怎么着也不拿它去发现美洲。"他的话(如果他确实这么说过)十分东方式,细节不完全准确(例如有关烟花的自嘲),但确实蕴含了深意。

东方既然具有先发优势,为什么18世纪及以后,在技术发展的速度上,中国和欧洲之间的差异却如此巨大? 一种传统的说法是,中国(大多数时候)的大一统政权不欢迎企业家以及他们破坏性的创新事业,至少在18世纪如此。汉学家欧文·拉铁摩尔(Owen Lattimore)在1940年做出了这一传统的解释:"欧洲朝着货币经济和工业化的方向改变,中国则走向了中央集权的帝国官僚政治,这种体制下,一代又一代,管理阶层从拥有土地的贵族阶级中产生,他们的土地利益和行政利益结合在一起,紧紧控制着创新,并几乎完全阻止了工业发展。在欧洲,多样的地形支持了多种粗放型农业和混合农业。即便在封建制度下,依然有着相当大的贸易需求。"①对拉铁摩尔的质疑从那时就已开始。相信欧洲人在"货币经济"的发展中领先,这肯定是不对的。欧洲人很早的时候就有了货币,但中国人也一样,并且他们还有纸币——如我所说比欧洲人早了几个世纪——以及广泛的贸易。中国人的"贸易需求"和欧洲人一样大——毕竟京杭大运河就和贸易相关,通往西方的丝绸和瓷器也证明了这一点。赵光义(Paul K. Chao)反对资本主义制度的缺乏阻碍了中国人前进的说法,他在1964年写道:"(中国)在近两千年里,人人可以在自由市场上出售自己的劳动力⋯⋯人人可以通过购买获得土地⋯⋯再租出去或自己耕作。那些拥有资本的人可以以多种方式投资。"②

但是中央集权阻碍了创新的说法,自有其道理,尤其是进入现代社会后。无可否认,中国人从秦始皇(公元前221年武力统一中国)开始的精英官僚政治并非独一无二。古代近东地区的帝国政府更早就施行了这种政治,并被欧洲人加以改造,亚历山大和恺撒的后裔在地中海地区建立了帝国体制,到了16世纪,尤其17世纪之后,欧洲的民族国家继续加以改造并施行(普鲁士人称他们的版本为 Beamptenstaat——官僚国家)。这些政权的特点是,通过剥夺参议阶层或分封贵族的单独的权力,让每一个人都屈服于皇帝或国王——自然还要继续抑制底层民众的权力。欧洲的教会体系是古罗马帝国中央集权的另一个翻版,它是整个欧

---

① Lattimore,1940,p.393.
② Chao,1964;引自 Goody,2010,p.18,从法语翻译过来。

第十二章 英国(和欧洲)的领先只是一个插曲

洲范围的中央集权的先行者。

然而往后欧洲类似的世俗政权都未能持久,查理曼大帝、菲利普二世、路易十四、拿破仑、希特勒和斯大林付出了艰巨努力都未能成功,只有到了我们这个时代,至少可以说,《罗马条约》和《马斯特里赫特条约》和平征服了欧洲。① 相比之下,中国的中央集权制度彻底且持久,如李约瑟所说,它是"一套对欧洲的小王国来说,在组织结构的广度和深度上都难以想象的文官制度"。②(因此研究中国经济史,可以利用欧洲人难以想象的丰富的统计资料,而直到1800年后,欧洲才进入自己的现代官僚体系和统计时代。这给韦伯留下非常深刻的印象。)③李约瑟认为,中国的官僚体系,"在它的早期大大促进了科学的发展",尽管有时只是为了准确计算皇帝的第四个儿子的生辰八字这样的目的。然而,在其后期,当欧洲人都在学习使用中国发明的带式传动、吊桥、纺轮、十进位小数、运河水闸、水雷,以及文官考试制度本身时,清朝的官僚体制——李约瑟写道——却"强行禁止进一步的发展,尤其阻止了在欧洲业已发生的突变发生在中国"。匈牙利裔的法国汉学家白乐日(Etienne Balazs)发现了更深层的历史根源。他声称,"作为一个稳定持久的官僚社会",中国的资本主义萌芽被儒家官吏粉碎了。④ 历史社会学家迈克尔·莱斯诺夫(Michael Lessnoff)总结了清朝的所谓新儒学的后果:"早些时候(从秦始皇到宋朝——作者)时常赞助技术创新和经济事业的中国政府,变成了反技术、反科学、反商业文化的传播者和执行者。"⑤在20世纪,欧洲式的集权国家也干了类似的事情,在贸易保护主义的新西兰、

---

① 两个条约是欧洲一体化的重要里程碑。——译者
② Needham in Temple, 1986(2007), p. 10.
③ Rawski, 1995 and Rawski and Li, 1992.
④ Balázs, 1964.
⑤ Lessnoff, 2003, p. 363.

民粹主义的阿根廷或独裁主义的北朝鲜，那里的政府阻止自愿交易或贬低企业家，强行抑制经济增长，即便这种强制可能是民主的。相反，在中央放宽了对地方资本主义试验的控制后，中国自1978年开始了经济增长。

被莱斯诺夫称为"第二韦伯命题"（较有名的第一命题错误地认为加尔文主义是现代经济增长的原因）的是："相比伊斯兰、中国和印度，欧洲的城市不仅在古代，在中世纪也享有更大的独立性。"① 根据韦伯的观点，莱斯诺夫指出，"公民权的理念和实施是西方独有的……中国和伊斯兰的城市是氏族和部落的混合物，而非一体的社区"。这可能是对的，事实上白乐日又扩充了这一理论。② 希腊早期的城邦，在如神圣罗马帝国的吕贝克这样的自由城市那里找到了对应（无论如何，在中世纪的欧洲，它已既不神圣也不"罗马"，也不"帝国"了）。不过，我们必须小心别陷入戈德斯通指出的习惯陷阱——拿我们详悉的我们自己的城市化的西方，与一幅凭空想象的神秘东方的图景对比。例如，罗马帝国看起来就像西方人想象中活生生的东方苏丹国，尼禄心血来潮便能将罗马城烧个七天七夜。然而，它的官僚机构乃至军队规模一直很小，出于同样的原因，中国内陆的军队（相对边境）和相应的供养税费也较小。罗马城市在帝国内是自治的。西方城市的尊严，无疑预示着17世纪和18世纪发生的企业家价值的重估。英格兰的城市居民拥有了新的荣誉。在荷兰城市取得的惊人成就的影响下，众多英国人放弃了典型的乡村和贵族社会的体面事业。乔伊斯·阿普尔比指出："在英国17世纪中叶的几十年里，羡慕和好奇心，刺激出大量的经济上的想法……荷兰商业之威力的持续示范作用，比任何时候的经济发展都更有力地影响了英国人的想

---

① Lessnoff, 2003, p. 362.
② 这是顾迪（2006, chap. 8）的尖锐批评。

象力。"①并非所有英国人都抛弃了贵族价值。许多人继续赞美武力,或把他们的财富押在赌博上。然而,到了18世纪,许多英国人,尤其是英国的企业家和数量大得惊人的企业家化的贵族和士绅,开始从事生产"一批小玩意"(很久之前一个英国男生在经济史的考卷中无意使用了这一极妙的词汇),这些玩意儿至今还在广泛且深远地影响我们的生活。② 莫基尔在《雅典娜的礼物》(2002)里提出,自由发表和热烈讨论的习惯的原始积累,创造了"一个前所未有的世界,在这里,'有用'的知识被勇往直前的人们实实在在地利用起来……这是独一无二的西方方式。"③好吧,也许在19世纪的大爆发之前这并不稀罕——看上去中国在公元前2世纪也很擅长这种方式,公元前5世纪的希腊或公元1世纪的罗马也不错。"有用"的标准并非创造发明本身所固有,但在经济学意义上,它由消费者来评估决定。④ 为即将到来的战争算一卦,在某些价值体系中,显得比发明一台攻城坦克或蒸汽机更"有用"。但无论如何,当其他文化区域踌躇不前,西方却一直在前进,并硕果累累。

我们仍然不确定,为什么新知识的产生和使用,不断在欧洲的西北部发生,尽管众多历史学家猜测:欧洲政治之分裂,即所谓"古老的凝结的大陆",是进入现代世界的门票。⑤ 政治分裂导致了连年不断的战争[除了偶尔的成功调停,比如威尼斯条约(1454)这样乌托邦式的和平计划],但也导致了创业活动的相对自由。例如哥伦布可以为他那不靠谱的计划四处游说。林瑞谷

---

① Appleby,1978,p. 73.
② Ashton,1948,p. 59.
③ Mokyr,2002,p. 297.
④ 乔治梅森大学的经济学者彼得·贝奇(Pete Boettke)向我表述的观点。
⑤ O'Neill,2009,p. 46. 从历史上看,例如:Baechler,1971;McNeill,1982;Berman,1983;Jones,1981,1988;Macfarlane,2000,pp. 274-275。经济历史学家斯蒂芬·戴维斯在一本书里将欧洲的分裂归因于军事技术。

(Erik Ringmar)观察到:"从17世纪起,欧洲社会的领导者频繁更替……长期来看,反对改革的出局了。"中央集权王国却无这样的竞争动力,因为不存在值得注意和竞争的对手。① 日本人从1637年到1868年,通过禁止外国人踏入其领土,人为地实现了其独一无二的地位;中国则通过对一片巨大的、统一管理的土地的征服,实现了这一地位。几个世纪后,英国国会限制机械出口和机械师外流的企图,被走私和西欧人口的自由流动破坏。

然而,也有不支持这一论点的情形,1871年之前分崩离析的德国,直到19世纪才拥有了大量机械上的创新(尽管德国在18世纪在音乐和哲学上成就辉煌)。印度经历了多次分裂,其藩王和语种数以百计,却也未出现大量创新。如今的印度尼西亚亦然。而且,公元前2世纪的中国,集权程度和发明创新能力都异乎寻常的高。戈德斯通聪明地总结道,作为一个分裂的欧洲的一部分,有时得益而有时受损。② 小国葡萄牙在15—16世纪曾是创业探险之核心,在1640年脱离西班牙而独立后,它却没有继承"我们必须远航"的精神,还变成了受教育程度最低和最缺乏企业家精神的西欧国家之一。在航海家亨利王子③的探险时代结束后,葡萄牙人停止了对世界的发问和好奇,也禁止了不同答案和自由思考。④ 大卫·兰德斯写道:"那些伟大思想的发酵剂——价值无法估量的好奇心和不同观点,被简单粗暴地丢弃了。"一名英国外交官曾在1670年宣称,葡萄牙人是"没什么好奇心的一个民族,除了自己必须知道的以外,人人一无所知"。⑤

---

① Ringmar,2007,p.289.
② Goldstone,2009,p.45.
③ 亨利王子[(1394—1460年)葡萄牙亲王,是推动葡萄牙早期航海探险的关键人物;葡萄牙国王胡安一世(1385—1433年在位)]。——译者
④ 葡萄牙1560年引进了宗教法庭,此后几百年间,许多人因异教观点而被处极刑。——译者
⑤ Landes,1998,pp.134,135.

第十二章　英国(和欧洲)的领先只是一个插曲

读写能力的提高格外能够催生生机勃勃的经济,北部新教支持的相对自由的(若不是绝对的)出版制度对此贡献巨大。到了1900年,英国的文盲率下降到3%(尽管人们还不太清楚这么低的数字的实际含义;德国同期的文盲率据称是0),葡萄牙则是78%。[1] 或许分裂的欧洲通过自由出版对识文断字的人产生了影响,让更多人接受了应用新点子的观念(想想毛的客套话)。这种说法,至少能够准确指出欧洲进入开创性的交流时代的年表:15世纪末开始打开局面,到18世纪已热闹非凡。1520年8月18日,威滕伯格的马丁·路德发出了4000份《致德意志民族基督教贵族书》,路德称那是一次"对查尔斯皇帝和德国贵族放任罗马教廷的暴政和卑劣行径的抨击",不出一周,在原来的4000份之外,一个更长的版本开始付印。[2] 1517—1520年,包括《致德意志民族基督教贵族书》在内的30万份路德的作品被印制和售出。[3] 也许,查尔斯五世或教皇利奥十世,若像奥斯曼的苏莱曼大帝或中国的乾隆皇帝那样,有能力控制德国的印刷机,结果会有所不同。

尽管如此,自由出版带来的修辞演进还是姗姗来迟。直到现代,整个欧洲的私人信件才免予被秘密警察拆开和阅读——这些警察发明了好些巧妙的方法伪造原始封印。事实上,直到17世纪后期,即便在英国,任何形式的写作也非完全自由。1579年,伊丽莎白女王被清教徒约翰·斯塔布斯写的一本小册子激怒了,里面攻击了她与信天主教的法国王室联姻的交涉,斯塔布斯被一把由槌球棒锤下去的劈刀砍掉了右手——在这之后他用左手摘掉帽子,高呼"上帝保佑女王!"然而,辛迪亚·克莱格(Cyndia Clegg)认为,这一事件以及伊丽莎白时代的其他事例说明,当时的审查制度是非系统的,

---

[1] Landes,1998,p. 250.
[2] Lehmann,1970,p. 4.
[3] Rietbergen,1998,p. 230.

如弥尔顿在《论出版自由》里提到的,审查制度毕竟也可算作一项创新。① 在印刷机出现之前,特别是在人们用本民族的语言写作之前,当局对控制人们读什么没有太大的兴趣(要是伽利略没有用他那雄辩的意大利语写下他对天空的稀奇古怪的见解,很可能逃过一劫)。例如,斯塔布斯一案中,涉及的法律可以被证明是过时的,跟前玛丽女王的丈夫有关②,而不是对所有出版物的例行审查权。③ 斯塔布斯、他的出版商和印刷商以诽谤罪而不是叛国罪被起诉(若是叛国罪,惩罚就不仅仅是残废,而是像梅尔·吉布森在电影《耶稣受难记》里那样在折磨中缓慢死去;事实上,伊丽莎白当初假意声称要以叛国罪指控,是为了给她的法国盟友留下反对西班牙的印象)。克莱格指出,在伊丽莎白与法国王位继承人旷日持久的调情中,国家生死攸关的严肃问题被搁在了一边。毕竟当时的英国,正处在被西班牙的无敌舰队击败的前夕。

中国的审查制度更加程序化和彻底,在 18 世纪,一个人印刷了含有皇帝名字的文章,就会被处决,他的家人也会被贬为奴隶。虽然日后欧洲没有放弃审查制度,比如禁书目录,再比如最近英国官方保密法下对出版涉及军情六处活动的图书的检举,但欧洲的分裂使得其他司法管辖区里的出版物能够暗度陈仓:首先是从威尼斯,后来是从巴塞尔和荷兰走私进入英国。不要忘了《查太莱夫人的情人》和《北回归线》当初是怎么流传到英国的。

---

① 弥尔顿在 1644 年写道:"没有任何一个国家,或组织良好的政府——如果他们当真重视书籍——会使用这样的许可制度;有人大概会回答,这是新近发明的一种审慎的举措(也就是说,出版审查制度的倡导者口中的所谓国策是个好主意)。"
② 天主教徒玛丽一世在位期间,与西班牙的菲利普王子成婚,在西班牙的影响下,新教法案被废除,反异端的法案被恢复,但给斯塔布斯定罪的伊丽莎白女王不是天主教徒。——译者
③ Clegg, 1997, chap. 6.

第十三章　后发国家可以跨越式发展

无论如何,古代中国(以及阿拉伯、奥斯曼、印加和非洲)的发明和近代欧洲创造力爆发相结合的产物,在今天俯拾皆是——电脑、电灯、电动机械、精密模具、塑料印刷机、化纤面料、电话、复合板、胶合板、石膏板、平板玻璃、钢结构、钢筋混凝土、汽车、机织地毯、中央空调,所有这些产生于19—20世纪的欧洲,此时的欧洲正抱着疯狂的热情实践创新,也没有皇帝会去反对这一实践。

从而,发端于18世纪、用树木生长作类比的人类社会阶段理论错了。斯密、马克思、德国历史学派、现代化理论,以及美国经济史学家罗斯托(Rostow)说得都不恰当。① 国家的发展不像树木那样,是完全从自身的枝叶、花朵、树干生长起来的。真实的历史并不像老橡树,必须经历橡子、树苗、幼树的阶段。年幼的"树"可以通过从较老的树身上嫁接枝叶,跳跃式生长——就像西方以前向中国去借,现在中国反过来疯狂地模仿西方。

出于同样的原因,技术经济学中,用树和阶段的比喻来描述现代的"增长理论",是一种误导。伟大的经济史学家亚历山大·格申克龙(Alexander Gerschenkron)(1904—1978)曾强调,对落后状态的焦虑会如何影响"社会阶段"的进步,比如说,俄罗斯的发

---

① 一定年龄的读者会对罗斯托这个名字有反应。是的,他跟建议约翰逊总统继续越南战争的罗斯托是一个人。主要因为这件事,罗斯托在20世纪40年代和50年代凭借把经济学应用到经济史领域,曾是堪当诺贝尔奖得主的学科先驱,但他却在60年代之后变成经济史上的一个反面人物。

展历程就迥异于英国。另一个伟大的经济史学家西德尼·波拉德(Sidney Pollard,1925—1998)补充了"同时期的差异",这就是说,同一个"阶段"也会面临不同的国内外环境,如英国曾处在技术整体落后的世界中,今天的中国则有"亚洲四小龙"这样的竞争对手。① 国家并非像树木一样依靠自身生长。他们或处在其他"树木"的阴影中,或可借用别的"树木"的成果。

此外,阶段理论依赖于资本积累,因此它拙于预测历史发展轨迹中的经济萧条。索洛(Solow)的经济增长模型,在20世纪50年代被提出后,不久就被发现,在这个模型中,一个干扰发生后,将花一个世纪的时间才能回复到其稳态的90%以内,这对偏好资本积累的增长理论家们是一个警示:他们的模型不对劲。② 正如我们今天比1957年的经济学家更明白,在资产阶级尊严和自由得以彰显的社会里,经济的迎头赶上只需要几十年,而非几个世纪。看看新加坡或西西里岛。国际经济史协会1994年9月在米兰召开的一次会议上,我问一位深受新经济增长理论影响的乌拉圭经济史学家,他认为他的国家将花多长的时间赶上北半球世界。"两个世纪",他悲哀地回答。看来,一门理论就足以让一个一流的学者失去理智。历史证据反驳了这种学术上的精神错乱,从19世纪的德国到20世纪的中国台湾,人们都可以看到,尊重和解放了企业家的国家或地区,纵然曾极度贫困,也只需经过几代人的时间就能达到现代化的生活水准。三代足矣。

另一与历史不符的通俗比喻是赛跑,在这个比喻里,起步晚的国家自然要花更久才能赶上前面的国家。因此,德国历史学派的古斯塔夫·施穆勒(Gustav Schmoller),为了替重商主义的条规

---

① Gerschenkron,1962;and Pollard,1981,pp.184-190.
② Sato,1963.Gapinski(1993)给出了一个更乐观的计算;但King和Rebelo(1993)表明,坚持新古典模型意味着过渡初期极高的资本回报率(如500%)——这表明,问题的核心是现成的创新的运用,而不是常规的资本积累。

辩护,以保护普鲁士的丝绸业,在1884年写道:

> 1780—1806年的柏林,与所有其他丝绸产地几乎处在一个水平。主要基于丝绸业,柏林成为一个重要的工厂城市,那里的居民以具有德国最佳的审美而著名。当然,柏林人尚未生产出资历老三个世纪的里昂制造商那样的低廉的产品;在许多更高档的商品中,他们落后于克雷菲尔德、瑞士和荷兰;但他们赶上了汉堡和萨克森州。①

但是在一个人们可以互相交流和学习的世界中,起步早晚没那么重要。他们可以抄近路,或打个出租车,赶上马拉松比赛中的领先者。

出于同样的原因,最近商学院流行的"竞争力"理论欠缺说服力。迈克尔·波特(Michael E. Porter)1990年的《国家竞争优势》一书,被经济学家们忽视,却在商学院的学者中引起了轰动。他的理论被称为"钻石模型",决定产业竞争力的四个因素位于"钻石"的四个角上②,其内容又用了棒球术语来表述:竞争力取决于是否安全经过四个垒。例如,美国境内自由贸易的地域之广大,赋予了它在卡车大发动机制造上的竞争优势。不过,霍华德·戴维斯(Howard Davies)和保罗·埃利斯(Paul Ellis)指出了波特的书中关键的潜在混乱——它混淆了"表示生产力的'竞争力'和表示市场份额的'竞争力'"。③ 生产率高,即投入少而产出多,一定是好事。没人会有异议。这就是所谓依靠聪明致富。但是,占领

---

① Schmoller, 1884(1897), italics supplied.
② 四个因素是生产要素、需求条件、相关产业和支持产业、企业的战略、结构、竞争对手的表现;菱形钻石的另两个角是"政府"和"机会"。——译者
③ Davies and Ellis, 2000, p. 25 of Internet Version.

大的市场份额与致富或聪明没有太大联系。孟加拉国的黄麻在全球有着很高的市场份额,挪威的农业机械在全球的市场份额却不高。市场份额,并不由自大卫·李嘉图(David Ricardo)以降的经济学家口中的绝对优势决定——与你的"竞争对手"相比,你每小时的劳动生产率有多高,而是由比较优势决定——与用你的时间生产其他(比如联合收割机)相比,你种植黄麻的生产率有多高。既然你能生产大量的黄麻,考虑到生产收割机的机会成本,那么让你去种黄麻,对你和世界而言都最为合适。这好似家务活的分配。妈妈可能在打扫和烹饪上都有绝对优势,但如果她在烹饪上有比较优势,而且这个家庭想充分利用她的劳动力,小约翰尼就应被指派去扫地。或穷或富(换言之,在提供商品和服务上具有或高或低的绝对优势),每个国家总具有某些比较优势。正如一个家庭或一个团队中,每个人都各司其职。印度在软件外包服务上具有比较优势和巨大的市场份额,但这并不意味着印度比美国(事实上美国自己在软件方面具有绝对优势)更富有,或说印度"打败"了美国。比较优势理论告诉我们,美国的软件工程毕业生比起印度的同行有更好的工作——比如,守在电话机旁,应付从芝加哥打过来的上了年纪的经济学和历史学女教授的电话,听她控诉她永远搞不定的令人抓狂的微软 Vista 产品。

历史学家大卫·兰德斯,在他 1998 年那本光彩夺目、博学多识的欧洲中心论著作——《国富国穷》中,通篇都在攻击经济学家们的比较优势概念。但他显然不懂比较优势,简直一无所知。他不屑这样的知识。这种顽冥不化势必惹恼一个经济学家。看在上帝的份上,大卫,她嚷道,只要你随便拿本大学一年级经济学课本,用心读一读相关章节,你就能立即一劳永逸地弄懂比较优势,并永远不会再误用它了(在兰德斯举的众多提及比较优势例子中,有一半是错的)。兰德斯举了保罗·克鲁格曼(Paul Krugman)为例说,那些李斯特式、波特式的国家主义经济学"建立在对最简单的经济事实和概念无知的基础上"。这次我不得不站在克鲁格曼这边(我对他只有大约85%的认同,其他15%的不认同往往很关键)。兰德斯愤然反驳克鲁格曼的嘲笑,说他"蛮横武断且目中无人"①(大卫竟这么说。对于严肃的论证,只要他不同意,采取蛮横和不屑一顾的态度,他才具有比较优势)。在他瞎批驳了一通比较优势的十页过后,他在第172页又攻击了我很久以前提出的显而易见的论点:贸易"逆差"对逆差国有利,比如20世纪70年代美国对日本的逆差:用绿钞换取丰田车。这样的攻击不胜枚举!克鲁格曼和我该有多大的耐心,去对付一个永远不会去翻翻大一经济学课本,还坚持谈论经济学,并且怒气冲冲而不是有条有理去辩论的人呢?当兰德斯说出诸如"比较优势是不固定的,有时在这边有时在那边"的时候,他是在讲正确的废话。②比较优势会变化,但贸易始终是有利的。不存在"不利"的以贸易为目的的专门化生产。

但是在混淆绝对优势和比较优势的人中间,人性的弱点发挥到极致的,竟是一位理论上多少仔细学习过大学一年级经济学课本的学者。经济学家、时任麻省理工商学院院长的莱斯特·瑟罗(Lester C. Thurow),在1985年写了《零和社会解决方案:建设国际水平的美国经济》。这本书把贸易收入看作就像在赛跑或橄榄球赛的胜利中,美国人从其他国家尤其是亚洲国家那里赢来的。(注意,1985年,反日恐慌正达到高点)。"参与一个竞争性的游戏不意味着会成为赢家",瑟罗声称。"自由市场里的战役可能成功也可能失败。"③

瑟罗错了。对于贸易,没有"对抗",没有"失败的战役"。如果"竞争性"游戏指的是自由交易与创新,那么几乎每个玩家都会

---

① Landes, 1998, p. 519.
② Landes, 1998, p. 522.
③ Thurow, 1985, p. 59.

赢，即便不是作为生产者，也是作为消费者会赢。① 现代经济增长已非"零和游戏"，正如我说过，这一观点大多数经济史学家都认同，不管他们的政治观点为何。在贸易和模仿的游戏中，不同国家的人交换商品和服务。如果你坚持视交易和创新为游戏，它们就是像方块舞那样人人会赢的游戏。游戏理论家管它们叫正和游戏。在所谓"竞争性"游戏中被"打败"的国家（比如甚至英国自己），最后竟比其中一些"赢家"更加富裕——尽管一个世纪以来，人们宣称先是德国接着是日本"打败"了暮气沉沉的英国，但在2006年的各国人均实际收入中，英国、日本和德国几乎一模一样。②

当然，站在底特律工厂的角度来观察，它在汽车市场上面临来自日本或韩国供应商的激烈竞争——或者是来自加利福尼亚和田纳西州的③——这的确是"零和"的，这让瑟罗的论断听起来像是普通的常识。（同样的论证也适用于美国人之间的竞争，但你应该想想这样的问题：为什么不"保护"通用汽车免遭福特汽车的竞争，以"创造就业机会"？）你也应该从CNN的"多布斯之夜"节目里听到过充满仇外色彩的"竞争力"的常识（多布斯在哈佛大学主修经济学，但没有念明白；公平地说，稍早几年，我也在念经济学，那时也没念明白，直到返回研究所开始授课、写书后我才搞明白。"开怀畅饮吧，否则就不要品尝埃里亚圣泉"④；至少不要在一开始就关闭了你的头脑）。负和游戏的比喻只看到了经济活动中的生产方。一代代的重商主义者一直在重蹈覆辙。然而，恰如亚当·斯密所说，"消费是一切生产的唯一归宿和目的（因此它也

---

① 对照Krugman，1996，基于这些观点对瑟罗和詹姆斯·法洛斯的攻击，他用了"流行的国际主义"。
② World Bank，2008，pp. 88，112，215.
③ 后来兴起的南部汽车工业带，20世纪末起大批外国汽车厂商入驻。——译者
④ 18世纪英国诗人亚历山大·蒲柏的诗句："一知半解，为害匪浅：开怀畅饮吧，否则就不要品尝埃里亚圣泉。"——译者

是所有出口商品的归宿和目的);只有当消费者的利益需要时,生产者的利益才有机会实现"①。我们不为工作或出口而活;我们为了生活而工作或出口。我们必须将20世纪后期日本的重商主义给本国消费者带来的伤害,或美国的自由贸易给本国消费者带来的好处考虑在内。这也是丰田车换取美钞的另一面。

在迪福、李斯特、施莫勒、兰德斯、瑟罗、波特、多布斯或你们当地政客的理论中,"零和"赛跑的比喻,通过一个更大的悲剧产生了更强的感染力,也可以说,最终连全世界都看到了这一悲剧,那就是:欧洲西北部及其影响范围在18—19世纪跌跤了。英国首当其冲,因此它的遭遇颇受关注。在国家间的赛跑中,英国的不幸领先引发了一个令人扼腕的故事。兰德斯长期以来用赛跑来解读英国和其他国家的近代史,以他1965年的长篇经典论文(1969年再版和扩充后成了一本书,其实质是1954年的一篇会议论文)《解除束缚的普罗米修斯:1750年迄今西欧的技术变革和工业发展》为例,反经济学的比喻——比赛中的"领先地位"——遍及他的修辞,以及章节标题——"缩小差距","气喘吁吁和恢复精力"。他在该书中间1/3的部分问道:"为什么工业的'领先地位'在19世纪最后几十年里从英国转移到了德国?"②他的答案是,领先的英国赛手懈怠了,从而被打败。"因此,在自身的经济霸权日薄西山时,19世纪末的英国还沾沾自喜地晒着太阳……现在轮到了'富三代'('富'?以1990年的价格计算,英国1880年的人均实际收入在3500美元左右,才相当于斯里兰卡2001年的水平——作者),这些子孙后代厌倦了乏味的贸易,陶醉于乡村绅士田园牧歌式的志趣中……他们在玩耍中工作,在工作中

---

① Smith,1776,Vol.2,4.8.49,p.179. 我给出具体的章节段落,是因为众多的版本的页码不一样,引用的页码为格拉斯哥版。

② Landes,1969,p.326,italics supplied.

玩耍。"①

然而维多利亚时代经济失败的证据不堪一击。实话说,若英国在19世纪50年代"打败"了全世界,到了19世纪70年代突然乏善可陈,这未免太奇怪。事实证明没有这样怪事发生。② 类似的事实,也动摇了现下的无稽之谈:美国被塑造成突然无法完成比赛的领跑者——然而它仍不可思议地实现了世界第四的人均实际收入,位列科威特、卢森堡、挪威之后,并且比"打败"了它的"对手"高出1/3,如德国和日本,同时还9倍于中国的人均实际收入,后者被说成是将来的"霸主"。一个地方的领先技术迟早会被其他地方采用。当然不会太容易,可能推迟几十年。但在从1800年到今天这一更长的时间尺度上,这是大量出现的事实。虽然是在英国和美国,戴维、斯万、爱迪生、拉蒂默、惠特尼和柯立芝共同发明了白炽灯泡,但长期来看,这无关紧要。电灯没有止步于英美,很快它就照亮了那不勒斯和北京。

更重要的是,一贯流行的思维在以错误的方式讲故事,它们之中充斥着等级、排行榜、比赛和得分的比喻,在此之中,各国要么被"打败",要么在"衰落",要么"输"了。第二名或第十名的国家的奖励并非贫穷,甚至它们未尝丧失政治上的领导权。③ 被"打败"的英国仍是世界第八大经济体,第二大外商直接投资国,以及联合国安理会的常任理事国;伦敦也是世界第二大金融中心。在英国之前,所谓"失败"的经典案例是18世纪和19世纪初的荷兰联合王国。等待它的结果呢?灾难?还是贫困?都不是。诚然,荷兰最后国土面积变小、军事力量变弱,成为欧洲角落里小小的

---

① Landes,1969,p. 336.

② 例如,Broadberry 和 Irwin(2006)指出英国19世纪80年代农业和服务业的劳动生产率"领先"(又是赛跑论)。

③ 这与巴尼特所推崇的无情打压世界其他地方的态度并不一样。见 Barnett,1972 a 和他处。[克雷里·巴尼特(Correlli Barnett)为英国军事史学家,亦于经济史有论著。——译者]

第十三章 后发国家可以跨越式发展

语言孤岛。然而,不管以何种历史或国际标准,它已变得难以置信的富有(在 2006 年,人均 38000 美元一年,略低于"打败"了全世界的美国,高于英国,据说后者在 19 世纪曾打败过它),并且仍是世界上最有影响力的投资国之一。相对的"衰落",是根本没有衰落。一位父亲不会因为孩子们的长大而痛惜房子中他的份额下降了。最后别忘了,位于排行榜底部的近现代相对落后的俄罗斯,曾实实在在地打败了拿破仑,接着,尽管依然落后于西欧,又打败了希特勒。

赛跑的比喻混淆了政治主导权与经济繁荣。《外交事务》①的大部分议题中,那些预测中国"崛起"或美国"衰落"的亢奋的文章,将二者混淆得一塌糊涂。"国家的兴衰"——借用已故经济学家曼瑟尔·奥尔森(Mancur Olson)的书名(1981),或"大国的崛起和衰落"——借用历史学家保罗·肯尼迪(Paul Kennedy)的书名(1987),用泰迪·罗斯福②"奋斗不息"般的大男子气概暗示了占据第一至关重要。可事情不是这样。

肯尼迪脑子最清楚,却竟用军事力量去解释为什么西方人的货物遍布全世界。③ 就算来自聪明的脑袋,这个观点也错了。杰出的生理学家、鸟类学家、地理学家和世界史学家杰瑞德·戴蒙德(Jared Diamond)在 1997 年写道,"公元 1500 年存在的技术和政治上的差异,是现代世界不平衡的直接原因。"④为什么?因为"拥有钢铁兵器的帝国能打胜仗"。但军事征服能否让征服者富裕?当然,这让他们比死于天花和刀剑下的受害者们更富裕。然

---

① 《外交事务》:美国较有影响的刊物。——译者
② 泰迪·罗斯福(Teddy Roosevelt):前美国总统,写过自传《我的奋斗》。——译者
③ 我这里指的是杰瑞德·戴蒙德的新几内亚朋友提出的问题:"为什么你们白人制造这么多的船货(商品)送到新几内亚,而我们黑人几乎没有一点自己的船货?"(Diamond, 1997, p. 14.)
④ Diamond, 1997, p. 6.

而,这丝毫无力解释 1800 年以后的西方和北方国家,以及当今的东方和南方国家所经历的暴富。成为军事大国是富裕的结果(但是也别忘了 1812 年到 1942 年的俄罗斯,和现在人均收入 13 美元一天的中国,朝鲜战争期间它比现在还穷得多)。军事上的强大总的来说却不是富裕的原因。杀死原住民或对传统的贫农发号施令,并不能带来平板玻璃、政治自由、污水处理系统、退休制度、立体声设备、镁合金梯、每周 40 小时工作制,以及着眼于严肃的精神成长的高等教育。

当形形色色的发明不断繁殖,利用或改造它们以满足个人或好或坏的目的,变得越来越容易。成长中的树木、橄榄球比赛或赛跑的比喻将让位于想法的交换——但是,想法的"交换"尽管的确互利互惠,其自身却并非唾手可得。滕泽尔曼明智地指出,技术"不能被还原为知识,经济学家却经常这么干……它必须通过一知半解的过程、一点一点地学习"。[1] 这也就是化学家和哲学家迈克尔·波兰尼(Michael Polanyi,经济史学家卡尔·波拉尼聪明的兄弟)说的"默会知识"。[2] 滕泽尔曼举了波兰尼的学习骑车的例子:"任何印出来的说明书都不能指导大多数人第一次跳上自行车并脚踩踏板顺利前行。"另一位经济史学家,已故的约翰·哈里斯(John R. Harris),详细揭示了用鼓风炉炼铁和烧制玻璃的技术,是如何在 1710—1800 年的英国和法国间传递的,它们依靠的便是难以言传的默会知识。[3] 这是科学社会学家哈里·柯林斯(Harry Collins)有关实验的一个观点。实验室默会的操作往往难以复制,特别是在困难重重的科学研究的前沿领域。[4] 工业创新亦然。因此单靠"想法的交换"的经济学比喻,不能完全解释经济

---

[1] Tunzelmann,2003,p. 84.
[2] Polanyi,1966.
[3] Harris,1992,1996,2000.
[4] Collins,1985.

发展的整个故事。

无论如何,即便在最繁荣的时期,18世纪的英国也不可能经历当今中国人均实际收入10%的年增长速度,在亚洲的鼓风炉和棉花的交换之后,中国人如今依靠的是西方最早开发并逐步改进的成果,比如现代化的推土机和计算机。中国这一增长速度意味着人均收入能在短短七年里翻倍,但即便面对大批业已实现的想法,如动力织布机、灯泡、易于仿制的印刷电路,倘若不允许模仿并贩卖创意的人获利,不停止冷言相向或盗走他们的财富甚至处死他们,这样的速度也不会在前些年发生。技术史学家大卫·艾哲顿(David Edgerton)谈及"古老的震撼"时提到,人们——甚至巴西贫民窟的赤贫之人——一直不懈寻找老技术的新用途,比如波纹铁。① 铁器、纸张、印刷术的发明历时绵长,经过了几个世纪,不足以带来突破性的进展。在坦普尔基于李约瑟研究成果的畅销书的2007年版中,中国负责教育、科技和文化的国务委员陈至立女士②,在动人的前言里写道:我们需要的,是"创新","它是一个国家的精神、一个国家繁荣的无穷无尽的动力"。③ 中国的创新并不取决于它是否到达了正确的发展阶段,而是陈至立女士和她党中央的同僚们,终于准许地方官和企业家试验非共产主义经济,例如不再宣布私人厂商为非法,或不再对土地投机者进行再教育。相邻的缅甸和朝鲜则显示了,如果反之继续推行军国主义或社会主义的政策,会发生什么;如果中国为了支持毛派或新的权贵资本家而从创新中撤退,就会再现缅甸和朝鲜的故事。

换言之,中国和印度,可以利用过去三个世纪瓦特和爱迪生们的现成的成果——而更早几个世纪的中国和印度的发明家,以及印加的马铃薯种植者和贝宁的黄铜铸工的成果,早已被好奇的

---

① Edgerton,2007.
② 陈至立:第十一届全国人大常委会副委员长。——译者
③ In Temple,1986(2007),p.7.

西方人迫不及待地拿去了。印度人发明了细棉布,后来它成为曼彻斯特的重要物产,但再后来完全机械化生产后,它回过头又成为孟买的物产。中国人发明了大规模生产的生铁,后来成为瑞典乌普兰、英国克利夫兰和美国加里的重要物产,再到后来增加了其他的化学工艺后,又成为日本釜石市工厂的主要出产,如今也是中国鞍山市的主要出产。19世纪末的瑞典、20世纪前期和中期的日本以及21世纪初的中国,都突飞猛进。①

采纳了颠覆性创新的穷国,如我所说,经过两代人的追赶就能望见西方的身影。那不意味着必定能赶上。而像委内瑞拉这样坚持驱逐企业家的国家,或像1960—1990年的瑞典那样,在教育上追求社民主义的平等,而忽视了质量和效率的国家,能在短时间内扼杀经济增长。这就像托尔斯泰的"不幸的家庭各有各的不幸",不幸的国家各有各糟糕的经济政策。

好的政策却无聊地相似:法治、财产权利,以及首当其冲的企业家的尊严和自由。幸福的国家结局是相似的,因为它们总拥有许多汽车、电脑和高等教育。好的政策让吸收现成的技术成为可能,在两代到三代人之后可让平民实现相当舒适的生活。这样的事情屡屡发生,比如当美国或德国学习了英国的制造业之后。想想近些年的奇迹:中国台湾、中国香港和新加坡跨越了理论上的必经阶段。也许我们犯不着每次见到这种事情发生就目瞪口呆。历史社会学家林瑞谷(Erik Ringmar)谈到了鼓励"思考(获得想法)、企业家精神(执行想法)、多元化(不去干扰其发展)"的制度,将这样的观念视为欧洲和后来的东亚成功的原因。② 给人们工作、创造和投资的自由,并给予他们尊重,你的国家就能迎头赶上。戈德斯通(Goldstone)这样说道:"日本的成功所证明的,是韩

---

① 斯蒂芬·帕伦特和爱德华·普莱斯考特研究了采用现成技术的障碍(Parente and Prescott,2000)。
② Ringmar,2007,pp.38-39,以及其他各处。

国和中国台湾早已证明的东西——强有力的政府的指导下(但强有力的政府并不意味着阻碍生产的腐败或极其错误的规划——作者),以引进并应用西方工业技术为方向的统一民族,能在40年左右取得这样的成就。这正是韩国从一个非洲水平的农业穷国变成世界领先的工业强国的时间;中国台湾也一样。二者都起步很低,分别在20世纪50年代的朝鲜战争和20世纪40年代的中国内战之后才开始发展。"[1]

理查德·伊斯特林(Richard Easterlin)会同意"采用现成的技术"意味的速度。他在2003年写道,"从20世纪50年代初到今天,占全世界人口五分之四的欠发达国家的人均物质生活水平,提高了三倍",比当下的发达国家在19世纪的增长速度快得多。[2] 保罗·科利尔所说的60亿人口中的顶部40亿人即指这些人。类似的速度也发生在预期寿命的上升、生育能力的下降和识字率的提高上,伊斯特林指出,从各方面来说,它是"一个比起发达国家过去发生的要快得多的前进速度"。

换言之,无须太多科学的考察即可知道这是为什么:在皇帝的诏书、军阀的掠夺、社会主义的中央计划,以及普遍教育缺乏的影响下(最后一个因素是伊斯特林提出的),一度长期拒绝创新的印度人和中国人,一旦和平享用到大批现成的发明——从蒸汽机到远期合约再到商务会议——便迅速富裕起来。[3] 常规的经济学预言,经过数十年经济灾难的摧残,资源的错误配置如此严重、被浪费的机会如此巨大,以至于灾难结束后,可观的财富能够轻而易举地创造出来,穷人的平均收入也能轻而易举提高。经济学家说,"人们走着走着就能捡到500美元",只需付出弯腰的代价便

---

[1] Goldstone,2002a,来自2001年电子版。
[2] Easterlin,2003,p.347。
[3] 伊斯特林问:"为什么整个世界不是发达的",并基于芝加哥的经济学家玛丽·珍·鲍曼的研究回答了它:教育不足(Easterlin,1981)。

可获得高收益率的回报——除非,你把以捡钱为职业的人关进监狱,就像在以前的阿尔巴尼亚和现在的古巴那样。若可说服巴西和南非采用目前正令中国和印度走向富裕的自由经济原则(它们在英国和意大利的作用发挥更缓慢,因此不那么明显),那么在40年后,当下巴西和南非的穷人的孙辈,没有理由不能享受接近西欧人的生活水准。这并非意识形态偏见——新保守主义者想象中的对美帝国主义势力的支持。这是一个严谨且显著的历史经验事实,而它也已经抑制了美国的力量。另外,若巴西和南非坚持无益的经济政策(如南非基于德国模式的劳动法),他们不愁留不住一个庞大的失业的下层阶级,以及相对美国的劣势地位,只要这合他们的心意。因此经济增长的普及不是深奥的谜题。当然,它值得进行科学的考察,它具有正常科学的特征,它研究的事件也具有正常科学的特征。认为这个或那个国家无可救药(如20世纪60年代我们对中国和印度的态度)的流行的宿命论,以及认为他们不可能达到我们这般富裕和显赫的微妙的种族论,再度被证明是错误的。若允许人们出于个人的荣誉和利益,利用并改造现成技术,在印度尼西亚、毛里求斯或爱尔兰推广,本土的企业家也将为国做贡献。这就是企业家交易。人们已经在"一体化"的问题上着墨颇多。像路易斯·贝特拉(Luis Bértola)这样的悲观主义者,指出如拉丁美洲这类地区,要赶上欧洲或美国或近些年的东亚,希望渺茫。[1] 但是,我们这些乐观主义者注意到,无论如何,墨西哥这样的国家,同它1800年的情况相比,从企业家交易中获益良多。贝特拉的基于麦迪森的数字显示,墨西哥的人均收入从1820年的693美元(按1990年美国美元计算)涨到了2003年的7137美元,比9倍还要多,并且这尚未考虑产品质量的提高。诚然,在他的图表中,"西方"在20世纪60年代就达到了这一水

---

[1] Bértola,2010;提到的统计数字在第21页。

平。不过考虑到墨西哥的曲棍球杆曲线式的增长还在持续,40年的滞后是否足以令人绝望？在麦迪森自己的图表中,从1950年到2001年,47个拉美国家(包括加勒比海地区)的人均收入翻了一倍以上。同样,观察意大利的政治学者,如爱德华·班菲尔德(Edward Banfield)和罗伯特·帕特南(Robert Putnam),长期以来一直认为,古老的文化和体制的失败,让西西里岛和南部其他地区与工业化的北部拉开了距离。但是制度的悲观论者忽视了,与此同时,如墨西哥一样,意大利南部已经超越了中世纪的生活水平。卡塔尼亚比不上米兰。但卡塔尼亚人照样拥有汽车、大理石地板的房子,还能去挪威度假。这样的成功案例在前,便没有理由认为,墨西哥和西西里岛会永远贫困,或永远落后。日本没有。西班牙也没有。

更大的科学谜题是,发明创新为何不断涌现。换句话说,最关键的谜题不是为什么1760年之后会涌现乔尔·莫基尔所说的"大量的发明"(蒸汽、纺织机械),而是为什么这样的发明大爆炸并未熄灭,不像更早的创新时代那样——如"13世纪的工业革命"。莫基尔指出,"18世纪'古典的'工业革命,不完全是一个新奇的现象"。[①] 是的,不完全。如戈德斯通所说,你也可以在古老的中国和17世纪的荷兰看到如此盛况。只是,它的延绵不绝无疑不同寻常。

---

① Mokyr,2010,p. 90.

第十四章 工业革命的浪潮不因节俭而起

接下来呢？第一次工业革命及其在19—20世纪轰轰烈烈的延续，如何以及为何能够发生？本书中，我们会专门探讨那些广为接受却未必有效的解释，节俭是其一。

英文中的"节俭"(thrift)一词，在约翰·班扬(John Bunyan)那里仍然仅被用来表示"财富"或"利润"，它源自动词"兴旺"(thrive)，正如"礼物"(gift)源自"给予"(give)、"趋势"(drift)源自"驱动"(drive)[直到1785年，这类派生词在学者型诗人威廉·考珀(William Cowper)那里仍时有出现，他在作品《任务》(第四卷)中为劳苦大众哀叹，"所有的财产也无法让他们兴旺"]。但在牛津英语大词典中，它的第三个含义近现代才出现，可追溯自16世纪："若我儿子个个大手大脚，只好靠我来节俭"(1526)，"节俭在先，最能享受食物的美好"(1553)。

现代的"节俭"，即第三种含义，可以视作节制、事功两种基本美德的结合。节制是面对诱惑时的自我控制。引导我们勿入它的陷阱。相反事功是代表实践智慧(practical wisdom)的基本美德，为我们挣得每日的面包。它是理性、实际的知识、合理的行动、效率、正确部署和灵活机智。事功而无节制，则知而不能行。反之，节制而欠事功，则无所适从。英国农民诗人托马斯·塔瑟(Thomas Tusser)在1580年的"节俭指南"里写道：一个事功的家

第十四章　工业革命的浪潮不因节俭而起

庭主妇,"有技巧地储备食物"。① 没有充分的技巧,即事功,她不知该如何经济节俭地为照明储备牛油,或为复活节贮存腌羊肉。

事功的节制不关乎历史,因为它是所有人类社会必然的现象。例如,《希伯来圣经》讲到节俭时——虽然不很经常——通常将它与勤奋联系在一起:"懒惰人因冬寒不肯耕种;到收割的时候,他必讨饭,而无所得。""你看到办事殷勤的人了吗? 他必站在君王面前"(《箴言》20:4;22:29)。拿撒勒的耶稣和他传下的教义,也使用有关节俭的寓言指向另一世界,不过有关企业家精神的寓言也占据了相当的分量,比如有关天赋和慷慨的故事,例如为了让聚会进行下去,耶稣将水变成了酒。② "你们应当吃,应当喝",《古兰经》建议道,"但不要过分,真主确是不喜欢过分者的"(7:31)。③ 但在《古兰经》里,如同在犹太人和基督徒的经书中一样,节俭并非重要的主题。

当然,亚伯拉罕诸教以外的信仰也偶尔会赞美事功的节俭。佛教四圣谛确实建议用断绝欲望来化解人生的痛苦,但在这种情况下,劝人节俭反倒没有了意义。禅房里的僧人日进粒米能否称为"节俭"? 佛教在这方面类似希腊和罗马的禁欲主义,都贬低物质生活,这种思想也一直鼓励着基督教圣徒去过一种俭朴生活。然而,佛教亦顾及事功的忙碌。《善生经》(*Admonition to Singâla*)是佛经中"最长的专门陈述道德的独立篇章"。④ 佛陀允诺,若明智而有德,商人将"像蜜蜂一样挣钱":

积财从小起,如蜂集众花。

---

① Tusser, 1588, p. 13.
② 完整的统计分析见 McCloskey 2006a, pp. 446–450。
③ 《古兰经》,选自马坚中译本。——译者
④ A. L. 巴沙姆(A. L. Basham, p. 120)的介绍恩布里的文章(Embree, 1988, Vol. 1)。下面的段落来自《长阿含经》3.182ff., 重印本 p. 123。

财宝日滋息,至终无损耗。

接着它忠告人们过一种节制的生活,其深思熟虑,马克斯·韦伯的世俗禁欲主义也远不能及:

一食知止足,二修业勿怠。
三当先储积,以拟于空乏。
四耕田商贾,泽地而置牧。

其中建议的储蓄率高达 75%——可惜没有提到拿出一部分去行善,这令身为佛教徒的注经者深感不安。①

而在英国,给诺曼裔英国地主撰写建议书的 13 世纪的作者们,在书中先是以节俭起头,接着深入到农业地产管理的事功的细节中。瓦尔特·亨利(Walter of Henley)写的《亨利农书》,第二段为我主耶稣的受难致敬之后,第三段便祈祷"根据你的土地每年的产值……安排你的生活,不要有任何超出"。② 接下来的五段谈论的是同样的主题。佚名作者的《管理》,同瓦尔特的一样,是在 13 世纪末用诺曼法语写成的,指导贵族的主管"确保每块领地没有浪费……并缩减所有不产生利润的不必要开支……就此有

---

① 《善生经》是佛陀对在家信徒宣讲的一部佛经,经中赋予礼六方新的含义,同时,将五戒十善等佛教基础修行摄入经中,教导在家佛教徒如何妥善处理各种人际关系,创造和谐圆满富足的生活。引文用的是晋代竺佛念的中译,后一段作者引用的英文原文是 His money in four parts; On one part he should live, With two expand his trade, And the fourth he should save against a rainy day. 事实上中译版接下来的内容是"五当起塔庙,六立僧房舍。在家勤六业,善修勿失时"。包括行善,与作者引用的英译版有异。——译者

② 瓦尔特,13 世纪晚期,见 Oschinsky,1971,p. 309。

第十四章 工业革命的浪潮不因节俭而起

谚云:愚蠢的开销带不来收益"。① 文章也反对"缺乏事功或理性的做法"(lez maners saunz pru e reyson)。这么多的铺垫在前,三四个世纪后,事功、理性、会计、合理性、加尔文派的禁欲主义和节俭兴起了。从土著人的营地到芝加哥的LOFT,人类必须靠他们的收入生活,靠他们自己的"节俭"生存。

换言之,节俭的史前史可回溯至伊甸园。它存在于我们的基因里。一个不能在饱餐的日子里将脂肪存储到大腿和肚子上的原始人,将在饥年受苦,并繁衍更少的后代。因此,我们这些生活在繁荣的现代社会的人,不得不为控制体重而苦恼。事功的节制,并非要求禁欲主义或苦行僧般或善生式的节制。一个每天消耗3000卡路里的农夫,最好能补充上能量。塔瑟说,每个人都应克制饮食,但这并非要抛弃我们人类的友爱:

> 每天都是宴请——还有更坏的持家之道吗?!
> 每天的宴请是钱包的不幸。
> 然而,邻人间适度的招待
> 将使你受爱戴,活得更长久。②

节俭的对立面——奢侈也是如此。塞缪尔·约翰逊在1778年说:"相信我,阁下,每一个社会,都极尽所能地奢侈。人们总是去争取最好的",不管是衣饰、食物,还是教育。③ 马克思精明地指出:"在一定的发展阶段上(注意马克思从18世纪的前人那里借来的阶段理论的词汇),已经习以为常地挥霍,作为炫耀富有从而

---

① 《管理》,13世纪晚期,见Oschinsky,1971,p.269。Raftis提到大庄园"12世纪末新式的复式记账法"的到来(1996,p.120),若这次也如他一贯以来的准确,复式记账法出现之早令人惊讶。

② Tusser,1588,p.18.

③ Boswell,1791,April 14,1778(Vol. 2,p.203).

取得信用的手段,甚至成了营业上的一种必要……奢侈被列入资本的交际费用。"①这听起来合乎情理。否则,很难解释17世纪的油画上身着黑衣的荷兰商人领子上的高级饰带,或荷兰市面上成千上万的反映商人及其世界之奢华的画作。

总体上看,16世纪到18世纪,英国人和英裔美国人,确实节俭成性。然而,他们跟之前或之后的英美人并无二致,或者说跟自从人类堕落后地球上任何地方的一般人没有区别。"'我的另一忠告是,科波菲尔',米考伯先生说,'你知道。年收入20镑,年支出19镑19先令6便士②,结果是幸福。年收入20镑,年支出20镑零6便士,结果是不幸。'……为了让他的例子更让人印象深刻,米考伯先生高兴和满足地喝下一杯潘趣酒,还吹起了大学角笛舞曲的口哨。我向他保证,说我一定会把这些教导铭记在心,虽然实际上我不必这么做,但他们那时显然太让我感动了。"③

量入为出意义上的节俭是会计上的必然。天上不会掉馅饼,圣诞老人也不会出现,人类的世界必须习惯这个事实。倘若我们连狩猎或采集都不肯,我们什么也吃不到。全世界辛苦挣来的收入,在全世界开支了最后6便士后,不会再多,这里的"开支"也包括投资品。米考伯先生一样。如果他花的比赚的多,他必须依靠一些偶然的事情,比如贷款、赠予或遗产。他的信用会降低,与此同时,他那不断紧缩的资产负债表——代表他拥有的和亏欠的——账目的变化,会是代价,直到为他的潘趣酒和房租付完最后6便士。

花的比挣的少,积累下钱财作为资本用于投资,这个意义上的节俭,也是一个会计学问题。你挣得的每一分钱都有它的去处,或花在面包和潘趣酒上,或花在债券和盖屋上,也可当成废纸

---

① Marx,1867,chap. 24,sec. 3,p. 651.
② 英国价值最低的银币就是6便士。——译者
③ 狄更斯:《大卫·科波菲尔》,1849—1850年版,第12章中的一段。

用来垫床。倘若你能忍住不去消费软饮料和其他即期消费品,用经济学家的话说是"抑制消费",你必然能省下钱来。也就是说,你的银行账户里或床垫下的钱会增加,或你投入到教育或战舰上的资金会增加。当然,你可以把它们花在荒诞无聊的事情上,也可以安排得当;可以用来研制炸弹,也可以用来上大学;可以换许多潘趣酒,也可以存起来。

这样的会计学并非现代才有。不论在喀拉哈里沙漠还是在堪萨斯城,它的存在同生命和热力学第一定律一样古老。尤其,由于农业极其低产的特征,前工业时代的欧洲迫切需要抑制消费,这里的"消费"是指那些非投资用的即期消费品的支出。在北欧中世纪和近现代早期,每单位黑麦、大麦或小麦种子的产量极低:仅三四倍——现在小麦有五十倍左右,哥伦布引进的玉米则有八百倍的产出。(在季风带的亚洲,充足的雨量适于水稻的栽培,这里的水稻始终保持高出产率,雨水额外的好处是,每年一次甚或两次的洪水会给田地施肥和除草,代替了翻耕。水稻被穆斯林引进到西班牙和西西里岛,并在 14 世纪传到了意大利北部的波河流域。[①])

小麦、大麦和燕麦的低产,迫使旧时的北欧大幅克制当年的消费,只要他们不想在第二年饿死。无论你何等饥肠辘辘,1/4 到 1/3 的粮食必须作为种子在秋天或春天种回地里,待到明年九月再收获它们的果实。你最好这么干。在一个粮食作物可能占所有收入一半的经济体中,种子是中世纪仅有的储蓄,这意味着 1/2 乘以 1/4 的总体的储蓄率,也就是 12%。现代工业经济体中的储蓄率则很少超过 10% 或 20%。那时能够支持创新试验的储蓄少之又少也不足为奇——并且可能更少,因为粮食产量不稳定。中世纪的生活动荡不安(粮食仅三倍或四倍的出产率,这也难怪),

---

① Goldstone, 2009, p. 11.

从而创新是危险的。①

粮食贸易局限于欧洲滨河与滨海的部分地区,那是因为在交通只能靠泥土路的年代,陆路运输极其昂贵——甚至沿海水运费用一开始也很贵,它是粮食价格的一部分。1450年,西班牙巴伦西亚小麦的价格,是波兰利沃夫小麦价格的6.7倍(到1750年,下降到只有几个百分点的差距)。② 因此,即便以现代的标准,每个地方以消费为目的的粮食存储率也很高。在今天,如果美国的粮食歉收,市场很容易就能从世界另一边调运过来补充,无须美国人储备七年的口粮。中世纪晚期,一些粮食的确从内陆流向伦敦,或从勃艮第流向巴黎。然而,直到16—17世纪,它们才开始大量从波兰远途运往西欧,这要归功于勇于创新的荷兰商人和造船家。而只有到了19世纪,它们才来自那些更遥远的地方,如乌克兰,后来是北美和南美,最后还有澳大利亚。因此18世纪之前,各个狭小的粮食市场,往往会一齐失衡。19世纪40年代的马铃薯饥荒,是欧洲历史上大饥荒的最后一次重演,在16世纪40年代它并不稀奇,在14世纪40年代更是司空见惯。换言之,作为一种没有其他选择的储蓄形式,粮食储备挤出了更多现代形式的投资。③ 这样的情况下,你若不将当年收入的大部分存储起来,第二年就会饿死。在荷兰语、德语和古英语这些西日耳曼语系中,"饿死"(starve)的同根词(例如,现代荷兰语的"sterven",现代德语的"sterben",古英语的"steorfan")是表示"死"的主要用语。

这种令人绝望的匮乏被新大陆的英裔美国人打破,第一批殖民地在一整代以后,他们比旧世界的兄弟们吃得更好了。考虑到河游百鱼、木走百兽的丰饶的美洲,以及他们英国的劳动人民兄弟正经历着14世纪初以来最艰难的日子,这其实也算不上了不

---

① 麦克洛斯基1976年和1989年对中世纪的农业风险进行了计算。
② Braudel and Spooner, 1967, fig. 23, p. 477.
③ McCloskey and Nash, 1984. 参照 Cipolla, 1994, p. 89。

起的成就。① 无论如何,马萨诸塞或宾夕法尼亚等边陲地带拥有丰饶的土地,别说种的还是高出产的玉米,从而没有必要再储备那么多的粮食了。财富从强制性节俭中解放出来,用于其他投资。

不过要注意了:尽管以欧洲的可怜的标准,北美的英国人(以及法国人、荷兰人、瑞典人和德国人)早在17世纪晚期就相当好过了,并从寅吃卯粮中解脱了出来,但是,后来成为英属北美、加拿大和美利坚合众国的地方,绝不是工业革命的发源地。从人口规模上来说它太小,离主要消费市场太远,比较优势的作用下太偏重于农林产品,或因此受法国或英国的重商主义的极大限制。美国东北部,就像比利时南部和法国北部,到了18世纪90年代和19世纪初,才成为工业革命的紧密追随者。美国采纳制造业之迅速出乎许多人的意料,比如律师和农民约翰·亚当斯。他在18世纪80年代还对富兰克林说:"美国这几千年都无法生产足够它自己消费的产品。"② "美国佬的足智多谋"并非神话,新英格兰快速的工业化足以证明。北美殖民地确实容纳了许多心灵手巧、勇于尝试的发明家。即便是北美的蓄奴区,无论如何也不是发明的荒漠:不信看看杰斐逊的聪明才智,以及棉花品种的改良。

但是,从18世纪60年代起,英格兰西北部和苏格兰低地便成了工业化的"领头羊"。节俭对于这些地方曾是极其必要的。农业的产出那时仍然很低——真正的"农业革命"在19世纪才跟随鸟粪石、选育、铁犁、廉价水运、收割机、商品交易所以及黏土排水管道到来(不是之前认为的18世纪)。简言之,工业革命的发源地并不依靠超额储蓄投资建厂。

关键的一点是,储蓄并未总体上升,从而不能以此解释现代

---

① Innes,1988,p. 5.
② 引自 Leo Marx,1964,p. 148。

世界的到来。节俭储蓄并非创新的时代所特有。节俭或事功的风气并未在现代化之初更甚。前现代时期实际储蓄率高企,在创新的现代它并未发生太大变化。只有当创新给我们带来新的投资机会时,它才改变了。节俭的日常习惯的养成,比城市化的完成要早得多,比我们开始赞美企业家尊严和自由,以及他们带来的创造性毁灭早更多。

至于主动的节俭,它的开端曾被说成源自荷兰尤其是英国清教徒[例如,根据马克斯·韦伯(1905)的观点]。此类古典经济学故事出自马克思之手,韦伯从中汲取了灵感,比如对"奇异的圣徒、神色黯然的骑士、'禁欲'的资本家"的赞美。① 我们不妨暂时加入马克思一边,不相信这一故事的乐观版本——不过再一次,别忘了,与马克思自己对同一个故事的悲观解读相反,节制是普遍的。比起加尔文教的马萨诸塞州或路德教的德国,在天主教的意大利或佛道儒的中国,储蓄率就算低一些,也没有低很多。据经济史学家最近的计算,事实上,英国国民收入中有形资本的投资(不考虑种子的投资),显著低于欧洲的标准——1700年只有4%,欧洲是11%;1760年它是6%,欧洲是12%;1800年它是8%,欧洲是12%。② 英国的投资,尽管在工业革命前和工业革命中上升了,但同它周边较落后的国家相比,还是更少,而非更多。

换言之,证据表明,储蓄取决于投资,而不是反过来。假如你想过上好日子,就得从你兄弟那里借来部分股本,拿去创新,然后预留出你的好主意(如果它确实够好)带来的利润的一部分,继续投资在你不断扩大的生意中。你的储蓄率会上升,但那是你创新的结果,而非前提。当19世纪欧洲其他国家跟随英国开始了工业化,它们的储蓄率也上升了。然而,18世纪欧洲其他地区明显

---

① Marx, 1867, chap. 24, sec. 3.
② Crafts, Leybourne, and Mills, 1991, table 7.2, p. 113; and Feinstein, 2003, p. 45.

更高的储蓄率,并没有引发工业革命,没有唤醒沉睡了整个中世纪的欧洲。储蓄不是限制条件。伟大的中世纪经济史学家波斯坦(M. M. Postan)说过,限制条件不是"穷人的储蓄潜力",而是19世纪前的欧洲"极其有限"的"生产性投资的机会"。[①] 创新才是限制条件。

---

① 波斯坦的话因此被当时另一位伟大的学者卡罗·奇波拉引用,见 Cipolla,1994,p.91。

第十五章　资本决定论错了

主导经济增长的是创新,而非生产性投资的单纯积累。已故的查尔斯·范因斯坦,曾率先对19世纪中叶及以前的英国国民经济进行核算,他不赞同上述观点。他认为,"在经济发展的早期阶段,有形资本存量的增加,是单位工时产出增长的主要原因;工人能够生产出更多产品,是因为他们依靠更多的资本工作"。① 然而,这种资本诱发型增长是有限的。一个农夫用来干活的马匹的数量增加一倍,确实能稍稍提高单位工时的产出——但远低于一倍[提高的幅度等于100%(马匹翻倍)乘以小麦的生产成本中马所占的份额,也许是5%]。② 若没有创新,即便将长柄大镰刀、排水沟、谷仓这些传统设备的边际产出也考虑进去,也不足以解释16倍的增长,甚至不能解释截至1860年的两倍的增长。黏土地下排水管道、植物育种、远期市场、收割机、试验站、柴油拖拉机、有轨输送系统、杂交玉米、农业合作社和化学除草剂,这些发明创新才有更大的功劳。

范因斯坦(Feinstein)当然知道这些。作为一名卓越且博学的经济史学家,他观察到,"最近(与'经济发展的早期阶段'相

---

① Feinstein 2003, p. 47,后面的引用也出于此。
② 根据19世纪90年代到20世纪40年代经济学家发展的"边际生产力理论",一种投入——比如马匹或土地或劳动力——占总成本的份额,是指农民所认为的追加1%的这种投入所增加的最终产出的百分比。如果农民面临着不变的规模报酬并不具备市场影响力,且是经济学家意义上的理性人,这一理论就是正确的。

第十五章 资本决定论错了

比)……设备质量的提升变得越来越重要。"然而,他无法舍弃经济学家威廉·伊斯特利(William Easterly,2001)所说的"资本原教育主义"(capital fundamentalism)。范因斯坦宣称,创新"必须体现为有形设备",从而坚持了投资的主导作用。对收割机和柴油拖拉机来说,他的论断是正确的;但对组织上的创新,如选择性育种,它很大程度上是错误的。这种具体化"让投资和储蓄……对经济增长极为关键"。单纯从会计学上看,这一断言倒是真理——没有投资当然就没有收割机。但在经济学意义上它错了。将创新的时代归功于资本积累,就如将莎士比亚的作品归功于英语言文字或罗马字母。没错,诗人需要英语,甚至罗马字母。但是,起因这一概念,难道不应该指"关键的"吗?

一个地区或国家的储蓄率,如兰开夏郡和英国——即便1840年左右英国经济实力强大——固定在4%或6%的水平。造成储蓄需求的,是用来建谷仓或机器的贷款所产生的效用,经济学家将这种效用称为"资本的边际产量"(marginal product of capital)。然而,一块块往上砌砖,甚至一台台增加机器,收益都会快速递减。不妨想想一名带了许多铁铲的挖沟工,或一个拥有6台拖拉机却只有一名工人的100英亩的农场。根据1871年最后一版的《政治经济学原理》,穆勒在1848年相当正确地宣称:"如果生产技术没有进一步的改进,最富有和最繁荣的国家,将很快到达停滞的状态。"[1]20世纪30年代和40年代初,收益不断递减的预期令经济学家们深为惊恐,比如英国经济学家约翰·梅纳德·凯恩斯(John Maynard Keynes),以及他在明尼苏达州和哈佛的美国追随者阿尔文·汉森(Alvin Hansen)。[2] 他们相信,电力和汽车技术潜力已经挖掘殆尽,资本收益率面临急剧递减,尤其还考虑到不

---

[1] Mill,1871,p. 111(Bk. IV,chap. Vi).
[2] Hansen,1939,1941,out of Keynes,1937.

断下降的出生率,情况会更严重。"停滞论者"相信,人们将更多地储蓄,而不是投资获得收益,发达经济体将陷入长期失业状态。他们也持那些常见却可疑的说法,即政府的战争支出暂时拯救了和平世界的经济,他们相信,"大萧条"会在1946年卷土重来。

但大萧条没有发生,停滞论被证明是错的。① 相反,世界人均收入的增长,在1950年到1974年比历史上任何时候都快,自由国家更是蓬勃发展。原因就是创新抵消了资本收益率的递减作用。改良的洗衣机、更好的机床、新颖的建筑技术和成百上千人类智慧的成果,让人们更加富有,并且顺带让投资有利可图。用经济学家能明白的话说,自18世纪以来,资本的需求曲线不断向右移动。稳步上升的投资获利机会,是一个自我纠正的机制,能够结束经济的衰退(对投资机会过度乐观的浪潮,是引起经济衰退的最初原因)。在经济衰退期,创新和其他获利机会暂时被搁置起来,直到利用它们发财的诱惑变得不可抗拒。② 商业周期起始于18世纪后期,这也是创新变得重要的时候。在此之前,经济的跌宕起伏由战争和收成决定,而非由对创新的乐观和悲观的周期性预期决定。历史学家朱利安·霍彼特(Julian Hoppit)有察于此,他引用了柯勒律治在1817年的断言:"商业精神将引发极大的波动,时而下降时而上升",数十年一个轮回。③ 柯勒律治的"精神"分析是合理的。部分准备金银行制度很久以前就在佛罗伦萨等地存在,因此它在18世纪出现在英国时,算不上多么新颖的事物。考虑到资本积累和源自古希腊人的银行业一直存在,18世纪后期出现的新的商业周期表明了(正如滕泽尔曼和我声称的那样):创新是资本主义的核心特质。

滕泽尔曼认为,的确在某些情况下,技术变革主要通过增加

---

① Fogel,2005.
② Minksy,1992.
③ Coleridge,1817(1852),p.179;Hoppit,2002,p.116.

第十五章　资本决定论错了

投入的资本实现,而不仅仅是提高生产力。① [继续听听经济学家怎么说:资本边际产量下方的区域是作为一个整体的国民收入(精确地说,取决于积分常数)。你可以设计这样的模型:不断上升的国民收入中的储蓄部分为创新融资,从而反过来提高收入,再促进创新,如此螺旋上升。但你必须解释,为什么这种机制只在过去的两三个世纪起作用。你需要找出某些创新时代特有的推高了资本边际产量的机制,回过头来解释创新时代。它不可能主要是内生的。]② 英国人、欧洲人,以及全人类的智力成就,在1700年之前还很罕见,此后却越来越普遍,令我们越来越富裕。字母表之于莎士比亚的作品,犹如储蓄和投资之于创新,前者的提供相当容易,后者的产生却不然。

这个事实体现在范因斯坦自己的漂亮表格中,他在表格中统计了从1770年到1969年十几个国家的国民总收入(GNI)中的投资的份额。③ 范因斯坦宣称投资对创新"至关重要"。从1770年到1839年,英国是世界上最具创新性的经济体,此后也没有变成懒汉,最后它还成为最富裕的国家之一。然而在这张表格中,英国的储蓄/投资率低于其他大多数国家,到19世纪末,英国约有一半的储蓄投资到了海外。英国1770年到1839年的储蓄率平均在7.5%左右,直到20世纪60年代才超过了15%或16%。早期的7.5%的数据,被其他11个国家在二三十年间超越,这时它们开始有可用的数据——这几十年通常对应这些国家进入工业化的时期。正是范因斯坦在这里引入了"阶段"的表述,因此就不能抱怨说19世纪二三十年代的法国不能跟之前的英国比:要在同样"阶段"进行比较。且不管阶段的差异,在表中的任何一个十年

---

① Tunzelmann,2003,p. 89.
② McCloskey,1995.
③ Feinstein,2003,p. 45. 以西蒙·库兹涅茨在20世纪30年代和40年代发明的方法为起点,这一表格可以视作众多经济史学家心血的纪念碑。

里，英国的储蓄/投资率一般都低于其他国家。倘若投资和储蓄是经济增长的关键，那么低投资率的英国将不会成为工业化的"领头羊"。投资和储蓄率的上升是创新的结果，它们并未导致创新。

真正"关键"的是创新本身，是蒸汽机和钢质船舶，是杂交玉米和农业合作社。正如南非经济学家斯坦·杜·普莱西斯(Stan du Plessis)提出的，关键是更聪明而非更卖力地工作。① 普莱西斯总结了1960年以来所有经济学家和经济史学家都知道的——凝结在资本里的纯粹劳动力的积累不是让我们摆脱古老模式的原因，在这种古老模式中，我们预期会挣得的收入同我们的父母、祖父母、曾祖父母一样多。然而，范因斯坦(顺便说一句也是一位南非人)在2003年依旧抵制这一发现，虽说这一发现部分还是他自己的功劳。他赞同地援引了经济学家阿瑟·刘易斯(Arthur Lewis)在1954年的观点，彼时资本决定论正在形成，而学术研究的进展显示它误入了歧途，"核心问题……是要知道……一个储蓄和投资率以前是4%或5%甚至更少的社会，(是如何)转变成为自愿储蓄率维持在12%或15%左右的经济体。"②我已经指出，在北欧低产出率的农业经济体中，储蓄率远高于4%或5%。或许刘易斯指的是排除了"非自愿"储蓄的"自愿储蓄"——非自愿储蓄相当于净折旧额，即净的种子存储量。但在这种情况下，依然是创新使物理折旧率更低、使大量"非自愿"种子储蓄变得不必要，它才是解释现代世界的答案，而不是砌砖式的资本积累。毕竟，"刘易斯—范因斯坦理由"说不定也能让古希腊或古代中国通向现代经济增长，它们的储蓄率很容易达到12%或15%——只需强

---

① Du Plessis, 2008.
② Feinstein, 2003, p. 46.

迫劳利昂银矿①的奴隶,或还没有被埋进长城里的工人,再少吃一些。

简言之,资本决定论在学术上已被抛弃,尽管它仍在一些经济学家头脑中挥之不去,这些经济学家希望它是真的。资本是个好东西。但只要创新预期足够强大,就很容易通过贷款获得资本来利用创新。从长期看,资本不是限制条件。只要信贷制度和压迫制度没有被堵塞资金通道,支持创新的资本就可以从社会上其他人那里获得。它们也许并不产生于人类最早年代,但是观念却始终都存在。聪明劳动造就了现代化。创新将灯泡、有限责任公司或流水线产汉堡包漂亮地付诸实践。普莱西斯指出,"资本主义"一词,本意指重复的机械劳动,在19世纪换了一种含义,意指与价格相关的产权制度,在此之后我们才意识到创新从这样一个古老体系产生。普莱西斯认为这才是最关键的地方,而企业家获得全新的尊严和自由,才是产生创新,打通观念通道最关键的因素。

创新理论的现代倡导者熊彼特,在不同时期对资本主义作了不同的定义。他在《商业周期》(1939年)中定义它是"依靠借钱进行创新的私有制经济的形式"。② 换言之,"我们应当将资本主义溯源为信贷创造的要素",他指的是部分准备金银行——实际上就是各种形式的货币贮藏所,它的保管员没有法律或事实上的义务始终保有所有货币。他指出,这样的机构在北欧出现之前,就存在于中世纪的地中海地区,他也不会为发现那时的商业周期而感到吃惊了——但是我说过,直到创新时代它们才随处可见,而彼时只出现在地中海毗连的地区。(熊彼特没有意识到,亚洲几百年前就有了银行。他在《经济分析史》中声称,"截至15世纪

---

① 劳利昂银矿:位于阿卡提半岛东南山区,距离雅典50公里,公元前5世纪就发现大量银矿,被称作"雅典的银库"。——译者

② Schumpeter, 1939, Vol. 1, p. 223.

末,我们如今惯于与含糊的'资本主义'一词牵扯起来的那些现象,大多已亮相了"。① 然而从经济学上说,它比现代化的出现早三个世纪。)金融、储蓄和投资不会是关键,不然佛罗伦萨或奥格斯堡(或者雅典、北京和伊斯坦布尔)早就把我们带到现代世界了。

熊彼特1939年定义的资本主义构成了私营企业经济的一部分,但民营企业和创新没有信贷也能存在——这么一来它看上去也不"资本主义"。然而,我们需要注意到,熊彼特的说法中,至关重要的是节俭的用途,而非总量。他坚持认为金融是为了创新。不过即便是熊彼特,身为经济分析领域"创新论"的创造者,也让自己被"资本主义"迷惑住了,以至于过分强调金融。正如他自己在别处宣称的,改变一切的不是财务上的节俭。他说,改变一切的,是利用商业信任去创新,例如纽科门的大气式蒸汽机,罗斯柴尔德的大规模套利,爱迪生在曼哈顿的第一台发电机,以及艾尔弗雷德·P.斯隆在通用汽车公司的变革。

节俭的历史在1960年左右被颠覆了,经济学家和经济史学家这时猛然醒悟:节俭和储蓄无法解释工业革命。阿布拉莫维茨、肯德里克、索洛等发现,近期的经济增长只有很小的部分可以用传统的节俭和守财奴式的积累解释(甚至这一部分也很大程度上依赖于推高了资本积累的生产力的创新)。同时,经济史学家带来的消息说,英国储蓄率的上升解释工业革命和这一切来说实在是微不足道。西蒙·库兹涅茨(Simon Kuznets)和后来其他诸多经济学家,如查尔斯·范因斯坦,提供了严格的事实的核算——但是作为研究资本积累的学者,我注意到,他们可能从未完全战胜其最初的假设:资本决定一切。通过20世纪五六十年代对工业金融的详细研究,众多英国经济史学家预料到了统计上

---

① Schumpeter,1954,p. 78.

的结论,比如弗朗索瓦·高诺斯(François Crouzet)、菲利普·科特雷尔(Philip Cottrell)和西德尼·波拉德。彼得·马蒂厄斯(Peter Mathias)在1973年总结了他们的工作:"对资本作用的评价,最近出现了重大变化。"①他没有夸张。

我再次重申,历史性的难题是,这些被用来解释现代经济增长的原因,如储蓄、城市化、国家强征掠夺和有形资本积累,自从苏美尔人以来就普遍存在。杰克·顾迪指出:"东方国家不存在任何抑制商业——也即资本主义——活动的内在特质。"②然而,现代经济史无前例的数十倍的增长(如果商品质量的提高能得到准确衡量,可能上百倍),是过去两个世纪独有的现象。18世纪一定发生了些什么,为欧洲与世界其他地方不期而至却令人震惊的分道扬镳做了准备。

传统却纰漏重重的观点——节俭带来储蓄,储蓄带来资本积累,资本积累带来现代经济增长——被20世纪五六十年代的经济史学家推翻了。但从1950年到今日,这种观点却依然在一些经济著作中徘徊不去,如罗斯托的《经济增长的阶段》(1960年),它还不幸出现在了伊斯特利的对外援助的资本决定论中。③ 伊斯特利相信,如果我们在几十年里给加纳大量经济援助,用于投资人工湖或变成瑞士银行账户上的大量存款,而不给共产主义中国一分钱,加纳将蓬勃发展,共产主义中国则会凋谢枯萎。④ 当然,结果必然是这样的,因为黑板上的数学运算是这么说的。

---

① Mathias,1973(1979),p. 88.
② Goody,2010,p. 62.
③ 20世纪60年代早期加纳获得的援助帮助它建立了大坝,而且建造了世界上最大的人工湖。当时,一些经济学家十分支持这种援助。——译者
④ Rostow,1960;Easterly,2001.

第十六章　贪婪或新教伦理的兴起并未发生

现代创新也不是因为出现了非同寻常的"贪婪"。杰出的法国人类学家马塞尔·莫斯(Marcel Mauss)在1925年这样表达这种当时常见却错误的认知:"正是我们西方社会近来把人类变成了经济动物……经济人(Homo oeconomicus)不在我们后面,而在前方……很长的历史里,人是不一样的……幸运的是,我们现在仍然跟这种一成不变、冰冷、功利的计算保持了一定距离。"①莫斯错误地认为现代人尤其精于算计,尽管他们确实更看重计算,有时候甚至到愚蠢的地步。他还错误认为,存在一种冰冷的功利性的高级消费形式。要知道无论是烘焙食品还是巴赫的音乐,所有的消费之所以有用,是因为人们认为它有用,而不是因为某种冷冰冰的本质[这是我们已经从人类学家玛丽·道格拉斯(Mary Douglas)等人那里学到的]。但他最严重的错误,是认为过去的人更不"经济",更不注重事功的美德——这一美德若无其他美德相伴随,我们就会称之为"贪婪"——他还认为相比之下,所谓功利主义的现代消费者尤其贪婪。早于莫斯一个世纪,柯勒律治、卡莱尔、爱默生和狄更斯,以及在他们之后的席勒和德国的浪漫主义者,以类似的腔调攻击了功利主义。他们接受了功利主义者们自我吹嘘的自命不凡的说法,称功利主义者们赞美的事功是一种

---

① Mauss, 1925(1990), p. 98.

第十六章 贪婪或新教伦理的兴起并未发生

新的美德,用来反抗没有理性的哥特时代。然而19世纪真正新鲜的东西,是关于事功的学说,是对事功的新一轮赞颂,而非它本身的实践。

德国浪漫主义认为,中世纪社会比起创新的时代更加甜美、更少贪婪、更平均。但这一观念在历史研究面前开始瓦解,马克斯·韦伯在1905年就猛烈反对,称贪婪"绝不等同于资本主义,更不是资本主义精神"。"应该在文化史的学前班就告诉人们,这种关于资本主义的天真的想法,必须彻底抛弃。"在他身后出版的《一般经济史》(1923)中,他写道:"我们的理性主义和资本主义时代,被描绘成对经济利益的兴趣比其他时期更强烈,这种观念是幼稚的。"[①]对黄金无耻的渴望,"获取的冲动,对利润、对金钱、对最大可能数量的金钱的追求,本身跟创新毫无关系。这种(贪婪的)冲动存在于服务生、医生、马车夫、艺术家、妓女、不诚实的官员、士兵、贵族、十字军、赌徒和乞丐之中。可以说,对所有时代、所有国家的所有类型和条件下的人,不管他们面临的客观的可能性如何,这都是共通的"。[②]

马克思在1867年将资本主义描述成"唯利是图"时,称自己引用了资产阶级经济学家J. R. 麦克库洛赫(J. R. McCulloch)的《政治经济学原理》(1830年版):"这种不可遏制的追逐利润的狂热,这种可诅咒的求金欲,始终左右着资本家。"[③]但是,韦伯回应说,求金欲也引领着每一个人。成语"嗜财如命"的来源是《埃涅

---

① Weber,1923,p. 355.
② Weber,1904–1905,p. 17.
③ 引自 Marx 1867(Capital,Vol. 1,p. 171n2)。我无法在任何网络版的麦克库洛赫的《政治经济学原理》中找到这句话。顺便要注意:麦克库洛赫使用了"资本家"一词上百次(但从没有用过"资本主义")。牛津英语大词典中解释"资本家"一词首先引用的是阿瑟·扬1792年写的《法兰西游记》。李嘉图很少用这个词。对"资本"一词的经济意义,牛津英语大词典首先引用的文本出现在1709年。(译文引自《资本论》,第一卷第二篇第四章第一节,注释9,人民出版社2004年版,第179页。——译者)

伊德》(公元前19年),而不是经济系或《广告时代》。① 自从夏娃发现智慧树令人神往,并摘走了它的果实,人们就一直沉溺于贪婪这一罪恶——对食物、金钱、名誉和权力的"理性至上"的追逐。就连苏联共产主义的幸存者也证实,这一政权同样大规模鼓励贪婪。中世纪农民的"贪婪"程度不亚于美国的企业高管,只是在规模上不如后者。休谟在1742年宣称,"一个门房对熏肉和白兰地的贪欲,不会比朝臣对蒿雀(一种可烹制美味的鸣禽)和香槟的贪欲要少。财富在任何时候、对任何人都是有价值的。"②这不用说了。

读了历史鸿篇《资本论》第二十五章到第三十一章的人,会发现这些论述难以置信。马克思的雄辩让他们相信,这位天才作者早在1867年——历史学刚开始专业化的时候——就准确掌握了历史的本质。他那"伟大乐曲"中的另一乐节,第十五章"机器与现代工业"(当代文库的英译版这一章有150页之厚)同样在吹奏这一事实:他正见证着一个创新的时代。然而,他将这一曲调纳入了他的历史和声——剩余价值的增长。马克思心目中的历史,跟随他那资本主义等同于贪婪的逻辑在走——他借鉴了一个同商业一样古老的反商业的主题。贪婪是他的"M→C→M"过程的驱动力。这个公式表示:金钱的积累以贪婪的偷窃或节俭开始,然后作为资本(以营利为目的的商品)投资,这在本质上是剥削,通过剩余价值的贪婪生产实现(并放大了一开始偷窃或储蓄的钱)——尽管是结构性地——资本家将剩余价值据为己有,获得更多的财富,也即M。"我们已经知道,货币怎样转化为资本;资本怎样生产剩余价值,剩余价值又怎样产生更多的资本。"③这一

---

① 《广告时代》:美国知名刊物,广告杂志。——译者
② Hume,1777(1987),p.276.
③ 《资本论》第一卷,第二十四章第一节第一段,人民出版社2004年版,第820页。——译者

过程一而再、再而三发生,用不那么准确的德译英版本的话说是"无休止地"。①

资本"无休止地"生产资本,这一古典的和马克思主义的思想根深蒂固。因此,伊曼纽尔·沃勒斯坦(Immanuel Wallerstein)会在1983年提到"无休止的资本积累,其浪费程度逐渐到了无法挽回的地步"。② 最近这一思想又以新增长理论的形式在经济学家中复活,这一增长理论用数学包装了"M→C→M"。马克思主义和资产阶级经济学家都忽略了,资本家争相进入有利润的行业,其实让剩余价值从资本家转移到了如今能够消费更便宜面包和玫瑰的工人阶级消费者身上。可模型不能反映这一过程,因此他们便假定它不存在。

"无休止"/"永不休停"的用词起源于古希腊贵族对商业的蔑视,比马克思早了2200年,它回荡在欧洲黑暗时期的乡村和禁欲主义式的经济理论中,并且仍然回响在我们的"资本主义"观念里。商人被无止境的贪婪驱动(贵族柏拉图和仰慕贵族的亚里士多德如是说)。亚里士多德在《政治学》里也这么说过。亚里士多德的"无止境"讲的是低买高卖,这一行当被认为不像农业那样,存在收益递减。③ 13世纪的圣托马斯·阿奎那,以稍逊往常他对这位哲学家的热情引用了亚里士多德的说法,"贩卖"了对贩卖这一行当的常见抱怨,说它依赖"对没有止境、趋向无穷大的利润的贪婪"。④ 身为政治科学家的约翰·丹福(John Danford)察觉到,"套利让人讨厌的看法已持续了两千多年……它经久不衰的遗产……是认为……经商或获取财富不仅低等,而且不合人情,是

---

① 例如 Marx, 1867, chap. 24, sec. 1, p. 641; and chap. 26, p. 784。
② Wallerstein, 1983(1995), p. 100. 如古代中国人的精致体面的住宅一样的"浪费"。
③ Aristotle, *Politics*, 1257a20, kai apeiros dê houtos ho ploutos.
④ Aquinas, 1267-1273, Second Part of the Second Part, Q. 77, art. "I answer that".

本性的扭曲,非体面人可为"。①

尽管马克思才华横溢——任何不认为他是 19 世纪最伟大的社会科学家的人,要么是对他读得不够深入,要么是受意识形态或其著作对 20 世纪政治的可怕影响的蒙蔽——但是他对历史的认识错了。无论其理论作为提出历史问题的一种方式有多大的价值,我们都不必指望通过马克思去了解任何重要的历史事实:英国的圈地运动、工厂工人的命运、机器大生产的后果,以及工人的阶级意识。例如,伟大的马克思主义历史学家埃里克·霍布斯鲍姆(Eric Hobsbawm),在大不列颠共产党 1991 年解散之前,他一直是其中一名自豪的成员,他也承认马克思和恩格斯的历史科学在许多问题上"薄弱"。② 没有哪一个严肃的用英文写作的马克思主义历史学家,如霍布斯鲍姆、克里斯托弗·希尔(Christopher Hill)和 E. P. 汤普森(E. P. Thompson)等人,会依靠马克思寻求历史的真相。

这不是马克思主义独有的错误。在 20 世纪历史学彻底专业化、真相终于大量呈现之前,其他只是哲学式研究历史的学者一样错了。洛克、休谟、卢梭、斯密、黑格尔、麦考利、滕尼斯、涂尔干,甚至稍晚的马克斯·韦伯(在许多方面可以这么说),以及更晚的卡尔·波拉尼(更不可原谅的是,还包括最近许多波兰尼的追随者,他们理应读过 1944 年以来推翻了波兰尼大部分历史观念的科学的历史著作),他们对历史真相的认识多多少少是错误的,并且准备一错再错。③ 要了解历史,依靠波兰尼或韦伯,或即便是我心爱的自由主义的麦考利,或我敬仰的自由主义的亚当·

---

① Danford 2006,pp. 328-329.
② 霍布斯鲍姆在《前资本主义经济形态》(1964 年)中对马克思的介绍,被派普斯(Pipes,1999,p. 52n)引用。
③ Santhi Hejeebu 和我已经举了这个支持波兰尼对次优的理解的例子,反对波兰尼的经济史,见 Hejeebu 和 McCloskey,2000 和 2003。

斯密,都是愚蠢的。但人们就这么做了。从而,今天受过教育的人头脑中的资本主义理论,都源自波兰尼、马克思、圣班尼迪克(St. Benedict)、亚里士多德的反企业家的修辞。这在经济学上是错误的。而我在这里主要想说的是,在历史学上它也错了。

马克斯·韦伯1905年的《新教伦理与资本主义精神》发表后,引发了大批著作的出现。让人们着迷的,似乎是它把唯心主义的"精神"与唯物主义和马克思主义的积累结合到了一起。韦伯知识上"多样化经营"的结果是,他的捍卫者如雨后春笋般涌现,尽管他们也一再发现:韦伯将加尔文主义与"伟大事实"联系起来(他自己似乎1905年之后也放弃了这一假设)的企图并不十分成功。例如,经济学家J. 布拉德福德·德隆(J. Bradford DeLong)在1989年写了一篇十分精彩的文章,为韦伯的假设辩护,反对自由意志主义者的观念,即有自由就够了,只要无为而治国家就会达到最好标准。在他1989年列举的天主教扼杀创业的案例中,以爱尔兰、西班牙和葡萄牙最为突出。相比之下,"七个确立了清教的主导地位的国家,比其他七个国家,在1979年都拥有较高的人均收入水平"。① 对韦伯主义者和德隆来说不幸的是,自1979年或1989年以来,爱尔兰、西班牙和葡萄牙创造了自由经济政策下的经济奇迹。爱尔兰是最彻底的自由主义实例,其公司税非常低,因而它从1979年欧洲最贫穷的国家之一摇身变成2002年人均实际收入世界第二的国家。并且,爱尔兰的天主教徒还是会去教堂,他们的人数比名义上信新教的英国或瑞典多得多。

资本主义的神话说,企业家节俭的美德恰恰在于它没有目的,为了积累而积累,唯利是图。马克思本人在1867年宣布,资本主义蕴含了"为积累而积累,为生产而生产"。"积累啊,积累

---

① DeLong,1989,p. 12.

啊！这就是摩西和先知们！"①因此，左翼经济学家、我那误入歧途但高贵慷慨的相识、已故的罗伯特·海尔布隆纳（Robert Heilbroner）(1919—2005)也说："资本主义在它的早期是一个扩张的系统，它的驱动力就是努力积累更大量的资本。"②韦伯也在1905年写道："这类道德的至善便是赚越来越多的钱……获取……是人生的最终目的。"③与前文引用的他的厉声批判④相反，此处韦伯贩卖了马克思的"钱到资本再到钱"的理论。诚然，在"新教伦理"中，获取的能力是一种"使命感之下美德和能力的表现"。但在历史事实中，创新不是积累的能力。想象力不是永无停息的获利冲动。对社会有利的创造力不是源自某种召唤。让我们富裕的是一种新的修辞——它支持无限的创新、想象力、机敏、信念、创造力，并让个人得到代表荣誉和感谢的金钱回报——而不是个人永无停息的积累冲动，或仅仅是某种古老的、平凡的、跟创造力无关的召唤。虽然那些也常常是美德。

　　这并不是说宗教改革，特别是加尔文主义，对创新的兴起没有影响。但它们的影响与其说是预定论导致的，还不如说是某种清教教会的治理方式导致的。再洗礼派教会和改革的核心理念是恢复基督教教义，因为他们认为公元1—2世纪⑤时人们就是那样践行的，后来才有国家政权支持的教会等级制度。天主教（以及路德教会和英国圣公会）的等级制度必不可少的观念，被上帝为所有信徒提供指引的观念所取代。极端的例子是公谊会（他们的敌人称之为贵格会），它的名字正体现了会众式的，或实质是个

---

　　① Marx, 1867, chap. 24, p. 652.（以上两句都出自《资本论》第一卷第七篇第二十二章第三节，人民出版社2004年版，第686页。——译者）
　　② Heilbroner, 1953, p. 201. 对照p. 156，"参与无休止的比赛的业主企业家"，等等。
　　③ Weber, 1904–1905, p. 53.
　　④ 指第二段。——译者
　　⑤ 即基督教创立之初。——译者

人主义的教政体制观念。更加激进的清教徒(不是路德教派成员或圣公会信徒)中教会等级制度的缺席,或许引发了等级制度也非一个政体或经济体的必需的想法。就像相互残杀的宗教战争表现出来的那样,早期的近代人也疯狂地想把他们自己的宗教观念强加给他人,而且这种意愿遍及社会各个阶层。个人主义或会众治理的教政体制,是对以主教为首的教会等级制的反对,因此它教导人们从事商业上的冒险——许多人因此从绵羊变成了牧羊人——也就不足为奇。不过要注意的是,韦伯提出的心理变化出现的假设和预定论是有差别的。

  本该更明白的乔伊斯·阿普尔比,在最近的一本书里写下了老套的故事:"清教传教士通过强调每个人难以确定能否得救,制造了巨大的个人焦虑"(仿佛萨沃纳罗拉或狂野教父并没有说过相同的话,却带来相反的经济后果)[①]。她依然背诵着韦伯:"这促进了信徒们对天意的兴趣,他们努力在(经济)事件中捕捉神的意图……繁荣成为神的恩典的证据。"然而,自韦伯以来,这种加尔文主义正统和商业心理之间的联系再三被驳倒(别忘了,1905年以后韦伯自己也放弃了这一假设)。贵格派可不欢迎这种令人焦虑发人深省的信条,至少,在逃脱了被正统的加尔文主义者绞死在波士顿公园的厄运后[②],他们在商业上获得了极大的成就。

---

① Appleby,2010,p. 17.
② 指正统的加尔文教派迫害异教徒,波士顿历史上曾是加尔文教派统治地区。——译者

第十七章 "无穷无尽"的积累非现代世界特有

在个体的层面上，不存在任何心理变化发生的证据，可用来表明贪婪的节俭具有的现代性。人长久以来便是贪婪和节俭的，我这么说过，韦伯在他头脑清醒的时候也这么说过。韦伯在《新教伦理与资本主义精神》中亲自给出的节俭精神之转变的主要证据，是他对本杰明·富兰克林那两页《给青年商人的忠告》的无趣解读。韦伯在别处说过："一个人不需成为恺撒，也能理解恺撒。"①可他没能理解富兰克林。比如他没注意到《忠告》最后几行急转直下的一句："谁若是尽其所能诚实赚取每一分钱并节省赚来的每一分钱……必然会变得富有，只要那统治世界的上帝、人人向他为自己的诚实劳动祈求祝福的上帝，不是另有主意。"所以说，年轻的商人们，即便你古里古怪地把所有的钱存起来(富兰克林一定不会这么干)，也没有什么会"必然"发生。韦伯也没注意到"谁若是糟蹋了一个五先令的硬币，实际上就是毁了所有它本可生出的数十英镑的钱"②是对一年前"波利·贝克小姐的演讲"的滑稽模仿。③ 富兰克林众多热

---

① Weber, 1922(1947), p. 90.
② 《给青年商人的忠告》里的一句话。——译者
③ 1747年，美洲的一家刊物连续登载一位名叫波利·贝克的小姐在新英格兰州波士顿附近的康涅狄格接受法庭审判时的谈话记录，当时她正由于私生子问题而遭到第五次起诉。这一事件以及演讲内容在后来的几十年里被大量出版物登载和讨论，其间波利·贝克的真实性也遭到质疑。直到1818年，托马斯·杰斐逊在信件里透露，富兰克林曾经当面承认波利·贝克是自己杜撰出来的。——译者

心的读者们,本应注意到这一模仿,可惜他们没有。因第五个私生子而遭起诉的波利,斥责"这个国家大批且数量还在增长的单身汉,其中的许多人……在他们的一生里从来没有真诚和体面地向一个女人求爱;他们的生活方式令他们成百上千代的子子孙孙不得见世(我想这比谋杀稍好一些)。① 难道他们所做的,比起我做的,不是对公共利益更大的冒犯?"耶鲁大学的历史学家、编辑过富兰克林大量文稿的克劳德·安妮·洛佩兹(Claude-Anne Lopez),曾在接受电视采访时说,在找不到某个有良好幽默感的作者之前,富兰克林始终缺一本合适的传记。

　　韦伯读富兰克林的自传,就像维尔纳·桑巴特等许多人一样,将一个年轻的费城印刷工②用来训导自己的畅销手册里的道德条款当作这个人的本性(乔治·华盛顿一些年后也提出110条礼仪和行为准则,不过是以不那么企业家的方式,这些准则由16世纪的耶稣会信徒提出,在17世纪以英文重印,例如"别人说话时勿瞌睡";它是一套外在的可见的行为准则,适合那些尚不具备大都市之优雅教养的向上爬的美国人;事实上这类手册在欧洲一些地区广为传播,它们为一些阶层提供了上升机会)。韦伯宣称:"富兰克林所有作品中贯穿始终的道德……无一例外"是对本职工作的精通。事情并非如此。就像富兰克林的其他许多读者,尤其是非美国读者那样——其中最著名的是写《经典美国文学研究》(1923)的 D. H. 劳伦斯——韦伯错过了他的玩笑。劳伦斯把富兰克林叫作"精明的小男人……典型的美国人,无趣的、恪守道德的、实用主义的民主党人",其他欧洲人也带着同样无知和缺乏

---

① 前文中富兰克林的原话是"He that murders a crown, destroys all that it might have produced, even scores of pounds"。波利·贝克这句话的原文是"By their manner of living leave unproduced(which I think is little better than murder) hundreds of their posterity to the thousandth generation."因此说是"滑稽模仿"。——译者

② 富兰克林曾经是名印刷工人。——译者

幽默感的轻蔑看待他。① 韦伯的侄子1936年写了一本书,解释了为什么伯父马克斯对富兰克林有如此大的误解:"国家之间理解彼此幽默感的能力极其缺乏……(韦伯)煞费苦心构建的这一理论,认为富兰克林的禁欲主义的经济气质是现代资本主义不可或缺的基础之一……在各种讲坛上不加批判地重复……传道者们带着博学的外表和不加掩饰的敬畏去向原著请教。"②

富兰克林在法国为了政治目的设计的不戴假发、"禁欲主义"的拓荒者形象(他效仿了他的宾夕法尼亚同胞,贵格会教徒),甚至与他跟法国贵妇们愉快调情的实际表现矛盾。即便在42岁之前③,他也压根不像在一心一意干自己的职业——印刷工和商人。不管在青年还是老年,富兰克林总有满脑子想法。韦伯没能认识到,现实中的富兰克林是一个深情而热忱的朋友和爱国者,一个满怀好奇的人,尽管能按时完成当下的工作,却也十分乐意游离他的本职去衡量墨西哥湾流的温度,或是去设计以数论为基础的魔方;韦伯也没能辨认出他写年轻时候的自己的俏皮话。俏皮的自嘲曾是富兰克林的招牌,后来成了美国人的特长。在富兰克林自传里,最有名的段子是他对他的美德清单最后一条的评论——谦逊:"我不能自夸在习得这一美德之实上取得了多大的成功;不过关于它的外表我颇有心得。"不注意到这一狡猾的暗示可不太容易。然而,因为急于嘲弄企业家这一群体,某些人无视了这俏皮话。

---

① Lawrence,1923,p.23;对照如罗伯特·路易斯·史蒂文森对我们大部分教师的嘲讽,"从所罗门到本杰明·富兰克林……灌输了同样的有关规矩、谨慎和声誉的观念"(Stevenson,1881,p.876)。即使是阿拉斯代尔·麦金泰尔,一个有洞察力的居住在美国的苏格兰人,也误读了富兰克林。

② 爱德华·鲍姆加腾(Eduard Baumgarten),"本杰明·富兰克林:美国革命导师"(Benjamin Franklin: Der Lehrmeister der amerikanischen Revolution),1936,转引自Roth,1987,p.19。德国经济学家布伦塔诺,他的英语(如罗斯解释)大大好于韦伯,持同样的观点。

③ 富兰克林42岁时完全退休,从事自己感兴趣的活动。——译者

第十七章 "无穷无尽"的积累非现代世界特有

富兰克林的作品,只要不在极其严肃的时候(毕竟,他协助起草了可能会把他送上绞刑架的《独立宣言》,以及《巴黎条约》),充满了这样的插科打诨。1741年的《穷理查德年鉴》①一年里每天只预报晴天。穷理查德向他亲爱的读者解释:"为了施惠与你更多,我已经省略了所有的坏天气。"这种诙谐让人忍俊不禁。然而富兰克林的许多读者没读懂它——影响最大的,是他们没有读懂穷理查德的箴言《财富之路》中作者自嘲式的编排。它出版于1758年,当时身为一名印刷工的富兰克林恰恰没有追求财富,也没有追求任何其他他自己精通的和有利可图的职业,他只不过是宾夕法尼亚州众议院在伦敦的代表,而那是靠着相当大的个人开支承担的,他完全放弃了"个人增加自己的资本的责任",韦伯却在他身上看到了这种责任。历史学家吉尔·莱波雷(Jill Lepore)指出,"《财富之路》是有史以来美国人写的最有名的作品之一,同时是最被主观地误解的作品之一"。其倡议的"不劳无获",和其他所谓企业家的原则"成为本杰明·富兰克林——甚至美国人的——信条"。②

然而,只有缺乏幽默感的阅读,才会让人在其中看到一个精明的小资本家、宣扬理性至上的贪婪信条的典型美国人。马克·范多伦(Mark Van Doren)在1938年试图让人们正确地阅读富兰克林,他抱怨道:"无趣、呆板的人们……赞美(富兰克林的)节俭。然而他自己也承认,他永远也学不会节俭,只有在贫穷的胁迫下他才能做到。"莱波雷引用了范多伦的作品,列出了富兰克林1758年送到他在费城的妻子那里的大批购置。富兰克林被贴上挥金

---

① 从1732年至1758年持续出版,包含有日历、天气预测、忠告及其他知识。富兰克林虚构了一个理查德,借他的口说出自己创作或搜集的谚语、箴言。它们使富兰克林有趣的妙语得到传播普及。——译者

② Lepore,2008,p.78.

如土的标签,因为"他几乎买下了全英国的瓷器工艺品"。① 范多伦接着指出,误读的读者"赞美他的事功(范多伦仅仅指谨慎,而不是本书指的更广义和古老的实践智慧的概念,富兰克林想必拥有很多实践智慧——作者)。但在 70 岁时,他成了一场革命的领导人"。莱波雷指出,穷理查德大部分的箴言本身并非仅仅关乎事功。富兰克林选择在《财富之路》中谈赚钱,是因为在 1758 年,他在伦敦的使命就是尽力说服英国政府免去加在他们殖民地同胞头上的一些小税种。他的殖民地同胞与他当时的乐观主义一致,认为在双方的克制下大英帝国能够团结在一起,他通过神父亚伯拉罕之口对他的同胞说:"赋税确实非常沉重……但对我们中的一些人来说,我们另有许多更严酷的税收。懒惰征了我们两倍的税,自负征了我们三倍的税,愚蠢征了我们四倍的税。"②论辩中的人物形象是古老的,丝毫不像美国人或功利主义者。塞内卡(Seneca)写过:"给我找出一个不是奴隶的人。有人是性的奴隶,有人是金钱的奴隶,有人是野心的奴隶……没有一种奴役状态比自我奴役更可耻。"③"富兰克林也可能会选择编其他的",莱波雷说,"比如几十条穷理查德反对财富积累的箴言。'穷人几乎没有,乞丐一无所有;富人有的太多,没人会说足够'。"④

莱波雷赞同所有细心的富兰克林研究者的看法,就像富兰克林自己说过,他"宁愿被人说成有用地活着,而不是富裕地死去"。本杰明不是圣人。只要政治上方便,他也蓄奴,并且在咒骂或维

---

① Lepore,2008,pp. 82,81.
② 这是 1758 年的《穷理查德年鉴》序言中编排的情节,理查德在商品拍卖会上遇到亚伯拉罕神父,听到他的演讲,上述是讲话中的一段。后来这篇讲话以"财富之路"的名字出版。——译者
③ Seneca,62—65 CE,letter 47. 17,p. 95,ending nulla servitus turpior est quam voluntaria. 塞内卡是古罗马哲学家,作者意在举例说明这种反求诸己的态度是"古老"的。——译者
④ Lepore,2008,p. 82. 同样出自《穷理查德年鉴》。——译者

第十七章 "无穷无尽"的积累非现代世界特有

护这一制度上两边讨好。他因为对方的保守主义罪过与心爱的儿子威廉脱离关系,这一罪过却是 1/3 的美国人犯下过的。[①] 他是个硬汉,不是又矮又胖的开心果。但他也不是一个只会精打细算的怪物。相反,马克思主义者的故事里,贪婪的节俭的终极目的便是富裕地死去。早年在伦敦司法界待过的查尔斯·狄更斯,自己是一个戏剧从业者和出版人,却无法理解其他盈利的商业,他给我们创造了守财奴的形象,及其迪士尼版本的后裔史高治·麦克老鸭——积累啊,积累啊。马克斯·韦伯至少在 1905 年修正了这种积累冲动的盲目性,他称,"贪婪的人生哲学"(别忘了据说它来自富兰克林)依赖于一种超然的"个人增加他的资本的责任",这种责任产生了"世俗禁欲主义"。[②] 然而,富兰克林早已失去了大部分他的祖先的加尔文主义印记,无论是精神或世俗的(例如,对比他那节制的年轻朋友和敌人约翰·亚当斯)。并且他在 42 岁时放弃了"无穷无尽"的积累,将漫长人生的下半段倾注到了科学和公共事业以及物质消费中去了。[③] 若如韦伯所说,宗教因素退出,积累代替了它的地位,人们就会想知道,为什么 42 岁之后的富兰克林,或老年的卡耐基,抑或中年的盖茨,没有让积累成为他们的人生主题。乔尔·莫基尔谈到的 17 世纪荷兰严格的加尔文主义者也一样——正是这些人,把他们的收入花在运河沿岸的商人宫殿和悦人眼目的油画上,画中擦得锃亮的银质托盘、半去皮的柠檬和充溢着南国情调的大酒杯,昭示着纯粹的物质的浮华。太多的事实,可以成为"世俗禁欲主义"、"不断自我扩大的资本"、"增加资本的责任"或"积累啊,积累啊"的反例了。

许多优秀的学者天生有一种信念,认为现代生活通常投入在

---

① 指美国当时有三分之一是保守党。富兰克林因为政治立场不合与儿子脱离关系。——译者
② Weber,1905,p. 51.
③ Isaacson,2003,pp. 126-128,见"退休"一章。

追求利润上,从而节俭是近代的、卑鄙的、贪婪的和企业家的东西,尽管它也是有利可图的——有利可图不是由于企业家有了贸易和生产的新点子,而是由于 M→C→M 中的剥削。另一位可敬的政治理论家琼·特朗托(Joan Tronto)写道:"在市场上获利的无限期望,会教给人们一种对道德行为来说不切实际的前提,因为道德的本质似乎决定了,欲望必须受制于同他人和平共存的需要。"①然而,不比在大学里教书,经营商业会让你懂得利润之有限。也不比在19世纪五六十年代坐在大英博物馆阅览室的 G7 行座位上创作反对市场的激动人心的篇章②,在市场上交易会让任何人懂得,欲望必须受制于同他人和平共存的需要。在存在稀缺、关心他人和认同自由价值的情况下,一个支持市场和创新的社会,是一所道德的学校。历史学家托马斯·哈斯克尔(Thomas Haskell)在1985年提到,"与虚构的民间文学相反,市场不是霍布斯主义式的一切人反对一切人的战争。许多权力被限制。成功通常不仅需要好斗和精明,也需要克制",这说的便是节制的美德。③

即便如人类学家艾伦·麦克法兰这样出色的历史学者,也相信亚里士多德、马克思和韦伯式的见解,他写道:"无休止的积累的道德,作为目的而不是手段,是资本主义的核心特质。"④若是这样,守财奴将是一个完完全全的现代人物,而不是世界文学中众所周知的形象。1665年前后,诗人亚伯拉罕·考利(Abraham Cowley)(保皇党中的弥尔顿)写到了贪婪:"没有一种恶习像这样被好的句子——尤其是诗人的句子——一再抨击,用我们的话说,他们搬起每一块石头掷向它",他还亲自写了一首诗:

---

① Tronto,1993,p. 29.
② 指马克思。——译者
③ 哈斯克尔的评论引自 Innes,1988,p. 39n61。
④ Macfarlane,1987,p. 226.

第十七章 "无穷无尽"的积累非现代世界特有

> 什么才能满足你？谁可知道？
> 你如此担心失去你已拥有的，
> 好像你多喜爱它，
> 你苦苦追求更多，又像你不喜爱它。

他翻译了贺拉斯的诗句，表达了同样的意思，并引用了一行据说是奥维德的诗：Desunt luxuriae multa avaritiae omnia["想要很多是奢侈，(但)什么都想要是贪婪"；对照富兰克林的话，"富人有的太多，没人会说足够"][1]。然而，如考利指出的，自两河文明以降，在文学、讲道或法律中，你可以在任何地方发现类似的贪婪的守财奴形象——现代理论中，守财奴却被认为是在1750年前后，以精明的小男人、无趣的、恪守道德的、实用主义的民主党人的形象，从加尔文主义的血统里蹦出来的。在中国，唐朝诗人白居易（公元772—846）抱怨盐业的垄断（古代中国政府将盐业的专营权倒卖给商人）："盐商妇，多金帛，不事田农与蚕绩（儒家认为这是非精英分子唯一体面的收入来源——作者）……皓腕肥来银钏窄。"[2]柳宗元（公元773—819），也在一则寓言里将守财奴比喻成甲虫："今世之嗜取者，遇货不避，以厚其室（这些人就像甲虫，把他遇到的任何有用的东西背在背上，比他的体重还重一倍——作者）。不知为己所累也，唯恐其不积。"[3]

亚当·斯密在1759年写道："一个守财奴和一个真正节俭和勤勉的人的区别体现于此，一个为着自己对各种小事牵肠挂肚；

---

[1] Cowley,1665,pp.198,197. 贺拉斯的作品是最早的讽刺文学（开创了"这是怎么回事？米西纳斯，没有人满足地活着"这样的文学），但那句不是奥维德的，而是普珀里琉斯·西鲁斯的，在他的《格言》里（www.thelatinlibrary.com / syrus.html），曾被塞内卡引用。

[2] 出自白居易《盐之歌》。——译者

[3] From Owen,1996,pp.501,617-618. 出自柳宗元《蝜蝂传》。——译者

另一个只出于他自己对生活的规划而关心那些事。"① 或许他描述的就是发达之前的富兰克林,或他自己的朋友、格拉斯哥的商人威廉·克劳福德先生,他在1758年这样描述他:"一个真正的节俭之人,具有如此适合他的职业的从头到脚的正直和朴实的作派,加上对学习的热爱……开放的姿态和慷慨的心胸……坦率而敏锐,周到而真诚。"② 在斯密的心目中,从均衡的美德的意义上讲,积累啊,积累啊,或变得越来越肥,或像甲虫般见到什么就往身上背,都算不上是"生活的规划"。

从整个社会的层面来说,至少只要没有鼠疫、火灾、战争和革命的干扰,便存在"无限"的积累。一个个的公司是这一积累的溪流,它们具有合法的无限的生命——尽管事实上,每年都有许多小企业和一些大企业死亡(最近有雷曼兄弟、华盛顿互惠银行、世界通讯公司、通用汽车接连倒闭)。③ 组成创新的河流的单个的经济分子并不总会在42岁之后还惦记着积累,但一整条的河流总是奔流不止。这对我们是好事。书籍、机器、被开垦的土地和辉煌的建筑等,都是从不断积累中的过去继承而来,于现在的我们大有裨益。"你们要赞美祖先"。④

然而,没有历史案例可以证明积累是近代所特有的。迈达斯(Midas)、克拉苏(Crassus)和塞内卡都在积累。⑤ 古老的建筑不

---

① Smith,1759(1790),3.6.6,p.173.
② Smith,1980,p.262.
③ 莱克斯·唐纳森(Lex Donaldson,1995,p.75),跟随阿尔弗雷德·钱德勒,认为美国的大公司仅以每年2%的速度消失,其中一些避免了倒闭——通过被兼并。但那些大家伙,大到不能倒。西格尔(2002,p.638,fig.14-1)认为,不仅是大企业,任何美国企业在最初几年中死亡率约17%,一旦超过了14年,这个比率下降到了7%。
④ 这是作者对《圣经》(BBE版)中"Praise be to the Lord"的仿写,和合本中译为"你们要赞美耶和华"。——译者
⑤ 迈达斯为希腊神话中能点石成金的爱好财富的人物、克拉苏是古罗马共和国末期的武将,为贪图黄金,发动了针对帕提亚人的战争,塞内卡是古罗马时代著名斯多亚学派哲学家,他的哲学思想提倡简朴,鄙弃财富,却从尼禄那里获得大量钱财,成了罗马帝国一大富豪。——译者

第十七章 "无穷无尽"的积累非现代世界特有

是历史上最近才出现、在创新时代突然积累起来的。源远流长的制度,如家庭、教会或王室,在 1700 年以前就有,它们本身也是积累的发生场所。正因如此,公元 100 年前后建成的位于墨西哥城东北方的"诸神之城"特奥蒂瓦坎城,在公元 700 年前后被废弃后,又重新被使用;正因如此,历史悠久的土地开垦,在黑死病袭来之前的人口压力下,本可能会延伸到山坡上,就像东亚投入大量人力物力去开垦水稻田那样;正因如此,古老的中世纪教堂和东方的庙宇,屹立了几个世纪;正因如此,历史悠久的牛津大学,由历史悠久的不动产建成,而组成这些不动产的历史悠久的下水道、石墙和砖砌的谷仓,又是通过积累而投资建成的。中国的运河、秘鲁的道路也一样。事实上,一些公司亦然:最早见于史载的是 1288 年瑞典达拉纳地区的斯多拉公司("大铜山"),以及 1472 年成立、依然在运作的锡耶纳牧山银行。

第十八章　原始积累或掠夺不是原因

自然,若你像中国人和英国人那样,设计出了水力纺纱机,为了将想法实现,你需要某些人用某些办法积累下来的某些储蓄。不过,经济史学家们在20世纪60年代的另一发现是,英格兰辉煌的机械化时代对储蓄的需求表现平平,不像马克思主义理论中的"原始资本积累"繁衍出的子孙后代那么多。① 早期的棉花工厂并非资本密集型的。已故的弗朗索瓦·高诺斯(François Crouzet)指出,即使在19世纪30年代,棉纺织行业"花在固定资产上的资本的百分比……确实很小(25%、20%,甚至更少),即使最'资本密集型'的企业也一样"。② 工业投资需要的原始资金,来自商户的短期存货贷款和亲戚的长期贷款,而不是从经济体的其他部分大块掰下来的储蓄。这种大块掰得的"资本主义",要到铁路时代才出现。

根据马克思的观点,在资本的成长中,原始积累是谷种,换个更好的说法是酸面包的酵头。我们又回到了节俭或储蓄——不是通过历史事实,而是通过黑板逻辑。马克思推断:"这整个运动好像是在一个恶性循环中兜圈子,要脱出这个循环,就只有假定在资本主义积累之前有一种'原始'积累,这种积累不是资本主义

---

① 参考17章,作者讽刺马克思或韦伯式的经济学者强调的"钱能生出更多的钱"。——译者
② Crouzet, 1985, p. 9.

生产方式的结果,而是它的起点。"① 这一推断听起来在理,并且像马尔萨斯主义者关于土地生产率极限的预测那样,吸引了数学家。但它并没有发生。正如亚历山大·格申克龙在1957年以他特有的讽刺提到的一样,资本积累的原始或最初的起点"持续了很长的历史时期——跨越了好几个世纪——直到工业革命的警钟将它召唤到工厂建设的战场"。②

马克思在《资本论》中的观点是,原始积累是必要条件,并且它与"奇异的圣徒、神色黯然的骑士、'禁欲'的资本家"无关。圣洁没有参与其中。原始积累是必需的(马克思断言),因为大量的储蓄是必需的,"征服、奴役、劫掠、杀戮,总之,暴力起着巨大的作用"。③ 他列举了英国16世纪的圈地运动(已被推翻,因为历史研究发现那时圈地运动在经济上影响很小)和18世纪的圈地运动(也被推翻,因为研究发现圈地运动赶走的劳动力只是工业无产阶级来源的很小一部分,并且圈地运动当时主要发生在南部和东部,那里事实上没有什么新型的工业化在进行,而且新发生圈地的村庄的农业雇佣人口实际上升了)。④ 他将工资控制看作16世纪无产阶级开始形成的很大一部分原因(这一论断也被推翻,因为早在13世纪,近一半的英格兰劳动力就在为了工资干活;控制劳动力市场的企图是徒劳的)。⑤ 接下来是奴隶贸易:"利物浦是靠奴隶贸易发展起来的。奴隶贸易是它进行原始积累的方法"

---

① Marx,1867,p.784.(见《资本论》第一卷第七篇第二十四章第一节,人民出版社2004年版,第820页。——译者)
② Gerschenkron,1957(1962),p.33.
③ Marx,1867,p.785.(见《资本论》第一卷第七篇第二十四章第一节,人民出版社2004年版,第821页。——译者)
④ McCloskey,1975a,and works cited there.
⑤ Postan,1966,p.622,"一般的小佃农(在南英格兰104个庄园的样本中占一半以上的人口)不得不以其他方式来补充他的收入。"波斯坦不认为所有人能得到拿工资的工作,但从雇佣方来看,他推断很多人得到了(p.623)。

(这也被推翻,人们发现所谓的利润并不大)。① 后来的作者提出中心对外围(新世界波兰)的掠夺也是原始积累的来源。② 或是来自新世界的黄金和白银的流入——奇怪的是那时候伊比利亚帝国并没开始工业化;或是工业革命中对工人的掠夺——这样一来顺序可就乱了③;或是新老帝国主义国家的其他战利品——可它们占欧洲收入的百分比太小,并且来得太晚;继马克思和恩格斯的《共产党宣言》之后,17世纪的海上抢劫、西班牙对塞法尔迪犹太人从牙买加运来的货物的抽税,以及从海地岛逃走的奴隶都被看作是原始积累。④

20世纪以来科学的史学研究大范围开展后,人们发现以上没有哪一项起到了多大的历史作用。就算它们真的发生了,也小到不足以解释需要解释的问题。这样的历史发现,其实并不意外。毕竟,征服、奴役、劫掠、杀戮——总之,暴力——自该隐和亚伯以降,就塑造了悲惨的人类编年史。为什么更早甚至更彻底的掠夺没有引发一场工业革命,或者说没有引发欧洲内外16倍、20倍甚至100倍的人均收入增长?18世纪及以后,在节俭自律或暴力剥夺以外,一定有某种东西,在欧洲西北部及其影响范围产生了作用。自律和掠夺在人类历史中太过普遍,从而无法解释欧洲1800年前后爆发性的革命。

实际情况是,有形资本,比如说,荷兰人皮特·海因(Piet Heyn)在1628年从西班牙珍宝船队夺得的战利品⑤到了1800年,

---

① Marx,1867,p.833.(见《资本论》第一卷第七篇第二十四章第六节,人民出版社2004年版,第870页。——译者)
② Wallerstein,1974.
③ 作者意指工业革命中的掠夺不可能是工业革命本身的原因。——译者
④ Kritzler,2008.
⑤ 珍宝船队是从16世纪开始,由西班牙组织的,定期往返于西班牙本土和其海外殖民地之间,运送贵金属和其他特产品的大型船队,运输的货物包括金银、宝石、香辣料、烟草、丝绸等。荷兰人皮特·海因于1628年马坦萨斯湾海战中成功夺取了西班牙珍宝船队并将货物安全运回了荷兰。——译者

第十八章 原始积累或掠夺不是原因

就化为乌有了。它没有积累下来。它贬值了。就像格申克龙指出的:"为什么在快速的工业化之前有一段长期的资本积累？为什么这些一直在积累的资本不也去投资工业企业？"[①]确实,为什么不？按照原始积累理论,在"警钟"敲响之前,聪明的资本家让他们的资本无益地闲置了几个世纪。

人们似乎混淆了金融财富和真实财富。银行账户里的金融财富仅仅是社会真实财富的书面凭证,代表一个人对另一个人的索偿权,比如皮特·海因对冯德尔[②]的索偿权。另外,社会的真实财富自身,是房子、轮船,或者教育。把社会当作一个整体来看,真实的财富,而不是书面凭证或金币,才是真正的投资所需要的。书面凭证仅仅是标识谁有权取得这些资金的回报。它们不是真实的有形资本或教育资本本身。你不能用英镑建立一个工厂,或用股票凭证挖出一条运河。你需要的是砖头和手推车,还有能够使用它们的健壮和熟练的工人。财富的融通或占有不是关键,否则1300年的天主教会,凭借其对欧洲财富的主宰,就能创造一个工业社会。或者,西班牙的菲利普斯二世、三世和四世——他们毕竟是珍宝船队的主要受益人,后者是英国、荷兰和法国的私掠船和海盗的掠夺对象——会在毕尔巴鄂和巴塞罗那筹资进行工业革命,而不是阻挠革命。

要想有助于任何真正的工业化,原始积累必须以实物体现。然而,正如《古兰经》所说,"你们所有的(实物形式的东西)是要耗尽的,在真主那里的是无穷的"。[③] (16:96)"这些美好的(尘世的)事物,"奥古斯丁写道:"有生有灭,由生而长,由长而灭,接着便趋向衰老而入于死亡……在这些事物中,并无可以安息的地

---

① Gerschenkron, 1957(1962), p. 34.
② 皮特·海因对冯德尔:荷兰17世纪诗人、剧作家。——译者
③ 《古兰经》,马坚译,中国社会科学出版社2003年版。——译者

方,因为它们不停留。"①耶稣说:"不要为自己积攒财宝在地上,地上有虫子咬,能锈坏,也有贼挖窟窿来偷,只要积攒财宝在天上。"在1628年,皮特通过抢劫西班牙建造起来的珍宝屋,到了1800年,必然破败不堪了,除非之后的主人们继续追加投资。一个1628年的受过教育的人活不到现在,一台机器会废弃,一本书会被虫蛀空。折旧的力量使原始积累自行消失。

　　注意,这并不是说,征服、奴役、劫掠和杀戮在欧洲历史上无足轻重。认为领主和农民之间是契约而非强制关系的过于乐观的假设,让近来道格拉安道斯·诺斯等人对"新"制度主义的研究工作失色。② 不过,对不住马克思的是,现代经济的增长以前没有、现在不会,也不可能依靠从穷人那偷来的残羹剩饭。这不是一个好的商业计划。工业化不可能在埃及法老窃取犹太奴隶的劳动力时发生(尽管最近的证据显示建造金字塔的工人是有着良好工作条件的雇工——早得多的"资本主义")。只要你想一想,就知道对穷人的窃取很难解释16倍的富裕,别说100倍了。你通过抢劫你家附近的流浪汉或闯入普通工人家里行窃,可否发这样的大财? 掠夺穷人能否让一般人包括其中最穷的受害者富裕? 从1800年算起的10倍的富裕? 倘若说英国的国民收入依靠对贫穷的印度的窃取,你可觉得合情合理? 如果是这样,你需要解释为什么英国的人均实际收入在它"失去"印度后的十年里急剧上升,以及所有帝国主义列强1945年以后的表现,其中包括法国、荷兰、比利时,乃至贪得无厌的法西斯葡萄牙。

　　现代经济增长不依靠储蓄,因此也不依靠以储蓄为目的的偷窃,或任何其他形式的原始积累,甚至也不依靠神色黯然的骑士

---

① Augustine, *Confessions*, 398 AD, 4.10. [古罗马]奥古斯丁:《忏悔录》,周士良译,商务印书馆2011年版。——译者
② 见奥格尔维对这种过分乐观的假设的颠覆性的实证调查(2004)。

第十八章 原始积累或掠夺不是原因

们抑制消费的和平实践。① 杜尔哥、斯密、穆勒、韦伯等,以及经济学者中的新增长理论家们,都强调资本的积累,他们全错了。老一代的人犯下这样的错误不足为奇,相比1848年后、1948年后,尤其是1978年后自由化国家经济增长的疯狂步伐,他们那时看到的只算得上踱慢步。(20世纪80年代及其以后的新增长理论家们更没有借口了,他们事到如今本该知道,现代经济增长是意想不到的,因此不能用常规的积累解释。)早年的经济学家只有一种较低级的现代化的概念,比如说达到1776年繁荣的荷兰的水平,这很容易通过和平与常规投资实现——而不是达到2010年的美国郊区的水平,后者只能通过空前的创新速度实现。当经济增长的狂热变得更为明显的时候,熊彼特写道:"所有作者亦步亦趋地跟在杜尔哥—斯密后面,错误地相信节俭是首要的(引发的)因素。"② 早20年之前,熊彼特就曾指出,大部分用于创新的储蓄,"并非来自严格意义上的节俭,也即抑制消费……而是(来自)其本身是创新的成果的资金"。③(用会计语言叫"留存收益")。他提出,为数不多的大规模和资本密集型创新的资金,比如铁路,来自银行的"货币创造"。(神秘的"货币创造"是指除了金库里的黄金或美元之外,冒险的银行家制造出来的贷款,他们乐观地假设人们不会在同一时间想要取回黄金或美元。简言之,这就是信用。)

然而熊彼特也没有完全理解,即便在拥有广阔的市场和大实验室的20世纪,一个公司也可以不依靠大规模的贷款扩张,而是像工业革命中的第一次创新那样,依靠留存收益、商业信用,以及从表亲、放债人和律师那里得到适度的贷款。许多领域仍然如此:英格瓦·坎普拉德(Ingvar Kamprad)在没有贷款和公开募股

---

① 指韦伯笔下的加尔文主义者。——译者
② Schumpeter, 1954, p. 572n2.
③ Schumpeter, 1926(1934), p. 72.

的情况下创建了瑞典家具巨头宜家。1840年至1940年，特别是第一次世界大战之后，在资本密集型产业——如铁路、钢铁、化工、汽车、发电、石油勘探和冶炼——兴起的大型公开募股，是不常见的，这些产业催生了现代股票市场。西德尼·波拉德在1981年写道："整个欧洲的技术，包括最领先的国家在内，随着时间的推移更加资本密集化。"①经济学在资本的时代（如霍布斯鲍姆所说）作为一门学科成长了起来。自然而然，穆勒、马克思、马歇尔或凯恩斯等经济学家开始着迷于物理的积累。马克思宣称，"资本主义生产，前提是首先存在相当大量的资金"。② 不是这样。适当留存利润（无论是会计上的利润，还是经济学家说的一个新点子带来的利润），能够支付设备维修和更新，尤其对18世纪60年代还不那么复杂的设备，以及现在计算机时代复杂但廉价的设备。1760年时，欧洲有的最复杂的"机器"是一艘一级风帆战列舰，它本身不断在进行维修。如今，它是你亲密的电脑伙伴。

就创新的起源而言，"大量"的资本在1760年的时候可能量级并不大——就像酸面包里的酵头——并且可能源自任何地方的微小的变化，而非某件重大的原始积累原罪。认为创新诞生于罪恶之中的信念，被证明难以撼动。这种观念的持久力源自跟"零和"有关的犯罪感。我们富有了，（根据零和逻辑）肯定是因为我们偷窃了。大师自己也说："原始积累在政治经济学中所起的作用，同原罪在神学中所起的作用几乎是一样的。"③许多的知识分子，不能理解创新交互和市场合作能够带来的生产力，以及由此产生的创造性破坏力和因此才衍生出的积累作用，这些知识分子将这种不合逻辑的观念当作众所周知的事实。历史学家路

---

① Pollard, 1981, p. 175.
② Marx, 1867, p. 794.
③ Marx, 1867, chap. 26, p.（见《资本论》第一卷第七篇第二十四章第一节，人民出版社2004年版，第820页。——译者）

易斯·杜普瑞(Louis Dupré)暂停了他最近对法国启蒙运动的研究,转向了同一时间发生在苏格兰的相当不一样的启蒙运动。他称赞亚当·斯密"真正关心工人的命运",但随后他声称——就好像人们都认可一样——"不受限制的市场经济只能使他们面临非常严酷的命运,尤其在产业创新的初期,那个时候资本积累很大程度上要以他们的牺牲为代价。"[1]果不其然,杜普瑞没有给出任何证据证明这一"明显"的事实。它是我们的知识教育的一部分——不需要证明——即资本积累是经济增长的关键,积累依赖于工人的牺牲(就好像这些工人在早期的产业创新之前显然没有面临"严酷"的命运)。

因此,塞勒(Sellar)和耶特曼(Yeatman)的恶搞作品《自1066年谈开去:值得纪念的英国史》中,将"工业启示录"描述成1800年前后最值得纪念的发现,"这一(英格兰所有富人瞬间的)发现是,妇女和儿童一天能够在工厂工作25个小时,且大多数人不会因此死掉或残废"。[2] 许多受过教育的人相信这样的历史大致是正确的,并将查尔斯·狄更斯之辈视作工业革命的影响的合格的记录者。不论狄更斯的文学贡献如何,他很少踏入过伦敦北部,对工业化知之甚少,却躺在中产阶级的安乐窝里谈论伦敦自身历来有之的贫穷。他讲工业讲得最多的《艰难时世》一书(1854年),不论多么有吸引力,严重歪曲了工人、工会成员、企业家,甚至马戏演员。贫困化不可避免,是上帝安排的牺牲,预兆基督的复临,这些或宗教或社会主义的调子,均无实证基础。它起源于1798年的马尔萨斯,在1848年的《共产党宣言》里被重复——其更深的根源是基督教对待财富的尴尬心态。[3] 伟大的经济学家和马克思主义者琼·罗宾逊(Joan Robinson)指出了《资本论》卷一和

---

[1] Dupré, 2004, p. 178.
[2] Sellar and Yeatman, 1931, pp. 92–93.
[3] Schama, 1987.

卷三的矛盾:"马克思原教旨主义者试图相信工人们越来越悲惨,以及与此同时利润率不断下降,这造成许多的困惑。"①的确,很困惑。

积累确实发生了,但牺牲工人并非实现它的途径。英国工业区的工人的确穷得可怜。然而,狄更斯笔下前工业时代的伦敦穷人更穷。在企业家和发明创新的伟大时代到来之前,世上每一个普通人也一样——我们所有的祖先每天靠着可怜的 3 美元过活,工业化开始很多年之后,蒸汽、钢铁、股票交易才对平均工资产生了显著的影响。诚然,棉纺厂和铅矿里的童工们唱道:

> 我的父亲是矿工,住在镇子上。
> 辛苦的工作和贫穷,常令他沮丧。
> 他想送我去上学,付不起铜币,
> 所以我去洗耙子,一天四便士。②

孩子们一直在工作,19 世纪后期的工业化减少了而不是增加了他们从事采煤或纺纱的人数。在孩子们自己看来,工厂工作好过农活。③ 早些时候,即便处在总人口上升和拿破仑战争的负担下,英格兰、苏格兰和比利时工业区的工资也有小幅上涨。煤矿工人、纱厂工人甚至铅矿工人的生活,相较他们乡下的表亲也大有改善,这也是他们一开始离开爱尔兰农场和苏格兰高地的部分原因。简言之,自从弗里德里希·哈耶克、马克斯·哈特维尔(Max Hartwell)和托马斯·阿什顿(Thomas Ashton)在 20 世纪 50 年代率先发声,反对费边社会主义版本的英国历史后,许多人已经注意到这一点:创新并未诞生于掠夺。④

---

① Robinson,1966,p. ix.
② 这首歌是关于在东北的蒂斯河谷开采铅矿的,伊万·麦考尔唱过。
③ Honeyman,2007.
④ Hayek,1954;Hartwell,1961;Hobsbawm,1957.

第十九章　晚近以前人力资本的积累也不是原因

哀叹资本统治世界的霍布斯鲍姆和其他历史唯物主义者，没有充分意识到，1840年至1940年是人力资本增长的时代。（然而，正是创新的时代造就了经济学这一生产知识、提供人力资本的行业，可教师们还在传授着有形资本占主导地位学说。）跟掠夺论相反，人力资本的出现导致的结果是：工人变成了资本家。有形资本时代已接近尾声，取而代之的是人力资本时代。资本已死；资本永存。如今在富裕国家，人力资本回报占国民收入的比例，比土地尤其是机器的回报高得多，后者的积累模式耗尽了第一代经济史学家的精力，包括马克思、阿诺德·汤因比［Arnold Toynbee，世界史学家汤因比（Arnold Joseph Toynbee）的叔叔］，以及他们的追随者。

然而，在资本的时代，若没有对企业家创新的价值重估，人力资本只不过是另一类东西的堆砌。它也不能很好地解释早期的富裕，以及接下来决定性和创造性的时代。（人力）资本的时代依赖大量创新来保持积累的资本的价值。英国历史学家的老前辈、经济史学家大卫·米奇（David Mitch）已经表明，大众教育在早年的工业革命中只扮演了一个小角色。他写道："英国在1780—1840年的工业革命期间，经历了显著的经济加速增长（米奇是乐观派),然而几乎没有证据显示劳动力教育程度的提高。"①诚然,一个全是文盲的国家很难像英国那样使用蒸汽机。经济史学家贝克尔(Becker)、霍农(Hornung)、沃斯曼因(Woessmann)(2009)已经令人信服地指出,在1816年,文化程度较高的普鲁士郡县能够更好地在纺织以外的产业中采用创新。关于英国的领先,米奇也差不多赞同这一点,并提出一种滑稽的反推法(在经济史中刻意的滑稽并不多见)——想象将英国人和在遥远北方的因纽特人对换。②

相比之下,理查德·伊斯特林回答了"为什么不是整个世界都发达"的问题?答案指向"人口受正规学校教育的程度"。两位作者结论的差异可以解释为他们研究的是不同时期。人力资本近来毫无疑问变得重要,但它也像各种形式的资本一样,需要创新防止其边际价值的下降——比如首席执行官的现代管理技术、工程师的工程学、医生的医学知识。然而,在1840年左右米奇所处的时代,很难说这些知识对煤矿工人或棉纺厂工人有多重要。在煤面上工作的矿工需要精湛的技艺,但其他大多数矿坑周边的工人则不需要,而且无论怎样煤矿工人的技能不需通过书本学习。伊斯特林指出,技术的传播是"个人化"的,化学家和哲学家迈克尔·波兰尼在这个意义上在他的《个人知识》中使用了这个词。伊斯特林援引经济学家肯尼斯·阿罗(Kenneth Arrow)的话:"一种技术的被采用,个人化的接触看上去是最为关系重大的。"③技术知识很大程度上是默会的,不可言之成文,并要求人们快速地领会。在现代世界,吸收之快速——这与近些年技术被大量采用有莫大关系——受文化水平的推动。韩国自1953年以来教育

---

① Mitch,2003,p.6 和 Mitch,1992,1999,2003,2004。对照 West,1978 和 Allen,2009,p. 260n。
② Mitch,2004,p. 6.
③ Arrow,1969,引自 Easterlin 2004,p. 61。

的狂飙猛进就是一例。

但识字教育也会阻碍新技术的吸收,它会产生不利于创新的死记硬背的文牍主义。在这种情况下,人力资本的积累可能是个坏主意、负资本。若社会学和政治学有碍创新,例如在中华帝国末期,教育也可能不利于经济增长。莫基尔得出了类似的观点,他观察到,创新者没有较高的社会声誉,"在历史的大多数时期,接受了教育的孩子会脱离实际"。[1] 他提出,其结果是,由地位低下的奴隶、工人和妇女进行的创新极少能通过文字传播。倘若像在创新时代的晚近时期那样,教多得多的人识文辨字对经济有利,就必须解释为什么公元前6世纪,在手绘花瓶上签上自己名字的古希腊陶工(Sophilos megraphsen,"索菲洛斯绘",公元前570年前后)没有利用水力来驱动他们的陶轮,从而能坐在噗噗吹气的火车头后面前往特尔斐。[2] 如果在公元前570年这没有发生,为什么在非一般地精通文学的希腊人后来漫长的历史中也没有发生?伊斯特林事实上也同意,他注意到,西班牙的高水平的教育被改教之后教会的僵化(和反企业家的)控制所抵消。[3]

教育能使人精神上自由("自由"的教育,源自拉丁语 liber,自由),而非使人富裕。历史学家乔治·胡泼特(George Huppert)已经告诉我们,16世纪以来,欧洲发明了更普及的教育。[4] 但"语法"学校是为年轻人从事知识阶层的职业做准备的,就像胡泼特的偶像、博物学家皮埃尔·贝隆(Pierre Belon,1517—1564),或中世纪修辞传统的胡格诺派改革者亦即破坏者皮埃尔·拉莫斯(Pierre Ramus,1515—1572)。(如雨后春笋般的学院,教授给那些准备从事商业的小伙子企业家的生产和做事的方式,然而,它们比

---

[1] Mokyr,1990,p.175.
[2] 特尔斐:希腊古都。——译者
[3] Easterlin,2004,pp.67-68.
[4] Huppert,1977;1999.

语法学校有着更实际的课程。)胡泼特提出,尤其在法国,针对农民的乡村学校教育在16世纪成为一股热潮和教会担心的对象:一个牧师抱怨道,"即使在王国最小的城镇上,商人甚至农民想方设法让自己的孩子为了专业放弃经商和务农",这造就了一个新的世俗的知识阶层,打破了"伟大的存在之链"。①

然而,若新的企业家修辞缺位,教育仅仅是一个诱人的装饰,而不是通向人类财富的途径。它会使一个知识分子产生可能事实上是敌视企业家的价值观,并很乐于专职服务于皇帝或主教的反经济的事业。穆勒在1845年写道:"两个世纪以来,苏格兰的农民同其他地方的农民相比,一直是一群善于反思、观察,因而自然是善自我管理的、道德的、成功的人——因为他们习惯阅读和讨论;比起其他原因,这首先归功于教区学校。同时期英格兰的农民呢?"②然而,优越的教育,到了18世纪显著优越于英国和法国大学的苏格兰、德国和荷兰的大学教育,并没有让苏格兰或德国的经济增长优于英国和法国(不过荷兰人依靠他们获得了尊严、自由和教育的企业家,在17世纪很成功)。缺乏自由主义的政治修辞的教育,被证明用处寥寥,在荷兰、接着是英格兰和苏格兰,让经济创新和智力创新获得尊重和自由的,是自由主义的修辞。

经济史学家拉尔斯·桑德伯格(Lars Sandberg)在一篇著名的论文中谈到,瑞典是"穷困的智者"。③ 1800年的瑞典人,尽管是欧洲最穷的国民之一,由于路德的要求,至少读过圣经,而瑞典也以位于乌普萨拉④的非常古老的大学为荣。桑德伯格认为,在19世纪末,特别是在20世纪,瑞典终于可以将它的文化水平派上用

---

① Huppert,1999,p. 100.
② Mill,1845.
③ Sandberg,1979.
④ 乌普萨拉:瑞典东南部城市。

场。毫无疑问,如今瑞典成为世上最富有的国家之一,教育起了极大作用。然而,如果没有对创新的开放态度,这样的智者依然在为保持他们国家的贫困而工作。受过教育的中国精英如此,受过教育的西班牙精英也如此。

看看南非的布尔人①。20世纪30年代大迁徙的英雄事迹和种族战争过后,布尔人陷入经济停滞。不过,据说就像极度虔诚的加尔文主义者,他们有着一种责任感,要接受足够的教育以便能阅读《圣经》。许多人其实并没有。奥莉芙·施赖纳(Olive Schreiner)写了一部有关20世纪60年代布尔人农场生活的小说。她笔下的南非大妈桑尼宣称:"当我行坚信礼的时候,牧师不是告诉我,除了圣经和赞美诗,不要读其他任何一本书,因为魔鬼就在它们里面吗?"②即便牧师推荐的这两本书,桑尼大妈能读懂多少也有疑问。1900年后,南非白人的教育改革伴随着一种自我觉醒,力图说服荷兰、德国和法国的南非后裔们,支持他们之前鄙弃的创新(就像邪恶的英国人或犹太人有的那样)③。

事实依然是:教育本身产出不大。古巴人现在跟革命之前一样,也去上学,只不过可能如今允许阅读的内容被严格限制了(哈瓦那的一家书店有一般工程技术类的书籍;但历史或社会科学类的就只有马克思列宁主义的正统学说了)。然而,古巴人在某些时候(卡斯特罗反复修改过法律)无法开一家餐馆或拿自己的农产品去市场上卖(劳尔已经有点动摇了),因此他们今天仍然极其贫穷,无力实践资企业家的美德,跟他们在迈阿密的表亲相比有着天壤之别。不管古巴声称自己在人力资源上投资了多少,它2001年的人均收入还是1958年的水平,而它周围的地方自古巴

---

① 居住于南非的荷兰、法国和德国白人移民后裔形成的混合民族的称呼。——译者
② Schreiner,1883,p.113.
③ Gilomee,2003,pp.210-212,319,371,405-406.

革命以来人均收入几乎增长了一倍。① 到 2009 年古巴全国还营养不良。相比之下,他们在迈阿密的表亲无论是否受过很多教育,都干得好得多,只因为生活在一个企业家的社会,而且他们也不乏阅读的自由。

如果你是左派,你会说,"但是你也承认古巴人受过良好教育,并在他们的医院里得到很好的照顾",至少在 2009 年的崩溃之前如此(之前有 1991 年的崩溃,这之前还发生过很多次崩溃)。然而,用今天的标准,在 1958 年之前,他们也受着良好的教育,并享受很好的医疗服务。这就是为什么古巴在 1958 年前途如此大好,尽管当时处在与现在不同的武装团伙的统治下。然而,1959 年以后,许多古巴人逃离了工人的天堂,就像今天有技能的人从委内瑞拉、玻利维亚、厄瓜多尔和尼加拉瓜逃走,去到那些经济机会比家乡更好的地方一样。一个民主党的社会科学家应该看重人们如何用他们的脚投票,或者是用他们的船投票。

社会学家倪志伟(Victor Nee)和理查德·斯威德伯格(Richard Swedberg)进一步注意到,教育系统被"大跃进"摧毁的中国,近几十年开始蓬勃发展。② 共产主义时期俄罗斯的教育世界领先(就像古巴在医疗上),并且某些方面现在依然如此(俄罗斯仍是大学毕业生比例最高的国家,且领先不少)。然而,俄罗斯显然一直缺乏对企业家创新的宽容,并且它的经济只有当油价高涨时才见增长;中国却出人意料地接纳了企业家创新。于是:像中国那样,专攻乒乓球和将教授送往劳改营,结果却是繁荣;像俄罗斯那样,在国际象棋比赛上获胜和在某些数学领域世界领先,结果却是停滞。看来光有教育不行。企业家的尊严和自由才成功了,并且让人力资本积累管理运用在了更广阔的范围里。总

---

① Maddison, 2006, p. 525.
② Nee and Swedberg, 2007, p. 3.

第十九章　晚近以前人力资本的积累也不是原因

之,不论是因为"神色黯然的骑士"还是剥削,欧洲节俭度无论如何都没有大幅提高。从1348年到1700年或从1700年到1848年,节俭的实际情况没有发生太大的变化。普通的变化也影响有限。开创了现代世界的荷兰人和英国人,具体到每一个个体,一如既往地节俭或浪费。看看你那背了20000美元信用卡债务的大手大脚的表弟,或你那吝啬的邻居,他们不会突然变了个人。总体储蓄率的变动没有带来什么后果。韦伯式的极度节俭的道德,或马克思主义式的不道德的暴力掠夺,都没有启动经济的增长。为了表示对神虔敬,东盎格鲁清教徒从他们的荷兰邻居及教友那里学到如何节俭——努力工作,如约翰·温思罗普(John Winthrop)提到的,"以便招待彼此如手足"。[①] 这很美好,但它不是引发工业化的原因。你会发现:即便在低地国家的新教和繁荣地区,或在节俭的东英格兰,现代的(不同于早期的)工业化也迟迟没有到来,17世纪法国加尔文主义者和蒙彼利埃的天主教徒之间也不存在节俭程度的区别。[②]

节俭、奢侈、获利的习性、惯有的剥削,是人之常情,很大程度上也未有过改变。对这一观点的一个意外的支持,来自卡尔·波兰尼的一个追随者:"潜在的剩余始终存在并随处可见。有价值的是能够将其唤醒的制度手段……能够引发特殊的成就、留出额外的结余的制度手段。"[③]正如神学家和社会观察者迈克尔·诺瓦克(Michael Novak)所说,"韦伯强调禁欲主义和受苦;这一制度的核心其实是创造力"。[④] 创造力才是新东西。现代经济增长依赖于创造发明的应用(跟有形的工具一样,组织性的和智力性的工

[①] Winthrop 转引自 Innes,1994,p.106。
[②] 菲利普·本尼迪克特(Philip Benedict):"17世纪蒙彼利埃的信仰、财富和社会结构,过去和现在。"152(1996),pp.46-78,在 Hoffman,2003b,p.366,84 中有讨论。
[③] Harry W. Pearson,p.339,引自 Hirschman,1958(1988),p.5n11。
[④] Novak,2007,p.227。

具也很多,如法律上的合伙关系和微积分),哲学家怀特黑特称之为发明方法的发明。发明的发明转而又依赖于企业家的尊严和自由——无论如何,巧妙的工具一开始是被发明出来,而不是像后来的苏联和中华人民共和国那样"借来"的(尽管在中央规划下"借"也进展缓慢)。一个反对破坏机器的时事评论员在1675年写道:"我们不怀疑,创新会在英国受到欢迎。"①确实如此。

节俭的史前史传说很多,其核心是韦伯式的,或是当今的增长理论式的。他们错了。积累不是现代经济增长的核心,不是经济从中世纪向早期现代、从早期现代向全面现代转变的核心。它始终是必要的中介,但能轻而易举得到,就像莎士比亚创作时使用的字母。核心的实质一直是创新。如果你想变得富裕一些,那么就千方百计节俭,并为退休存钱。但一个更好的办法是,拥有一个好主意,并成为第一个投资它的人。若你希望你所在的社会富饶,你应鼓励对创造性毁灭的接纳和对依靠创新诚实获取的财富的尊重。你不应鼓励节俭,至少别太过。(你尤其不能推崇偷窃而来的财富,比如在某些非洲国家,牺牲农民换来主要城市的官僚的富裕,从而制造出"中产阶层"。)②你应效力于让你所在的社会变得自由、对新的想法开放进而变得更可塑和有独创力。你应该尝试说服人们适当地去赞美企业家美德,并不是说要去崇拜他们。这样你所在的社会将变得非常富裕。今天的美国社会尤其不懂得节俭。这一事实让现代清教徒大为感叹,不管他们是左派还是右派。然而,由于美国接纳创新并尊崇巴菲特,它将继续富足下去,继续拥有大量的冷冻比萨、艺术创造和向普通人开放的机会。

"节俭"在美国公民价值中备受赞扬。"努力工作,遵守规

---

① Earle,1989,p. 337.
② Schultz,1964 和 Bates,1981。

则",美国政客说:"任何人都可以实现美国梦。"不,很可惜,他们不能,如果他说的是关于财富的梦。世事难料;统治世界的上帝也时而出其不意,决定让积累一无所成;却让伟大而富有创造力的机敏产生出巨大的财富。就像"民主"、"平等"、"机会"、"进步"这些神圣的词汇,节俭、辛勤工作、遵守规则的修辞言过其实。是时候让节俭的古老传说谢幕、让正确的创新史取而代之。

第二十章　交通或其他内部要素重组没有引发工业革命

迄今为止,对于英国的工业化,经济史学家们还没有找出任何单一的必不可少的物质因素。很久以前,格申克龙就认为,经济增长的必要条件这一概念,不论指单个或多个,都值得怀疑。① 格申克龙的经济学比喻,即一个因素可以"替代"另一个因素,适用于其他国家,也适用于英国(事实上,以后关于其他国家的研究发现存在某些疑问)。经济学家们有理由相信,剥猫皮的方法不止一个。② 也就是说,倘若对外贸易、创新创业或储蓄不足,其他经济增长的推动力也可以替代它们(会有损失,但通常不大),只要新的配置能带来获利机会。生机勃勃的国内贸易、一心一意的政府或通过农业税进行的强制储蓄,它们起到的作用,可以代替独立于政府的将利润再投资于棉纺厂的典型英国商人。

例如,交通运输常常被当成工业化的"主角"。静态理论最容易受到批评。比起货车运输,运河运输煤炭和小麦的价格更低,品质更高的公共道路让伦敦到约克郡的时间缩短到一天,而铁路给每一个集镇送来了接连不断的好东西。可是,它们对国民收入的增幅被证明很小。

在这里演示经济学家常用的证明方法太困难。不妨拿交通

---

① Gerschenkron,1957(1962).
② 英谚,指解决问题的方法不止一个。——译者

这样一个生产力在国民收入中占一定比重、每年以一定增速增长的行业来说。如果你将两部分相乘,就能计算出每年其生产力的增长带来的国民收入增加的部分。这种方法依赖于经济学家将经济当成"生产函数"的比喻,它是前面提到过的一种"投入—产出"的香肠机——$Q=F(K,L)$。其计算结果的稳健性,是经济学家们熟悉的哈伯格定律的结果[A. C. 哈伯格(A. C. Harberger),一名先后在芝加哥和加利福尼亚大学洛杉矶分校任职的有实力问鼎诺贝尔奖的经济学家,以这一类计算著称]①。也就是说,如果有人要计算在国民经济中占到某一比例的一个行业的某一比例的增长对国民收入的影响,他事实上是用一个分数乘以另一个分数。假设G%是一个行业的增长率,它的销售总额占国民收入的比率是s,后者是计算国民收入的增加时该行业的权重(比如制帽行业的权重就比交通行业的小)。通过非常高等的数学运算(别企图在家尝试)可以推出,由于乘数都是小于1的分数,G乘以s得到的分数小于它的任何一个乘数。当有三个到四个这样的乘数,你得到的百分比会更小。对于大多数行业和大多数事项来说——这是最关键的一点,它使得该方法只用来计算更重大的变化——计算结果是一个很小的分数,无法与需要解释的英国1780年至今1500%的增长率相比,也无法与需要解释的1780年到1860年100%的增长率相比。

交通运输行业的总产出占国民收入的比例从未超过10%——在英国,1780—1860年大概在6%。英国拥有良好的港口,服务于其庞大的近海运输,而且在阿夫顿这样的低地地区河流平缓,水流量大,适合航运。大自然母亲给了英国低水运成本,即便在水道还未经改良,没有灯塔、疏浚和石港的年代也是如此。

---

① Harberger, 1954, 1964; Hines, 1999; McCloskey, 1985b. 英文教授理查德·蓝哈姆对哈伯格的一次精彩的采访,探讨哈伯格对现代经济学的重要性(Lanham, 2009)。

运河和铁路的出现进一步降低了成本,能够带来大概50%的改进(查看运费率和差价就很容易得到这个数字)。运输成本下降了50%,不过不包括水运——后者占了半壁江山。根据哈伯格定律,那么就是50%乘以50%乘以6%,仅仅多了国民收入的1.5%。国民收入的1.5%对于个人来说是一个大数字,即使对全体人口来说也不容小觑。但它本身不是"革命"性的东西,比1500%低了三个量级。然而,交通运输行业没有"动态"的效应吗？看起来不是,尽管历史学家和经济学家已经在这个事情上争吵过,并且可能过早地声称它已得到了彻底解决。① 对"动态"效应重要性的最有力的反击,是由罗伯特·福格尔发起的,在多伦多的一个漫长的傍晚,他反驳了经济史学家保罗·大卫(Paul David)相反的结论。② 大卫基于"动态"的理由,曾经严厉批评福格尔在他1964年的《铁路和美国经济增长》一书中给出的"社会储蓄"(它的变化可以看作跟国民收入的变化一样)的计算。福格尔在长达54页的反驳中(他在晚饭后诵读了全部的内容),计算了可能的动态效应,发现它们很小。③

在设计交通运算行业动态效应的计算中,需要牢记几点。第一,动态性有时其实不过是对静态效果的重复错误计算。历史学家们进行观察的时候,往往处在急于证明交通影响力巨大的心情之下,从而发现运河、铁路导致运输成本下降,并提升了煤矿的价值,或让建立更大型的工厂成为可能——即"动态"效应(这个词是个大筐,什么都能往里装)。但煤矿和工厂变得更有价值,只是因为它们产品的运输成本降低了。更高的租金或更大的市场不

---

① 对支持在英国交通的作用、反对我的观点的一方,参阅Szostak,1991,2003。
② David,1969. 福格尔的回应是他当年在多伦多给经济史协会会议的主席报告。
③ Fogel,1979.

过是另一种衡量方式,跟煤炭、陶器或啤酒的运输成本下降是一回事。① 把它们加在一起就等于将同一种影响计算了两次。

第二,一些动态效应本身依赖于静态的1.5%的作用规模。例如,以备受推崇的"积累啊,积累啊"的逻辑为例,一种"动态"效应是,新的收入被储蓄用作再投资,得到更多的收入。问题是,第一轮投资的新增收入非常小。第一轮1.5%的增长,导致的第二轮、第三轮增长只会更小。

而若新增的储蓄能导致第二轮、第三轮更大的增长,这个模型就有些奇怪——"规模经济"大概恰好就在这个时候被抛入了模型,从而令收入爆发性增长,就像现代增长理论说的那样。可如果这个说法成立,也可以说任何东西都能启动增长的发电机,并且在任何时代都能做得到,不管在古代的蒂尔②,还是后来的咸阳,还是现代社会。爆发增长模型未能给出1700年或1800年爆发性增长的原因,未能解释历史上实际人均收入的急剧上升。他们只是用"规模经济"重新命名了它。

经济学中的新增长理论利用这种方法,复活了阿尔弗雷德·马歇尔(Alfred Marshall)在1919年和阿林·杨格在1928年提出的概念:大即是好,只要你的邻居足够聪明,尤其擅长规模经济,或社区经济——发明后者的人包括了保罗·克鲁格曼、大卫·罗默(David Romer)和查尔斯·扎贝尔(Charles Sabel)(我很高兴地注意到,后两位是我的学生,要克鲁格曼也是该多好)。例如,聚集在城市的人们有时会生活得更好一些(有时也会更差一些)。测量显示改善很小,在一个城市里大概是10%。这对解释为什么芝加哥打败了密尔沃基或圣路易斯,以及解释生产地理和消费地理,都足够了。它是个好知识,很有意思。我也能向你说明它的

---

① 这一观点在1970年就由罗杰·兰塞姆提出。
② 蒂尔:黎巴嫩西南部港市,曾为古代腓尼基国海港提尔。——译者

数学模型。不过,10%的变化同样不足以解释100%或1500%的富裕程度。换言之,这些理论是细枝末节,并且它们往往同义反复。虽然谦虚不是克鲁格曼的主要美德,他的确可爱地承认,他的"新经济地理学"存在这样一个障碍。他引用了一个"刻薄的物理学家"的话反驳自己:"你是说企业因为集聚效应所以聚集(在城市,或在经济增长过程中)吗?"①

关于交通运输业的动态效应,还有一个更深的问题。这些引发了集聚效应的来自外部的真实的动态效应,可能因廉价的运输产生,同样可能因昂贵的运输而产生。假如19世纪早期强迫更多的产业进入伦敦——不妨想象丁香花开的季节英国皇家植物园旁边轰鸣的棉纺厂——可能会实现1776年或1815年那样的规模经济,但那时的规模经济到头来又被低运输成本导向的乡村选址抵消(认真对待历史的话,应该说工厂选择在乡村地区是因为可以不受伦敦及其以西地区的规章的束缚)。事实上,18世纪之前,恰恰因为更大的伦敦面对众多的国内外消费者,从而在运输成本上具备优势,伦敦曾经是英国的制造中心,它在17世纪中叶包含了整整10%的英国人口。换言之,一旦你引入规模经济的可能性,得失都必须计算在内,而不是仅仅下个结论。毕竟,经济学家称之为"非凸性"(nonconvexity)的恰恰是产业政策、幼稚产业保护、路径依赖和其他所谓背离竞争的反"看不见的手"带来的。我得对举国信任的经济学家们说,假如你相信非凸性的存在,你就不能只是轻率地假定,它们只以你希望的方式在起作用。非凸性的本质决定了它们不会如此。也就是说,甚至连它们作用的方向在黑板上都无法证明。制造商确实被稍微便宜的劳动力和运

---

① Krugman,1997,p. 52. 这次的嘲讽显然被记住了,因为克鲁格曼在2000年再次提到它,见Krugman,2000,p. 55. 对比Luciani,2004,p. 4:"要说(一个行业在一个城市的)聚集是地区外部经济的结果,就太空泛了。这有点像说因为集聚效应所以发生集聚。"

输吸引,搬迁到曼彻斯特和伯明翰。然后呢?它朝哪个方向倾斜了?

老牌的大产业,在经济学家和历史学家对它们进行研究之前就一个个衰落了。马克思非常重视圈地运动,它意味着中世纪的农业社会的解体,以及向密集型的单个农场的转变。他声称,圈地运动富了资本家,将工人驱赶到了实业家的股掌之上。大多数受过教育的人把这个故事当作真理,并相当肯定大量的产业投资来自圈地运动带来的利得,劳动力因为工业化"被迫离开土地"。塞勒和耶特曼嚼的这些冷饭我们很熟悉:"英国的农业启示录是由芜菁的引入和闯入者会遭起诉开始的。这也是一件好事情,因为土地在以前一直是公地;它被称为圈地运动,草场自此被禁止进入……它以阿斯科特广阔的皇室围场为标志达到顶点。"①

然而,时至今日,几代农业史学家都已经提出(跟在1911年首次明确阐述、受马克思影响的费边主义的主题相反),18世纪的圈地运动在许多方面是公平合理的,而且没有把农民赶出村庄。②诚然,在18世纪,议会成了地主阶级的执行委员会,比起早期议会处于王室的监督之下,这使得推翻旧的农业模式变得更容易。奥利弗·戈德史密斯(Oliver Goldsmith)哀悼所谓荒芜的村庄③,他在1770年写道:"没有围栏的敞田被富家子弟瓜分/哪怕贫瘠的荒地也不再公有。"然而与田园主义的诗歌相反——这些作品常常反映的是自贺拉斯和忒俄克里托斯以来诗歌中的贵族传统,而非英国农村的事实根据——公用地往往是被买卖,而非从笨汉那里偷来。一个人可以满怀同情地指出众多可怜的传统权利持

---

① Sellar and Yeatman,1931,p.94.
② McCloskey,1972a,以及引用的作品。
③ 奥利弗·戈德史密斯写过名叫《荒芜的村庄》的长诗。——译者

有人遭受的打击①,但他不必去相信那些看上去很荒谬的东西——即工业化依赖于剥夺佃农在公用地上砍柴的权利。工业化毕竟首先发生在西北地区,那里许多地方很早之前就发生了圈地行为,如兰开夏郡和沃里克郡,特别(如埃里克·琼斯指出)是在农业生产条件差的地区;工业化没有首先发生在肥沃的东中部,或东南部——在这些地方,18 世纪议会的行为的确改变了许多村庄,但没有一个"荒芜"了。我一再重申,在这些新发生圈地的区域,圈地之后当地人口反而上升了。

圈地带来的结果是,农业的效率有所提高。或许效率的提高就是圈地增加了就业的原因,因为它略微提升了对生产率更高的工人的需求量。但是,圈地运动可否因此被抬举为新工业时代的英雄?绝无可能。同欧洲大陆一样,英国农业变化不大,直到工业化的一个世纪后,人们才不再抵制圈地。② 生产力的变化很小,或许一个被圈地后的农村比起敞田经营的农村有 10% 的优势,就全国范围而言利润也很小,尽管租金比起之前有了大的上升(约一倍,这就解释了圈地为什么发生:的确,这是计算生产力变化的最可靠的方法)。③ 农业是英国国民收入的很大一部分(到 1800 年大概缩水到 1/3),但被圈土地只有英国土地的一半(剩下的是那些"大部分很久以前就被圈的地区")。④ 哈伯格定律再次派上用场:(1/3)×(1/2)×(10%) = 1.7%,这就是国民收入从圈地运动中获得的增长。绕行或穿过被圈地村庄的道路的改善,可能比起分散的小块土地的重新安排更重要,大多数历史学家的注意力却

---

① 指的是圈地使得农村的公用地变私有,农民失去了在以前的公地上打柴等的权利。——译者

② Federico,2005,p. 151.

③ McCloskey(1972a) 使用了租金上涨的可靠方法;对照 McCloskey,1983;由 Allen,1992 证实,尽管使用了阿瑟·杨的可疑的调查,并用了可疑的统计方法处理它们(滥用统计"显著性",例如,见 McCloskey,1995a)。

④ McCloskey,1975a;Wordie,1983. 后来 Allen 1992 年的研究再次确认。

浪费在后者之上(随着圈地,道路也被修直或铺平,但它的影响很少被强调)。

亚当·斯密认为国富依赖于分工,他也错了。没错,经济确实专业化了。安·库斯莫尔(Ann Kussmaul)对农村专业化的开创性研究表明,专业化自16世纪以来就在英国出现。[1] 玛克辛·伯格和帕特里夏·哈德森强调过,现代工厂不需要很大的规模。但是这些工厂分工很细,因为它们可以为邻近的工厂供货。[2] 大多数企业的规模都很小,如斯密所说,它们通过市场完成分工。人们早已知道,在伯明翰和如谢菲尔德这样的黑乡地区[3],金属加工被分解到数以百计的小企业中,领先了日本的"最低库存"和精细分包技术两个世纪。分工确实广泛地发生了。

换言之,恰当的劳动分工,同恰当的交通安排和圈地一样,令经济更有效率。用经济学家的话说,英国人更靠近他们的生产可能性曲线。利益永不嫌多,这表明了为什么可以获得利润(相比之下,有人却用集聚效应解释芝加哥在肉类加工上的专业化)。英国的劳动分工让当时的法国工程师们惊呆了。然而,我们同样要知道,当时的中国也有劳动分工,但是它没有在中国引发工业革命。一种专业化的新方法,就像芝加哥的产业集聚或圈地带来的优势一样,可能是有利可图的,但对全国范围的生产力提升来说只有很小的影响。例如,我指出过,在炼钢和轧钢产业中,生产力在1780—1860年的温和的——如果绝不能说不重要的——变化,每年达到0.9%,它本身不大。[4] 不考虑动态效应的情况下,用0.9%乘以该产业很小的份额——即便在钢铁大国英国也一样很小——得到的国民收入的增加并不显著,因为更彻底的专业化带

---

[1] Kussmaul, 1981.
[2] 例如 Hudson, 1989。
[3] 谢菲尔德这样的黑乡地区:指英格兰烟雾弥漫的密集工业区。——译者
[4] McCloskey, 1981, 1994b; 在 Harley, 1993, p.200 中重复。

来的静态收益被哈伯格定律限制了。

不妨进行以下的极端思想实验。不考虑技术变革,专业化可以被视作生产地域的合理调整。某些中部地区的重黏土更适于放牧而非小麦种植;或者是,苏格兰高地的劳动力离开土地,去格拉斯哥或新斯科舍省或北卡罗来纳州寻找更好的工作——能够挣更高的工资,尽管也许更少说盖尔语了。[①] 这类资源重新配置的影响的大小可以计算出来,哈伯格,该你上了。假设全国 1/4 的劳动力配置不当。同时假设这一配置不当足以让新旧行业之间产生 50% 的工资差距。这将是一个严重的不合理分配,意味着劳动者大规模的不理性、不去寻找更好的工作——或者,更可能的是,由老板们或老板控制的政府造成的大规模人口流动堵塞。南非的种族隔离造成的这一工资差距甚至大于 50%。不过,英国的工资差距不太可能有这么大,毕竟它不像南非,有一个老练、强大、决意要进行种族隔离的现代政权。

现在想象劳动力转移到了合适的产业,工资差距缩小。当差距越来越小,增加的收入也逐渐缩小,直到为零。所以差距缩小带来的收益可以说是一个三角(经济学里称作哈伯格三角),它的面积是工资差距乘以涉及的劳动力数量再除以 2。所以是:$(1/2) \times (1/4) \times (50\%) = 6.25\%$,再乘以劳动力收入占国民收入的份额,这在当时大概是一半,最后得出 3% 的涨幅。这部分增加的收入照例值得拥有。但它本身不具备革命性。劳动分工本身不能带来工业革命。

若要相信这样的计算,你必须相信经济学家称之为"边际生产力理论"的近似真理。也就是说,与企业家和 1870 年后的资本主义经济学,主要是英国的经济学[欧洲大陆的瓦尔拉斯

[①] 盖尔语:盖尔人的语言。盖尔人分布在苏格兰西北部山区和赫布里底群岛。——译者

(Walras)、维克塞尔(Wicksell)、门格尔(Menger),以及美国人克拉克也做了贡献]保持一致。你不得不相信商人雇用劳动力、资本和土地,是因为认为他们会变成利润(不论是作为所有权回报的常规利润,还是作为对创意回报的"超额"利润)。如果你对此怀疑,或许我能很快说服你(其实并不乐观),我会说1800年以后现代经济经历过的十来次衰退也是资源配置不当造成的——最坏的例子是1933年美国和德国25%的劳动力失业率,伴随大量相应的闲置资本。但是,在那些年代,与资源错误配置的高敏感性假设不同,当时的收入并没有下降90%。下跌的幅度倒符合这一主张:工人被雇用,机器被使用,仅仅因为他(它)们值得这份薪水或租金——在1933年美国和德国的案例中,收入下跌约1/3。要是边际生产力理论和"看不见的手"错了,经济衰退期间的资源错配本该导致更严重的后果。①

经济史学家杰弗里·威廉姆森(Jeffrey Williamson)会有一些异议。他在1990年提出,英国19世纪初"不完善的资本市场使得产业缺乏资金,从而推动了工业和农业回报率之间的分化。由于工业资本存量太小,工业的就业机会,比起在完善的资本市场中要少"。② 也就是说,他声称,在高资本和劳动回报率的棉纺厂、煤矿,和低回报率的农业之间,存在一个经济学意义上的相应缺口。他采用了一个四部门一般均衡模型——这一模型由他率先在经济史和经济发展中加以使用——证明事实上到1850年,资

---

① 关于这个想法我要感谢与雪城大学的法律经济学家罗伯特·阿什福德的一次谈话,后者严厉地反对我。用一种技术性的方式说就是,一度在马克思主义经济学家中流行的固定系数的生产函数,似乎并不对。Howitt,2005,p.15提出了类似的观点:"在宏观层面,这一系统似乎将自身维持在充分就业增长路径的5%或10%的范围内,除了几个戏剧性的例外,如大萧条",甚至这个例外,如我指出,也不违反边际生产力理论。注意这跟希欧多尔·舒尔茨(1964,p.70)的论证——反对印度农业在1919年大量开工不足这一违反了边际生产力理论的说法——的相似性。他指出,当年的流感带来的死亡导致的产量下降的幅度,符合(正确的)理论。

② Williamson,1990.

本市场和劳动力市场的缺口使得实际 GDP 比在一个完美世界中可以达到的低了 7%。① 也许吧，人们可以就模型的细节跟他争论，但 7% 不是革命性的改变。进一步，威廉姆森自己——他总是在参考文献中广征博引——指出许多人（比如高诺斯，还有权威性小得多的麦克洛斯基，后者不像高诺斯没有进行过一手研究）不相信一开始存在的不完善。很久之前，经济学家乔治·斯蒂格勒（George Stigler）写了一篇犀利的论文，反驳"资本市场的不完善"这一排除了对话可能性的修辞。② 一个经济史学家却没有理睬斯蒂格勒。③

威廉姆森提出了一个不利于他自己论证的重要观点（我告诉过你，他在智力上是诚实的）："工资和回报率缺口代表存在不平衡，以及要素市场存在不平衡，这些看法也可能受到挑战。"④没错，有可能。问题在于人们观察到的缺口是否有经济学上的意义。棉纺厂厂主比起绵羊养殖场场主拥有更高的回报率，可能是因为织布比起薅羊毛风险更高。实现工业化的北方比起农业社会的南方有更高的工资，可能是因为其中包括文化品位和普勒斯顿的黑烟在内的迁徙成本，威廉姆森本人论证了这一点，对那个时期来说，这些的确有关系。他写道，"城镇居民更高收入的某些部分，可能仅仅是对城市生活和工作带来的不适的补偿"。⑤ 如果是这样，缺口代表的就是面对可能机会的合理调整，而不是迟钝愚蠢。断然命令一个南方的农夫去北方的普雷斯顿，会产生旅行费用、培训费用、怀乡病、忍受北方生活的肮脏（在一个南方人看来）、失去社会联系等代价——所有这些会超出未来更高的金钱

---

① Williamson, 1990, p. 207.
② Stigler, 1967.
③ 威廉姆森其实并未忽略斯蒂格勒。在 Williamson, 1975, p. 317n16, 他提出，就像他在这里所做的，斯蒂格勒没有考虑动态效应。
④ Williamson, 1990, p. 212.
⑤ Williamson, 1990, p. 232.

回报的价值。若行动自由且没有受到诓骗,他不会服从这一命令。从而,尽管能观察到工资差距,经济学家也会说,资本和劳动力市场"处于平衡状态"。重新配置带来的免费午餐不会被弃之不顾,因为要得到它们也要付出相应成本。

工业和农业之间的工资差距,在世界上每一个国家都持续了几十年甚至上百年。例如,威廉姆森指出,在美国这片传说中人口自由流动、人人为自己做主的土地上,工资差距持续了整个19世纪。大多数经济学家会怀疑,持续如此之久的50%甚或100%的差距,不能简单地视为被愚蠢忽略掉的免费午餐。如果这仅仅是愚蠢导致,工厂老板就能想出二十种不同的方法得到这份午餐。他可以将一车南方工人运到普雷斯顿,也可以将工厂搬到苏塞克斯。劳动者也有各自的动机享用这份免费午餐。只不过,一些经济学家假设人们是愚蠢的,这让他们感到舒坦,然后他们十年又十年地计算重新配置处于工资缺口两端的劳动力能带来的增益,仿佛它是餐桌上摆了100年的免费午餐,被慢慢地、无尽地享用着。为了纪念让这一理论流行起来的伟大的经济学家,这种计算可被称作库兹涅茨谬误。这一谬误在没有进行历史调查的情况下被取信,即所有的价格差代表被忽视的高买低卖的套利机会,这些机会不存在交易成本。事实并非如此。

第二十一章　地理因素或自然因素也不是原因

地理因素仍然是另一种流行却不十分有效的解释。我手头的这本杰瑞德·戴蒙德的《枪炮、病菌与钢铁：人类社会的命运》(1997)的扉页上，有一句兴奋的批注："这些年我看过的最好的书"，这是我在2000年8月第一次读到它时写下的。这句批注现在仍然适用，并且我读过的书不少。我是带着一种职业的义愤开始读这本书的——"慢着，我才是经济史学家。这家伙是谁？"但才读了20页，他就让我甘拜下风。戴蒙德令人信服地指出，从西班牙到日本的欧亚大陆东西轴线，十分适于相同的物种——小麦、大米、马、鸡——的养殖和驯化，这是纵贯南北的撒哈拉以南非洲、自成一体的澳大利亚，或既纵贯南北又自成一体的美洲无法享有的。他提出的这个理由非常有力，解释了为什么从罗马到中国，"先进"的社会显著地集中在欧亚大陆（他还强调，在非洲、波利尼西亚和美洲，发展也在缓慢进行——但在16—19世纪被欧洲人的武力征服中断了）。

戴蒙德转述了他的新几内亚朋友亚力的这个问题，并表示把它当作自己的指导："为什么你们白人开发出了这么多货物？"[①]问得好。新几内亚之外的人拥有的丰富物资让亚力和他的同胞目瞪口呆，以致"二战"期间及之后他们开始了货物崇拜，试图把日

---

① Diamond, 1997, p.14, 斜体部分。

第二十一章 地理因素或自然因素也不是原因

本和盟军征服者的大飞机带回去。然而,当观察的范围在地理上变窄,戴蒙德的地理论就失效了,而要真正回答亚力的问题必须缩小范围:为什么满载货物的丰饶角①出现在西北欧(以及它的后代澳大利亚,新几内亚南部以及在它的北边的欧洲模仿者,在新几内亚人看来或许也是"白种"的日本)?戴蒙德未给出的正确答案是:西北欧的"白人"有工业革命,而其他人——不管是欧亚人、非洲人或中美洲人——都没有,直到西北欧人打开了局面。意大利人、伊拉克人、印度人、中国人,以及领先4000年的新月沃地②文明的其他受益人,没能最早得到丰饶角。荷兰和英国得到了,法国、德国、美国紧随其后。这是为什么?戴蒙德对为何中国和土耳其都家养鸡和耕作小麦的精彩解释,回答了为什么不用指望工业革命在印加人或祖鲁人中发生——至少不是在公元1491年或1815年发生。然而,他的解释丝毫没有阐明,为什么在欧亚大陆广泛的共同遗产中,只有荷兰和随后的英国塑造了最早的现代经济,从而开发出这么多的货物。

戴蒙德将话题——正如人们容易犯的一样——转移到完全不同的问题上:为什么1492年后,欧洲人那么擅长武力征服。他在第三章讲到了皮萨罗在1553年擒获印加国王,即"卡哈马卡的冲突",得出结论说"本书的标题可以看作对近因的概括",即枪炮、病菌(尤其是天花)、钢铁(剑及盔甲)、骏马、船舶、帝国,还有写作。③ 这些因素,以及一种来自基督教骑士神话的疯狂的自信,当然能解释皮萨罗的战功。然而,这些英勇的壮举,跟内燃机、电灯和货运飞机毫不相干,而后者才组成了亚力问到的"货物"。不久之后,被征服的人们正因为被征服,才接触到了欧亚的农作物、

---

① 丰饶角:希腊神话中哺育宙斯的满载花果、谷物的羊角,象征丰饶。——译者
② 新月沃地:古代农业地区,从尼罗河向东北伸延到底格里斯河,向东南伸展至波斯湾。——译者
③ Diamond, 1997, p. 80.

动物，以及辛苦"积累"而成的钢铁。对于亚力的问题，此前8000年的分化变得不重要。眼下重要的是，1700年尤其是1800年以后，在西北欧与中国、奥斯曼、莫卧儿、西班牙等其他曾经领先的欧亚帝国之间，由现代世界造成的分化。

事实上，戴蒙德特意选择的标题——枪炮、细菌和钢铁——在狭义上与工业革命无关。在19世纪末之前，准确的化学定义上的钢（含有不到2%碳的铁，无明显杂质）非常昂贵，因此只能用在锋利的武器和贵族的盔甲上，以便更好地杀戮日耳曼农民、印加士兵和其他欧洲贵族（征服者对此抱有最具荣誉感的热情）。你可以指出，约翰·威尔金森（John Wilkinson）用来制作大炮的钻孔机床，为制作蒸汽缸要用到的精密的钻孔技术开辟了道路，但直到19世纪后期，被钻凿的金属不是低碳的"钢"，而是遍布欧亚大陆和非洲的青铜，或者是由中国人或非洲斑图人发明的大量生产的铸铁。亚洲人也钻凿他们的大炮（事实上批量生产中等体积的钢是印度人的发明，时间在公元前300年左右）。火枪和手枪与工业化关系甚微（通用件源自如钟表这样量产化的机械装置）。精密的科学仪器和钟表的制作技术很少仰仗军事生产，更多依靠平时的普通产品，后者是由铸铁和锻铁（锻铁是含少量的碳的铁，如钢铁，但依然含有嵌入式的杂质）以及像弹簧这样的小零件生产出来的。不管怎样，英国的棉纺织机械最开始大部分是用木材做的，后来才是铁，只有到了19世纪后期，才用到价格刚开始下降的钢。来自欧亚家畜的细菌（奶牛痘中的天花）杀死了95%的澳大利亚和美国原住民（这使得亚马孙河流域人口大幅减少，这个区域比欧洲更早长期拥有几百上千万的人口，他们在雨林地带贫瘠的、淋溶的土壤上从事着直到最近都被认为是不可能的农业）。不过，16世纪及以后美洲原住民遭遇的浩劫，对理解为什么西北欧人能在19世纪、20世纪开发出这么多货物没有帮助。我一再重申，屠杀别人，无论是故意的武装行为还是意外的疾病，通

第二十一章 地理因素或自然因素也不是原因

常不会使你致富。

戴蒙德在结束皮萨罗的章节时宣布,本书的其余部分将讨论的"不再是这一章已经讨论过的近因的问题",而是"为什么所有这些直接优势出现在欧洲而不是新世界"。[①] 他又回过头来兜售欧亚大陆优势论了。然而,戴蒙德论证的方向已经错了。诚然,战争的胜利可以用欧洲的直接优势来解释(其中大部分——甚至一些疾病——是近来从东方借过来的)。然而,战争征服跟16倍的富裕是两回事。在1800年,大部分欧洲人,甚至许多荷兰和英格兰人每天仍只能赚3美元。亚力在20世纪后期提出的关于货物的问题,在16世纪的暴力问题中找不到答案。从戴蒙德讲述的一起事件的结果中,你就能了解到。皮萨罗从印加皇帝那里得到了一笔黄金赎金,用它填满了一间每边大约14英尺宽的房间(当然,赎金交付后,他还是杀死了皇帝:皮萨罗既不是一个可敬的商人,也不是一个绅士)。这还只是首付,接下来的几百年里将有源源不断的黄金和白银流向西班牙。但直到1800年,西班牙还处在欧洲最穷的国家之列,也即3美元一天的类别,一直落后于西北欧,直到很久之后,凭借企业家的尊严和自由它才迎来了奇迹般的变化。虽然曾经因为暴力征服声名在外,但除了巴斯克和加泰罗尼亚地区,西班牙即便到了1900年,都没有学会如何工业化;到了1975年,也还没有学会如何后工业化。戴蒙德对1492年后的战争胜利的原因的关注,使他不再注意1700年后货物制造的革命的原因。他没有回答他提出的问题。

我们也不能指责杰弗里·萨克斯(Jeffrey Sachs)和他的合著者,说他们没有回答自己提出的问题:"热带和内陆国家是否面临着温带和沿海地区所没有的发展障碍?"是的,的确面临这样的障碍:"热带地区几乎一致贫困,而温带地区人口的收入范围较广,

---

[①] Diamond, 1997, p. 81.

小比例(7%)的人口(每年)收入水平低于 2000 美元(等于每天 5.48 美元),相比之下,热带地区这一收入水平的人口占 42%。"[1] 不过萨克斯没有去追问,1700 年后,西北欧是如何偷偷赶超了其他温带国家——比如中国或奥斯曼。他的热带研究很有说服力,他没有说热带因地理原因注定贫穷——只不过他们需要研究一些针对热带特有情况的解决方案,如廉价的疟疾疫苗和良好的政府。毕竟,新加坡就在赤道以北只有 120 英里的地方,那里的人均收入只比美国低几美分。

温带和热带的地理分割,或说戴蒙德的欧亚大陆轴线,不能从历史上解释:为什么英国人拥有这么多的货物,相反同处温带的 1700 年的中国人和公元 100 年的罗马人没有。毕竟,西北欧在开创现代世界的时候,还依然被霍乱、天花、结核病,尤其是疟疾(它对现代非洲来说是毁灭性的,被称为"瘴气"、"坏的空气",奥利弗·克伦威尔死于此)弄得疲惫不堪。[2] 疟疾肆虐全球,包括 19 世纪的欧洲,恰恰就在它进行工业化的时候。疾病之外一定有什么东西参与了工业革命。

这并不是说,更好的营养条件和先于细菌致病论的公共卫生措施带来的死亡率和发病率的下降,跟伟大事实无关。[3] 健康的人可以更努力和聪明地工作。更长的寿命使人力资本投资变得合理(如大卫·兰德斯指出,13 世纪眼镜的发明,使得工匠拥有更长的工作生涯摊销训练成本)[4]。欧洲长期受水传播性疾病侵扰,更不用说 19 世纪前后一阵阵来势汹涌的白色瘟疫结核病(也叫"肺痨"),它的发展也因此受阻。但是欧洲成功了,并且主要因为

---

[1] Mellinger, Sachs, and Gallup, 2000, pp. 173, 186.
[2] Reiter, 2000.
[3] 自 20 世纪 80 年代以来,罗伯特·福格尔的大部分学术工作一直专注于此等事宜。
[4] Landes, 1998, p. 46.

第二十一章 地理因素或自然因素也不是原因

"伟大事实"而获得了健康。健康不是"伟大事实"的原因。

梅林杰(Mellinger)、萨克斯和盖洛普(Gallup)也很有说服力地论证了近代远洋运输成本的降低至关重要。然而,在他们"100公里以内拥有不结冰海岸或通海河流(达到现代远洋船9米吃水标准)的土地"的现代地图上,中国北方和埃及也位列其中。① 而在1700年,由于船只较小,吃水较浅,以及欧洲和美国的河流和港口(圣劳伦斯航道、荷兰德国等地的许多欧洲运河)还未有后工业时代的改善,这个地图看起来对欧洲和美国不那么有利,相对而言对中国、日本和奥斯曼帝国更有利——后者却仍然没有上演一场工业革命。

萨克斯和他的合著者,自然没有试图从地理上解释工业革命。他们可能会同意[孟德斯鸠和亨利·巴克尔(Henry Buckle)就相反],地理因素解释不了欧洲为何起步在先。毕竟,(欧洲人的)地理理论中所谓朝气蓬勃的北方空气也通过肺部感染让欧洲人变得虚弱,如困扰英格兰至今的慢性支气管炎;又如我说到的,"坏的空气"也曾携带蚊虫,使欧洲人感染了致命的疟疾。

地理论的一个亚种是"资源"。经济学家称自然资源是"土壤原始的不可毁灭的属性",在李嘉图的话里,或者干脆叫作"土地"。虽然大多数人不会,一些经济史学家还是继续将大自然对英国的恩赐看得无比重要。大自然的恩赐在新闻记者口中叫"资源",当他们想知道为什么拥有那么多的黄金、钻石、铜、铬、锡石、钶钽铁矿的刚果和俄罗斯,不像什么都没有的法国和日本那样富有的时候,就会提到这个词。新闻记者和外交官谈论着石油,说它是必不可少的——他们相信这意味着征服油田是一个好主意,比如1941年入侵苏门答腊,或1915年入侵伊拉克。这种破碎的经济逻辑显示了一种土地有利于增长的政治假设。它支持着一

---

① Mellinger,Sachs,and Gallup,2000,p.178.

种针对"资源"的愚蠢外交态度,经济学家们一次次试图去纠正它却失败了。这种愚蠢的态度的后果,就是政治上的大灾难,比如20世纪30年代和40年代初美日之间的石油争端,或德国的生存空间理论①,或2003年对伊拉克的再次入侵。

真正的问题,以及大多数经济学家认为资源理论愚蠢的原因,是自1800年以来土地的重要性在逐步下降。包括油田在内的土地占国民收入的份额,在现代经济中已经缩减如此之多,以至于大自然的馈赠从经济上来说已经微不足道——仅占国民收入的2%或3%。这也是哈伯格尔的法术。我们看到,在2008年石油价格上涨期间,经常被提到的油田也不那么重要了。非经济学家认为预示着西方文明终结的油价,到头来对经济影响不大。

人们本能地认为,石油是"基本",因为它"进入"了这么多的产品。对此经济学家的回答是,所有的产品都是基本的,就是说所有的产品都直接或间接地"进入"了其他产品。经济体是一个循环,"基本"从而基本上毫无意义。铅笔、花盆和床架跟石油一样"基本"。这个词剩余的一点意义,是战略轰炸滚珠轴承理论——只要炸掉滚珠轴承工厂,你瞧,德国的战争机器就不得不停止。这一理论尤其在美国的军事战略家中受到欢迎,这些人认为,把美国小伙子们送到携带着炸弹的资本密集的飞机上,而不是送到用步枪武装的步兵营里,更能减少他们的牺牲。然而事实上,德国人(和已经被这一理论试验过的北越人和其他人)去了其他地方,比如地下;而在苏德战争中,德国人自己身为经济学试验者的时候,苏联人搬到了乌拉尔山以东。②没有什么是必不可少的,经济学家这么说。剥猫皮的方法不止一个,制造滚珠轴承的方法也不止一个。即便原谅其为了炸掉滚珠轴承厂而烧死小孩

---

① 生存空间理论由纳粹分子提出,指国土以外可控制的领土和属地。
② 指苏联为躲避德军轰炸,将西部的重工业设施往乌拉尔山以东搬迁。——译者

的可疑的道德标准,战略轰炸也没有起到作用,第二次世界大战后盟军的经济学家的调查发现了这一点。一切事物都有替代物——不完美,但也足够了,从而来自固定系数模型("德国需要滚珠轴承,产自很好炸的科隆")的"咽喉"概念是行不通的,并且轰炸远远没有让被轰炸的产业完蛋。(顺便说一句,这一论证,以及它具有实证意义的发现,是有关分配的边际生产力理论的又一次胜利。)

某种意义上,解释增长的资源理论类似于积累理论。你从土地、鱼、石油、煤上获得利润,然后进行再投资,从而发财致富。〔顺便说到,李嘉图强调伦敦周边土地的不可毁灭的属性,并指出,土地的出产或煤炭(或后来的石油)与其说是被称为不可毁灭的土地的用途,不如说是被称为存量的资本的用途。一片林木是一笔资本存量,根据利率的高低或快或慢地利用,而不是根据土壤"原始的不可毁灭的属性",也不是根据地点。资源理论跟积累理论有相同的缺陷——它无法解释普通现代人的极大的富裕。〕

对资源理论的信仰,使南非几十年来的经济政策变得扭曲。南非白人终于恍然大悟,知道仅仅拥有土地里的黄金和钻石创造不了现代经济——特别是,如果出于政治原因不让黑人和有色人种受教育,依赖于人力资本的创新不能被利用起来,黄金和钻石便发挥不了作用。自然资源贫乏的中国香港、新加坡和日本,以及只有奶牛牧场的丹麦,一跃进入了现代世界,而大多数南非人没有。再看冰岛人,这是一个非常与众不同的例子,他们将鱼推崇为他们的财富之源。然而,与现代世界的需求相结合而非与广阔海洋相结合的教育,让这个国家富裕起来了,也将使其很快地从不愉快的美国抵押贷款和奔驰汽车信贷消费试验中恢复过来。① 正如经济史学家埃里克·琼斯谈及"资源"丰富的国家时所说,"美国更有意义的资产(不是它的资源禀赋——作者)是市场和制度能够积极开发其禀赋的能力"。②

---

① 指冰岛在 2008 年金融危机中破产,因为冰岛从政府到家庭负债率都很高。——译者
② Jones,2003,p. 60.

第二十二章　甚至煤炭也不是原因

然而,最近四位赫赫有名的学者都坚持煤炭致因论:安东尼·瑞格里(Anthony Wrigley,1962;1988)、彭慕兰(2000)、罗伯特·艾伦(2006,2009)和约翰·哈里斯(1998)。这位历史人口统计学家瑞格里早就宣称,是矿物燃料替代了木材和畜力造就了工业革命。在某种意义上说,他显然是正确的,因为木材不能轻易点燃英国的蒸汽机和高炉——虽然直到19世纪,美国依然使用木材驱动密西西比河的蒸汽船,用木炭冶炼宾夕法尼亚的铁矿。事实上,煤炭储量确实与早期工业化有关联。从洛锡安到鲁尔一带的欧洲产煤区很早就开始了工业增长。从很久以前开始,英国的煤炭就是温暖伦敦住宅、熏黑这个"黑国"、最终发动了曼彻斯特蒸汽机的重要能源——虽然曼彻斯特、新罕布什尔的棉纺厂一直在使用水力驱动。很难想象大型发电站靠烧木头维持运转的样子。最终水力发电,尤其是原子能发电部分取代了煤炭,我们还都希望风能、太阳能和地热能将流行开来。不过肮脏的煤炭"老国王"仍然会起很大作用。

然而,至少从静态数据来看,单纯煤炭获得之便利似乎并没重要到能实现16倍的增长,即便在1780年到1860年它都实现不了增长的翻番。正如埃里克·琼斯所观察到的,利用这一禀赋的能力可能更为重要。显然,煤炭决定了产业的地点,但我们绝不能把产业分布与国家整体的增益混为一谈。① 从经济学上来说,煤炭论,或其他任何一种单一的理论,都与哈伯格法则有关。18世纪土地收入占国民收入的份额远高于现在(也许要占20%,现在是2%或3%),但所有土地收入中煤矿的收入非常小。② 这样的计算是值得做的,但它们的结果很可能和其他一样。格雷戈里·克拉克和大卫·杰克斯(David Jacks)最近论证说,用其他能源完全替代煤炭,意味着无煤的英国至多只会损失国民收入的2%——而我们需要解释的却是到19世纪中叶国民收入100%的增加,以及在此之后更大幅度的增加。③ 想想滚珠轴承和盟军的炸弹吧。

特别是煤炭可以移动,它过去被运往阿姆斯特丹和伦敦,就像瑞典的铁矿石和木材,或法国的盐,或爱尔兰的牛一样在欧洲和全世界流动。在1800—1950年这段工业革命的蒸汽时代,能够以低成本的价格获得煤炭也许很重要。在铁路时代之前,海运也可能至关重要。但问题是,煤炭不需要就地取材。正如戈德斯通指出的,如果煤矿位于诺曼底,那么伦敦的壁炉和康沃尔的泵用发动机也可以使用法国进口的煤炭,那些英帝国管辖之下的煤矿之必要性的至理名言也就不复存在了。然而,在缺乏必要的企业家尊严和自由的情况下,诺曼底未必就能实现工业化。(企业家的形象,至少在1856年左右巴黎知识分子心目中他们的形象,可以通过《包法利夫人》略窥一二。)康沃尔是使用蒸汽机最多的地方,那里却没有煤矿,它的煤炭是跨越布里斯托尔海峡,大量从南威尔士进口的。瑞典的诺尔兰出口木材和纸浆,但不生产房屋框架或纸张。

---

① 波拉德确实抱怨了"理论经济学家对经济史学家的影响"(Pollard,1981,p.4)。
② Clark,2007,p.137.
③ Clark and Jacks,2007.

第二十二章 甚至煤炭也不是原因

煤炭论者最近强调任何关于工业化的主张都需要进行对比论证,这是对的。17世纪的中国已经长期大规模利用煤炭高温烧制陶器,再把成品出口到西方。[1] 彭慕兰认为,在欧洲,尤其是在英国,廉价煤炭毗邻人口密集区是一个很重要的意外。中国的煤矿远离长江流域,他认为(虽然后来证明是错了),这片区域在19世纪之前,其他方面与当时的英国相当,人均收入最高达到了我们祖先的3美元±2美元每天。煤炭的需求者,特别是娴熟的手工艺者居住在长江流域。中国很早就使用煤炭(和天然气等能源),但其煤矿位于内陆,没有便宜的水运路线。不像伦敦,从13世纪起就从纽卡斯尔运来"海煤"用于石灰窑和玻璃制造。而到了1600年左右,煤炭越来越多地用于家用燃料(由于本地木柴的价格已大幅上涨)。

你也许不认为更积极的原始创新(积极利用其天赋)会使工业转移到满洲里(也许在1644年清朝的统治下并非完全不自然),或转移到这一逐渐扩大的中央王国的其他储煤区,使那里出口制成品而非原煤。中国终究这么做了,而在一个较小的地理范围上,英国人在新工业化的西北部和东北部,或德国人在西里西亚也在出口制成品,这在更大的地理范围内也发生过,欧洲人将制成品远销全世界。即便在铁路使煤运更廉价之前,你也不需要运输原煤。你可以移动人口,或者运输制成品,或者两者并举。

总之,煤炭只是一种新的燃料,用来解释我们的富裕太过于牵强。罗伯特·艾伦不同意这个观点,他一直强调,英国的煤炭价格相对于劳动力的价格,与欧洲大陆相比要便宜许多。18世纪末,在伦敦,甚至是一度贫穷的北方,那里的英国人的实际工资高于除了荷兰以外的欧洲大部分地区,"伦敦或阿姆斯特丹的工匠的收入六倍于生活必需品的支出,而他们在德国或意大利的同行

---

[1] Goldstone, 2009, p. 13.

的收入只超过那个标准的50%"。① 他主张,与稀缺劳动力相对应的廉价煤炭导致了创新。也就是说,他把英国大规模的创新归功于要素稀缺的格局。在英国,劳动力相对于煤炭燃料更为稀缺,所以创新可以节省劳力,所以英国会涌现大量创新。

上述两个"所以"在经济学上都站不住脚。经济史学家 H. J. 哈巴谷(H. J. Habakkuk)于1962年就美国在19世纪的表现提出了同样的观点:劳动力相对于资本的稀缺性,导致美国用创新来节省劳动力。艾伦本人准确地总结了一个关键性的反驳哈巴谷的观点,彼得·特明和其他经济史学家反驳哈巴谷说:"一个问题在于,企业只关心总成本——而非特别关心劳动力成本或能源成本——因此所有的成本降低都同样受欢迎。"②说得好。另一位著名的技术史学者滕泽尔曼评价说:"其实,为一个似乎不言自明的命题做合乎逻辑的理论论证非常困难,这个命题便是劳动力的稀缺会引发节省劳动力的技术偏向。"③从煤炭而不是劳动力中省下的一先令(在玛格丽特·雅各布的书中,节煤其实是早期蒸汽机使用者的强迫症状)与从劳动力中省下的一先令没有任何区别(雅各布提到的这一点,是她所研究的工程师们很少注意到的)。④如果你更喜欢难以令人信服的理论论证,而不是像雅各布这样的确凿的实证发现,(在芝加哥大学真正的经验主义时代过后,他们问:"实际确实如此,但理论上怎么解释?")那么你可以参考经济学家达龙·阿西莫格鲁(Daron Acemoglu)的关于产品研发固定成本的论证:正因为英国拥有丰富的煤炭储量,工程师们才会去寻

---

① Allen,2006,p. 6.
② Allen,2006,p. 10. 参阅 Temin,1966,1971;and Mokyr,1990,p. 166。
③ Tunzelmann,2003,p. 87.
④ Jacob,personal correspondence,2008. 对比 MacLeod 1988,pp. 151-181,有关专利申请中的资本节约与劳动力节约部分。

找能够节省固定成本的创新,而不是节省劳动力。[1] 就像我和艾伦前一段时间所发现的,后来在19世纪,英国的炼铁和炼钢的进步主要是通过节煤技术实现,如尼尔森从鼓风炉回收热气体的新工艺削减了2/3的焦炭用量,19世纪末的强化冶炼也取得了类似的成果。[2] 到那个时候,英国有了更高的工资,而煤炭的实际价格还没有太大的改变。有人也许会问,在18世纪末和19世纪末之间,对于所谓的节约劳动力倾向,到底发生了什么?

雅各布指出,如果工资与煤价之比是如此重要,那比利时特别是极南端的高工资荷兰地区,就会成为19世纪末期的伯明翰和曼彻斯特,因为两者都有煤炭资源,或者可以以极为低廉的成本从北海的诺森伯兰进口原煤。从反对者的立场来看,为何欧洲除了荷兰以外的低工资地区的工业没有因此而爆发出节约煤炭的创新呢?正如莫基尔所说,"如果没有煤炭,任何经济体都会在压力之下开发更省能源的技术,或使用替代能源的发动机",亚洲的风车或罗马的水车就是明证(他指出,这两种技术后来都未得到很大改进,也没有用于工业革命)。[3] 你可以看到煤炭论潜在的不合逻辑之处:任何东西都是相对稀缺的,"所以"为了节省稀缺资源投入而产生的创新总会爆发,"所以"任何时代和任何地方都有极大的创新动力。这种逻辑某种程度上误入歧途。廉价的煤炭资源的确可以解释高耗能产业在兰开夏郡与威尔特郡的分布,或在伯明翰与波尔多的分布(顺便说一句,艾伦并不充分认可水力的重要性)。如果你愿意顺着一先令就是一先令的逻辑思考下去,就像艾伦在听取哈巴谷的批评后所做的那样,那么工资成本大大高于煤炭成本会影响创新的构成就是不合逻辑的。然而工

---

[1] Acemoglu,2002;但是 Boldrin 和 Levine(2009)提出了另一种模型,关于密集劳动而非固定投资成本的边际收益递减。这是独立于科学测试方法的模型。
[2] McCloskey,1973;Allen,1977.
[3] Mokyr,1990,p.160.

业革命中需要解释的地方不是创新的构成,而是创新的规模。帕特里克·奥布莱恩(Patrick O'Brien)和恰拉尔·凯德尔(Caglar Keyder)很早就认识到这点,他们认为,法国选择了和英国"不一样的通往 20 世纪的道路"。因此,我们可以问道,为何 18 世纪的意大利或中国没有选择一条以节约劳动力通往现代世界的道路呢?英国的创新(以上经济学家们认为的)偏向节约劳动力,如果英国的确如此(虽然在炼铁业方面绝对不是,而且关于经济整体,计量经济学的研究也认为英国并不是),也与英国整体能产生多少创新无关。如果意大利的面条相对大米的价格比日本要低,你大可期预料意大利人相对而言消费更多的面条而不是大米。然而这种预期与两国消费的粮食总量没有任何关系,那个数据是两种粮食的汇总。在解释现代创新的时候,重要的是这一总量,而不是格局。

这里面的经济学问很容易让人混乱。中国确实用尽了劳动密集型的手段。然而,中国这样做仅仅是使用了旧的技术(而不是通过技术创新,通过新的点子),这是由劳动力相对于土地的丰裕程度决定的。艾伦恰当地肯定了,在这类问题中相对价格在发挥作用。然而,选择用更多的人力来锄地,而不是使用如大铁犁这样资本密集型的方法,并非那种能让我们比曾曾曾曾祖父富裕许多的进步。其实这根本不是"进步",而是从现有的商业计划出发的不同路径选择,是同一张地图上的不同道路。莱纳·弗莱德林(Rainer Fremdling)令人信服地揭示了欧洲大陆在 1850 年以前没有使用焦炭炼铁技术(英国已经使用了 100 年)并不是企业家精神的失败(与兰德斯的看法相反),而是相对价格所致。艾伦援引了莱纳的发现。[①] 类似地,彼得·特明早前曾辩称,与英国同期的美国在鼓风炉里使用木炭是另一种情况:相对于那片大陆的

---

① Fremdling, 2000, referred to in Allen, 2006, p. 18.

煤,木炭更为便宜。① 我对英国钢铁制造商的所谓"失败"做过相同的调查研究,比如19世纪末他们未能采用炼焦技术这一副产品,或是未能像美国人和德国人那样走向创新路径。大卫·兰德斯又提出了我一直在批评的主张;他常爱指责别人的懒惰和不称职,只要他们没有采用他宣称的最好的技术,而他没有经过定量调查就这样宣称;这是他的比谁最快和生命冲动的世界史理论的必然推论,也是他滥用了事后猜测的方法。②

虽然这类定量研究在经济史学里熠熠生辉,但它们无法解释在18世纪和19世纪初,英国相对于欧洲大陆喷薄而出的大量创新,无法解释1700—1900年欧洲的创新。为了理解创新的规模与创新的组成之间的区别,你需要一些条件作为引导,比如启蒙运动的事实一面(雅各布、戈德斯通、莫基尔、伊斯雷尔),或者企业家精神的"生命冲动"一面(兰德斯,虽然他指出这个假说在19世纪末期的乏力),或者是一个真正的解释——商业尊重和自由的修辞被接受的程度(麦克洛斯基)。如果用经济学术语来阐述的话,你需要一种绝对优势,而非比较优势的解释。

换言之,经济学家经常关心的相对价格,与创新总量之间的联系值得高度怀疑。正如艾伦所主张的,英国的煤矿、铅矿、锡矿规模解释了"为何蒸汽机的研发在英国出现"。③ 这听起来很合理,玛格丽特·雅各布很可能会同意。出于同样的理由,艾伦·奥姆斯特德(Alan Olmstead)和保罗·罗得(Paul Rhode)最近指出,整个19世纪美国的农作物和畜牧业都出现了生物创新,这个事实否定了另一个版本的劳动力稀缺假说(认为机械化是美国农业改良的关键)。④ 一个领先行业里出现的规模经济,在其程度上

---

① Temin, 1964.
② McCloskey, 1973.
③ Allen, 2006, p. 27.
④ Olmstead and Rhode, 2008a, 2008b.

并不适用于所有行业,比如银行业、保险业、棉花、羊毛、玻璃制造和印刷业等行业的创新。我们需要解释的是创新的总量。你可能会再一次失之桑榆,收之东隅:美国对农业创新的关注(虽然很自然),会导致化学创新方面投入的减少。

历史学家约翰·哈里斯对煤炭的解释比经济学家钟爱的静态观点更合理。他写道,英国在17世纪及之前,"降低矿物燃料使用成本的努力……几乎总是极端重要的技术革新,因为要迁就于相关产业的设备使用",如玻璃制造或制盐业。"在数世纪里燃料革新的这种持续成功……是一个重要的理由,让英国人乐意在其他工业领域尝试新方法,且因打破常规而获得红利。"[1]的确,廉价的煤炭相对于昂贵的木材这一历史机遇,可能导致一种喜欢捣鼓的心态:想要把热量应用在更多的地方。(虽然说再一次,中国人在这方面已经领先许多个世纪了。)然而,在这种情况下,煤炭效应通过人的思维习惯生效,而非直接通过(经济学家所期望的)相对价格生效。我同意令人钦佩的托克维尔的观点:"看着政治生活赋予英国的人文精神;看着英国人……受到无所不能的观念激励……我不急着询问大自然是否为他挖出了一个个的优良港口,或者是否赋予了它煤炭和钢铁。"[2]

今天的我们比当年的托克维尔又走了多远?

经济学静态模型无法解释16倍的经济增长。静态模型及其准动态的延伸可以告诉我们什么因素没有导致工业革命及其后续,可以纠正广为流传的寓言,可以打磨严肃的假说。它是有用的科学。然而,古典模型深入思考的,现今作为一种思想体系深深嵌入经济学的那种经济增长,并不是在18世纪末主导英国,并在19世纪大放异彩并传播到全世界的那种经济增长。

---

[1] Harris,1992,p. 133.
[2] Tocqueville,1835,p. 116.

第二十二章 甚至煤炭也不是原因

有人也许会回应说,贸易、煤炭、教育、运河、和平、投资、再分配等众多微小的效果,无论静态和动态的,合力促成了人均收入倍增的结果。20世纪80年代,已故的查尔斯·范因斯坦在一次将"新"经济史带入英国的研讨会上向我提到了这点。我尊敬这位深具包容性的前辈力图避免统一因果解释的冲动。但在另一方面,科学的目的就是发现原因。如果一种原因,比如重力,最能解释一个现象,比如下坠石头的加速,那么就不可能存在抱怨说"统一因果解释在(物理学)或历史上总是错的"。有些时候它们是正确,或者对学术目的来说足够正确了。有时空气阻力并不重要,伽利略的统一因果规则于是成立: a = g = 32 英尺每平方秒。

还有一个麻烦——前面强调过的历史麻烦——在于许多所认为的效果,无论是现代经济增长的第一个百年还是第二个百年里的,在早前许多个世纪就已具备了发生的条件。现代经济增长的深层谜团是为何这次会如此的现代。如果有人说运河是收入增长的某种主因,那他必须解释为何这种自人类定居社会出现以来就存在的技术,而且自公元前3000年就被日益复杂地使用的技术,会突然在公元1800年左右变得如此有用并导致划时代的生产力进步。中国人在公元984年发明了漕运(在1373年传到了欧洲),在1327年建成了长达1100英里的京杭大运河(法国理性主义工程的骄傲、连接大西洋和地中海的米迪运河,直到1681年才竣工,只有149英里长)。中国在此先的数世纪就建成了无水闸的复杂运河系统,当然古代美索不达米亚文明和印度河流域文明也实现了同样的成就。[①] 伊朗人凿穿了长长的山间隧道,把清水引到了他们的平原地带,特奥蒂瓦坎人也是如此。罗马人利用拱坝和隧道从数十英里外引入了水源。所以,将煤炭运到曼彻斯特的布里奇沃特运河(1776年)凭什么就与众不同?

---

① Temple, 1986(2007), pp. 218, 197.

无论如何,各种工业革命的物质原因的叠加似乎都没有用。一个问题在于,就算加入了一打单独能够增加 1%或 2%收入的效果,也远远达不到工业革命的头一个百年里 100%的人均收入的增长(我重申:没有创新,就没有所谓能"解释"收入增长的资本积累,边际产出就会迅速被压低到零)。更深的问题是,收入倍增是不够的,因为短期内,现代经济增长的结果并不是 2 倍或 3 倍的数量级,而是 16 倍——不是 100%而是 1500%——而如果像照明、医疗保健和教育这样的商品和服务的质量提升被考虑在内,还会更高。还有更深一层的问题,我们需要解释为何多重原因会在 18 世纪末汇集。关于这个问题,我有一个答案,那些假设常规的经济动力快乐结合的历史学家们却没有。

从斯密到穆勒的古典经济模型是实现现有的效率和设备标准的模型之一。分配资源,直到供应价格趋同于需求价格,并获得效率增益,这个解释很漂亮。这是一个纯粹建立在美德事功基础上的理论,是杰瑞米·边沁(Jeremy Bentham)(1748—1832)和保罗·萨缪尔森(Paul Samuelson)(1915—2009)风格的经济学理论。作为对现代经济增长的解释,这个模型直到 19 世纪末都看起来很合理。以具体的区域为例:这个模型是解释荷兰在 1700 年富裕的模型之一。事实上,就人均收入而言,西欧国家直到 1870 年才仅仅赶上荷兰人当时的水平(它们直到那时才从技术和组织上做好了实现全面超越老荷兰的准备,而荷兰自身也正开始认真地实现工业化,不过那是另一件事情,也是后来发生的事情了)。根据麦迪森的数据,荷兰在 1700 年的人均收入是 2110 美元(以 1990 年美元表达为 5.70 美元一天),这也是大多数西欧国家到 1870 年的水平——例如,法国为 1876 美元,12 个最富裕的欧洲国家平均为 2086 美元。[①] 难怪古典经济学家把他们在荷兰

[①] Maddison, 2006(2001), app. B, table 21, p. 264.

看到的增长作为想象的极限,完全无法想象1870年西欧国家平均的5.40美元一天(1990年价格)的收入——略低于普通荷兰人在170年前的收入——会在20世纪末达到惊人的50美元一天,甚至更高。

荷兰之于18世纪相当于英国之于19世纪,相当于美国之于20世纪,都是衡量国家富裕的标准。亚当·斯密在1776年谈到荷兰联省共和国(以阿姆斯特丹为主要港口)的西部省份时以精确的术语写道:"荷兰省,依其领土面积和人民数量的比例,是一个比英格兰更加富裕的国家。那里的政府以2分的利息借款,有良好信誉的个人以3分的利息借款。据说,荷兰的劳动力价格高于英国,而且荷兰……荷兰人的贸易利润比欧洲任何国家都要低。"①斯密对传统的边际利润的重视是古典学派的典型特征。古典经济学家认为经济增长是一组事功的投资组合,当然会在达到极限时出现利润的下降。[如我前面所指出,凯恩斯和阿尔文·汉森在20世纪40年代对滞胀的忧虑也是类似的。他们算出机会已经耗尽,"二战"以后会再现大萧条。在政治左派中,巴兰(Baran)和斯威齐(Sweezy)(1966)在数十年之后仍然拥护这种滞胀观点。]

斯密在数页后提出"一国所获的财富,如已达到它的土壤、气候和相对于他国而言的位置所允许获得的限度,因而没有再进步的可能……"②他认为,中国"忽视或鄙视对外贸易",那里"手握庞大资本的人享受极为安全的环境,(但)穷人或只有很少资本的人……极易在公正的幌子下,随时被下等官僚劫掠和践踏"③。于

---

① Smith,1776,Vol.1,1.9.14,p.111.(中译本引自亚当·斯密《国富论》第2卷,郭大力、王亚南译,商务印书馆2014年版,第456页。——译者)
② 同上。
③ Smith,1776,Vol.1,1.9.15,p.112.中译本引自亚当·斯密《国富论》第2卷,郭大力、王亚南译,商务印书馆2014年版,第456页——译者;比较1.8.24,p.89,Zanden,2009,p.24,得出结论认为斯密是正确的,但赞登关于中国的数据调查不完全有说服力,无论如何,他承认早现代中国的利息下跌非常厉害,超过同期的日本。

是他声称，中国的利息达到12%而不是2%。斯密说，在一个秩序良好的国度里并非所有有利可图的生意都能去做，所以中国会如此贫弱。斯密和他的追随者试图解释为什么中国和俄罗斯比英国和荷兰更贫穷，而不是解释为何英国和荷兰在斯密去世后的一到两个世纪里变得如此富裕（顺便提到，斯密和大多数欧洲人一样，对当时中国的事实有误解：并不是所有中国人都是穷人，中国一直保持着庞大的对外贸易规模，即使"下等官僚"也要遵循儒家规范）。在斯密的头脑里，根本没有纺纱机和火车机车、缝纫机和收割机、保险公司和商品交易所，以及大学等即将席卷全欧洲的革命性创新。在他的头脑里，每一个落后国家，如中国和俄国，以及他的祖国苏格兰的高地地区，不久可能达到节俭而有序的荷兰的水平。他绝想不到16倍的增长即将发生，即便是在1776年他提到的"没有再进步可能"的国家。

最终，绝大多数的繁荣是由机械创新所带来的，而机械创新是由企业家的尊严和自由所激发的，无论物理还是社会。供需求曲线嗖的一声跃升了，使得古典和现代经济学家们所痴迷的沿着固定曲线从非均衡向均衡的移动看起来无足轻重。酷酷的，可以计算的事功、节制和公正并不是最重要的美德，希望和勇气才是，辅之以仁爱和信念。斯密写了一本关于节制的书和一本关于事功的书，还计划写一本关于公正的书。节制、事功，和公正：他特别崇敬这三个酷酷的公共美德，只承认仁爱和勇气的存在，并试图完全排除信念和希望的作用。① 然而，希望和勇气主导创新。当然，斯密也提到了创新，他在讨论劳动分工时写道："当人们的全部注意力都集中在一个单一目标，而不是分散在许许多多不同事物上时，他们就更有可能发现比较容易和比较迅速地达到目的

---

① McCloskey，2008e。

的方法。"①斯密在为健全的政府制度摇旗呐喊时是如此的优雅，比如公立学校和理性商业政策等，但让我们吃惊的是，在他及以后的讨论中，过分强调了事功（还有公正和节制）再分配的作用。然而，我们却发现，再分配、生产要素重组，甚至煤炭的运输在单纯效率上的贡献太过渺小，不足以解释我们的问题。

---

① Smith, 1776, Vol. 1, 1. 1. 8, p. 20. （中译本引自亚当·斯密《国富论》第2卷，郭大力、王亚南译，商务印书馆2014年版，第456页。——译者）

第二十三章 全球物价背景下对外贸易也并非致因

任何贸易,无论是对外贸易还是国内贸易,都是生产要素的重组。贸易并非发现(除非在更广泛和睿智的意义上,把财货分配到能实现最高价值的使用者手里确实能发挥其最大用处,所以即便在非变革性的情况下,也是一个好主意)。毕竟,贸易仅仅是把财货从一地移动到另一地。自愿交易是事功和节制的,符合交换正义,即使在毛利适度的情况下,也是有利可图的。因此,交易才会发生。然而,生产要素重组带来的一定程度的生产力增益,即便是一大笔边际收益,它与生产方式的革命也不能相提并论。生产要素重组并不是实现保守估计的16倍收入增长的方式。

不管怎样,经济史学家约翰·沙特尔(John Chartres)认为,英国在"1750年以前……在利用要素禀赋方面拥有非同寻常的灵活性"。[1] 英国没有那种一直到19世纪还在祸害法国商人的国内关税,也甚少有中国和阿拉伯世界的不能雇用妇女的创业阻碍,也没有那种桎梏印度行业间流动的阶级屏障(在英国掌权之后,在欧式文化阶段理论的控制下,这一屏障变本加厉)。因此,在英国,你很少能随随便便就在路边捡到100英镑。[2] 如果重组生产要素的人足够幸运或技巧娴熟,毛纺织业的扩大和小麦种植业的

---

[1] Chartres, 2003, p. 209.
[2] 指很难遇到轻易发大财的机会。——译者

缩小也许会为一个国家带来10%的增益,但不可能带来1500%的增益。让我用另一种方式来阐述这个自1970年以来的发现:英国的工业化并不是由于国内劳动力的重组,不是交通运输业的创新,也不是工厂的投资建设,更不是对外贸易——所有这些事情只是对劳动力、土地和资本的重组。现代世界的出现可不是事功和节制的重组能够解释的。

让我们来看对外贸易。许多经济史学家都强调,英国的对外贸易和殖民地贸易是"经济增长的引擎",这个传统是1884年的阿诺德·汤因比开创的,被20世纪60年代的美国经济史学家沃尔特·罗斯托(Walt Rostow),以及英国经济史学家菲利斯·迪恩(Phyllis Deane)和科尔(W. A. Cole)继承下来,至今依然为主流历史学家和一些经济史学家所信奉。迪恩和科尔相当正确地观察到,对外贸易"占全部经济活动中的比重"在19世纪和20世纪初期、而非18世纪和19世纪初期达到了巅峰。然而,他们却得出结论说,在工业革命的古典时期,外国市场"很可能是启动工业化进程至关重要的因素"。①

然而1970年以后的研究发现,世界其他地方对英国经济有影响,但不足以用经济发展引擎的比喻或"至关重要"来形容。②当然,外贸和经济增长之间有相关性,这也是比喻最初产生的原因。艾伦在2006年表述了这个相关性,他敏捷地宣布:"计量经济分析表明,外贸规模的扩大(挪威和英国的人均数据)解释了为何那里的工资即便在人口增长的情况下还能维持不变(或增加)。"③"计量经济分析"听上去令人印象深刻,但让我告诉你,这种分析通常都建立在误用某种叫作t检验的东西的基础上。反正不管怎样它都只意味着"后此故因此"(post hoc ergo propter

---

① Deane and Cole, 1962, pp. 309, 312.
② 1991年奥布莱恩和恩格尔曼提出异议。
③ Allen, 2006, p. 7.

hoc)——贸易规模巨大,所以工资也水涨船高。"后此"是一个暗示性的推理形式,但就其本身常常具有误导性。"前此故未因此"(Ante hoc ergo non propter hoc),"在此之前发生了,因此就不是此原因"也会屡试不爽,北海企业家的尊严在工业革命以前就得到了提高,因此他们的成功(如马克思所断言的)就不是他们的尊严所带来的了。但是"后此"作为骄傲的计量经济学家所唯一能提供的视角,却做不到百发百中。计量经济学家也沮丧地承认了,"后此故因此"是"二战"以后,没有任何重要的经济课题被计量经济学家解决的根本原因。

伟大的奴隶贸易史学家约瑟夫·英尼科里(Joseph Inikori)相信"技术变革由贸易驱动",但他的论证却是建立在过时的进口替代工业模型基础上(同样的模型"依赖"在20世纪60年代和70年代唆使拉丁美洲采纳了贸易保护主义政策,导致了经济灾难)。[①] 他声称,技术变革主要发生在英格兰"北部的社会和农业落后地区"。这个说法会让詹姆斯·瓦特大吃一惊,他是一个苏格兰人,定居在西米德兰兹郡的伯明翰,更不要说他的仪器制造商朋友们住在伦敦。而且,如果是对外贸易导致了技术变革,那么为何人类过去历史上的庞大贸易帝国没有出现工业革命?欧洲西北部一定有某种独一无二之处,答案却不是贸易。英尼科里认为,他的研究"提供了足够的证据,证明了英国工业革命是海外贸易的产物——是历史上以出口导致工业化的第一个案例"。[②] 但为何是第一个呢?出口的扩大,包括某些时候爆炸性的扩大,在历史上许多时期和地方都出现过——比如中亚政治上统一时出现的丝绸之路。为什么自苏美尔文明以来,没有发生由贸易导致的工业化?英尼科里和许多学者都强调18世纪迅猛的大西洋

[①] Inikori,2002,p. 479;他在第10—14页讨论了他的贸易模型,采用赫希曼1958年、钱纳里(Chenery)1960年,尤其是巴拉萨1981年的成果。

[②] Inikori,2002,p. 479.

贸易。但这般奔放的贸易之前在别处也出现过。他们没有解释为何历史上的那些贸易没有产生类似的效应，或者为何18世纪的对外贸易会突然之间激发创新，而16世纪欧洲同样奔放的贸易却没有起到这种效果。可见，对外贸易并不是能够解释工业革命的特殊篇章。

让我们看看法国。在18世纪，法国的对外贸易增长要快于英国。如果外贸是经济增长引擎，那我们大可期待工业革命会主要出现在法国。事实并非如此。经济历史学家约翰·奈伊（John Nye）认为，影响法国进步的短板不在外贸，而在其国内贸易上。在奈伊看来，不像法国，英国从很早的时期便是一个国内贸易畅通无阻的国家。奈伊的论证很有说服力，而且出乎意料地，在对外贸易方面英国实际上不如法国自由，不过在国内贸易的自由度上更胜法国一筹。19世纪以前，法国和西班牙（当然还有那些地理上表述为"意大利"和"德国"的地方）都保持着极高的国内关税。在国家治理的某些方面，法国过去是、现在依然也是一个著名的集权国家，而许多个世纪以来，英国一直在财政法和契约法方面更集权化。换言之，法国，是在不该集权的地方集权了，无论是来自巴黎的"监督官"（intendant）还是各省的官僚，动辄侵犯创新者的尊严和自由。法国政府强制推行纺织品质量标准，补贴政府认可的企业，给一些企业发放经营牌照并拒绝另一些企业，而且还对货物的运输征收国内关税，即便运往巴黎的货物也没有例外（见《波希米亚人》第三幕）。

尽管如此，法国却有一个相当庞大的国内市场。纪尧姆·杜丁（Guillaume Daudin）总结说，在18世纪，"对于各种类型的高价值/重量比的货物，法国的一些供应中心的人口达到了2500万甚或更多。对于各种类型的纺织团体，法国的一些供应中心人口达到2000万或更多。即便把人均实际、名义和可支配收入的差别考虑在内，这些供应中心所联结的国内市场在规模上至少要比不列颠群岛大上 2 倍。相比之下,海外市场的规模过于渺小,甚难撼动这个结果"。① 即便在今日的世界,一个拥有 2000 万或 2500 万人口的市场都不能算是小型的了,而在 1801 年,这个市场的规模要比联合王国所有人口加起来还要多 40%。换言之,不列颠群岛的本土市场的规模似乎无法解释英国的崛起。总之,18 世纪的英国,无论在国内外贸易和他们所谓的规模经济方面,都不算特别。

很多历史学家已经提到过,哥伦布驶向蔚蓝海洋的目的是开辟一条通往印度洋以及从非洲到日本的资源产地的航路,而这条航路已经是一个巨大的外贸市场,早有阿拉伯人、中国人、日本人、印度人、印度尼西亚人和非洲人的参与。杰克·顾迪说:"印度洋,至少从公元前三千年(美索不达米亚)起,就一直是一个有着纵横交错贸易航道的大洋。"②在公元 10 世纪,位于今天南非与津巴布韦接壤处的津佐人(Zhizo),沿着离非洲东海岸线相距 300 英里的林波波河,就获得了来自印度尼西亚的货物,他们用黄金交换玻璃珠,这些珠子通过印度洋的赤道信风带,直接来自 5000 英里外的印度尼西亚。继津佐文明后,公元 13 世纪的"K2"文明,其首都位于马篷古布韦,用黄金交换到了从 7000 英里外漂洋过海而来的中国瓷器。③ 戈德斯通在总结最新的研究工作时(其中一些研究是同样热衷于大西洋贸易的罗伯特·艾伦做的)说,到 1500 年时"亚洲比欧洲拥有更庞大的农业产值和更精美的手工艺(因为即使最聪明的意大利人在印度人和中国人面前也相形见绌——作者),不仅如此,亚洲还有种类更多的货物,比如丝绸和棉织物(因为欧洲的亚麻和毛织品不适合夏季的恒河平原;相比之下,所有上层欧洲人都贪恋来自东方的薄薄的彩色织物,而且

---

① Daudin,2008,abstract.
② Goody,2010,p. 60.
③ Gilomee and Mbenga,2007,pp. 3,25,32.

意大利人和其他引进中国技术的欧洲国家直到工业革命之前都无法生产足够多的同类商品——作者)、瓷器、咖啡、茶,还有欧洲人趋之若鹜的香料"。① 古罗马人如此渴望东方产品,与后来的欧洲人一样,他们也同样存在白银外流问题。1492年这位海军上将(哥伦布)在寻找东印度时虽然出现了航海失误,却也为技艺平平的欧洲人带来了一些能用于印度洋贸易的财货:印加的黄金、墨西哥和秘鲁的白银。历史社会学家林瑞谷称当时的欧洲人对于东亚是"敬佩得五体投地"。② 用马克思主义历史学家安德烈·冈德·弗兰克(Andre Gunder Frank)的话说,欧洲"用美洲人的金钱买了一张通往亚洲的火车票"。③ 在这段时期,葡萄牙人已经绕过了好望角。

然而,由此把工业革命归功于印度洋的贸易却是一个可疑的提法。由此会引发疑问,比如说,为什么这个贸易致因会从1500年到1750年中间隔了250年才爆发。何况,如果贸易活动真能带来极大富裕,甚而工业化,为什么纵横印度洋的商人和制造商们没有在欧洲人之前数百年爆发自己的工业革命;或者在最坏的情况下,假设欧洲与东方贸易是经济增长的引擎成立,且根据假设需要神秘的250年延迟,为什么他们没有继欧洲人之后爆发工业革命呢?毕竟,在对外贸易方面,东方人比如此渴望进入印度洋的欧洲人更加娴熟。与传说中的东方相距更远的欧洲,更不可能拥有所谓能催生工业革命的贸易优势,难道不是吗?阿姆斯特丹、格拉斯哥和波士顿几乎就是商人的极限了。欧亚贸易在广袤的泛亚贸易中所占的份额极小,受到欧洲人所能提供的黄金和白银数量的严格限制,因为直到工业革命出现之前,亚洲人很少能看得上以粗糙闻名的欧洲制造品。④ 对于中国在1433年结束长

---

① Goldstone,2009,p. 4.
② Ringmar,2007,p. 14.
③ Frank,1998,p. xxv,quoted in Goldstone 2002a.
④ Goldstone,2009,p. 58.

时期的、由政府资助的航海探险活动,戈德斯通解释说这不是中国"内向"转型的标志(这不是真实的历史:中国的船只和商人在那以后依旧进行了长时间的商业航海活动),但是"中国人的理由和美国人在1972年以后停止登月的理由一样——探险的巨大成本没有带来任何回报,在中国人的例子里,成本是数百条船只和数以万计的人力。当时的中国人航行得越远,他们发现的土地就越是贫瘠。有价值的商品基本来自印度和中东地区,而它们已经通过数百年里建立起来的陆地和海洋商路涌进了中国。"[1]那么,为何独立于欧洲人之外的、亚洲人之间的广袤的贸易活动不能成为经济增长的引擎呢?如果处于贸易的边缘地带,只拥有一条脆弱的贸易关系反而是一种优势,那为何工业化不发生在马篷古布韦或江户呢?

贸易不是经济增长的引擎。诚然,英国经济不能被孤立地理解,不能局限于18世纪和依据过去来理解。随着杰弗里·威廉姆森和拉里·尼尔(Larry Neal)等的研究工作,我们正越来越清晰地看到英国在国际市场上充当着投资基金的角色。[2] 也就是说,债券交易是泛欧洲的,但并非只发生在欧洲每一个国家的内部。更确切地说,这是一个被重新发现的事实——在1810年的经济讨论圈里,这是当时的股票经纪人和经济学家李嘉图的共识,可是在20世纪的欧洲内战中(尤其是20世纪30年代和40年代),贸易壁垒的出现让这个认知在经济学界变得模糊。在1780年的时候,欧洲的资本市场,以阿姆斯特丹、伦敦和巴黎为中心,是一个非常错综复杂和一体化的市场,法国投资人的储蓄可以方便地流向苏格兰的项目。

当然,最大的债务是为了偿还欧洲连绵不断战事的政府债

---

[1] Goldstone,2002a.
[2] Williamson,1987;Neal 1990.

务。那些为和平建设项目筹集的资金,比如1780年的英国的运河工程,常常是拖后考虑的事情,不是排在最后是因为政府对高利贷的限制在通货膨胀时期粗暴地阻断了投资(在通胀期间利息会上涨)。波拉德等很久以前发现:工业增长的投资都出自当地,出自留存收益,出自商业贷款,出自地区法务官集结的投资者。[①]利率仍然重要(即便在19世纪中叶以前,国际资本市场还没有介入工业革命,而在那以后,主要投资于铁路行业),最直接的就是随着每一轮的利率上升和下降,农村圈地运动也随之兴盛和零落,还有运河工程的繁荣和萧条,就像今天的住房市场一样。人们很快就意识到了投资于铺上筑路材料的笔直马路,或者投资于铸造钉子的蒸汽工厂的机会成本,它们总是比投资政府债券要保险。但反过来,综合性的英国政府债券的利率由更广阔的资本市场所决定,而不是当地法务官的办公室,对阿姆斯特丹人和伦敦人来说也是如此。

谷物市场和其他许多商品市场长久以来也一样。李嘉图大约在1817年做出了他的贸易模型假设,仿佛这个事实是已知的、简单的、明显的、平常的,不值得多做评论。时不时的战争和贸易封锁掩盖了资本合流的事实。像《谷物法》这般的政府法规,或那些在政府里有着强力盟友的西印度群岛庄园主怂恿下的帝国补贴计划,也时不时地阻碍了市场的一体化。然而,18世纪的欧洲已拥有一个统一的小麦市场。布罗代尔和弗兰克·斯普纳(Frank Spooner)早就在他们令人惊叹的价格图表中揭示了,欧洲小麦最高价格与最低价格比从1440年的570%猛降到了1760年的88%。对于实际上的配对交易双方来说,这个比值会更低。[②]斯图特(Studer)、赞登、薛(Shiue)还有凯勒(Keller)近来也做了类

[①] Pollard, 1964; Richardson, 1989.
[②] Braudel 和 Spooner, 1967, p. 470.

似研究,他们证明了到1800年,在中国和日本,随着市场距离的增加,谷物价格相关性的下降程度与欧洲相当(印度和南亚地区的价格相关性降幅更快,暗示了那里的市场整合度不如中国或欧洲)。[1] 数世纪以前,黄金和白银的价格就已经国际化了,非一国所能决定,虽然东方对贵金属的深不见底的饥渴没有使价格差异现象彻底消除。[2] 经济史学家凯文·奥罗克(Kevin O'Rourke)和杰弗里·威廉姆森已经证明,在东西方贸易中那些花里胡哨的奢侈品的价格差异,不足以解释他们贸易规模的扩大。[3]

到了1800年和1850年,小麦、钢铁、布匹、木材、煤炭、毛皮及其他众多普通实用物资的价格开始在圣彼得堡和伦敦大约趋平,在纽约和孟买的价格差距甚至更小。这里我用了经济学上的相关标准"大约"。"市场一体化"的唯一相关标准就是价格趋同。关于"趋同"的标准又一定是相对经济和历史而言的,而不是任意标准的"显著性"t检验[4](布罗代尔和斯普纳深谙这一点,奥罗克和威廉姆森也是。[5] 不幸的是相当数量的近期历史著作在价格趋同方面都用任意的"协整"标准来代替经济学思考)。[6] 在19世纪,欧洲乃至全球的物价继续趋于同一,这是航运与铁路生产力的快速增长以及保险、信息及港口费用降低等因素带来的好处。

价格趋同非常重要,因为这证明了那种把英国甚至中国经济

---

[1] Studer,2007;Shiue and Keller,2007;and Zanden,2009,对此进行了总结,并得出了针对中国的结果,pp. 27(fig. 3),286(fig. 37)。

[2] De Vries,2003. 最精于此道的是丹尼斯·弗林(见 Flynn,1996);以及弗林和吉拉尔德兹(Giráldez)1995a、1995年、2002年、2004年;还有弗林、吉拉尔德兹和格拉恩2003年。

[3] O'Rourke and Williamson,2002,esp. fig. 1.

[4] McCloskey and Zecher,1976,1984;Ziliak and McCloskey,2008.

[5] 见海因斯、杰克斯、奥罗克2009年,几乎没有用到统计方法(第9页、第17页),这种档次的研究远低于平均水平,甚至没有在文中提到"协整",这是几乎闻所未闻的事情。

[6] 许多类似的研究都犯了同样的错误,比如 Özmucur 和 Pamuk,2007。

割裂的经济史学是错误的。例如,如果从波兰到威尼斯的整个欧洲的经济在决定食品价格,或者全球的经济在决定陶瓷制品价格,那么在撰写经济史的时候,把英国或中国的食品市场或制造业市场拆开来看,仿佛他们能依据各自的供应曲线决定各自的物价,就是不明智了。当然,在彻底的保护性关税下,地区的物价能由地区自己决定。不可否认,英国直到19世纪40年代还对相当多种类的商品征收保护性关税。但即便在层层保护措施之下,在英国的物价和全球的物价之间也能间接地建立起一般均衡。只有在像德川幕府统治的这种严格排外的国家才会有例外,而即便当时的日本也保持着与中国的贸易往来。在多数情况下,封闭经济体假设,比如20世纪60年代几乎毫无争议的关于农业在英国工业化中角色的假设,是非理性的。① 全欧洲的谷物供求关系(全球的谷物供求关系在当时也有较弱的影响)决定了1780年英国农夫所面对的谷物价格。英国的供求占整个欧洲的比重只能决定净输入英国的小麦和木材的数量。全球市场的入侵是如此的强大,以致封闭的国内经济模型失去了任何意义,虽然历史学家和经济学家们出于统计18世纪生产和物价的方便,一而再地宣扬这种模型。这种国内经济模型就好像把当前油价飞涨的责任归咎于华府一样——其实油价由全球的供求关系决定,白宫无能为力。

在17世纪和18世纪,我们可以把英国的农业改良看作一个国内事件——引进比利时和荷兰的耕作技术(虽然最近的研究表明,他们并不足以构成"农业革命")。② 然而,除了干草和某些劳

---

① Ippolito,1975.
② 对比 Mark Overton,1996,他强调1750—1850年仍是古典农业革命时期,虽然他拒绝了先前的把17世纪视为关键历史阶段的正统观念。并且他和迈克尔·特纳等(2001)论证说,突破出现在了19世纪前半叶迈克尔·汤普森称为的"第二次"农业革命时期。乔伊斯·阿普尔比是一位如此优秀的历史学家,在他的作品中读到这种陈旧的史观实在令人痛心,他写道:"农业创新……释放了工人和资本。"(Appleby 2010, p.12)

动力的价格,小麦、奶牛和其他投入的价格不能说是由国内决定的,因为欧洲市场作为一个整体在决定小麦和奶牛的价格。(直到今天,干草依旧是一种地区化的产品,因为它太重,运输的性价比太低。在1914年,美国的干草价格比英国要便宜,从而影响到了当地的马运价格,因为马匹是用干草饲养的。在第一次世界大战期间,美国到法国的海运舱位有相当大的比重用于运输干草,为的是供应骑兵部队以突破敌人阵地。[①])同样地,我们也可以说英国在18世纪积攒了多少储蓄。但是我们不能就此推论是当时英国的利率水平导致了这些储蓄,或者说有多少储蓄可用于当时英国的投资,因为巴黎和阿姆斯特丹的资本市场上的外国储蓄者和投资者都有话语权。

约瑟夫·英尼科里论证说,在铁路时代之前,高昂的运输成本把英国工业化的北方地区,或较不发达的南方地区(他指出从1600年开始,逐渐比北方更加"发达")变成了出口飞地。他声称:"历史地理学家的研究证明了……工业化是高度地区性的事件。"[②]关于"较发达"的部分是正确的。到19世纪初,南部英国人都无比羡慕地看着繁华忙碌的利物浦、曼彻斯特和哈利法克斯。据英尼科里所说,历史地理学家声称"在区域经济内部……竞争极为激烈,而在区域经济之间几乎没有竞争……这是内陆运输成本结构的缘故。因此,随着时间的推移,主导行业的区域集中逐渐由海外市场推广的成功或失败所决定"。

英尼科里再一次正确地强调了对于欧洲经济体而言外部环境非常重要——虽然18世纪的海外市场是经济体中的次要元素(对小女孩未必),比如蔗糖、香料和一切精美的玩意儿。等到棉制品和尤其与铁有关的重工业制品成了外贸的重头戏时,我们已

---

① Van Vleck,1997,1999.
② Inikori,2002,p. 475.

经迎来了铁路时代,这个时候再谈飞地就没有任何意义了。考虑到资本和劳动力的流动性,这个说法很可能在1750年或1800年就失去了意义。英尼科里相信,对于新的工厂劳动力来说"人口的区域流动是一个次要来源"。如果他指的是南部农业工人没有北上去维冈工作,那他又一次正确了(不过咬文嚼字地看,他还是错了:在1851年的利物浦,每4.5个人中间就有一个是爱尔兰裔,而在曼彻斯特六个人中有一个)。[1] 然而,英尼科里论证中,在这里最要紧的弱点,在于他用了"几乎没有"(关于区域经济之间的竞争论断)。英尼科里和历史地理学家没有提供"几乎没有"的相关对比标准。从性质上来讲,他们犯下了同那些做协整t检验的阳刚的计量经济学家一样的错误。他们没有标准来衡量"极少",所以就没能发现1500—1840年欧洲经济一体化过程中的巨大的世俗的进步。

波拉德令人信服地指出,许多问题需要从一个全欧洲的视角,或者至少是西北欧地区的视角来看。[2] 新的全球历史暗示着许多问题甚至需要一张更大的画布才合适。波拉德认为,要从经济学上解释干草和住房以外的市场,应该把区域经济研究的范围从地区扩大至全国,而不是缩小。他在1973年写道:"任何给定的欧洲乡间的工业化研究将永远是不完整的,除非纳入整个欧洲的尺度;任何封闭经济体模型都会缺乏一些基本和必要的特征。"[3]政治上也有类似的情况,凡是撰写1789—1815年的英国或意大利或爱尔兰政治发展的历史,如果不提到法国大革命,会是非常奇怪的事情。无论是同情还是反对,政治变成了国际性的——不仅因为法国军队攻克了欧洲大部分地区,还因为法国政治理念成了主流政治思想的一部分。在经济事务中也是同理,从

---

[1] Inikori,2002,p.476;Pooley,1989,p.66.
[2] Pollard,19731981a,1981b;within Britain compare Hudson,1989.
[3] Pollard,1973,p.648.

18世纪起,世界经济(先前在很大程度上)为英国提供了一个相对经济价值的框架,比如小麦与铁的兑换率,利率与工资的比例。

这一点对于理解古典经济学家为何在预测上如此不靠谱至关重要。英国的地主(经济学家在19世纪初预测)将贪婪地吞噬国民产值,因为土地是生产的限制因素。然而,古典经济学家所看到的土地的限制被证明是不重要的,因为随着运输成本在19世纪的下降,西北欧洲人从芝加哥、墨尔本、开普敦和敖德萨获得了巨大的腹地。① 因为远洋运输技术的进步,英国就像格列佛被上百根细细的带子绑在地上一样,被牢牢地与世界捆绑在一起(铁和钢船体;蒸汽船和过热蒸汽轮船,其中的2/3在克莱德建造;宽石码头和混凝土码头,再是蒸汽悬臂然后卸载货物的柴油台架)。乌克兰和美国中西部地区的粮食产量从19世纪50年代开始供养英国的工业城市的人口。英国小麦的价格甚至在更早就受到了限制。我们无法依据国内定价的假设来计算供求的弹性——在17世纪就不对了,更遑论19世纪。正如杰弗里·威廉姆森近来主张的那样,英国经济受到的任何纯粹的经济影响,都必须通过相对价格的变化来实现。而相对价格,正如他同样观察到的,越来越多地受到国际影响。②

---

① Harley,1980. 波拉德及很多学者指出,德国和东欧的关系就像列强和他们的殖民地一样(Pollard,1891b,p.174,quoting Otto Hintze)。
② Williamson,2010.

第二十四章　贸易引擎论的逻辑很可疑

贸易是英国经济增长的一个重要的背景（中国及其他国家的增长也不例外）。波拉德（Pollard）指出，根据保罗·贝洛赫（Paul Bairoch）的统计，欧洲大陆的非农业人口比例直到20世纪中叶才超过英国在1790年的比例。"英国在一个落后的世界里展开了工业化进程，在全球经济里……英国经济的分工程度（在某种意义上）无法为后来者所仿效……周遭的不同环境，工业化首先出现在了英国，随后扩散到早期的追随者，再扩散到那些晚近崛起的国家，深刻影响了他们的历史。"[1]他征引了贸易保护主义者的恐慌，在1815年到1817年，英国出口如"潮水般"涌向欧洲大陆，造成了一阵恐慌，"在欧洲大陆留下了一道精神创伤，用了几乎两个世代才治愈"。[2] 与此同时，普鲁士变成了一个贸易保护主义国家。

然而，贸易并不是经济增长的引擎。贸易能够解释一些生产格局的出现，却无法解释生产规模的突增。用前述的比喻来形容，贸易解释了河口水位在涨潮时有多高，却没有解释涨潮本身。在这方面，莫基尔的表达最为干净利落。[3] 最基础的解释是：国内

---

[1] Pollard, 1981, p. 186, citing R. Zangheri. 波拉德的"同时代的差别"类似于格申克龙的"相对落后"概念（见Pollard, pp. vii, 187, and 364n179）。

[2] Pollard, 1981, p. 184.

[3] Mokyr, ed. 1985, pp. 22–23, and works cited there.

需求大可替代国外需求。(莫基尔在早前曾用同样的方式论证过国内的生产资源重组也没有太大前景。①)可以肯定的是,英国人无法全部消化兰开夏人的棉纺织品产能。为加尔各答人设计的薄棉布不会在索尔兹伯里或阿伯丁商业街的时装店里流行。在这种情况下,兰开夏人会把投入到棉纺织业里的资本、劳动、资源和天才用到其他地方。就像休谟在1740年解释的:"如果异乡人不愿再接受我们的某种商品,我们就必须停止生产它们。"这是理所当然的事情。然而他继续说道(也是他对现代经济的另一个预判):"同样的双手会转而改进其他也许国内有需求的商品。"②更准确地说,国内"将会"接受的商品,因为这就是"替代性就业"的含义,也就是被一只"无形的手"所操控。当供给受到价格的指引时,会通过赚得利润的支出来创造其自身的需求,价格相应调整后会达到市场出清的效果。通常都是这样的道理。一个市场不是近似出清的世界会是一个像20世纪30年代那样的大规模失业的世界,而且会一直持续下去。

　　棉布出口并非单纯在获利。其付出的代价是英国人本可以用同样的资源做其他的事情,比如在柴郡建造更多的住宅,或者在约克郡生产更多的羊毛布。不妨考虑下美国出口医疗设备的机会成本,匹兹堡并非凭空变出了这些设备。为了把磁共振机出售到某国,比方说芬兰,匹兹堡人从其他行业或地区(本地或外地)抽调了劳动力、资本、自然资源来从事这个行业,而他们本可以在匹兹堡大学从事更多教育工作,或者迁往费城生产更多糖果。出口与创造新的收入不是一回事。它们对可供出口的商品而言是新的市场。换言之是获取进口货物的一条新的途径,而非

---

　　① Mokyr,1977;and Mokyr 1990,pp. 151-153. (括号里的意思比前面的"基础"解释更深一层,对于普通人来说,很容易理解内需可以代替外贸,但更深一层,政府主导国内的资源重组是不是更好呢?莫基尔之前论证了没有希望。——译者)
　　② Hume,1777,p. 264("Of Commerce")。

新的收入。通过向芬兰人出口美国的机械、电信设备及零件、飞机和飞机部件、电脑及外围设备和软件、电子元器件、化学品、医疗器械、农产品、债券、印着"美元"的纸片（每张成本4美分），美国人就能得到诺基亚手机。

在美国生产手机出售给美国人（"买国货"）是一桩极为不划算的生意。但这样做并不会带来灾难。如果美国不从芬兰进口诺基亚，美国的国民收入并不会像漏气的气球那样直接降低为零（摩托罗拉会很乐意向你证明）。只要有创新存在（这是最重要的），分工和国内贸易就是财富之源，无论是把摩托雪橇卖给因纽特人，还是把电视机卖给内布拉斯加人，都不会改变这个事实。正如经济学家解释的那样，国内的高效率让我们得以接近生产可能性曲线（创新把曲线往外推移）。你的国家，你的城镇，甚或你自己的家庭，未必一定要把货物卖给外人才能生存。我们每个人都可能成为一个荒岛上开拓进取和警觉的鲁滨孙，不依靠进口或出口就能维持生存。对于那些具有创新精神的大国，比如法国或美国，这一点是显而易见的，而且就算没有国际贸易，他们的情形也会很好，不仅仅限于"生存"。美国人或法国人可以通过创新和与境内的国人互通有无实现非常高的收入，如果贸易保护主义者能够说服他们闭关锁国的话（在早期这两个国家都是如此，而且至今在部分农产品方面依旧残留着贸易保护主义政策的遗毒）。

换言之，大多数经济学门外汉抱有的那种原始信念，认为对外贸易是唯一财富之源，认为只有吸引外资才能发展经济和富裕国民的想法，是十分错误的。有人声称若政府资助建一座新的体育馆，将"为本地区带来更多的美元"，就是这种谬论的表现之一。更多的美元只会让当地的土地业主受益。它们无法改变流动劳动力和资本的回报，两者的收益是固定的，由经济大环境所决定。被愚弄的公众于是投票赞同政府投资，因为这个方案听上去仿佛有"乘数效应"。这个短语听起来像经济学术语，但只有被严重误导的经济学家才会认为"乘数效应"在任何情况下都有作用,除非存在大规模失业。① 从冰岛的渔业出口政策,再到以前是日本,如今是中国的出口导向政策中,你都可以看到这种信念的力量在起作用。这些国家都认为对外贸易是唯一的财富源泉。这种信念是轻率和不公的,让一小撮出口商和美国消费者受益,却让其他所有人的利益受损。"出口或死亡"(或者它的拉丁美洲版本:"进口替代或死亡")是愚蠢的信念,它削弱了那些贫穷国家的明智的国内政策的效果,诸如基础教育、开放市场,以及物权法的执行。对他们而言,进口和出口只是侧重点的不同,并非自觉性的东西。看起来贸易并不是必要的引擎。

在某种程度上,贸易当然会让双方的商人受益,否则交易就不会发生。但再次——到了问题的症结——从静态数据来看,贸易的收益太过微不足道了。尽管使用了明显的经济修辞,但"新"经济史的一个关键发现就是,静态收益往往太过渺小。罗伯特·福格尔在1964年对1890年美国铁路的社会储蓄贡献做了计算,其意想不到的结果就是关键证据之一。② 霍克(Hawke)在1970年复制了福格尔的方法,对英国铁路进行了同样的计算,得出了大致相似的结果(虽然由于更密集的客流量,数据更高一点)。在一些通航河流不多的国家(不同于英国或美国),如墨西哥[科茨沃思(Coatsworth)在1979年的计算]和意大利[费诺阿尔泰亚(Fenoaltea)在1971—1972年的计算],铁路对社会储蓄的影响更大。然而,对于现代经济增长的庞大体量来说,铁路的贡献从来都只占很小的比例。哈伯格和福格尔的发现,是经济学家们在20

---

① 不幸的是我还是要把威廉·达里迪归为"极度误导"一类。他在1992年提出了一个凯恩斯乘数模型,为奴隶贸易对工业革命的重要性(只占英帝国贸易的一小部分)进行了辩护。但是,如果奴隶贸易能产生乘数效应,那家政服务或黄铜行业为什么不能呢?

② Fogel,1964.

世纪60年代逐渐意识到的历史真相的一部分,他们逐渐发现其所钟情的供需理论框架不足以解释这个"伟大事实"。无论你认为铁路多么关键,对外贸易对英国的繁荣多么必要,棉纺厂对工业革命多么重要,数据证明了它们对经济增长只做出了很小的贡献,远远没有16倍之多,甚至连两倍都没有。

为什么贸易对经济增长的贡献这么小?让我们把英国在1841年的对外贸易设想成一个行业,英国进口小麦和木材等原材料,加工和出口钢铁和棉纺织品等生产品。从经济学家的角度来看,所有的对外贸易都是一台"香肠机",以牺牲国内劳动力、土地和资本的代价来生产"香肠"。在1841年,强大的联合王国把国民生产总值的13%都用于出口。这里的贸易条件(terms of trade)即相当于一个行业的"生产力",利用棉纺织品"生产"(即出口棉纺织品供外国人使用)小麦。贸易条件告诉我们每码纺织品可以生产多少蒲式耳小麦。从1698年到1803年,总易货贸易条件(gross barter terms of trade)的三年均线为1.96,最高的出口额除以最低的进口额;英拉(Imlah)计算的净易货贸易条件超过了2.32,最高的出口额除以最低的进口额。① 因此,在一个世纪的跨度上,英国贸易条件变动了大约100%。收入提高的部分只有13%可以用对外贸易来解释,如果用静态术语来描述并假设充分就业的情况(在商业周期的两个峰值之间这是唯一合理的假设),贸易带来的增长是100×0.13/100 = 13%。依据这个定量的证据,显然又一个广受欢迎的经济学解释失败了。记住,我们要面对的可是1500%的增量。

或许有人会企图把出口增长本身当作一台经济增长的发动机。但是我们很早以前就意识到,这个判断的前提是绝大部分的经济资源处于闲置状态。(与前面的充分就业假设相矛盾)但没

---

① Deane and Cole, 1962; Mitchell and Deane, 1962, p. 330; Imlah, 1958.

有任何历史证据支持大量失业会在长期内造成经济增长倍增的假设——比如,没有证据证明实际工资的波动会随着劳动力的相对稀缺性而变化。这个议题是边际生产理论的真相,也是它的谬误所在。经济学家西奥多·舒尔茨(Theodore Schultz)数十年前反驳了印度游手好闲之徒假说("失业,剩余劳动力"),他指出,在1919年致印度总人口死亡5%的流感疫情暴发期间,农业出口发生了变化,而根据边际生产理论,如果乡间额外劳动力的边际生产力为零,农业出口应该不变。① 实际情况是,印度的农业出口下跌了5%。如果剩余劳动力理论不适用于1919年的印度,那它无疑不适用于1719年的英国。

相反,所谓的"剩余出口"模型则大胆假设了任何出口都会使先前无所事事和没有产出的闲人再就业。(难道内需就没有同样的"创造就业"效果吗?若内需无法提振就业,那为何外贸就成为特殊?)例如,据说18世纪向法国殖民地的出口让无所事事的法国工人重新有了活干。(我要重申:难道法国国内对马车和仆人的需求就没有同样效果吗?)不管怎样,在18世纪80年代,对法属殖民地的出口只占法国生产总值的2.5%。② 普拉多斯·德拉·埃斯科苏拉(Prados de la Escosura)为西班牙帝国的同样情况作了证明。他认为,伊达尔戈·科斯蒂亚(Hidalgo y Costilla)和西蒙·玻利瓦尔(Simon Bolivar)等的活动让西班牙丢失了大面积的帝国国土,但这对于大都会来说几乎没造成什么影响。③ 还是那句话,贸易的作用并不大。

因此,对外贸易不能成为一台经济增长的引擎——至少不是经济学门外汉的那种天真想法,至少不管怎样,对于英国从1700

---

① Schultz,1964,p.70;虽然见森(不完全有说服力)的非难(Sen,1967),和Dandekar 1966。
② O'Rourke,Prados de la Escosura,and Daudin,2008,p.11.
③ Prados de la Escosura,1993.

年到 2000 年人均实际收入增长 1500% 的尺度来说,贸易并非处于那种必要的权重地位。最根本的经济学理由是:国界并不重要,或至少没有重要到能让跨国贸易成为一台拉动现代经济增长的生产引擎的地步。毕竟,贸易就是贸易,无论你与路边的某人做生意还是与世界另一端的外国人做生意都不会有太大区别。跨越国界的贸易没有任何神奇之处,瑞典经济学家贝蒂尔·奥林(Bertil Ohlin)很早就指出了这点。[顺便说一句,瑞典和加拿大的经济学家虽习惯于与德国和美国的经济学巨匠保持一致,却在这个经济学问题上倾向于正确:我们可以举出克努特·维克塞尔(Knut Wicksell)、厄里·赫克歇尔(Eli Heckscher)、罗伯特·蒙代尔(Robert Mundel),或者哈利·约翰逊的例子。] 你作为个人,绝大部分消费的东西都是与世界上其他人交易得到:你不会每样东西都自己制造。之所以如此,是因为你个人十分渺小。而像印度和美国这样的大国,他们的出口占国民生产总值的份额要比中国台湾或挪威这样的地区或小国来得低。由此,在 1992 年的 20 个主要经济体中,每多 1% 人口,对应着出口占国民生产总值的比重就少 1%。① 这不是巧合。

如果是两国先前关闭的边界被打开,开始互通有无,那于两国而言都是一种收益,这是根据哈伯格三角,分工程度的增加所带来的最基本效果。现代最极端的例了就是 19 世纪 60 年代的日本或 20 世纪 90 年代的东欧在对外开放后所带来的收入急剧飞增。② 然而,单纯地开放边界通常不会给我们带来极大富裕。例如,即便是在日本和东欧这样举世瞩目的案例里也不例外。日本耗费了数十年的时间才吸收了欧洲的创新成果,才开始接近欧洲人的收入;东欧,在脱离了实行贸易保护主义的华沙条约组织的

---

① 引自 Foreman-Peck,2003,p. 375,他为麦迪森提供了数据。散射是一个长方形的双曲线,也就是一条(负)单元的弹性曲线。

② 关于日本的对外开放,见 Bernhofen and Brown,2009 及相关引用。

20年后，经济依然陷于停滞，虽然有着些许期望。经济学家常常津津乐道于韩国的崛起，把它视为贸易促成经济发展的证据，这种说法也自有一点道理。① 但是，韩国能在1961年后凭借自由贸易实现富国之路，离不开一个大背景：创新成果能够大规模从外国引进。(即便工业化的韩国在人均收入方面也只达到了美国的40%。)没有先前的创新，再多的贸易也只能促成更多的劳动分工——这当然是好事，却不是革命性的好事。相比之下，莫基尔的"宏观创新"，即纺织、手术和电脑的发明等当然更能极大提升我们的富裕程度，贸易在其中的作用并不大。即便把德国粗暴地分割成东德和西德，在收入方面，两者也"只有"两到三倍的差距。远远不是16倍的差距。即便是1988年最白痴的中央计划经济体制也拥有现代文明的主要产物——电力(间歇性的)、钢筋混凝土(掺沙子的)、机器制造的雨衣(只有可爱的黄绿色)。

如果像经济学家们所指出的那样，打破边界对于经济增长是如此的重要，那么我们大可把英国一分为二，在多佛尔到罗克斯特之间划出一条国界来，于是所有穿越惠特灵大道的贸易，无论是进出古丹麦区的，都可被称为"国际贸易"了，于是英国国内的贸易也就成了经济增长的引擎。或者你可以把所有左撇子英国人都称作"外国人"，也能达到同样的效果。上述归谬法证明了国际贸易不可能有什么特殊之处。如果由于消费者的需求，生产从英吉利海峡的一侧转移到了另一侧，或从惠特灵大道的一边转移到了另一边，或从左撇子英国人转移到了右撇子英国人，如果这样就能实现富裕而不是在哈伯格定律范围内实现最有限度的提升，那么我们不就拥有了一个经济上的永动机了吗？只要换一套说辞不就可以了吗？然而说辞的力量并没有那么强大。

而且让我们再一次放眼历史看这个问题，如果这种"永动机"

---

① Westphal and Kim, 1977; Westphal, 1990; Connolly and Yi, 2009.

适用于18世纪的英国和19世纪的欧洲大陆,那为何就不适用于世界上其他地方和其他历史时期呢?这是一个核心的历史问题,18世纪的英国一定有什么特别之处才能解释英国在18世纪的一鸣惊人。贸易是古已有之的事物,至少和语言的历史一样悠久。当人类开始以我们如今称为语言的方式交谈,大约在公元前7万到5万年(一些语言学者认为语言出现的时间要早很多,但证据不足),人类就开始了贸易,我们在古人的墓穴和垃圾堆里找到了贸易的痕迹。后来,在青铜时代(或中美洲的石器时代),强大的贸易帝国及其繁荣的大都市随处可见。腓尼基人和后来的希腊人从遥远的康沃尔把锡运到了地中海,用以制造坚固的青铜制品(铜锡合金)。"轻快的(希腊)波浪大师/航向大西洋怒吼之地/远离西方海岸线/……在沙滩上解开他的绳包。"从墨西哥城到杭州,巨型城市和庞大贸易是许多地方的特征。早在欧洲人到达印度洋之前的千年里,那里就一直是一片繁忙的贸易大洋。意大利北部城市都是商人城市,甚至连一些历史学家都相信,它们具有的欧洲文化特质是欧洲脱离中世纪后不可避免走向成功的原因。但为何佛罗伦萨没有创造一场工业革命?"它们有",有人可能会这样回答。不,它们没有,它们没有实现工业革命的规模,尤其是没有实现工业革命的后果。现代经济增长理论也存在同样的致命缺陷。一些经济学家像酒宴里的余兴特技那样,把规模经济渗入了他们的理论,他们需要用数学方法复制18世纪制造业的隆隆声和19世纪晚期疯狂的创新。

外贸理论家罗纳德·芬德雷(Ronald Findlay)和经济史学家凯文·奥罗克(Kerin O'Rourke)在2007年合作出版了一本宏伟的公元1000年以来的世界贸易史。[①] 这本书有许多地方值得我们敬佩,尤其是对大都市的盘点。芬德雷和奥罗克完全不像欧洲中心论者,眼界十分开阔。

---

① Findlay and O'Rourke,2007.

但是,当他们终于说到了工业革命时,他们的观点却不那么有说服力了。芬德雷和奥罗克在大量抱怨了他们所钻研的经济史后,亮出了其观点的核心。"国际贸易",他们宣称,"是英国工业革命与众不同的关键因素"。先前的璀璨(efflorescence)都会逐渐失去光彩。(戈德斯通很喜欢用 efflorescence 这个词来形容科技史上无数先前的困境。世界见到了希望,却无法为全人类带来永久的福祉。)①"对于像英国这样一个欧洲小国"——注意"小"对于这个全欧洲人口密度最高的国家之一的国度而言是一个很奇怪的特征——"海外市场是它的工业革命得以维系的关键。"②

然后芬德雷和奥罗克又极为关键地联系到了大英帝国的军事征服:"在一个重商主义世界里,所有国家都有条不紊地把他们的敌人赶出受保护的市场(这个说法让人很难理解英国和新大陆之间的巨大贸易规模,这也是在重商主义世界里发生的事情呀)。英国战胜法国和其他欧洲对手的军事成就是他们随后取得经济上显著成就的重要原因之一。"③他们声称,贸易是重要的,而帝国主义为贸易提供了支持。因而,他们著作的标题就叫作"权力与财富"(Power and Plenty),其主题虽然用到了当代经济学家雅各布·瓦伊纳(Jacob Viner)的研究,但归根结底还是那个古老的观点:侵略有益于国家。于是《浮士德 2》的恶魔梅菲斯托说道:"战争,贸易和掠夺/三位一体不可分割。"④

在和我的信件往来中,奥罗克和蔼地对我的这番简洁归纳提

---

① Findlay and O'Rourke,2007,p.339.
② Ibid.,p.351.
③ Ibid.,p.345.
④ Krieg, Handel und Piraterie, Dreieinig sind sie, nicht zu trennen(浮士德 11187—11188)。短语"战争、贸易和掠夺"为受过教育的德国人所娴熟于心(在 2010 年年初这个短语在 google 上就有 111000 次点击)。这个事实证明了这个观念植根于欧洲人的头脑。我要感谢伊利诺伊大学芝加哥分校的历史系同僚阿斯特里达·坦蒂洛(Astrida Tantillo)为我提供了参考信息。

出了异议。然而,在与芬德雷合作完成这本书后,奥罗克与莱昂德罗·普拉多斯·德拉·埃斯科苏拉和纪尧姆·杜丁合作发表了一篇论文,在那篇论文里他写道:"贸易让商人获利,但也为国家带来收入;国家需要收入来保障商人的贸易机会,若有必要就应诉诸武力。"①"武力"意味着"掠夺",这个概念在论文里以此方式反复灌输给读者,用"支配优势"、"主导地位"、"争夺权力"和财富等橄榄球和战争的修辞所包装。在奥罗克的所有著作里,贸易收益都依赖于对于"竞争者"的暴力,就好像这是一场零和的赛跑比赛一样。读者无法从芬德雷和奥罗克的著作或奥罗克与普拉多斯和杜丁的论文里读到贸易是共赢的活动,是一种合作而不是竞争。

的确,他们认为重商主义的掠夺行径对自己有好处。奥罗克和他 2008 年的合作者继续写道:"贸易与帝国在欧洲政治家心目中有着无法割断的联系(对此历史学家奥罗克问道:因为这是世界的法则,还是他们被误导了呢?)……这解释了历史上绵绵不绝的重商主义战争。"②这就是商学院院长们和胸怀大志的新闻记者们的修辞。但无论他们怎么想,这种修辞都是错误的,无论过去还是现在。

军事史学家克雷里·巴尼特(Correlli Barnett)写于 1972 年的传世之作《大英帝国的崩溃》是把侵略与经济成就错误关联起来的一个指导性例子。这本书影响了当时的撒切尔政府。就像芬德雷和奥罗克著作中的许多篇章一样,你可以从巴尼特的书中学到许多。但是他也弄错了权力与经济成就的先后顺序。他与芬德雷和奥罗克以及当时人们的普遍想法一样,假设了贸易、帝国、军事力量和国内繁荣之间有着重要联系。因此,巴尼特会写道:

---

① O'Rourke, Prados de la Escosura, and Daudin, 2008, p. 2.
② Ibid., pp. 2-3.

> 在18世纪,英国的统治阶级——乡绅、商人、贵族——有着强硬的心态和坚强的意志。带着侵略性和贪婪性,他们用具体的利益来看待英国的对外政策:市场、国家资源、殖民地产、海军基地、利润……他们把国家霸权视为国家独立的必要基础;把商业财富视为实现霸权的工具;把战争视为通往这三者的手段。他们认为国家为生存、繁荣和主宰进行无尽的战争是自然的也是不可避免的。①

没错,这就是他们的想法。但是他们错了。巴尼特错误地哀叹了英国经济的"衰落",即便在英国经济风雨飘摇的1972年也不例外。他认为"衰落"是由于心态和意志的软弱导致,尤其是新崛起的基督教福音派的原因:

> 威廉·威伯福斯的运动导致了1807年奴隶贸易的禁止,1833年奴隶制本身在大英帝国的废除,这是英国福音派最早取得的重要社会成就。用兄弟之爱拥抱他人而不是用正义之剑杀死他们,这是福音派对英国人传播的广泛教义。作为这场精神革命的结果,英国政府的决策不再完全建立在权宜之计和机会主义立场上,不再完全以追求英国利益为目的……正如格莱斯顿(福音派代表之一)在1870年解释的:"我们这个时代最伟大的成就将会是奉献一部公法作为欧洲政治的奠基石。"②

巴尼特的分析听起来貌似有理,在1972年的"现实政治"中

---

① Barnett,1972,p. 20.
② Ibid. ,p. 24.

似乎更加正确。当然,英国的政治,无论是内部事务还是外交政策,在19世纪更多地转为道德所驱动,一直到1914年援助法国,都不是以权宜之计为主,然后又建立起了一个福利社会(无论动机如何),再后来当帝国主人于1956年在苏伊士最后一次强硬地爆发后又可耻地软了下来。但是,英国,即便可悲地退化到了软弱心肠,再被对阿根廷人的光荣战争所治愈,却一直是地球上最富裕的经济体之一,并且共享由它所发动的现代创新引擎。英国的经济成就并不是由坚船利炮、军人和金钱和沙文主义者为生存、繁荣和主宰进行的无尽战争所带来的,无论在1972年和1790年都不是。企业家尊严和自由所激发的创新才是英国取得光辉经济成就的根本原因。

第二十五章　对外贸易的动态效应也微不足道

倘若我们不是站在高高在上的宏观层面,而是细探日常世界的供求曲线中去,就会发现外贸率作为经济增长引擎一说也名不副实。芬德雷与奥罗克从这个方向入手批评了静态经济模型,因为静态模型"依其定义,无法描述贸易对经济增长的影响"[①]。这有点言过其实。静态经济模型已经被证明无法充分解释现代经济增长的重要部分,因为其规模之大是模型无法解释的。但我们不是从"定义"上来证明模型的不合适,而是发现静态收益与要实现的科学工作所需的尺度不在一个数量级上。这是过去50年研究工作的经验性的科学发现,而不仅仅是"定义"上的问题。当然,我们也不会嘲笑"定义"是一种历史工具——比如国民收入的定义或外贸份额的定义就很有用,它们可以表现静态收益的微不足道。就算是芬德雷与奥罗克自己,在他们著作的前面几页里也采用了静态的供需模型,正确地证明了:英国在1796—1860年,由于出口的增加远远大于需求曲线向外的延伸速度,使得贸易条件不利于自身,从而与它的贸易伙伴分享了贸易收益。这是一个很古老和很优秀的观点(我在很久之前就发表过,所以一定是正确的),而且无疑是"静态"的,也很能证明贸易对经济增长的

[①] Findlay and O'Rourke,2007,p. 337;compare O'Rourke,Prados de la Escosura,and Daudin,2008,p. 11.

第二十五章　对外贸易的动态效应也微不足道

影响。①

鉴于贸易作为所谓的经济增长引擎，它的静态效应是如此弱小，一些经济学家和非经济学家热衷于宣称贸易的"动态"效应会挽回它的引擎效果。或许吧，"动态"这个词语有一种魔术般的特性——经济学家弗里茨·马克卢普（Fritz Machlup）曾经开列了一张"遁词"表，这个词语位列其中。② 不过到处宣扬"动态"尚不足以证明一个人的经济或历史智慧。正如我在讨论交通运输技术进步的时候所提到的，他们必须证明所提出的"动态"效应是通往正确的方向和有足够强烈的定量效果。一个存在性定理如果用一个没有尺度的模型来表达——这是高高在上的经济学的常态——无法胜任科学工作。

例如，有人可以宣称像棉纺织业诸般的行业受到英国海外贸易的激励，能够利用规模经济的优势，或许在纺织机械的制造和优秀设计师的养成上有优势。于是，贸易的动态效应比单纯的静态效率收益更大了。但是，这个断言缺乏定量证据的支持，所以在定量证明成立之前，它并不是一个科学的断言，否则拒绝贸易作为经济增长引擎的观点也能成立了，甚至会更加完美。比如说，我们大可猜测过去的非棉纺织品行业的经济规模本会更加庞大。猜测是很廉价的事情。我们还可以举出另一个很普通的"动态"观点，即国际贸易赚到的利润被再投资（我要再次质疑：难道来自住房建造和零售贸易的利润没有被再投资吗？），于是资本积累得以扩大。但是，这种再投资的动态效应的规模很大吗？似乎并不大，纪尧姆·杜丁在分析大革命前夕奉行重商主义法国的时

---

① McCloskey, 1980.
② Machlup, 1963(1975). （遁词指因为故意躲闪或掩饰错误，或者由于理屈词穷或不愿以真意告诉他人时，用来搪塞的话。——译者）

候已经得出了这个结论。①

或者,有人可以"动态地"论证说,考虑到棉纺织的技术革新相当之快,如果棉纺织业的规模不够大,则这个行业对国家繁荣的贡献会更小。在规模更小的情况下,棉纺织业的天才创新在增进国民收入方面的权重也就越小。我们可以通过一个思想试验来反驳棉花造就经济大飞跃的假设。这项试验要求试验者清楚了解棉纺织业之外其他行业的生产力的变化。谨记住,我们可以通过 G. T. 琼斯(G. T. Jones)在 1933 年发明的"实际成本"来计算英国工业的生产力模式。"实际成本"即比方说铁条相对于生产铁的煤炭和劳动力的价格。这个模式有点类似于表 2,我在 1981 年提出了这个表,哈利在 1993 年进行了修正。(为了证明,我接受了两位尼克的质疑观点,他们认为 18 世纪初的经济增长总量很小,因此他们通过对我以前有关剩余价值的计算得出的结论是,在被提到的领域之外,生产力的变化小到让人难以察觉。)

表 2　　英国 1780—1860 年按行业生产力变化估计

行业	年均生产率增长(%)	出口值/国民生产总值	对国民生产率增长的贡献
棉花	1.90	0.070	0.1330
精纺	1.30	0.035	0.0455
羊毛	0.60	0.035	0.0210
钢铁	0.90	0.020	0.0180
运河和铁路	1.30	0.070	0.0910
航运	0.05	0.06	0.0300
农业	0.70	0.270	0.1900

---

① Daudin,2004;对比我很久以前对杰弗里·威廉森的批评,杰弗里对美国的铁路收益再投资的收益进行了计算,见 McCloskey,1975b。

续表

行业	年均生产率增长（%）	出口值/国民生产总值	对国民生产率增长的贡献
其他所有作为剩余部分	[0.02]	0.850	0.0200
总计（克拉夫茨—哈利）		1.41	0.5485

资料来源：哈利,1993,表 3.6,第 200 页,以麦克洛斯基,1981,第 114 页为基础,那里给出了详细的原始计算细节。哈利没有改进我对收入份额的估计、行业的选择,以及许多行业生产力变化的计算。出口值/国民生产总值总和超过 1.0 不是错误。这是根据总成本来计算生产力的结果（如果仅仅针对增加的值,则无法准确衡量来自其他行业的物质输入的储蓄）。

假设由于切断海外市场,英国棉纺织业的规模因此缩减了一半[这有点违反事实,因为无论以任何标准来衡量,18 世纪的曼彻斯特都是全欧洲生产棉布的最佳地方。用经济学家的话来说,曼彻斯特赚取"租值"(rent),这其实是换着法儿在说这里的棉布制造成本最低。如此,我们必然要假设,相应的重商主义政策不仅要对曼彻斯特征收法国或荷兰那样的棉纺织品关税,还要部分关闭它的商业活动,这才能让所有人都无利可图。当然我们要承认这种非理性政策在历史上并非第一次上演,也不会是最后一次]。于是,棉纺织业在 1780—1860 年占国民收入的比重就会是 3.5% 而不是原来实际上的 7%。另外 3.5% 的资源会寻求其他途径来利用。假设说,从棉纺织业释放出来的资源被投入到了修缮道路和丝绸制造,由此会带来每年 0.5% 的生产力增长（可选项里最低限度的增长）,而不是实际上在棉纺织业带来的 1.9% 的飞速增长。在真实世界里,棉纺织业为国民收入的增长贡献了 $0.07 \times 1.9\% = 0.133$ 的增长率。保守估计,从 1780 年到 1860 年的人均收入增长约为每年 0.55%,棉纺织业贡献了其中的大约 24%,这是很大的贡献（这里的论证把注意力放在了工业革命的古典时期,这是支持这种假设的偏见的另一个来源,因为所要解释的从当时到现在经济增长的量级会大上很多,所以相应的贸易作为经济增长引擎的观点也更难有说服力)。

现在我们就可以计算与事实相悖的反效果了。在假设对外贸易被削减一半的情况下(记住,大量纺织品在本国消费,而出口越是受限,国内就会消费更多),你可以用通过哈利修正后的表格计算非棉纺织业生产力的改变,即(1.41-0.07)×(棉纺织业以外隐含的剩余生产力的改变)=(0.55-0.13),然后就能进行一个"静态—动态"分析。也就是说,棉纺织业以外隐含的剩余生产力的改变是每年0.42/1.34,或者每年0.313%(为了避免舍入误差,我保留了更多有效数字)。在前述假设的情况下,流入其他行业的资源每年会贡献(0.035)×(1.9%)+(0.035)×(0.313%)=0.077%。我们可以从棉纺织业实际上每年0.133%的贡献值与假设的棉纺织业规模削减一半,资源流入其他行业的情况下,每年0.077%的贡献值来得出国民生产力的下降水平。两种情况下,国民生产率的变化率之差约为每年0.056%,即从0.55%每年下降到0.494%每年。1780—1860年这80年间,这样的差距按月积累计算,最后仅仅会造成5%左右的国民生产力的变化。请记住,我们在这里谈的可是从1780年到1860年国民收入翻了一番的概念。

你可以减掉棉纺织业生产力的改变来计算所谓的规模经济下的情况,并得到大致同样的结果。没有人能够证明这种规模经济的重要性(虽然经济学家幻想它们极为重要),也没能证明其他行业的规模经济或规模不经济会带来净收益。我们给了倾向对外贸易的"动态"观点充分的优势。假设这种能影响规模经济的生产力变化大抵为棉纺织业的每年1.9%豪华贡献的一半,即为每年0.945%,那么我们的算式就是0.035×0.945%+0.035×0.313%,约为每年0.0440%(在前述没有考虑"规模效应"损失的情况下,为0.077%)。于是,棉纺织业对国民生产力改变的贡献就从0.133%每年一路下滑到0.0440%每年,下降了0.089%。根据这个假设情况的计算结果,国民生产力的增长会从实际上的

0.55%每年下降到0.461%每年。所以两者到1860年的最终差距还是微小的,仅为8%的生产力变化,而国民收入的差距则更小了。

请注意,这个结果是通过计算广为接受的生产力变化特性得出的(克拉夫茨—哈利得出了有悖常理的其他行业的零生产力变化,即便如此,我在1981年依旧采信了,并作为首要特性)。从棉纺织业释放出来的资源并没有简单地消失,而是被重新配置到其他行业中去。它们的重新配置并没有像非经济学人士所猜想的那样,导致国民收入较之于前的大幅下降。劳动力和资本投入到了其他行业,尽管这些行业的生产力改变要低于神奇的棉纺织业。即便在工业革命早期的古典时代,由于棉纺织业并不是唯一经历生产力大幅变化的行业,所以假想的资源转移并不会对工业革命产生致命影响。有关这一点,经济史学家彼得·特明、约翰·克拉彭还有我始终在坚持,而且科技史学家如玛格丽特·雅各布和乔尔·莫基尔已经很详细地阐述论证了。① 动态效应说听上去很美,但是通过量化计算,我们发现,棉纺织业规模的缩小(假设对外贸易萎缩)不会扼杀经济增长。又一个流传甚广的经济学解释被证明不符合历史事实。

更进一步,"动态效应"之说作为一种通用的思想策略存在一个严重问题。如果某人声称对外贸易让棉纺织业或船舶运输业产生了规模经济,她就有责任向读者们(我之前已经说过两回)解释为何失之东隅不会收之桑榆呢。英国海外贸易的扩张让工业规模变得更小,为何不会最终带来负效应呢?什罗普郡会修建国内道路,大伦敦区会建造黄铜铸造厂,并不是因为英国在兰开夏郡分工程度日益加深的棉纺织业自身出现规模经济的结果。(后

---

① McCloskey, 1981 on widespread innovation; also Temin, 1997, p. 80; Berg and Hudson, 1994.

来又有人把这个观点应用到了对英国在海外投资的"过度"专业化,比如保险业和船舶业的担忧上。)

正如帕特里克·奥布莱恩早就揭示的,欧洲与世界的贸易额不足欧洲国内生产总值的4%,这为我们提供了另一个质疑其在洲际范围内重要性的理由。令人惊讶的是,芬德雷和奥罗克居然攻击占国民收入中低份额项目的相关性,这有违了他们所受的经济学训练。他们用赞同的口吻评价了非经济学人士保罗·曼托(Paul Mantoux,1877—1956)的看法,曼托的工业革命史在1907年出版了最后一次法语版本。① 曼托在书中写道:"若我们能从自然科学借来一个类比,只需要一点微不足道的酵母就能使一个体积可观的东西发生激烈变化。类似地,我们可能难以证明对外贸易的行动对生产机制的影响,但要追踪它的影响是可能的。"② 当"蝴蝶效应"的概念出现,当人们意识到一只蝴蝶在中国扇动翅膀会引发古巴的海啸后,"大自然会跳跃"(natura facit salta)的概念就开始流行了起来。这个逻辑有时候会成立,但如果我们用这个逻辑解释工业革命,那么英国经济里的任何一个小部分都能作为经济增长引擎了。家政服务的规模要远大于茶叶、蔗糖、原棉等异国商品加在一起的进口总额,远大于为进口这些商品而支付的工业品的出口总额,所以,如果我们根据这个不稳定的模型来解释,那么雇用更多刷碗女佣也会引发大规模创新和工业革命。再者,如果你真心希望找出"小酵母",那为何不选择伯明翰的黄铜

---

① 芬德雷与奥罗克总是引用这本年代久远的著作,而他们标注的时间竟是1962年。作者曼托是劳埃德·乔治(Lloyd George)的朋友,也是凡尔赛会议中克莱蒙梭的英语翻译官。他们标注的时间距离原著在1906年出版的第一个法语版要过去54年了,距离其唯一的英文版本也过去了33年之久。他们不经意间给人留下了曼托是一位1962年学者的印象,而他当时已经去世6年了。这是作者—日期法和草率大意的整本书引用的学术习惯所导致的结果,我在引用时也有同样的问题。这是我们学界的耻辱。

② Findlay and O'Rourke,2007,p.336(p.103 in Mantoux).

第二十五章 对外贸易的动态效应也微不足道　　283

工业和它的持续生产创新(如玛克辛·伯格所指出的),或选择1700年左右伦敦生机勃勃的丝绸制造业。如果奴隶贸易或棉纺织业,甚或对外贸易作为一个整体能够令人满意地解释国民收入的翻倍和翻两番,那么我们为什么不用黄铜和丝绸制造业解释我们富裕的原因呢?而且再一次,我们需要思考为何在古代同样的小规模产业并没有引发世界的现代化。

在建立增长与贸易之间逻辑联系时,芬德雷和奥罗克使用了静态模型,想象了一个没有任何对外贸易的英国("如果英国关上贸易大门";"放弃贸易")。① 当然完全切断对外贸易并不是一个相关选择(relevant alternative)。要点在于,英国采用的重商主义政策和它重商主义帝国,是帮助还是阻碍了工业革命。这是一个程度多少的问题,而不是一个有或无的问题。

那些对经济学一无所知的人却固执地把对外贸易等同于经济增长、出口或者死亡。这个认识并不正确,正如芬德雷和奥罗克在反驳凯恩斯的贸易作为经济增长引擎的模型时[威廉·达里迪(William Darity)在1992年大胆提出了奴隶贸易就是经济增长引擎,两者一脉相承]所指出的。所以他们需要一个更好的模型。为解答关于帝国主义的相关问题,他们以达里迪在1982年的早期模型为基础,发展出了一个新模型,把奴隶贸易的重要性提高到了令人惊讶的程度。芬德雷和奥罗克认为,如果没有奴隶制,新大陆和它的棉花出口就无法实现[请注意约瑟夫·英尼科里的类似观点,他同样热忱地引用了达里迪的论述;而且达里迪也引用了英尼科里的论述(1992)]。但事实正好相反,就算没有奴隶,棉花也能轻易地种植,在此之前的印度和南北战争之后的阿拉巴马就是如此。(蔗糖是另一回事。蔗糖伴随着奴隶制度从印度引进到叙利亚,再传到北非和亚速尔群岛,时至今日,在佛罗里达甘

---

① Findlay and O'Rourke, 2007, p. 344.

蔗地里持 H-2 工作签证干活的牙买加和墨西哥农夫也是这样吧。然而芬德雷和奥罗克却说造就现代世界的是国际上对纯棉衣服、床单和内衣的需求,而不是对甜食的需求。)

他们说,棉花生产"依赖于"非洲的黑奴输入。① 事实似乎并非这样,棉花的生产似乎并不比咖啡的生产更依赖于奴隶。美国的自由人在 1865 年后选择了棉花种植;巴西的自由人在 1887 年以后选择了种植咖啡豆。芬德雷和奥罗克带着一定的烦恼问到在棉花生产上是否"美利坚的自由白人劳动力……能够弥补供需差"。② 然而美国先前实行蓄奴制的州的确弥补了供需差距。斯坦利·勒伯格特提到,最早在 1869 年,"南方实际上就恢复了它在战前的棉花产量水平。到了 1870—1879 年(在吉姆·克罗法和其他'自由法'全面实施之前)比战前的棉花产量要高 42%"。③ 勒伯格特对比了英国的蔗糖殖民地,在奴隶解放后殖民地的蔗糖产量确实降低了,但美国南部的棉花产量却没有。

芬德雷和奥罗克主张:英国的帝国主义对推动英国的对外贸易产生了极大作用,因此工业革命会发生在英国。这个观点违背了历史,它在假想一个和平和自由贸易立国的英国无法从欧洲融入全世界的过程中受益。这是一个很奇怪的假设,因为像丹麦这样的欧洲国家确实从中受益了,而他们的海外殖民地琐碎而零散。瑞典、德国,还有奥地利也是受益者,也没有多少或根本没有海外殖民地。芬德雷和奥罗克希望制造一个为民族主义、军事主义和帝国主义辩护的观点,希望把英国的繁荣昌盛建立在海外军事扩张上,尤其是对亚非大陆的扩张。这也是大卫·兰德斯常常强调的观点。历史学家保罗·肯尼迪在 1976 年断然声明说:"很

---

① Findlay and O'Rourke, 2007, p. 336.
② Findlay and O'Rourke, 2007, p. 339.
③ Lebergott, 1985, p. 249.

明显,英国如果丢掉制海权,就会失去她的财富。"①这个断言,虽然数世纪以来一直作为英国传统的战略思考依据,却违背了基本的逻辑:"这个统一于一尊的岛屿……这个堡垒……镶嵌在银色的海水之中/那海水就像是一堵围墙……或是一道沿屋的壕沟/杜绝了宵小的觊觎。"一个带一点都铎时代风格的海军的英国,一个致力于海岸防卫的英国,也会在很长一段时间内享受独立——毕竟都铎时代的海军在神风的帮助下击败了强大的西班牙无敌舰队。木墙一直挺立到了19世纪中叶。而在与希特勒的战争中,耗费巨资建立的英国海军可怜地停泊在斯卡帕湾无所事事,它们没有阻止德国人的入侵;是英国人的智慧阻止了德国人,英国人发明了雷达并破解了德国海军的密码[尽管如此,密码破译者艾伦·图灵(Alan Turing)却在十年以后的英国反同性恋法律的镇压下被迫自杀]。风帆战列舰的过度武装,无畏舰的建造,以及航空母舰的出现,都是为了主宰棕榈树和松树还有福克兰群岛。但从经济角度来说,这般军力扩张的效果是有疑问的。英国的财富并不会因为失去制海权就岌岌可危。海洋霸权当然为帝国带来了荣耀,为玛格丽特·撒切尔带来了连任,却没有提高国民的收入。

芬德雷和奥罗克所使用的经济模型,无论正式与否,其实都是关于欧洲内陆的贸易以及与世界的贸易。一个贵格会的联合王国——虽然不符合1801年的事实,当时两万贵格党人被1630万激进的民族主义英国人所包围——会和历史上的英国得到同样的商品价格和贸易机会,会让通往阿姆斯特丹或勒阿弗尔的船只支付转运费用。曼彻斯特的棉纺织业的规模几乎不会受到影响,因为不管怎样,曼彻斯特都是上帝的选择,拥有无可比拟的纺织优势。唯有英国收件人的利润(我提到的"租值",超额利润,也

---

① Kennedy,1976(2006),p.87.

就是经济学家定义的利润)会有所降低,因为法国会通过参与棉花转运业务竞争分去一点利润。正如我所说的,如果在发明空调之前曼彻斯特一直都是纺织棉花的最佳场所,那么无论英国人在普拉西、魁北克、特拉法加或滑铁卢取得胜利与否,欧洲的经济大事件还是会发生在那里。法国饱尝了所有这些战争的战败苦果,然而米卢斯和里尔的棉纺织业却依旧繁荣起来——众所周知,以莫特波舒哀公司(Motte et Bossuet)1833年在里尔为例,法国从曼彻斯特引进了工程师和工人。①

欧洲在"航海家"亨利王子时代以后就向世界打开了大门。即使荷兰当时垄断了肉豆蔻贸易,它的价格还是越来越便宜。欧洲从对外贸易得到的好处间接地被所有购买热带物产的人体会到了。用经济学家的术语来说,这就是一般均衡贸易理论。帝国本不是必要的存在。因此,比利时在1830年独立的时候还不是一个帝国,却在潇洒地工业化;莱茵兰在同样的时期也发生了同样的事情,当时这片土地还是没有海外殖民地的内陆国家普鲁士的一部分。随着欧洲的帝国主义者和非帝国主义者在全世界的贸易扩张,无论是比利时还是普鲁士,都看到烟草、蔗糖、香料、香蕉、棉花及其他热带和亚热带物产的价格大幅下跌。从海外贸易中受惠的不仅仅是英国,还有整个欧洲。

简言之,英国的海外贸易并不能解释英国的独特性。把民族贸易与民族征服等同起来是古老的说法,虽然亚当·斯密和其后的许多经济学家早已经明智地反驳过(却没有说服太多政客和记者)。民族征服并没有造就英国早期的工业化,征服绝没有让英国的国民收入持续增长16倍。

不过,拒绝对外贸易是经济增长的关键引擎,并不是在否定对外贸易扩张的作用。一些商品——在19世纪末期出现在英国

---

① 玛格丽特·雅各布,私人通信。

人早餐桌上的香蕉是一个众所周知的好处,而原棉花自始至终都是最重要的商品——是无法在英伦半岛的气候条件下种植的,除非在温室里种。区域经济学家杰拉尔德·西尔弗伯格(Gerald Silverberg)曾经向我证明棉花的特殊性,因为从技术上讲,由于棉纺织业扩张造成的失业没有被本土与政治有紧密联系的行会工人感受到,而是被远在千里之外的印度人所感受到。当印度人的手工纺织业被曼彻斯特的机械化纺织业所取代,印度人失去了工作,挨饿甚而死去,印度人的累累白骨铸就了曼彻斯特的辉煌。① 英国手摇纺织机编织者("一门从不会失业的行当",这是前机械化时代的民谣)的失业被西尔弗伯格搁置了。对于西尔弗伯格的观点,真相是在英国,像瓷器和棉纺织品等贸易可以在行会把持的伦敦和诺里奇等大城镇以外的乡间地区扩张,行会之手伸不到那里。这个观点的问题在于,事实上欧洲一直有棉纺织品的替代物,比如羊毛和亚麻织物,法国曾严禁进口印度印花布,英国曾规定去世后必须穿用英国优质羊毛织成的寿衣,这些都是证据。而且,如果企业家观念在中国和印度开花结果,同样的场景可能会在那些国家上演,因为它们都有大量的国内原棉来源——在"一战"前及"一战"中的日本,尤其是印度棉纺织品的壮观扩张就是证据。在后者的岁月里,累累白骨或者领失业金的穷人是英国的曼彻斯特人和格拉斯哥人。

更重要的是,贸易让人民免予饥荒,就像英国的印度统治者在印度修建铁路时所认识到的。虽然阿马蒂亚·森曾经指出,只有在政府关心百姓的前提下,贸易才会产生这种有益的效果。比如1943年的孟加拉国大饥荒就是因傲慢的殖民政府毫不关心没有投票权的百姓死活所酿成的悲剧。不过,英格兰最后一次造成大面积死亡的饥荒还要追溯到莎士比亚的等级制度时代。让我

---

① Personal conversation, Dahlem Seminar, Berlin, Dec. 14, 2008.

们为古老的对外贸易祝福吧。

对外贸易无疑开启了一条思想碰撞和相互竞争的管道。由于打开国门对外贸易和受到自由思想的冲击,印度在最近取消了牌照制度。在1994年以后,你第一次可以在新德里买到家乐氏即食麦片,被赞美为毗湿奴。① 这样的效果无论如何都与帝国主义征服无关——日本在1868年以后的经济飞跃也再次证明了这点。日本打开了对外贸易大门,然后在数十年之后的西方帝国主义的鼎盛时期,受到"军旗所至贸易所至"(trade follows the flag)错误思潮的影响,竟摇身变成了一个征服者,先是击败俄国东方舰队,继而占领韩国和德国在中国的殖民地,再侵占东北和中国内地,最终入侵了东南亚的大部分地区。然而日本的所作所为,却带来了极为悲惨的经济后果。

我们不是在考虑英国关上贸易大门的情况,完全放弃餐桌上的香蕉,把棉花都制成内衣供应国内市场,在饥荒来临时也得不到任何小麦等不在我们的讨论之列。我们的问题是:在单纯的重商主义路线下,贸易是否如通常的文学作品里所歌颂的那样,刺激了经济增长呢? 很明显不是。贸易是否能作为塑造一个理想创新环境的次要因素呢? 也许吧,可是印度(我要再次提到这个国家)是18世纪以前世界最大的贸易网络的中心,却没有发明创造的能力。一个苏格兰判决似乎更智慧:不能证明。

以下是经济学家在陈述贸易、再分配、圈地、投资、充分就业等所有要素重组问题时所用的方法。把英国的在1780年的人均商品(衣服、食物、住房)和服务(金融、航运、医疗、教育、军事)产出设想成沿着两条轴线来衡量(回到高中时代的代数和几何)。1780年英国的生产可能性边界是一条沿着当时的英国政府可能

---

① Jordan, 1998. 她的导语是"印度玉米片制造商莫汉米金说,他要感谢家乐氏敲响了警钟,让他赢得了更多的业务"。

会做出闭关自守选择绘制的曲线,我们称为自给自足状态(见图1)。传统的静态点:效率低下、错误配置、机会错失,扰乱扭曲都在这条曲线的内部或者外部。注意那个"大规模失业"的点,那是一个愚蠢的点,因为你离开那里到曲线上就能获得更多的人均商品和服务产出。事实上,通过与外国进行贸易,你可以达到曲线外一点的地方,但对外贸易的条件只能让你向外走一点点。

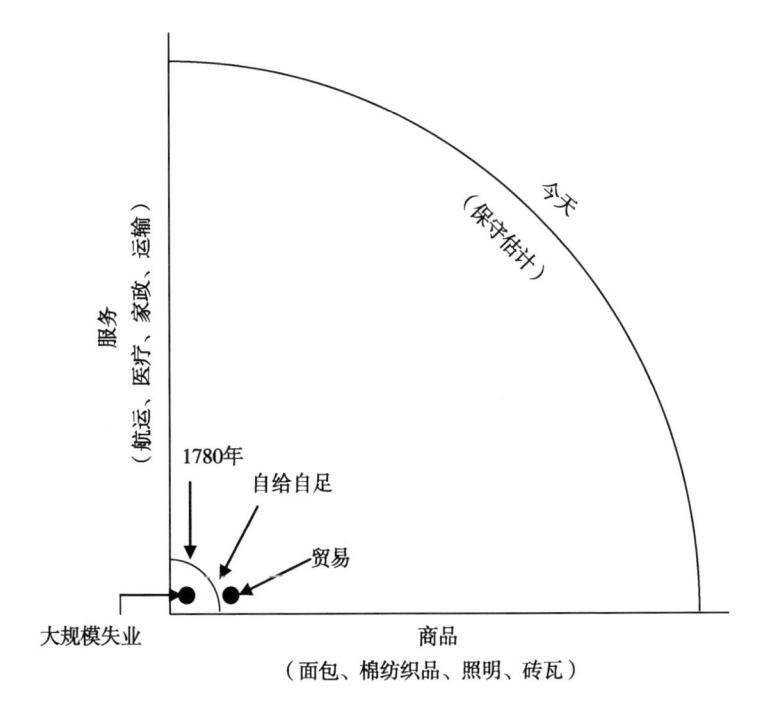

图1 仅仅像对外贸易或更优秀的劳动市场这样的再分配无法解释现代经济增长

这是好事。但是,我为何要把1780年英国的生产可能性曲线绘制成一条在原点附近揉成一团的可怜巴巴的曲线呢?答案是:为了在同样的坐标图上表现如今的生产可能性曲线,它必然是一条揉成一团的可怜巴巴的曲线。当今的人均商品和服务产出（平均）一定会 16 倍于当时的人均产出。当然，那就是 16 倍的含义啊。请记住，在现实中更像增长了 100 倍。

看一下这张坐标图，我们会发现，所有的静态效应论和几乎所有的动态效应论都没有任何机会解释现代经济增长究竟发生了什么。任何 1780 年或 1700 年的传统经济要素的静态改善都离当代的这条曲线相差太远，所以我们不能用静态的资源再配置来解释这个人类历史上最伟大的世俗事件。而且，若有人试图用"动态"积累来解释，他必须同时解释为何人类在这之前时代的资本积累没能带来同样爆炸性的结果。一个动态的解释——比如说，对外贸易能够诱发创新，而且其程度使得生产可能性曲线从 1780 年的规模外延到了当今的规模——是如此的动态，以至于它作为历史完全没有道理可言，至少在一个传统的少有语言和探索发现萨缪尔森经济学派里是如此。一些试图解释欧洲例外主义的模型建立在黑死病基础上，它们也面临同样的困境。当然，任何人都可以设计出一个模型来"解释"任何事情，但那是数学的真相，而非科学的真相。对于任何历史事件，我们都可以发明出无穷无尽的模型来。它们大部分都能适用于公元 213 年前的中国或者公元 1760 年的英国。煤炭、贸易、科学、理性，等等。让我们换一种方式来说，这类模型解释谈不上是解释。我们需要一个答案（并不是给一个答案），回答为什么是那个时候，为什么动态主义会赶上 18 世纪和 19 世纪的英国经济。笔者认为，要得出正确的解释，需要对企业家的尊严和自由进行科学关注。

第二十六章　奴隶贸易与英帝国主义对欧洲的影响仍然较小

上一章论证了对外贸易并不重要,顺着这个逻辑,对外贸易的一部分自然也不重要了,至少无法解释1780—1860年的80年里实际人均收入翻了1倍的现象,尤其无法解释之后百年里实际人均收入翻了16倍的大爆炸。以奴隶贸易(对外贸易里的)为例,它仅占英国或欧洲大陆贸易总额很小一部分,所以也不可能成为英国或欧洲繁荣的原因。经济历史学家斯坦利·恩格曼(Stanley Engerman)和帕特里克·奥布莱恩证明了奴隶贸易的所谓利润其实很低,这与约瑟夫·英尼科里的观点恰好相反。① 如果我们可以把一门微不足道的生意拔高到很重要的地位,那任何小生意也可以很重要了——我们又回到前述的黄铜产业造就现代世界的逻辑里。

历史学家大卫·理查森(David Richardson)是奴隶贸易方面的权威,他这样说道:"把贩奴业的收益(理查森进行了广泛的研究)与18世纪的英国投资总量相比较,我们会发现贩奴所得充其量只能支持英国很小一部分的工业扩张,几乎没有例外。"② 对于理查森煞费苦心收集到的真实贩奴情况,用经济学来解释就是当时的奴隶贸易没有行业准入限制,因此奴隶贸易的边际收益理所

---

① Engerman,1972;O'Brien,1982.
② Richardson,2003,p.512.

当然地无法超过正常的收益率。再者,由于从事贩奴业所需的技能和装备可以轻松地获得,所以边际内的"租值"也很低。正如在大航海时代任何武装帆船都能变成海盗船一样,当时任何商船都能变成贩奴船。其实,在自由的海洋上,任何船只都可以自行决定进入哪种劳动力或资本市场。到了1750年,几乎没有人能从奴隶贸易中获得超出边际利润的获利,不存在"租值"或超额回报。

在人人都可以从事奴隶贸易的情况下,从塞拉利昂内陆一直到查尔斯顿的奴隶市场的整个贩奴产业链上的超额利润都会被压榨干净。(顺便提一下,还有一条年代更为久远的贩奴路线:坦桑尼亚—伊斯坦布尔,那条路线的贩奴量不逊于或要超过大西洋贩奴航线,它有斯拉夫内陆庞大的贸易圈作为支撑。然而,无论是跨撒哈拉还是印度洋的奴隶贸易,或者黑海的贩奴生意,其"利润"却不曾在阿拉伯世界或奥斯曼帝国引发工业革命。)很多年以前,罗伯特·保罗·托马斯(Robert Paul Thomas)和理查德·贝恩(Richard Bean)就有力地证明了整条贩奴产业链上唯一能得到超额利润的似乎只有一些非洲人——那些当初在非洲内陆专事抓捕黑奴的黑人。① 是他们想出了这个极为聪明和可怕,也是获利丰厚的主意,以极低的成本捕获他们的非洲同胞并贩卖给阿拉伯人和欧洲人。

因此毫不奇怪,到18世纪末期,奴隶贸易的利润只占英国投资总额的很小一部分,更不用说总收入了。我们已经看到"英国总投资"仅仅为创新提供了空间,而不是创新产生的原因。资本原教旨主义不适用于20世纪的加纳,也同样不适用于18世纪和19世纪的英国。大卫·伊尔迪斯(David Eltis)与斯坦利·恩格曼在彻底考察了所有可能的影响因素后,在2000年得出结论说:

---

① Thomas and Bean,1974;and Bean,1975.

第二十六章 奴隶贸易与英帝国主义对欧洲的影响仍然较小

"如果我们把蔗糖业的增值和战略联系与英国其他行业进行比较,很明显蔗糖种植和奴隶贸易(再一次把蔗糖与奴隶制联系在了一起)的规模并不特别大,它们对英国经济体的其他部分也没有更强劲的增长促进作用。"①

人们难以接受奴隶贸易并不重要的这个事实,很大程度上是由于感情因素,因为我们总觉得贩奴可憎。(其实我们应该注意到,在18世纪以前,在欧洲的资产阶级神职人员尚未控诉贩奴之恶的时候,欧洲人普遍认为奴隶是非洲人天赐的不幸,并不把奴隶制视为一种罪恶。)我们富裕了,而民粹主义者用经济学上的零和理论和道德理论(如巴尼特在1972年),希望把我们的富裕归因于他人的贫穷甚或对他人的奴役上,或者把每一次的经济衰退都归罪于华尔街的"贪婪"。林肯在他的第二次总统就职演说里把这个观点表达得最为庄严:"可是,假使上帝要让战争再继续下去,直到250年来奴隶无偿劳动所积聚的财富化为乌有,并像3000年前所说的那样,等到鞭笞所流的每一滴血,被刀剑之下所流的每一滴血所抵消,那么我们仍然只能说,'主的裁判是完全正确而且公道的'。"撇开林肯的道德观不谈,他的经济学思想也是错误的。甚至在1865年,全美国的财富整体,如果不算南方的黑人地带,也和奴隶制几乎没有关系。

帝国主义是对外贸易的另一个部分,也被视为邪恶的东西,至少依据后帝国主义时期的道德伦理观是"很明显"的邪恶。然而我们却能证明,帝国主义对英国或第一世界整体的工业革命和经济增长也没有做出多大的贡献。诚然,西方和世界各地的左派总喜欢振振有词地宣称西方的富裕是以牺牲东方和南半球的代价换来的,但请读者理解,本书反驳左派并不是在颂扬或谅解帝国主义。本书的反驳是认为帝国主义是一种经济上非常愚蠢的

---

① Eltis and Engerman,2000,abstract.

政策。

　　最简单的历史证据是,工业化中的西方世界直到发明蒸汽机、蒸汽船、滑膛枪和机关枪之后才开始了帝国征战的步伐。这也意味着,西方是在工业革命之后才有了帝国主义,而非之前。正如戈德斯通(Goldstone)解释的:"西方的崛起并不是因为殖民主义和殖民政府,恰恰相反,西方的崛起(科技上的崛起)和世界其他地方的(相对)衰落才让西方列强有机会霸占全球。"[1]列宁在这点上也很正确:"帝国主义是资本主义的最后阶段。"注意,并不是第一阶段。

　　这种史观的现代推论是:西方的繁荣没有或极少建立在对第三世界的掠夺上。帝国主义的邪恶毋庸置疑,邪恶却未必总给恶人带来好处,也不是所有的罪行都会受到惩罚。我承认,这番推论挑战了许多反帝国主义思想的逻辑。在法国,这种不假思索的反帝国主义思想源泉之一据说就是哲学家莫里斯·梅洛-庞蒂(Maurice Merleau-Ponty)。雷蒙·阿隆(Raymond Aron)在自己的回忆录里抱怨说,当庞蒂在1947年写道:"'英格兰的道德和物质文明以殖民掠夺为前提'是不言而喻的真相时,他轻率地处理了一个尚未定论的问题。"[2]此外在1996年,索邦大学的一位哲学教师安德烈·孔特—斯蓬维尔(André Comte-Sponville)自称并不懂多少经济学,却在没有任何证据的情况下,仍然自信满满地宣称:"西方繁荣直接或间接地建立在第三世界的贫穷上,在某些情况下是西方利用了第三世界的贫穷,而在多数情况下导致了那里的贫穷。"[3]在另一方面,大卫·兰德斯(David Landes)虽然承认左派那一套西方繁荣源于掠夺的理论,却从政治上摒斥"那些认为西方通过征服和剥削获得优势的人"。他先是采纳了左派的观点,

---

[1] Goldstone,2009,p. 69.
[2] Aron,1983(1990),p. 216.
[3] Comte-Sponville,1996(2001),p. 89.

再呼吁胜利者成熟起来,坦然面对这段历史。兰德斯说:"对于这种历史悠久的反帝国主义论调,我只能说,这就是世界过去的历史,不存在什么'好'与'坏'、'正义'与'非正义'的道德评价。"①就像强权政治一样,习惯就好。

我们可以比庞蒂、斯蓬维尔或兰德斯做得更好。英国搞帝国主义的初衷为了保护英伦半岛与印度之间的航路,我们却能够证明印度本身丝毫没有从经济上为普通英国人带来好处。因此,帝国主义从国民经济的角度看站不住脚。等到维多利亚继位印度女王的时候,像印度的克莱芙(Robert Clive)(1725—1774,1757年普拉西的胜利者)和沃伦·黑斯廷斯(Warren Hastings)(1732—1818)这样的强盗富翁早已过世很久了。到1877年时,英国人已经找不到赤裸裸抢劫的机会了。(克莱芙如此评价他的劫掠良机:"以上帝的名义……我惊讶于自己的克制。")与克莱芙和黑斯廷斯同时代的威廉·考珀等,尚可以像埃德蒙·伯克(Edmund Burke)那样抱怨那些暴发户的丑闻,"在国内行窃会被绞死;但是欲壑难填的他把贼手伸向印度的财宝,却得以逃脱制裁"②。只是,诸如此类的强盗行为并不能解释英国的繁荣。克莱芙的确家缠万贯(短暂地),但以全英国的财富来衡量,像克莱芙这样的财主倾其所有,其财力也仅占大英帝国财富的很小一部分。克莱芙的资本不超过100万英镑,不到当时大英帝国每年1.15亿英镑的国民总收入的1%。我们再把资本换成收入来进行对比,比如说100万英镑的投资会带来大约每年5万英镑的回报,

---

① Landes,2006,pp. xvii—xviii. 对比 Landes,1998(p. 19),他很有特性地捏了捏新的"多元文化世界"的鼻子,发现它很难与欧洲中心论所取得的成就和转变协调一致,于是骄傲地称其观点在政治上不正确。在另一方面,他用了许多雄辩的篇幅来证明西班牙和葡萄牙几乎没有从新世界和印度洋掠夺到什么财富。

② Cowper,1785,*The Task*,book 1,"The Sofa".

这只占英国年国民收入的 1/2300。① 在 18 世纪的欧洲社会里，这样的收益对个人是了不起的财富，约与君主的收益相当。然而从数据里我们也可以看到，掠夺的财富只占英国国民财富的很小一部分。实际上，到 1877 年时东印度公司早已解体，它在 1857 年印度的第一次独立战争之后就失去了治安权，继而在 1871 年整体倒闭（荷兰的东印度公司早在 1798 年就因濒临破产而被收归国有）。和一个要承担责任的政府相比，私人企业是一个更适合掠夺的制度。在 1857 年到 1871 年这段岁月里，东印度公司的董事们无疑会处心积虑地寻找一切获得超额利润的机会，而就连他们也无法搜刮到太多财富了。

英国在 1771 年、1871 年，甚至 1971 年都在与印度做生意。然而贸易就是贸易，和掠夺毕竟不同，这与马克思的不平等贸易概念相悖。［另一位马克思——格劳乔·马克思（Groucho Marx），在大萧条的 20 世纪 30 年代用无与伦比的智慧拒绝了一位马克思信徒，据传这是他的原话："乔治，我不能给你工作……因为我不愿意侵犯你的马克思主义信条而'剥削'你。"］诚然，即便是一位经济学家，在买下一栋住宅的时候，她也会带着一点民粹主义的基调，认为卖家剥削了自己。因为她是个好人，卖家为什么不能便宜数千美元把房子卖给她呢？她当然会下意识地认为房产中介是一个窃贼。把这种感觉付诸现实的就是苏联（在这个问题上，亚当·斯密也罕见地犯了迷糊），苏联人在计算国民收入的时

---

① 18 世纪中叶的国民总收入从麦迪森计算的 1700 年和 1820 年的人均实际收入（美元）数据的中位数（Maddison, 2006, p. 264）和同样年份（p. 241）他的人口估计的中位数所估计得出。然而我把这个名义上的世纪中叶数据和 1700 年的数据的比例应用到了麦迪森版本的格利高里·金（Gregory King）的 5400 万英镑数据（1688 年）（p. 395），单单计入了英格兰和威尔士，提供了一个下限 1.15 亿英镑。我公开承认关于克莱夫的财富数据来自维基百科（例如，以资本的 5% 租金计算他的 2.7 万英镑印度免役租，再加上 30 万英镑以及维基上推断的 7 万英镑）。这方面的专家，康奈尔大学的 Santhi Hejeebu 向我保证这个数据的尺度是正确的。

候把房产中介的价值算为零。无论如何,买房的经济学家有一个成熟的企业家心态,能够自我修正和拥有更广阔的企业家视野。正是这种心态造就了现代经济增长,并在今天让印度走向富裕。

在1871年,孟买向邓迪出口黄麻,曼彻斯特向加尔各答出口印度腰布。如果印度当时是一个独立国家,诸如此类的贸易本可以实现或多或少的平等条款。再考虑到莫卧尔帝国晚期的混乱和18世纪所有欧洲列强都具备的短暂军事优势,以及缺少民族感的印度分裂成数十个城邦小国的现状(和其他地方一样,印度民族主义概念正是在对抗帝国主义过程中形成和崛起的),当时的印度若成为法属而非英属殖民地,会比彻底独立更好些吧。假如印度是法属殖民地,就会通过马赛进行贸易,相应地,邓迪(苏格兰港口)就不太可能成为一个热闹的制造中心,彼时的邓迪利用帝国的黄麻制造麻袋出口到印度。于是,邓迪的一些苏格兰百万富翁们将被迫另觅发财机会,而法国百万富翁会取代他们的地位,比如敦刻尔克的商人。普通的邓迪工人会前往其他地方谋生,进入苏格兰、英格兰或肯塔基经济体系的其他行业,但从百分比看,他们所受到的损失要小于百万富翁。

再者,如果帝国主义果真让印度服从英国利益,为何19世纪末期英国会允许印度的棉纺织业扩张呢?"由于英国绝不会允许印度和它竞争,所以一般人认为印度的工业不可能发展起来。"经济史学家奥姆·普拉卡(Om Prakash)写道,"印度的棉纺织厂的发展史似乎自相矛盾:它对抗的是英国最重要的、最侵犯性的,也是政治上最强大的一个行业,然而它依然茁壮成长。印度棉纺织厂的快速扩张只在1870年以后出现,而到1910年印度业已发展成全世界最大的工业体之一。"这预示了"一战"后英国工业的大幅衰落。[1](日本棉纺织业也有类似的发展史,从而又一次揭示了

---

[1] Prakash,2003,p. 32.

"幼稚产业论"的幼稚,这种理论在 19 世纪的德国和美国十分流行,认为晚近工业化的国家无力对抗曼彻斯特的力量。)

即便英国与印度之间的贸易含有某些前者剥削后者的成分在内,双方之间的贸易额也小于英国与发达国家比如法国或德意志帝国,或美国的贸易额。更何况,没有任何证据表明英国在剥削印度,事实上也不太可能。安格斯·麦迪森在 1899 年推算过,英国向印度出口了价值 1.53 亿美元的商品(不包括服务业和债券),约占英国商品出口总值的 9.5%。同期英国向欧洲和美国出口了 7.28 亿美元的商品,接近于对印度出口额的 5 倍。即使我们把范围限制在制造业(例如,排除来自南威尔士的锅炉用煤),英印贸易也远不及英国向一些本身就是出口大国的国家(欧洲大陆和美国)的一半,仅仅占了英国全部制造业出口的 14%。[①]

通常这类话题会归结到英国"吸干"印度的资源上,比如说印度对英国有贸易顺差,出口大于进口。我们要注意,根据严格的重商主义理论,就像日本在之前一个世纪里所做的,贸易顺差应该是好事而非坏事。"吸血理论"(drain theory)颇有点道理,因为日本出口丰田汽车的价值超过进口大豆的价值,日本消费者实际上处于不利的地位。日本民族也处于不利的地位。如果日本为了平衡国际收支而在美国大肆购买资产,同时美国开动印钞机,用贬值的美元(贬值了一半)进口日本的产品,那重商主义国策本会对日本造成更严重的伤害。或者就像日本人当初购买洛克菲勒中心的案例,这笔投资是彻头彻尾的失败。整个 20 世纪 70 年代,美国人都歇斯底里地反对日本制造的大举入侵,而在此之后,日本消费者和投资者遭受的所有不幸似乎都成了被人遗忘的过眼烟云。中国啊,要吸取日本的教训。相应的,有人也许猜想,印

[①] Maddison, 1965, tables A1 and A3 (exports f.o.b. from/to at current prices), pp. 426 and 430.

度在1900年出口黄麻和棉花,会被视为国家资源的流失,甚至连铁路机车与钢铁的进口也无法补偿。只是,根据安格斯·麦迪森(Angus Madison)的详细计算,这个数字约占印度总收入的1%,同样(在"一战"前)约占英国总收入的1%(英国的人均收入当然更高,但是他们的人口当然更少)。①

无论如何,"吸血"的概念总是有些让人感到怪异。有一个版本的"吸血"理论认为,英国在印度的驻军和殖民政府对印度人民造成了负担。但是任何政治体系都需要军队和政府,所以我们不太理解为何英属印度政权会如此招人反感。所以说,除非我们假定英国利用对印度的统治来获取经济上的优势(还有待证明),否则这种"吸血"理论是不成立的。"吸血"理论还有另一个版本,是从单纯国际收支平衡角度来考量:印度人把因贸易顺差获得的黄金白银存在了英国的银行账户里,拿到的是英镑和先令。问题是,除非出口货物是英国简单地从印度窃取的,方可称得上"吸血",而在早年征服印度时代过后,就再也不曾发生过类似的事情了。即便在征服时期,也未必定是单纯的劫掠,我们有沃伦·黑斯廷斯(Warren Hastings)一案可以作证。印度的情况和20世纪70年代的日本有所不同,当时重商主义的日本政府一味追求出口,无视对日本国内消费者的伤害,而曾经的英国公司的印度债权人却能要求得到全额偿付。

现在让我们考虑两国之间的贸易差额,也就是商品和服务交换的数量,或出口总值减去进口总值。印度从英国进口的不单纯是商品,还包括各种服务,比如保险。印度的整体收支,也就是商品和服务交换数量加上资本和货币核算,必然是平衡的,而且会精细到最后一分钱。你得到一件货物,除非是偷窃得来的,否则必要付出相应的报酬。至于报酬,或者是先前的劳动所得,或者

---

① Maddison,2007,p. 122.

是从银行借来的。不论哪种情况,你的整体收支——支出的美元减去收入(赚的加借来的)——必然始终都是零。这是会计核算,不是经济学问题。从会计角度来说,这个等式始终成立(无偿支付——礼物或赃物——或可被归为善意或恶意"服务"里)。所以,当印度向英国出口茶叶,印度人就进口到了英镑。得到英镑的印度企业的老板、企业的供应商,以及企业的工人就有钱来消费,部分用来购买英国的商品比如钢铁或靴子。如果这些印度人(或其他与茶叶出口无关的印度人)没有把出口收入全部消费掉(无论是购买英国还是其他地方的商品和服务),他们就以英镑现金、银行账户、期票或黄金的形式持有这些收入。印度人可以自由消费,可以自由购买英国商品,也可以选择不购买英国制造。不管怎样,他们手中的剩余货币并没有因为他们的选择而变成有害的"吸血"。

让我们再举一个例子,考虑一下你自己的收支平衡。当你向你的老板"出口"的劳务要超过你从老板处得到(或"进口")的劳务时,从你的角度看,在老板和你之间就存在一个贸易顺差,但是你感觉到被老板"吸血"了吗?你当然更喜欢不用出卖劳动就得到食物和住处,就像在英国人"统治"时期,那些靠打板球打发日子的莫卧尔皇帝和小太子党们过的不劳而获的生活。但是,在一个商业世界里,你并没有被老板吸血,你得到工资,然后在商店消费掉。(你和商店之间也存在"吸血"关系吧,商店对你的"出口"超过"进口",难道你不是在掠夺商店吗?)或者,你可以效法印度人,他们把英镑换成金项链保存在圣城普什卡,或者以现金形式存放在伦敦的银行里。世界处处充满着类似的"吸血"关系,你和邻里之间,伊林和汉普斯特德之间都是如此。所有的交换,无一例外都存在可耻的剥削剩余。所以我说"吸血"理论"怪异"的地方正在于此。

总之,英国市民并没有从大英帝国的崛起中获得半分好处。

然而在1876年,维多利亚女王乐意成为女皇,首相迪斯雷利也乐意为她奉上一顶皇冠,于是"印度帝国"诞生了(同年500万印度人死于饥荒)。

再举一个例子,英国在1814年夺取了开普敦及其附近地区,这对保护印度航路有着十分重要的意义。从直布罗陀到阿富汗,从1869年的埃及到今天的埃及,帝国进行了许多次这样的征服。然而就像征服印度那样,这些军事冒险并没有为大英帝国带来许多好处。诚然,一些像塞西尔·罗德斯(Cecil Rhodes)这样的英国冒险家从南非赚到了数不尽的金子,而罗德斯也绝不是掠夺最多财富的冒险家,但这并不意味着普通英国民众也赚到了这么多钱。1755年,早在欧洲演变成帝国主义之前,卢梭就写下了这样的名句:"至少可以肯定的是,最受压迫、最不幸的人民,乃是征城略地的国家的人民;他们的胜利只不过增加他们的灾难。"① 维持大英帝国霸权的代价和成本几乎全部落到了英国本土人民的头上。(一百年以前,英国本土也同样承担着维持第一大英帝国霸权的成本。北美殖民地拒绝为帝国抵御法国和印第安人纳税是一则众所周知的公案。)在1877年到1948年,英国本土纳税人为帝国国防承担了一半的海军开支,这毫无疑问抵消了很大一部分海外获得的国民总收入。② 是英国本土纳税人为英帝国与布尔共和国的第 次战争(1880—1881,失败但战争支出很低)和第二次战争(1899—1902,战胜但付出昂贵代价)埋单;是英国本土纳税人为两次世界大战中英帝国的战事埋单;同样是英国纳税人,为18世纪保护牙买加糖业和19世纪英国工程公司在印度的特惠权

---

① Rousseau,1755,p.20.([法]卢梭:《论政治经济学》,王运成译,商务印书馆1962年版。——译者)

② 关于这个数据,最权威和最常引用的是 Davis 和 Huttenback,1988。奥布莱恩和普拉多斯在1999年完成了所有帝国的数据计算,奥夫(Offer)在1993年提供了反证,埃德尔斯坦提供了平衡的例子,见 Edelstein,1994b(see table 8.1,p.205)。

埋单。为了大英帝国,英国人民不仅付出了金钱,还付出了生命的代价。第一次世界大战中,80万英国人战死;第二次世界大战里,38万英国人战死,并且英国还丢掉了全部的海外殖民地。伟大的英国民众一次又一次地为大英帝国付出了代价。

大英帝国自诩的对英国人民带来的好处又在哪里呢?实质上没有任何物质上的好处。英国人的餐桌上多了香蕉(如前所述),但他们通过自由贸易也可以获得。瑞典人就是这般做法,他们通过伦敦或阿姆斯特丹得到香蕉,或者在贸易并不完全自由的情况下,成本会稍微高一点。英国人出钱上了普通民办学校,让无业的笨蛋找到了工作。英国人看到全球1/4的陆地都飘扬着英国旗帜,全世界都仰望英国,他们从中得到了极大的愉悦感。这是超出物质层面的精神感受,或许这才是最重要的因素吧。

从经济上和物质上来说,帝国主义无用。对晚近英国经济增长做出绝大贡献的还是远远超越南欧的公民识字率、超越德国的工业和金融创新传统,以及远比俄罗斯自由的使得创新精神发扬光大的社会制度。在以上三点之外,最为重要的因素莫过于英国在全世界率先接受了企业家的精神,在这一点上,只有17世纪的荷兰人和弗吉尼亚州北部的英裔美国人能让英国人甘拜下风。让我们看看历史数据和收入增长的幅度,英国的国民收入总值中大部分来自国内收入,对于所有国土面积大于卢森堡和新加坡的国家来说,都是如此。那些来自海外的收入中,大部分都是互惠的贸易和借贷所得,与帝国霸权无关——比如英国在美国和阿根廷等地的投资不亚于在帝国境内的投资,却没有证据表明帝国内的投资能带来特别丰厚的回报。[①] 英国在1776—1783年、1899—1902年,还有在1947年都曾忧虑失去了帝国领土后该怎么办。但问题是,普通英国人的生活在失去这些殖民地后从此变得更糟

---

① Edelstein,1994a.

第二十六章 奴隶贸易与英帝国主义对欧洲的影响仍然较小

了吗？绝对没有。在1783年失去殖民地后，英国的人均收入迅速提高，这样的提高在1947年后又发生了一次，而且在1902—1914年，英国耗费巨资强行把布尔共和国留在帝国疆域内，同期英国的人均收入增长却陷入了停滞。时至今日，英国不幸丧失了海外的全部领土，全球1/4陆地易帜，但英国的人均实际国民收入却远非昔日可比，而且位居世界前列。2007年，在经过购买力平价调整后，英国的人均收入还要略高于法国、德国和意大利。当然，排在英国前面的还有曾经被狠狠剥削的殖民地中国香港、新加坡、爱尔兰、加拿大以及美国。帝国的崛起造就了英国经济增长的井喷吗？绝对没有。实际上，在19世纪90年代和20世纪初，在帝国最为骄傲的时期，大英帝国挥军向苏伊士的东方和西方挺进，当时，英国的人均实际收入的增长速度却显著慢了下来。

第二十七章　无论是国内外的掠夺都不曾让普通欧洲人受惠

　　同样的计算和尺度也适用于其他国家的帝国主义。比利时国王利奥波德二世（King Leopold II，1865—1909 年在位）是一个无情掠夺刚果资源的大盗。他利用特许经营商人和他们的土著士兵夺走了数十万刚果人的粮食，让刚果人挨饿、屠戮不顺从者，并且奴役他们，逼迫他们从树上采集橡胶，以几乎零成本的代价转运到欧洲高价出售。但是这位国王的罪行为普通比利时百姓带来了什么好处呢？难道比利时人的收入增长是因为这块很小又很晚才获得的帝国领土吗？或者准确地说，难道依赖于国王个人的收入提高吗？利奥波德二世把大部分的收入都用于在比利时和法国南部大兴城堡，根本没有为比利时人带来好处。比利时的国民收入增长主要依赖头脑和力气，从 19 世纪早期开始，国内的煤矿、铁矿和炼钢产业成为比利时人的主要收入来源，而这些行业兴起的背后则是从 16 世纪以来在比利时南部低地出现的企业家精神。

　　1904—1906 年，德国人在他们的非洲西南部殖民地（今纳米比亚）与非洲土著进了两场小规模战争。在 1904 年 10 月，洛萨·冯·特罗塔（Lothar von Trotha）将军发布了一份种族灭绝令："在德属领地内，所有赫雷罗人（今纳米比亚人），无论武装与否……格杀勿论。"①德国的这次种族屠杀应该是他们早年的种族

---

①　Pakenham，1991，p. 611.

清洗试验,为后来20世纪40年代的种族大清洗做了铺垫。在两年时间内,75%的赫雷罗人被屠戮或饿死。但问题在于,从经济意义上讲,对赫雷罗人的种族灭绝没有为德国带来任何好处,最根本的原因是,德国把西南非洲纳入帝国势力范围的做法从一开始就没为德国带来经济利益,"德属西南非洲的财产只有岩石和沙土,为了维持殖民地(甚至在战前)就耗费了德国纳税人42.5万英镑"①。

所以,所有对非洲领土的争夺几乎都对帝国经济没有好处,对波利尼西亚、亚洲甚至新世界的争夺也同样如此。我要再次指出,荣耀一时的西班牙和葡萄牙帝国最终让这两个国家成为全欧洲最贫困的国家。被殖民的民族沦落为统治者的奴隶,就像国王利奥波德开创的特许经营制度对刚果人民所做的那样,后来又被法国在它们统治的刚果地区所仿效。即便如此,只有一小撮人能从断手的民族和荒芜的地区获益。举一个抢劫便利店的例子,当劫匪杀害了便利店的员工,他得到了45.56美元,而员工失去了生命,他的获益不过45.56美元而已,杀害员工没有为他带来任何经济上的益处。欧洲的帝国主义也是同理。

独立的荷兰人通过与荷属东印度的香料贸易而繁荣昌盛,有关这一点,穆尔塔图里(Multatuli)②在其名震一时和影响力深远的早期反帝国主义小说里就解释过了。这本写于1860年的小说《马格斯·哈弗拉尔》(*Max Havelaar*)可以媲美《汤姆叔叔的小屋》(1852)。从1830年到1870年,荷兰当局强迫爪哇人生产咖啡、糖、靛青,以极为可笑的低价进行收购。这是为了满足荷兰的财政需要,当时荷兰政府有1/3的财政收入从这个渠道获得。③然而到了1913年,荷兰却把历年强征积累的财富投入到了海军

---

① Pakenham,1991,p. 602.
② 穆尔塔图里(Multatuli,1820—1887):荷兰小说家,散文家。——译者
③ Emmer,2003,p. 391.

建设和军事征服上。第一次世界大战以后,兴许是饱受内疚折磨的缘故,荷兰人在殖民地的"政府投入国防('防卫'日本,更可能为了维稳,以防止印度尼西亚人叛乱)、教育、公共健康"的资金大幅增加。① 荷兰伤害到了印度尼西亚人,虽然在他们的例子里,很可能不如刚果那般的恐怖,不过如果换作本土统治者,或其他欧洲帝国来统治,也未必会为普通人带来多少好处。安格斯·麦迪森写道,在荷兰帝国里,"帝国对殖民地的控制通过层层欧洲官僚系统(在1870年后是企业家)实现,远在欧洲的官僚就像看门狗一样,耗费大量时间监视殖民地政府,而后者表面上的尊严和权力掩盖了其作为荷兰傀儡的本质"②。到了1931年,在这场游戏的最后,印度尼西亚定居了大量荷兰人,占了当地全部人口的0.4%。这个数字听起来很小,但要8倍于英国士兵和官员占其统治的南亚地区的人口比例。而且,印度尼西亚的荷兰人与荷兰本土人口的比例要远远高于英国的相应比例。在帝国没落后,荷兰前殖民地官员在荷兰社会和文献中都占了重要的地位,相比之下,英国的印度殖民官员在英国的影响力则远远不如前者。

  对于荷兰本土人民来说,多数人并没有享受到帝国的好处,尤其在19世纪更是如此。一方面利润丰厚的香料贸易被常规化了,另一方面也受到很多不幸的竞争事件影响,比如在遥远的非荷属的桑给巴尔,那里的人们开始种植丁香。1661年、1861年或1931年的殖民地阵痛并没有造就欧洲的繁荣——只让一些人发家致富罢了,比如那些荷兰皇室成员。对于普通荷兰海员或农夫来说,他们的工资水平在1661年、1861年或1931年没有任何变化。欧洲劳动力的供应和需求决定了实际工资水平,它并不依赖于帝国从香料贸易中的获利,充满魅力的香料贸易充其量只占欧

---

① Emmer, 2003, p. 392.
② Maddison, 2007, p. 137.

第二十七章 无论是国内外的掠夺都不曾让普通欧洲人受惠

洲人消费的微不足道的一部分。

我们可以再举一个例子。丹麦曾拥有格陵兰岛、冰岛还有其他一些分散的岛屿,可谁会说是帝国疆域的扩大让丹麦农夫成为欧洲的黄油商人呢?没人会这样认为。丹麦农夫会有这个地位,是因为他们从17世纪晚期开始获得了自由和产生了企业家精神。当然他们的自由精神受到了来自帝国的镇压,丹麦皇室为了维持君权神授统治而对自由加以攻击。若我们从一个整体来考虑法国,则法国从统驭非洲的贫困穆斯林和越南的佛教徒中间获得了多少好处呢?这是值得怀疑的。法国的经济成就是法国法律、法国风格、法国劳工、法国银行、法国教育、法国创作,还有法国社会对思想的包容造就的。

传统看法倾向于把欧洲的工业革命归功于从1490年到1950年这数百年间欧洲的海外扩张和全球征服。这种看法或倾向是由于对征服与繁荣之间逻辑关系的混乱造成的。关于这点,我在先前评价兰德斯、肯尼迪、戴蒙德、芬德雷、奥罗克、巴尼特(以及许多其他值得敬仰的学者)的主张时已提过。它来自对于时间相关性的粗糙理解。我要再一次说,这是犯下了"后此故因此"(post hoc)的逻辑错误——或者是"同此故因此"(dum hoc)错误。诚然,英国在缔造全球霸权的同时,经济也十分繁荣,但问题在于,在至关重要的工业化纪元,也就是18世纪80年代,恰是英国失去了其第一帝国的年代,也是它尚未建立成就其第二帝国荣耀的那个公司的年代。有人会举出德川幕府时代的日本来作为帝国论的反例,反驳说当欧洲人开启海洋时代的时候,日本由于没有海外贸易和海外征服而无法取得经济的飞跃。但是,如果日本人在1603年而非1868年就接受了欧洲思想,特别是欧洲的企业家精神,就算没有殖民地也不影响他们的繁荣。日本在工业化开始后才向外开拓,占领了朝鲜、中国台湾和满洲里作为殖民地。那些帝国论者还会说,欧洲以外的文明——比如德川幕府时代的日本和清王朝统治下的中国——没有殖民的动力,所以也无从得到帝国霸权带来的无与伦比的优势。欧洲人可以轻松殖民美利坚,因为征服者和渔夫将麻疹和天花带到了大洋彼岸,但他们在征服印度或印度尼西亚时就不那么轻松了,至少无法通过疾病传染的方式实现。彭慕兰认为,当时的中国缺乏可轻松殖民的海外疆域来供应像棉花这样的原材料等。不过就像彭慕兰观察到的,中国在1750年的棉花产量很可能雄踞世界第一,他们何苦偏要征服印度呢?

问题在于,中国和日本可以不经过殖民,甚至不通过环球贸易就能实现工业化,但是工业革命却没有发生在这两个国家。彭慕兰认为中国的政治联盟不屑于海外贸易。这个评价很中肯。在经历了15世纪初叶昙花一现的郑和下西洋后,中国就开始了闭关锁国的历史,但是这背后实际包含着深层次的障碍——轻视商业的习俗——阻碍了中国的快速工业化进程。戈德斯通或许不同意彭慕兰的看法,他认为中国没有远洋的动力,所以中国的大航海进程到印度洋就戛然而止了。对商业的鄙视,以及在独断肆意的政策中贯彻这种鄙视的能力无论如何都是非常明显的,就像明朝会奇葩地禁止所有沿海地区的经济活动,只为了让日本海盗没有补给之地。很长一段时间内,外国商人只能在南方的广州(或者按西方人的叫法:Canton)和北方内陆的恰克图进行交易。恰克图与俄罗斯接壤,与广州相距约2500英里。这个距离就好比欧洲人只能从欧洲南部的加迪斯和北部的圣彼得堡两个地方做进出口生意一样。再一次,中国的大一统的政治体系起了作用。西班牙人当然希望把塞维利亚和后来居上的加迪斯作为与新大陆贸易的唯一两个港口,但是这样一来讨厌的法国和英国就没有了出海口,于是英法两国把勒阿弗尔和布里斯托尔打造成了前往新大陆的贸易港。后来,他们甚至放肆到时不时地夺取加迪斯和焚烧西班牙船只。

所以，所有西方富裕建立在掠夺东方和南方财富基础上的理论证据都破产了。富裕国家之所以富裕，主要因为他们国内的成就，不是因为过去或现在的对外贸易、对外投资、海外帝国，或任何的国际因素。只有一个例外，就是接受外国的思想，比如引进中国的发明和新世界的农作物。假设第三世界国家一夜之间被魔术变到了另一个星球上，就像厄休拉·勒吉恩（Ursula Le Guin）的小说《一无所有》(*The Dispossessed: An Ambiguous Utopia*, 1974)里描绘的双子星那样。当然短期内会面临极大的混乱，但从长期来看，第一世界的经济体几乎不会注意到第三世界的消失。只是西方经济会自行调整，就像他们在 2008 年时一度把油价调整到 150 美元/桶，或者在 1833—1840 年废除英国奴隶制，或者在 1537 年罗马教皇决定把美国本土印第安人作为有灵魂的生物对待那样。"二战"后唯一在枪炮和坦克支持下还能瓦解的帝国就是俄国，那是一个例外，也是一个失败。正式或非正式的帝国（请算上美国）整体上没有让本土致富。被东欧锁住的苏联，其人均收入增长得十分缓慢。如果当初奇迹出现，使 1945 年的苏联采纳了西方的企业家尊严和自由，那情况一定会好很多。让我们对比一下民主德国和联邦德国，实际上这就是一个对照实验：1991 年民主德国工厂的劳动生产率仅为联邦德国工厂的 1/3。①

换言之，我们不能说富裕国家的繁荣建立在剥夺穷国的基础上。但这并不是说富国没有剥削穷国，英国、比利时、法国，还有西班牙和葡萄牙，还有美国的帝国主义对被殖民的人民来说毫无疑问是不幸。这是一个另外的问题，答案也常常显而易见。例如，比利时的帝国主义对刚果人民是场可怕的灾难。罗格·凯斯门特（Roger Casement）在 1903 年记录了刚果人对利奥波德的特许经营制度的控诉："在我们的国家，每个村庄都必须贡献 20 桶

---

① Ardagh, 1991, p. 448.

橡胶……我们没有工资,他们没有给我们任何回报……我们曾每月耗费 10 天时间采集 20 桶的橡胶——我们一直在丛林里寻觅橡胶藤,没有食物……然后就面临饥荒。疯狂的野兽——利奥波德的手下——会在我们在丛林里干活的时候猎杀我们,侥幸逃脱的人要么迷失在丛林里,要么死于饥饿。我们乞求白人不要再打扰我们……但是白人和他们的(黑人)士兵说:滚,你们本身就是野兽。"①

还记得前面便利店抢劫的例子吗?野蛮的帝国主义,或西方仰仗暂时的科技领先用枪炮打开国门的做法,或者西方过于执着地追求海外征服常常对世界其他地区的人民带来了深重灾难,这当然是无可辩驳的事实,但从逻辑上来讲——或者说是 1492—1960 年的大多数历史事实——并不意味欧洲肇事者国家的普通公民因此致富。

以南非不幸的种族主义历史为例。南非在 20 世纪还禁止黑人接受教育和拥有土地,禁止有色人种在某些地区居住,但这些种族隔离措施在整体上并没有让南非的白人受益。这和伊斯兰世界禁止女人识字和驾车并没有让男人受益的道理一样。在 1948 年,正当南非的种族隔离制度逐渐达到全盛时期,小说家艾伦·佩顿(Alan Paton)代表有进步心态的白人写道:"地球资源足够所有人享用……某些人得到更多资源并不意味着其他人就得到的少了。"保守派阵营反对这种自由主义的言论,但保守派的反驳总是围绕政治体制以及统治集团打转,"这是一种危险,因为工人收入更高后,将会……阅读更多、思考更多、提问更多,且不会满足于永远没有话语权和处于社会底层的状态"②。不过我们在这里讨论的是经济学,而非无利可图的霸权主义的乐或悲。

---

① Quoted in Pakenham,1991,pp. 598-599.
② Paton,1948,p. 71.

差不多从1917年开始,南非对黑人和有色人种的拘束被认真理论化了。一直到1994年南非建立民主制,南非白人的人均实际收入每年增长约2%。① 这个增长率很可观,但谈不上非常规的高速增长。在这样一个增长速度下,人均收入每隔35年就能翻一番,这是一件可喜的事情,约相当于美国自18世纪以来的增长速度。但这和瑞典、日本或韩国的经济奇迹相比就自惭形秽了,与中国和印度在近年来7%—10%的人均实际收入增长也相去甚远。从数字上看,2%不能证明白人通过压榨或剥削非欧洲裔劳动力的方式实现极大富裕。

让我们拿一个相近的例子作为对比。1917—1994年南非白人的人均实际收入的增长速度要高于澳大利亚。澳大利亚国内并没有一个庞大的族裔群体可以被压迫。据说欧亚疾病灭绝了大半澳大利亚原住民,那些幸存下来的原住民直到20世纪30年代还在被醉酒后的西方人猎杀取乐。但没有人会认为这种猎鹿人游戏是澳大利亚繁荣的基础。在澳大利亚,人人都努力工作,"剪羊毛,孩子,嚓、嚓、嚓"(澳大利亚民谣《剪羊毛》)。大部分欧裔澳大利亚人并不是骑在马背上对黑人颐指气使[非洲的普通白人一直到20世纪都以监工(die base)作为默认职业]。南非白人的人均实际收入增长率也要比新西兰人高,而在新西兰,欧洲人的确奴役着一大批毛利人原住民,虽然在数量和程度上都无法与南非相比。但是加拿大和爱尔兰的白种人的收入增长速度和南非白人相当,而前者并没有可以剥削的阶级。其他国家完全没有一个可供奴役的种族群体,可以用相当低廉的工资从事采矿业或家政服务,比如意大利、希腊、芬兰、韩国就是这样,而这些国家的收入增长速度要高于南非的白人特权阶级,要知道南非白人还有所谓的特权利益呢。压迫人民是邪恶的,不过即便不是绝对,一

---

① Feinstein,2005,p.11,fig.1.3.1.3.

般而言,压迫制度只对一小撮权贵阶层有利,对那些所谓高等民族里的普通民众没有好处,甚至会伤害到那些人的利益。

压迫当然能使压迫者阶层中的一些人从此过上养尊处优的生活,比如那些处于金字塔顶层的权贵们,只有唯事功论才能解释他们为何积极参与压迫,这也常常是事实。然而,在这场零和甚至负和的游戏中,受益者注定只能是为数很少的一小撮人,这些人要么与统治者的关系非同一般,要么就是极端暴力之徒,比如南非的工会、沙特阿拉伯的皇室家族。当然,南非白人在很长时间内都相信他们的富裕建立在剥削非欧洲裔的基础上。这是修辞上的,非事功的种族隔离解释。相信仙女的存在并不意味着她们真的存在(19世纪30年代,有人问一个爱尔兰妇女是否相信仙女的存在:"她说不相信,但她们确实存在。")① 人们相信依附于一个帝国,或在种族隔离、奴隶制、隔离、歧视和政府管制下能改善生活水平,并不意味着他们真的就能过上更好的生活。由于棉花品种的改良,北美地区的奴隶制度对于蓄奴者(小组织——不像18世纪的开普殖民地,在那里几乎每个白人家庭都有一个黑奴)来说,直到奴隶制废除的那一天都是有利可图的。② 但是黑人奴隶除了让南部邦联的贫苦白人感觉自己高人一等外,没有为后者带来什么好处。这个想法和英国本土工人阶级的想法如出一辙,他们都认为富人对黑人的剥削对身为穷人的自己有益无害,于是,美国南方的白人才会在1861年响应种植园主的号召投身战争。1914年也同样如此,伦敦佬和农业工人在中产阶级步兵指挥官(他们的兄弟在缅甸当警察)的号召下集结到了大英帝国的帕尔斯旅和其他地方兵团。

南非的种族隔离政策在20世纪20年代制定成型,在随后的

---

① Eagleton,1996,p. 273n1.
② Olmstead and Rhode,2008s and 2008b.

第二十七章 无论是国内外的掠夺都不曾让普通欧洲人受惠

1936—1960年使数代技术生疏的阿非利卡工人和英裔工会成员成功压迫了移民黑人和有色人种(印度裔或欧亚混血裔)。处于底层的阿非利卡人因从事铁路工作,收入的确得到了提高,他们的孩子也能入读工程技术学校。而从1975年到1994年,就在种族隔离制度处于鼎盛时期之时,阿非利卡人和英裔白人却发现他们的实际收入水平(在这类计算里我们需要根据商品品质的提高来修正物价)在负增长。而且南非人作为一个整体,无论是黑人、白人还是有色人种,都发现他们的实际收入在这段时间内停滞或下降。还有一点,南非人收入的增长速度甚至低于许多非洲国家。[①] 毫不奇怪,若把黑人和白人作为整体考虑,这个制度从诞生之日起就不曾成功过。难怪,一位唯物主义者会在1986年宣布,就像1989年共产主义的迅速垮台一样,通行证法和其他隔离措施将走向末路。不过他还得用同样的唯物主义假设解释为何南非会在当初采纳种族隔离制度吧。

换言之,经济学得出的结论是,从整体上看,历史反复证明了企图靠剥削穷人过上好生活的做法没有前途。回首千年历史,古代权贵的确是寄生在穷人身上,但以现代经济增长以后普通人民的生活水准来衡量,古时权贵过的生活也同样破败不堪。亚当·斯密在《国富论》第一章的结尾处令人印象深刻地指出:"工业化时代一位节俭农民的生活条件……远胜于许多非洲君主的生活。"[②]斯密遵循了约翰·洛克的判断,洛克在1690年写到,新大陆的美国人为改良土地,"坐拥大片土地和丰饶的物产,然而衣食住行尚不如英格兰的工人一日劳动所得"[③]。这个论断在1690年或1776年或许还有疑问,也当然不是哥伦布之前帝国的情况。说到非洲君主,就像在当年西非的贝宁王国(1170—1897),寄生在穷人身上的国王,其生

---

① Feinstein, 2005, p. 145, table 7.2, itself from Maddison 2006(2001).
② Smith, 1776, Vol. 1, 1.1.11, p. 24. 1, 1.1.11, p. 24.
③ Locke, 1690, book 2, para. 41, p. 136.

活水准远高于英国普通劳动者的一日劳动所得,远高于苏格兰低地工业化的节俭农民。① 不过从今天看来,设想一下意大利和新西兰普通工人的健康状况和富裕程度,把他们和古时穷人的生活水平相比,或和当今非洲仍然存在的君主制的最后残余相比,如斯威士兰的国王姆斯瓦蒂三世,我们发现亚当·斯密的判断无疑是正确的。世袭制度一旦松动,由经济利益或非经济利益推动的发明创造一旦得到承认和自由生根发芽,不论是权贵还是平民的生活水平都会迅速提高。在现代经济环境下,就连穷人也先享受到了疫苗、空调、汽车、避孕措施、互联网,还有抽水马桶。遥想当年,尊贵如"太阳王"路易十四也只能接受天花、没有玻璃的窗户、颠簸的马车、不靠谱的安全套、一小套藏书这样窘迫的生活条件,想解手也只能在凡尔赛宫的楼道上解决。

如果与上述事实相反,如果被剥削的穷人能致富而非变穷,如果经济增长只需用通行证法和暴力就能实现,而无须互通有无的交易,那么一些社会里的主体民众就能从海外残暴的帝国主义和国内残暴的种族隔离制度中获益。但是,我们通过对大英帝国或南非或美国南部[南非特地派出了一个委员会前往美国南部调研吉姆·克劳法(Jim Crow law)机制]的考察,发现历史证据并不支持这样的看法。甚至,对富人实施奴役也不是一条美妙的繁荣之道,赫尔曼·戈林(Hermann Göring)的欧洲大陆奴役计划的失败早已证明了这点。被奴役的前富人制造的 V-2 火箭和 Me-262 战斗机速度再快也无法维持平衡。从巴黎和阿姆斯特丹劫掠来的名画也只充实了元首和党卫军军官的收藏,并没有使普通德国人受惠。

与自由和富裕的民族进行自愿的贸易,而不是奴役和掠夺贫穷的民族,被证明是一个更优的选择。事实上,富裕国家之间的贸易越频繁(他们也常常如此),这些国家也越繁荣——虽然要牢

---

① Exhibit, Chicago Art Institute, 2008.

记,经济增长的发动机并不是贸易,而是贸易伴生的创新。大卫·休谟(David Hume)的解释相当精彩:"任何国家的艺术品增加越多,来自它工业化邻国的需求也会越多。生活富裕和技能娴熟的民众期望每种商品都达到最完美的境界。"[1]金融历史学家尼尔·弗格森(Niall Ferguson)观察到,德国在1945年尤其是1989年以后"主宰"(这是重商主义者眼里的"贸易")东欧,通过自由贸易获得的经济好处,要远胜于其在1910年的帝国野心或1930年的"生存空间"获得的好处。[2] 日本也同样如此。日本军事主义缔造的大东亚共荣圈在经济上是一次悲惨的挫败,相比之下,战后的日本企业帝国则是无比的辉煌。对他国民众而言,日本人漂洋过海前来兜售电视或汽车,远比用刺刀和坦克烧杀抢掠更为友好。当与我们做生意的朋友受过良好的教育、经过良好的训练,并且充分就业的时候,我们的生活自然也蒸蒸日上,即便我们将因此而牺牲一些女佣服务,因为不再有这么多人从事这些低等行当了(巴西和南非中产阶级的起居室干净无比,因为他们确实雇有很多家庭女佣)。对身处上层阶级的富裕白人(巴西白人和南非白人)来说,如果剥削掠夺贫苦有色人种的确是一个美妙的主意,那么这些国家的白人在今天应远比德国、葡萄牙、英国、荷兰,甚或美国和澳大利亚的人更加富裕才对。他们的祖先来自这些国家,而今天他们的子女却向往这些国家。他们并不比母国的白人更富裕,现在没有,过去也没有过。

---

[1] Hume,1777,p.329. 我要感谢赫克托·路易斯·阿拉莫(Hector Luis Alamo, Jr.),是他让我注意到了这段评论。

[2] Ferguson,1997.

第二十八章　纯粹增加流动性也不是原因

"商业化"和其代名词"货币化"一直是经济大跃进根源的常年候选者。这类词汇过去出现在马克思的社会阶段理论里,后来出现在韦伯还有齐美尔(Simmel)的现代化理论里,如今我们又在作为新社会阶段理论的增长理论里看见了它们的身影。就像中产阶级假设那样,经济学家总是假设商业和货币的总量会不断扩大,基本无视所考虑的繁荣的阶段。不过一位研究经济史的学者会告诉你,欧洲经济和希腊、中国还有埃及经济一样,自古就是"货币化"的。经济学家认为精于计算的习惯是最近数世纪才兴起,其实这是所有重商主义或官僚主义社会的特征产物。凡是涉及贸易或税收的文明,其商人、税吏和祭祀都会精于计算(当然,企业家价值重新评估的一个典型特征就是精于计算的修辞从商人扩大到一般人身上)。你可以在 13 世纪末瓦尔特·亨利(Walter of Henley)的地产管理条约里看到和 21 世纪初期亨利商学院的财务会计课程中同样彻底的货币化思考。早期的会计不如今天复杂,但无论在早期还是现在的经济核算里,货币核算都占据了统治地位。在中世纪的欧洲,你可以用金钱买到几乎任何东西:丈夫、市场、王国、赦免、救赎。"但是带着这些圣人遗物,"乔叟(Chaucer)在谈到 14 世纪末出售免罪符的神职人员时说,"当他发现/一个可怜人在荒野徘徊/他在一日内从这个可怜人身上得到的钱财/比这个人两个月挣的还要多。"①在17世纪的西非王国、弗吉尼亚和伊斯坦布尔,无论是黑人、白人还是非洲人或是俄国人,都可被自由买卖。各个年龄段的买方和卖方都用金钱来思考。自从人类学会了思考,就始终有买方和卖方。为了得到某件东西,除了用偷窃、乞讨或行使封建领主的权力强行夺取外,唯一的选择就是支付货币或货币等价物比如银线圈。

所以,一位经济学家会告诉你(经济学界以外的人会很惊讶),货币的历史和人类繁荣的历史不是一回事,所以当然不是货币化导致了工业化。不读经济学的历史学家会假设诸如新兴的工业经济必然源于所谓的物价革命,也就是西班牙银币大量流入欧洲和中国(顺便提一下,所谓"物价革命"时期的通货膨胀率仅为每年1.4%;而同期中国明朝的通货膨胀率则在纸币的作用下相当惊人;在纸币主宰全球的情况下,全球在20世纪70—80年代的通胀率保持在每年8%左右,和16世纪"物价革命"相比,只用了当时1/5的时间就让物价翻了1倍)。毕竟,非经济学家会说货币就是商业经济,不是吗?他们无疑会宣称,物价革命导致了实际工资的下降,于是原始资本家们获得了更高的利润,因为"工资的涨幅始终落后于物价的涨幅"。而且,物价革命本身必然是由人口增长所导致,因为这会推动食品价格的上涨,不是吗?

经济学家会礼貌地回答所有这些愤怒的问题:亲爱的,不是这样。在她看来——在肯定真相的同时也承认这个问题的陌生性——货币的形式和数量与深层次的经济流动基本上没有关系。经济学家会说,货币是一层面纱。她会说(你们不在做笔记吗?),真正对经济繁荣起作用的是实际的尺度,而不是货币的尺度:我们在生产时的实际产出、实际工资、相对价格,还有实际创新。我们吃的是一磅磅的肉而不是一张张美元。肉价在大通胀时期的

---

① Chaucer, *General prologue to The Canterbury Tales*, ll. 701-704.

20世纪70—80年代里上涨了整整4倍（史上最快的全球物价上涨，让古代和早现代的全球通胀相形见绌，在15年时间里全球物价翻了两番，而16世纪的世界用了整整一百年的时间才做到）。因此，如果我们一直保持着对旧时美好年代的价格记忆，就会永远对这段涨价经历刻骨铭心。曾几何时，只需要五美分就能买到一罐可口可乐。我们就像大卫·洛奇（David Lodge）的小说《美好工作》(Nice Work)里主角的老父亲那样被深深震惊了。

如果与此同时，我们以货币计算的收入也能增加4倍，那其实也没什么损失。现实情况也一定如此。消费者、政府还有建筑者消费的金钱必然要等同于工人、股民和房东赚到的金钱，会精确到最后的六便士。（"最后的六便士"是俚语，意思是一分不差。——译者）在通胀浪潮过去后，在其他条件不变的情况下，我们集体得到了和先前同样分量的肉，并为之付出了和先前同样的工作时间或者同样从养老金提取的现金。这个人或那个人的利益可能会受到损害，但平均到每个人头上没有变化。

常有人声称人口增长导致物价革命。"错，错，错，"经济学家会说，她终于失去了耐心，"看在上帝分上，不是这样的！"①的确，15—16世纪欧洲的人口膨胀使劳动力对土地的相对价格有所下降，从而导致了实际工资的下降。在莎士比亚时代，普通劳动者实际上能挣到的面包和牛羊肉比他在托马斯·马洛亚爵士（Sir Thomas Malory）时代的曾曾曾曾祖父要少得多。我们可以想象当时的情景：1600年4月的某周一清晨，比以往更多的农夫出现在了庄园主的大门前谋求一天的工作。庄园主说："好吧，我会雇佣更多的人，但会派你们去干不那么要紧的活儿，付你们相对于我出售的大麦、小麦和羊毛价格更低的薪水。奈德，我们要在教会田里为春季小麦做更多的耙地工作。约翰，去尼日斐地里把乌鸦

---

① John Munro(2003)给出了证据，我在McCloskey,1972b里指出了这点。

第二十八章 纯粹增加流动性也不是原因

从新种植的大麦地里赶走。"劳动生产方式并没有改良,所以由于劳动力对土地的相对价格下降,在经济上就出现了一种与以往不同却可常规应用的"烹饪方法":用劳动力代替土地,就像当时中国的做法。1600年,在一个全新的劳动力充裕的经济体里,在同样面积的土地上投入更多的劳动力是正确的"烹饪方法"。但这种做法本身并非"食谱"的创新,和铁尖犁(中国在公元前500年发明)、在田里种上三叶草(荷兰和东英格利亚于1300年发明)、机械收割(伊利诺伊州于19世纪30年代发明)、杂交玉米(艾奥瓦州在1950年发明)不同。

白银和黄金的总量与货币工资相对于货币物价的下降,也就是实际工资的下降没有关系。实际工资即劳动者每天挣到的便士减去他为每块面包支付的便士。等式两边都有便士,相互抵消后,剩下的就是每天每单位劳动与所消费面包的比例。人口膨胀确实导致了实际粮食价格的上涨,因为同样的土地要供养更多张嘴,而同时期布匹的情况就不一样了,相对于生产粮食,生产布匹几乎不需要土地,所以实际价格没有发生太大变化。当时,作为众多商品中的一种,粮食这种劳动密集型商品的相对价格的上涨,不会成为物价革命的根源。① 乔伊斯·阿普尔比(Joyce Appleby)是一位很有见地的学者,不过她在提到16世纪时漫不经心地说了一句"食品价格上涨导致通货膨胀",以后的经济学家们却不假思索地当成了真理。② 经济学家会主张,粮食、布匹和钢铁的

---

① 我用了数十年也没能说服极为谨慎的杰克·戈德斯通,他在2002年(2002a)写道:"自1450年黑死病消散后,在人口持续增长和白银大量输入的共同作用下,物价以令人眩晕的螺旋形态势上涨;税收却没有相应跟上,从而削弱了王国的力量。"人口增长本会降低物价,而非提高物价。至于"令人眩晕的螺旋形",我已经说过,仅仅是每年2%的上涨,根本不足以让税收或租金"难以跟上"。2%的增长速度需要几十年才能翻倍。事实上,租金和税收"难以跟上"并非由于物价上涨过快,而是领主和传统租户之间的不平等斗争。在早先的数个世纪,租户掌握着制定规则的先手。

② Appleby,1978,p.27.

相对价格与绝对货币价格没有关系。因为我们也可以同样争辩说，如果人口不是在增长而是在下降，那像布匹这样的劳动密集型商品的价格相对于粮食价格在上升，这也会导致"通货膨胀"吧。所以，我们可以从这个断裂的逻辑里得出任何情况都能导致通货膨胀的结论。相对价格的任何改变，小麦与布匹的相对价格无论是涨还是跌，都会导致整体物价相对于白银价格的趋高。很明显这个理论有些地方不对劲。我们运用反证法推导的结果证明了用相对价格来讨论通货膨胀的做法不合理。（当然这种谬误是普遍的，就连一些被误导的经济学家都觉得物价的上涨，比如说石油价格相对于砖块价格的上涨特别具有通货膨胀性质。所谓的核心通胀率概念就是这种谬误的体现，而美国劳工统计局每月都会发布这种官方的也是不合逻辑的结论。）①

事实上，如果让我们暂时假设一下 16 世纪的欧洲只发生了人口膨胀一件事情，那必然会迫使现有的白银和黄金进行更频繁的交换［毕竟同时期，欧洲人从新大陆运来了大量黄金和白银，经济史学家约翰·蒙罗（John Munro）在 2003 年还强调说，同时期中欧也向西欧出口了大量白银，此外，各国贪婪的政府还减了各自货币的成色］。要实现更频繁的交换，唯一可行的方法就是降低面包的价格。正如我所说，会发生严重的通货紧缩，而非一轮通货膨胀。② 如果假设说人口是通货膨胀的主因，那么人口增长会促使物价下跌，而非上涨。

出于一些同样原因，经济学家对"货币化"的说法持怀疑态度。就像我们在前述的对外贸易说、环境灾难说，还有私有产权

---

① 对于核心通胀率的反驳，见 Ritholtz, 2007；为核心通胀率辩护参见另一位优秀的思想家 Delong, 2007。德隆论证说，食品价格和汽油价格通常有"自我修正"的波动，因此不能作为货币政策的目标。如果修正意味着"在供需均衡附近"，我们大可猜测为何其他商品的相对价格没有"自我修正"呢？

② McCloskey, 1972b.

第二十八章 纯粹增加流动性也不是原因

制度说里所论证的那样,货币说通过想象一个虚构的世界来为自己提供了合理性。假设世上根本就没有树呢?假设我们没有对外贸易呢?假设我们没有私有产权呢?假设我们在交易时缺乏货币工具呢?在所有这些假设情况下,从经济和历史上我们需要问的是:如果或多或少有一些树木、对外贸易、私有产权或货币支付手段时会发生什么。我们对于"货币说"的答案就是:从表面上看,难以相信如果缺乏一种便利和现代化的支付手段,比如西班牙硬币或者币值相当稳定的英镑纸币或国际信用卡,互惠互利的贸易就会停止。这里的经济学逻辑是,当提供小麦和水稻的农夫与提供陶器和布匹的城镇居民之间达成了一种非常有利的交易,那么双方都有很强的意愿让交易成功。在历史上,人们总会自发找到支付的手段——铁条、贝壳,或布匹和水稻本身。支付手段的便利性,也就是数量丰富、耐久、便携等属性都是次要的考量。它们会影响支付,但不是决定性因素。如果铜或者贝壳罕见,其相对价格就会上升,也就是俗称的通货紧缩。但那又怎样?货币不过是一层面纱,交易仍然会进行。这个逻辑用经济学术语来表达,即支付手段是内源性的,由内在经济力量所产生,使得交易能够实现。"货币化"并不是滋润资本家宝宝的天降甘露,从美洲输入的白银并非常常所说的那样"刺激"了欧洲商业的繁荣。向欧洲大陆撒下更多货币仅仅导致所有物价、工资和租金的普遍上涨,对实际物价、工资和租金没有好处;而且这些白银最后都流入了中国和印度——却没对那里的经济产生明显"刺激"。

与大多数受过教育的人所相信的不同,欧洲特别是英国从年代久远的时代就彻底"货币化"了,全然不是"生存经济"或"以物易物"的经济。我们只有举一个早期的例子才能解释清楚,比如英国的丹麦金(Danegelt)始于公元991年,以白银来计量,用于支付给维京海盗;考古学家还在英国发现了窖藏的贵金属,从前罗马帝国时期到现在各个时期的都有;此外,在最早的历史记录里,货币计算无处不在，比如 1086 年的《末日审判书》(Domesday Book)。我们很久以前就发现了这些事实，而近来它们的意义正越发明显。一位最权威的研究"黑暗时代"(17 世纪以前)贸易的学者在 2001 年写道："经济史学家正逐渐相信，法兰克经济体(771—840 年，查理曼大帝和他的儿子虔诚者路易统驭了全法国、德国大部分，还有意大利北部)发达地区的货币化程度之高是 30 年前任何人都无法想象的。"①

当然，商业得到了扩张。这里争论的焦点在于人们普遍认为"商业化"是某种游离于个体交易外的力量。专攻中国史的历史学家彼得·珀杜是一位极为出色的学者，唯独在谈到明朝和清朝经济的"货币化"和"商业化"时，就陷入了这种普遍的谬误。② 商业扩张意味着更多的交易发生，人们对达成交易的愿望并没有改变，珀杜在反省后一定会对此表示认同：他会同意马克斯·韦伯(和我)的看法，认为对交易的渴望是普世的。韦伯这样解释说："收获的冲动、对利益、金钱、财富最大化的追求……一直是人类的共性。在历史上的任何时代和地球上的任何地方，只要客观条件具备，就必然会是如此。"我之前也说过，改变的是交易方式，它越来越便利，而通常这是次要的考量。用伟大经济学家罗纳德·科斯(Ronald Coase)的术语来说，改变的是"交易成本"(transaction costs)，也就是交易双方见面并达成交易所需的成本——运输成本、高速公路和市场上遇劫的成本、信任的成本、保险的成本、使用信用卡的成本、得到铸币和汇票的成本、协商的成本、政府禁令的成本，以及讥笑企业家的成本。所有这些成本都让交易更加昂贵，而且许多成本可被直接度量。当这类成本下降后，"商业化"就出现了。经济学家兼经济史学家道格拉斯·诺斯

---

① McCormick, 2001, p. 681.
② Perdue, 2005, p. 560.

正确的地方在于(他有大量谬论),他认为我们应当专注于交易成本的历史研究——有大量的文献资料——不应再相信存在着某种可被单独测量的"扩张"让百姓和征税的政府更加富裕,也即所谓的"商业化"或"货币化"(顺便说一下,两者都不是经济学的专用术语,虽然听起来有些像)。这就是大多数历史学家在思考这类问题的时候犯错的地方。

在另一方面,经济学家在处理"商业化"的时候,自己也陷入了混乱。经济学家们希望现代世界能诞生于他们所理解的扩张,即商业化。现代增长理论家特别喜欢这种"增长通向增长"的内源性理论。就是它!(Voilà!)不再需要观念或历史,因为大多数经济学家已经成功让自己继续对此愚昧无知。启发现代增长理论的经济学家阿林·杨格在1928年写道:

> 这场持续的经济革命让现代世界摆脱了几百年前的蛮荒状态,而把这场经济革命归功于任何单一的因素都是危险的做法。但是,除了坚持探索市场外,还有其他更重要的因素能胜任这个角色吗?其他假设都无法如此完美地结合经济历史和经济理论。我们正普遍认识到,18世纪的工业革命不是一场因技术方面的灵感闪现而发生的突变,而是从先前工业组织结构的改变到市场扩大之间的一系列有秩序的变化。

这个结论不成熟。

这种乐观的主张其实有许多,最近的一个例子就是克劳斯·迪斯梅特(Klaus Desmet)和斯蒂芬·帕伦特(Stephen Parente)的那篇聪明的论文《市场进化与工业革命:1300—2000年英国经济发展的数量模型》。他们在文中写道:

本文认为,一个经济体要从马尔萨斯陷阱过渡到现代增长,需要市场达到一个关键的规模,和竞争达到一个关键的强度。通过允许一个经济体系生产更多种类的商品(见 de Vries,2008b),一个更大的市场让商品更具有可替代性,会提高需求的价格弹性并降低市场利润。企业只能凭借规模来打破平衡,从而有利于缓冲固定的创新成本。我们用动态一般均衡模型对英国长期经济发展进行了校准,探索了各种因素是如何影响工业革命的时机,从而证明了我们的理论。①

很有意思的观点,虽然它事先假设了工业规模和企业规模之间的联系,而作为一位芝加哥学派经济学家[身为哈佛学派的爱德华·张伯伦(Edward Chamberlain)的关门弟子之一,我知道他们在指什么],我对此表示怀疑。多数经验都证明了这个假设不成立。

从"市场达到一个关键规模"判断出发会引出很多麻烦,其中之一就是在 1300—1700 年——与我们现代世界的起源年代相关——全世界规模最大的市场位于印度洋的东边和西边,它拥有最多的商品、最低的利润,以及在可疑的工业规模决定企业规模的假设下最高的创新成本折旧率。在欧亚海陆范围内,最小的市场恰在欧洲。而且 1700—2000 年市场扩张不单单在英国,而在全世界。此外,欧洲最大的市场在欧洲大陆而非英伦半岛。但是,只有英国发起了工业革命。

---

① Desmet and Parente,2009,abstract.

第二十九章　掠夺剩余价值也不是原因

费尔南·布罗代尔(1902—1985)晚年的名著《15 世纪至 18 世纪的物质文明、经济和资本主义》(1979),尤其是第二卷"商业的运转",从一个历史学家的角度最全面地阐述了现代世界自然发端于纯粹商业扩张的思想。综观全书,布罗代尔一方面赞美市场,另一方面却鄙视他称为"资本家"的群体。"作为一个规则,"他说,"铸铁厂是资本主义的,但铁矿开采业仍旧处于自由企业状态"[1]。我们渐渐认识到,布罗代尔称为的"市场"或"自由企业"有点像一个社会的常规配置。资本主义"……不能同古典市场交换相混淆"[2]。我们会在周六去阿姆斯特丹的林登格拉赫特市场,希望在那里买到比附近的埃尔伯特海恩超市稍微便宜一点的奶酪或西兰花。我们其实并不期待在林登格拉特市场省下一大笔钱,而摊位上的老板也不指望丰厚的利润。这种社会配置是常规的,就像阿尔弗雷德·马歇尔(Alfred Marshall)在其《经济学原理》(*Principles of Economics*)(1890)里所解释的,这种利润是"正常"和非"超常规"的。

布罗代尔认为,流动摊贩在 1100—1789 年逐渐让位于店铺摊贩,并且香槟这样的商人市集逐渐让位于热那亚或阿姆斯特丹

---

[1] Braudel,1979,p. 325.
[2] Ibid. ,p. 231.

这样的仓储转口港。(1983年,一位美国历史教授相当不仁慈地把他的本科生在考试时对于这些事件的叙述拼凑在了一起:"当商业雏形再次在欧洲复兴后,商人出现了,一些有固定地方,一些四处漂泊。他们从一个城镇流浪到另一个城镇兜售商品,并在乡间组织大型的商业集会。")[1]布罗代尔说,这些商业发展是人口密度和运输成本决定的正常现象。在德国16世纪人口膨胀以前,向德国人兜售缎带最经济的方法就是流动小贩,他们从一个村落漂泊到另一个村落,从一个农场漂泊到另一个农场,就像俄克拉何马或乔叟笔下的流浪商人。后来,城镇人口的密集自然使小贩有了在一地定居的理由,逐渐有了自己的店铺而不再四处漂流。中世纪的商业集会在早现代发展成为阿姆斯特丹的仓库贸易。布罗代尔记录到,如果需要的话,这些仓库能贮存相当于荷兰九年粮食消费的存粮(事实上并不都储存粮食;这些仓库用于储存粮食、木材、酒类、布匹、盐类、香料,供未来数月莱茵河和默兹地区所需)。在1650年,一位英国作家惊呼荷兰成功的秘密:"东部王国(波兰)产出大量的玉米,然而低地国家却是最大的粮仓,供应基督教和异教徒国家。法兰克和西班牙拥有最大的葡萄庄园和盐店,然而低地国家却拥有最优秀年份的桶装或瓶装葡萄酒,还是最重要的盐市。"[2]仓库主——杰出的荷兰商人——能在耶伦格拉赫特定居,不用再风尘仆仆地一年赶二十个商业集会,因为荷兰式帆船凭借宽阔的横梁和高效的水手,削减了波罗的海和北海之间的海运成本。不过,这种经济发展是可逆的,三十年战争让德国人口减少了1/3,于是流动商贩又一次在街头出现。从长远看,流动商贩和大型批发商交替出现,其中无疑不存在"资本家"利润。

---

[1] Henriksson, 1983.
[2] John Keymer, quoted in Appleby, 1978, pp. 75–76.

第二十九章 掠夺剩余价值也不是原因

布罗代尔设想中的"资本家"并不是林登格拉赫特市场的诚实的奶酪商人,也不是位于海尔林莫登克(Haarlemmerdijk)大街的埃尔伯特海恩超市里的零售店铺,虽然那里装潢更精美、购物更便利,当然价格也更昂贵。布罗代尔眼里的"资本家"是那些攫取暴利的群体。这些暴利是反常规和超常规的,马歇尔称之为"准租值"(quasi-rents)性质,它们是市场回归到正常和常规之前的短期获利。布罗代尔眼里的资本家通过黑帮手段取得准租值。资本家会腐蚀政府;资本家会组建由政府支持的行业垄断;资本家为防卫在西非的贸易站,为保护他暴利的源泉,愿意动用骇人听闻的武力,其程度会让任何体验过1500—1960年欧洲帝国商业扩张的人感到害怕;资本家会不假思索地抓住任何低价买进的机会,比如说,他们在印度尼西亚的巴达维亚和以后刚果的金沙萨以极低的价格购入商品,然后以10倍或20倍的天价卖到阿姆斯特丹或安特卫普。"正是沿着这些贸易链",比如中国与欧洲之间的航路,"充满无数欺诈机会,也是他们真实的利润来源"①。早近代时候,在"区域贸易的巅峰","在这个制高点",资本家能仰仗"法律或实际的垄断,还有可能操纵价格"。② 资本在"猎取最大化利润"的地方定居下来,这就是"早近代资本主义成功的潜规则"③。资本家讥笑那些朝九晚五工作赚取正常收益的傻瓜。资本家是一个骗子,是一个玩票的,是一个自作聪明的家伙。毫不奇怪,布罗代尔(Braudel)不喜欢这样的"资本家"。毕竟,谁会期待卡梅拉(Carmela)爱上托尼·索普拉诺④(Tony Soprano)呢?

布罗代尔远算不上一个正统的马克思主义者,无论是依据杰

---

① Braudel,1979,p. 327.
② Braudel,1979,p. 373;compare p. 416;foreign trade allowed one to "evade the free market"。
③ Braudel,1979,p. 248.
④ 索普拉诺是美剧《黑道家族》里的男主角,黑帮头子,卡梅拉是心理医生。——译者

出的同时代斯大林主义者让-保罗·萨特(Jean-Paul Sartre)还是下一代的谋杀妻子的路易·阿尔都塞(Louis Althusser)的高标准来衡量,他都不是。只是,他和我们所有人一样,在早年接受了许多马克思主义经济思想,深受马克思的追随者比如维尔纳·桑巴特(他是布罗代尔的导师)或卡尔·波兰尼(Karl Polanyi)熏陶,甚至还受到修正主义者比如马克斯·韦伯的影响。身处布罗代尔的时代,你无法避免马克思主义的影响,正如你无法避免达尔文和弗洛伊德的思想一样。我也无法幸免。它们是时代的修辞的一部分,是时代的"摘录本"(Commonplace book)。[不过,如果意识到修辞技巧的存在,也就是瓦尔特·李普曼(Walter Lippmann)在20世纪20年代称作的"我们头脑里的图像",至少有时候能让我们识别自己的"摘录本",并担心它们的倾向。我们也可以十分擅长于识别他人的"摘录本"。相比之下,如果你认为语言仅仅是一种透明的符号系统,仅用于"传递"已经存在事物的表象,那么你会常常错过语言的诱导性一面。]

以布罗代尔为例,他就十分强调原始积累,始终把这个词挂在嘴边。"无论我们愿意与否,即便在前工业化时代也存在一种经济活动形态,它不可抗拒地唤起这个词语(资本原始积累)而不是其他词语……作为投资和高资本形成率领域的代名词。"他说资本积累"是伴随为自己赚钱和谋取财富的思想而来。"①这是对"无穷"资本积累的古老指控。② 他接受了马克思主义假设,认为剥削在雇佣关系中天然存在,"劳动者被剥夺了一切,只剩下他们的劳动力"③。"船长们住在舒适的大屋里,互相之间嫁儿娶女,形成了一个从此不再辛勤劳动的精英阶层。"④布罗代尔明确划分了

---

① Braudel,1979,p. 231.
② Ibid. ,p. 237.
③ Ibid. ,p. 325.
④ Ibid. ,p. 317.

第二十九章 掠夺剩余价值也不是原因

三种经济生活层面:家庭物质生活、农村小市场,以及全球资本主义大市场。他认为,小市场和资本主义之间的界限在于道德伦理。"资本家"坑蒙拐骗和远离辛劳,他们作为大骗子和寄生虫,得以坐享荣华富贵而无须挨饿。"钱袋先生"(Herr Geldsack)是马克思对这类人物的愤慨评价。"我所描述的三个层面",布罗代尔在1977年写道:"物质生活、市场经济,还有资本主义经济——仍然是一个不可思议的合理解释,即便在资本主义范畴已经扩大的今天依然有效。"①经济学家艾伦·赫斯顿(Alan Heston)没有受到太多迷惑,他在引用布罗代尔的这段声明时评价说:"这是一种与经济研究方向背道而驰的思考结构,而经济研究寻求利用相似的经济学模型(互为相似:最大化领域)来解释家庭、市场和企业的行为。"②

布罗代尔使用马克思主义的阶级崛起论来看待问题,所以他错误地认为在正常市场参与者和大资本家之间有着一条清晰的界线。一位资本主义经济学家不会这样思考,她不会说这条界线不明朗,她会说根本就不存在界线。无论老板还是工人,每个市场参与者都是资本家,包括正在阅读本书的你。当然,你并没有守财奴唐老鸭那么富有,没有成堆的金钱来实现投资梦想——至少在你用甜言蜜语说服唐老鸭对你投资之前是如此。然而,当你买下一所住宅,或投资一份教育,或为了抵御芝加哥冬季的寒冷而"投资"一件裘皮大衣,当你在做这些事情的时候,就和那些高端金融大师在进行同样的活动。一位工人即是一位资本家,技术就是他的资本。任何市场,无论是高端还是低端,都依低买高卖的法则运作。你投资在南得克萨斯的公寓上,是为了期待资本回报,以便让自己的退休生活无虞;你投资在教育上,是为了期待能

---

① Afterthoughts on Material Civilization and Capitalism, p. 112, quoted in Heston 2000.
② Heston, 2000.

继续被雇佣;你投资在裘皮大衣上,是为了期待在寒冷的冬季能产生温暖。人们参与市场的首要目的就是购买那些比自己亲自生产的成本要更加便宜的东西。所有人都从交易买卖中得到好处,无论是本地交易还是跨国贸易。正因为互惠,交易才会发生。如果买卖不是通过暴力或欺诈或贿赂达成,那获利就是正当的。无论是有稳定回报的资本投入比如学习理发技能,或是准租值式回报的资本投入,比如吸引投资者投入计算机行业这样的创新领域,都是正当的回报,因为这些投资惠及了所有人。

布罗代尔设想的是一个人人都获得正常利润的因循守旧的世界。经济学家称它为"静止状态",它不仅正常和稳定,也停滞不前。相比之下,近代创新让每一个普通人都过上了古代皇帝都享受不到的优越生活,而布罗代尔却宣称这种创新建立在贿赂、暴力和欺诈基础上。布罗代尔错了,大部分创新都来自柯兹纳所说的"警觉",也就是发现超额利润的机会(并通过内部和外部的劝说利用这些机会,这是对柯兹纳理论必要的语义补充)。我们会注意到芝加哥南环路的蓬勃发展会给一家高端精品店提供机会,比如像"FOX 和 OBEL"精品店。这个商机将使他们在未来几年里赚得盆满钵满,价值约为 100 万美元(我无偿地劝说 FOX 和 OBEL 先生——他们深思熟虑后认为这个建议很可能值我开出的价格)。100 万美元对于像唐纳德·特朗普(Donald Trump)这样的商业大亨来说只是零花钱,然而这笔钱却资助了一项创新,并且实现了像唐纳德在曼哈顿大胆投资的第一个地产项目那样的超额利润。唐纳德是当初第一个意识到可以把准将酒店翻新成君悦酒店的投资家。至少在竞争对手出现之前,在南环路开张 2—3 家高端精品店之前,FOX 和 OBEL 可以继续享受他们的超额利润吧。

这个类推甚至可以延伸到布罗代尔控诉的资本家的恶行上。这个有左翼倾向的愿景把超额利润产生的原因归咎于资本积累和令人发指的行为。这两个判断都是错误的。从整体上,至少在一个秩序良好的法治社会里,你的好运或多或少都是凭借警觉而非偷窃而来[诺斯和我及所有经济学家都同意:没有法律一切都无从谈起——尽管美国日渐堕落的例子("我看到我的机会")证明了法律没必要在通往创新之路上层层设卡]。① 诚然,石油公司的高官们有无数次的机会与前副总统切尼聊天,他们利用这个机会游说赚到了更多的钱,相比之下,当一位地区店主向他的芝加哥市议员抱怨沃尔玛的开张会毁了他的生意时,却得不到多少回音。不过,在这两个游说例子里,原则是一样的,或者说只是双方的量级有所不同。主要是警觉,而非腐败或垄断(虽然两者也时常发生)驱动了经济的成功,不仅仅是聪明的人,几乎所有人都在这样的世界里变得更加富有。欧洲人的修辞世界里闯入了某样东西,让警觉瞬间爆发了出来——先是 17 世纪的荷兰,再到英国,此后是苏格兰和美利坚;又在 19 世纪初出现在了比利时、法国和莱茵兰,那正是企业家获得的尊严和自由,无论是大资本家还是小资产阶级。

在另一方面,布罗代尔有一个很重要的经济观点无疑是正确的,而其他人比如韦伯则错了,那就是"循规蹈矩产生常规利润"。在循规蹈矩方面,布罗代尔引用了韦伯的节制等行为,也就是韦伯称呼的清教徒行为(就连韦伯也承认,意大利北部的天主教徒早在加尔文主义出现两个世纪前就用无数本商业行为准则小册子颂扬了这种行为,而在加尔文之后,清教徒不过坚持了这个理念)。不管怎样,布罗代尔知道节制和储蓄不会产生超额利润回

---

① 我的父亲在 1945 年写到,密歇根州在 1937 年采取公务员体制以前,"一直是一个颇具代表性的美国州,背负着裙带关系、假公济私和贪赃枉法等负担"(麦克洛斯基,1945,p. 121)。我们直到 2010 年还在为伊利诺伊和芝加哥的腐败问题操心,所以我的父亲对密歇根州采取公务员制度后的期待未免有些太过乐观。"我看到我的机会"是 19 世纪末美国著名腐败政客普伦凯特的名言,见前面章节。——译者

报。近代世界毫无疑问是超常规的。节制和储蓄不是新的事物,它们不是能够带来超额的回报的新颖思想,无论是在个人还是社会层面都不行。

然而在另一方面,布罗代尔却是一位正统的马克思拥趸,当然,这是他和大多数经济学家及历史学家共同沉沦的修辞。他相信创新的关键在于利润的积累。作家兼经济史学家赫伯特·菲斯(Herbert Feis)在谈到19世纪末期的英国时,用了一个"自由的金融动力"的称呼,布罗代尔认为,这种"动力"在19世纪使西方把它的黑手党风格的注意力转移到了制造业上,于是,制造活动而非远洋香料和瓷器贸易产生了超额利润,即"工业变成了超额利润产生领域"①。他宣称,这实际上就像黑手党的涉足领域从私酿酒转到赌博再转到毒品一样。

布罗代尔在叙述近代诞生的时候使用了"原始积累"这个词,我们已经知道这种描述对理解近代史没有什么帮助。不过,就算侧重点不是放在"原始",而是放在积累上,也是错误的。近代创新涌现的源泉并不是"钱袋先生"(马克思发明的称呼)积攒的剩余价值。这种"利润"只是一厢情愿的希望。利润主要来自生产力,即来自新颖的想法和创造性的毁灭,而不是悲观如左派和右派所坚持的来自垄断。保罗·斯威齐(Paul Sweezy)、保罗·巴兰(Paul Baran)、詹姆斯·加尔布雷斯(J. K. Galbraith)、斯蒂芬·马格林、威廉·拉佐尼克(William Lazonick)、伯纳德·埃尔鲍姆(Bernard Elbaum)、爱德华·罗伦兹(Edward Lorenz)、乔恩·科恩(Jon Cohen)、罗伯特·艾伦(Robert Allen),以及其他为数不少的左翼经济学者从科学理论上挑战了以萨缪尔森/弗里德曼为代表的现代经济学正统,虽然他们一直被正统所无视。长久以来,他们始终坚称对剩余价值的争夺产生了创新(用一句短语来表达,

---

① Braudel, 1979, pp. 372–373.

即"垄断资本主义"),或认为这是好事情(加尔布雷斯和拉佐尼克),或认为它是邪恶的(巴兰和斯威齐)。真相并非如此,虽然与往常一样,经济学和政治学塑造了巨浪的细节,但却无法掀起巨浪。

马克思早在1846年就预见到了左翼制度主义者的这种观点:"自1825年以来,机器的发明和使用导致了工厂主和工人的战争。"① 左派大可坚持认为此项或彼项技术革新,无论是工厂(马格林)、走锭纺纱(拉佐尼克)还是圈地运动(艾伦)的发明都部分是为了分享剩余价值,而不是为了提高效率。② 1991年,拉佐尼克在就任美国企业史学会(Business History Conference)主席的致辞中优美地总结说:"人们为了掌控自己的生活而进行社交,无论好坏与否,都是人们的各种策略形成了劳动力、资本、商品的市场,从而塑造了现代工业世界。"③ 他认为市场不是被一只看不见的手所操控,而是被看得见的组织——工会、企业、阴谋、政治所操控。马克思主义史观更广泛的文学表达,就像罗伯特·布伦纳(Robert Brenner)、罗德尼·希尔顿(Rodney Hilton)、伊曼纽尔·沃勒斯坦所写的关于中世纪和近代欧洲的文献那样,或可总结为"冲突理论"④。

左派(以及熊彼特派和制度主义派)对萨缪尔森经济学派的批判常常很有说服力。其中的一个例子我也有所了解,那就是英国的圈地运动。左倾的罗伯特·艾伦在1992年认同我的观点,认为在争夺剩余价值的过程中,相关利益方的冲突(尤其是像领

---

① Marx,1846. 他还写到,"不过这只适用于英格兰。至于欧洲大陆,他们受到来自英格兰的竞争压力,被迫使用机器。"这句话意味着机器比人更有效率——这也是企业家世界观的看法。

② Marglin,1974; Lazonick,1979,1981; Elbaum and Lazonick,1986; Lorenz,1991; Allen,1992.

③ Lazonick,1991b,p. 2.

④ 比如见 Raftis(1996,pp. 128-130)。

主和教堂这样的强势集团)占了绝大部分,而生产力的提高很缓慢。(我在20世纪70年代进行过一次科学调查,当时我还是一位乐观的正统萨缪尔森/弗里德曼派学徒,然后得出了这个结论。)①1991年拉佐尼克一本著作的主题也与我的结论相近,就像经济学家理查德·朗格卢瓦(Richard Langlois)所优雅总结的,"如果'市场'真如新古典经济学家所说的那样,如果新古典主义模型仅仅是关于适应而非创新,那么'市场'只能是适应性而非创新性的。这个三段论体现了拉佐尼克观点的核心:所谓'市场'能带来经济增长和工业竞争只是一个神话。"②除了对"工业竞争"不认同外,拉佐尼克的观点也是我的观点。单纯资源配置无法产生这场经济史上最伟大的惊奇。朗格卢瓦与我只在一处与拉佐尼克有所分歧,我们都强调真实市场其实是创新与适应并存的地方。瓜分因效率提升产生的剩余价值——从马克思到加尔布雷斯的左派经济学家都强调的有组织斗争说的一个版本——并不是塑造现代世界的主要动因。工会为争取更高工资和更好工作环境而组织的斗争为许多优秀的歌曲提供了灵感,鼓舞了许多优秀的人儿。歌词说得干脆:"我们需要加入工会,我们需要为哈利·布里乔斯(Harry Bridges)斗争,我们需要建立产业工会联合会,我们需要成为一个工会仆人,为提高工资而战斗。'她'会展示她的工会卡/向国民卫队/这就是她所说的:哦,你吓不住我/我与工会同生死。"但是,工会为工会成员争取到了一块更大的"蛋糕",却把非工会成员排除在外,在美国,后者在劳动者中占的比重总是非常高。而且,在"蛋糕"大小一定的情况下——古典经济学和工会逻辑的潜台词——当造车工人得到更高的薪水时,意味着汽车修理工的薪水会降低。这不是一件值得歌颂的事情,伍

---

① McCloskey,1975a;Allen,1992.
② Langlois,1994.

迪·格思（Woody Guthrie）的赞歌和进步主义历史学家编撰的历史书都错了。经济学家格雷格·刘易斯（H. Gregg Lewis）煞费苦心地评估了1967—1979年在工会活动下，工会成员和非工会成员的工资差距，结果发现两者差距上限也很微小，仅仅只有14%。① 我的叔叔在密歇根州做一名电工，他是工会成员，很开心地享受工会薪水。他说，工会把成本都分摊到了他布线的公司、医院和学校建筑。好吧，那谁承担工会薪水的成本呢？是其他工人，除此之外就再也没有别人了。就像瓦尔特·凯利（Walt Kelly）经典卡通漫画里的角色负鼠说的那样："我们遇到了敌人，就是我们自己。"

如果情况相反，如果"蛋糕"爆炸式膨胀，此时调整分给工人整体的那片"蛋糕"的大小对改善工人境遇，甚至是工会成员的境遇会起到一些很小的作用。（实际上好处只会让一小撮工会成员得到，我们把这件事情暂且撇在一边不谈。）美国和世界其他地方的工人的生活条件从1800年、1900年，甚至1970年以来有着不可思议的改善，这是资本主义的功劳，不是因为他们加入了工会。我又怎么知道的呢？原因是工会以外的工人的收入增长几乎和工会成员同步，而且他们还像消费者那样承担着工会成员的超额薪水的成本，比如为密歇根州的工会电工支付的超额薪水。劳方通过罢工或谈判从资方那里得到了最多提薪14%的"让步"，这个数字和实际工资的增长相比简直不值一提。这笔收益通常占国民收入的10%—15%，远远不够把整个国民收入翻倍，更不要谈工人的实际工资从1800年起增加了整整18倍。那些可怜人夺走了15%的国民收入，这个数字稀释到85%的收入里，仅仅把我们的收入提高了18%。和1700%的收入增长相比，这简直就是九牛一毛。

---

① Lewis, 1986.

无论是进步主义者把持的政府,或者罗斯福新政,还是林登·约翰逊总统都没有让人民更加富裕。我们同意应禁止在有爆炸危险的工厂锁上铁门,或者禁止矿井的频繁塌方,或者强制规定劳动者应该有闲暇时间,或者禁止有色人种和妇女受到薪酬歧视,等等。这些都是很好的事情。但我们要记住,劳动者收入和工作环境的进步,都是在资本主义市场已经提供了大量现成方案后出现的,而非之前。企业家已经为争夺劳动力而甘愿为他们提供更好的待遇和环境。在英国取缔童工之前,童工的使用就已经没落了。无论如何,让百姓真正过上好生活的是急速扩大的"蛋糕"。能挣8万英镑年薪的警察不会接受每周70小时的工作和恶劣不堪的工作环境。从历史上看也是如此,这不以立法者或工会谈判的意志为转移。

拉佐尼克、罗伯特·赖克(Robert Reich),还有莱斯特·瑟罗等学者都强调说,是"组织能力"创造了现代文明世界。这点并不准确,至少他们以竞争力和民族主义方式来论证是错的。无论是美国人组织大规模生产的能力,还是日本人组织工人管理合作的能力,从长期看都可以被别人所模仿。而且,如果这些点子的确是好点子,也一定会有人仿效。德国人没用多久就模仿了英国人蒸汽机工厂的组织方式,英国人也没用多久就模仿了美国人的汽车装配线。从中期看,其盈利模式依赖于当时的经济环境,一旦相关经济环境发生改变,这些能力就可能成为阻力和缺陷。因而,亨利·福特有大规模制造福特T型车的能力,而当20世纪20年代通用公司发展了每年更换新车型和重点服务于中产阶级市场的新能力后,福特的能力就成为阻力。同样,日本在20世纪70年代的传奇优点在20世纪90年代化为失落的十年。苏联在20世纪30年代凭借中央经济规划实现了工业化,这项能力在80年代成为阻力。英国在19世纪90年代定做火车车头的能力到了20世纪60年代反而成了阻力。中世纪北非的犹太商人因集体断

第二十九章 掠夺剩余价值也不是原因

绝与不守信者往来的习俗而盛极一时,而到了近代早期这项能力反而成为商业发展的阻力,因为他们没有法庭仲裁的习惯。[①]

在生产和制造、组织结构和思想文化方面的产生的大量创新带来了史无前例的丰硕果实和巨大"蛋糕",而市场自由竞争这只看不见的手又在长期内让果实平均分配了几乎每个人的头上,两者的相辅相成造就了现代文明世界。发明家理查德·罗伯茨(Richard Roberts)确实直接受雇于英国的棉纺织品制造商,他的任务是发明一种自动化装置,来打破走锭纺纱工人的谈判力量。冲突和体制力量是一只看得见的手,在这个例子里,就是企业家为了粉碎工人力量的组织能力。这些企业家的确可耻。但是,大多数创造发明都是营利性的,就像在这个自动纺纱骡机的案例里那样,它们通过降低单位生产成本,而不是通过剥削劳动者(无论一些劳动者是否被剥削)实现。我们应赞美这些发明创造啊。我再次重申,剥削工人就好比欧洲的帝国主义一样,所劫掠的财富不足以带来100%生产力的增长,更不要谈工业革命到今天,全世界的生产力增长了1500%。讽刺的是,被剥削工人自身的生产力也产生了这种程度的飞跃。

正常利润并不是通过冲突和剥削得来的,而是通过对市场的警觉,通过正确的经营手段赚来的,比如说经营一家商店能与对手同样优秀甚至超过对方等。超额利润的获得因为有超强的警觉,通过真正的新创意实现,比如沃尔玛的山姆·沃尔顿就凭借他出色的电脑存货管理在零售界独占鳌头。无数的警觉造就了我们今天的富裕,毛皮行业的阿斯特家族、钢铁行业的卡内基家

[①] 见格雷夫,2006。另见爱德华兹(Edwards)和奥格尔维(Ogilvie)的批评(2008),以及格雷夫的懊恼回应(2008)。我要感谢芝加哥大学和布拉格经济大学的彼得·巴顿(Petr Bartoň),他让我注意到了这些文章。在这场辩论里,双方都没有提供有彻底说服力的理由,因为无论哪一方都没有对马格里布和热那亚做好必要的定量和对比工作。

族和零售业的沃尔顿家族在创业第一代都是通过警觉发家致富。（他们偶尔也会行使一点恰到好处的行贿手段，这点不可否认。但是小企业家也会行贿，并且贿赂在许多社会主义国家特别猖獗，在任何指令经济社会、公司内部或者家庭里也都存在；再者，根据那个时代的标准，与揭黑记者和标题党的报道完全相反，卡内基、洛克菲勒和沃尔顿等家族在做生意时非常讲究道德和诚信。）当人人都知道如何把煤油装进罐车时，当人人都知道如何用梅萨比岭铁矿石低成本铸造钢铁时，当人人都知道如何利用计算机密切监视零售库存时，洛克菲勒、卡内基还有沃尔顿们的利润就回归到了正常水平，而我们这些被"剥削"的可怜生物则享有了更加便宜的煤油、钢铁，还有杂货，比起街坊邻居、小区硬件商、主流服装业垄断者提供的价格要便宜30%。

第三十章 优生唯物主义没有效果

有一种极端唯物主义用简单的遗传因子假说来解释工业革命。我在前文已经提到过这种假设的一个最原始的形态，也就是纯粹的英国种族主义。近代的右派在表面之下往往隐藏着种族歧视思想，"只有英格兰人的基因能产生工业革命"、"非洲人永远不会进步，他们是劣等民族，你懂的"。今天，几乎没有社会学家或历史学家会赤裸裸地接受这些概念（而在1910年，无数历史学家或生物学家持这种观点，其中一些还是最优秀的学者，这段历史值得我们回味）。然而最近，我的一位老友，经济史学家格雷戈里·克拉克却在他的新书《永别了，施舍》(A Farewell to Alms) 里重申了这种原始的英国种族主义思想。这本书的副标题很谦逊，标题为"世界经济史概述"。本书的信息量之大值得我们向作者的活力和想象力致以敬意，但是，全书最终得出的科学判断却给了我们一个警惕教条式唯物主义的范例。

克拉克的观点是这样的：

> 对英国来说……在1250—1800年……最富裕人群的孩子存活率是最贫穷人群的两倍……富人后代的过剩必然使其滑向社会下层……工匠的儿子成为劳动者，大商人的儿子成为商贩，大地主的儿子成为小地主……耐心、勤劳、创新、发明、教育等美德……就此沿着血缘脉络扩散到全社会……把企业家价值观嵌入到英国人

的文化里……而中国和日本的优秀血脉传播速度不够快,原因在于……其上层社会并不多产……受过教育的阶层没有足够多的后代渗透到社会下层……英国的优势在于经济上成功的价值观能迅速从文化上和基因上扩散到整个社会。①

社会再生产的手段决定了社会的上层结构。社会存在决定社会意识。富人的子嗣兴旺,兼以通过社会达尔文主义式的斗争,穷人和废人的逐渐绝种,就诞生了一个具有征服全世界意识的卓绝不凡的英国人种。

这当然是一种胆大妄为的假设,就像20世纪前,当社会达尔文主义者查尔斯·达文波特(Charles Davenport)和弗朗西斯·高尔顿(Francis Galton)第一次提出这种假设的时候同样大胆。狭义地看,克拉克十分积极地为这种假设辩护。如果这个假设实际上正确,它会完美地适合我提出的观点:"修辞的变化造就了现代世界"。克拉克说:"在所有前工业化社会里一定存在着非正规的、自我强化的社会规范来阻碍创新。"②准确地说,那些贵族和牧师的反对企业家的社会规范在扼杀创新,直到威尼斯人的出现,才暂时在区域层面出现了创新的影子;后来荷兰人在更广阔的地理范围内短暂地实践了创新,最终是英国和苏格兰人在全世界范围内永久废除了阻碍创新的社会规范。

在这本书的中间部分,克拉克用了一页半的篇幅简要地处理了在他的唯物主义假设之外的各种假设:"社会历史学家也许会把工业革命的原因归功于新教改革……思想史学家会归功于科学革命……或是启蒙运动……但是,这些来自经济学领域之外的

---

① Clark,2007a,pp.7-8,11,271.
② Clark,2007a,p.165.

推动力量面临一个问题,它们仅仅把疑问往后推了一步。"①这是个很犀利的观点,始终很犀利。然而问题是对称的,一个物质和经济上的近因(以富人的高生育率为例;或者带单独冷凝器的蒸汽机的发明)可以有一个思想上或观念上的远因(比如光宗耀祖的理念;或者设想中的带加热或冷凝汽缸的试验)。克拉克本人在把思想原因归结为物质原因时也只有一个理由,他问道:"为何在经历了超过一千年之久的根深蒂固的天主教教条的束缚之后,一位不知从哪里来的德国传道者竟能对世俗信仰宗教的方式带来如此深刻的改变?"(不谈这样定义中世纪的基督教神学是否有意义,而且这种定义衍生于从休谟和伏尔泰,或路德本人开始的反天主教宣传。)

然而克拉克和怀疑的彼拉多(Pilate)一样,没有在这里停下脚步探寻答案。他在同一个段落里就不假思索地承认说:"思想或许转变了社会对待经济的态度。"然而,他没有探索思想原因的科学兴趣,除非它们符合他的后天特性可以从物质(遗传)上继承的概念(甚或是遗传因子)。他没有反思过宗教改革、科学革命,或是启蒙运动和企业家革命的历史。为了摆脱这些让人讨厌的修辞因素,他立即找到了一条唯物主义理论:"但是思想本身是对部分来自经济领域的基本态度的表达。"

克拉克的这句评价中,只有这个"部分"一词稍显露出他的知识平衡,也让他的语句与正统的历史唯物主义有所区别。有两位历史唯物主义者在1848年这样说道:"人的思想、观点和概念,一言以蔽之,人的意识,随着他的物质存在条件、社会关系和社会生活的每一个变化而改变。人类思想史,除了证明知识生产随着物质生产等比变化外,还能证明什么呢?"②或者像马克思本人在7

---

① Clark,2007a,p.183-184,from which subsequent quotations come.
② Marx and Engels,1848(1988),sec.2,p.73.

年后写道:"并不是人的意识决定人的存在,恰恰相反,人的社会存在决定了人的意识。"① 又过了18年,恩格斯写道:"一切社会变迁和政治变革的终极原因,不应当在人们的头脑中,不应当在人们对永恒真相和正义日益增进的认识中去寻找,不应当到有关时代的哲学中去寻找,而应该到有关时代的经济中去寻找。"②

从这个意义上说,克拉克暗示了我们社会学家都是庸俗马克思主义者。思想仅仅"表达了部分来自经济领域的基本态度"。他对社会学历史的解释是正确的:1890—1980年的百年里,绝大多数社会学家在本质上都是历史唯物主义者。但是,克拉克没有兑现其声明里的"部分"这个词语,这个约束先是被加上,紧接着就随心所欲地在我们前面被抛弃。"然而",克拉克在下一句里宣布说,"没有必要把这种突如其来的变化(deus ex machina)③解释成修辞上的转变。他的第六章纯粹是站在唯物主义的立场解释[他并没有解释"神"(deus)——富人的高生育率的由来],"这些力量通往了一个更加耐心、更加和平、更努力工作、更有文化和更有思想的社会",即他和我都敬佩的企业家社会。在克拉克的书里,他对思想的解释就到此为止了。一位研究荷兰共和国的历史学家安妮·麦坎茨(Anne McCants)用同样经不起推敲的证据宣称,荷兰的财富从富人转移到穷人"不太可能"是受到同情心的驱动,也"无法被模型化或用理性解释"。她言下的"用理性解释"意指"通过效用最大化、唯事功、物质利益来解释"。任何其他的解释不过是盖在真相上的面纱,底下的动机是物质的。早在她

---

① Marx,1859,p.43. 中译文引自马克思《〈政治经济学批判〉序言》,《马克思恩格斯选集》第二卷,人民出版社1972年版,第82页。
② Engels,1877—1878,pt.3,chap.2,"Socialism:Theoretical". 中译文选自恩格斯:《反杜林论》,载《马克思恩格斯选集》第三卷,人民出版社1972年版,第424页。
③ "突如其来的变化"(deus ex machina)此处直译是机关跑出的神,古希腊戏剧里的用法,当剧情陷入胶着,困境难以解决时,突然出现拥有强大力量的神将难题解决,令故事得以收拾。作者在这里指经济大飞跃。——译者

之前,在1890—1980年的仿马克思主义的巅峰时期,历史学家休·特雷弗·罗珀(Hugh Trevor Roper)就已经发展出了一个类似的格言,罗珀说"在政治里(唯事功的政治野心)自然的是目前最具可能性的"原因,而恩格斯其实在更早些时候就宣布说:"各个阶级的利益、要求和需求都隐藏在一副宗教面纱之后。"①

这种缺乏证据的片面评价正是盛行于1890—1980年这百年间的标志性历史观点,即人的意识随着其物质存在条件的每个变化而改变,也只有物质存在条件的变化能改变人的意识。② 迈克尔·诺瓦克称为"20世纪的唯物主义假设和偏见"。因而,涂尔干(Durkheim)在他的伟大著作《1912年的宗教生活的基本形式》(*The Elementary Forms of Religious Life of* 1912)里论证说,宗教的核心是仪式而非教义,因为仪式在暗地里起到了团结社群的作用。毕竟,除此之外,思想史还能证明什么呢?思想史证明了思想并不重要,宗教的要旨必须是团结一个社会,而非教义里的胡言乱语,比如说,一个死去的上帝。我们从斯多葛派的历史或新教历史,或是奴隶制的废除史,或是基督教历史,或是20世纪60年代的人权解放史中读到的,是所有这些历史都明显由利益、金钱、利润、生育率这些物质因素推动的,而且物质因素很可能是唯一因素。

约翰·弥尔顿持不同看法,他写到书籍"和希腊神话里的龙齿一样富有生命力和创造力;被播种在地,后长成武士而相互厮杀"③。历史学家大卫·伍顿(David Wootton)这样评价17世纪40年代英国的平等派:"平等派所设想的社会,并不是那种在实际上

---

① Quoted in Stark,2003,p. 61.
② Novak,2007,p. 232.
③ Milton,1644. 布雷斯福德(H. N. Brailsford)恰如其分地评价说,弥尔顿"向着抹黑自己的历史性著作的方向走了很远,他竟然用自己的天才去支持一位摧毁出版自由的独裁者"(Brailsford,1961,p. 82)。

主导斯图亚特王朝早期的商业社会,并不是一个由特许公司和大资本家主宰的社会;他们希望建立一个小店主当家做主的社会。"平等派的所有其他设想用了数百年间才得以实现,伍顿称这个过程是一个"杰出的范式转变,孕育了现代政治理论"——成年人普选、成文宪法、非自证其罪(也可以说是免于水刑的自由)、律师权、信仰自由和言论自由。① 然而英国还有一个值得称道的地方,它在尚剩最后一位活着的平等派的时候,向国内贸易自由化迈出了坚定的一小步(为所有穷人和富人:换言之,建立了一个小店主当家做主的社会)。

克拉克承认这种平等派修辞或许转变了人们对待经济的态度,也仍然聪明地敦促我们把问题再深入思考一步,他问道:为什么观念会发生变化? 这依然是一个犀利的问题,始终都很犀利。克拉克的潜台词是,如果我们信仰历史唯物主义,修辞改变的原因一定要诉诸物质生产或再生产手段的改变。在唯物主义假设下,一种修辞绝不会独立于经济或人口而变化,绝不会是修辞本身变化的结果,比如小说的发明和神学里巴斯噶—尼科尔—贝利(Pascal-Nicole-Bayle)逻辑的发明;甚至绝不会因为一些重大政治、社会和战争事件而改变,比如像1689年英国的政治和解或者从16世纪中叶新教平等主义在荷兰和苏格兰的兴起,或者像在1585—1660年普通人也能史无前例地参与到教会的管理,再参与到荷兰、英国和苏格兰的政治;或者像战争的机会,在一些强有力的修辞引领下,新模范军在1645年占据了英国国王的宝座和他的国家(克伦威尔在1643年写道:"我宁愿要一个知道为何而战并热爱所从事事业的上尉,而不要你们称为绅士而别无优点的人")。任何非经济而仅仅是修辞上的改变(唯物主义者不假思索地相信)总是衍生自经济/人口领域的变化,我们有坚实(有疑问)

---

① Wootton,1992,p. 83.

的数据和仿马克思主义理论(错误的)。精神文明生产随着物质文明生产的改变而相应改变。

只是连马克思主义者也早就抛弃了这个唯物主义假设,比如意大利的共产主义理论家安东尼奥·葛兰西(Antonio Gramsci)就说这种经济主义(economism)是一个错误。葛兰西被迈克尔·沃尔泽(Michael Walzer)誉为"20世纪的一位罕见的怪人,一位无辜的共产主义者"①。他在20世纪30年代被意大利的法西斯政权扔进了监狱,在牢里写下了这样的语句:"这种假设(作为历史唯物主义的核心假设)把政治和思想方面的任何波动都解释成对唯物社会结构的立即呈现,它在理论上一定是超级幼稚的。"他主张,马克思主义"本身是一个顶层结构……是一片决定社会团体(比如无产阶级)逐渐意识到自身存在的土壤"。基础和顶层结构共同形成了一个"历史块",与经济主义的资产阶级理论家的想象极为不同,历史块不仅仅理论化,而且充实了辩证唯物史观。葛兰西掷地有声地宣布,马克思在深入的政治著作里,比如在《路易·波拿巴的雾月十八日》(The Eighteenth Brumaire of Louis Bonaparte)里,对这种唯物主义假设的使用相当谨慎,为偶然性和"一种组织特征的内在必然性"留下了很多余地,还意识到了在一个特定的时刻,界定这个本应限制思考的基础和结构的困难。②葛兰西本人在欧洲社会主义史上的地位十分重要,因为他否定了唯物主义就是一切假设。他说,资产阶级之所以能够存续,是因为资产阶级思想家不断在做工作,让资本主义看起来是自然的产物。葛兰西毕生的事业,尤其是他死后其著作所做的事情,就

---

① Walzer,1988,p. 81. 我会在20世纪无辜的共产主义者名单上补充埃里克·霍布斯鲍姆(Eric Hobsbawm)和小罗伯特·福格尔(Robert Fogel)这两位,从而有三位无辜者了。

② Forgacs,2000,pp. 196-198(Selections from the Prison Notebooks,407-409;Selections from Cultural Writings,Q10,para. 2. 41. xii).

是阐述非唯物主义思想的重要性,用沃尔泽的话说,他预言了反斯大林的欧洲共产主义的出现。①

列宁在1902年建立起布尔什维克阵线反对卡尔·考茨基(Karl Kautsky)之流的"经济主义",他相信,思想是激发工人阶级行动所必需的。他问道:"怎么办?"回答则是,不是坐等工人的物质条件发展到工人自发产生革命思想。相反,"阶级政治意识只能从外面灌输给工人,即只能从经济斗争范围外面,……社会民主党人为了向工人灌输政治知识,就应当到居民的一切阶级中去,应当把自己的队伍分派到各方面去。"②"一位社会民主党人必须把自己视作能为全体无产阶级解放提供指导的革命性组织。"③注意列宁用了"指导",而不是跟随。类似的,葛兰西"在文化斗争方面是一个列宁主义者"(沃尔泽语),呼吁知识分子教导无产阶级。④ 这就是思想的力量。

克拉克是一位水平不错的经济和历史学家,他的著作也为各种断言提供了许多翔实的数据,其中许多我们其他学者也都认同。然而从错误的观点中辨识正确的观点十分重要,以免一些历史科学的外行人会误认为书中的一些正确的经济/数量观点在支持错误的马克思/优生学观点。这是两码事。语言学家杰弗里·桑普森(Geoffrey Sampson)在对心理学家史蒂芬·平克(Steven Pinker)在语言学方面的优生理论——"本土文化主义"进行无懈可击的反驳时表示:"我要首先声明,我远非驳斥平克著作里的所有观点(在我们的例子里就是克拉克)。平克的书里有许多内容与本土文化主义没有关系或只沾一点边(在我们的例子里就是企

---

① Walzer,1988,p.81.
② Lenin,1902,pp.143—144,其斜体部分。中译文采用列宁《怎么办?》第二分册,人民出版社1965年版,第97—98页。
③ Lenin,1902,p.179.
④ Walzer,1988,p.83.

业家道德的优生理论),也不存在任何争议,至少在学界没有争议……读者可以把它作为一本语言学的通论来读。"①克拉克的这本著作也是如此,无论如何这还是一本通论,除去社会论述和文学论述,考察了所有的数据。它是一份历史调查,在方法上很狭窄,但依据其宣称的只看重数据的标准来衡量,做得十分优秀。

换言之,克拉克著作的大部分内容十分优秀,无可争议,从定量角度为外行人回顾了自1944年卡尔·波兰尼以来的经济史学家所积累的知识。作为当代的计量经济史学家,我们一致同意英国在17世纪或18世纪被困在了马尔萨斯的逻辑陷阱里,就像自洞穴时代以来,世界一直被困在这个陷阱里一样。(一些经济史学家对此持有异议,但如果不是这样,就很难理解为何人类走出洞穴文明后没有立即跨入现代文明世界。)虽然像中国这样的文明古国缓慢地发展出了令人艳羡的华美服饰,但数千年来的世界不曾有过快速的创新。一个民族,缺乏无限土地的支撑,如果没有持续的发明创造,那么在人口增长以后,迟早会陷入人均资源减少的境地。结果人类始终处于肮脏、贫穷、野蛮和短命的境地。②克拉克总结了所有经济史学家都认同的一件事:逃离马尔萨斯陷阱是世界史上一个最为重要的经济事件。我们也认同逃离的尺度:就在人类迈入人口大爆炸的纪元,"最富裕的现代经济社会(保守估计,不考虑更高的标准)要比1800年的人均水平富裕10—20倍"③。我们认同,经济大飞跃的关键是创新而不是资本积累——当然我们还须时刻提醒经济学界同僚注意这点。我们认同,经济大飞跃始于荷兰,然后扩散到英国和苏格兰。我们

---

① Sampson,2005,p.110.
② 然而,农业史学家乔治·格兰瑟姆对克拉克大力推崇的马尔萨斯简单模型有一些有效的批评,见格兰瑟姆在2007年对于打谷工作工资问题的讨论,表面上的爽快其实隐藏了其他工作条件下的变化。
③ Clark,2007a,p.2.

认同,中国和日本在16世纪也许有过一些大飞跃的征兆,一些同僚还认为这个进程被满清王室和德川幕府的独裁统治所打断,因为这两个王朝对商人充满了蔑视和不信任。我们认同,自1848年以来的国民总收入中,劳动的实际回报在增加,资本和土地的实际回报在相应减少,这与古典经济学家——无论是资产阶级学派还是马克思学派——的看法都相反。我们认同,创新时代出现得如此突然,以至于人们的收入极大增加,从而导致了生育率的降低,比如在过去贫瘠不堪和人口过多的意大利或瑞典发生的变化。我们认同,全世界的穷人是世界逃离马尔萨斯陷阱后的最大受益者。我们认同,工会和贸易保护主义对全世界逃离陷阱没有任何助益,反而在拖慢发展的脚步,比如英国对工会暴力的曲阿逢迎直到70年代才终结,或者像拉丁美洲的那些国家,他们对依附理论的青睐导致了几乎灾难性的后果。换言之,我们对从1944年到现今的许多历史发现都有共同的认识,这些发现会让痴迷的卡尔·波兰尼、路易·阿尔都塞、伊曼纽尔·沃勒斯坦、奈奥米·克莱因(Naomi Klein)感到不可思议和有悖常理,更不要说马尔萨斯和马克思了。

无论如何,我们其他人所不认同的,是克拉克最近从某些经济理论家的著作里挑选出来的与众不同的见解。克拉克复活了史蒂芬·平克风格的优生学假说——英国人凭借其富人的高生育率变成了一个生活在超级社会(Übergesellschaft)里的超人民族(Übermenschen)。

克拉克企图撇清自己与原始和依然很有市场的优生学的关系,优生学在20世纪20年代达到了顶峰,在倾向技巧的反自由主义阵营中一直广受欢迎。不过克拉克的企图还是失败了:他的观点就是优生学观点,就是那种萦绕在从19世纪晚期的弗朗西斯·高尔顿(Francis Galton)到21世纪初期寻找同性恋基因的右翼政客心头的观点。仅仅否认并不能撇开自己"和社会达尔文主义的关系",就像克拉克慷慨激昂地回应我们的指责那样。① 如果你认为数世纪积累的社会压力让人类更适合现代的快节奏工作,你就是一个社会达尔文主义者。(我们都同意,社会压力,比如由语言引发的羞耻感,确实能影响上千年,但那是应用在一个完全不同的时间尺度上的观点,而在千年的时间跨度上,我们都是社会达尔文主义者。)克拉克从他的书里引用了一段,说我"似乎遗漏了"他的话,原文是"人类正从生理上越来越适合现代经济文明"。我没有漏看这句话,而且读者也能明白这是社会达尔文主义观点。在同样这段话里,他说"相当长的农业文明产生了工业革命",这还是千年的跨度,而非仅仅是他所要解释的英国成功的数世纪跨度。"现代经济世界"在 1700 年或 1800 年突然出现,英国与世界分道扬镳的分歧点最早在 1649 年 1 月 30 日,当英国人斩首了他们的国王查理一世之时。大卫·兰德斯是极少数认同克拉克观点的历史学家之一,他简明扼要地称赞克拉克"正确地观察到欧洲人拥有一种比其他民族更适合经济增长的文化"②。——当然兰德斯认为欧洲卓越的文化有着更古老的基因因素,而非仅仅是中世纪晚期的高生育率所带来。总之,无论是英国的克拉克还是西北欧的兰德斯都是文化沙文主义者。

  关于克拉克书里的这部分独树一帜的篇章,有很多值得批判之处。卡尔·皮尔逊和查尔斯·达文波特的优生学假设已经有 100 年的历史,他们认为公民道德(civic virtue)是继承性质的。克拉克的观点与他们一脉相承。这个假设可以从太多角度来反驳,有些早在皮尔逊和达文波特的时代就提出了,有一些是专门针对克拉克的。总之,这个假设必须被抛弃。③

  有一点值得注意,继荷兰、英国和苏格兰之后,欧洲以外的地

---

① Clark,2008,p. 182.
② Clark,2007a,p. 11.
③ 关于达文波特这位美国优生学运动的领袖人物,见 Witkowski 和 Inglis,2008。

方再没有培育和发展出公民道德。有许多经济学家和经济史学家已经尖锐批评了克拉克的著作，其中之一就是诺贝尔经济学奖获得者罗伯特·索罗，他写道：

> 克拉克在缩小成功经济体和失败经济体的差距方面表现出了悲观主义态度，或许因为他相信，除非商业和勤奋美德播种到大多数人中间，否则不可能缩短差距，正如他认为前工业化时代的英格兰就是这样。如果诚如其所言，那要等待很长一段时间才能发生。如果这是克拉克的基本信仰，似乎就和中国近来不同寻常的持续经济增长，和更近一点的印度相矛盾了。让克拉克蒙羞的是，这两个成功的例子似乎都是制度变革的结果，特别是从计划经济转向了市场经济。①

真正起作用的并非大众所继承的商业美德，而是大众所赞美的美德。中国自 1978 年以来逐渐废除了反对赚钱的法律，稍后印度也开始尊敬企业家和创业者，两国都开始了经济竞赛。② 当然，类似的竞赛在英国取得领先优势不久后就在欧洲迅速开始了。如果像克拉克所声称的，经济成功取决于英国在数百年里构建起的"超级社会"，那为何继英国之后的短短数十年内，莱茵兰地区和瓦隆地区就取得了长足的经济增长呢？克拉克认为经济成功需要一片培养企业家群体的安详宁谧的土壤，而德国西部和荷兰低地的南部地区完全不符合他的条件。恰恰相反，从法兰德斯南部到伦巴第大区的这条地理上的长带在漫长的一千年里一直是欧洲的战场，"一战"时著名的"西线无战事"即指这里，此外

---

① Solow, 2007.
② See Adhia, 2009.

还有"哈布斯堡路"的称呼,还有战火不断的城邦小国"洛桑轴线"[这是军事史学家杰弗里·帕克(Geoffrey Parker)的发明,以称呼查理曼大帝的孙子短暂统治之后的这片地区]。然而,在英国搅局不到一个世纪里,尽管有拿破仑战争的干扰,再一次他平生的最后一场会战发生在瓦隆地区,但是从蒙斯到米兰的这条洛桑轴线却变成了一个繁忙的工业带。

除了英国人,对于非欧洲人来说,那些"劣等民族"(Untermenschen)比如保加利亚人和牙买加人在接受了企业家价值观,给予了企业家尊严和自由以后也都取得了长足的经济进步。他们的成功似乎与所谓优秀价值观的世代继承没有任何关系。以类似的方式,18世纪英国绅士阶层的后代在布里斯托尔和伦敦从商后得以发家致富。此外,克拉克在他的著作里没有表现出对美国经济史的任何兴趣,而美国的经济成功是带有农民基因的人能在尊重企业家的土地上成功的绝佳证明。不过,我们可以从克拉克发表在杂志上的文章看到,他在早年时候对农民迁入企业家国度产生的经济收益进行了精妙的计算。意裔美国人的上一代都是只有小学三年级文化程度,在卡拉布里亚用牛拉犁耕作的农夫在一代或两代人的时间里就成了入籍国里受教育程度最高的少数民族。

许多中国人或亚美尼亚人不堪帝国主义压迫或贵族政治混乱而逃离母国,他们在海外建立了许多定居点并繁荣兴盛起来,然而从另一面来看,克拉克在其2007年著作里也没有对此表现出任何兴趣。塞浦路斯人移民到伦敦后,经过了一代人的努力就成为成功的商人群体。帕西人移民到巴基斯坦,一代人之后就成为医生和教授。克拉克在他的著作里也没有关心苏格兰,那是他的母国(他的双亲却是爱尔兰人),在很早就爆发了工业革命。然而,今天的苏格兰和百年前一样,全然没有英国的"超稳定性",没有一个让企业家价值观稳定蔓延的环境。(当然,苏格兰的不稳定要部分归因于所谓享受稳定的英国人数世纪来的侵略和跨国捕鱼纠纷。)就像海外的中国人或者前往美国的移民,苏格兰人在1707年以后开始南迁,成为英国和英帝国的经济学家、工程师和农场管理者。克拉克也没有对他和我的爱尔兰先辈们表现出任何兴趣,当他们渡过爱尔兰海来到英格兰,在棉花厂和羊毛厂里务工后,迅速成为模范工人(例如他的父母)。如果他们留在故土,生活在英国佬眼中多事的另一个岛,在社会动乱、反企业家,人口稀少的环境下根本不会有改善生活的机会,那里的大部分地区根本没有发生工业革命。克拉克本人在过去的数十载里带着实证设想调查过那些棉花厂和羊毛厂,而就在他这本优生学著作问世前的20年,克拉克本人已经给出了一个相关证据:

> 新英格兰纺织业证明了在低工资国家工作的纺织工人并非无能……在1911年……27.8%的纺织工……是波兰人、葡萄牙人、希腊人,或意大利人,要知道在波兰、葡萄牙、希腊和意大利,操作同样机器所需要的工人数量是新英格兰的三到六倍……为什么偶然坐船来到兰开夏郡的爱尔兰人所表现出的效率会低于那些渡海前往新英格兰的爱尔兰人呢?[1]

这是个很好的问题,但答案并不是优生学。

---

[1] Clark, 1987, p. 166.

第三十一章　新达尔文主义不能提供定量证明

　　克拉克在他的书中严格运用了自己的思想理念,不过他的优生学假说最主要的失误还在于没有数据为证。一本充斥着天才数据核算的书(成百上千个数据,把克拉克的历史想象力表现得一览无余。他拥有一种提出问题,然后看透你回答方式的科学优点)在证明观点上的量化程度还不够。克拉克很有学究气地坚持认为,要判断一个假设为真,唯一合理的证据就是通过量化和唯物主义的手段来验证。然而他的书里却没有提出或回答关键的量化历史问题。

　　这本书的论点可以像以下图示,分为4种状态或事件1、2、3、4,由三种因果关系和转化因果的箭头 A、B、C 联系起来(图2)。注意首尾两端的黑体事件。这两个加粗事件(1 关于生育,4 关于富裕),如果单纯从数字上来,已经得到了相当多令人满意的经验数据。然而,即便是事件 1 的论据:"富人多子"也存在不少问题。例如,克拉克讨论的高生育率的资产阶级富人当然居住在城镇,因为这就是资产阶级的定义由来。实际上直到 19 世纪末,这些都是死亡陷阱(尤其对穷人而言),使我们怀疑他的假说——富人的后嗣一定能顺延在社会阶层里生存下来。继承人大部分都会死去,他们的住所往往被象征性的继承人得到,这些人或者是侄儿,或者是来自农村的表现出色的熟练工。这类故事频频在百年欧洲戏剧、小说和歌剧里上演,比如那位来自格洛斯特郡农村的迪克·惠廷顿三次成为伦敦市长的故事。戈德斯通在 2007 年 11 月社会科学史协会的会议中评论了克拉克的著作，他指出："如果最优秀的商人被吸引到伦敦定居……那他们生育更多的孩子很正常。但如果孩子们流落到社会下层，他们就会死亡。所以，克拉克的资产阶级优秀基因会在一代人之后消散殆尽。一旦你把城市死亡率计算进去，会发现优秀基因无论如何都无法积累。"① 关于克拉克的对比，经济史学家蒂莫西·吉内恩（Timothy Guinnane）的说法很恰当，他声称，无论如何都无法准确计算出早期欧洲农村和城镇的人口率，从而两者也无法比较。② 整体说来，18 世纪初英格兰和威尔士可计算到的人均寿命据说是 38.5 岁。伦敦占英国总人口的比例远比巴黎占法国总人口的比例要大，其人均寿命竟然只有令人震惊的 18.5 岁。似乎是，当人口从威尔特郡向布里斯托尔或者大伦敦迁移时，人均寿命也在稳定地降低。③

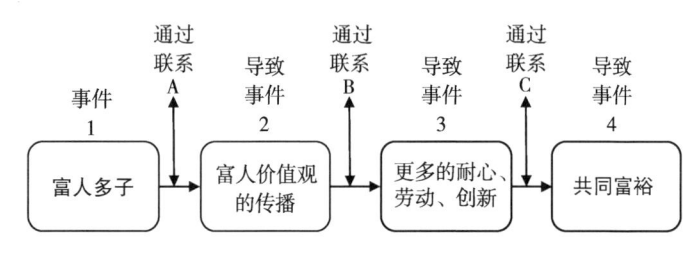

事件 1 富人多子 —通过联系 A→ 导致事件 2 富人价值观的传播 —通过联系 B→ 导致事件 3 更多的耐心、劳动、创新 —通过联系 C→ 导致事件 4 共同富裕

图 2　克拉克假设：富人更优秀并逐走穷人

关于事件 4 的共同富裕，克拉克提供的量化证明稍微好一点，但都是传统的证明。关于共同富裕的数据是无可辩驳的，这个数据是我们后波拉尼时代的经济史学家都认可的，是我们共同研究的果实，而且被用于说服非经济学家，尤其是你们当中的波

---

① Goldstone, 2007b.
② Guinnane, 2009.
③ Ó Gráda, 2007, p. 350.

拉尼主义者们。克拉克在这里的表现不错。

不过，他始终坚持把重锤敲在量化数据上。因此，他忽略了事件3——更多的耐心、劳动、创新，及事件2——富人价值观的传播。克拉克相信，如果你的观点无法用数据来证明，那么你的知识便是贫乏而肤浅的，所以他不太愿意使用德国史学家们称为当下的文学和其他自著来源的资料。他没有认识到书面材料可以自证，而且不管怎样，人口相传的内容也是实证的一部分。据说耶稣曾经说过，"让恺撒的归恺撒"（Render unto Caesar），信徒们相信这句话出自耶稣之口，因此，这就成了早期基督教和国家关系的部分实证。路德说过"一个王子，一个信仰"（One prince, one faith），这亦是宗教改革的一个证据。克拉克规避言论的后果，就是他无法提供足够的证据，来证明人们如何知道富人的"非正式，自我强化的社会规范"的扩散过程。因此，关于事件2——富人价值观念的传播，他的论证相当贫乏。

事件3——更多的耐心、劳动、创新得到了更多的关注，有时能得到量化证明。克拉克和我、莫基尔及其他人一样，强调了棉花和钢铁等应用创新的重要性，并且运用了我很久以前设计的统计表格，来证明1780—1860年英格兰的应用创新，与两位尼克（两个经济学家尼古拉斯·克拉夫茨和尼克·哈利）的观点相反，事实上大大延伸到了这两个英雄般的行业以外。① 很不错。

然而其他地方的论证就一般了。在克拉克的论证中，最明显的失误是缺乏把事件1、2、3、4联系起来的因果关系A、B、C的计算证明。这是一个极其严重的问题。让我们考虑一下联系更多的耐心、劳动、创新与共同富裕的因果关系C，克拉克注意到，在那些缺乏劳动纪律的国家——例如印度，雇主无法从工人身上得到像英格兰工人那么高的产量，因为印度工人缺乏企业家精神和观

---

① 本表格引自Clark p. 233；而我的见于McCloskey, 1981, 再版于Harley, 1993。

念,因此雇主无法激发工人足够的努力。[我们不禁想知道,克拉克是否曾看过彼得·塞拉斯(Peter Sellars)对反企业家价值观的英国人的描绘,电影《我很好,老兄》(*I'm All Right*,1959)里的一个工人代表说:"我们不会也不能接受以无能作为解雇理由的原则。那是迫害。"]

然而"不如"和"不够"这些词语根本不足以解释今日贫穷的印度和富裕的英国在实际人均收入方面20—30倍的差距。诚然,鲁道夫·曼纽利(Rodolfo Manuelli)和安纳斯·赛舍德里(Ananth Seshadri)等貌似振振有词地证明过了,他们运用流行的增长理论学说,认为效率上的微小差别能够解释经济上的巨大差距(严格来说,经济学家称这为"全要素生产率")。根据这个时髦的学说,效率上的微小差距能带来教育和培训上的更大收益,并让富裕国家积累更多的人力资本。① 如果我们夸大人力资本对早期增长的影响,那么这种说法或许可行。这个模型的问题在于,它意味着在任何时候,在教育的道德评价方面的任何一点细小改变都会有同样强烈的效果——然而在古希腊或是现代欧洲早期都并非如此。正如历史学家乔治·胡泼特已经证明的,莎士比亚和莫里哀的同时代人得益于英国和法国改良过的教育体系,而且当时两国的商人学院都受到新教徒和许多天主教徒的热烈欢迎。然而,那时并没有发生工业革命——或者说,这中间有一道延迟两百年的神秘鸿沟。

尽管如此,这里的关键是,克拉克没有给出证明——他没有注意到这些因果关系。以200年的跨度为例,克拉克就忽略了。克拉克没能证明富裕在多大程度上依赖劳动,也就是事件4和事件3之间的联系C。"数量级在这里很重要",克拉克在评价经济史学家阿弗纳·格雷夫(Avner Greif)的著作时,以特有的严厉口

---

① Manuelli and Seshadri,2005.

吻这般声明:"但格雷夫使用的证据却没有注意到数量级。"①格雷夫的这本著作与克拉夫的著作同年出版。记得蒙田用自己的武器反伤自己的寓言吗? 克拉克没有对联系 C 的规模进行计算。他没有询问这层联系的魅力。他的证据没有数量级概念,因此他也没有答案。

正如我说过的,克拉克早就注意到南亚工人的劳动强度不如欧洲。② 他的见解和荷兰历史学家德弗理斯(Jan de Vries)很相似,德弗理斯优雅地证明,在 17—18 世纪,一场投入更多劳动时间的"勤劳革命"首先出现在荷兰,随后蔓延到了英伦半岛。克拉克声言,英国人的勤勉主要因为破产的资产阶级堕入了工人阶级。这个说法让人难以相信,因为他实际上没有提供任何直接证据。例如,我们无法用这个说法来解释同时在荷兰崛起的自立精神(work ethic)。德弗理斯的更为可信的说法正如大卫·休谟这样所阐述的:"世界上的一切都用劳动来购买;而热情是我们劳动的唯一动因。"德弗理斯的书中列举了无数的证据,大量商品的出现,强烈地促使了早现代的荷兰和英国人从 16 世纪每年仅工作 255 天增加到了 18 世纪的 303 天。③ 历史学家安娜·戈登加(Anne Goldgar)在她的书中刻意淡化了 17 世纪 30 年代的郁金香狂热,因为在当时荷兰人的眼中,花卉贸易是"一个新产品市场,在过去的 40 年甚至更多年里,许许多多的新产品涌入了这个国家,郁金香只是其中之一"④。早现代那些过上小康水平生活的人对自己说:"我一定要有一些郁金香、糖、烟草、瓷器,甚至一些新的油画等。"他们追求新产品的方式,正如今日的你至少要有最新

---

① Clark,2007c,p. 731.
② Clark,1987.
③ De Vries,2008a,p. 14;de Vries,2008b 有完整理论。对比 Voth,1998,2001,2003。德弗理斯对休谟的引用来自休谟的论文《论商业》,1741 年第 1 版。
④ Goldgar,2007,p. 224.

的手机、牛仔裤或宽带一样。① 德弗理斯引用了另外一个发现,在17世纪40年代的马萨诸塞殖民地,那里的居民在去世以后,其遗产清单中完全没有椅子(仅有凳子和长凳),而到了18世纪90年代时平均有16张椅子,而且这些椅子通常来自英国或是熟练殖民地工匠模仿英国设计的品质一流的家具,比如温莎椅。② 17世纪和18世纪的工资增长幅度不像19世纪晚期那样剧烈,然而人们却为相同的工资付出更多的劳动。为了满足对鲜花、烟草、油画、黄铜铸件、中国瓷器和精雕细琢足可留给下一代的温莎椅的热情,人们的勤奋度增加了19%,即每年的工作时间由205天增加到303天——更少的节假日,无视礼拜天。德弗理斯并没说这能解释当今印度和英国的高达2100%的人均收入差距(或1800年600%的差距),或者解释1700年到1860年的100%的英国人均收入增长,或从1800年算起,就是1500%的增长。但克拉克却做了这样一个断言。

　　工作更勤奋是好事,换言之,这也是现代世界一个重要特点。1998年,汉斯—乔亚吉姆·沃斯精彩地使用了指控罪行时的证人记录来证明,在18世纪的伦敦,人们在"圣周一"时都簇拥着看戏剧而不是工作。③ 他推断说,当时的"工作周"和现在的贫困国家情形类似,而"爱德华·汤普森(E. P. Thompson)描绘的'古老快乐的英格兰',认为当时工作时间短而工作相当不规律,可能是不正确的"④。曼哈顿来去匆匆的年轻律师们每周要工作70小时,相比他们的工人高祖父每周60小时的工作,相比他们的农民祖

---

① 赫希(Hersh)和沃斯(Voth)在2009年提出了一个相关的观点,他们认为"哥伦布大交换"给欧洲带来了极大丰富的商品,普通人的实际收入增加了约20%。他们认为这否定了克拉克和我及大部经济史学家所主张的直到1800年以前所有人都过着3美元/天生活的观点。不过增加或减少20%并不能带来一个创新时代。
② De Vries,2008a,note 35.
③ Voth,1998.
④ Voth,2003,p. 256.

先工作40小时/周,相比他们捕猎的远高祖仅仅工作19小时/周,要悲惨多了。① 不过在任何情况下,更少的工作时间都意味着更少的迷人玩意儿可供消费。

如果荷兰,尤其英国的工人们延续工业化时代以前的圣周一和工作醉酒的习惯,他们的资产阶级老板将必须雇用更多的人手来做同样的工作,并减少人均工资。1700—1800年,随着人口的增加,英国和荷兰的人均收入可能略有下降,而不是维持在原来的水平。后来,这种情形被称为马尔萨斯压力。丈夫原本会面临一个严峻的挑战,因为他的妻子将永远忙于雇用新仆人以替代原先那些或傲慢或不道德或有酗酒问题的仆人。② 丈夫签下的学徒条款里也会明确规定,学徒"不得淫乱……不得玩扑克、掷骰子或其他任何不守法的游戏……也不得出没酒馆、客栈或戏院"。

不管怎样,企业家对创新的激情都不会受到影响。漂白工艺在18世纪90年代取得了突破性进展,人们发明了氯气漂白来取代阳光漂白,大幅度减少了曾经只为富人所独享的纯白亚麻布的实际成本。即使要多付出19%的人工成本,即使要雇用更多没有工作纪律的工人,这项重大发明依旧会有获利丰厚,实际上也是如此。如果工人的效率不够或者没有企业家精神,一些新颖的想法可能无法获利。即便如此,还是有许多发明创造出现,因为其中有太多都极大改善了我们的生活;对于发明家而言,他们也因划时代的发明获得了显赫的名声。

克拉克也没有对联系B进行量化证明,没有证明事件3——更多的耐心、劳动、创新如何高度依赖于事件2——富人价值观的传播。这个证明的难度相当之高。我同意克拉克的看法,事件之

---

① Hill and Hurtado,2003,p.11.
② Vickery,1998,pp.135-146,例如 p.135。"主妇们几乎没有一个星期不从解雇一个佣人的折磨中解脱出来",我们也可以在现实主义小说中看到类似话题,例如菲尔丁(Fielding)的《汤姆·琼斯》或《约瑟夫·安德鲁斯》。

间的联系非常重要(尽管我认为社会整体对企业家的态度远比内在的企业家心理状态重要)。不过,我不知道该如何用通常的经济和人口统计方法来定量证明这个联系。相反,我只能依赖那些定性证据,这些证据是抽象的,无法令人满意,只是在数量方面比较丰富和普遍。莫基尔、雅各布、麦克劳德、艾哲顿、戈德斯通等研究应用创新的学者已经利用过它们。不过克拉克鄙视这些证据。如果我们接受克拉克的数字规则方法论,就无法责备他,因为即使他的严格量化的历史想象也存在一个问题,即到底有多少企业家价值观在作用以增加应用创新。然而,他对数字的执着——我年轻时也是如此执着,很熟悉类似的倾向——使得情况稍显尴尬,因为对于关联创新与思想的联系 B,他根本就没提供任何定量证明。我们那些老家伙——杰克·戈德斯通、迪尔德丽·麦克洛斯基、乔治·格兰瑟姆、理查德·伊斯特和克劳迪亚·戈尔丁(Claudia Goldin)听着人们说联系 B 和类似的关系介于定量和定性之间时,感到一阵满足,因为克拉克这回让他自己的方法论给炸到天上去了。① 然而鉴于克拉克对方法论的执着,最让他尴尬的莫过于联系 A 了,也就是在富人多生与富人价值观念的传播之间的联系。历史学家对这个问题有过许多喋喋不休的评论,经济史学家罗伯特·马戈(Robert Margo)就写道:"即使我相信这些数据可信,我怎么知道我在观察一个在'好的'行为(例如耐心)之间的因果关系呢? 因为这在最好的情况下(常常远非最好)也无法被计量经济学家所观察。准确地说,让优秀行为表现跨代遗传的机制究竟是什么呢? 难道制度在其中没有作用吗?"② 在这本高调宣布以定量作为唯一真正科学的著作里,克拉克却没有计算过修辞观念的变化如何导致较高的生育率,也没有探讨过新的

---

① 比较 Easterlin,2004,pp.21-31。
② Margo,2008。

制度——比如文法学校或商学院或学徒制度。至少,在克拉克的机械和唯物主义的社会价值观念构建假设下,做这样计算是很容易的,甚至不需要用到马戈所推想的计量经济学工具。在社会科学里,有一种非常有用的定量方法,也是克拉克、杰弗里·威廉姆森、罗伯特·福格尔和我所擅长的,那就是模拟法。

克拉克假设富人的孩子,因其富,所以会携带某种企业家观念,而正是这种观念造就了工业革命。(在此我要再次澄清,我认为在17世纪,社会整体向企业家精神的快速转变比其他一切因素都重要。)不管怎么样,克拉克的观点以中世纪或早现代的相对富人这个群体为基础。实际上,1400—1600年的一个典型伦敦企业家依靠的是羊毛贸易的特殊垄断保护。迪克·惠廷顿(Dick Whittington)首次(共三次)被麻烦缠身的理查二世任命为伦敦市长,也是因为英国国王欠他钱的缘故。所以,晚至1601年,毫不奇怪商人冒险家协会的秘书长约翰·惠勒(John Wheeler)会撰文反对"分散、离散、混乱的贸易"。他的言下之意是,那些闯入者威胁到了政府授权的商人冒险家协会的垄断。[1] 在这种环境下,这种商人的下一代多半会相仿相效,多半会深受无论左右两派的贸易保护主义者影响,产生政府控制一切是好主意的观念,而允许人们在不受政府监督监管的情况下自愿达成交易是可怕的事情。至于政府的监督者,或者是来自乡村俱乐部的委任,或者是民粹主义下的民主监督,或者是大家族所操控的腐败政客。16世纪和17世纪的所有贸易许可证都证明了大资本家和贵族冒险家腐化英国、瑞典、法国还有美利坚的政治以达到垄断的目的。像勇敢的波塔尼爵士(Brave Sir Botany)这样的家伙靠窃取发家。他是一个成功的官僚,借着亨利八世查封修道院的东风赚得盆满钵满。

---

[1] Wheeler, "A Treatise on Commerce" (1601), p. 73, quoted in Barbalet, 2008, p. 79.

像这样的人不可能自动把节制、勤奋、创新、尊重市场的企业家价值观传给下一代。我们可以调查一下乔治·华盛顿·普伦凯特的子孙会不会因创业精神而出名。这可以用定量方法来证明。

历史学家彼得·厄尔(Peter Earle)调查了1700年前后伦敦中产阶级家庭中孩子的死亡数据,结果发现,约1/4的中产阶级家庭有文化和识字,这可以从他们与布商、商人或银行家们签订的不太成熟的合同中判断。① 实际上,当这些孩子们出生于像地主和骑士议员这样的有闲阶级时,企业家观念并不会机械地沿着社会阶层向下传播。然而,18世纪的伦敦却有许多这样的孩子成为成功的商人。如果这些孩子成功跻身伦敦企业家的上流,是因为他们熟悉了贸易行业(花费了穷人许多倍的年收入,以学徒的身份进入行业学习),而且在一个整体上尊重企业家尊严和自由的社会里,被鼓励从事海外贸易和在国内投资,而并非因为他们遗传了企业家观念或由于他们是企业家的后代。

当然,英国的上流社会人士甚至是贵族,常常倾向于依企业家的观念行事,而法国贵族如果这样做,则有被剥夺贵族身份的危险。同样是这位约翰·惠勒先生,他在1601年把经商誉为"一种光荣的状态","平民可做,贵族也可做……而不会有损他们的贵族身份"。②(不管怎样,在伊丽莎白女王时代,这样的言论会在许多社交圈子里引为笑谈。)正如我指出的,法国和西班牙的情形和英国不同。布洛克(Marc Bloch)、艾伦·麦克法兰、安布鲁斯·拉法提斯(Ambrose Raftis)这些中古史学家评论道:"英国土地贵族独有的务实性……和法国贵族的理想主义形成鲜明对比。"③因

---

① Earle,1989,pp. 86-87. 厄尔轻而易举地反驳了劳伦斯·斯通(Lawrence Stone)的主张,后者写到"绅士"父亲本身是"手段有限"的城市人,"并不梦想用剑来炫耀"。不,他们当然喜欢用剑炫耀。哦,是的,他们做了。
② Quoted in Barbalet,2008,p. 79.
③ Raftis,1996,p. 10.

此,在阿金库尔战役中,法国贵族之花在马上光荣地向着农民特色的削尖木桩发起了冲锋,而务实的亨利五世坚持士兵在战场上楔形排开,忠诚的英国长弓手以不讲究名誉的方式让法国人颜面扫地。无疑,田园风格的英国中产阶级士绅也遵循了这种务实的态度。然而,企业家价值观在英国的士绅和贵族之间的盛行——使得商人还是工人出身无关紧要——与克拉克的唯物主义论判断恰好相反。克拉克的观点以企业家的父亲把企业家价值观传递给他们的后代为基础,而他们的后代会下落到劳动阶级,并把价值观传播开来。如果所有英国人从一开始就具备企业家精神(许多人如麦克法兰确实这样声称),那他的观点无法解释18世纪的社会变迁。而且在另一个方向上,一个非常尊敬贵族或基督美德的社会,即使这个社会客观上非常企业家化,也会让一个美第奇家族的银行家腐化堕落,让他自认为是领主和教会虔诚的信徒。同样的,今日就有知识分子对新贵族价值观无限崇拜——她在艾奥瓦大学里学到——从而腐化自己具备企业家精神的女儿,嘲笑她的父亲是个卖保险的,或是管理一家家具厂的。

第三十二章　遗传论也站不住脚

克拉克最近迷上了把新达尔文主义应用于社会。他狂热地相信企业家行为的意义单位，即一些理论家称呼的"模因"（meme）①，会严格从父母遗传到孩子身上，就像眼睛的颜色，或者在你交叉手臂时哪支手臂在上方一样，都是遗传的。但是生物隐喻在这里不合适，从 16 世纪开始这个隐喻越发不合适。经济学家本杰明·弗里德曼曾经从经济和历史专业角度批评了克拉克的著作，如今看来他的批评依然十分犀利，"如果克拉克认为对工业革命极为重要的特征不是先天的，而是后天形成的，那社会就能通过许多非达尔文主义机制传授这些特征，从学校到教堂再到法律制度，甚至非正规的社会实践也可以"②。以欧洲的出版物为例，即便在不停地审查删减之下，价格也变得越来越便宜。读者群体在迅速扩大，而且越来越扩散到社会底层。历史学家劳伦斯·斯通（Lawrence Stone）曾经谈到英格兰在 1540—1640 年的"教育革命"，在这百年时间里，比如说 1612—1614 年，米德尔塞克斯一共有 204 人犯下死罪，其中有几乎一半的死刑犯因证明自己识字——所谓"圣职特典"，中世纪的自由——而逃脱绞刑③。历史社会学家杰克·巴巴利特（Jack Barbalet）在引述斯通时评论

---

① 模因：英文 meme，是文化资讯传承时的单位。——译者
② Friedman，2007.
③ Stone，1964，pp. 42-43.

说:"最有文化的社会团体当属商人和商贩。"①从古至今,历来如此。毕竟,西方的书写本身源于苏美尔人、腓尼基人和克里特人的商业会计。如谚语所云,商贩以手指上沾有墨水而闻名于世,在荷兰和英国的新油画里,商人一直被描绘成埋首伏案的模样(数钱的工作留给他的妻子)。杨·维梅尔(Jan Vermeer)在其油画作品里表现中产阶级女性的时候,通常都是描绘她们读书的样子。在这百年里,文法学校的数量在增加(16世纪的威廉·莎士比亚是一个皮匠的儿子),大学也是[18世纪的伊曼努尔·康德(Immanuel Kant)是一位鞍工的儿子]。供少年商人就读的高中数量也在激增。如果是扎实的企业家行为让人们富裕,你会想到它们会很自然地被他人模仿,一个家庭接一个家庭地扩散。人们会从迪福(Defoe)的《计划论》(Essay upon Projects)中模仿,这本书被本杰明·富兰克林所引用;或者从16世纪以来成千上万本用各种欧洲主流语言写成的广为流传的青年人商业手册中模仿。

生物学家和神学教授阿利斯泰尔·麦格拉思(Alistair McGrath)提到,最近对基因组测序的研究工作揭示了最简单的生命形态会同期交换基因,而不仅仅从母细胞转移基因给子细胞。或者正如尼古拉斯·韦德(Nicolas Wade)所解释的,"有机体能通过遗传和借用同时获得基因,细菌就是这样"②。细菌是最简单的生物,当然作为复杂的极端,人类在他们的观念文化里,比如在17世纪的欧洲,会同期转移价值观。"如果达尔文主义就是复制指令,"麦格拉思写道,"拉马克主义(Lamarckism)就是复制成品……似乎是拉马克(Larmack)而不是达尔文提供了对文化进化更好的解释。"③或者就像乔尔·莫基尔(Joel Mokyr)在评论克拉

---

① Barbalet,2008,p. 86.
② Wade,2006,p. 215.
③ McGrath,2007,p. 127,他的斜体部分被删掉,我加以了补充;p. 41 关于基因组测序;对比 Collins,2007,pp. 89-90。

克一本书的时候所提到的:"我们不仅仅垂直地从我们的父母那里学习……还平行地从周围人学习,从同辈、师傅和仆从关系那里学习。"①我引用过一份学徒契约,上面印着师傅"在某行业或技艺上,向学徒传授知识或被传授与指导"。

如果用另一种方式来解释,克拉克不假思索地用生命之树来比喻人类文化的做法并不合适。他应该用生命网络来做比喻。语言有时候也类似,澳大利亚原住民的混合居住关系"似乎全然不能用家族树的基因关系模式来描绘……和通常相比,从语言到语言的混乱要多很多"②。在南非,科伊桑人的古代喀喇语言扩散到了东北地区,影响了不太使用喀喇发音的班图语,以至于一些方言(例如纳尔逊·曼德拉的科萨语)吸收了许多喀喇音(在英语里,就是你的少女阿姨在表达不满时说的"tsk-tsk")。在印刷术发明以后,像制造财富这样的优良习惯会在一个极为广阔的文化网络里传播,新教改革和拥有九百年悠久历史的古老家族王朝的陨落就是范例。一些生物学家在调查了把246045个基因转移到大肠杆菌的试验结果后说道:"(原始但极为普遍的)生命的发展史似乎更像一个网络,而不是一棵树。"③如果对于原核生物和真核生物来说是如此,对于巴黎人和波士顿人来说难道不更是如此吗?人会流动,而在18世纪和19世纪的流动性越来越强。更为

---

① Mokyr,2007b.
② Lyovin,1997,p. 257.
③ McInerney and Pisani,2007,p. 1391;索里克(Sorek)等在2007年的文献是他们文章的基础。对比Wade,2006,p. 215:"有机体除了遗传,还能通过借用获得基因,比如细菌。"或者经济学家赫伯特·金蒂斯(Herbert Gintis,2008,p. 5):"类似的,非常普遍的选择性剪接、小核RNA和信使RNA剪接、细胞蛋白质修正、基因组印记等都破坏了封闭基因创造单一蛋白质的标准判断,而支持基因拥有不同的边界和有强烈的环境依赖效应的判断。"达冈等在《美国科学院报》(2008,105)撰文说,他们发现在181种原核生物里,有80%的生物通过某种程度的借用获得基因。《科学》的记者评论说:"良好定义的进化树……以非常长的时间跨度看去,外形变得更加模糊。"[Science 321 (August 8,2008):747]在现代世界的人类例子里,"长时间跨度"意味着几代人的时间。

重要的是，人会阅读，而且阅读能力越来越强。(默读常常被认为是一个现代成就，虽然最近有争议说，实际上默读在古代极少数识字阶层中很普遍。)① 欧洲发明了新闻并在 17 世纪晚期发明了新闻的副产物。本杰明·富兰克林的长兄詹姆斯在 1721 年开始在波士顿印刷厚颜莽撞的《新英格兰报》(*New England Courant*)。这份报纸除了立即激怒英国当局和清教徒的"阿亚图拉"们，还为自己的印刷家族树立了模范。报纸变得普及。在那些故步自封的国家，比如拿破仑失败后的法国，阅读（后革命时代）的法国报纸被视为一种颠覆行为和一种企业家自由主义行为。② 同时，企业家尊严和自由的思想通过法国和美国的报纸，通过荷兰出版物，以十多种语言进行传播。这些模因越来越自由地从一个家庭传播到另一个家庭，一直到全世界都回响着自由之声。

让我们先把实际和经验性的价值观产生理论放在一边，克拉克缺乏对企业家价值观内容的好奇心（我和他都崇敬的价值观），致使他在解释价值观的传播时变成了机械版的新达尔文主义者。假设克拉克的模型是正确的，那么一位根据克拉克量化设想来验证的科学家就会发现，实在难以通过模拟来求证，难以从机械上来计算高生育率如何产生具有企业家思维的下一代底层民众。他不可能求证。

根本问题在于克拉克所想的是一件非常长时期的事情，因为在最近经济学的增长理论风格里，他充满了证明价值观传播内生性的野心，也就是想证明观念传播的历史唯物主义性。他希望企业家价值观和现代世界从缓慢裂开的英国千年历史中崛起，没有任何偶发性，像英国政治自由的诞生、新教改革、科学革命、启蒙运动，或企业家价值的重新评估等这类思想领域的事情在他看来

① Johnson, 2000.
② Stendhal, 1839, pp. 146-177("不需要我们来铲除当权者的权威，法国报纸正在快速铲除它"), 475("因阅读法国报纸而定罪")。

都是短期和轻蔑的事件。

可问题是,他的长期野心不符合他的优生学机械论。他的价值观转移的机械模型作用得太快了,不是作用在千年的时间里,而是作用在百年里,随后就如过眼云烟般消散了。仅仅是回归到平均值就会把企业家价值观在一个家族里向下推进到社会底层的效果限制在数十年里。毕竟,谚语有云,成功的家族经过仅仅三代就从"木屐回归到木屐",从"衬衫袖子回归到衬衫袖子"。正如弗朗西斯·高尔顿用一个类似的计算所解释——高尔顿在1901年做了远比克拉克在2007年更深入的计算——遗传的高身高、高智商或优秀的企业家美德在儿子辈就发散得十分强烈,在孙子一辈更是如此,"原因在于纯粹的父母影响还要受到祖先影响——通常很平庸"[1]。在"回归"统计中用一条曲线连接一组离散点称为拟合,这个事实为这个奇特的词语(指拟合——译者)提供了解释,因为衡量回归平均值的程度是高尔顿对拟合的第一次应用。高尔顿本人属于达尔文家族,其家族的第一代名人伊拉斯谟·达尔文是查尔斯·达尔文和弗朗西斯·高尔顿的祖父。通过精心的联姻,这个家族直到今天还十分显赫。然而,有多少著名家族能显赫到今日呢——有人可能会想到巴赫家族和波拉尼家族——但还有无数家族在产生了一代天才后就迅速回归到平庸。这个进化逻辑让克拉克的长期理论破产。正如经济学家塞缪尔·鲍尔斯(Samuel Bowles)在《科学》上的批评:

> 如果 $h^2 = 0.26$,那么遗传关联性在 4 代人(从曾祖父辈到曾孙子辈)以后只剩下 0.032,如果我们从以上观察到的跨世代遗传关联性来计算 h^2,那么在 n 个世代以后,被遗传的关联性只有 $r/2^{n-2}$。所以,从统计学上,无

---

[1] Galton, 1901, p. 15.

论遗传因子是文化还是基因上的,在不到 100 年的时间里,世代之间的关联性就几乎消散殆尽。①

克拉克拒绝接受鲍尔斯的观点,他正确地指出,如果我们"消除一个世代里处于身高最低的 10% 人口,那么我们会始终提高人类的平均身高……我们已经改变了人类的平均基因。"他在这里引用犬类和牲畜的良种培育作为证据。② 但是克拉克做了一个一厢情愿的假设,他在假设贫穷仅仅是个像身高一样的基因问题。如果如鲍尔斯所说,无论贫穷还是富裕只是平均状态的一个临时偏差,那么后代肯定会回归。

克拉克把他核心的第六章描述成"强选择性过程"③。但问题就在这里:对于一个千年的跨度来说,过程变化得太强烈了。鲍尔斯已经指出了这点。所以,如果克拉克的主张是正确的,就会成为一个被人鄙视的"解围之神"④,作用在数十年或几代人的时间里,至多延续一个世纪之久。如果克拉克能够遵循在本书里声称的量化证明规则,能尝试根据自己关于联系 A(富人多生导致富人价值观的传播)的机械模型进行计算,那他本会在向全世界公布自己的错误发现之前就认识到自己的科学疏忽。克拉克在 2008 年的回应里确实做了计算工作,肯定了继承很快而且是遗传

---

① Bowles,2007.
② Clark,2008,p. 183. 综观整个回应,他谈到"社会政策的实际目的"(例如 p. 187),就好像他的发现会被应用于鼓励富人生育方面。我意识到这种观念上的失误来自克拉克作为一名经济学家的背景,而因为我对他个人的了解,我知道这是一个无心之错。但是我们可以看到为何他的著作招致读者的如此不满,为何读者会激愤地认为他在鼓吹高尔顿和其他优生学家的思想。"社会政策"会是什么呢? 把所有穷人都杀死吗?
③ Clark,2007,p. 183.
④ 解围之神:原文 dei ex machinis,指古希腊舞台剧中意料外的、突然的、牵强的解围角色、手段或事件,在虚构作品内,突然引入来为紧张情节或场面解围,常常会破坏故事的内在逻辑,所以作者说会遭人鄙视。见前述章节。——译者

性的,至少根据现代遗传学家在智商(IQ)的研究成果是如此。① 他的基因遗传说违背了他的千年跨度说。

不管怎样,人类财富的积累史来源于与现代工业经济成就无关的活动,它即便不与现代世界背道而驰,也似乎只是造就现代世界的一个次要因素。例如,让我们考虑识字率这种可以衡量的企业家价值观,而克拉克也再次用他习惯的量化洞察力进行了分析。克拉克论证说,英国的男性识字率在中世纪大约与僧侣占人口的比例相当——这也是神职人员的免死金牌。虽有文盲僧侣的存在,但极为罕见(当然在世俗神职人员群体里这种情况可能更普遍)。后来,英国的男性识字率在1580年提升到了约30%,而到18世纪50年代得以进行全国性统计时,提升到了约60%,与当时的日本是天壤之别。

设想一下,如果你是四个孩子的父母,而且识字,那么从遗传可能性来说,你所有的四个孩子都识字的概率有多大呢?在一个出于某种原因读书识字受到尊敬的社会里,这个概率是非常高的,当你是血缘上的母亲时更是如此。所以,决定识字率遗传的还是社会对读书写字的认可程度,而非单纯的遗传。所以,仅仅在一代的时间里,在今天的家庭,"读大学"成了一种遗传性非常高的现象。这种情况一旦发生,速度就非常快,而且会永久持续下去。米歇尔·奥巴马的孩子、孙子和曾孙都会读大学。② 然而在克拉克的观点里,如果是基因而非周遭的社会价值观在起作用,一旦回归到平均价值观,读大学现象一定会消失。如果祖父辈上了大学,那么孙子辈就会不识字。这明显不符合现实。我们的父亲是他的家族里第一位大学毕业生(美国威斯康星大学麦迪逊分校,而且是校际法式台球比赛冠军)。他的全部三个孩子都

---

① Clark,2008,pp.184-190.
② 米歇尔·奥巴马:美国总统贝拉克·奥巴马的妻子。——译者

上了大学(没有得到校际比赛奖杯),而我的两个孩子和两个孙子也毫无疑问都会上大学。我父亲兄弟(在两年后的20世纪20年代末从威斯康星大学毕业)的五个孩子全部大学毕业,而且他们的孩子目前也全部上了大学。决定识字率和"读大学"的是社会态度,而非孟德尔遗传。

类似地,让我们回头看看:与我的爱尔兰祖先不同,根据我的挪威亲戚收集的记录(我可以出示证明),我在哈当厄尔峡湾的许多挪威祖先在16世纪末期就能读写了,从此之后他们的后代就一直都有文化,从未中断过。为什么呢?因为遗传吗?当然不是,他们家族从祖辈开始一直延续至今都有文化,是因为新教改革带来的社会观念的变化,一个文字的"上帝",克拉克在他的书里把现代欧洲解释成八个字。我们不是宗教主义者,我们是人口历史唯物主义者,谢谢。迪默尔斯维克乡间的贫穷挪威人(没有企业家美德的传承)十分迅速地学会了阅读。读书习惯首先通过家族传播。而一旦一个家族养成了这个习惯,就不会像生物遗传那样,再回归到平均状态。家族内的遗传十分迅速,家族与家族之间的"遗传"十分强烈,不会发生回归的事实也十分明显,所以克拉克的英国基因优势跨越数百年的庄严发展之说完全无法成立。

当克拉克的唯物主义观点遭到挑战时,他变得十分不讲情理。对比马克思在1846年对蒲鲁东的评价,马克思(受过黑格尔派训练)形容蒲鲁东的作品是"黑格尔式的陈词滥调……这不是历史,不是世俗的历史——人类的历史,而是神圣的历史——观念的历史"[①]。克拉克回应了我的声明,说他"厌恶文字来源"(如他自己所解释的):

[①] Marx,1846.(中译文选自《马克思恩格斯文集》第十卷,人民出版社2009年版。——译者)

绝对地,因为它们高度不可信。人们所言所语的和公开表达的理念常常与他们的实际行为相差极大。通过对书面材料诸如法律、政治短论等的分析来进行经济史的研究是一条错误的途径。迪尔德丽邀请我们陷入文化泥潭,是让我们继续陷在经济史的圈子里无法走出去。我宁可表达一些也许是错误的观点也比说一些无法用实证检验的事情要强。①

克拉克和许多经济学家一道,认为"实证"是一个关乎"数字"的神奇词语。于是他无视那些无法用数字形态表达的经验证据。我们应该记住,"实证"源于古希腊的"万事必要经实证检验",是以日记、小说,还有人口调查和遗嘱存档档案的形式保存的。不管怎样,克拉克已经说了"能接受实证检验"的事情,而且被证明是错误的。到此为止已经很清楚了。

克拉克错误地否定了"陷在文化泥潭里",否定了活生生的生活、精辟的文字和突出的形象。这种天真的行为主义和实证主义还有唯物主义理念曾主宰着1890—1980年的思想界。它把一半的证据弃之如敝屣,其中许多远比有疑问的东英吉利亚生育率更有决定性作用。(德弗里斯在提到克拉克的著作时说道:"如果这本书由一位历史学家所写,它的副标题或者会是:从萨福克郡的遗嘱存档中得到的一些发现,1620—1638。")②一位历史学家不可能单凭数字做研究,单凭局限于1620—1638年的地区样本数字得出研究结论。其实,像查尔斯·曼斯基(Charles Manski)这样的计量经济学家、我,还有史蒂芬·策里克(Stephen Ziliak)都已指出或强调过,数字中最重要的部分绝不存在于原始数字本身。曼

---

① Clark,2007b.
② De Vries,2008c,p.1181.

斯基写道:"不可能通过收集更多同类数据来解决鉴定问题",它们"只可能通过求助于更强的假设,以活生生的生命为基础和启动新的取样程序收集不同类型的数据(比如精辟的文字和突出的形象)来缓和"①。克拉克对文化中的文学和哲学部分是如此的抵制,以至于他坚持用不可识别的一条腿跳着走路。

于是,克拉克近来从一些经济理论家的增长理论文章里捡来的新社会达尔文主义几乎没有资格应用到千年跨度的历史上。② 这也是经济学里的现代增长理论面临的典型困境。增长理论几乎都是纯理论性质,没有历史;几乎都是数学,没有度量。③ 然而启发克拉克的增长理论家们在使用自己的理论和观点时,远比克拉克更具科学理性。他们写到,自己的观点"暗示新石器时代革命和工业革命(约一万年)的时间跨度足以带来(生物上的)显著进化演变"④。这似乎很可能——比如人类对乳糖和酒精的耐受性似乎在这样一个时间跨度里发生了显著的进化。毕竟,祖上并不从动物身上挤奶的人如今会对牛奶过敏,而从智人历史的大视野来看,从动物身上挤奶不过是一项近来才发生的事情。

但是克拉克却打算把增长理论家们的观点应用在他定义下的英国和平年代的短短数世纪里[这段所谓的"和平"年代覆盖了玫瑰战争(1455—1485)、动荡不安的都铎王朝、引发革命的斯图亚特王朝,以及 1692 年以后与法国的世纪之争],而且奇怪的是,他没有把这个观点应用在德川幕府时代的日本,那里曾享受过长达 265 年没有内忧外患的和平,只有零星和轻易被镇压的农民起义打破平静。⑤ 考虑到历史上的中国在远离边陲的内地曾有过数

---

① Manski,2008,p. 4. Ziliak and McCloskey,2008.
② Galor and Moav,2002.
③ 吉南(Guinnane)在 2009 年的有关论述是破坏性的。
④ Galor and Moav,2002,p. 1181.
⑤ Vlastos,1986.

次漫长的和平年代,根据克拉克的模型,中国应该发生大规模的企业家化,尤其是那里城市死亡率非常之低。从公元前221年到1911年的数千年里,中国13个王朝的平均寿命是168年。在上个千年里最长的王朝当属宋朝,长达319年,明朝紧随其后为276年,最后及故步自封的清王朝则延续了266年的生命。① 中国的长寿王朝并非太平无事,也经历了如三藩之乱还有极其血腥的太平天国运动等动荡。不过整体而言,它们让英格兰所谓的长久"和平"看起来像是笑话,让欧洲(在地理和人口上媲美同时期的中国)看起来更像是一个混乱的大陆。

增长理论家们在启发了克拉克的注脚里[克拉克在与吉丽安·汉密尔顿(Gillian Hamilton)共同撰写的论文里指出"这个最初的假说启发了他的研究"]宣称"这个理论完美适用于社会或基因特性遗传。文化上的遗传很可能更加迅速"②。更加迅速的说法的确名副其实。正如我所说的,如果"遗传"经由家庭传播,就像在识字的纪元里所发生的那样,或者就像不识字的土著传承用燧石打制箭头的技艺一样,那么遗传理论就破产了。人类会互相交谈,所有的灵长类动物就算不会语言也都会模仿。俚语"有样学样"(Monkey see, monkey do)就是这个意思。荷兰人会模仿,我们也会。无论是克拉克还是启发他的增长理论家们都没有意识到,16世纪到19世纪的欧洲见证了态度上的改变,欧洲人欣然接受了创新,这与人力资本没有任何关系。大部分创新都是通过跨家族的遗传复制而来,印刷术和平等主义的出现起到了推波助澜的作用。此外,创新常常并不会为发明者带来金钱上的回报。

改变的并不是基因(克拉克主张的)或心理(韦伯主张的)或经济(马克思主张的)或法律(诺斯主张的),而是社会和政治因

---

① Winchester, 2008, pp. 279-280.
② Clark and Hamilton, 2006, p. 707; Galor and Moav, 2002, p. 1180n4.

素。文字、印刷、出版自由和言论自由使科学技术更加容易获得。就像我们今天所见到的,科学成了开源性的学科。经济史学家罗伯特·艾伦很久以前就下了这个结论。① 最近经济史学家保罗·大卫通过对18世纪早期的开源科学的研究把这个结论加以理论化。② 然而科学只是众多例子里的一个个案:乐谱是另一项开源技术,还有1690年以后的新闻学(新闻的一个源头是公开出版每日的商品价格,而这种信息曾经作为秘密和私有财产在商人之间通过信件交易)。开源软件并不是从身体上遗传自某人的父母,而是从社交上遗传自某人的快言快语的朋友。

克拉克的假说或许早在1901年,在高尔顿的人类学研究所赫胥黎讲座上就被检验过了,讲座名为"在现有法律和情操条件下改善人类血统的可能性":

> 性向的数目和种类,尤其是狗的,实在是数之不尽……是种种自然的品质塑造了人类的公民价值(p.3)……民族的头脑存在于我们阶层的高度(p.11)……著名统计学家法尔博士(Dr. Farr)努力评估了埃塞克斯劳动者妻子刚出生婴儿的货币价格……法尔博士用娴熟的精算技能资本化了刚出生的婴儿……发现价值5英镑。依类似原则,一个X阶级的婴儿价值达数千英镑……他们会带来杰出的工业,实现伟大的事迹,赚到庞大的财富。而其他人,无论富裕还是贫穷,都是民族的向导和光明(pp.11—12)……许多熟悉(底层阶级)习惯的人士会毫不犹豫地说,如果禁止所有惯犯生育后代(p.20)……就会带来极大的经济好处并有益于社会……改良一个民

---

① Allen,2006,p.3,referring to Allen 1983.
② David,2008.

族的可能性就取决于增加它最优秀群体的力量。(p. 24)①

在1901年,像高尔顿这样的优生学推理是让人耳目一新的新学问,而且似乎颇有道理。优生学在"一战"后还是很有影响力,挪威、瑞典还有美国等地的强制绝育计划就是因此而来,甚至当德国在1933—1945年有条不紊地应用优生学时,这类政策依然在这些国家存在,直到20世纪70年代才被废除。或许在科学的社会政策上,也有"白痴三代就够了"的说法吧,白痴政策实行三代就够了。

然而近年来,优生学思想却在死灰复燃,我们可以从史蒂芬·平克及他人的著作中看到,而格雷戈里·克拉克如今也加入其中。那些只有短期历史记忆和不懂社会伦理的科学记者热情洋溢地为新优生学欢呼。它在身份和契约的当代大辩论中引入了第三种可能性:基因。优生学推理宣称,你是谁并不是社会说了算(身份),也不是通过互相说服实现的认可(契约),而是出生时就决定的。从生物学上说,就像基因培育出的可卡犬。我们可以用产前筛查来排除不好的东西,比如说同性恋基因。政治上反动和不加批判的崇拜者以及对所有假设全盘接受的科学傻瓜特别热衷于此类观点。它很简洁,很公式化,把每个人置于合适的位置并纵容对厌恶之事的镇压,比如压迫男同性恋和犹太人。它可以计算(虽然克拉克并没有进行高尔顿开拓的计算工作)。但凡此种种,优生学观点在科学上是错误的,即便根据它自己的定义也是错误的,表观遗传学和演化发育生物学就已破坏了自己最初关于基因被简单地表现而与环境无关的假设。

对于我们要处理的历史问题而言,优生学没有多少道理可

---

① Galton, 1901.

言。除了以上已经提过的困难,克拉克独树一帜的观点取决于对各种能力倾向(性向)的度量,比如说身高(更多由遗传所影响)和其他会受到社会价值观影响的性向。在 1600 年致富的原因与在 2000 年致富的原因是不一样的。能优雅写出十四行诗和拥有美腿能向格洛里亚纳深鞠躬,与哈佛 MBA 毕业和娴熟计算机在基因方面全然不同。在英国革命期间,长老教会员约翰·巴茨威克(John Bastwick)诉说自己如何教导年轻的约翰·李尔本(John Lilburne),说他"只是一个粗野的国家朝臣,既不会优雅地鞠躬,也不会得体地脱帽,直到我教化了他,教会他所有的朝廷礼仪,如今他成了一个非常华丽的廷臣。我让他融入了绅士和贵族阶层"①。注意是教导而不是遗传。对现代经济增长起真正作用的不是值得怀疑的基因变化,也不是英国人的家族遗传,而是在 1600—1776 年社会观念的天翻地覆的巨变。这是可以"度量"的,我们可以通过每一部戏剧和每一本小册子,以及英国人所尊敬的、所渴望的、所愿意为之付出的,以及所重新评估的价值来度量。

---

① Brailsford 1961,pp. 79-80. 在 1642 年的布伦特福德战斗后,当保皇党捕手以"自耕农"的头衔起诉李尔本时,他愤愤不平,坚持他们称呼他为"绅士"(p. 87)。

第三十三章　制度不仅是提供激励的约束

　　道格拉斯·诺斯(1920)是一位一直颠覆自我的杰出经济学家和历史学家。他的父亲是一位成功的保险经理,在"二战"时期当了一名商船海员,后来追随摄影大师朵洛西亚·蓝吉(Dorothea Lange),试图做一名摄影师,同时还与流行歌手佩里·科摩(Perry Como)同去深海捕鱼。诺斯在年轻时期曾信仰过马克思主义——就像我们中的许多人在某个年龄段的样子——但通过研读经济学转而拥护自由市场和发明创新。他在20世纪50年代成为华盛顿大学的一位年轻教授,是所谓的"新"经济史领域的主要开拓者之一。这门新学科把经济理论与统计学应用于历史问题的研究,比如美国在内战前为何会出现区域经济的增长。由于在新经济史领域的杰出贡献,诺斯在1993年与罗伯特·福格尔共同荣获了诺贝尔经济学奖。①

　　诺斯对17世纪和18世纪海运费率的先驱式研究(1968)使他在20世纪70年代开始思考后来被罗纳德·科斯称为"交易费用"的经济理论。所谓交易费用也就是经商的成本。把棉花从萨凡纳转运到利物浦需要付出运输费用,这是显而易见的;然而不那么显而易见的是,正如科斯在20世纪30年代以来的所有著作

---

① 诺斯的获奖理由(我之前写过)不是我在本书里提到的研究,而是他早年对分析历史学的严谨研究,这或许值得一提。

里都提到的,是在把一件财产从琼斯先生转移到布朗太太的过程中,也蕴含了交易费用在里面,比如达成一个双方都满意的契约和确保交易不失败的费用。根据诺斯自己的回忆,他在1966年就决定了把研究领域从美国经济史转向欧洲经济史。在华盛顿大学的合作者如罗伯特·保罗·托马斯(Robert Paul Thomas)、张五常(S. N. S. Cheung)、约拉姆·巴泽尔(Yoram Barzel)、巴里·温加斯特(Barry Weingast)还有约翰·华(John Wa)的协力下,诺斯发展出了一套"西方崛起"理论,这套理论聚焦于交易费用的逐渐降低。自1980年以后,诺斯在如今的华盛顿大学圣路易斯分校(他最钟爱的地方,以第一位美国总统的名字命名)论证说,西方在18世纪和19世纪受惠于能够约束交易费用的优秀制度,比如英国在1689年的不成文宪法,以及美国在1789年的成文宪法,这是西方与众不同的地方。

诺斯把制度定义成"为构造政治、经济和社会关系而人为设定的制约"①。经济学家迪帕克·拉尔用类似的术语表达说"制度性的基础……包含非正式的约束比如文化规范……以及更正式的约束"②。史蒂芬·列维特(Steven Levitt)和斯蒂芬·都伯纳(Stephen Dubner)在他们的《魔鬼经济学》的第二版里写道:"人就是人,会对激励因素做出响应。人几乎总是可以被操纵——善意或恶意地——只要你能找到正确的杠杆。"③这就是近年来的经济学家们对法律、教会、举止、家庭、公司的最新思考。杠杆和操纵,在这里词语"约束"和"激励"的意义重大,因为诺斯和拉尔还有列维特所理解的就是所有萨缪尔森派经济学家的理解(诺斯、拉尔还有列维特从骨子里就是萨缪尔森派经济学家)。经济学家们说,消费者和生产者和效用最大化"受制于约束条件",或"取决于

---

① North,1991,p. 97,在他1980年以后的著作里随处可见。
② Lal,2006,p. 151.
③ Levitt and Dubner,2009,p. 125.

激励因素",诸如禁止谋杀和盗窃的法律,或是联邦国税局的监管,或是贝都因人热情好客的习俗,或是福特独树一帜的经商方式。换言之,诺斯和其他萨缪尔森主义者的理论核心始终是效用最大化,也就是涉及冷冰冰的边际效用的最大化利用者和事功人(Homo prudens)——绝不是游戏人(Homo ludens,爱游玩的人,经济学家熊彼特和奈特一直强调的),不是工匠人(Homo faber,生产的人,马克思笔下的人类),不是等级人[Homo hierarchus,以身份地位尊卑排列,凡勃伦及最近的经济学家赫希(Hirsch)和弗兰克的看法],或者说,也不是我和多数非经济专业的社会学家所认为的语言人(Homo loquens),即互相用语言交流的人类。

  你瞧,"效用最大化"先生是一个人,他名叫"效用"。自 20 世纪 30 年代保罗·萨缪尔森把这位先生提升为主角以来,他就一直是经济学界观点里的核心人物。有一个笑话说,后萨缪尔森时代的经济学家思考人生的唯一方法就是观察效用先生冷冰冰地最大化一个效用函数 $U(X,Y)$。哈哈,效用先生是一个贪图享受(pot-of-pleasure)的家伙。他只关心美德事功和以一种特别狭隘的方式定义的"事功",即知道你的欲望在何处并且知道如何满足它们。不用介意小说家萨缪尔·巴特勒(Samuel Butler)在 1880 年左右的肺腑之言:"再没有比认为能随口说出自己的幸福所在更能证明一个人白痴的事情了。"①在意第绪语里这种傻瓜被称为外邦混蛋(goyisher kop),指一个没有学识或不知反省或从不祷告的人。他只是"选择"吃喝或争斗或其他事情,无节制地,丝毫不会询问自己的良知或者所受的教育或托拉、米示拿还有塔木德等公正的旁观者。他有"品位",正如经济学家用他们的萨缪尔森方式所解释的,关于这点应毫无争议。(顺便提一句,很多人一方面假设人没有强烈的感情,另一方面对这种假设又有强烈的感情,

---

① Butler,1912,p. 263.

同时热情洋溢地支持冷酷的计算,这不是自相矛盾吗？美国经济学家克拉克在很早就称这是"对于冷静理性的非理性激情"。不过萨缪尔森经济学并不以逻辑的前后一致而著称,他们不在乎逻辑的断裂。)

"制度"阻止人,或者说阻止外邦混蛋做某些事情,比如闯入杂货店行窃,或把饥肠辘辘的旅行者拒之门外。"只要我们谈到约束人的行为,"拉尔说道,"我们就默认了人有一些基本'本性'需要被约束……其中自我阉割的'第一刀'就是我们都接受经济学家的'经济人'模型,它假设了每个人都是自私和理性的。"①作为自我阉割的第二刀和第三刀,这些约束就好比金钱预算,接着我们可以根据预算进行事功的交换。约束就像篱笆,既有好处也有坏处,它"限制了自我寻求的行为",拉尔这样解释道。不过从个人角度看来,这些篱笆都是从天而降的事物。

诺斯、拉尔、莱维特和其他经济学家通常并不注意到,其他社会观察家极其不认同萨缪尔森的"约束"或"激励"比喻。经济学界以外的学者认为,文化观念比如语言,既是约束又是创造；既是激励又是冲动；既是谈判又是技艺；既是社区又是对话。制度不仅仅约束人的行为,给出一个价格,告诉人们,要突破约束需要付出多大代价,它们还表达了人性,赋予了人性以意义。

列维特和都伯纳虽然出于好心,为了平衡而在延伸经济学的范围,并向经济学界以外的人士进行解释,却没有看到这一点。他们把所有人类行为都置于"激励"这根灯柱的照耀之下,简单地把它们都定义成"理性"的。他们宣称："人的行为受到一套复杂到不可思议的激励因素影响,比如社会规范、外界参照,以及从过去经验中搜集的教训,一言以蔽之,就是受到环境的影响。我们会采取行动,是因为在一个特定环境里的各种激励和选择下,似

---

① Lal,2006,p.151.

乎朝那个方向行事最有效率。这也被称为理性行为,也是经济学的全部范畴。"①没错,这就是萨缪尔森经济学的全部,而这门经济学的命门也正在这里,因为人的行为并不全是理性的。

当我们购买一辆汽车或招来一个妓女时,把它定义成理性有时会很有用,也证明了"我们会采取行动,是因为……最有效率"。但稍等,"外界参照"也是社会学的全部范畴,而社会学不考虑"激励因素"。当社会价值观在快速转变时,正如在企业家价值被重新评估的早年,或者在20世纪60年代,"外界参照"就成了相应的科学解释。当石头在流沙里下坠而非在海平面的空气里下坠,那 $9.8m/s^2$ 的加速度就不再适用了。仅仅因为方便,或者因为卢卡斯和麦斯克勒尔(Mas-Collel)在研究生课程第一学期这样的教导,就用空气的参数来表现流沙,并不是科学的方法,而是教条主义。当投资的需求曲线处于稳定状态,那么沿着需求曲线下降来响应诸如对外贸易之类的激励因素的改变,就是正确的科学理论。但如果需求曲线受到社会或政治影响而向外侧狂飙,导致了大规模的创新出现,此时激励理论就在很大程度上不科学了。如果像20世纪60年代那样,社会迅速转变了妇女参加劳动的观念,那么我们就应强调这个观念,而非仅用常规的供求理论来解释。②

在同一章里,列维特和都伯纳虽清晰描述了经济试验产生的结果,尤其是约翰·李斯特试验。不过他们没有意识到其所举的例子里,尤其是李斯特的例子,都指向了人们相互之间如何谈论"时代背景"或者"特定环境"的重要性。在1964年臭名昭著的凯蒂·吉诺维斯谋杀案里,警方为了掩盖他们没有及时响应报警电话(邻居打了报警电话,而《纽约时报》的报道歪曲了事实,就好像邻居无动于衷)而撒谎,在列维特和都伯纳虽看来,警方当然有

---

① Levitt and Dubner, 2009, p. 122, italics supplied.
② See for example McCloskey, 2001.

"激励"(动机)这样做,而丑闻涉及的记者也有"激励"(动机)为警方圆谎,因为他们希望让公众注意到动荡不安的20世纪60年代里社会伦理的急剧丧失。但是事实证明,人是一种自我构建的生物,在这个案件里,警方先是构建了一个"仅仅是家庭纠纷"的现场,后来又构建了一个"警察兄弟互相忠诚"的现象;而在两个星期以后,记者又在严格意义上把这个案件构建成一个社会凝聚力下降的缩影,或者是他们新闻专业或不专业的表现。

有时候,用人的行为来描述社会成员受到的激励是最为科学的方法;而有时候,人的行为更像是第二城喜剧团的即兴喜剧不可捉摸,无论有没有观众的提示。这个笑话是针对经济学家的。比如拉克什·库拉纳给出了一个制度的典型社会学定义:"一个塑造个体和组织行为的集成社会规范、社会结构和文化理解的复杂和互动的系统。"[1]决定人的行为的不是像面对一条预算线那样能简单明了地知道自己想要什么。因而,皮埃尔·布迪厄(Pierre Bourdieu)在解剖法国的企业家和工人阶级时考察的"区隔"(《区隔:品味判断的社会批判》)并非仅是一个外部约束。[2] 如果你能说出《十二平均律》的作曲家名字(社会学家的突击测验问题),你就不仅仅达到了一个更高的效用水平,在崇尚学历的法国,你还和其他低学历的人区别了开来。你在玩一个社会游戏,每走一步都有它的含义。你答道:"约翰·塞巴斯蒂安·巴赫。"一个声音回应:"哈,欢迎加入我们。"

相比之下,历史学家玛格丽特·雅各布已经勾勒了经济主义和"工具性"观点的特征,形容它们是"去文化的自由和自由意志的代理人,自然地追求自身利益"。关于"制度"在经济学上被理解成"约束"的概念,社会学家欧文·戈夫曼(Erving Goffman)曾

---

[1] Khurana,2007,p.5.
[2] Bourdieu,1979(1984).

经做过研究。他形容制度是一种"社会情形",在制度的约束下"精神病人和其他罪犯受到来自一个拥有明确正式规则和官僚体系的系统强制"。① 制度预算线,比如电影《飞越疯人院》里的精神病院规则不能讨价还价,至少在护士拉契特眼里是如此(戈夫曼:社会是一个由疯子管理的疯人院)。诺斯和其他萨缪尔森派经济学家在谈到疯人院的时候说"激励"等同于"制度",这让我们想到了美国喜剧表演家梅·韦斯特(Mae West)的话:"我尊敬婚姻制度,但我还没做好被制度囚禁的准备。"

诺斯对人类学家克利福德·格尔兹(Clifford Geertz)的评价甚高。格尔兹的确名副其实。不过诺斯却把格尔兹和他的合著者解读成支持经济主义概念,比如20世纪初摩洛哥的商队贸易。在诺斯的公式里,"在一个必须要有保护而又无政府的世界里,非正式的约束(比如禁止抢劫下一批路过的商队)……使得贸易成为可能。"诺斯没有看到,格尔兹实际上特别强调了非工具性的一面,比如耻辱和荣誉,而非效用的最大化。于是,诺斯也没有看到行为的内在动机和外部障碍之舞,没有看到自我塑造的公民(不为奴)的尊严和单纯功利的"约束"之舞。格尔兹与他的合著者们实际上写道,在摩洛哥沙漠里安全通过的通行费明确地否定了效用最大化理论,它的功能不仅仅是"一种支付",不是单纯的货币约束,或预算线、篱笆、激励,也不是萨缪尔森经济学的简化的"制度"定义,"它是一个复合体的一部分",人类学家格尔兹写到,其实"包括了道德礼仪和带市法律力量及圣洁效力的习俗"②。

"圣洁"一词对经济学家诺斯来说没有任何意义,他在2005年的著作里带着理查德·道金斯(Richard Dawkins)和克里斯托弗·希钦斯(Christopher Hitchens)般的无知鄙视态度来对待宗教

---

① Goffman,1961,subtitle and p. 7.
② Geertz,Geertz,and Rosen,1979,p. 137;quoted in North,1991,p. 104,italics supplied.

第三十三章 制度不仅是提供激励的约束

[斯坦利·费希(Stanley Fish)口中的"道克金斯"(Ditchkins),这个讽刺的词语是特里·伊格尔顿发明的]。[1] 对诺斯而言,宗教仅仅是他的效用主义里的另一个"制度",就如疯人院规则一样。他反复地把宗教贴上"非理性"的标签。宗教对他而言丝毫没有神圣或超凡的含义,不是信仰认知,不是通过道德仪式使生命获得意义。讨论上帝的仁爱当然不是一种持续的智识和理性讨论,更不用说直接和上帝进行持续对话了。宗教仅仅是另一套做生意的约束集合,无论生意场所是集市、寺庙,还是沙漠。在这一点上,诺斯与杰出的经济学家劳伦斯·伊安纳孔(Laurence Iannaccone)观点一致,当伊安纳孔及其追随者在研究宗教时,宗教对他们而言只是一个社交俱乐部,有付出也有好处,而不是一种自我认知或与上帝的谈话。[2] [当然,只要参加社交俱乐部的人,都知道俱乐部会迅速发展成"道德礼仪和带法律力量和圣洁效力的习俗"。我能举出20世纪70年代全盛时期的芝加哥经济学派俱乐部的例子。我们的圣洁礼仪之一就是在诵念"鉴赏力各有不同;人各有所好"(De gustibus non est disputandum)这句拉丁格言的同时,热情地拥护一种特定的思想风格。][3]再比如,诺斯断言说当社会处在一个前法律阶段,"宗教戒律……把行动标准强加到了(商业)参与者身上"[4]。他蔑视带有宗教信仰的世界观。(而他自己

---

[1] North,1991,pp. 97("存在于巫术、魔术和宗教里的非理性预期"),18-19("非理性信仰……宗教信仰是例证"),30,40("迷信、神话、教条和宗教"),41("非理性和超自然信仰"),42,44,45,72,83,102,167,及其他重复同样咒语的地方。我们被引导着去问谁是"非理性的":狂妄的无神论者算吗?他们在14岁的时候就形成了自己的无神论咒语,以后的任何学习都未能改变。或者圣·托马斯·阿奎那、理查德·胡克(Richard Hooker)、马丁·布伯(Martin Buber)算吗?斯坦利·费希在2009年5月的《纽约时报》上把道金斯和希钦斯合起来称为"道克金斯"(Ditchkins)。(伊格尔顿指责他们由于自身的教条主义,而完全无法理解基督教义的意义。——译者)

[2] 伊安纳孔,他是我的一位好友,比他的理论更老于世故:他并没有把自己的理论带到教堂,而且深深地为自己采用的贝克尔模型的局限性感到忧虑。

[3] Becker and Stigler,1977.

[4] North,1991,p. 99.

对科学的信仰,实际上完全不像只是一种约束。他把科学信仰诠释成自己的身份认知、道德礼仪和圣洁——总而言之,科学信仰就是他生命的意义所在,在其不平凡的历程上持续进行着讨论。不过萨缪尔森经济学派从来不在乎道德上的一致性。)

诺斯的同僚,经济史学家阿夫纳·格雷夫以新制度主义著称,他把文化称为"非正式的制度",诺斯也试图用以这种方式来谈论。然而"非正式性"会让这种"制度"变得与庇护所类型的"游戏规则"极为不同。我们不会商讨国际象棋的规则,但是非正式的东西可以持续商讨下去——这就是"非正式性"一词的含义所在,不顾后院烧烤规则与不顾国宴规则的不同下场其原因就在于此。烧烤时的举止应怎样?(小提示:不能裸身冲进灌木丛)一个男人调戏女伴最多到什么程度? 女性和她的女友的举止应有多亲密? 在烧烤时,所有这些规则都是当场建立和重建的,在这种情况下,萨缪尔森式的约束比喻就不适用了。要相信劝说一旦成为个人身份认知的一部分就会独立于激励产生影响,我们无须必然否认道德劝说常常受到激励影响。比如说,当某人在共产主义社会中腐化堕落,就很难再重塑他的道德。她会一直以反市场的"官僚"人际互动模式来行动。再比如说,一旦你接受了萨缪尔森经济学派的熏陶,就很难重塑自己的思维方式了。你不会再用社会构建的方式来思考每一个社会制度问题,而会用机械的效用最大化反应来思考。但是,格尔兹的谈判和仪式比喻常常更有道理。① "随音乐摇曳的身体啊,灼亮的眼神! 我们怎能区分舞蹈与跳舞人?"(卞之琳译。——译者)

一些经济学家理解了制度必须与人的意义有关,而不仅是诺斯的"约束"。奥地利学派和旧制度主义者像魔术师胡迪尼那样成功逃离了道格拉斯·诺斯、加里·贝克尔(Gary Becker)、迪帕

---

① Compare Hiser, 2003.

克·拉尔、阿夫纳·格雷夫、史蒂芬·列维特、效用最大化先生,而他们的朋友深陷"紧身衣"的束缚不能自拔。以奥地利学派经济学家路德维希·拉赫曼(Ludwig Lachmann, 1906—1990)为例,他谈到"某种超个人的思维方案,即制度,第一秩序的思维方案即计划(注意在奥地利经济学派看来,经济就是思想,下同——作者)必须面向制度,因此在某种程度上制度也要为协调个人方案服务。"[1]因此,一门语言是一种思维方案,以社会认同和对话意义为支撑;也因此,一个普通法法庭也是一种思维方案,由法警和法典为支撑。

诺斯,像列维特等为数众多陷入"紧身衣"的经济学家一样,谈论了大量可以有任何意义的"激励",因为萨缪尔森经济学派只能处理这个,比如约束、预算线、相对价格,等等。然而我们既能同意当犯罪价格上升时(也就是激励朝着更严厉惩罚的方向变化),犯罪供应会减少,也同时坚持犯罪不仅是一个毫无感情的商业命题。[如果你不这样认为,就去看看数不清的监狱真人秀节目,去观察犯人与狱警的斗争,他们的目的或许疯狂,手段却很事功。或者你可以聆听一下伊斯梅尔(Ishmael)对亚哈船长(Captain Ahab)说的评价:"在亚哈的内心有一丝闪光:我所有的手段都是理智的,我的目的和动机是疯狂的。"]破窗效应指的是,如果你对像打破窗户或墙上涂鸦等的小罪行立刻加以惩罚,就会减少重大犯罪的数量。这个效应与代价几乎没有关系,却更多与羞耻和社会模仿有关。[2] 如果犯罪不只是效用最大化先生的毫无感情的计算,那么改变犯罪分子的道德和他们的身边人就能够影响犯罪——道德确实能够改变,有时候会很迅速(比如,在发生大规模战争时,后方的犯罪率会急剧下降)。说犯罪"像"出租车司机的

---

[1] Lachmann, 1977, p. 62, quoted in Boettke and Storr, 2002, p. 171.
[2] Kelling and Wilson, 1982; Keizer, et al. 2008.

雇佣关系,或婚姻"像"丈夫和妻子之间的交易,或孩子"像"冰箱这样的耐用消费品等,这些比喻确实有用,也很简洁,但并不是事情的全部。

事功是一种美德,它是一种表现人类单纯追求物质利益的美德,也可以理解为老鼠寻找奶酪或者小草向往阳光。考虑到节制、勇气、仁爱、公正、希望、信念也都是美德,是它们与事功一起定义了人类的意义。事功是从生命到准生命的细菌和病毒都具备的特征,其他美德则是人类独有,也是人类语言和含义的特征。一棵事功的小草不可能表现出"勇气",一只审慎的老鼠不可能表现出"信念"(电影《料理鼠王》除外,它幽默地让一只讽刺的老鼠英雄不仅由事功所驱动,更由信念所驱动,它的信念强过了许多人)。正如虎哥·格老秀斯在1625年所阐述的:"那种认为所有生物都本能地寻求自身利益的最大化,而这亦是所有生物普遍共性的说法,一定不正确……(人类)天生掌握一门独特的工具:语言;我要说,除了语言之外,人类还具有根据一些一般原则认知和行动的能力;所以与这项能力相关的东西在动物界并不普遍,而只适合于人类并为人类所独有。"① 然而在诺斯这里,除了个人私利,全然没有根据一些一般原则的语言、意义和行动。他用实证主义的态度谈论"约束"和"游戏规则",错过了本可以从格尔兹、韦伯、斯密、阿奎那、西塞罗、孔子、摩西,还有他的母亲(诺斯的母亲,或是摩西的母亲)处习得的学问,即以人类语言表达的社会规则蕴含着人类的意义。正如拉赫曼所说,社会规则既是约束也是工具,既是篱笆也是玩物,既是疯人院的也是社会的。②

---

① Grotius, 1625, propositions vi and vii.
② Lachmann, 1977, p.141; quoted in Boettke and Storr, 2002, p.171.

第三十三章 制度不仅是提供激励的约束 389

让我们举一个很小的例子,从交通信号灯来看制度提供激励。① 当红灯亮时,制度就创造出停车的激励。首先,这个规则是自我强制的,因为十字方向是绿灯。(有一个老笑话说,纽约出租车司机碰到红灯的时候会高速闯过去,碰到绿灯的时候会踩刹车。被吓坏的乘客要求司机给个说法,司机说:"今天我兄弟也在开车,他一直闯红灯!")再则,路口可能有交警执勤,或者摄像头会拍下你的车牌。红灯是一道篱笆、一个约束、一个游戏规则,或是一个庇护所。到此为止,诺斯和大多数经济学家都没有错。

然而红灯对人类还有意义,人类不是在唯事功试验里面对食物激励不顾一切的老鼠。除去其他原因,红灯还意味着政府对司机的控制。它还发出了文明社会的信号,以及一个文明社会赋予政府合法性的信号。(测试:当你正挣扎着穿越一片无路的丛林,突然遇到一个红灯,你会想:"啊,遇到了文明世界。")此外,红灯也意味着机械式监管手段的兴起,与之对应的则是戴白手套的交警站在一块凸起平台上指挥交通。在拉赫曼的术语里,红灯就是一种思维体系。它是一个体系,让一些司机安心并让另一些司机愤怒,这要取决于他们对待政府、机械监管发明和交警的态度。对于一个负责任的公民、一位艾奥瓦州人,或者一个墨守成规的法西斯主义者来说,红灯都意味着规则的持续。她甚至会在凌晨三点时,在一处空空荡荡、没有任何摄像头和交警的十字路口,在一个可靠的不负责任的兄弟在路边苦等的情况下,依旧等待绿灯亮起才通过。就算她再匆忙也不会闯红灯。各种激励都在这里失效。但是对一位有原则的社会叛逆,或一个波士顿人,或者一个反社会的人来说,红灯是对个人独立的挑战,是政府对个人的侮辱。再一次,各种激励都失效。如果政府过于积极地执行破窗

---

① 我在写下这段话后才得知欧文·戈夫曼在 1971 年就对交通信号灯发表过同样的见解。行为不仅仅是行为。对于相信自己所处情况的当事人而言,意义在起作用。

政策,很可能激发潜在罪犯的愤怒反击,很可能导致更多而非更少的犯罪行为,或者还会导致警察的抱怨。事物和事情的意义会影响人的行为。2008年芝加哥一位骑自行车的人在闯红灯的时候被撞死,有一位骑车人就此事致信报社,声称:"交通信号灯一变色,我们的城市马路就成了一个'人各为己'的杀戮地带。任何胆敢闯入的人都会被刻意更致命的、高密度的子弹流所击中,子弹的操控者拥有在绿灯亮起时杀人的执照。"①然而那位无意中撞上骑车人的摩托车手很可能会对这件事情赋予一个不同的意义。大量的生活、政治和交换就发生在可恶的激励和对意义的主张中:母亲的爱、政客的诚实、教师的热情、凯恩斯[在他之后是乔治·阿克洛夫(George Akerlof)和罗伯特·希勒(Robert Shiller)]称作的"动物精神"和阿玛蒂亚·森的"承诺",还有我称作的"除唯事功之外的美德和相应的恶习"。②

或者我们可以看一下现代美国企业的治理。拉克什·库拉纳揭示了商学院里的经济学家在20世纪70年代以后用"代理人理论"取代了"管理主义",而后者是商业学院成立之初的根本理由:

> 代理人理论认为,除了纯粹的自我利益外,不应该以更严格的标准来要求企业管理者,比如那些建立在领导力、利益相关者的利益,以及促进公共利益等概念上的标准。如果他们从一开始就没有能力遵循这种标准,我们又如何能这样要求他们呢?今天的学生被教导说,经济原则决定了管理者不能被信任。用奥利弗·威廉姆森(Oliver Williamson)的话来说,他们都是"狡诈的投

---

① Aaron Keuhn, letter to the editor, Chicago Tribune, March 7, 2008, pp. 20, 20.
② Keynes, 1936, pp. 161-162; compare pp. 157, 170; Akerlof and Shiller, 2009, p. 1; Sen, 1985.

机分子"……(库拉纳继续称,代理人理论)在专业学校的范围内彻底否定了敬业精神。①

当今商学院传授的代理人理论可以上溯到米尔顿·弗里德曼的一篇文章,那篇文章在1970年重新刊登在了《纽约时报》上,被编辑起了一个断章取义的标题:"商业的社会责任就是增加利润"。迈克尔·詹森(Michael Jensen)是这种新腐化理论的鼓吹手之一,他把弗里德曼的这篇文章作为这场运动的标志,库拉纳引用了他的话。顺便说一句,库拉纳和詹森和大部分学者对这句关键句子的解读太过匆忙,弗里德曼其实在说管理者应该在社会规范和法律的约束下增加公司的股票价值,这与"让公众见鬼去吧"的原则有相当程度的差别。他们应该深入阅读弗里德曼的著作,或者视野更开阔一些,阅读穆勒或亚当·斯密的著作。

不管怎样,20世纪70年代芝加哥学派的倾向不容置疑,他们相信所有行动的个人都是唯事物的生物,也是这个概念赋予了"公共选择学派"以生命力。

公共选择学派在20世纪60年代创建于弗吉尼亚大学,创始人是詹姆斯·布坎南(芝加哥大学博士)和戈登·图洛克(芝加哥大学法学博士和经济学名誉博士学位)。产权经济学也受惠于这个概念。产权经济学由罗纳德·科斯发起(他是弗吉尼亚学派和芝加哥学派之间的桥梁),由加州大学洛杉矶分校的阿曼·阿尔钦(Armen Alchian)和哈罗德·德姆塞茨(Harold Demsetz,此君先后去了芝加哥大学和加州大学洛杉矶分校)完善。芝加哥学派的鲁本·凯塞尔(Reuben Kessel)对专业主义(professionalism)进行了愤世嫉俗的解释,其背后也暗藏着唯事功的概念。[左翼社会

---

① Khurana,2007,pp.323-324. 我要感谢巴塞罗那工商管理学院的爱德华·博内特(Eduard Bonet),他让我注意到这本优秀的著作。

主义者,如兰德尔·柯林斯(Randall Collins)和马加利·拉尔森(Magali Larson)均同意:左右两派在"医生看病先看钱"这件事情上有着共识。]科斯和阿伦·迪莱克特(Aaron Director,弗里德曼的大舅子,在芝加哥法学院任职多年)缔造的"法与经济学运动",以及理查德·波斯纳(Richard Posner)的极端效用最大化形式,都以唯事功的原则为座右铭。在20世纪70年代由乔治·斯蒂格勒(George Stigler)和山姆·佩尔兹曼(Sam Peltzman)在芝加哥大学创建的"经济管制理论"(economic theory of regulation)也是如此[左派历史学家加布里埃尔·科尔科(Gabriel Kolko)起了很大作用]。就我所在的"新经济史学派"而言,这门学科由华盛顿大学的诺斯和福格尔(先在罗切斯特大学,后到了芝加哥大学)创建,它试图找出唯事功在历史上的重要性(福格尔至少得出结论说:仅此而已)。宾夕法尼亚大学的罗伯特·默顿(Robert Merton)与芝加哥大学的迈伦·斯科尔斯(Myron Scholes)和费希尔·布莱克(Fischer Black)在20世纪70年代发明了计量金融学(quantitative finance),这也是对唯事功原则和代理人理论的一种颇有影响力的尝试。哥伦比亚大学的雅各布·明瑟尔(Jacob Mincer)、芝加哥大学的格雷格·刘易斯和加里·贝克尔(他先在芝加哥大学,后去了哥伦比亚大学,最后又回到了芝加哥)在20世纪70年代发明的"新劳动经济学"(new labor economics)也是如此。明尼苏达大学的托马斯·萨金特(Thomas Sargent)和卡内基工学院的罗伯特·卢卡斯(后去了芝加哥大学)在20世纪70年代创建了宏观经济学里的"理性预期学派",把效用最大化理论应用到了商业周期和通胀理论里。[从上文"20世纪70年代"和"芝加哥大学"的例子里,读者可以知道为何芝加哥大学在20世纪70年代是年轻经济学家最为向往的学术圣地,当时的芝加哥大学在经济学界的影响力可以媲美20世纪30年代英国剑桥大学在科学界的影响力。所有芝加哥学派的经济学家都大步跃过过去的所有美德——节制、公正、勇气、仁爱、信念、希望——只取了个人体现为事功的自利作为考量,就像面对一棵大树只看到了一片树叶。以贝克尔为例,他在研究婚姻的时候,把人与人之间(他称为 M 与 F)自私自利的交换拔高到婚姻制度的全部意义的地步,几乎没有提到"爱情"。]

然而,意义在商业中的作用,就如同爱情在婚姻中的作用,勇气在军队中的作用,公正在法庭上的作用一样。"代理人理论,"库拉纳(Khurana)提到,"解释不了一个顽固和不容回避的事实,即代理人都隶属一个组织,都与组织里的其他人存在着联系,而且这种联系——与其他持续的人类接触一样——形成了影响、内容和意义等多层次的后果"①。前面提到的俱乐部及其圣洁规则就是证据。相反,商学院里的经济学家们自 1970 年以来就一直宣称:股东利益应与管理者的激励绑定起来。这就是你们在商学院里学到的和需要知道的所有内容。至于代理人理论在实际中是如何作用的,看看这场大萧条的后果吧。

不过库拉纳没有提到任何形式的代理人理论(公共选择理论、法与经济学理论、计量金融学理论等)都有一个最为致命的问题。这类理论认为一个人有赚钱的天然"责任"(进一步,经济分析师始终有"责任"对这种理论进行计算,还有"责任"不去谈论管理伦理或科学责任,因为这些是价值观问题,经济分析师有责任不去探究它的对与错)。但是这种责任来自哪里呢?事实上,它来自管理者对其专业、岗位、股东利益、公共利益的提升所肩负的道德上的担当。代理人并不是一个纯粹的唯事功和效用最大化的生物。代理人理论一方面否认道德伦理对代理人的影响,另一方面又幻想着代理人受到一种美德的驱使,尽管这是一种被缩

---

① Khurana,2007,p. 325,我还有许多其他学者会强调这是自由主义话语理论之弓。库拉纳补充说,一个组织同时包含了"权力、压迫和剥削",这也是马克思阶级冲突理论之弓。

略的美德。伊曼努尔·康德也陷入了类似的自我矛盾,他声称只有理性才是基本伦理,却没有对一个人为何愿意按理性行事给出任何证明。① 实际上,代理人有行动的意愿,是因为她为自己的生活赋予了意义,无论是作为一位管理者,或是公务员,或是经济学家,或是一位道德哲学家。她是一个有着自我身份认同的人,而非像小草、病毒或老鼠那样依照效用最大化计算的生物机器。询问任何一位商人,我们都会得出这样的结论。我与一位非常成功的银行界人士有私交,她告诉我她从来不擅长"曲意逢迎",对来自老板的鲁莽草率和欠缺公平的计划从来都是直接拒绝。她不是一个唯命是从的女性,而这种超越效用最大化的道德上的自我认定恰成了一些行业里有价值的美德。虽然这种美德并不总是让她的职业生涯一帆风顺,并不总是最有利于她个人的发展,但是她每天都能过得问心无愧。

或者,我们举自由这个依然更加高尚的议题为例。思想史学家昆汀·斯金纳(Quentin Skinner)定义下的新罗马理论可以认为是一种等级理论而非契约理论。从某个意义上说,新罗马理论是一种古老的理论,可以上溯到查士丁尼的大陆法理论。但从另一个意义上说,正如自由主义理论家孟德斯鸠和托克维尔所坚持的,新罗马理论以羡慕的眼光注视英国普通法,它是一个接受了20世纪欧洲大陆(非英国)罗马法后的创新。麦克法兰说,欧洲大陆到了法国大革命时期时,"欧洲文明从一个建立在灵活'契约'上的'封建'制度走向了一个建立在(僵化继承)'等级'上的旧政治体系"②。托克维尔悻悻地写道:"罗马法是一种奴隶制法律。"③新罗马自由理论家们攻击身份等级制度下的分配,而这种分配一直都是罗马法律传统的污点。在罗马法里,一个人若是有

---

① 我在以前讨论过康德的这一点,见 McCloskey,2006a,pp. 179-280,338。
② Macfarlane,2000,p. 278.
③ Tocqueville,1856(1955),p. 223.

着奴隶身份，这个身份本身就是一种侮辱，无论他在控制其主人实现效用最大化方面展现多少聪明才智都无法改变这个事实。在这一点上，我们有罗马风格的喜剧《连环错》(The Comedy of Errors)、《费加罗的婚礼》(The Marriage of Figaro)，还有《抢夺芳心喜自由》(A Funny Thing Happened on the Way to the Forum)为证。约翰·弥尔顿所理解的自由并不关心你得到多少，不关心你在你的预算线上的位置，不关心"约束条件"有多远。它只关心你是否遵循一些其他凡人的秩序而生活，比如在一场婚姻关系里只能有一个丈夫和一个妻子。相比之下，贝克尔的婚姻理论认为仁慈的丈夫吸收了妻子的幸福，所以婚姻不是奴役。毕竟，妻子得到了想要的钻戒。一位女权主义者会像约翰·弥尔顿(虽然他不是一位女权主义者)在他的第一本论离婚的著作里那样反对贝克尔的说法。

诺斯(和我一样是一位芝加哥学派经济学家)在反对斯金纳的新罗马约束理论时，无意中采纳了自由派和结果派的理论。在诺斯的术语里，"自由"概念里的不自由只关注纯粹由自私驱动的代理人面临的外部行动障碍，比如禁止奴隶性质婚姻或被房东要求投票选他当议员。① 相比之下，在洛克之前的英国新罗马自由理论家，比如约翰·弥尔顿、詹姆斯·哈林顿(James Harrington)、阿格农·西德尼(Algernon Sidney)却说依属本身即可憎——即便只存在潜在的障碍而非实际的障碍也是如此。他们的说法得到了后来者(比如托马斯·杰弗逊，虽是一个奴隶主)的响应和修正。

一个实际的障碍是一个约束，换言之，是一位效用最大化先生。一个潜在的障碍是一个符号或一个耻辱，不属于无意义的约束或激励概念范畴。例如，它经常表现为内在的自我蔑视；它会

---

① Skinner, 1998, p. 98.

表现为皇家法庭上的自我审查,或者表现为民主暴徒对雇主和广告商的依属。

西德尼在回答绝对君主制的支持者时写道:"除了依属另一个人的意愿外,什么都称不上是奴役。"依属,比如公司的雇佣关系,或者一位没有聘用任期的助教职位,都会是一种奴役形式。在新罗马自由理论里,对一个自由人来说要紧的是伤害的可能性(而不是自由功利主义所强调的实际的伤害)。这是一件关于意义、尊严的事情,无关预算约束。罗伯特·伯恩斯曾经吟唱:"这种怯懦的奴才,我们不齿他!／我们敢于贫穷,不管他们那一套。"西德尼也是如此,在面对查理二世的走狗法官的叛国罪指控时,他敢于拒绝认罪并为此付出了自己的生命,原因就在这里。他为生命的意义和道德而献身,他的行为不是唯事功和任何激励因素的结果。

第三十四章　所谓1689年形成的制度也无法解释工业革命的发生

不管如何,只相信效用最大化的道格拉斯·诺斯自认为拥有了解释现代世界起源的工具。他的格言是"经济人有动力去投资他们的时间、资源(经济学家广义地称为'实现目标的手段'),还有(个人)精力学习能够改善自身物质条件的知识和技能。"①诺斯评论说,问题在于效用最大化的"投资"究竟是用于打造窃取财物的利剑呢,还是打造纺织棉花的高效机器。两种投资都会改善效用最大化先生的物质条件。

我们的愚蠢②的效用最大化先生选择哪条道路呢?诺斯指向了人类从洞穴时代一直到最高级文明阶段都面临的一个重大政治经济难题,即私有产权的牢固性。然而,诺斯及其学派在指出这个问题的过程中犯下了逻辑上的乞题谬误。③ 诺斯宣称:"经济史完全就是一部没能形成一套促进经济可持续发展的游戏规则(强制)的历史。"④短语"促进经济可持续发展"让他的整个观点都陷入了循环。除非一种制度的确导致工业革命,否则就不是他

---

① North,1991,p. 101.
② 愚蠢:goyisher kop,意第绪语,意为愚蠢。——译者
③ 乞题谬误(Begging the question):系指使用待说服对象未接受之前提做论证的行为,这是一种实质谬误。——译者
④ North,1991,p. 98.

头脑里的制度。他在假定自己的结论——私有产权的变化(他的"制度")——造就工业革命。这个观点是无法反驳的,因为诺斯只关心导致工业革命(没有任何证据的假设)的私有产权的变化。① 诺斯假设了可持续的经济发展是规则/制度变化的结果,而不是投资或对外贸易,或更合理的观念改变的结果。

为了让诺斯的陈述成为一个有意义的假设,我们需要把他的话拆成两半来看。第一部分是经验性的陈述——"许多经济体没能形成规则",我们需要为它加上一些事实标准,才能知道怎样才能算规则充分"形成"(这会很困难,因为所有社会都有规则)。接着我们可以进入第二部分,探询"规则的改变程度,比如说17世纪的英国的制度,是否足以促进经济的可持续发展"(要证明这点会更为困难)。

英国1689年的《权利法案》是诺斯制度促进增长观点的主要依据。从表面上来看,这个证据似乎合理,许多经济学家也这样认为,因为他们对中世纪的了解仅限于翻翻史书的插图。他们以约束下的效用最大化方式思考问题,因此当听到"制度就是约束,在1689年得到释放"的说法时,立刻就被迷住了。他们认为这种说法很"可爱"。诺斯希望一些约束的释放是内源性的,由经济增长本身所导致。经济学家们用他们迷人的无辜方式认为这个说法"更可爱"。效用最大化的商人"在知识和技能上的投资会逐渐改变基本制度框架"②。很酷。

诺斯的内源性说法(他也有一个外源性解释)类似于他的朋友布罗代尔。如前文所述,布罗代尔主张,随着贸易的扩张,由区域市场诞生高度商业化时代,而随着贸易的继续扩张,从高度商

---

① 关于诺斯和托马斯(1973,p.6)的观点,格雷戈里·克拉克做了一个类似的证明(2007c,p.7),即"除非私人创新的预期盈利超出他们的成本,否则新制度不会产生"。克拉克极为精细地评价说:"这就像真理一样确定。"

② North,1991,p.109.

业化时代又诞生工业革命。类似地,诺斯写到,"11—16世纪早现代的欧洲通过长途贸易逐步形成了一套复杂的组织,最终导致了西方世界的崛起"①。对于从地区贸易走向国际贸易,继而导致工业革命的进步逻辑,布罗代尔并不像诺斯那样乐观,前者仍保留了法国思想界对资产阶级的怀疑。

但是诺斯和布罗代尔在对待机器介入的态度一致。他们说,贸易的扩张为机械化提供契机,一直到18世纪末期终于结成正果。对外贸易是经济增长的引擎。诺斯写到,"经济体量的扩大很明显为制度进步(比如现代资本市场)提供了可能"②。"商业帝国的广度和深度"使得公平交易成为可能。"国际贸易以及……规模经济的体谅"造就了标准化和信息化。③ 结果就出现了经济推动力的良性循环:"长途贸易量的增加提高了设计高效机械以履行合同的商人的收益率,机器的进步反过来又降低了履行合约的成本,使得贸易更为有利可图,因此进一步扩大了贸易规模。"④经济增长是内源性的,因为它是从经济领域本身产生的。增长通往增长,再通往……更多的增长。这个逻辑确实简洁。

但是诺斯的理论只是探寻优秀制度的常规方式罢了。说它"常规",因为这是很大程度上可预见的投资结果。如果你付出巨大代价重组了伦敦港区,并给自己安排了一些收益,那你和后代将会收获会计利润。而且,进出港口的转运时间缩短,绳索、帆、船木材的供应更为稳定,有关货物进出的信息也更廉价,仓储货损降低,在你抽取一些会计利润的同时,整个社会都因你的投资获得了经济收益。诺斯对19世纪以前海运费率的研究为上述效果提供了证据,这是他最杰出的成就,也为他赢得了诺贝尔奖。

---

① North,1991,p. 105.
② Ibid. ,p. 106.
③ Ibid. ,p. 106.
④ Ibid. ,p. 107.

如果你作为一个港区投资者，你毫无疑问会偶尔犯错，在新码头过度投资或投资不足，或者没能保住你的那份收益。但是对于净利润的预期，虽然不是完全可以预测，是驱动你进行这种常规投资的动力。探索与荣耀只占你动机的很小一部分。这就像1848年到1852年荷兰哈勒姆湖的排水工程（今天斯希普霍尔机场所在地），那是数不清的荷兰治水工程中最为著名的工程之一。荷兰人付出了蒸汽泵的代价，收获了大片的农田，这是一个绝妙的主意。

然而用这种常规投资来解释现代世界的出现存在两个严重问题。首先是经济方面的问题：常规和渐进的投资自然会得到常规和渐进的回报。诺斯写到，效用最大化的商人"会想方设法联结其他商人、建立商人法庭、劝诱君主们为货物提供保护，回报是君主收入的提高（注意'回报'：这就像雇佣一个警察）、会想尽办法贴现票据等，来从中牟利。"① 诺斯其实在说，我们会变得像今天这般富裕，仅仅因为一点一点地砌起来，或者在这个例子里，因为一个合同一个合同的履行。这就是我前面提到的从1776年的亚当·斯密直到1960年的罗斯托所一直采用的常规思维方式。毕竟，这就是我们作为个人为养老积蓄的方式，我们也是这样敦促孩子的。但我要再次重申，没有人能通过常规投资实现巨富，这也不是西方世界从1800年到今天的致富之路。20世纪60年代的新美国经济史（诺斯协助发明）和20世纪50年代的旧英国经济史用较为不严格的经济学探索了同样的主题，并证明了这点。常规投资是一个好主意，就像哈勒姆湖排水工程和为养老储蓄一样都是好主意——积土成山。但是1800年以后惊人的经济增长需要一种惊人的解释。

其次，常规投资论还面临另一个历史方面的问题。如果常规

---

① North, 1991, p. 109.

投资能解释现代世界,为何现代世界没有出现在古代?常规的就是简单的,这就是它们被称为"常规"的原因。古代中国有过数十年乃至上百年之久的和平与商业社会,它的对外贸易额也极为惊人。古罗马也同样,动荡通常只是罗马城的宫廷叛乱或者远在日耳曼或帕提亚边陲地区的战争罢了,从经济意义上说,这些动荡对帝国的影响程度与后来饱受各种侵略,更被黑死病全灭的西方完全不能相提并论。古埃及的情况也是如此,帝国主宰了庞大的经济资源,更以政权稳定而著称。穆斯林帝国在穆罕默德逝世后的两百年里无论在经济的广度和深度上都取得了极大的发展。阿兹台克人还有他们之前的玛雅人都建立了庞大的贸易帝国,新大陆其他有待发掘的更古老文明也是如此。所有这些古代文明都取得了经济和文化上的光辉成就,但与1700—2000年先是西北欧再是整个欧洲取得的惊人成就相比,完全不在一个数量级上。如果像经济学家欣然愿意假设的那样(非常优美的模型),增长带来增长,那为何现代经济增长要等到18世纪、19世纪和20世纪才能出现,然后在一个无比动荡不安的全球大爆发呢?如果经济增长是内源性的,不是"外源性的"(希腊人意指从外部诞生),那为何同样的制度上的改变没有在法老时代的古埃及出现,没有在印加帝国统治下的秘鲁出现?

除了内源性外,诺斯及其后众多经济学家还把注意力集中到了外部因素,比如1688年的光荣革命(外源性偶然因素)及1689年的《权利法案》。诺斯和许多经济学家(包括我)都赞美《权利法案》是"政府保护私有产权的可信承诺"[①]。但是诺斯和温加斯特在1989年的经典论文被广泛认为是在声明:英国在17世纪90年代引入荷兰式国债证明了"制度在造就可能的经济增长和政治

---

① North,1991,p. 101.

自由方面扮演了一个必不可少的角色"①。在论文的最后几段无趣和自我矛盾的段落里,诺斯和温加斯特时不时这样承认和否认。引入荷兰式国债反倒更能证明政府能通过可靠地向国民和外国投资者支付债务而越发强大,就像威尼斯、热那亚、吕贝克、汉堡和荷兰共和国的先例一样。② 当财力充沛的英军,比如马尔伯勒公爵麾下军队在征服和占领时用钱买补给而非径直掠夺,欧洲大陆人震惊了。新颖和企业家式的行径逐渐改变了英国人在欧洲人眼里的形象,从野蛮人变成了绅士。③ 但是罗伯特·埃克伦德(Robert Ekelund)却以诺斯的方式声称"可信的承诺……需要通往现代资本主义的新制度(即英国国债制度)为保证"④。埃克伦德错了,国债制度种下了战争的恶果,让威廉公爵有能力发动与法国的战争,也开启了后来笼罩不列颠的英法百年战争。

约翰·威尔士(John Wells)和道格拉斯·韦尔斯(Douglas Wills)用统计方法成功揭示了18世纪初英国政坛出没的詹姆斯党人对新教政权的威胁。在政治上或许没造成太大麻烦,而更多地沉溺于小说、报纸和街头民谣等文化层面上。比如一首针对詹姆斯党人的民谣吟唱道:"他们来到英格兰/他们夺走了卡莱尔/他们想要加冕/但看吧。"然而,威尔士和韦尔斯在支持诺斯和温加斯特的时候,也不经意地声称:"1688年的制度变革引发了财政进步,为工业革命乃至最终建立英国霸权奠定了基础。"⑤后半段里的"霸权"没有错,一个有着可靠借债能力的议会君主制能够介入并影响欧洲大陆的力量平衡,而且英国也迅速这样做了。但是这番言论的前半段却没有任何分析性的叙述来佐证。威尔士和

---

① North and Weingast, 1989, p. 831.
② Israel, 1989, p. 412.
③ Langford, 2000, pp. 140–141.
④ Ekelund, 2003, p. 366.
⑤ Wells and Wills, 2000, p. 418.

韦尔斯在他们论文的副标题里总结了他们如何看待老小两位流亡法国的觊觎王位者的威胁,与诺斯和温加斯特的判断相联系。他们的副标题是:"詹姆斯党对英国制度(财政和国债制度)和(因此)经济增长的威胁。"问题是,政府性国债与经济增长没有必然的关联,至少还没有被证实。塞勒(Sellar)和耶特曼(Yeatman)可谓历史智慧的源泉,他们在1931年就已预见到了杂乱的结果:"威廉玛丽首先发现了国债和建立英国兰银行发行国债这一值得后世铭记的主意。国债是一个很好的发明,但出于政治经济上的恐惧,清偿债务会是一件危险的事情。"[1]

不像许多依靠石油致富的国家,英国政府通过这个优秀发明获取了财富,却没有用它来阻碍经济增长和摧毁政治自由,但这与英国在威廉三世统治下模仿企业家和荷兰方式获得贷款并设立英格兰银行提炼贷款没有任何关系。一位研究英国议会的历史学家这样评价英国政府的新的超人力量:"独裁在1688年以前只是间歇性地出现,而在此之后成了常态。"[2]独裁力量可以被滥用于摧毁经济增长和政治自由,这到底是从洛克到麦考利等光荣革命思想家所忧虑的事情。经济学家卡门·莱因哈特(Carmen Reinhart)和肯尼思·罗戈夫(Kenneth Rogoff)指出:"我们不知道,如果英国在以后年代所经历的众多战争中不那么走运,那诺斯和温加斯特提到的制度创新又该如何解释。"[3]英国在17世纪90年代建立起了一个军事金融复合体,而且从丘吉尔、克莱夫、沃尔夫、纳尔逊,再到韦尔斯利一直都有好运陪伴。他们做得不错。但是军事成就不能等同于现代经济和现代世界。这个观点和许多历史学家一样,把经济成就与军事胜利混为一谈。

事实上,真正起作用的是同时期政治和经济修辞的变化,从

---

[1] Sellar and Yeatman, 1931, p. 77.
[2] Hoppit, 1996, p. 126.
[3] Reinhart and Rogoff, 2008, p. 53.

而导致英国政府出于事功资助了从1690—1815年的帝国军事冒险,就像荷兰在更早年代从生存之战中学会事功那样:1568—1648年和三次盎格鲁—荷兰战争(1652—1654年,1665—1667年,1672—1674年)(毫不奇怪,荷兰和英国最后都放弃争端,一致接受威廉作为他们的联合国王)。格拉斯哥的民法教授约翰·米勒(John Millar)在1787年的论述比诺斯正确:"政治自由(我的观点)和安全持有并享受财产(诺斯和温加斯特的错误认识)的制度不会激发能量和活力,是值得纪念的1688年革命带来了它们,并带来了一个更具大众色彩的政府。"①财产的安全是必需的,但与诺斯和温加斯特所强调的财政创新几乎无关,与米勒和其他辉格党人所强调的政治自由也无关,因为私有产权早在数世纪以前就确立了。一个更有大众色彩和更加自由的政府,最主要的英格兰的资产阶级带来的全新观念所激发的能量和活力,才是关键因素。

诺斯对光荣革命的美化还有一个更深层的麻烦,即数不清的社会——其实是所有社会,否则就不是社会而是人人互为敌人的丛林——都发展出了私有产权规则。公元前两千年的汉穆拉比法典就明确了私有产权。英国君主和跨越千年的中国和罗马君主一样都严格执行私有产权,早在中世纪就明确了皇家法庭对自由人至高无上的仲裁权利,凌驾于地区间或独断专横的领主之上。贵族和小领主自身也受到传统法律的约束,常常被束缚了手脚[如历史学家和中世纪农业地理学家布鲁斯·坎贝尔(Bruce Campbell)在最近的研究中所发现的]。事实上,没有任何一个社会能够在缺乏产权保护的情况下繁荣昌盛。正如先知弥迦(7:2—3)在公元前800年所说:"地上虔诚人灭尽;世间没有正直人;各人埋伏,要杀人流血,都用网罗猎取弟兄。他们双手作恶;君王

---

① Millar,1787(1803),chap. 3.

徇情面,审判官要贿赂。"任何有秩序的人类社会,从摩西到梭伦或萨尔贡,或者中国最早或第一位大帝,都贯彻了私有产权并阻止个人"用网罗猎取弟兄"。

有人或许会想起古代前基督时代处于无政府状态的斯堪的纳维亚人,他们每到达一处海岸,必决定是杀死当地人还是与之做交易。在一位萨缪尔森派经济学家眼里,斯堪的纳维亚人或是一种受到效用最大化驱动的生物吧,对于他们挪威高度结构化的社会以外的一切都漠不关心,无论是在爱尔兰海岸还是北欧岛屿都依据物质效用最大化准则行事。因而米恩(A. A. Milne)会在《坏先生布莱恩·波塔尼》里写道:"经过村民身边,砍下他们的头颅",然而他遭到了恶果报应,最后变成了"一个焕然一新的人,出门没有穿马刺/ 他经过村民身边,以波塔尼绅士之名",而不是挥斧砍向村民。诺斯头脑里的所谓工业革命的原因就是波塔尼先生从一个大恶人向一个大善人的转变。

问题在于,波塔尼先生由恶向善的这种逆转情节早已在数百年前出现过了。在公元9世纪的欧洲,一些地方或许没有确立私有产权(不过我们要想到查理曼或阿尔弗雷德大帝治下井然有序的疆域),但与诺斯的声称相反,17世纪的英国显然确立了私有产权制度。野蛮的斯堪的纳维亚卑尔根人变成了汉萨商人,至少他们欢迎日耳曼和弗里斯曼商人进入汉萨同盟港的木质仓库,而不是砍下对方的头颅。诺斯假象中的17世纪的英格兰处处充满着暴力寻租现象,并不符合历史事实。诺斯宣称,英国直到17世纪末时,效用最大化先生还看到暴力是最佳的手段,而不是自愿的交换。这个说法是事实错误。在法律和政策的阻止下,暴力已经在英国消失数百年了。到了都铎王朝早年几个君王时代,甚至连男爵都被禁止拥有私人武装。有组织的暴力和盗窃行为被作为众矢之的驱逐,"滚开!滚开!"英国(和每一个文明国家)的采邑法庭和国王法庭都被产权法、侵权法、商法所普照。

这不是说当时的法律已经很完善、公正和及时。法律在王位争夺战中尤其不公正和不及时。一份成书于1457年,讲述玫瑰战争开始阶段的编年史用诗歌体形式印证了这点:"每一个郡／都无法无天与邻郡开战／弱者被击败,司空见惯／强者在冲突中胜出。"①在1459年,下议院曾向国王恳求"在王国的下层,可憎的杀人犯、抢劫者和敲诈犯都是那些权势人物或者被权势人物所青睐的人"②。他们认为当时的形势是先前守法社会的堕落。当时新近发达的望族帕斯通家族长期遭到来自强权的威胁,比如凶残的领主莫林斯和诺福克公爵。在1469年,公爵动用了3000人的军队攻克了帕斯通家族的开斯特城堡。本内特(H. S. Bennett)在1921年描述这段历史的时候写道:"15世纪的英国太接近于不受控制的习惯和未开化的文明,远离服从法律和和平共处……大领主都依仗军事武装自保,而不是法庭的申诉,底下人也竞相效尤。"③然而尽管有着种种混乱,在亨利·都铎于1485年恢复法治以前,英国人至少还对法律保持着尊重。下议员可以起诉大贵族,并可能获胜。如果他有足够的财力和强大的背景,他甚至能够贿赂陪审团或法官倒向他这一边而不是公爵。他们说:一切都是为了钱(Omnia pro pecunia facta sunt)。但是他们不仅付钱给流氓恶棍,还付钱给律师、证人、警官和狱卒。在英国,法律就是可憎的杀人犯和敲诈者的竞赛场地。

纵观英国整个历史,和平年代占了大多数,而和平年代的英国有着正常的财产权法律,在腐败程度上与1925年的芝加哥和种族隔离制度下的美国南方并无多少区别,而就在这片土地上,结出了创新之果。即便当斯图亚特王朝的国王们还在削弱司法的独立性,为了能在一个常备陆军和海军的新时代掌控外交政策

---

① Bennett, 1921/1932(1970), p.166.
② Ibid., p.183.
③ Ibid., pp.172, 181.

而获得资金之时,创新还在不断涌现。诺斯称当时的国王拥有一切,但英国国王们所抽出资金的规模根据现代标准实在小得可怜。根据诺斯和温加斯特自己所提供的数据计算,在詹姆斯一世和查理一世时期,中央政府的支出最多只占国民收入的1.2%—2.4%。而在同时代,俄罗斯的罗曼诺夫王朝则把国民总收入的15%用在了对外战争和对内镇压上,紧随其后的霍亨索伦王朝也很快学会了用同样比重的开支建立一支按人口比例位居全欧洲第一的庞大常备军。[1] 今天我们所面对的中央政府,在自由国家里,开支与国民收入的比例最低的是美国和韩国,也占到了21%,最高则是法国,高达46%。[2] 在1604—1625年国王强迫繁荣的伦敦支出的四笔"贷款"仅仅占了那些年内国民总收入的1%,实在微不足道。[3]

当然,就像美国在18世纪70年代所证明的,一笔占总收入微不足道比重的印花税也能引发一场革命,英国也同样如此。但是,就算是斯图亚特王朝的国王们认识到自己的权力,并借新崛起的君权神授说壮胆,他们在掠夺的效率方面和现代政府比起来也是天壤之别,也不如最终继承斯图亚特王朝的大不列颠和爱尔兰的乔治王朝。麦考利在1830年就戏说"1640年爱国者"的警告,他们声称"每年一百万英镑的债务会让我们乞讨"。麦考利注意到,到1783年,警告的负债额其实是英国政府发行的债务总额的240倍。[4] 等到了1815年英国结束与法国漫长的世纪战争时,联合王国所欠下的国债总额已经2倍于其年国民收入(在比例上是2009年美国政府的3倍——虽然美国的数据并不包括庞大的

---

[1] Hellie,2003,p.416.
[2] World Bank,2005.
[3] North and Weingast,1989,表2和表3,他们猜测1642年的国民收入是4100万英镑。
[4] Macaulay,1830,pp.186-187.

亏空债务，比如社保和特别是医保亏空；但这些是可以修改的许诺，而政府国债却不能那么轻易修改）。英国到19世纪40年代偿清了其在拿破仑战争发行的债务，当时也是联合王国政治经济的巅峰。

然而诺斯却强调"（1689年以后）政府被不征用私产的承诺所约束的程度"[1]。诺斯和温加斯特在这里意指相对的，斯图亚特王朝的国王们是征收臣民财富的大师。但你能从历史数据上看到实情并非如此。斯图亚特王朝在征用私产方面是彻底的初学者，常常因无力偿还银行债务信用破产而蒙羞，而在1672年竟真的破产了。他们这般的不专业是好事情，不是坏事情。实际上，与现代官僚政府相比，詹姆斯一世和二世，还有查理一世和二世都是磕磕绊绊的业余选手。经济史学家罗伯特·希格斯（Robert Higgs）向我们揭示，20世纪30年代守法和创新的美国资本家们其实过得非常战战兢兢，因为罗斯福反复声称要征用所谓经济保皇党们的财产，罗斯福的许诺与当时共产主义，特别是法西斯国家的许诺如出一辙。[2] 而在1946—1951年，英国这个私有产权的故乡，自1272年我们的主（亨利三世）以来一直信守保护私产的承诺的国家，却开启了迅速国有化的进程，接连国有化了英格兰银行、煤矿业、内陆运输、天然气、钢铁、健康服务等诸多产业。即使1951年保守党重新夺回权力，国有化进程只是部分遭遇了阻碍而已，战时（反资本主义）物价管制依然在持续。在1949年尝试解除糖果管制失败后，英国政府终于在1953年2月5日正式解除糖果的配给供应，那个年代的每一个英国小孩都会难以忘却这个日子吧。然而在这片自由企业最初的发源地，食糖却在此后的一段时期内继续配给供应。

---

[1] North, 1991, p. 107.
[2] Higgs, 1997, 2006.

总之，没有证据能够定量证明英国在1689年以后从掠夺转向了保护私产。掠夺是混乱年代的标志，比如玫瑰战争，但像内战这样的短期插曲也以掠夺为标志。不过我已经说过，即便那时英国人在动武之前至少还会在口头上尊重法律。整体上，许多世纪以来英国一直是一个法治国家，各级法庭都十分忙碌，从《土地完全保有法》(1290)，或爱德华一世(1272—1307在位)，或更早些时候一直到斯图亚特王朝都是如此。就连诺斯和温加斯特也承认，"英国私有产权制度的根本力量"能上溯到1215年的《大宪章》，当然还能更早。① 此外，如何看待意大利人、拜占庭人，或伊斯兰人还有中国人对私产的保护呢？如果私有产权是1689年的关键创新，那为何工业革命没有发生在更早些时候和发生在世界他处呢，为何没有在那些私产同样得到保护的地区发生？

私有产权制度的确通过一系列的小事件得到改进，比如光荣革命(虽然不是小事)、1689年和1693年领主们明确获得了其领域内锡、铜、铁、铅矿产的产权，从而不再会因侵犯一项古老皇家特权(金银归皇室所有，即便偶尔发掘到这些基本金属也是)而遭到勒索。但这些事件的意义并不大。诺斯、理查德·派普斯(Richard Pipes)、哈罗德·德姆塞茨、理查德·爱泼斯坦(Richard Epstein)还有我都极为同意，没有对私产的保护，经济就不能腾飞，坏先生波塔尼恣意砍人头颅和攫取财富的社会不适合经济发展。② 坦普尔爵士在1672年写道："若人与人之间没有信任，贸易不会存在。"③没有互相信任，我们只会面对人人互相为敌的环境。正如霍布斯所解释的："在这种状况下，产业是无法存在的，因为其成果不稳定；这样一来，举凡土地的栽培、航海、外洋进口商品

---

① North and Weingast, 1989, p. 831 再次提到了孕育期。Peter Murrell (2009) 用17世纪和18世纪的数据证明了在1689年并没有发生突变。
② Demsetz, 1967, 是这种观点的源泉。
③ Temple, 1672, chap. 6.

的运用、舒适的建筑、移动与卸除须费巨大力量的物体的工具、地貌知识、时间的记载、文艺、文学、社会等都将不存在。"[1]诺斯和温加斯特还有米勒正确地判断了"跨越时间和空间保护契约的能力"的重要性[2]。私有产权不是一个可选项,"市场社会主义"是自我矛盾的术语。今天,就连一些马克思主义者,尤其是他们中的经济学家,都承认这点。但是问题在于,就像我之前说过,1700年左右的英国在私有产权方面的发展不足以解释随后数世纪里的经济成就。

诺斯的理论已经成为正统思考方式,比如达龙·阿西莫格鲁在一篇为新帕尔格雷夫经济学大辞典(2008)写的警示文章里(文章标题为"增长与制度")这样写道:[3]

> 考虑到中世纪欧洲的私有产权的发展,当时缺乏对地主、商人和原始实业家的财产的保护……

不,就像研究中世纪的历史学家一百年就已经知道的那样,中世纪的欧洲私有产权得到了极为充分的发展,在土地和个人财产方面尤其如此。就意大利而言,事实相当明显,随处可见到对各种类型财产的健全保护。即使在遥远的英伦半岛,都可见到大大小小的市场影子。在公元13世纪,或者更早些的数百年,所有商品和生产要素的交易都有安全条款,无论是国王法庭上诺曼人和他们的律师,还是(采邑的)男爵法庭上注册农夫的交易都是如

---

[1] Hobbes,1651,p. 186.
[2] North and Weingast,1989,p. 831.
[3] Acemoglu,2008;对比 Acemoglu, Johnson, and Robinson, 2005,引用如托尼(R. H. Tawney),没有意识到对他的费边观点似乎大部分已经被推翻了。

此。最迟在1950年,这已经成为英国中世纪专家的共识。①

> 私有产权的缺位不利于那个年代的经济增长……

不。中世纪生产力的贫弱与私有产权不健全没有关系。②

> 相应的,中世纪的经济制度对土地、有形资本或无形资本,还有技术资本的投资几乎没有提供激励作用。

不。从公元1000年到公元1800年,严格的经济激励因素并没有改变太多。③

> 所以也没能促进经济增长。

经济增长是没有发生,但是——俄国除外——经济停滞的原

---

① 爱德华·米勒在1951年写道:"在13世纪早期的英国南部农村,存在着一个极为繁荣的土地市场。"(p.131)布鲁斯·坎贝尔是近来中世纪英国农业的权威之一,他提道:"各类佃户都是市场里的活跃参与者,他们进行货物交易,买卖劳动力和土地,还交换信用。"他引用了一些众多中世纪研究专家都认同的证据(2005, p.8)。这并不意味着一切都运作得很顺利。坎贝尔论证说,14世纪的特征是"人多数地土利用宽松的土地保有权控制导致的农村过剩。"(p.10)不管怎样,他描述的场景建立在数十年来最顶尖的研究成果基础上,与阿西莫格鲁断定的剥削和市场缺位正好相反。农夫拥有地主,而非相反。大多数以现代证据为基础的英国农村文献,比如 Raftis(1996, p.4)的著作,都得出了这个结论。

② McCloskey(1975a) 和 Raftis(1996, p.118): "在自1940年发展至今的中世纪史里,习惯保有制(即农奴制)不再是阻碍(英国)经济进步的力量,而是一个经济进步的工具……就算有着庄园制度的限制,农民依然在进步。"

③ Berman 2003;和 Raftis 1996, pp.9-10,7: "即便在最纯粹的庄园制度下,习惯保有(农奴)依然是最活跃的经济代理人。"要测试一位研究中世纪经济的学生是否知道当时的形势,只要看她是否熟悉神父拉夫提斯的著作就能略知大概。[就此而言,见他本人对罗伯特·布伦纳(Robert Brenner)(1996, p.214n40)的批评。]阿西莫格鲁和他之前的诺斯都没能通过这个测试。

因不在于私有财产得不到保护，而在于缺乏大规模的创新，而创新停滞又由于企业家缺少尊严和自由，以及教育得不到普及。

> 这些经济制度也确保了君主控制社会的大量经济资源……

不。甚至早现代时期的君主的"控制"比重与当代或一些古代政府的程度相比也是小巫见大巫，当时的君主至多只能控制国民收入的5%。来自皇家庄园(在出售以前)的地租会让这个数字更高一些——但是庄园凭借的是租金收入，这是确认了纳税人的私有产权而非侵犯纳税人的权利。贵族的确"控制"着大片土地，但是自耕农也拥有大量土地，而且在阿西莫格鲁看来作为经济资源的一部分，为"君主"所"控制"的农奴，其实绝大部分是独立的农夫，自1348年以降他们能够出卖劳动力来购得自己长期租借的土地。这也是普普通通的私有财产。

> (君主得以)巩固自己的政治地位和确保政权的延续。无论如何，17世纪见证了经济制度的重大变革……

不。经济制度，如果指私有产权制度或税收制度，则与其他时代相比，17世纪的经济制度并没有发生太大变化。

> 还有政治制度……

终于这是部分正确了，但仅仅在英格兰、苏格兰，以及其他少数地方，比如波兰，而不是他所说的"欧洲"。

> 铺设了私有产权制度的发展之路，

不。我重申,私有产权制度早在数世纪以前已发展出来了。

……并限制了限制君主的权力。

这倒是事实,不过只适用于荷兰、晚些的英国和更晚些时候的波兰和瑞典。虽然那个时代的绅士们,从约翰·汉普登(John Hampden)到托马斯·杰弗逊都自私地反对最适度的税收,但限制君权与所谓的产权保护方面的创新无关。英国政府的税收占国民收入的比重并没有在18世纪减少,反而急剧增加了。① 简言之,阿西莫格鲁令人难堪地误读了历史上的每一个重要细节,于是他的主旨也就彻底错误了。

即便如此,这也不是他的错。他所请教的那几位经济史学家,特别是诺斯,告诉了他错误的历史。而他们,特别是诺斯,既没有研读那些使用基本史料的历史学家的著作,也没有充分怀疑19世纪德国浪漫主义史学家们关于中世纪和所谓的理性的现代崛起的童话故事。问题在于,欧洲的大部——或者中国和印度的大部,甚或易洛魁人或科伊桑人——在13世纪就已享有了充分的财产权利,私有产权甚至在公元前13世纪就在某些地区出现了。② 以中国为例,土地和商业货物的私有制已经存在了千年之久。就在经济学家宣称欧洲人正向法律确认私有产权大步迈进的那几个世纪里,有大量例子证明中国和日本已经确立了私人财产权。诚然,中国在被蒙古人统治的短短一百年内(元朝,1279—1368)实施了践踏私有产权的政策,比如禁止秋种——为了让蒙古马有足够的牧区,但就连蒙古人最后也认识到了一个繁荣和尊重私产的中国会带来更丰厚的现金奶牛。在明朝和清朝(1368—

---

① O'Brien,1993,p.126,table 6.1.
② Clark,2007a 较好分析了这一点,pp.10,212。

1911），正如中国历史上大部分时期那样，帝国从上至下都贯彻着产权和合同法。西方的商人们在中世纪饱受基督教的骚扰，到了19世纪又饱受海盗和冲进店门的劫匪的困扰，相比之下，同时期的中华帝国和德川幕府反倒给予了行商走卒更多的保护。1837年乔叟笔下的商人"希望海洋被管住（没有海盗）／在米德尔（泽兰省——作者）和奥威尔（林肯郡——作者）之间"，而同时期的中国、日本，还有奥斯曼帝国很久以前就已经管住了他们的海洋，虽然经历了些许的困难。①

毕竟，保证契约能够跨越时间和空间执行是创造任何经济的必备条件。在公元前2000年，如果没有产权的保证，不会有任何美索不达米亚的商人会从安那托利亚收购铜矿，无论是政府通过强制手段还是更强大的商人本身的习俗都没用。诺斯和温加斯特，还有他们的学生阿西莫格鲁急剧压缩了历史的年表，而且往错误的方向进行。私有产权无疑在朝着远离大酋长独断专横的方向发展，比如公元588年在西撒克逊发生的事情对经济的激励作用。但是，英国在1688年以前的数个世纪就发展出了私有产权。（大酋长如果侵犯了臣下的财产权也会遭到麻烦：阿伽门农在剥夺了英雄阿基里斯的女奴布里塞斯后就陷入了困境。）塞勒和耶特曼说英国人民到18世纪方才"发现入侵者可以被起诉"，这是呓语。②

因此，诺斯在解释工业革命或现代世界的成因时是无力的。中国曾经在数世纪里，罗马在公元前的第二个世纪，还有17世纪以后的欧洲大部分地区，都一遍又一遍地选择投资于优良的纺织机械以制造更优秀的呢绒，或者投资于优秀的组织体系以管理优良的机械，而不是选择投资在毁灭经济增长的刀剑或者贿赂法庭

---

① 乔叟：《坎特伯雷故事集》，"开场白"第276—277行。
② Sellar and Yeatman, 1931, p. 94.

法官上。18世纪英国的情形显然有与众不同之处,但并非经济学家们所钟爱的激励因素或是游戏规则的重新安排。激励因素在很久以前就被许多地方重新安排过了。

范·赞登(Jan Luiten van Zanden)最近做了一个精彩的调查研究(《全球视角看欧洲经济,1000—1800》),他带着部分加州学派观点,反对经济学家把制度变革压缩到1700年的短短数十年间,尤其是只发生在英国的看法。他论证说,整合的市场与低利率昭示着一个良好的制度背景,进一步,他把克拉克与我证明的在14世纪和15世纪出现的利率降低更往前推进到了中世纪的中期。① 我们同意,只要人们不再互相窃取对方的财产,不再欠债不还,不再依靠贿赂法官的方式攫取不义之财,那么在和平而非混乱的年代和地方,利率自然会下降。从今日穷人的低息贷款就可知。(不过以低利率著称的冷静的佛罗伦萨商人却没有为意大利带来工业革命。)赞登巧妙地主张说,熟练工相对于菜鸟工人的溢价代表了学徒等的利息成本,并收集了事实来支持他的观点。虽然赞登礼貌地向阿西莫格鲁和约翰逊表示敬意,后者紧随诺斯的脚步,相信制度改良发生的时机正好解释了工业革命,但是赞登并不相信。② 赞登与亨利·亚当斯、迪帕克·拉尔,还有埃里克·琼斯一道,发现了12世纪和13世纪的欧洲例外主义。

但是我相信,把工业革命的成因向前推至中世纪中期是另一个时间(和地点)的错误。我们同意,最伟大的世纪(13世纪)见证了"一个无与伦比的投资热潮",比如温彻斯特大教堂的兴建。不过赞登与自己富有想象力收集的证据矛盾了,因为18世纪的中国和日本也做好了经济腾飞的准备。而且中国在更早以前就已经做好了准备(赞登的论证并没有延伸到宋朝),就像同时期的

---

① Zanden,2009,pp.29-30.
② Zanden,2009,pp.29-31,他进行了总结。

阿拉伯世界。在中世纪的中期,当法兰克人还处于蛮荒状态时,中国就产生了诸多令人钦佩的智力上的进步。① 最终赞登依赖了从经济理论家们那边借来的人力资本积累说。麻烦在于,就像砖石和砂浆在不同的时间和空间积累一样,人力资本也是另一种形态的资本。现代世界不是成因于投资,而是成因于创新。赞登这本博学多才的著作在结尾处并没有对发现、发明、开创给予足够的关注。他只想用高效代替低效来解释历史。他用的是我一直在批判的自李嘉图和马尔萨斯以来的稀缺性模型。稀缺、事功、投资在技术层面和利率上解释潮汐入侵模式方面非常有效——赞登提供了数百页的优雅例子。但是,它们留下了潮汐本身,还有现代世界没有解释。

---

① 赞登对阿拉伯世界的衰落给出了一个浅显易懂的解释(2009,pp.60-64)。他强调欧洲的企业家化(embourgeoisfication)是阿拉伯世界衰落的根源。他在书里(p.293)承认,"中国的明末和清朝(有人会问,为什么不是宋朝)和日本的德川幕府时代也拥有相应制度,特别是水平方向制度(相对于国家权力的'垂直方向'的制度)能够与同时代的西欧相媲美(有人会问,为什么不是意大利北部呢)。"

第三十五章　无论如何私有产权的彻底缺位与地点和历史无关

俄国史专家理查德·派普斯在1999年出版了一本很有说服力和跨度极大的著作《产权和自由》(Property and Freedom)。他在书中带着与诺斯类似的倾市场角度探索了17世纪的英国史，并坦承是阿西莫格鲁引导了自己。派普斯的探索很有启发性。和诺斯[这一次有许多知道真正历史的历史学家的支持，因为他们做过原始资料的研究，比如马克·凯什岚斯基(Mark Kishlansky)]一样，派普斯正确地把英国议会的至高地位归功于英国君主制下发生的一系列事件。财政危机，像查理一世向英国非沿海城市征收"船税"所遭遇的那种危机，确实抚育了有"议会之母"之称的英国议会。我们为此赞美上帝。英国的政治变革不是"内源性"的。

但是派普斯和诺斯一样，继而声称17世纪晚期的宪政创新导致了现代世界的经济成就。这不是他书中的主要观点，我在这里兴许有些吹毛求疵。但是我们看到，这种观点被一些经济史学者含糊地接受，所以也许值得我们挑剔。光荣革命无疑与工业革命有着间接的联系，革命为英国人带来了讨论的自由，让英国变成了荷兰那样的互相交流的国家，人们甚至在贵族沙龙以外也能畅所欲言；随之，英国变成了一个创新的国家，甚至皇家社团以外也出现了大量的发明创造。荷兰历史学家安妮·麦坎茨写道：

"荷兰奥兰治亲王威廉在1688年的入侵,在英国人看来并非侵略行径,而是'光荣革命'。这个事实说明荷兰文化并没有最终征服它的近邻和竞争对手。讽刺的是,1688年这个历史节点反而是荷兰由盛而衰的转折点,荷兰逐渐失去其在世界舞台的地位,他们夺取了这个王国的王冠,却把经济和政治创新转移给了它。"①但荷兰并没有把私有产权制度转移给英国,无论是荷兰还是英国从古代起就享有私有产权。然而诺斯还有在这里粗心大意的派普斯(以及艾克隆德和托利森、威尔士和韦尔斯、阿西莫格鲁及其他人不断无视这一点)却希冀17世纪晚期英国出现了完美的私有产权并且因此改善了经济激励因素,又再度回到了他的避难所(制度论)里的效用最大化和约束。

  派普斯犯下过度强调光荣革命的错误,原因并非像诺斯那般压缩历史,而是他采用了一种不相干的比较。完全可以理解,作为一位精通俄国史的专家,派普斯头脑里始终萦绕着阴郁的俄国历史。他令人信服地论证了俄国私有产权的发展被1237年的蒙古入侵所中断。在长达两个世纪的时间里金帐汗国都统治着莫斯科,在俄语里被称为"鞑靼"。征服之初的金帐汗国在伏尔加河下游的帐篷里发号施令,和所有征服成功的游牧民族一样,纯粹利用恐怖高压政策维持统治,丝毫不能容忍对抗势力或私有产权的存在。跛子帖木儿是游牧民族征服的典型,在伊斯法罕用七万首级堆成了人头金字塔。(顺便提一句,帖木儿在1395年给金帐汗国造成了破坏性的打击。几百年后的20世纪40年代,帖木儿的做法再度为德国人、日本人和俄罗斯人所效法。)

  派普斯用翔实的史料证明了,1547年以后的莫斯科大公以及他们的继承人,俄罗斯沙皇们,受到蒙古人"家产"论的教导(韦伯

---

① McCants,2009.

发明了"父亲的法律"和"家产制国家"的术语)。① 他说,如果没有蒙古人的桎梏,强大的诺夫哥罗德公国(维京人建立)的商业传统本会发扬光大,正如企业家习惯在欧洲其他地方遍地开花一样。但不幸的是,企业家习惯失落了,取而代之的是好战和鄙视私有产权的莫斯科公国,它在1478年吞并了诺夫哥罗德。一百年以后,伊凡雷帝有条不紊地驱散了诺夫哥罗德的企业家精神。理查德·赫利尔(Richard Hellie)是一位史学家,研究早现代俄罗斯的权威,他解释说:"莫斯科(沙皇)到1650年为止,几乎控制了三大经济要素中的两个:土地和劳动力,而且对于第三个要素资本,也有潜在的控制。"②当早现代西欧正在纷纷废除农奴制时,俄罗斯反而加强了对农民的奴役。1649年法典废除了针对追回逃亡农奴的时效限制[对比西欧长久以来的习俗法:Stadtluft macht frei(在城市里居住一年零一天即获得自由)]。赫利尔提到,法典"从法律上划分了社会的层次,因而给予了俄罗斯政府控制几乎全俄罗斯劳动力的能力"③。

这里的"社会"包括了社会的顶层,派普斯说,无论是重商的彼得大帝,或是开明和重农的叶卡捷琳娜大帝,都把从社会最底层到最高层的俄罗斯的所有人当作农奴对待。一位贵族说,俄罗斯最后发展成了"一个为暗杀所缓和的专制独裁国家"(彼得三世、保罗一世、亚历山大二世、尼古拉二世均被暗杀)。只要俄国沙皇能躲过短剑和手枪的刺杀,每个俄国人的财产就处于任由沙皇处置的境地。阿西莫格鲁从诺斯那里学到了错误的知识,认为西欧"经济制度同时确保了君主控制社会大部分经济资源"。这种说法对从波兰到爱尔兰的西欧都不成立,唯独适用于俄罗斯。征服者威廉一旦把英格兰土地分给了他的属下,在封建理论里,

---

① Pipes,1999,pp. xi-xii,101,159-208(esp. 162-166),171,180.
② Hellie,2003,p. 415.
③ Ibid.,p. 416.

他们就拥有了这些"君王"的土地。贵族有为国王提供骑士的义务,就像农奴有为贵族提供 6 只阉鸡的义务,但无论是骑士还是农夫都拥有自己的土地,且从最早的年代开始就能任意买卖土地。就连傲慢的普鲁士公爵、侯爵和国王们都受到产权法和习俗法的制约。但是一位俄罗斯领主,无论他多么傲慢、多么富有贵族气息,仍然仅仅是"服务"阶级的一员。

派普斯的俄罗斯史论完美适合"草原和农耕"(这是一本 1928 年的著名书籍的标题)之说。① 历史学家,像彼得·珀杜(2005)、威廉·麦克尼尔(William McNeill, 1964)、欧文·拉铁摩尔(1940),以及古代的穆斯林史学家伊本·赫勒敦(Ibn-Khaldūn, 1377,帖木儿之前)都强调了来自草原的征服者一次又一次扮演的角色。② 珀杜说"游牧政权就像能干的银行劫犯,哪里有财富就征服哪里。正当中国在一个新王朝(有时新王朝本身也来自草原)的统治下走向集权化路线,一个游牧国家也往往通过掠夺它随之一起强盛"③。美索不达米亚、罗马、恒河平原、中国,或是印度河流域的缓慢的农耕文明反复地遭到从中亚驰骋出来的骑马蛮族的征服(或者来自干旱地区的骆驼民族)。在靠海地区也有类似的情况,比如公元前第二个千年晚期东地中海上的野蛮海人,或是公元第一个千年晚期的欧洲的野蛮维京人。

赫利尔证明说,俄罗斯相应地变成了一个"军国主义国家",一个现代斯巴达,部分是因为金帐汗国的残余政权"无止境地纵横俄罗斯疆域,掠夺奴隶……如果莫斯科公国不采取有效的应对措施,它的所有人口都会通过克里米亚的奴隶市场被卖到中东和

---

① Peake and Fleure, 1928.
② 珀杜很有说服力的论证说,在中华帝国的西部开拓中,"最后一个游牧民族国家在草原上对抗中国的军队……在 1680—1760 年游牧—农耕文明的历史平衡被打破,最后以清王朝的火药部队的胜利而结束,这是真正的历史转型。"(珀杜,2005, p. 11)
③ Perdue, 2003, p. 492.

地中海地区"①。欧文·拉铁摩尔在1940年写到,"满洲人在17世纪对中国的征服是游牧民族的最后一次逆袭"(他用了一个带水的比喻来表示游牧民族),"游牧民族沿着长城边界的潮涨潮落在中国历史上一直占据了极为重要的地位"②。直到金帐汗国解体、印度莫卧儿王朝的衰落,以及中国的清王朝最终征服了蒙古土地和其他中亚国家以前——也就是说,直到纪律严明的火药步兵集群出现以前——狂野的骑兵反复地征服农耕地区,有时会统治很长的时间(伊本·赫勒敦算出他们的统治周期为40年)。如果在被征服的城市,游牧民族未能被其原始企业家的经济思想所征服,那么他们就会带来草原上的无视产权的统治方式,而这亦是历史上所常常出现的局面。这也是派普斯对俄罗斯的悲观看法。他认为,俄国沙皇(今天称为"总统"或者"首相")主宰着从血亲王族到傲慢石油大亨的所有人。孟德斯鸠写道:"莫斯科曾试图走出专制独裁,但它做不到。"③财产在俄国全然没有杰弗逊或新罗马概念下的独立含义。而农耕文明就恰恰相反,通过记忆不可追寻的习俗,它会慢慢发展出私有产权。

派普斯在把道德延伸到俄国以外时,却相当地艰难。他所谓的"家长制"在俄国以外普遍存在的例子——在派普斯的语言里,即名义上的君主对国家的所有权——沿用了过于陈旧的历史观,与历史事实完全相反,比如中国的历史(除了中国第一位皇帝,或元朝早期,或其他一些极为罕见的动荡时期),或者古代以色列人的例子。他引用的参考书都集中在20世纪20年代,综观全书也都是俄国以外的事实。④(他信奉历史知识不会有发展的教条,以

---

① Hellie,2003,p. 415.
② Lattimore,1940,pp. 6–7.
③ Montesquieu,1748,4. 14.
④ 例如,Pipes,1999,p. 103,对亚历山大大帝继承国家的表述。在1934年、1906年(两次)、1941年的著作的第134—137页的注脚里都有证据,这让我们十分惊异,就好像我们在长达70年的时间里对古希腊世界的认识依然没有进步一样。

此作为自己依靠相当早的历史专业知识的理由。①)

以印度的莫卧儿皇帝为例,他们凭借早先获得的火药力量在1526年建立了帝国,最后被英国所灭。这个王朝据说是一个优秀的家长制王朝典范。② 莫卧儿帝国的皇帝们自称是帖木儿的后裔,也从未失去这种信念。据说,在征服了北方和印度全境后,他们就彻底地拥有了印度。莫卧儿帝国统治下的印度在许多方面都光辉灿烂,唯独没有创新。创新,除了供皇帝个人享乐之外,几无市场。1526年的南亚经济虽然在许多地方都远较西方异教徒来的复杂,却在欧洲开始创新的时候依然止步不前。传统史观认为莫卧儿帝国就像罗曼诺夫王朝,从最尊贵的到最卑下的每一个人都会在一瞬间被夺走他的财富——比如说,为了纪念皇帝最宠爱的贵妃建造泰姬陵。实际上,最近的研究对过半国民收入流向政府的数字提出了质疑,"因此引发了这个印度穆斯林政权是不是一个过去所认为的压倒性的利维坦国家的话题……那片土地上的产权制度其实在发展"③。毕竟,孟加拉国纺织业是18世纪的世界的奇迹。如果莫卧儿帝国确实是一个全能的利维坦国家,那么它无疑会和俄国下场一样,无疑会戕害经济。

不过,这类有趣的历史断言无论真或假,或仅仅是令人难忘的,都与解释西欧在1600—1800年或者从1300—1900年的剧变毫无关系,也与解释西欧之外的地方如南欧、中国、日本、奥斯曼帝国的停滞不前无关。俄国和莫卧儿的悲惨历史教育了我们,私有财产是人类全体繁荣而不仅仅是君王奢华生活的必不可少的条件。他们反对社会主义,通常认为在社会主义下,一个国家就

---

① 他在第149页里为自己的实践做了辩护,怒斥史学界近来这种"坏透了"的风气是"解构主义"(这是他的原话)。不过他似乎对实际情况知之甚少。"正是由于这个原因,"他随意下了结论,"对于任何给定历史题材的最后一个定论常常是第一个定论。"

② 比如布劳代尔(Braudel,1979,p.596)中也如此认为。

③ Wink,2003,p.27。

是一个理想化的家庭（在实际中常常是一个家长滥用淫威的家庭）——比如父亲约瑟夫·斯大林，这位叼着雪茄烟的国父。但是在17世纪初的荷兰、英国和法国，人们的私有财产相当稳固和安全，可以交易，无论是国父还是国母都不能越过法律程序攫取私人财产。

派普斯本人指出，虽然17世纪的西欧盛行君权神授之说（这个概念甚至流传到了瑞士联邦，以贵族阶级统治"定居者"的权力神授的形式存在），实际上俄国以西的任何国家的君主都不会认为自己主宰臣民。恰恰相反，派普斯关于英国私有产权的存在——虽然由政府所保证——是自由的坚强堡垒的主旨毫无疑问是正确的，我们可以从俄国和欧洲其他部分的区别所看出。当然我们会想知道奴隶对他们主人财产的神圣不可侵犯是如何的想法。在中世纪，欧洲的许多国家都发展出了一个"国王的犹太人"的理论。在1091年，摩拉维亚君主的妻子与布拉格公爵辩论说，公爵应该停止对邻邦的掠夺式攻击，因为他拥有自己的犹太商人和其他商人，他可以从自己的商人那里得到财宝。她还考虑周全地为公爵提供了他城堡附近的商人地址。① 但是这个理论显然是一个例外，更加确认了大多数领主的臣民非供领主驱使的规则。托马斯·摩尔（Thomas More）在1516年的《乌托邦》里借一位角色之口抱怨说，邪恶的参议对国王说"所有财产都为君王所有，君王只是出于善意让个人支配财产……人民陷入贫困和失去自由是君王的优势；因此……要让人民保持贫穷，让人民失去希望，把人民打垮，粉碎人民的高贵精神。"他继续说，"我应该明确一点，这样的参议绝不可能成为一个君王，也不可能误导君王：因为君王的荣耀和人身安全都更多地系于他的人民的财产保障，而非他个人的财产保障……我会证明人民为了保护自己的财产才

---

① Demetz, 1997, p. 41; 对比 p. 18。

选出了他们的国王"。①他也许应补充说,英国国王无论如何都臣服于法律,因此邪恶的参议天真地幻想着一个在英国不存在的家长制政权。

在1649年,查理一世在自己的死刑审判上,面对残缺议会申辩说:"你们(议会成员)大可自以为是,我为他们(人民)的自由斗争。如果无视法律的权力动摇了王国的根本法律(比如处死一位受命于上帝的国王),我不知道英格兰还有谁能对自己的生命安全,或者任何声称属于自己的东西感到放心。"②查理一世在自己被处死的时刻,再次宣布说,英国法律保护私有财产免予权力的掠夺,无论是国王的还是普通人的,"自由组成了法律,依据法律,人民的生命和财产属于自己"。毫无疑问,在斯图亚特王朝的英国,甚至在黎塞留和路易时代的所谓"绝对君权"的法国,私有财产本身是绝对不受国王侵犯的——虽然一直以来都会被征税(腐败)。

正因此,派普斯会受到诺斯的误导而认为"在17世纪,西欧广泛接受和出现了自然法……自然法的一个关键特征就是私有产权的不可侵犯性"③。这与我们刚举出过的他本人的证据截然相反。诚然,在17世纪尤其是18世纪,有更多的人提到了财产权利,我们对此也感到十分高兴。当人们一直重申"所有人……都有某种天赋的自然权利……其中就有取得和拥有财产的权利"的时候,事情的确会发生变化。④但是派普斯自己证明了私有产权的概念尤其是这种权利的行使早在许多个世纪以前就出现了,在英国法律里出现,在阿奎那的著作里出现,在他自己的诺斯式断

---

① More,1516,p. 11.
② 引自 Blanning,2007,p. 197;第二句引自 p. 198。
③ Pipes,1999,p. 29,my italics.
④ 正如在五人小组起草《独立宣言》之前的一个月,乔治·梅森(George Mason)在《弗吉尼亚人权宣言》所写的。

言前的段落里出现,在古罗马的塞内加的著作里出现。派普斯还证明了,甚至让·博丹(Jean Bodin),影响深远的法国专制主义和君权神授理论家,也在1576年宣布说私有财产是一种自然的法律,超越最崇高的主权而存在,他引用了塞内加的言论。① 博丹断定无论是帖木儿或奥朗则布(Aurangzeb)或伊凡雷帝都不曾拥有过农奴或服务阶级。一位16世纪末期的法国人并不是向往草原狂野生活的,没有个人财产的游牧民族的附属物。

正如我说过的,在某种意义上,现代经济体系——庞大的行政性政府消耗了一半的国民收入,并管制着更广泛的经济领域——在私有产权的保护方面,远不及多中心的封建经济体系,甚至不如早现代的政府,比如征税能力薄弱的斯图亚特王朝。这是一个颇为讽刺的历史事实,派普斯、诺斯、哈罗德·德姆塞茨、理查德·爱泼斯坦和我都会一致同意。今天的美国政府以全能政府理论为武装,联邦税和州税加起来共征收了个人收入的35%,它的行政权力延伸到了劳资关系和空气污染,更不用说对酷刑的奇葩定义,对私人电话的监听,还有疯狂地限制个人消费毒品。从这个意义上说,这个政府比沙皇时代的莫斯科,或者1576年的法国更加专制独裁。法学家理查德·爱泼斯坦对于行政性政府的未来十分悲观,这种政府站在了由习惯法保障的自由的对立面。② 经济学家米尔顿·弗里德曼(Milton Friedman)热衷于引用威尔·罗杰斯(Will Rogers)的话:"感谢上帝,幸亏政府不尽职。"但是我们不悲观,并不是因为现代政府体制会自动保护我们,而是因为我们拥有真正的自由理念,以及被它所影响的法官们。现代政府体制远比古代政府强大,能把触手伸到每一个小角落。

---

① Pipes,1999,pp.27—28中对此有讨论。
② Epstein,2009。

让我们再次引用麦考利在 1830 年的颇有远见的预言来反击罗伯特·骚塞(Robert Southey)的原始社会主义,骚塞会建议说:"由少数资本家积累财富所造成的灾难将会被一位大资本家所修复,我们想象不到他有什么比其他资本家更善良的动机来使用财富,他就是吞噬一切的政府。"① 到那时在 1200 年或 1700 年的西欧,洛克式的私有财产免于政府吞噬的权利并不是新鲜事情。感谢罗马法,它很好地保护了私产,而且古罗马政府征收的国民收入只比英国的斯图亚特王朝多一点,只有 5%。② 相比之下,我们所知道的莫卧儿帝国虽然以家长制原则立国,但与当今独裁专制的社会主义国家相比,仍显得理性很多,据说(也许是错的)帝国征收国民收入的 50%。

虽然城里人最为积极地在延伸"财产"的含义,但产权既不是一个现代观念,也不是资本主义所独有。对个人财产的感觉是人性所固有的,任何抚养了一个两岁大孩子的成年人都能体会到这点。小丹尼尔(孩子)需要被教导才能与人为善,才能用甜蜜的社会主义方式来分享他的"财产"——因为他和任何两岁孩子一样,本能上极为自私,更在意自我而非他人,这是资本主义最坏的部分吧。经济学家赫伯特·金蒂斯(Herbert Gintis)谈到"私有产权均衡",说"在许多物种中都观察到了前制度性的'自然'产权,它以领土所有权的认知的形式存在"③。约翰·梅纳德·史密斯(John Maynard Smith)和杰弗里·帕克(Geoffrey A. Parker)在 1976 年发表了一篇经典的生物进化论文,他们在文中说,如果动物界现存的私有产权被用于解决纷争,那么这就是一种稳定的进化策略(资本主义)(他们遵循了当前知识界普遍接受的正统假设,认为就人类而论,私有产权的确立是一个新颖和创新的历史

---

① Macaulay,1830,p. 183.
② Goldsmith,1984,p. 283.
③ Gintis,2006,p. 2.

阶段)。两条狗通过谁先撒尿谁就拥有该处的原则来确认双方的产权,即便其中的一条狗更大更强壮,拥有强行占有的实力也不例外。一种斑点林地蝴蝶——帕眼蝶——通过进化会拒绝在林地里入侵地面上一块已经有"主人"的一方阳光。金蒂斯把史密斯—帕克的观点做了更准确的表达,并提供了其他证据来证明事实上动物和两岁婴儿都有采取"资本家"态度对待财产的本能,无论利维坦政府保护私有产权与否都无法改变。① 而且,我们在前面已经观察到,一旦产权变得重要——也就是当海狸、土地、从科罗拉多河取水的权利等变得有足够的价值,这些资源的错误配置将产生重大的社会损失时——就算是一个共产主义或独裁政府也会启动私有化进程。② 事实上只有一种情况会例外,那就是当整个社会都蔓延着某种反企业家的修辞时,比如游牧民族对酋长的个人崇拜,或者说集体主义、浪漫主义、后基督教,或者是19世纪欧洲人的伪家族幻想和在20世纪演变成元首或总书记权威等,在这些情况下,私有化进程才不会启动。

这门学科里的一个科学错误就是1968年加勒特·哈丁(Garrett Hardin)发表的著名的"公地悲剧"(哈丁带着他那个时代习以为常的权威主义假设来进行科学探索——当今激进环保主义者也坚持这个假设——认为个人建立家庭的自由是不可容忍的,一个国家的人口政策应如哈丁所阐明的,以"大众共同认可的共同压迫"为原则)。③ 诚然,如哈丁所断言,如果欧洲村庄允许公地被过度放牧,效率上的损失是必然的,因为牛羊会践踏草地和

---

① Gintis,2006,p.7. 另外,艾伦·格拉芬(Alan Grafen)可信地证明过(1987),一个入侵的蝴蝶要想占据这块阳光区域,必定会与原来的"资本家"(如果没有争斗,会占据这里很长一段时间)进行斗争。它会变成一个亡命之徒(西班牙语里意思为"没有希望的人"),从进化(革命)角度看,有全部的动机把"剥削者"的财产据为己有。

② 比如,见卡洛斯和刘易斯1999年的著作,和安德森与希尔2004年的著作,等等。

③ Hardin,1968.

吃光嫩草。但是哈丁不知道,欧洲村民也深知这一点(并不让人感到奇怪),而且他们的理解程度不亚于甚至超越现代学者,为了避免效率上的损失,他们引入了限制("定量")。如果像哈丁所假设的那样,每一个牧民依据"古诺寡头模型"行事,把超过标准数量的牛放到公地上,错误地无视其他牧民的反应,那么一小撮牧民就会对不限制放牧数量的公地造成十分巨大的损失。[①] 但正如历史学家菲利普·霍夫曼(Philip Hoffman)所总结的那样,"这个案例里的道德也许是,我们在小社会里看到的农业集体产权也许在多数时间里都是最优的",因为产权的确立经过了"反复的博弈"[②]。伟大的研究中世纪的学者安布鲁斯·拉法提斯反对过时的三区农作制概念,解释说当今农业史学家认识到"本地决策"对于"有效农业生产是必要的"[③]。

哈丁承认:"以一个近似的方式,公地的逻辑在很久以前就被人们认识到了,也许自农业的发现或地产私有产权的发明以来就为人类所认识。"也许如此吧。也许人类更早就认识到了这一点,狩猎民族会因为另一个友邻民族过度的猎鹿而激怒。对于自己断定的非产权假设,哈丁的唯一经验证据就是"即使在当代,在西部承包国有土地的牧场主也只是证明了一个矛盾的理解,他们经常对联邦政府施压,要求在已经过度放牧和杂草丛生的牧区增加牛的数量"。牧场主当然会向政府施压,因为他们依靠政府维生,而不仅是牧场,因此公地总是被低价出租和过度放牧。但是在哈丁提到的中世纪年代,比如开放田地制时代,土地是私人拥有或者只在引起纠纷时才有政府的介入管理。正如范·赞登所指出:"通常情况下,这个领域的最新研究成果表明,以前所认为'保守'

[①] "由于过度放牧的后果由所有牧民所承担,所以任何单独牧民决策的负效用仅仅为几分之一。"如果 N 值很小,那么分数就很大了。

[②] Hoffman,2003a,p.91.

[③] Raftis,1996,p.3.

和'低效'的制度(中世纪欧洲)——比如行会和(在哈丁例子里)公地、庄园或佃农——却是出人意料的高效。"①这无疑是中世纪农田制度的真相,虽然赞登补充说,"一些人反对说,这听起来太美好,不可能是真的,而且……忽视了行会制度等的'阴暗面'"。赞登在这里引用了希拉·奥格尔维(Sheilagh Ogilvie)对已故的爱泼斯坦的先驱式行会研究和对诺斯的庄园安排制度论的批评。②很可能吧。

无论如何,正如诺贝尔奖得主,政治学家埃莉诺·奥斯特罗姆(Elinor Ostrom)所反复证明的,人们相互间也会合作:人们并不像哈丁所假设的那样总是背叛共同利益。③ 自哈丁之后数十年以来实验经济学的主要发现之一,就是人类除了哈丁使用的唯事功至上模型之外还会合作。除了太过狂野的西部,只要愿意考察一下其他地方的规章制度和法律案件,或者考察一下14世纪的英国村庄,任何人都会发现强制的限制和普遍的合作。④ 哈丁虽然在许多方面是一位令人仰慕的学者,但似乎没有看到这些历史证据。

同样,如果你考察一下13世纪英国的全国和地方法规和案件的历史记录,你就会发现私有产权的贯彻——即使把金蒂斯所说的由耻辱和放逐产生的"前制度性'自然'财产权利"排除在外也是如此。诺斯在一些方面是一位令人钦佩的学者,似乎也没有看到这些证据。诺斯也许咨询过法律史学家哈罗德·伯曼(Harold Berman),派普斯很明智地依赖他的观点,后者对以上证据没有丝毫怀疑,"现代英国、德国、法国、意大利、瑞典、荷兰、波

---

① Zanden,2009,p.17.
② 对于开放农田,见 McCloskey,1976;对于行会,见 Epstein,1991,1998;对于行会和诺斯的"天真无邪的乐观主义",见 Ogilvie,2004,2007.
③ Ostrom,1990. 这件事情会在鲍尔斯和金蒂斯的 *A Cooperative Species*(即将出版)里被长篇讨论。
④ Anderson and Hill,2004;McCloskey,1991b,esp. pp.348-350.

兰,以及其他欧洲全国性的法律体系最初都是在12—13世纪形成,受到了新的教会法……(和)查士丁尼的罗马法的重新发现,以及教会法没有覆盖到的平行的法律体系的发展的影响",比如商人法。中世纪的法律基石一直延续到了今日。伯曼继续解释:"比如说,合同法与信用交易的精心制定的规则……虽经历诸多的经济体制的变迁依然没有变化,也是19世纪兴起的无为而治资本主义经济的核心基石。"[1]私有产权早在欧洲出现,而不仅是在1689年以后。

---

[1] Berman,2003,p.377;对比 p. ix;见伯曼1983。伯曼严重依赖于Deepak Lal,1998 和 2006。

第三十六章　对产权和激励的年代衡量有误

回到诺斯和温加斯特的著作的主题,英国在 17 世纪末和 18 世纪初所谓能导致财政革命的政治创新与保障契约之间没有任何重要的联系,诺斯和温加斯特甚至力图把政治创新解释成间接证据,证明"这样一种必要的条件被满足",但也事与愿违。[①] 弗雷德里克·波洛克(Frederick Pollock)和 F. M. 梅特兰(F. M. Maitland)在 1895 年完成了一本伟大的著作——《爱德华一世之前的英国法律历史》。两人(主要是梅特兰)在书中指出,到 1272 年为止,英国普通法的地位非常牢固——虽然其内在阐述仍然不够完善,例如商法太过宽泛,还有反对永久所有权的法规,以及把国王的特权延伸受到所有生而自由的英国人,特别是所有英国人实际上已经是自由人了。阿弗纳·格雷夫在他那本众人期待已久的新书的开头就涉及了这一主题,他记录道:"1210 年 3 月 28 日,身在伦敦的热那亚商人拉贝犹斯(Rubeus de Campo)同意为身在鲁卡的维瓦纳斯(Vivianus Jordanus)偿还一笔 100 英镑银的债务。这份协议没有什么特别之处……在欧洲,来自五湖四海的商人之间盛行民间贷款。个人财产权利也受到了充分的保护,如此商人可以周游各国。"[②]事实上的确如此,而中国、中东和南亚也

[①] North and Weingast,1989,p. 831,这一页其实奖励了修辞研究,它是一个例子,说明了在面对一个与提供的证据没有联系的论文命题的结论时,如何证明错误。
[②] Greif,2006,p. 3.

是同样的情况。"光荣革命"没有带来史无前例的财产权利法,它是一场宪法革命,而非一场普通法或成文法革命。在更早些时候的英王詹姆斯一世在位期间(他是斯图亚特王室第一位统治英格兰的国王,其孙詹姆斯二世在1688年因执政失误和罗马天主教信仰被驱逐出国),他统治着全欧洲最讲法治的国家之一,虽然还存在着决斗和械斗等诸般野蛮暴力行为(本·琼生在决斗中杀死了一名演员),且无疑没有企业家时代所造就的那般和平。尽管法律未必常能与时俱进,英国人民还是习惯地以法律为准绳,因为它有用,并且在数世纪里都维系着英国社会的运转。

诺斯也颂扬了专利权。许多经济学家被专利权的简单逻辑所吸引:把创新也列为财产,瞧,我们能像从事耕地或建设一样从事创新了。这是经济学家们又一次地妄图把人类历史上最不同寻常的事件之一归到边际效益和边际成本的常规范畴里。乔尔·莫基尔曾经考察过专利权的历史证据,写了一篇冲击力极强的论文。他问道:"这幅美好画卷错在哪里(诺斯及之后的阿西莫格鲁及其他经济学家所描绘的)?"答案是:"几乎一切都是错的。"[1]例如,英国专利权是非常昂贵的,申请费用至少100英镑(相当于当时一个体面的中等偏下阶级人士的全年收入;就像如今的8万美元),还需要几个月的时间泡在伦敦的法院里。因此它们仅仅被视为建立个人信用的许多种可选择的方法之一,你可以通过专利权来向别人证明自己的天才、获得别人的尊敬、承接各种各样的工程,或者谋到一个政府闲职。事实上,直到19世纪30年代之前,许多发明家还认为申请专利有失体面,连法官也对专利权持怀疑态度,认为它构成了垄断(事实当然如此)。赶在别人之前把创意变成产品,无疑能更好地保证自己赚到名声和金

---

[1] Mokyr,2008,p.3.

钱,今天也是如此。经济理论家阿吉翁、哈里斯、休伊特和威格士(Aghion、Harris、Howitt、Vickers)曾经指出,较弱的专利权法能产生更加激烈的创新竞争——至少当发明创造被赋予尊严和自由的极大正外部性已经出现的时候成立。[①] 我们很久以前就认识到,那些能够积极利用知识外溢(窃取外溢知识)的国家(地区、企业或者个人)都能获得良好的发展。像荷兰或瑞士这样的小国家,通过盗版英国专利都发展得很不错,它们直到19世纪晚期才想起建立本国的专利制度。事实上,美国在很长一段时间内都未能根据1888年的《伯尔尼公约》为外文图书提供版权保护,直到公约签署后的100年才着手保护外文书的版权。专利权和版权只是听起来很美。

诺斯也赞美"法律让建立一个更大规模的组织成为可能",例如公司法。但普通公司法一直到19世纪中期才出现(第一部在1844年),而且被处理得很不公正——许多公司要么是空壳,要么迅速解散。似乎早年的生意人并没怎么受到缺乏成立公司允许的限制。迟至1893年,吉尔伯特和沙利文还讽刺普通公司法是一个错误发展之中的一朵愚蠢的花:

> 七人结成一个社团
> (尽量是贵族和准男爵)
> 他们发表一个公开声明
> 宣布打算在多大程度上偿还其债务
> 此称为他们的股本……
> 当轮到你发言时
> 你愿意偿还多少

[①] Aghion, Harris, Howitt, and Vickers, 2001.

为何,你偿还的金额越低,就越好①

歌剧《乌托邦,有限》里的那位亲英派国王热衷于接受所有"有助于使英国成为像欧洲文明共识所宣称的那般强大、幸福、正义国家"的元素。国王询问道:"您在说/大不列颠王国依据股份制原则治理?"证券交易所的戈德巴瑞先生回答:"我们还未走到那一步/但正向那个方向迅速发展。"②于是,在解释经济革命的时候,就出现了一个尴尬的"诺斯缺口",从1800年开始推算,有一个足足长达528年(1800减去1272)的缺口。或者用1800减1844的话,就是负44年。英格兰法律在许多世纪以前或数十年之后的进步(更不用说法律在中国和日本的普遍),不能解释18世纪末期在欧洲西北部喷涌而出的创新。财产安全在1689年的英国不是一个新鲜事,同时代的中国或奥斯曼帝国也是如此。斯图亚特王朝的横征暴敛与其说在侵犯财产安全,不如说是激怒伦敦的非国教富人群体。单纯事功的创新激励因素在13世纪和18世纪一样多,私人财产权利在两个时代都很充分,金钱就是用来赚的。正如艾伦·麦克法兰(Alan Macfarlane)在1978年宣称的,"英国在1250年就和在1550年或1750年一样,是一个'资本主义国家'"。③有一种办法可以绕过"诺斯缺口"和诺斯观点里无力的经济主义"激励"说法,以及让1689年以后的财政革命和引入财产权利同等重要的断言不那么奇怪,即强调现代政府是经济

---

① Gilbert and Sullivan,1893,act 1,pp. 537-538,532,539.
② 《乌托邦,有限》(Utopia,Limited)是一部萨沃伊歌剧,由吉尔伯特和沙利文创作于1893年,主题是讽刺有限责任公司和股份制公司制度。这个故事发生在一个南太平洋上的小岛国家上,国王希望依据英国模式治理国家,于是请了七个英国顾问,其中一位就是戈德巴瑞先生,也是麦克洛斯基教授在本章中引用的。他提议国家应该像"有限公司"一样,依据1862年的《英格兰股份公司法》原则治理,国王不熟悉公司法定章程,于是就发生了以上的对话。——译者
③ Macfarlane,1978,p. 195.

增长之源。于是,诺斯就和政治学家里亚·格林菲尔德(Liah Greenfeld)一道,把国家主义拔高到了现代经济增长的原因之一。① 格林菲尔德假说有一个优点,它不完全依赖货币激励因素,人们能够为英国的荣耀而创新。有一小部分人会这样做吧,统治吧,不列颠尼亚!②

但如果像诺斯这样,认为"政府是经济发展的主角",那就是另一个不同的主张了。③ 谢天谢地,事实并非如此。政府主导的经济曾经在20世纪30年代以后一段时期内被经济学家和经济史学家高度评价,而且我们可以理解这种主张始终受到政治家的普遍欢迎。例如,在1975年,著名经济史学家马赛罗·得科(Marcello de Cecco)赞美弗里德里希·李斯特(1789—1846年)的"国家经济"。在大英帝国如日中天的年代,李斯特试图为德国寻找一席之地,"通过在古典经济学分析(李嘉图的分析)中增加物力论和历史学,李斯特获得了一个可以让国民经济快速发展的国家战略。这个战略完全符合许多希望进行现代化改革的国家的社会经济条件"。④ 1975年的许多经济学家,还有1841年的许多政治家也都有这样的想法(《政治经济学的国家系统》)。不过与此同时,李斯特式的政策,例如保护"幼稚工业"(2009年,像婴儿般啼哭要奶的通用公司就是一个例子)和"进口替代"(如1959年,拉丁美洲受到劳尔·普雷维什的李斯特式分析的影响)战略等,都造成了凄惨的结果。马赛罗·得科继续写道:"我们能清楚看到……(李斯特的认识)通过企业家革命,即英国模式,来建立现代化是不可能的事情;我们务必以集体行动为基础,找到一条

---

① Greenfeld,2001.
② 《统治吧,不列颠尼亚》是英国著名的爱国歌曲,在这里指代那些狂热的爱国主义者。——译者
③ North,1991,p.107.
④ De Cecco,1975,p.11.

不同的'国家道路'。"我的看法恰恰相反。我认为,如果没有至少在修辞层面上对企业家价值的重新评估,就不可能出现持久的现代化进程。你可以通过"集体行动"率领俄国人民建造庞大的汽车工厂,但你不能使他们思考。像中国和印度这样正在急速企业家化的道路,才是通往现代化的门票。

英国模式的根源是科技,而科技又源于企业家拥有的尊严和自由。许多倡导由专家制定产业政策和经济规划的人不同意这个观点。但通常这些政府干预都会减少由企业家的尊严和自由带来的进步。当然,从逻辑上未必能推出我的结论。政府干预的无能是一个事实,不是纯粹的理论。在某些幻想世界里,李斯特式甚至毛主义的经济政策或许能成功。而就像 A.C. 庇古及以后的保罗·萨缪尔森所坚持的那样,任何人都能在黑板上证明政府对外部性的干预会改善经济的表现——如果这种干预由完善和无私的社会工程师来执行(最好是瑞典人)。① 但是在现实世界里,由真实的国家——美国、波兰、南亚诸国等——主导的真实的经济干预常常事与愿违。在独裁者的高压政治或在反企业家理念下管理经济,其做出的经济决策一般不是经济增长和穷人收入增加的最优方案。因而,苏联向俄国人灌输反企业家思想,以饿死乌克兰 600 万"富农"为第一步,却使绝大多数苏联公民毕生陷于贫穷。

诺斯和温加斯特在 1989 年的文章中称赞了英国人和英国政府在 1689 年以后为战争提供资金的能力。他们认为这是值得歌颂的事情(只是站在法国人和印度人的立场,大概并非如此)。但是,为战争提供资金与"保障契约在时空上的有效性"不能相提并

---

① 瑞典朋友们肯定地对我说,如果让瑞典的官僚主义者面对坦慕尼协会的政治家们所面临的机会,他们也不会放弃。但我的朋友们没有在美国的上中西部地区生活过,那里全是诚实得令人吃惊的斯堪的纳维亚移民,实际上那里一直在进行着让瑞典移民面对美国程度的腐败机会的实验。

论。事实上,两者是对立的。而诺斯和温加斯特把保障契约的时空有效性与财政革命联系在一起在时间上不合适。① 从1689—1815年,英法两国展开了一场长达一个多世纪的全球争霸。这场争霸的开始突如其来,结束得也出人意料。试问百年间那些不堪英国政府骚扰的英国投资者们,试问他们是否觉得政府在保障私人契约?帕特里克·奥布莱恩估算,英国国民收入用于战争开支的部分经历了一个上升再下降的过程,从以1685年为中心的五年期间的最低的2%(在横征暴敛、苛捐杂税的斯图亚特王朝统治下),到美国独立战争的最后五年期间升到令人惊骇的17.6%的高点(相较之下,在以1770年为中心的五年期间,当时与法国人有过短暂的和平相处时期,百分比是3.6%;英国在美国独立战争时的战争开支百分比甚至比拿破仑式战争的最后五年期间的14.1%更高)。② 利息也相应地上升然后下降,海运的保险费和海军补给品的需求也是如此。这恐怕不能算是私人契约有保障吧。

诺斯和温加斯特会主张(和一些大量阅读他们著作的人士),政府通过发行国债创造了一个深度资本市场,由此推动了利息的下降,从而说明资本市场里的投资者们的信心得到了增强。这怎么可能呢?我要重申,投资者信心增加,是因为英国财政部能履行支付利息的责任。

历史学家乔纳森·伊斯雷尔把荷兰的低息现象归功于"荷兰联邦政府的效率和谨慎……因为,低息现象不仅表明市场资金的充裕,还表明贷款的风险很低"。③ 但是,私人商业交易中的低息现象并非由政府国债的低息所导致。借贷"无风险",是因为荷兰(和以后的英国)政府信守承诺,能够偿还以战争为目的或其他任

---

① North and Weingast, 1989, p. 831.
② O'Brien, 1993, p. 126, table 6.1. 奥布莱恩的数据是五年的平均数, 25年里只有11年是和平时期。
③ Israel, 1989, p. 413.

何目的发行的国债。如果欧洲在给定的风险溢价下向欧洲市场的某一部分提供利息有充分弹性的资金，例如，投入荷兰的私人项目或法国的"三级会议"，那么，减少借给"三级会议"的风险不会影响私人项目的利息。这就是"充分弹性"的含义：利息是给定的。政府会支付更少的利息是因为其诚信得到了改善。私人诚信不会因此变化，因此，私人借款者将支付与以前同样的利息。但是，如果是另一种极端情况，欧洲供应的资金极度没有弹性，换句话说，如果荷兰民间项目和法国"三级会议"只能得到一笔固定资金的债务投资——那么很明显，贷款将更偏向"三级会议"，从而挤压民间的投资，民间项目将面临更高的利息。因此，如果政府的行为更加诚实和更具企业家性质，其可能的后果范围，对私人利息而言，要么没有影响，要么是负面影响。政府从来都不会对私人利息产生积极影响。荷兰乃至英国的与经济增长相关的资产的利息——私人债券——在下降，是因为市场上有充裕的可贷资金（"金钱"），不是因为政府偿还债务的新近承诺。如果政府承诺有作用，那也是反作用。

诚然，如前所述，随着时空的推移，英国政府越来越信守承诺。只是，有了能力的政府很容易在短时间内变成科学怪人弗兰肯斯坦创造的怪物，这在历史上也屡见不鲜。诺斯在没有试图将"光荣革命"与工业革命联系到一起时，深知这一点。（格林菲尔德有时似乎不像一个本土长大的俄国人那样喜欢强调政府的作用。）幸运的是，社会思潮转向了尊重企业家精神的方向，从而使英国政府没有变为一个反企业家的怪兽。反观1649年的俄国政府，或是1700年的法国政府，或是1871年的德国政府，或是19世纪末的日本政府，虽然有着金本位的约束，却转瞬间拥有了发动侵略战争的能力。1917年后的俄国政府，至少在一段时期内，因为无法从海外借款，暴力被局限于国内——直到后来，希特勒缺乏事功计算的入侵才让苏联获得了美国的贷款，拯救了西方世界,并造成了东欧的不幸。

漫长的 18 世纪以"光荣革命"开始,这场革命无疑是光荣的,确立了梅特兰曾经称作的"至高无上的议会权力"。从此,政府遂以提高整体效率之名,从一部分人那里征收财富,给予另一部分人,大兴土木,修建一系列的运河、收费公路、圈地等工程。在提高整体效率的名义下,经济学家把这种贸易或强征称为卡尔多—希克斯改善(Hicks-Kaldor Criterion)。但是,这种改善并非总能美好地解决问题。议会的影响逐渐取代了法院的影响,在 1714 年安妮女王去世以后(她是最后一位能否决议会法案的英国君主),情形更是如此。在诺斯最钟爱的 1688 年光荣革命以后,在英国 17 世纪 80 年代形成议会政治以后,事实证明权力"寻租"的机会从此在逐渐增加而非减少(如果不算暴力"寻租",虽然 1745 年的约克人或 1776 年的纽约人未必会同意)。在 18 世纪早期,在先前需要法庭授权如今还需议会首肯的情况下,英国从荷兰人借钱的解约退还金的金额[看看英格兰银行股票的认购人里有多少是以"范"(van)开头的就知道了①],以及至高无上的强大议会从日渐富裕的英国民众身上捞取油水的程度,比查尔斯一世统治时期更变本加厉。

罗伯特·艾克隆德(Robert Ekelund)和罗伯特·托利森(Robert Tollison)是研究分析这个问题的先驱,他们提供了一个很有说服力的论证,认为当保护国内利益的权力从国王(垄断授权)转移到了议会(保护性关税)手中时,重商主义的成本更高了。② 然而,英国国王仍然拥有广泛的任命权(亚当·斯密在《国富论》中强烈指责进口关税,而他本人却在盛年时被任命为关税稽查员)。为了避免外国竞争而设定的保护价格也许上涨了,但是腐

---

① 范(van)是荷兰的贵族姓氏,作者这里指议会腐败。——译者
② Ekelund and Tollison,1981,p. 223.

败的国王或议会谋取的利益总额却没有明显地减少。在18世纪逐渐普及的私人合同也成了直接从公民抽取租金的理想手段;此外,议会新近获得了保护本国商人免遭法国等外国竞争的能力,为让西印度群岛的地主们致富而为牙买加蔗糖规定更高的价格。在农业圈地法案的例子里,大肆收受贿赂的议会官员们的名字就在那一个个法案中。拿破仑一世战争时期的散文作家威廉·科贝特(William Cobbett)把18世纪的英国政治称为"长期的腐败"并不是没有原因的。从行政机关到立法机关的权力"寻租"行为自工业化时代之后就不曾停止过,一直到今日如2008年波音公司竞标美国政府采购的空中加油机一案,以及养鸡场和养猪场可以不用承担处理动物排泄物的责任等,都有腐败在其中。只是,我们确实也出现了经济增长。

丹·博加特(Dan Bogart)在做了细致的研究后声称,1689年造就了更烦琐冗杂,却更公平的议会议事程序,比如筹备交通改进项目。议会"减少了关于改善权利安全的不确定性",相比之下,"17世纪的多数时候,项目发起人或向国王申请授权,或向议会申请动议。一些承办人在像内战和王朝复辟这样的事件中,随着权力的大转移而失去了他们的权利"。① 没错,革命的确让世界天翻地覆,但是经济学会说人们已经预料到了革命的发生,否则,世界的颠覆不会增加未来的不确定性。如果1642年②,特别是这一年的后果是一个惊奇,那它无法作为事前的不确定性的一个来源。1689年是一次和解,确实为投资营造了一个更加稳定的环境。但是直到18世纪中后期,正如韦尔斯和威尔士指出的,政府觉得自己不确定,虽然未必如1658年9月的英共和制联邦那样风雨飘摇。不管怎样,博加特承认,我在此前也论证过,运河、收费

---

① Bogart, 2009, p. 28.
② 这一年发生了英国资产阶级革命。

公路和圈地是用最小的社会积蓄进行的常规资本投资，它们不是蒸汽机、电力，或有机化学那样的划时代创新。它们只是改变了地点，不是数量。它们增加了效率，却没有把收入增加1倍、2倍或16倍或者质量修正后的100倍。法律体系在"光荣革命"及之后的沿革，在本质上与创新革命浪潮无关。

正如在我之前和之后的许多经济史学家所提到的，与英国经济相关的各种制度实际上在17世纪晚期没有发生重大变化，甚至在1688年至1815年这漫长的百多年里也没有多大变化。杰出的经济史学家尼古拉斯·克拉夫茨注意到，经济理论家们提出的各种各样内生发展模型，在解释18世纪和19世纪时十分无力。至于诺斯的版本，他直言"在工业革命发生之时，制度并没有得到明显的改进"。[1] 在诺斯最钟爱的18世纪前后，纯粹作为约束的经济制度和预算线激励的变化都要比18世纪更为剧烈。1485年，亨利·都铎在博斯沃思战场的胜利宣告了"玫瑰战争"的结束，其实它真正结束的是长达数十年之久的对财产权利的蔑视——但那是在"光荣革命"的200多年之前和工业革命的300多年之前所发生的事情。16世纪都铎王朝的行政革命对经济的重要性不亚于18世纪的任何制度变革。1588年，英国海军击败"无敌舰队"对于英国经济自由的重要性不亚于1688年的事件。英国的海外殖民模式——去中央化和人口密集的帝国——不是在1688年之后的数十年里确立，而早在17世纪20年代之后的数十年就形成了。30多万英国人背井离乡，离开不列颠前往马萨诸塞、弗吉尼亚，还有西印度群岛（首选），也随之建立起了英国殖民模式。相对于1688年的"光荣革命"，1642年的那场大革命让普通百姓鼓起了勇气。从那以后，他们从未忘记自己是生而自由的英国人民，甚至能自由到改变职业和发明机器——或拥有砍下他

---

[1] Crafts, 2004(2005), p. 10 of manuscript.

们国王头颅的自由(英国国王也没有忘记此事)。不管怎样,到1688年的时候,生而自由的修辞在英国已经有了几百年的历史,一位自耕农与一位公爵相比,无论前者的实际收入多么微小,无论后者拥有多少特权,两者都是自由的。

  在漫长的18世纪的另一面,在维多利亚时代,契约法的完善,商法和财产法典的确立在改变经济激励因素方面比1688—1815年的任何事情都更重要。无为而治的政府管理始于维多利亚时代的《工厂法》。1867年以后英国选举制度的民主化进程缓慢地,却深深地影响了经济的发展,比如造就了福利国家和后来的国有化。从对经济的影响而言,之前任何时代的法律变革,包括1688年的议会胜利都要为之逊色。在1815年之后,法律的改变大多以法令的方式出现,而非诺斯想象中充满浪漫气息的普通法方式,而且由此产生的经济后果比乔治一世至乔治三世时期圈地法案和1688年所有的经济成效加在一起都更加严重。

  法律学教授西蒙·迪肯(Simon Deakin)高屋建瓴地把诺斯及其追随者的假说称为"法律起源假说"。站在这个高度上,我们看不到任何证据能够证明英国普通法的悠久历史与工业革命之间的因果关系。在雇佣合约和股份公司问题上,迪肯写道:"英国的工业化先于法律变革之前,而在法国和德国,这个顺序是颠倒的",仅仅因为德法两国仿效了英国法律(他的说法是"分享法律思想",这是模因横向迁移的另一个实例)。然后,经过了一段时间的延迟,欧洲大陆民法的成果又被大英帝国的普通法所仿效。两个法系在这里汇合了。诺斯学派对英国充满着无限景仰,但法律文化对经济表现并不重要。迪肯总结说:"事实并非一个对市场更为友好的普通法与民法的束缚相对立。"[①]从长远和从结果来看,迪肯的观点是显然的——所有富裕国家,无论其法律文化习

---

① Deakin,2008,pp. 2,26.

惯差异多大，本质上都实现了同等水平的实际人均收入。诺斯的缺陷和格雷戈里·克拉克一样：模因除了通过遗传转移外，更多地会通过模仿转移。像法国、德国、瑞典、日本或者中国台湾这样的国家和地区，即使没有诺斯认为的英国独特的模因，却迎头赶上并开始以现代化的速度发展。

在1991年的论文中，诺斯用一小段描述了国家的不同命运："格兰德河的南北之差"①，"19世纪的拉丁美洲，一个接一个的国家走向了中央集权官僚控制"。② 所以，似乎在20世纪，拉丁美洲的中央集权制度让它们有能力执行李斯特式的政策，并导致了悲惨的结局。换言之，一个国家的政治经济体系并非始终有利于经济增长，而格林菲尔德甚至将现代经济增长归功于"优秀政府"（即英国和美国），他这个说法的正确性也值得怀疑。如果没有经历国家主义的挫败，1945年的日本和德国或能在经济上取得更大的成就。我们都同意，政府不应通过从交易中课税和征收利润所得来侵犯私有财产，这是任何经济增长的一个必要条件，津巴布韦的农业现状可以作为佐证。但是，政府放弃灾难性的经济干预和具有钦佩意味的"作为经济发展的主角"不是一回事。

---

① North, 1991, p. 110.
② Ibid., p. 111.

第三十七章 常规的效用最大化理论不起作用

正如乔尔·莫基尔所说,从13世纪到18世纪真正改变的是"英国经济和技术精英的精神世界"。① 确实,在1700年,认为发明家、商人、制造商可以算精英阶层的想法在英国是绝对新颖的,英国人仿效了荷兰的"黄金时代"(掘金时代)。在1688年之后,对英国来说新鲜的是经商行为从此得到了尊重。休谟认识到这一点,他在1741年写道:"商业,因此在我看来,容易在专制政体下腐烂,不是因为专制政府保护不利,而是因为它得不到足够的尊重。主从关系对于支撑君主政体来说是必需的。比起勤劳和财富,君主制必须更加尊重血统、头衔、地位。"②(在休谟眼中,法国就是这样的"专制"政府,其实他更应该去拜访一下俄国。)

即使是那时,所谓的创新激励也不仅是为了赚钱。罗伯特·艾伦断言"人们发明科技是为了赚钱",因此,"发明创造是一种经济活动"。③ 事实似乎并非如此。科技的发明既是为了服务于"事功"这一美德,也为勇气、希望、节制、公正、仁爱和信念这些美德服务。艾伦采取了一种后来称为萨缪尔森和贝克尔经济学标准修辞的简化论。在1725年,巴特勒主教已经在抱怨:"(最近)很多人有一种奇怪的情感,他们对所有其他情感敷衍了事,唯独把

---

① Mokyr,2010,p.85.
② Hume,1777(1987),p.93("Of Civil Liberty"),his italics.
③ Allen,2006,pp.2,3.

利己主义作为生命全部意义的代表。"①1759 年,亚当·斯密写道:"在曼德维尔博士的书里,认为任何程度和任何方向的所有强烈情感都是邪恶的(即仅仅是牟利方面的事功和自利),这是一个极大的谬论。"②金钱的确重要,但其他动机也一样重要。莫基尔强调这种发明游戏的荣誉感:"另一种更为复杂的制度补充了标准的金钱激励制度(无论如何这个词语都无法解释它试图解释的东西),它包括同行的认可和纯粹是能够做自己想做事情的满足感。"③化学家克劳德·路易斯·贝托莱(Claude Louis Berthollet)致信詹姆斯·瓦特:"当一个人爱上科学,他对财富就几无需求,因为这会影响他的幸福。"虽然,据乔治·格兰瑟姆的评价,贝托莱实际上是一位薪资很高的高级公务员。④ 贺拉斯(Horace)的陈述不可能再精辟了,利润先知亚当·斯密也无法超越,他声称,一个在路边晒太阳的穷人要比一个王子更加快乐。⑤ 13 世纪就已经完善的无力的激励机制无法解释在 18 世纪和 19 世纪狂热的创新。

艾伦自己承认,发明专利权虽然在 1624 年的英国出现,但如我前述提及的那样很少被使用,所以如果赚钱就是发明创造的全部意义,那岂不是很奇怪。他在很久以前就颇有说服力地论证过,"集体发明"常常行之有效,因为它"分摊了成本和共享了收益"。以计算机业的行话来说,这就是开源技术。⑥ 本·富兰克林将他的发明赠予社会,例如避雷针和富兰克林壁炉式取暖炉。迈克尔·法拉第(Michael Faraday)也是如此。这些例子都反驳了赚钱是创新唯一驱动力的简单说法。被古典经济学家痛斥的托马

---

① Butler,1725,p. 349.
② Smith,1749(1790)7. 2. 4-12,p. 312.
③ Mokyr,2010,p. 90.
④ 这些出自 Mokyr,2008,pp. 90-93,Grantham 2009,p. 4。
⑤ Smith,1749(1790),4. 1. 10,p. 185;Horace,Odes,1. 4. 13,2. 18. 32-34,3. 1 entire.
⑥ Allen,2006,p. 3,参考 Allen,1983。Nuvolari,2004 把艾伦的思想应用到了康沃尔郡的水泵发动机上。

斯·卡莱尔在1829年评论说，人"绝不会因为任何可预期的盈利或损失，因为任何可见和有限的目标而激发深度彻底的、全力以赴的努力；这些努力始终因某个不可见和无限的目标而激发"。① "始终"的判断并不正确，我们不应有了节制就放弃事功，但信念、爱情、希望、公正和勇气也常常发挥作用。

如果一位经济学家能像经济学家那样思考问题，而不是像技术人员那样只知道用效用最大化公式(Max U)计算边际平衡值，其他他会发现卡莱尔的观点并非太过违背经济学常识。可计算的预期早就被他人发现了。常规的贸易盈亏不可能引发在1700—1900年发生的突如其来、独一无二、规模巨大的经济大飞跃。恰是人类动机里的非事功部分让奇迹成为可能，比如这次自人类驯化小麦、水稻、驯养牛马之后的最伟大的经济成就。莫基尔引用约翰·奈伊的"幸运傻瓜"概念说："无数重要的发明家在默默无名和贫困潦倒中死去，这说明了有益于社会的发明对个人的回报是很低的(在发明之后)。但发明者还是前赴后继，因为他们高估了个人回报。"②为了从科学上正确解释为何会出现发明的发明，你需要考虑的不只是事功，你还需要加入希望和勇气。或许经济学家会争议，在均衡理论之后你是否还相信古典主义或新古典主义经济学，甚至萨缪尔森经济学。耕作的边际收益不只是偏离了一小步，而是飞跃了一大步。人类确实飞跃了(Illa humanitatis fecerunt saltum)。人类向前跃进了一大步，这是一个史诗般的、非常规的大事件。

一直以来对我们都很有帮助的经济学家威廉·诺德豪斯(William Nordhaus)在最近的一次计算中揭示，当今的发明家从一项发明中得到的经济收益只有2.2%。"在1948年到2001年的

---

① Carlyle, 1829, 引自 Bronk 2009, p. viii。
② Mokyr, 1990, pp. 158-159; Nye, 1991。

技术进步所产生的社会效益里,生产者只获取了其中微不足道的一部分,这说明,技术革新产生的效益大部分都传递到了消费者那里,而不是生产者那里。"[1]发明家占如此小的利益份额最好不过了,否则经济增长将会是一个非常可怕的故事,我们只能眼睁睁看着迪士尼公司靠他们的新奇产品越来越富有,而我们这些没有购买迪士尼公司股票的人什么也得不到。诺德豪斯的发现让我们从另一个角度看到,现代经济的大飞跃不可能仅靠捕捉可计算的常规预期利润来推动。当然,独立冷凝器和高压蒸汽机带来了巨大社会效益,发明家即使只获得其中的2%也是非常让人震撼的。不过莫基尔指出,大部分的发明都是"小发明",即对现有发明的细微改进。例如,在1713年,一个小男孩为纽克曼空气蒸汽机发明了自动装置,这并没有带来商业上的革命性变化。

历史上真实发生的事情,是直到1700年前的数十年期间,注重实效的英国统治者无论从理论还是实践上都越来越倾向重商主义,而到18世纪末,甚至有一点自由贸易倾向[见艾克隆德(Eklund)和托利森(Tollison)的著作]。17世纪晚期之后,英国人越来越重视国家利益,而不是某人的垄断利润,或者妇女是否能在教堂布道。难怪会出现一种称之为"政治经济"的世俗哲学来,这种哲学宣称把国家和国际视角置于个人利益之上。迈克尔·麦凯恩(Michael McKeon)是一位睿智的英语系教授,我在前文曾引述过他的话。他这样解释:"重商主义者的国家控制经济的借口却逐渐成为一个长期过程中的一个阶段,在这个阶段里,修订上帝律法和改善环境的权力逐渐被赐予到了更具自主性和个性的个人手中"。[2] 也即,早在他们把经济视为一个独立学科的想法之前,一个理论化的重商主义和一个理论化的无为而治主义就已

---

[1] Nordhaus, 2004. The quotation is from the abstract.
[2] McKeon, 1987(2002), p. 201.

经独立出现。麦凯恩认为的从旧知识体系向新知识体系的变革，"旧知识体系（自觉思想和基督教）有分门别类，却不鼓励分离性"，新知识体系反对修辞和"根据互相分离和条块化分割的知识"百科全书化，其实就是托马斯·斯特尔那斯·艾略特（T. S. Eliot）很久以前就说过的17世纪晚期出现的"感受分化论"（dissociation of sensibilities）。① 一个统一生命的感受被分化成了几个类别：私人、政治、社会、经济。

前文引用过的睿智的哲学家查尔斯·泰勒（Charles Taylor）曾经声称，17世纪经济学逐渐成了关注的目标。历史学家乔伊斯·阿普尔比详尽地描述了，在休谟和斯密提笔的年代，"经济生活已经成功地与它所服务的社会区别开来了"。② 阿普尔比写到，在托马斯·木恩（Thomas Mun）的《外贸为英国带来的财富》（1621年）一书中，"人类历史上第一次，经济要素很明显地与社会和政治瓜葛区别开来。"③ 而且，经济学家艾伯特·赫希曼（Albert Hirschman）也提到了一些词语，如"财富"、"腐败"，特别是"利益"也在语义上更多地指向了经济事务。④

威廉·坦普尔爵士（Sir William Temple）在1672年写到，直到"三十年战争"结束之前，对于欧洲几个大国而言，"它们的贸易就是战争"。但"自从恢复基督教世界安宁的1648年《明斯特和约》签订以来，不单是瑞典和丹麦的政府，还有法国和英国的政府，都开始投身于贸易事务，关心起互通有无来"。⑤ 他预言基督教世界将迎来和平，这当然言之过早。来自荷兰的威廉三世教导了无组织无纪律的英国人，教英国人建立了国债制度和英格兰银行，在

---

① McKeon, 1987(2004), p. xxi; Eliot 1921.
② Appleby, 1978, p. 22.
③ Ibid., p. 41.
④ Hirschman, 1977, pp. 32-40.
⑤ Temple, 1672, chap. 6.

第三十七章 常规的效用最大化理论不起作用

这以后,威廉四世、安妮女王,以及18世纪的汉诺威王朝反对法国的史诗事迹都源于经商的热忱。那时欧洲大陆的其他国家仍然处于贸易就是战争的野蛮状态之中,最明显的是普鲁士,据说伏尔泰曾嘲讽道,大多数国家是国家拥有军队,而普鲁士是军队拥有一个国家。坦普尔爵士正确地强调了,荷兰式的重商政治先是传播到了英国,然后再传播到欧洲大陆的其他国家。正如孟德斯鸠在1748年所说:"其他国家都是商业利益向政治利益妥协,但在英国正好相反,英国的政治利益总是给商业利益让步。"① 好吧,不是"总是",只是到1748年时这是常态。

在1600年,商业优先的政治思想已经成为荷兰人的第二天性。英国无疑学会了这个思想。英国人,接着苏格兰人,继荷兰人之后,渐渐因精于计算而闻名于世界。他们不再像以前那样粗枝大叶,草草制订侵略计划,然后野蛮地执行。在1500年,全欧洲都知道英国除了傲慢和好战之外一无是处,当其时,他们的影响力只及势力范围所辖的局部地区,在欧洲政治舞台上只能充当陪练的角色。邻近的苏格兰人在经商时不断遭到来自英王的粗暴干涉,他们的民谣传唱着,"看,骄横的爱德华如何巩固他的权势:奴役和压迫"。而晚至1650年,当时英国人刚刚处死了他们的国王,历史学家保罗·兰福德(Paul Langford)写到,他们"在整个欧洲都特立独行,他们的历史中充满暴力、混乱和不稳定……他们总是使人联想到野蛮人,是一个容易激动、好勇斗狠的民族"。② 好吧,只是遵守法律也渐渐成了一种习惯。

大约在17世纪,英国人在个人习惯方面朝企业家精神方向上的转变也许不是很大。然后,在进入20世纪之后,世界其他国家时不时地会被英国士兵身上表现出的贵族兼农民的"活力"所

---

① Montesquieu,1748,book 20,sec. 7.7.
② Langford,2000,p. 5.

震惊。在世人眼里,这种精神不应该出现在一个小商贩的国度(顺便说一句,这个短语"a nation of shopkeepers"是亚当·斯密发明的,不是拿破仑)。让我们回忆一下,基奇纳将军(General Kitchener)命令非洲布尔人的妇女和孩子们进入他的新发明——集中营,在 1900—1901 年,那里四分之一的人死于饥饿和疾病(这件事证明了一点,并不是所有新发明都是好东西)。让我们再回忆一下,1919 年在英属印度的阿姆利则发生的大屠杀,或者是 1920 年勇猛的黑棕部队镇压了爱尔兰人的叛乱。单凭企业家精神,这个小小的岛国(即便富有)也不可能把四分之一的世界纳入版图,或者(在一点帮助下)赢得两次世界大战。贵族式的傲慢和残忍在一些英国人身上延续了很长的时间,足够让他们的军队里都是这些贵族式的领袖,而直到第一次世界大战情况才发生变化,由于军队规模的庞大,不得不从资产阶级里征召新人(很早以前,北美的大陆军就是这样)。一个较早的例子就是约翰·丘吉尔(1650—1722),第一代马尔博罗公爵,虽出身平民,举手投足间却明显流露出贵族气质。然而,他在处理账目和把七零八落的同盟国军队团结在一起的时候,那种一丝不苟和谨小慎微的习惯却无疑是企业家精神的典范,从而一次又一次地、越来越顺利地打败了法兰克贵族精神。① 再比如,理查德·豪(Richard Howe)是英国贵族,三兄弟中的老二,很年轻的时候就加入了技术上要求很高和充满企业家精神的海军。他们站在甲板上,面对敌人的炮火,就像贵族应该做的,但他们身边的军官都出身律师或者教士家庭[例如弗朗西斯·威廉·奥斯丁爵士(Sir Francis William

---

① Barnett, 1974, p. 264: "他老练、坚定、拥有绝对的管理才能,有能力匆忙之间建立起一个联盟,成为足够强大的一个战争工具,使欧洲最强大的君主国屈服于他。"巴尼特很有说服力地论证说,马尔博罗年轻时贫穷且仰仗权贵,这番经历使得他在政治上优柔寡断,"这与他在面对法国军队时的行为反差极大"(第 252 页),与像惠灵顿那样生来就是贵族的性格极为不同(见第 60 页)(就这点而言,可以对比马尔博罗的后代温斯顿·丘吉尔)。

Austen),1863年晋升为海军上将,他是简·奥斯丁的哥哥,还有查尔斯·奥斯丁爵士,简的另一个兄弟,他也是一名海军上将]。只是,在新获得尊严的企业家推动的基督新教的影响下,英国人的修辞向企业家式合作的转变既是永久的,也最终软化了。①

换个角度说,我希望和许许多多的经济学甚至经济史友人发起一个讨论,因为他们相信,经济方面所有思想的后果都主要,或肯定,或必然,或显然来自有某种激励的"制度"。他们希望这个想法是正确的,因为制度作为约束的想法很适合他们所受到的萨缪尔森经济学训练的熏陶。在萨缪尔森派看来,激励只是预算线里的价格——字面上的意思就是斜线。我的那些被萨缪尔森误导的朋友们声称,身份、正直、道德、公正、节制、专业、理念、思想、修辞、爱情、信仰、正义、希望等,都与经济没有任何关系。

正相反,我认同亚历西斯·德·托克维尔(Alexis de Tocqueville)在1853年对于诸如法律的制度不是根本因素的看法:"我认为制度在影响人类的命运上只是一种次要因素……塑造政治社会的不是法律,而是情操、信念、思想、内心的习惯(这是《论美国民主》中他著名的短语),还有人类的精神。人类在形成政治社会之前就提前准备好了这些精神……情操、思想、道德观念……只靠这些就足以通往自由与繁荣。"②托克维尔/麦克洛斯基的假设有证据支持,比如《世界价值观调查》的华丽表格就证明了。马特奥·密格里(Matteo Migheli)等研究者在这本书里发现,与以前的共产主义欧洲相比,当前西方国家的人民对于国家干预的态度截然不同③,由此产生的经济结果也迥然不同。内心、思想

---

① 正如克雷里·巴尼特在1972年及以后的著作中所抱怨的。
② 1853年9月17号,写给科尔塞勒的信,引用于Swedberg,2009,p. 280。当然,如果你像诺斯那样间或足够宽泛地定义"制度",那么它们能解释一切,因为法律已经与道德习惯(moeurs)融合,或者与除赤裸裸和未社会化的意志之外的任何导致人类行动的东西融合了。
③ Migheli,2009.

和言语的习惯会对经济造成影响。经济史学家菲利普·霍夫曼已经证明了,对于1450—1815年法国的乡村地区而言,最能影响这些地区变化的不是制度上的改变,例如所谓的共产,因为农民有着丰富的经验规避这些条条框框。对法国乡村地区影响最大的是市场和由内心、思想和言语所驱动的政治决策——这是农民们所无法规避的。①

在1973年,诺斯和罗伯特·保罗·托马斯大胆陈述了这个让许多经济学家为之着迷的假设:"有效率的经济组织是经济增长的关键,西方崛起的主要原因是建立起了一个有效率的经济组织。"②我们已经看到了这个假设的错误,甚至在经济史学家格雷夫或者赞登撰写的充满想象力和论述彻底的著作里,或者那些由经济学家阿西莫格鲁、约翰逊、罗宾逊写的炫目文章中,都认为单单效率至上无法带来大规模的创造发明。真正为人类生活带来巨大改变的是大量的发明创造,而不是从效率中得到的哈伯格三角收益。诺斯和托马斯继续陈述:"有效率的组织意味着建立一个制度安排和财产权利,从而产生一种激励因素,引导个体从事让私人收益率接近社会收益率的经济活动。"此言不差,这就是效率的意义,尽管提供的这个定义没有给出一个度量范围,我们并不知道这两种收益需要接近到什么程度才算是重要的。他们的结论是:"如果一个社会没有发展,那是因为社会没有为经济活动给予足够激励。"再一次地,他们没有提供一个度量的范围,我们并不知道该如何度量社会"没有提供激励"。并且不管怎样,他们的结论只有在激励因素带来效率,而效率产生增长成立的时候,才能够成立(这是他们的定义)。而我已经说过,这其中的逻辑值得怀疑。用我的术语解释,就好比我宣称思想和语言上的习惯一

---

① Hoffman,1997.
② North and Thomas,1973,pp.2-3.

定会提高另外一种"经济活动的激励因素"。这是非常正确的,但和严格的效率并不相干,几乎是一种没有意义的同义反复:如果没有增长,那么……就是没有经济增长。

就在诺斯和托马斯大胆宣告他们观点之前的几年,我本人受到张五常(他是我在芝加哥大学的办公室同事,后来与诺斯在华盛顿大学共事,诺斯也深受他的启发)和街对面法学院的罗纳德·科斯启发,带着萨缪尔森关于经济"激励"和"效率"的偏见影响研究了18世纪的英国法律史。我希望英国的那段历史是资源配置从不合理进步到合理的过程,是从偏离供需曲线交点的那个点移动到那个受到祝福的交点的过程。单纯靠制度就能实现交点。这种思维是令人愉快的,也正是我所接受的萨缪尔森式熏陶和我的弗里德曼货币学派身份所告诉我的。但我渐渐认识到,英国经济和政治体制的变化与它在经济上的变化不同步。英国的供求曲线极速地向外移动,先是2倍,再是16倍的扩大,再是更多,远远超出制度(包括教育制度)的常规变化所能解释的范围,毕竟,在人类历史上制度变化已经反复许多次了。几十年之后我才认识到,相比之下,那段历史上发生了一件独特的事情,即企业家的尊严和自由史无前例地得到了大幅改善,比如政治经济科学本身的发明。而周遭的经济体制环境都已经延续了几百年的历史了。

经济学家们期望诺斯式的"制度"能够解释经济上的巨大变化,因为他们希望用激励因素作为"工业革命"和现代世界的主要动因。但是假设激励因素(仅仅是事功)不是主要动因,而且即便它成了主要动因,也充满了悖论:如果仅仅是由于事功,那么,"工业革命"早在几百年前或在世界上其他地方就发生了。假设其他的优点和恶习也很重要——不仅仅是萨缪尔森主义者奉为至宝的事功,还有节制、勇气、公正、信念、希望、仁爱,而在17—18世纪,人们对这些词语的理解都发生了急剧的改变。假设理念、修辞、公共领域非常重要,假设这些形而上的概念(例如法律思想和经济思想)常常在国与国之间快速地传播和分享。伏尔泰和孟德斯鸠的思想在海峡对面开花,结果亲英派以法国思想的一个变种统治着,而且在某种程度上成为法国公共政策的元素。托马斯·潘恩的思想传播到了全世界,在没有自由的国度生根开花,激起一场又一场革命。假设像企业家的尊严和自由这样内心、思想和语言习惯的传播,一旦被证明是有效的,而且像阅读一样能够纵横时间与地理。假设惯常以为的激励和约束制度事实上不是主要因素,而社区和交流才是呢?

这才是我的经济主义友人应该考虑的事情。坚持认为"制度"的每个变化等同于约束的变化,坚持认为"工业革命"时代见证了一场财产权利革命而罔顾历史真相,都很明显在用萨缪尔森式方法思考。但历史并非如此,在寻求解释这一史无前例经济事件的时候,这也不是正确的解释。我并不是说腐朽的制度也能催生经济发展。我也没有说世界上没有腐朽制度——说到这里马上就令人联想到津巴布韦。如果津巴布韦政府停止窃取私人财产,停止屠杀持不同政见者,这个国家会发展得很快。我在说的是,在真实历史事件中,富裕的国家都有很好的经济制度,无论在保护私有财产权利方面,他们的历史有多少相近和相异之处。这里的私有产权是法学家严格定义下的完美财产权利。尽管各国制度不同,例如法国和澳大利亚,但两个国家的人均收入几乎相同。法国沿用罗马法、中等程度的劳工自由、对制造品市场有着高度的监管。澳大利亚沿用普通法,有经合组织里最大的劳工自由和最少的制造品市场监管。然而,经过购买力调整,两国真实人均 GDP 差距仅为 3000 美元,而两国的 GDP 都在 3 万美元以上。[①] 这种程度的哈伯格差异恰不能解释现代世界。曾几何时,两国人民都过着每天挣 8.22 美元的日

---

① 数据来自 Munkhammar,2007,pp. 82,107,70。你猜不出哪一个更高:重点是差别很小,说明没有强大的力量产生作用。

子，换成现在的美国物价就是年收入3000美元。现在他们的收入是先前的10倍，而且都进入了现代化世界。

简言之，"制度"的变化似乎和"工业革命"没有太大关系。你或许相信，优秀的产权和契约制度是文明社会与狩猎和游牧社会区别的标志，当你没有深入了解过狩猎民族和游牧民族的经济生活时，尤其会这样认为。但事实是，人类从狩猎和游牧社会进化到现代社会，产权和契约制度并没有发生太多变化。萨缪尔森主义者所呼吁的"制度变革"，换言之，是再一次地试图把人类历史上的最大惊奇之一贬低到一种唯物主义的常规，而这种常规从本质上就无法解释这场惊奇。他们的尝试来自经济学，纯粹的事功取向的唯物主义理论。正如托克维尔在1834年所写："当今政治经济的所有努力似乎都在朝向唯物主义"，而从1890年到1980年，所有社会科学的方向也正是如此，甚至超越了政治经济本身。他继续写道："我愿意尝试引入思想和道德情感作为繁荣和幸福的要素。"[①]历史证实了托克维尔的判断。

[①] Letter to Louis de Kergorlay, Sept. 28, 1834, quoted in Swedberg 2009, p. 3.

第三十八章　原因也不是科学

回到1700—1848年,继而至2010年和未来,真实发生的是人均收入增长了至少16倍。这还是极为保守的估计,直到20世纪才逐渐为经济学界所认可。在许多经济学家和经济史学家中间,这种认识渐渐否定了节俭(即资本积累)通往极大生产力的概念。早在1960年,哈耶克就质疑了"把经济发展主要视为在商品和设备数量上积累的习惯"。① 在2010年,经济史学家亚历山大·菲尔德(Alexander Field)通过核算美国生产力的变化,进一步强化了哈耶克在20世纪60年代提出的思想,认为科技,而不是资本积累,才是第一生产力;并且在2006年,经济学家彼得·休伊特通过对多个国家的研究也得出了类似的结论。②

因此,经济大飞跃并非资本积累所造成,就像轿车、卡车的发明也没有为美国的州际公路系统稳定了价格;也不是诸如教育资本积累的结果;更不是伴随制度改良或商业化而来的更佳资源配置的结果。效率是好东西,却非主要因素,创新才是。甚至有许多优秀的经济学家都未能理解静态的资源配置不是通往成功市场经济的关键,事实上它也不是。因此,如法国这般的民主政体,效率非常之低。这纵然是他们的不幸,却并未造成政治或经济上的浩劫。法国相当富裕和自由,慷慨的社会救济还未让法国人走

---

① Hayek,1960,p. 42.
② Field,2010;Howitt,2005,p. 7 in the Brown University preprint.

上奴役之路,西欧的温和社会主义被证明可行的道理正在于此,例如1960年后的瑞典。① 经验的确向我们证明了,由于人性的未知性,企业家的尊严和自由确实产生了更多的发明创造。但芬兰和荷兰的"社会主义市场经济"却一直运转得很好,因为他们并不猛烈地攻击企业家的尊严和自由。

从概念上说,在更为严谨的社会主义下,也就是在实行中央计划经济,财产全部共有,打倒所有企业家的社会里,人的公共精神会得到升华,比如人与人之间不再疏远,会涌现出更多理想的创新。由于没有什么能够阻止人类利用里海之水来灌溉农田,所以一切都会很顺利,也不会造成环境破坏。通过咨询"公众意志"(Volonté General),公共利益也将得到满足。但是历史不会说谎,蚂蚁农场式的社会主义是一场灾难,大概永远都会是灾难吧。1917年的人也许有理由相信,一个社会,即便没有受到尊重和有能力的企业家,也会比恐怖的企业家掌权的社会更有创造力,因而社会主义将消灭贫穷。但时至今日,再相信斯大林主义对你有好处就是不可理喻的事情了。"共产主义"中国能够创新,恰是那个国家的崇尚资本家和企业家的部分在起作用。他们的政府只会命令强大的军队驱除来自欧洲大陆和日本帝国主义的恶魔,还建造了将在20年内淤塞的水坝。

好吧,再一次思考这个问题:创新是如何产生的?

原因是新的思想、新的内心思维、语言习惯和莫基尔称呼的"工业启蒙"。哈耶克写道,"我们生活水平的提高",除了资本积累外,"至少要归功于知识的增加"。② 理查德·伊斯特林在提到他的导师,伟大的经济学家西蒙·库兹涅茨时,认为他相信"经济学的'恩赐'——技术、嗜好、制度——是历史变革的关键角色,因

---

① Berman,2006.
② Hayek,1960,pp.42-43.

此,多数经济理论对理解长期历史变化只有极为有限的相关性"①。莫基尔、戈德斯通、雅各布、滕泽尔曼、本人及其他经济学家会把历史变革的根源进一步推到人的思想上。使西北欧和全世界繁荣昌盛的,正是关于蒸汽机、股市、电灯泡和谷物贮存等的思想,而不是由资本积累建成的高楼大厦或建筑自动化系统。先有思想后有创新。正如尼古拉斯·克拉夫茨所写的:"工业革命的标志是诞生了一个能够维持技术进步和快速增加全部生产要素的社会。"②这种新型社会本身就是创新之一。

许多人和我在很多方面意见一致,唯独认为是科学革命的思想导致了创新。③ 外行人(不是我所提及的学者)随意地把词语混搭使用,说什么"科学和技术"使我们过上了美好生活。的确如此,但是这个词语却让我们忽视了政治和社会的变化,而正是它们——我称为的企业家价值的重新评估——让科学有了用武之地。这里也有一些政治在里面,比方说,如果用"科学和技术"来解释现代世界,你就会心安理得地选择左派。与马克思和恩格斯的观点相反,你不需要承认企业家们创造的生产力比人类之前全部世代创造的生产力总和还要多。或者,您可以心安理得地选择右派,对贵族风范的伟大科学家高山仰止,并蔑视粗鄙生意人的警觉,而正是他们将科学商业化。将科学(Science)与技术(Technology)仓促结合成一个词组(science-and-technology)④是对过去历史的误解,也是对许多现存事物的误解。"科技"这个词语仅仅让世人对一些昂贵的科学研究(例如,天文和理论物理)产生了盲目崇拜,事实上它们没有任何经济上的好处。这个词组需要被拆

① Easterlin,2004,p. 8.
② Crafts,2004(2005),p. 10 of manuscript.
③ 有关"科学是第一生产力"的经典陈述来自缪森和罗宾逊的1969年著作,还有缪森的1972年著作,但我在这里特指雅各布、莫基尔和戈德斯通的后来的著作。
④ 指"科技"。——译者

成两个词语:科学和技术。莫基尔和雅各布还强调,必须在这两个词语后面分别再加上一个词:启蒙。

有些学者认为"科学是第一生产力",我在某种程度上倾向于同意他们的看法,甚至会同意有些认为"科学和技术是第一生产力"的外行人。当然,我更同意科学启蒙和技术启蒙的看法,因为推动历史进步的是思想而不单纯是物质。莫基尔宣称:"工程师和机械师,例如斯密顿(发明中射式水轮)、瓦特(发明蒸汽机独立的冷凝器)、特里维西克(发明高压蒸汽机)和 G. 斯蒂芬森(发明火车)在探索自然现象和物理过程的规律中,从科学家那里学会了理性;在试验的测量和控制中懂得了精确的重要性;懂得了因果和相关之间的逻辑差异;并且尊重了数量和数学。"①但是,正如莫基尔会赞同的,这些都是修辞和思想的力量。记得理查德·麦凯恩声称,"修正上天法则的(技术)力量"在 17 世纪末期越来越多地被赐予人类,或者说由人类实现,例如以商人和创业人的形式。理查德·伊斯特林这样解释:"科学知识的增长(他以生物学的发现改进了公共和私人健康为例)更多地由内在因素(思想)所导致,而非市场力量这样的外在因素。"②

但唯科学论者,和在某种程度上,甚至唯启蒙论者都必须面对这样一个问题,即历史上的中国和伊斯兰文明在全盛时期的科学和技术(无论是结合还是分开),还有人文艺术直到晚近之前一直遥遥领先于西方,却没有产生工业革命。韩国人发明了金属活字印刷,却没有产生科学讨论。此外,另一个问题是,作为一个振奋人心的发现的牛顿主义机械式宇宙观和 18 世纪地球和天体力学在欧洲被伟大的数学化等,这些科学上的进步在早先其实都没有得到直接的工业化应用,直到 19 世纪后期才被应用。技术史

---

① Mokyr,1990,p. 168.
② Easterlin,1995,p. 99.

学家内森·罗森伯格注意到,"在20世纪之前,科学领袖和工业巨子之间的交流并不密切",以美国为例,它在19世纪90年代以前的科学成就微不足道,却有雄厚的工业实力。20世纪70年代的日本也是如此。①

莫基尔同意最后一点,他总结说:"在1870年以后,随着第二次工业革命及间或科学进步而来的廉价钢铁、电力、化学产品及其他商品的出现,技术才获得了全面胜利。"②有些时候,比如"廉价钢铁",并不能证明科学导致了创新。正如莫基尔指出的,人类直到19世纪末期才充分认识到,由于含碳量的区别,钢铁是生铁和熟铁的中间形态,因为(毕竟)在此之前,关于"元素"的思想(例如碳)还没有普及。莫基尔宣称,如果没有科学知识,"炼钢技术的进步是难以想象的"。③ 但我不这么认为,因为滕泽尔曼曾注意到,即便在19世纪末期,"如贝塞麦发明的炼钢法已经在科学杂志上出版,却主要被运用于铸补"。④ 我早年对钢铁工业的研究也得出了同样的结论。这样一个科学上的重大进步,如鼓风炉的化学现象,直到20世纪中叶才完全被理解。然而,150年以来,铁和钢的成本却一再下降。

让我们盘点一下那些在19世纪后期根本没有依赖科学(如廉价钢铁)却对经济产生巨大推动力的创新:混凝土得到了量产,随后出现了钢筋混凝土(结合廉价钢铁);火车上出现了真空制动装置,使长达1英里的火车成为可能(虽然科学进步产生的电报装置对于避免火车相撞十分有用);牵引火车的引擎得到了改造;出现了用于执行既定计划的军事化组织(再一次,在避免火车相撞上,这是一个节省资金的组织机构的创新,使双向铁轨退出了

---

① Rosenberg,1978,pp. 282-283;对比 Rosenberg,1982,p. 13。
② Mokyr,2007a,p. 30.
③ Mokyr,1990,p. 169.
④ Tunzelmann,2003,p. 86.

历史舞台);还有电梯的出现,使得钢筋混凝土摩天大楼成为可能(虽然在大厦里,依赖科学进步的电动机要远好于蒸汽机;但是,电动机的"科学"几乎就是诠释在1820年就发现的电和磁之间的联系——制造发电机并不需要麦克斯韦方程式);出现了更优秀的"马口铁"(电镀锡薄钢板)罐头;还出现了资产市场,使得风险可以被评估和规避;出现了更加快速的轧钢机、排铸机,更便宜的纸;还有很多很多的创新。① 莫基尔对此表示赞同,"似乎过去150年里的重大发明,从炼钢炉到癌症化疗,从食物罐装到人造甜味剂等,大多数在人们理解它们的运作原理之前就已经应用了……今天这类发明的比例虽然在下降,却依旧保持着很高的比例"。② 在1900年,按产值或雇工数来计算,经济活动中使用科学来改进产品和工艺的那部分——主要是电子和化学工程,甚至这些部分有时使用不成熟的科学——所占的经济比重相当小。可是,从1820年到1900年,在英国技术狂热的那80年(加上一年)里,人均实际收入增长了2.63倍,而在下一个"科学"的80年中,仅加速增长了一点,为2.88倍。③ 结果是,从1820年到1980年,人均实际收入增长了2.63×2.88＝7.57倍。这就是说,到1980年为止——既然2.63非常接近于2.88——改变世界的经济革新里,几乎有一半出现在1900年——科学纪元之前。我在此并没有否认在科学纪元之后,科学对经济的重要性:在1980年到1999年这20年间,英国的人均收入增长就达到了足足1.53倍,换算成80年的增长率是惊人的5.5倍。美国也有类似的结果,虽有人期望这个速度可以来得更迅猛一些:1820年到1900年,人均实际收入增长了3.25倍,从1900年到1980年,这个数字是4.54倍。1980年以后,美国对创新和发明和聪明商业计划的狂热程度不亚

---

① 比如可参阅 Prentice,2008。
② Mokyr,1990,pp.169-170.
③ Maddison,2006,pp.437,439,443,以1990年国际元计价,未考虑产品改良。

于英国。①

莫基尔主张,对科学的信仰是关键(他也认为启蒙思想是关键),如果说科学信仰在19世纪后半叶的亨利·亚当斯所称的"发电机的纪元"效果不大,却在20世纪最终收到了成效。莫基尔论证道:"系统化的实用知识和自然哲学是经济发展的关键,而这个认识并没有因为某些失望结果而消退。"17世纪的多数科学发明是没有用处的,而18世纪以有用的方式发挥科学作用的例子也很少见,然而却没有阻止人们对科学的信仰。"人们继续进行科学研究,并坚信它最终会带来经济上的回报,即使没人知道回报会是什么样子。"②莫基尔举证说,物理学和生物学最终阻止了收益递减局限于工程性的修补,"自然哲学家为自然哲学带来了新的知识,并且把不同的工业联系到了一起。若没有他们的成就,手工经济最终将退化到技术停滞的状态,"莫基尔继续说,"只靠手工知识自身是不够的。"他说,高端科学阻止了经济增长步入收益递减的陷阱。

莫基尔的话有说服力,但并非百分之百正确。我们可以当即反驳说:这种效应只在19世纪末期才重要,在18世纪几乎不存在。就算没有科学,今天的我们仍然会比1700年富裕许多。不过,我们可以把莫基尔的观点看成作用于20世纪。如果没有德国的有机化学,我们就不会有人造化肥,农业就会出现边际收益递减。如果没有美国的农艺学和遗传学,我们就不会有"绿色革命",农业方面会出现类似的结果。还有,如果没有第一次工业革命及其在19世纪的成就,如果19世纪的进步几乎不依靠科学,我们也会缺乏大学和其他财富来投入到化学、物理、土壤科学和生物学领域。科学与帝国主义和贸易一样,与其说是经济增长的成

---

① Maddison,2006,pp. 465,466,467.
② Mokyr,2010,p. 61.

因，不如说是经济增长的结果。

所有这些观点还有待证明，这是一个狡猾的反事实逻辑。但是，我们可以理解个中的要点：即便在今日，如计算所表明的，一个国家的经济增长很大一部分与科学关系甚少或根本无关。在像巴西、俄国、印度或者中国这样也受到经济增长惠及的地方，确实用到了一些以科学为基础的技术，例如手机，但许多是仅仅以技术为基础的技术（在莫基尔的词汇表中，"手工"），没有太多的科学因素——我要再次以钢筋混凝土和铁路劳工的军事化组织机构来证明我的观点。此外，经济增长在全球的扩散大量用到了企业家的尊严和自由这种社会"技术"。

我不否认，今日的经济增长在某种程度上要依靠科学家。我们要非常感谢物理和生物学家——虽然我们观察到，大多数科学家所从事的研究不会有任何技术成果（一个极端的例子就是当代的纯数学研究，例如数论；天文学也是一个极好的例子，因为所有有关"太空"的浪漫故事，意图都是为了给太空望远镜筹集到更多的资金，其实用性还不如以提高人类精神生活为理由，投资到诗歌或亚述学研究上）。但我绝不认为，在人类能史无前例地跳出马尔萨斯陷阱而实现现代物质极大繁荣的过程中，物理和生物科学起到了决定性作用。在1900年之前，科学对经济增长的贡献当然不重要，而在此之后的20世纪的所谓科学贡献仍有待数据来证明，不能仅凭我们对物理和生物科学的敬重就武断地得出结论。英国在19世纪50年代完全不是只依靠蒸汽机纺织厂就能独步全球，同样地，当今世界也远远不是单凭计算机驱动的自动车床所撑起的。严格说来，一个世界如果没有现代化电器、电子、化工、农业、航空或（就此而言）经济学，理所当然地会比现在贫穷，但仍然会比1800年富裕许多——只要企业家价值得到重新评估。而且，今天的文明世界还离不开经济学的作用呢。

滕泽尔曼进一步注意到，英国不是"在科学方面特别突出的领袖",在应用科学,尤其是应用技术所占比重方面,英国并没有显著领先于他国。从哥白尼到卡诺的科学进步都是泛欧洲的,而在19世纪末期,德国的科学进步更加举世瞩目,但工业革命却率先发生在了18世纪和19世纪初的英国。尽管我们错误地公认维多利亚时代晚期的"失败",但英国依然携创新之国的头衔昂首进入了19世纪末和20世纪:坦克、青霉素、喷气机、雷达等都是英国的发明。一般认为,与法国或德国不同,英国不出产著名理论家(也有光荣而罕见的例外,如牛顿、达尔文、麦克斯韦、凯尔文,和霍金),却出产著名的"修补匠"和集大成者,如技术人员和企业家。

戈德斯通这样为"科学是第一生产力"辩解:

> 西方经济自1800年以来最显著的特征并非增长本身,而是增长建立在一系列特定元素的基础上,比如从矿物燃料得到动力的发动机(至今为止,很少有史学家注意到发动机的重要性);再比如实验科学的应用,让人类得以了解生产的原理和实际问题;还有面向经验的科学与受过教育的民族手工艺者文化的联姻;企业家们普遍得到教育,掌握了基本机械原理,知道如何用实验方法获取知识。从17世纪到19世纪,这样的组合只在英国得到发展,而且不太可能在历史上的任何其他地方出现。①

对于1800年这个起点,大体不会有人反对。经济史学家乔治·格兰瑟姆认为,欧洲大陆科学——特别是化学和植物学——能真正产生经济回报,是由于19世纪40年代德国大学普遍开始

---

① Goldstone, 2002b, abstract.

第三十八章 原因也不是科学

传授科学知识,从而造就了无数严谨的实验者和理论研究者,其中的一些人取得了重大突破,例如碳环的发现。直到那个年代以前,欧洲人主要把科学作为一种兴趣爱好来探究。在欧洲大陆,科学基本上是一种贵族爱好。格兰瑟姆论证说:"科学如果要在更广的层面发展,就不可能继续依靠一小部分有钱人单凭自己的财力来支持毕生的研究。有组织科学研究的发展意味着一个机构体系的建立,让研究者从事有偿研究。"[1]像音乐一样,科学机构逐渐得到了企业家的普遍支持。他承认,"从知识角度看,17世纪的重大突破是科学革命的萌芽",但"从制度角度看,这场革命属于19世纪",在企业家价值重新评估以后(我会这样补充)[2]。为我们带来无数好处的重要科学只在1900年之后才会出现,原因就在这里。

早在1900年之前,企业家地位的相对价格就发生了变化,从而促成了与科学无关的大量创新的出现。滕泽尔曼、格兰瑟姆和我都认为:理论科学与工业革命有极大的联系,罗伯特·艾伦对此抱有疑问,他引述了一位作者(亚当·斯密不太欣赏他,我也一样)的一篇不错的段落来证明他的观点,这位荷兰裔的英国人就是伯纳德·曼德维尔(Bernard Mandeville)。曼德维尔在1714年宣称,那些仅仅"探寻事情本源"的人都是"闲散和慵懒之辈","喜欢隐居生活",并且"仇恨商业"。[3] 当然,在1871年以前,牛津大学和剑桥大学将犹太人和天主教徒拒之门外,非国教徒(即不遵奉英国国教的人,例如,教友派信徒、唯一神论者、浸礼会教友、公理会之教友和后来大量的卫理公会派教徒)也无法就读牛津和剑桥。这给了异教学院一个教育非国教徒的后代的机会。

---

[1] Grantham, 2009, p. 13.
[2] Grantham, 2009, p. 5.
[3] Allen, 2006, 文稿 p. 14, 转引自 Mandeville, 1705, 1714, Vol. 2, p. 144 ("Third Dialogue"); 也参见 Allen 2009, p. 251.

这些异教学院并不仇视商业，也不倡导退隐山林，钻研古希腊语的设计思路或间接引语的三种规范。阿拉斯泰尔·杜里（Alastair Durie）提到，从大约 1700 年开始，苏格兰的大学开始转向务实，"不仅教导神学的优美，也致力于将科学探寻与工业应用联系起来"。① 大学内外，在英国，神学本身与牛顿式科学的联系变得相当紧密。相应于英国邻居的物理神学，苏格兰的知识界发明了"自然神学"一说，从而向苏格兰独创的经济学发现迈进了一步。②

换言之，单单天体力学和反教权主义不可能为欧洲带来革命性的变化，同理，中国和伊斯兰世界也不可能因为在 1600 年以前的巨大科学优势就产生工业革命。单凭一些伽利略和牛顿这样的伟大科学家的求知欲和独创性也不能带来一场工业革命。曼德维尔的对白体又来了，"霍雷肖（Horatio）：大家都知道，投机客最擅长发明创造。克莱奥梅尼（Cleomenes）：然而这是个错误"。当然，如果我们的世界观中没有伽利略的《对话录》或牛顿的《基本定理》或者赫顿的《地球理论》或达尔文的《物种起源》，那是无法想象的。但是，我们能够想象，若没有这些大师，人类的工业文明也能发展到大约 1900 年。企业家的全新的尊严与自由是必要条件。古希腊发明了众多艺术和科学（并借鉴东方文明），还保留着部分质疑神明的自由，然而这些成就都没能让古希腊的经济取得革命性突破，也没能让穷人过上富裕生活。古希腊社会藐视体力劳动，认为那是奴隶和女人的事情，还看不起新发明（阿基米德和"历法计算机"是例外）。最重要的是，古希腊藐视企业家。18 世纪的法国科学特别依靠贵族，例如拉瓦锡、拉普拉斯、乔治路易·勒克莱尔（德·布封伯爵），似乎都保留着一种光荣和超凡脱俗的习惯，笛卡儿是这种习惯的开山鼻祖。正如雅各布所强调

---

① Durie, 2003, p. 458.
② 经济学家兼神学家保罗·奥士灵顿向我提出这样的观点。

的,"法国科学研究院的贵族气息"与英国的工人气息和务实气氛形成了鲜明对比。① 在以英语为母语的地区,科学更加依靠企业家、工人、实验科学家,例如牛顿、富兰克林、普里斯特利、赫顿,和卢瑟福等。

而且,科学家并不总是经济进步的先驱。毕竟,就在企业家的尊严"小荷才露尖尖角"之后,就在企业家贡献了改变世界的发明创造之后,有时候,最前沿的科学家和最开明的思想家却转变为经济创新的恶毒敌人,常常极力反对生育自由、言论自由和迁徙自由(不再被束缚在一个地方)。经济学家兼教士安东尼·沃特曼(Anthony Waterman)是伟大的经济学家琼·罗宾逊在剑桥的辅导学生,这样评价像后者这样的上流社会主义者,说她对"成年人之间盛行的资本主义艺术表现出一种贵族式的鄙视"。② 再以极受尊重的遗传学家兼统计学家罗纳德·费雪(R. A. Fisher)(1890—1962)为例,他热情洋溢地支持种族主义优生学;或者还有一位同样享誉盛名的生态学家,加勒特·哈丁(1915—2003),他热情地支持强制绝育。虽然科学家和无神论者经常非常正派——这是两类人——却未必是人类的尊严和自由的良友,所以,他们也未必是现代世界的良友。

1700年左右的关键不在于解剖学和天文学等新兴科学的崛起(两者都不影响工业发展),而在于全社会对企业家的创新有了新的修辞。有一小部分新科学的确改进了工业,比如雅各布所提到的水文地理学。不过总体而言,推动创新的最重要动力不是科学家,如曼德维尔论证的,而是大量"活跃、忙碌、勤劳的人,例如愿意亲手犁地的人,愿意尝试实验(有科学态度)的人,和愿意全神贯注于事业的人"。③ 并且特别重要的是,全社会给予了这类人

---

① Jacob,1997,p. 108.
② Waterman,2003.
③ Mandeville,1705,1714,Vol. 2,p. 144("Third Dialogue").

以尊严并解放了他们的自由。

雅各布和莫基尔会回应说,这类积极人士,不论出生于哪个阶级,都会渐渐融入科学家群体里。例如,莫基尔争辩说:"18世纪的英国是一个我们或可称之为技术能力的社会,充斥工程师、机械师、水车工和灵巧并富于想象力的修补匠,他们投入毕生时间和精力设计更优秀的水泵、滑轮和摆锤。"①但是,英语世界里的这些务实专家们致力于科学应用,而非科学理论,这才是关键之处。莫基尔继续说:"甚至连富有的地主和商人(在英国)都表现出对技术事务的强烈爱好。"事实的确如此,1752年1月出版的《绅士杂志》刊登了一幅名为"约克夏少女"的精心绘制的洗衣机设计图,这是一张真实的设计用图。读者请注意,"绅士"这个词语,在英国除了形容爱好战争机器的那类军事迷外,很久以来也指那些迷恋机械装置的爱好者。"引擎"(engine)这个词,曾经被用于称呼打猎陷阱,后来作为弹射器和攻城器械的名字,直到1635年才作为民用机械的名字出现。到了1606年,出现了"工程师"这个称呼,而这个职业随后在英国、苏格兰、美国、法国蓬勃兴起,一直到1800年。工程师们让这个职业发扬光大,他们投身于实用的工程设计和疯狂的工程实验,例如伊桑巴德·金德姆·布鲁内尔(Isambard Kingdom Branel)的泰晤士隧道,大西部铁路线和"伟大东方"汽轮。

罗伯特·艾伦(Robert Allen)正确地观察到,莫基尔更为浪漫的"工业启蒙"版本与大量发明家之间的联系十分薄弱。偶尔地,两者会有紧密的关系,比如瓦特与布莱克的友谊。但是,著名的陶瓷工艺家和"新月学会"成员韦奇伍德(Wedgwood)直到53岁才被"皇家学会"选中。②艾伦继续说,无论如何,伴随发明创造的

---

① Mokyr,2003,p. 50.
② Allen,2009,p. 247.

实验主义对于任何创新都是必要的,并且"其先例可追溯到几个世纪之前"。① 这甚至在千年跨度上的世界每个角落都成立。无疑,是一些默默无闻的罗马人"通过实验"发明了罗马拱门,此外,食物也是一个古老和明显的实验例子。可惜,"实验"这个词在现代英语语境里已经不再有"科学"的含义。

---

① Allen,2009,p. 257.

第三十九章　启蒙运动与企业家尊严和自由密不可分

玛格丽特·雅各布和乔尔·莫基尔有一个既可以称得上是新，也可以说是旧的观点，认为启蒙运动带来的技术观念是工业革命的起源。戈德斯通支持这个观点，我们也会认同。戈德斯通写道："转变（欧洲）制造业的是一种相信进步可能性的普遍信仰……长久以来存在于上流社会哲学家、逐利的企业家、广大实业家、熟练的手工艺者和技师之间的传统障碍被消除，所有社会群体联合起来，发起了一种创新文化。"[①]社会距离缩小了。不过科学并非关键，"传统障碍的消除"才是，准确地说是形成了一个尊重商业的文明。越来越多的人相信，人类能够改变物理和社会世界，不会被伟大的生物链所束缚。这种普遍信念的形成也许部分要归功于科学，当然"宗教改革"、"工业革命"和最重要的"企业家价值重新评估"无疑也功不可没。我们也可以相信，牛顿宇宙观除了钟摆般的稳定性外，还能带着保守主义社会和神学寓意被膜拜。雅各布教导我们说，牛顿本人也这样认为。[②] 成功的商业项目，不论出自企业家还是贵族之手，都能比科学更有效地向世人证明，人类也能像上帝的恩典和奇迹那样改变世界。到18世纪中叶，文人塞缪尔·约翰逊，一位政治上的托利党人，写下了

---

① Goldstone, 2009, p. 134.
② Jacob, 1997, p. 65.

第三十九章 启蒙运动与企业家尊严和自由密不可分

这般颂扬创新的词句：

> 我们有理由预期，这类人（创业者）的尝试常常以失败收场；然而，从这类人身上，也唯有从其身上，我们可以期待大自然的处女地得到开发，幸福生活需要的艺术得到发明。如果他们被普遍阻挠，艺术和发现将不再有进步。尝试任何先前没有确切成功把握的事情，都可视为创业。心胸狭隘的人或会责难和鄙视创业者；若我们纵容嘲笑的自由，则任何人都会嘲笑他所不明白的事物，任何创业都会被视为疯狂，任何伟大或新颖的设计都会遭到责难。①

这是一份企业家尊严和自由的宣言，它旗帜鲜明地反对教会或庄园主——企业家的敌人。而无论在1550年的英国或中国，都不可能有这份情操。

伊斯特林在"工业革命"和"死亡率革命"之间做的比较让人震撼。他描述了人口学家塞缪尔·H. 普雷斯顿（Samuel H. Preston）对死亡率下降的分析，认为死亡率下降仅仅是社会繁荣带来科技进步的结果，而非科技进步带来社会繁荣的结果。伊斯特林注意到，普雷斯顿的分析类似于经济学家罗伯特·索洛，索洛认为社会繁荣的原因是资本积累，而非科技进步。他得出结论："工业革命的起源问题一直是经济史学界的圣杯，而对这个问题的探寻一旦触及工业革命和死亡率革命的共通点上，对工业革命的经济学解释就变得缺乏说服力。"②事实的确如此。他继续写道："为了寻找解释……我们必须询问，有什么是以前不知道的。"

---

① Johnson, 1753.
② Easterlin, 1995, p. 99.

他和雅各布和戈德斯通一样，都认为两次革命的根源是科学。而他们三人和莫基尔的思路，不管怎么说，都是一个务实的思路。

但以前所不知道的是，如果我们追踪经济增长的开端和死亡率降低的起点，就会发现企业家的尊严和自由才是真正的源头。在1720年左右，商人和发明家（参考《鲁滨孙漂流记》和笛福所有的作品）获得了前所未有的尊严和自由，这是企业家尊严和自由的最初形式。而在笛福之前的一个世纪，英国人开始向荷兰人学习活跃、积极和勤奋精神，例如亲自犁地、亲自试验，以及全身心投入地思考自身价值。在17世纪40年代，亨利·鲁宾逊不辞辛劳地散发小册子，倡导强身健体的设想，比如强制穷人训练游泳。在17世纪20年代，弗朗西斯·培根提议改进科学，这看起来颇像是一个企业家创业设想（虽然培根子爵完全不像一位企业家，也不像一位倡议尊严和自由的人物）。让我们这样做吧，让我们以这种方式组织吧（荷兰的创业者，然后再是英国的创业者宣言）——瞧瞧！——有什么极大的好处！这是一种方法上和会计式的修辞，与实际的期待和勇气紧密相连，与贵族在法庭和战场上的飒爽英姿不相干。

很久以后，这种修辞才出现在了19世纪四五十年代的公开场合。当纳索·西尼尔（Nassau Senior）、伊格纳兹·塞麦尔维斯（Ignaz Semmelweis）或约翰·斯诺（John Snow）倡导城市重建、医院洗手设备和改变进水口的方向时，都体现出了企业家的精神。莫基尔曾经强调，病菌引起疾病的理论无疑是19世纪末的一项发现，在此之前，清洁卫生没有任何科学依据，只有一个错误的见解，认为疾病会通过难闻的臭味传播。不过，资产阶级尤其是这个阶级里的女性一直保持着清洁的习惯，这种习惯在低地国家（西北欧，包括比利时、荷兰、卢森堡）特别流行，最终传播到了法国和英国，偶尔还会有匈牙利医生提倡。在18世纪的伦敦，没有人关心过供水系统或公众教育。本杰明·富兰克林竟然会因为他的企业家公共精神而在费城显得格外另类。一个世纪以后,无论伦敦还是费城,公众舆论都对供水系统和公共教育给予了极大关注——再一次地,有着合适的理论科学的支持。1996年,银行家兼作家麦特·瑞德里(Matt Ridley)回顾了他的故乡,泰恩河畔的纽卡斯尔,那里在19世纪初就是"当地企业家的聚集地,以相互信任、相互依存和互惠互利等这类城市赖以建立的精神而自豪"。[1] 企业家的尊严和自由所蕴含的意义远远不是原子式的个人和"落后就挨打"式的道德伦理所能涵盖。市场不是脱离现实的妖魔鬼怪,不像左派和右派所想象的那般狰狞。"市场社会"并不是一个自相矛盾术语,礼俗社会与法理社会是一体的。

此外,比起科学革命带来的创新,17世纪英国的政治革命无疑更为重要和影响了更多的人。虽然难以用这一点来反驳玛格丽特·雅各布,因为这就是她提出的。在2006年,她在为自己在1981年旧作所撰写的新版序言中,引入了"激进启蒙"的概念,她写道:"北欧和西欧自17世纪80年代开始,经历了一系列的激荡;反过来在政治和宗教事务上产生了一种新型的激进主义。法国人的好战、1685年《南特敕令》的废止、同年英国王位史上出现了一位天主教国王,都让新教欧洲陷入了动荡。"[2]这是她的原创表述,一个很好的表述。但是,这个观点是她和乔纳森·伊斯雷尔(他后来继续坚持这个观点,雅各布带着一丝厌恶情绪把它定性为"一种极为不同和相当理想化的方法论")透过政客和知识界的生活得出的,认为政客和知识界的生活方式影响了整个社会和经济。其实有一条因果关系链更为直接,那就是革命让企业家产生了自尊,而社会也开始敬重企业家,最后重新评估了企业家精神。(就像雅各布所强调的,1642年和1688年的革命;或者1568

---

[1] Ridley,1996,p.263. 对照克鲁泡特金王子(1901),后者给出一个非常相似的理想镇设想,那里大多数人所相信的是极为不一样的政治观点。

[2] Jacob,1981(2006),p.vi.

年的荷兰革命和1517年的德国革命。)雅各布的同事乔伊斯·阿普尔比在1978年证明,这些直接支持经济变革的思想正是17世纪英国社会和知识界变革的成果,它们在以后的法国重农学派和苏格兰政治经济学中得以完全成熟。例如,阿普尔比借用巴里·萨普(Barry Supple)早年对17世纪经济危机的研究论证,17世纪20年代的混乱迫使英国人去思考一个后来逐渐被认为是一门独立学科的事物——"经济"。①

戈德斯通支持雅各布的波义耳—纽克曼—瓦特因果链,认为英国在17世纪发现大气有重量,这一发现产生了革命性的后果(顺便说一句,中国实际上在数世纪前就发现大气有重量,却没产生有意义的结果),"大英帝国拥有全球唯一的,或一代人以后也许都不会有的技术:一种廉价和可靠的手段将热能(主要来自煤炭)转化为*匀速转动*"(斜体字是我加上的)。②请注意我加了斜体的那句话,这是戈德斯通特有的精确性。没错,在整整一代人的时间里,英国的煤矿工人和煤粉燃烧器拥有无可比拟的优势。但是,一个尊重商业的文明,比方说日本,会迅速地引进蒸汽机,使用无论是用煤炭还是其他能源作为燃料。当日本人也开始重商时,你瞧,他们是多么欣然地接受新发明啊。企业家的尊严和自由除了造就天才的发明创造外,也造就了快速的模仿吸收。

雅各布注意到,"启蒙运动遭遇的反弹证实了18世纪西方价值观的重大转变"。③ 确实如此。但这不仅仅是启蒙运动的功劳,最后完成改造任务并把启蒙运动向前推动的,还得归功于全社会向尊重企业家道德方向的转变,使上层社会精英以开明的姿态迎接新知识带来的创造性毁灭,使下层费城学徒印刷工和爱丁堡的仪器制造者创造了历史。莫基尔写道:"启蒙运动通过两种机制

---

① Appleby,1978,chaps. 1 and 2. Supple,1959.
② Goldstone,2002a.
③ Jacob,2001,p. 68.

影响经济,一种是对技术及其理应在人类事务中作用的态度;另一种涉及了制度及其对权力寻租和再分配的容忍程度。"①但是,这样一个"什么是启蒙"(Was ist Aufklärung)问题的答案,与我所假设的"企业家的尊严和自由"非常接近。当世人以工具式(及企业家式)的态度对待技术时,普通的经济活动就获得了前所未有的尊严。漫长的重商主义和后来李斯特式的国民经济其特征都是再分配和权力"寻租",而抵制它们,准确地说,就是争取免予政府干涉的自由。一旦他们被迫放弃中世纪式的保护国内市场的态度,企业家就赢得了自由。这个答案和我的假设没有太大差异。我欣然承认这个议题错综复杂,我只是建议从企业家的尊严和自由这两条线索出发,因为若没有这两个条件,现代化这根绳子就会断掉。例如,雅各布本人就指出,新科学的基础修辞就强调以有尊严的坚韧不屈精神进行科学探究。洞察力不是来自英雄式的姿态或上帝的恩赐,而完全通过企业家的勤奋耕耘实现②,首先是荷兰人,然后是英国人和苏格兰人,再是美国人。无论如何,都是传承企业家精神的社会得以繁荣昌盛。

雅各布认为,启蒙运动起源于欧洲北部——"有许多线索证明,欧洲启蒙运动的开端可以追踪到光荣革命之后的英国和荷兰共和国",再转移到法国,"至1750年,启蒙运动已经离开了当初的北方风格,具有显著的巴黎风格。"③但如果启蒙运动继续停留在巴黎风格不再前进,那这场运动也许就不会持久。百科全书和社交沙龙的出现,如果不是在一种日渐企业家化的文明环境下,如果不是由富有令人惊叹创造精神的英国人所引领,那本会止步于(正如法国的)热气球和军事信号系统,而不会是蒸汽机和铁路。英雄的工程师或企业家人物,例如布鲁内尔(英国人,其父亲

---

① Mokyr,2007a,p.1.
② Jacob,1997,p.59.
③ Jacob,1981(2006),p.x;Jacob,2001,p.50.

是来自法国的流亡者)就不会获得成功。雅各布注意到,"至1750年,英国涌现出了(建造船坞、运河、道路的)市政工程师;而法国的同行则纷纷从军……与企业家相差十万八千里"。① 从1747年起,法国工程师毕业于国立路桥学校;而像布鲁内尔这样的英国工程师则毕业于积极从事商业实践和充满公共精神的私立学校。

雅各布写道:"很大程度上作为北美独立战争的结果,启蒙运动又回到了英国,回到了它在(17世纪80年代的)诞生地。"②她指的是一场政治启蒙运动,因为英格兰及苏格兰从来没有把科学和务实扔在一边。实际上,到了1750年,另一场英国启蒙运动,以更加务实的态度,出现在了爱丁堡;1765年出现在了伯明翰;更早些时候甚至出现在了遥远的费城。在18世纪40年代,诺森伯兰郡的煤矿全部采用了纽克曼引擎,它把水从矿井里抽出来,使得英国煤矿成为全欧洲最深的煤矿。但是,直到英国进入19世纪后很长一段时间,这样的奇迹才影响到其他经济领域。雅各布向工程师和发明家询问:"我们能想象一场没有托马斯·纽克曼、德札古利埃、约翰·斯米顿或詹姆斯·瓦特的工业革命吗?"③当然不能。但是让工程师登上历史舞台的,不是高端的科学理论,而是全社会对企业家价值的重新评估。或者说,高端科学理论创新,以及文学创新、伯明翰的玩具创新、油画创新、蒸汽创新、新闻学创新、神学创新、音乐创新、港口设计创新、哲学创新,乃至宪法创新——正如大卫·兰德斯所说,都是"一种共同手段的多样表现方式。对新知识的回应……都是一样的,对某种新事物视而不见的社会,对其他新事物也同样视而不见"。④ 经济史学家彼得·马赛厄斯(Peter Mathias)写道:"无论科学还是技术(18世纪的英

---

① Jacob,1997,p. 71.
② Jacob,2001,p. 63.
③ 个人通信,2008。
④ Landes,1998,p. 35.

国)都证明了社会的更多好奇心、更多探究、更多进步、更多创造、更多抱怨、更多实践,总之,证明了社会想要改变现状。"①在18世纪的日本,彩印代表了妓女和歌舞伎演员"浮世绘",其独创性预示了一种创新前景,我们也可以在17世纪末的大阪商人学院中看到。②但直到1868年,面对德川幕府的保守主义,它终究悄悄没落,没有掀起一点波澜。通往现代化之门的钥匙并不是科学,而是社会普遍达成一种共识,允许和赞美创新,对新事物持开明态度,勇于尝试和改变。

如果奥斯曼帝国、清朝或日本幕府对贸易和创新的尊重能够超越其对政权稳定的担忧——鼓励创新和尝试而非碾碎它——那么,率先进入现代文明的将是他们,而不是欧洲人。但是,东方诸国的中国、日本、印度和中东,以及为数众多的欧洲政权(我们或会联想到波兰和西班牙的"反宗教改革运动"),都没有利用自身高度发达的文化和科学,反而在17世纪和18世纪转变成了与当初开放精神格格不入的禁锢思想的国家。这个观点是戈德斯通提出的,很有说服力。西北部欧洲人和一些东普鲁士人,虽然从教条主义中醒悟,然而在对待创新方面,他们的态度没有发生根本性的转变。一方面,他们刚刚开始欣赏企业家精神和美德,另一方面,却依旧在期待着贵族式的荣耀。如果企业家式冒险仅能获得一点点物质回报,那单纯思想层面的觉醒本不会让欧洲大陆为全世界带来繁荣。阿拉伯人比欧洲人早三个世纪发明了解析几何学;中国人比欧洲人早数百年发现了化工原理;巴格达、德里和北京的思想深邃的学者比欧洲人早数百年对宗教产生了质疑,或者还包括雅典人和耶路撒冷,然而凡此等等,都没结出产业化的果实。

---

① Mathias,1972(1979),p.66.
② Najita,1987.

东正教与天主教仅在一些次要的教义方面有所不同(圣父与圣子；节欲和独身生活)；可就在东正教世界停滞不前时，西方天主教世界的一隅却吹响了经济增长的号角。这个例子(技术史学家林恩·怀特举出的)证明了一个敌视商业的修辞会拖累经济发展，以及相比之下企业家价值的重新评估有多么重要。研究比较宗教学的社会学家迈克尔·莱斯诺夫在这件事情上认同怀特的评价，他总结说："在希腊的基督教里，古希腊文化的影响明显要更多(与西方相比)，包括先贤哲学家们对技术、经济活动和积极生活的贬低……在西欧教会里迅速普及的机械时钟，被东正教会明令禁止。"① 相比之下在西方，牛顿学派的英国国教徒将时钟作为他们的核心神学隐喻，连怀表的发明也被他们视为上帝存在的主要依据。

新兴的企业家社会讲究务实和反乌托邦，且略显疯狂——正是欧洲的男男女女们逐渐相信他们是自由的和有尊严的，逐渐相信什么事情都应该尝试一下的时候，所表现出的那种张狂。乔尔·莫基尔援引孟高尔费兄弟在1783年凡尔赛的疯狂行为，他们和一只绵羊、一只雄鸡和一只鸭子乘坐一个热气球升空。(本·富兰克林见证了许多次这样的升空，并在一个氢气球升空表演上回答一个对于其实用性的质疑时说："请问先生，一个新生婴孩有什么用处呢？")自1800年以来，人类创新的脚步一直在蹒跚前行，却从未有人严肃质疑过创新的未来。大萧条期间，很多人曾一度产生过怀疑(虽然经济史学家亚历山大·菲尔德证明了，20世纪30年代的美国的技术进步实际上非常迅速)。② 但在"二战"之后，在经历了1950年到1973年人类历史上最辉煌的创新纪元之后，在虽然以一个缓慢的步伐，创新却依旧在让全世界

---

① Lessnoff, 2003, p. 361.
② Field, 2003, 2006；由亚历克斯普洛斯和科恩2009年通过其他途径证实。

贫困地区脱贫之后,对创新的质疑却又出现了。18世纪的世界与众不同之处是出现了大量创新萌芽,包括使众人可以合作而不再受到鞭子和刀剑威胁的制度创新。正源于此,中国和印度得以在创新尚未起步的情况下,用与18世纪和19世纪初天壤之别的速度发展。戈德斯通观察到,在18世纪和19世纪之前,人类的创新都是"分散和孤立的"。① 中国人发明了鼓风炉,欧洲人在多年之后才掌握了这门技术。而在18世纪英国人用焦炭作为燃料之前,鼓风炉技术一直停滞不前,然后到了19世纪末,美国人开始使用压缩空气,到了20世纪,奥地利人和日本人发明了新的化学装料法。这是一种今天的我们能在全世界除底部十亿贫民之外的所有人中能找到的疯狂。利用发明来致富。一个印度人最近发明了像桨一样的鞋子,很宽很轻,可在稻田的水上行走,很了不起。

你也许会觉得,是17世纪和18世纪的大发明家的不断涌现为现代文明社会打下了基础,例如理查德·阿克莱特和本杰明·富兰克林。但这种计算大发明家数量的解释也不是很正确。那种所谓导致阿克莱特和富兰克林自动出现的社会或精神资本的概念,不啻让证据又回归到了经济学家的积累再积累理论上。思想和语言习惯的转变其实才更为关键。物理的、人性的,以及精神资本的积累无疑有助于对话和思考。如果你目不识丁,你多半会迷信和守旧。但对话和思考意味着一种创造力,这是单纯的各种资本的积累所无法实现的。

我们热衷于追求"知识丰富的头脑",年轻经济学家追求时下流行的思想,执着于得到"良好的工具训练"。然而,两者都可能造就出一个没有思考能力的头脑,只是机械式地罗列古典经济学术语或汗牛充栋的计量经济学工具(然而,拉丁人和希腊人的工

---

① Goldstone,2009,p. 29.

具有时会产生一个像马修·阿诺德一样有思考能力的人,或者是约翰·梅纳德·凯恩斯;我们仍然期待从计量经济学里走出同样能思考的学者)。通过纯粹的学问积累也生产过牛津大学教授,他们几乎不曾有过原创思想,而且即便偶尔灵光一闪也不会付诸出版。拉丁学者和诗人 A. E. 浩司曼(A. E. Housman)在 1921 年写过一篇反对文学界僵尸的无情文章。"将思想应用于考证",他建议其同僚尝试思考。经济学也是如此,完成计量经济学的三门标准研究生课程(如本人)学业,通常并不会产生一位会思考的经济学家,而只是一位受过错误推理规则训练的白痴学者。尝试未知的新的尊严和自由远比纯粹学问积累要重要,当然,我们也需要最低限度的学识作为准备。英文读写能力和技术学徒制完成了这一任务。只是,当时的日本也有类似的识字率和学徒制,却没有产生工业革命。

强行把创造力归结为积累模型会产生另一个问题:人本身随着时间的推移也会贬值。所以必须要做的是社会修辞发生变化,让一代又一代普遍受过教育的人希望创新、创新再创新(或从这个意义上说,希望继续得到教育)。社会资本或精神资本确实存在,但只存在于谈话或价值判断中,即存在于思想和文化土壤中。正如克里斯汀·麦克劳德和安东尼奥·葛兰西(一个奇怪的配对)在他们的著作中所提议的,这种新的修辞必须被每一代人更新和强化,否则,它就会化为尘土。思想和语言的改变不是一劳永逸的。麦克劳德论证说:"詹姆斯·瓦特的纪念雕像(1834年),以及建造雕像前的筹款工作(1824—1834)既提高了对新技术的意识,又让全社会更正面地对待新技术。"[①]葛兰西发明了"历史块"的说法,所谓"历史块"就像一台会迅速折旧的机器,需要及时更新换代——以本书为例,它就是一次修辞更新的投入。

---

① MacLeod,1998,p. 98.

不管怎样，我没有泛泛而谈地说"文化"是西北欧成功的原因。杰克·顾迪对文化领域有所研究，常常抱怨说："用'文化转变'来解释经济成功的说法太无力了……文化转变无法解释任何东西，(因为)它忽略了人的目的性和能动性，并且把因果之由留给了一个盲目和不思考的'文化'上。'文化'常常为了与其他'机制'(功能分析)或与一个根本规则(结构分析)保持一致而改变模式。"①兰德斯赞成文化改变文明的说法，却明智地评价道："文化并不是唯一因素。经济分析常常抱着只需一个理由的幻觉，但决定复杂过程的变量总不止一个，且互相关联。"②我在大学时写的第一篇正规经济学论文就是攻击社会心理学家戴维·麦克利兰(David McClelland)。那是一篇很稚嫩的论文，质疑了他的"成就需求"的概念。我当时是大学二年级学生，一个聪明的傻瓜，想象自己并不赞同麦克利兰。兰德斯却赞同麦克利兰，与1962年相比，如今的我也更加敬重麦克利兰和兰德斯的论据。(我真希望回到19岁那年，希望当年受到教条唯物主义影响的我有和现在一样多的知识。)人类不可能就这样放弃宗教和社会(或其他S开头的变量)，从此只一心一意关心市侩、赚钱和价格(或其他以P开头的变量)。经济学从杰瑞米·边沁开始就一直试图这样做，取得了一些成就，而多数时候极为愚蠢。要正确地进行科学研究，你必须控制所有变量，而不仅是用错误的术语，祈祷S开头的变量以一种未经修正的方式行动。③(从这个意义上，我和兰德斯又会回到持续40年之久的关于数字的争吵中。他肯定会说，S变量是不可测的。)

---

① Goody,2010,p.77. 正如蒙田所说，这并不是那些场合——我搬起石头砸自己的脚。我不是忽视人的目的性；在我的举例中——对企业家尊严和自由的文学宣传——人的能动性显现出来。
② Landes,1998,p.517.
③ 完整版本参见 McCloskey,2006a,chaps. 38-40。

文化，不论是否可以度量，因其是人类的工具，总是变幻莫测的。这点很讽刺，很不可思议，也是问题所在。兰德斯常常说："文化可以改变一切。"①好吧，我们不妨用一个心理实验来测试文化如何"改变一切"。事后之见都是不公平的。假设在一个非常落后国家——我们称它为 R 国——该国国教决定清理礼仪，抹去圣经里的一些旧的讹误。然而一群在各个方面都愚笨守旧的信徒，没有思考的欲望，只是单纯地拒绝新的礼拜仪式。以下是几个选择，你的社会理论会预测哪个？(1)国教敌视那些守旧派教徒。(2)守旧派教徒选择拒绝改变。结果会是？要么(3)，在(1)和(2)的作用下，守旧派教徒陷入贫穷和从公众生活中消失。要么(4)，在(1)和(2)的作用下，守旧派教徒在以后的两百年里继续作为国民经济的统治力量。

17 世纪俄国的奇特景象为我们的测试给出了正确答案：(1)和(2)；然后结果不是(3)，而是(4)，正如亚历山大·格申克龙在《欧洲人镜中的俄国》(1970)中所解释的。俄国的例子没有反驳兰德斯对"文化"的隐晦假说，只是证明兰德斯认为的困难其实很容易：知道谁会赢。纵观 17 世纪到 19 世纪的俄国，守旧派教徒是俄国社会中唯一成功的企业家精神部分。只有一个例外，就是犹太人和许多兰德斯以希腊名字称呼的"metics"(metoikoi，"家族之外的人"、非公民工作者，在俄国，主要指德国人)。

这个过程并不简单，也存在变数。面临当权者的镇压，一些少数派能挺过去，守旧派教徒就是明证，此外还有海外华侨的例子，有时候欧洲犹太人也能成功。但是，一些被粗暴对待的少数派就很不幸，比如东欧的吉卜赛人和美国种族隔离下的黑人，欧洲犹太人时不时的也是如此。所以存在着两种可能性。这让我们想起了阿诺德·汤因比的充满魅力却空洞的理论——"挑战和

---

① Landes, 1998, p. 522.

反应"。像格陵兰,就是挑战太多了;而18世纪的中国,挑战又太少,然后就陷于停滞。很难预测哪条是黄金之路。

对于历史的必然性,兰德斯的看法太简单了,因为他用事后之见作为主要思考工具。历史学家(和进化生物学家)常常会犯这个科学错误。他们先假设,既然已经发生的事情的确发生了,那它们一定是不可避免的。例如,兰德斯声称:"我们能只凭文化就预见日本和德国的战后经济成功。用同样的方法,我们可以得出韩国 VS 土耳其,印度尼西亚 VS 尼日利亚的结果。"[1]我不这么认为。如果能够如此轻易地预见未来,因此这对政策或新闻事业或者政治很有用,那为何没有人预见到德国的成功?(而且,为什么历史学家没有发财?)在1945年,多数经济学家和历史学家会认为,德国需要50年的时间来恢复,而德国只用了15年。德国在战后的恢复被称为"奇迹"的真正原因是,人们非常乐于以文化作为"预测"依据,结果做出了错误的预言。这是一个在社会心理学中非常著名的错误,即倾向于把原因归结于性格,实际上环境才是原因。自1966年以来,我和兰德斯一直在争论"性格 VS 环境","历史学家 VS 经济学家","S 变量 VS P 变量"。你可能认为我们俩会长大成熟,会知道两个都是原因,尊严、自由和精神文化浪潮与经济学、科学和物质文化前沿互相作用,所以预言或"事后言"结果如何,从来是不容易的。

---

[1] Landes,1998,p. 517.

第四十章 原因并不是分配

至此,在本书考察的这些对创新时代的经济学解释中,有一个经济上奇特之处,即它们都预设了在1750年机械风暴横扫英伦之前,赚钱的机会被简单地无视了。正如我一再重复的,这在经济上是不合理的。如果多轴纺织机在1764年是一个极好的创业想法,那为何它在1264年不是,在264年不是,或者在公元前1264年不是个好想法呢?如果工厂在1848年剥削剩余价值,那为何不在1148年剥削?因而,这就是工业革命的经济谜团。

这些经济解释的另一个历史奇特之处,也是我一再重复过的,即许多所谓的先决条件(高储蓄率、大量的国际贸易、私有产权、教育、科学等)在很久之前就具备了,而且也不是在欧洲西北部。在17世纪,骄傲自大、咄咄逼人、喜好征战的基督教世界比起伟大的亚洲帝国来尚属落后的文明,在16世纪无疑更要落后,在15世纪更是尴尬的蛮荒之地。这也是欧洲人如此热衷于航向亚洲的原因。让我们做一个心理实验,想象一下欧洲人的先决条件——投资、贸易、帝权等物质事件和教育、科学等非物质事件——的确有助于工业革命和有利于穷人的持续富裕。而在那种情况下,中国或印度应该在16世纪或更早的几个世纪发生工业革命,古罗马或古希腊也应该如此。让人不解的历史谜团是,为何在17世纪或18世纪,北海附近的国家会出现这种古怪现象。对于为何古罗马或古希腊没有发生工业革命,有一些理由貌似正确,特别是奴隶制和厌女症会让社会整体蔑视劳动和鄙视活跃、忙碌、勤劳的商人。中国、印度和奥斯曼帝国或许也是如此。换言之,我认为,全世界包括欧洲在17世纪之前的反企业家特质,解释了工业革命为何发生在欧洲西北部。

这两个经济和历史谜团是双生双映的。如果足够多的对外贸易推动17世纪的英国前行,产生无数利用发明创造来致富的机会,并且导致了18世纪的工业革命,以及19世纪西北欧生活水平的显著上升。那么,为何公元7世纪的中国,或者公元前17世纪的古埃及没有发生同样的事情?如果财产安全和其他法律制度成就了现代世界,为何罗马共和国或穆斯林西班牙没有开启现代化进程?16世纪或17世纪的欧洲人民并没有变得更贪婪。贪欲增加是一个流行概念,现如今被重新定义为"反消费主义",虽然难以让人信服。人们总是说他们的邻居是贪婪和耽于名利。("亲爱的,你不认为旁边洞穴里的那些身披剑齿虎皮的邻居粗俗不堪吗?!")所以,地上的100荷兰盾或100英镑纸币或硬币不可能过了数百年都没人去捡。换言之,不论导致现代世界的原因是什么,它必然不可能是古代或北海以外的人民太过愚蠢,以至于忽视划时代的发明和想法。并且对于最近的年代和一个西北欧的地方来说,它必须是独特的。例如,它不可能是在基督教教义和希腊罗马文化中被赞美的遗产继承制度,毕竟,这也是停滞的俄国的特色——以希腊语为基础的字母表和正教形式——几千年来,这也是地中海世界的特色,直到17世纪的经济爆炸。

为什么北海人民突然变得如此富裕,突然坐享如此多的财货?答案不可能是荷兰人和英国人姗姗来迟地表现出了种族优势。理性的回答必然是把荣耀归于17世纪的荷兰人和英国人,但并不因此鄙视其他呼吸在同一片天空下的人民,包括鄙视古代荷兰人和英国人。毕竟,根据历史标准,世界上其他国家和地区一旦开窍,都极为迅速地赶上了北海地区。世界各地的人,无论来自何方,只要迁移到荷兰、英国或者美国,也都有很好的发展。

而且，在受到企业家美德约束的情况下，他们也时常在本土养育自己的企业家后代。最终，无论是亚洲还是非洲，无论是中国台湾地区、博茨瓦纳，还是智利，世界各地都相当迅速地学会了西北部欧洲人的把戏。这个把戏不可能是一个扔在地上让人白捡的机会，比如像开凿运河或向非洲派去一艘寻宝船这样的常规发财机会，甚或数世纪以来的英国都没人发现的机会。正如"欧洲中心主义"违反了历史学，这样的回答会违背经济学。开创一个崇尚商业的文明社会才是欧洲人的新把戏。

欧洲人的把戏"仅仅"是一种思考方式。读者现在应该知道，我认为说话方式——"耦观"（conjective）——与物质生产的模式或关系同等重要。① 马歇尔·萨林斯（Marshall Sahlins）以文化人类学家的方式说道："占支配地位的符号生产提供了其他关系和活动的主要语言方式，以各种方式改变文化方案。"萨林斯想要表达的是，现代西方社会与部族社会，例如斐济的莫阿拉人，都有"符号生产"。"西方文化的特异之处是（符号生产）的制度化……就像商品生产一样，与符号分化的轨迹仍然是血缘关系的'原始'世界对比……金钱对西方人的意义，就像血缘关系对其他地方的意义。"②我宁可说，在创新时代的开始阶段，重要的区别在于西北欧认同市场，而其他地方认同血缘关系，区别在于"企业家的思维"（萨林斯这样称呼它，与列维—斯特劳斯的《野性的思维》形成对比）与旧的"贵族的思维"或者"基督教徒的思维"的差异。

我承认这个观点有危险，最致命的危险是无法定量证明。如果我们继续度量原因，然后发现可度量的那些原因都很小，再得出结论说，我们的这位作者如此有说服力的设想即便难以度量也

---

① 关于"耦观"见本书第五章的定义。——译者
② Sahlins, 1976, pp. 211, 216.

第四十章　原因并不是分配

一定正确,这种方式恐怕让人难以信服吧。我说过,这种否定相反假设的方法,正是约翰·斯图亚特·穆勒在他的《逻辑系统》中建议使用的,并且在物理和生物科学中大放异彩。但是,它偏向于不可计量的事物——物理学中弦理论,或者是牛顿的反亚里士多德的把"重力"定义为一种力的术语定义。这种定义存在疑问。重力可以测其结果,不可测其起源。正如穆勒所写的,剩余法(Method of Residues)要起作用,前提是"我们确定(在当前的例子里即修辞的改变)那(指工业革命)是唯一可被涉及的前因。但由于我们绝无法对此十分肯定,所以从(该方法)获得的证明并不完整"。[1] 我们在这里遗漏的或许是一种不为人注意,却有实质和可度量的另一选择,比如大爆炸探测器中的鸽子。(顺便说一句,也存在非实质性的、可度量的起因。浮现在 20 世纪的许多史学家和社会学家的头脑里的众多唯物论者的又一偏见是,根本不存在这种起因。例如,观点能够被度量——在许多情况下,比起"幸福快乐"或技术进步,观点的度量会更为容易。)

老于世故的信徒们经常犯下策略性的错误,假定存在着"缝隙的上帝"(God of Gaps),比如在进化论的自然选择被发现的前夕,眼睛的令人惊讶和精美的机械复杂性意味着唯物论者无法解释的缝隙,所以眼睛(和手表)意味着上帝的存在。[2] 像不幸的有神论者一样,尽管我已经单独或组合考察了数十个起因,却依旧可能忽略一些能够解释 2 倍或 16 倍或 100 倍收入增长的物质起因。我非常愿意让步——如果某些唯物论者能成功找到一个物质起因,能解释这个经济史上最令人惊讶的事件,而且适用于中国或意大利。不过我对他们的成功几乎不抱希望,因为我本人从 1962 年以来就一直在苦苦寻觅这样的起因,而且终于找全了。如

---

[1] Mill,1843,p. 464.
[2] Collins,2007,93,95,193-195,204.

爱默生所说:"一个理想主义者不可能退回去做个唯物主义者。"①或者,我更愿意说,一旦你意识到人文科学必然是关于"耦观",正如我在1983年时的幡然醒悟,那么,你绝不可能再回归为一个幼稚的实证主义者,总是要求物质导致物质。

那些被证明为错误的选择都有着同样的资源再分配特性,若以严肃的科学标准来衡量,这也许恰恰暗示着我们在错误的地方寻找——或许徘徊在静态和唯物主义经济学这根路灯柱下,或者徘徊在依赖静态学的动态经济学这根更宏伟的路灯柱下,再或者,我们是在迄今为止发现的最宏伟的路灯柱——混乱理论的非线性动态经济学下徘徊。我们在这些地方寻找,或许并非因为证据引导我们前行,而是由于我们太依赖萨缪尔森式的现代经济学传统,太依赖这些装饰豪华的路灯柱散发出的华丽的数学光辉。然而,一个又一个唯物论的物质解释都失败了,只要我们试图求解为何人均生产总值会发生史无前例的突跃式增长,就算把这些物质解释统统加起来也没用,有人说不同的国家和不同的时代有着不同的合适的物质要求,这也无法让人信服。

所有经济主义的解释都有一个问题,它们都深深植根于古典及其后多数的经济思想,深信对社会资源的再分配会让我们过上更美好的生活。我们确实过上了好日子,但资源再分配使现代人过上富裕生活的判断是错误的。贸易、运输、再分配、信息流、资本积累、法律改革都不是原因。正如柯兹纳所表述的:"对于(活跃于20世纪30年代的英国经济学家莱昂内尔)罗宾斯(和萨缪尔森学派)来说,有效的经济仅仅意味着把可用资源再分配,以用于那些我们已知的效率最高的地方,也就是根据一个给定的等级序列使用。"②然而,通向现代化之路不是通过分配和再分配实现;

---

① Essays,"The Transcendentalist",p. 1.
② Kirzner,1976,p. 79.

第四十章 原因并不是分配

不是通过对外贸易的增长或某个产业的兴起,或通过改变某个社会阶层的地位来实现;不是通过改革财产权利来实现;或者谈到另一种形式的再分配,也不是通过富人压榨工人(受害者)致富来实现。自古以来,富人一直都在压榨穷人。原因也不是老板剥削工人,或者强国欺负弱国,用强权掠夺财富。自古以来的历史一直是这样的,扩张城池、金钱和殖民地一直是人类不变的惯例。耶路撒冷之王通过他的先知以赛亚说:"外邦人必建筑你的城墙,他们的王必服侍你……你的城门必时常开放……使人把列国的财物带来归你,并将他们的君王牵引而来。"(《以赛亚书》60:10,11)这条新的道路不是自古就屡见不鲜的盗窃、积攒、商业化、再分配、征服列国或其他重组行为。

这条道路其实是在新颖的词汇支持下的发现和创造。以圣经七美德来衡量,萨缪尔森学派的经济学家们最钟情的效率仅仅取决于美德"事功"。① 我要在这里宣布,发现和创造也依赖于其他美德,特别是"勇气"和"希望"。我还要在后面几卷里宣布,一个尊重商业勇气和希望的谈话型社会反过来需要用企业家精神重新诠释美德"节制"、"公正"、"仁爱"和"信念"。如此,社会将发现以前未知的原料(用煤炭作为蒸汽机燃料;用焦炭冶炼生铁;以及在法国厨房里,用天然气取代焦炭);如此,社会就会阐明全新的目标等级序列(以政治经济体制为例,倾向于以大众民主为目的,而非少数特权阶层的富裕;而在新政治体制中,倾向于以激进的严格平等为目标);如此,社会就会创造新的商品和服务(黑郁金香、股票、钢筋混凝土等)。所有这些都与常规的"事功"相去甚远。由于修辞的改变,这条新的道路从17世纪开始,经过18世纪,特别是19世纪的开拓,导致了工厂机械和商业实践中令人震

---

① 对美德的分析起源于亚里士多德、阿奎那和亚当·斯密——三个人的名字都以字母 A 开头——详细述说见麦克洛斯基2006a的《企业家的美德》。

惊的创新。同样令人感到不可思议的是政治方面的创新,它同时支持和拓展了这条新的道路。结果,早在1832年,一些国家开始保护个人生命、自由和对创新的追求,保护这些权利免遭进步主义者或保守主义者的攻击。结果,我们的祖先从贫穷开始,变得令人赞叹的富裕。如今,以物质财富来衡量,我们普通人的富裕程度远远超过古时最富有和最高贵的帝王。

换言之,在深层次意义上,经济学家的"唯事功"的配置模型远远无法解释16倍的收入增长。麦考利用亚当·斯密的方式说道:"我们知道,没有任何国家在经历五十年的和平与宽容的优秀政府之后,会不如五十年前富裕。"①我同意,常规的事功是很容易的,但又如何能够解释收入增长了100%,尤其是向1500%的方向突进呢?历史上,这样的和平年代出现过很多次,却不曾有一次有过高达16倍的收入增长。贤明的戈德斯通写到,到1860年"真正的改变是创新的普及和普遍,人们甚至期待创新,因为英国的创新文化给人们带来了更广的视野、知识和物质(我说社会学)的手段,让人们得以寻觅各自的全新工作方式"。②

用另一种方式来说,亚当·斯密的风格作为主流的经济学思考方式,是关于稀缺性和储蓄和其他加尔文主义的概念。③"你必须汗流满面才得糊口,直到你归了土。"(圣经《创世纪》3:19)我们不可能拥有一切。我们长大并面临资源的稀缺。我们必须用加尔文主义的方式自我克制和避免消耗,如此才能在明天吃饱。或者,用现代的口头禅说:世上没有免费午餐。

我对这样的经济学怀有极大的崇敬之心,那是我从1961年到1981年,用加尔文主义方式辛勤获取的,至今我仍在学习它的新用途和新技巧。它是一座伟大的思想大厦,我在过去曾连篇累

---

① Macaulay,1830,p. 183. 1. 183.
② Goldstone,2009,p. 120.
③ 另见 Nelson,1991,2001。

第四十章 原因并不是分配

赓地称赞过。这不是开玩笑。① 但是，1780—1860年工业的快速增长及其在创新时代的惊人后果证明稀缺性其实被缓解了。

从短期看，稀缺性并没有因"丰裕社会"而消失，而是从长远来看得到了缓解。在任何时候，无论收入达到多少水平，总是受到稀缺性的限制，而且无论政府获得收入的目的多么崇高，比如为充实军队或者国库，都会付出相应代价；而且代价与收益成正比，比如美国在2003年对伊拉克的侵略。这就是经济学家描绘"生产可能性曲线"的含义。这是美德事功的教导。社会可以建设更多的住宅，但必会付出其他商品和服务的机会成本。萨缪尔森经济学派到此为止的解释是正确的。

但是从长远看，随着时间的推移，现代经济增长却是一份奢华的免费午餐，其中的关键机制是发现和创造而非生产要素的再分配，而且经济飞跃是事功以外的美德造成的。正如柯兹纳所解释的，企业家精神并非关于最佳的生产要素重组，因为一位雇佣经理人就能够执行这样的常规事情。"激励因素是设法不劳而获，如果只有一个人能看到成功的法门就能实现。"② 在18世纪，新的修辞环境鼓励(正确地说：给予勇气和希望)了冒险行为。结果，在随后的两个世纪里，生产可能性曲线向外扩张了16倍，甚至更多。

在亚当·斯密时代100年后的1871年，约翰·斯图亚特·穆勒在《政治经济学原理》的最后一版里为古典经济学做了完美收官。让我们聆听穆勒的说法："固然地球上全体产业的效率很可能会由于科学和产业技术的推广而大大提高，但在未来的一段时间内，自由贸易的逐渐发展以及移民和殖民规模的日益扩大，却

---

① 参见我在大约1983年以前的作品，还有之后的许多作品。
② Kirzner, 1976, p. 84，见其斜体部分。

很可能成为降低生产费用的更有活力的源泉。"①穆勒(你们知道我十分崇拜他)在这里犯了个错误。贸易的收益虽然从静态角度看值得肯定和值得拥有,但与产业技术的扩张提高带来的收益相比,是微不足道的。穆勒在本篇里处处都表现出古典经济学家身上常见的对"人口原理"的迷恋。这个原理是1798—1871年经济学界的最重要主题。穆勒和许多古典经济学家都意识到自由贸易带来的后果很有限,于是相信阻止工人阶级陷入贫困的唯一方式就是制约人口的增长。他对人口的忧虑在现代环境保护运动和计划生育运动中找到了共鸣,比如中国的"一胎"政策,其实这种思想来源于西方(和东方)的悲观主义。这种政策的事功动机在今日似乎值得怀疑,其不顾公正和自由也是显而易见的。不管如何,马尔萨斯的人口学说对于1871年之后的一个世纪完全失效。在这一个世纪里,英国的人口增长了1.8倍,然而人均实际收入翻了不止三倍。② 正如我们所见到的,穆勒的古典经济学模型也没有对1871年之前的那个世纪给出一个总体上合理的解释。

穆勒又写道:"只有在落后国家,增加生产仍是一项重要目标。在最先进的国家,经济上所需要的是更好地分配财产,而要更好地分配财产便离不开更为严格地限制人口。"——有鉴于在他之前和之后的一个世纪里所发生的事情,他错得更离谱了。③ 穆勒没有预见到经济蛋糕的规模会更大,他头脑里的古典经济学思想太过根深蒂固——即使在1871年,即使毕其身亲眼见证了越来越快的增长也无法改变。他却写道:"到目前为止,机械方面

---

① Mill,1871,book 4,chap. 2,sec. 1.6. 注意他对"科学"这个词的用法。正如他所有作品中可见到的那样,这个词语更古老和更宽广的含义是"系统化的研究"。(此处引用的《政治经济学原理》采用赵荣潜、桑炳彦、朱泱、胡企林的中译本,商务印书馆1997年版。——译者)

② Maddison,2006,pp. 415,419,439,443.

③ Mill,1871,book 4,chap. 6,sec. 2. 114. 2. 114.

第四十章 原因并不是分配

的各种发明是否减轻了人们每天繁重的劳动,仍很值得怀疑。"他会把这样一个断言保留到1871年的版本中,让人感到甚为奇怪。要知道在那个时代,童工数目在减少,更多人接受了教育,农作物收割开始机械化,甚至每周工作小时也在缩短。①

换言之,穆勒作为古典经济学家实在太过优秀,以至于无法认识到真实世界与古典经济学的不一致。人均国民收入不顾人口的迅猛增长在1871年后的那个世纪里翻了三番,这在古典经济学框架里是不可能的。他无疑会把将18世纪到现在英国的国民收入增长了16倍当作科幻情节来看待。所以,从斯密到穆勒的古典经济学家,始终致力于追求"哈伯格三角"的更高效率,和通过改善"济贫法"来更公平地分配收入。应该提到,穆勒晚年的许多观点预见到了社会民主,即认为经济规模相对固定,所以我们必须特别关注分配问题。经济规模的增长使"哈伯格三角"带来的更高效率或者理查·托尼从收入再分配中聚到的民心相形见绌,这都不符合古典政治经济学理论。穆勒在1848年和1871年对未来的悲观没能成为现实,反倒是1830年麦考利的乐观态度成了现实:"有些人告诉我们,社会已到达了拐点,人类已到达了巅峰。我们无法绝对地证明他们错了,但是以前也有人下过类似断言,理由似也同样。"②带着悲观心态和加尔文主义的事功的古典经济学家们,和当时同样悲观的、加尔文主义的浪漫的反工业化对手们,比如歌德(以他抑郁的情绪)和卡莱尔(他发明了"工业化"这个词),还有拉斯金(Ruskin),以及当代那些反对现代经济增长的加尔文主义和马尔萨斯主义者,从科学角度来看,都太短视了。

---

① Mill,1871,book 4,chap. 6,sec. 2. 116.
② Macaulay,1830,p. 186.

第四十一章　言辞才是关键

　　字面上看,保守主义观点认为,资源再分配,如果谨慎分配的话,可以促成一些微小的进步,而激进/自由主义观点则认为,一旦人类拥有了尊严和自由,则人类想象力的极限可以直达天际。自由主义和保守主义的区别就在于此。正如我的同事,历史学家和文艺评论家阿斯特丽达·坦蒂洛(Astrida Tantillo)在她的著作《歌德的现代主义》(*Goethe's Modernisms*)中指出的,在歌德的文学和科学作品中,统一的主题是"补偿原则",或者说[正如物理学家赫尔曼·冯·亥姆霍兹(Hermann Von Helmholtz)对《浮士德》的理解]是能量守恒这一物理定律,用经济学家的术语就是"稀缺"、"生产可能性曲线"、"权衡"、"世上没有免费午餐"和"机会成本"等。且看歌德的那首诗《动物的变形》(*Metamorphosis of Animals*)(歌德本人也是魏玛共和国的一位高官,幻想自己是科学家、诗人、小说家和剧作家):[1]

> 于是,若你见一个物种具备某种优势
> 立即提出疑问:折磨这个生物的弱点是什么呢?
> ——并寻求发现那个弱点,始终探寻;
> 然后,你将找到世界形成的钥匙。

---

[1]　歌德对效率与经济增长的看法是基于我的了解。文章中的引语和翻译来自阿斯特丽达·坦蒂洛的书(Tantillo,2010)。我感谢她允许我在她的书还没出版前就引用其中的文字。

在这首诗里,他也把稀缺性原理运用到了人类社会中,并带着让同时代人——第一代英国古典经济学家——骄傲的热情:"愿这美妙的概念:权力与局限,随机的冒险与法律,自由与度量,运动中的秩序,缺点与优点,为你带来高度的乐趣。"(第1章:163页)歌德在他处的散文里写道:"我们会发现,万物的结构范围都有限制……此处添一分,他处必减一分;反之亦然……在这些边界内,形成力似乎以最神奇、几乎是反复无常的方式来行动,但绝不会打破圈子跳出界外……如果(自然)希望某人拥有更多,它或会这样做,但必从他人身上获取。因而,自然永不会欠债,更不会破产。"(第12章:第120—121页)

但就像坦蒂洛在该处的评论那样,"这个原则证明有两种相互矛盾的元素在共同作用。根据歌德的观点,世界或可被视为自由(当一种动物在创造冲动下改变其形态),或是注定的(由于改变的代价和限制)。"[①]歌德利用《浮士德》来批判进步主义,一方面在这个问题上又不是彻底保守。他承认进步就是进步,却像许多浪漫主义者那样,强调机会成本,如人的灵魂。我们可以看到,(坦蒂洛注意到歌德也说过),只有"补偿原则"的作用,是无法导致真正的发展。真正的进化演变(歌德语)需要创造性,而非抵消和补偿。这就是西方社会所经历的历史。

太初有道(In the beginning was the word,《圣经·约翰福音》)。由企业家引领的自由创新最终在世俗的语言中得到了尊重。例如在欧洲西北部,商人、机械师、制造商平生第一次被尊称为"绅士"(gentlemen)[女性的地位也得到了提高,出现了女士(ladies)的称谓,原先被称作"妇女"(women)或"女仆"(wenches)]。过去只为有闲阶级和出身高贵的人士所保留的称谓逐渐扩大到了中产阶级。因此,数十年后,在荷兰、英国、苏格

[①] 坦蒂洛(Tantillo)即将出版的书中的《导言》,第8页。

兰和英国的殖民地,甚至在法国,一些有闲阶级和出身名门的绅士开始从事贸易和创造发明。平等派的威廉·沃尔温(William Walwyn,1600—1681)在伦敦学习经商。他是一个地主的次子,祖父曾是一位主教,但是他在伦敦拒绝使用长兄承袭的"绅士"称谓,而宁愿用"商人"这个平直的称呼。辉格党成员斯林斯比·贝瑟尔(Slingsby Bethel)既是政客,也是一位布料商,他在1680年写下了这样的文字:"英国拥有……其他所有国家的优势……比如说……把绅士的后代,有时贵族的后代培养成在政府部门、法律界、商界和医界就职,而无损于他们的高贵出身。"① 曾利用投机生意赚了大钱的伏尔泰(Voltaire)在1773年写到,在英国"贵族的兄弟不认为商业是低人一等的行当……在当时,奥福德伯爵罗伯特·沃波尔(Robert Walpole)治理英国,他的弟弟不过是阿勒颇的一个代理人"。② 一位瑞士旅客这样描绘同时期的英国,"与法德两国不同,在英国没人认为商业是贬低身份的行业。在这里,出生世家甚或贵族的人也可以经商,而不会失去世袭的爵位"。③ 他的意思是:在法国,据说西班牙也是,贵族如果被发现经商,他的爵位可能会遭到"贬谪",然而在英国,贝瑟尔特别提到,"早年那些被剥夺爵位的人甚至不怎么寻求恢复贵族身份"。贵族不得经商的规矩古已有之,亚里士多德就以明显赞同的口吻写道:"底比斯曾经有一条法律,规定只有放弃经商十年以上的人,才能担任官职。"④

---

① 引自 Pincus,2006,p. 120,同样的地方的下一段引言来自贝瑟尔。

② Voltaire 1733,p. 154. 该评注并不是完全准确,因为,虽然沃波尔是英国历史上第一位和在位时间最长的首相(1721—1742年),但他在1742年下野后才被封伯爵(由于贵族成员不能在英国国会下院就职,1723年,重新授予的贵族荣誉被赐予沃波尔的儿子;伏尔泰肯定是在一本后来的书的版本中添加了这一评注,而不是1733年的第一版本)。但是,我认为这样说也不为错:罗伯特·沃波尔爵士当权时,早期被封为巴思的爵士,并且在其他一些方面,他实际上是一个贵族成员,或者,至少是乡绅阶级的最高等级。

③ César de Saussure,1727,引自 Blanning,2007,p. 110。

④ Aristotle,*Politics* 1278a,20-25.

古老的态度令人惊讶地发生了变化。在新的修辞下,欧洲西北部的精英阶层逐渐把企业家视为一种高尚的职业。一位英国辉格党的宣传家在1695年写道:"商业自古被视为可耻的行当,直到最近一百多年才发生变化。一些强大的王国仍然鄙视商业,而实际上,它是一个现代的(最新的)政治体系,却没有多少伟大的作家和教授歌颂。"①在17世纪和18世纪的早期,鹿特丹、布里斯托尔、格拉斯哥、波士顿,后来在鲁昂、科隆、斯德哥尔摩[不过瑞典贵族,如瑞典的"亨利八世"——国王古斯塔夫·瓦萨(Gustav Vasa),早就对商业有兴趣],乡绅贵族的后代纷纷投身做了企业家。以1715年,以华尔斯坦(Waldstein)伯爵在如今的捷克共和国地区开厂为例,贵族们开办了工厂,把自己的农奴带到工厂里生产毛纺织品,他们不是企业家,却想当企业家。英国上层阶级屈尊走进了工厂(虽然不用亲自劳作)。约翰·弗尼(John Verney,1640—1717),出身名门弗尼家族,是家族的次子,他的生平经历细节有幸被保存到了今天。我们了解到,他在1662—1673年的11年间,也和沃波尔的弟弟一样,在阿勒颇替别人做低级代理人。② 长期以来,荷兰和英国的贵族阶层其实一直都认为增加财富是好主意——只要不总是去遥远的阿勒颇当代理人就好。

历史学家蒂姆·布兰宁(Tim Blanning)写道:"英国在历史上一直有条政治理论格言:有道德的政治组织依赖于公民人文主义传统。这个传统由土地贵族所维系,贵族的独立性保证了他们的道德。"这种罗马和新罗马理论影响了托马斯·杰弗逊(Thomas Jefferson)和一直到20世纪中叶的英国托利党人和美国共和党人。到18世纪初,虽然这种观念已经在荷兰诞生了一个世纪,却在英国"涌现了更强烈的意愿,不再把商业社会视为腐朽堕落,而

---

① Considerations Requiring Greater Care for Trade in England,匿名,转引自 Pincus,2009,p.382。
② Tinniswood,2007,chap.19,"The Levant Trader"。

视为一个完全合法的民间社交体系"。① 政治理论家约翰·丹佛认为,18世纪中叶的那场争论,"是关于如果商业活动兴旺发达,是否有可能实现自由社会的争论"。② 正如波考克(Pocock)和斯金纳所揭示的,反商业的一方举出了罗马共和国,特别是噩梦级的斯巴达作为证据。于是,在这场早现代辩论的开始阶段,托马斯·莫尔笔下的《乌托邦》会嘲讽商业。古时的雅典人和当时的英国人所偏爱的商业会带来"奢侈品和感官享受",这个传统短语被苏格兰律师凯姆斯勋爵(Lord Kames)在大辩论达到高潮时引用来形容商业,认为它可能导致"爱国心的湮灭",从而使雅典人失去自由,失去自由参与的权利。正如斯巴达征服雅典,某个更有活力的国家将崛起并征服英国,或至少终结值得赞美的"共和进程……当社会的每一位成员都怀有拳拳爱国之心"。诗人威廉·考珀在1785年也抒发了同样的感怀:"力量的增加带来财富的增加;财富带来奢侈,奢侈带来穷奢极欲。"③

丹佛认为休谟反对公民人文主义观点,反对"政治优先"。休谟说,商业对我们有益,而英王乔治以政治手段推行的重商主义对我们有害。丹佛写道:"休谟在贬低政治生活的时候具备彻底的现代精神,且似乎十分赞同霍布斯(Hobbes)和洛克(Locke)的个人主义。"④霍布斯、洛克、休谟"这群早现代思想家挑战了盛行几近两千年的对人类本质的传统理解"。这种传统观念亦在儒家中国、穆斯林伊朗和印度教的印度占支配地位。⑤

丹佛并没有宣称我们现代主义者都拒绝民族主义、自我牺牲、反对奢华的古典共和党人观点。恰恰相反,他说任何范式都会受到

---

① Blanning,2007,pp. 110−111.
② Danford,2006,p. 319. 凯姆斯爵士(Lord Kames,1774年)引用的话出自 Danford。
③ Cowper,1785,book 4.
④ Danford,2006,p. 324.
⑤ Danford,2004,p. 325.

挑战。无论是政治上的左派还是右派,绿党还是民族主义者,我们都能从他们身上找到斯巴达的影子。古典共和主义在今天依然生机勃勃,活跃在《国家》和《国家评论》等杂志的书页中。例如在德国,巨大的社会鸿沟和各类伪或正统贵族思想一直残留到今天,并带来了不幸的结果。在俄国,世俗化的基督教被冠以社会主义之名,俄国人嘲讽新兴的企业家,同样导致了不幸的结果。如今,甚至在美国和欧洲这样的商业精神的大本营,腐朽的教士或骑士精神依旧熠熠生辉,与企业家精神并行。学术专家竟成新的"教士",电视警察竟成新的"骑士"。企业家遭到谴责,只因为赚了太多"脏"钱。尽管有些虚构的英雄人物是商界人士[例如,《美好人生》中的吉米·斯图亚特(Jimmy Stewart)],但这种例子并不多见。

到了19世纪后期,在尊重民主和企业家,却没有真正贵族的美国,词语"绅士"——当面称呼——几乎全然大众化了(介绍时的称呼,背地里未必如此)。这个词语可以指代任何成年的男性公民,只要他有欧洲血统和非移民。除了原先的南部邦联地区,没有人仰慕贵族礼仪,至少那些假贵族没有市场。另外,如果平民或企业家表现出贵族姿态,就像牛仔和老板传说那样,或者在赫尔曼·梅尔维尔(Herman Melville)的《白鲸记》里为了把捕鲸人提高到英雄地位,都会使用古代的书面语(非当时的语言)来抬高平民或是企业家的身份。纽约的沃尔特·惠特曼(Walt Whitman)很欣慰终于能摆脱欧洲的君王,"骄傲的国王和城堡,它的僧侣和好战的领主,以及优雅的夫人们,如今已进入它的停尸的地下穹窿,穿戴着盔甲和王冠躺在棺材里,为莎士比亚的华丽辞藻所装饰,受到丁尼生的哀婉丧曲的吊慰"。① 在教会之外,即使在很虔诚的美国,基督教圣洁亦遭到世俗知识分子的嘲笑。马克·

---

① Whitman,1871,p. 264.(中译文选自[英]惠特曼《草叶集》,李野光译,北京燕山出版社2003年版。——译者)

吐温在1907年辛辣地讥讽了基督教科学派,以至于一些温和的教徒(据说是受到明显可疑的宗教权威指使)发誓要在公共图书馆里找到那本书的所有印本,把里面的这篇散文全部剪掉。在马克·吐温笔下,来自康涅狄格州的扬基佬在亚瑟王的宫廷里用工业装置,而不是暴力和绅士的英雄气概震住了那些贵族乡巴佬,他认为使用暴力和逞英雄是愚蠢的。今天,超过90%的美国人在民意调查里自认为属于准绅士的"中产阶级",而且"中产阶级"这个词组的含义也不再宽泛,仅限于一般的小资生活。它在美国大选中出现得非常频繁,实际上指几乎所有美国人。①("不要对他收税。不要对我收税。对躲在那株树后面的公爵收税。")这些词语的潜台词是:交易和市场还有创新是我们美国人的本分。在美国,从卡车司机到国会女议员,人人都自认为在做一点小生意和做着创新梦想。

其他国家可不是这个样子。2007年,在更讲究等级区分的英国,自认为是"中产阶级"的民众只有37%,尽管这个数字与1907年相比有了相当大的提升(如果做调查)。② 2004年,有40%的法国人自认为"中产",而对于"您觉得自己属于哪个阶级"的问题,大约23%的法国人回答"工人阶级"——比美国人要多,虽然这个数字比法国人(和英国,甚至是美国的)在1904年的回答要少得多。在法国人的民调里,仅仅4%的人自认为是资产阶级,这反映出"资产阶级"(或企业家)这个词语在现代欧洲政治中不受待

---

① Pew Research Center,2008,p. 10. 出于某些原因,报告的作者们没有用言语说明,他们想要定义称自己为"中上层阶级"(19%)的人为"上层阶级",定义称自己为"中下层阶级"(也是19%)的人为"下层阶级",所以他们宣称,只有53%的人把自己看作中产阶级(这些人回答电话民意调查时,不用其他的形容词来修饰"中产阶级")。这使美国人和英国、法国的调查对象一样,处于相同的水平。但是,注意人们用来定义他们自己的词,只有2%认为是"上层阶级",6%的认为是"下层阶级"(而1%的人根本不回答),其他全认为自己是中产阶级。这个调查结果至少在修辞上令人回味。

② National Centre for Social Research,2007,p. 2. 与马歇尔和其他人的数据资料相比较,1988年,第144页,38.5%的人认为他们是中产阶级。

见。重提这个词语并揭示它与自由的联系会是一个不错的想法。但即便如此,要知道富裕国家里有40%以上的人自称中产阶级,而不是这个被马克思毁了的词语。在安德烈·纪德(André Gide)或司汤达(Stendhal)笔下的世界里,自认为资产阶级的人比例低得可怜,更不必提及莫里哀(Molière)的世界了。修辞的变化缔造了一场革命,颠覆了世人对自己和对中产阶级的看法,也就是重新认识了企业家的价值。社会已经更能容忍市场和创新了。

这个观点适用于常规的创新和那些伟大的创新,也适用于莫基尔的微创新和征服新世界的宏观创新。经济学家阿兰·科曼(Alan Kirman)对我指出,许多创新"产生于需求",例如我的一位住在阿姆斯特丹的澳大利亚朋友,他改良了清扫铁轨道碴的扫帚,后来这个新产品销往了全世界的铁路系统。这也是经济学家雅各布·施莫克勒(Jacob Schmookler)钻研的课题,他在20世纪60年代率先对创新动机进行了研究。但是,这种创新更多地依赖于尊重企业家的尊严和自由,而非宏观创新。比起改良扫帚的小天才,像福特或爱迪生这样推动人类创新步伐的大发明家也许不会把蔑视和干涉放在眼里。

乔尔·莫基尔在其颇有洞察力的新作《受启迪的经济》(The Enlightened Economy)(我大半同意其中的观点)里,赞美了所谓的"培根计划",他认为这个计划是维持科学持续进步到足以影响经济的推动力。他写道:"培根计划以两个不可动摇的原理为基础:一是有益知识的扩张能解决社会和经济问题;二是向大众普及现有知识将带来可持续的效率收益。"[①]这个说法也许正确吧。弗朗西斯·培根(Francis Bacon)在1620年开创的思想体系无疑有着长久的生命力,虽然有确凿的证据表明它没能正确地描述科学家的行为,对于科学家该如何组织的建议尤其无用。以达尔文为

[①] Mokyr,2010,p. 61.

例,他在1859年的《物种起源》的第一页就声称自己运用所谓的培根方法(无目的归纳法)发现了自然选择理论。但是,正如达尔文的自传和私人笔记所证明的,他撒了点小谎,在得到大量的观察研究结果之前,他已经(从经济学家马尔萨斯那里)获得了自然选择理论。而且和牛顿一样,达尔文虽然和他人有着众多的探讨事实的书信往来,却是独自一人工作,甚至是秘密工作,而不像培根那样在一个科学院里研究。后来,只因为华莱士威胁要抢先发表他的观点,达尔文才被迫出版了《物种起源》(他在14年前就已经写成了一篇总结性的文章给妻子看过,并指示妻子如何在他去世后出版作品)。而且,达尔文的理论并没有获得效率上的收益,直到半个世纪以后,在结合(并被解释)捷克的一位默默无闻的日耳曼僧侣的著作后,他的理论才被世人所发现。

莫基尔做了大量工作,终于使经济学界注意到科技带来的效率收益,但其实直到晚近以前,科学的进步与效率收益都扯不上关系。虽然科学很自豪,坚称要造福人类,但科学往往比技术慢上半拍,往往在技术出现之后,才通过简洁的方程式或严谨的实验来解释修补匠和工程师在实践中的发明创新:蒸汽机、电动机、麻醉、医院清洁,适当的排水设备消除水源疾病、摩天大楼、内燃机、飞机、冰箱、空调等无不如此。凯尔文勋爵下了这样的断言:"蒸汽机对科学的贡献,多于科学对蒸汽机的贡献。"与此同时,有用的知识,因其有可能解决社会和经济问题,的确开始受到尊重,并得到越来越广的传播和带来持续的效率收益。(不幸的是,知识分子间也同时产生了一种看法,凯尔文爵士本人是一个很好的例子,即认为在19世纪后期科学最光荣和最有用。有时候,科学也会带来悲哀的后果,如优生学、越南战争、2008年大萧条等。)社会对创新的尊敬,与培根勋爵关系不大,却正如莫基尔所观察到的,与更广泛的启蒙运动有关,而我更愿意说是社会对企业家价值的重新评估。

第四十一章 言辞才是关键

实用思想的价值得到了重新评估,并向欧洲西北部的公众广为传播,其后果和派生产物并不仅仅是科学的进步。在 17 世纪 90 年代,人们的谈话内容发生了深刻的变化,无论是荷兰和英国的小资咖啡馆和小资报纸,还是知识分子和贵族参加的法国沙龙都是如此。这场变化的历史大背景当然是东方的活字印刷术在欧洲的积极应用,但是人们著书立说的信心却渐渐增强了,连一神论者也敢于发表自己的想法,对印刷者处以砍手和罚款的刑罚亦无法阻止。在 17 世纪 90 年代和 1700 年,为了自由讨论甚至在英国都是禁忌的话题,沙夫茨伯里(Shaftesbury)伯爵三世甚至多次退隐到他心仪的荷兰。大约同时期(在塞勒姆之后),正教在新英格兰地区的衰败标志着言论自由时代的到来。本杰明·富兰克林在 1727 年就在费城组织了一个由熟练印刷工人组成的私人讨论团体,这个时间甚至比伯明翰的"新月学会"(1765 年)还要早,而在几个世纪之前,这样的组织形式还是难以想象的。玛格丽特·雅各布也谈到了"共济会"和新的自由讨论形式。尽管受到来自加尔文派的正教威胁[1619 年,亲王莫瑞斯(Maurits)和加尔文派拘禁格老秀斯(Grotius),而他的政治导师奥尔登巴内费尔特(Oldenbarnevelt)则被处死],荷兰还是磕磕碰碰地在 17 世纪 20 年代出现了一种全新的修辞。言论自由还在英国革命期间的 1647 年的"普特尼辩论"中被延伸成为一个基本政治议题,并在 17 世纪 90 年代的英国促成了现代政治体系的诞生。人类,从不完美却独特的言论自由之中,走向了创新和现代世界。

第四十二章　普通人的尊严和自由是最重要的"外部性"

我前述已经论证过，工业革命及其后续发展不能用对依常规的美德事功行事的人类打开机会之门来解释，比方说人类直到18世纪才开始利用贸易或财产权利等宝藏。相反，工业革命及其后续发展依赖社会对企业家价值的重新评估，为商业行为赋予了其他六大美德——"节制"、"公正"、"勇气"、"仁爱"、"信念"和"希望"。事功也是一种美德，不过正如我在《企业家美德》一书中所证明的，它并非与商业社会相关的唯一美德。一般的经济理论全然依赖于事功的常规理论，例如资本积累或帝国主义，无法解释16倍的收入增长。从根本上说，创新是无从预测的，它产生于希望和信念，产生于新近受到尊重的商人和工程师阶层。如果不是这个道理——如果现代世界诞生自常规，即明显来自之前未被开发利用的事功的机会——那么工业革命会发生得更早和发生在别处。事功很容易实现，也一直普遍存在。

不过对于从未被利用的封闭机会被偶然地发现，经济学家有一个词语来表述——"正外部性"。对于这个概念，一个更明晰的词语是"溢出效应"。在经济学术语中，"溢出效应"或"外部效应"意味着一个市场里没有以货币偿付的有益或有害影响。因此，外部性从一个人溢向另一个人，不受市场纪律的约束，也不受市场信号的干扰。它存在于市场舞台的外部，隐藏在幕后，没有人埋单也不受到注意。然而，它会间或大声说出自己的台词，扰乱或促进剧本的发展。换言之，外部性的影响真实存在，虽然无法由个人财务上的事功所解释，因此也无法被其所注意。

发电厂排出的烟雾被称为"负外部性"（像所有故弄玄虚的江湖术士一样，经济学家喜欢使用晦涩的术语）。无论对发电厂还是用电者来说，烟雾造成的损害都没有被计入成本，这就是为何说这种破坏是被忽视的、外部的、幕后的，和没有人埋单。查尔斯·蒙哥马利·伯恩斯（Charles Montgomery Burns）开心地搓着手说："我的发电厂把放射性物质排放到你呼吸的空气中，我又不必购买排放特权，所以我为什么要在乎呢?!"让受害者能够购买放射性、烟雾和飞机噪声的市场并不存在，所以受害者也无从阻止这些环境污染，无法用金钱的形式表达她的厌恶。

发电厂的烟雾、飞机的噪声、生产中丢弃的副产物都是有害的，但并非所有的"外部性"或"溢出效应"都有害，有一些是有益的，也就是"正外部性"。甚至一些烟雾——秋天烧落叶，或冬天烧木头——非但无害，反而有益，至少那些上了年纪，仍记得1959年甜美气味的老人很喜欢，我们中的有些人甚至疯狂怀念旧时伦敦公交车排放的柴油尾气的味道。更严肃地说，对你、我及很多无论有没有受过教育的人来说，身边有许多受过教育的朋友都是有益的溢出效应。我们从受过教育的人群那里获得好处，却没有一个市场让我们支付充分的成本。（我们确实通过为受过教育的工人支付更高的工资来部分支付这类成本，在20世纪60年代的大学运动以后，情况更是如此。未被支付的那部分就是"外部性"。）如果能够再次闻到秋日或冬季那甜美和怀旧的味道，或者闻到20世纪50年代晚期伦敦的烟雾的味道，我会愿意支付一点费用。你愿意支付许多钱来与那些能够阅读和计算，能够看穿具有十分明显操纵性竞选广告的人打交道。对于那些来自没有正外部性教育国家的移民，移入国的民众一般会为此付出可观的代价。

我一直认为,有一对"正外部性"一直都未能被大规模地尝试,直到17世纪才被荷兰在无意中被发现,再被18世纪的英国所仿效。这对外部效应就是企业家在经济活动时获得的尊严,和在经济事务创新时获得的自由。两者对于现代世界都是必要的。它们一旦被联系在一起,再具备一些许多地方都具备的常规背景条件,例如大型城市、大规模贸易、合理的财产保护,及在国土面积较大的国家里还包括缓慢却廉价的河运与海运等,似乎就足以推动经济发展了。这样的背景条件在17世纪相当普遍,并非荷兰和英国所独有。中国拥有这些条件,日本、蒙古帝国、奥斯曼帝国、北意大利、汉萨同盟也有。

但是,如果创新阶级缺乏普遍的尊严和自由这两个必需条件,我们就不会有现代世界。我再次重申,两个条件都是必要的。没有创新的自由,就算给予先前受到蔑视的企业家阶层莫大的荣耀,他们也不会创造出任何新事物。休谟在他的《英国历史》(The History of England)的最后一卷中写道,英国在1689年的不成文宪法"把这样一种优势给予了公众原则,正如把英国宪法的本质置于无可置疑的地位一样。我们可以毫不夸张地认为,我们在这个岛屿上享有了……人类已知的最完整的自由体系"。① 休谟或许言过其实了——毕竟,荷兰才是先行者,而且北意大利和瑞士城邦在垄断企业家执掌朝政之前一直是自由的。他只了解英国,所以会觉得英国最自由。英国的穷人,虽然清醒意识到自己是生而自由的英国人(并在这一理念的支持下,热衷于在18世纪诉诸暴力),却没有在政治或财富方面得到解放。而法国人如伏尔泰和孟德斯鸠,以及后来的托克维尔,十分正确地强调了英国自由的特殊性,英国有独特的人身保护权、议会有最高地位、特别是商人和发明家拥有尊严。托克维尔在1835年写道:"激发商业精神

---

① Hume,1754–1755,p. 531.

和习惯的首先是自由精神和习惯。"①商人和制造商本可以凭借肋骨牵条②、恒星等发明发现带给他们的全面尊严跻身1700年的英国精英阶层,但如果他们没有从发明创造中赚钱的自由和获得荣誉的希冀,无论是机器制造还是生意之道都不会有创新出现。法国人在18世纪用政府设置的奖励和工业间谍阐明了这个问题,但他们没有给予全面的创新自由。在法国、日本和奥斯曼帝国,创业者必须向州政府提出申请,得到批准后才能开办工厂。由于缺乏自由,法国精英的项目计划(特别是,如果相邻的荷兰再是英国没有出现恼人的先例)本会延续数世纪前的状态不变,即延续原先的方式并一切照旧。至少一位经济学家会这样认为。

哈耶克这样阐述:"人类越是无知的地方——无从预测的知识边界——也是最需要自由的地方。"而且"我们"的知识越是丰富,我们任何一人的无知的领域也就越多,无论是中央规划者还是伟大科学家都概莫能外,"人类知道得越多,"他继续说道,"任何人头脑中能吸收的知识占人类知识宝库的份额也就越小。"③据说约翰·米尔顿(John Milton)是欧洲最后一位读毕所有书籍——呃,西欧的全部和某些死亡的语言——的人。自米尔顿之后已经过去了很长的岁月,如今的"我们"拥有更为海量的知识。然而,社会知识越是丰富,我们就越是需要行动的自由,因为我们需要以这种或那种方式来尝试新鲜的想法,而任何人都无法预言后果如何。在1990年,没有人能想象到互联网会变成今天的样子。某种设备或机制一旦被发明,自发秩序就会使它偏离发明者的初衷。短信最初在电话公司内部使用,用于内部沟通,发明者绝想不到它会让青少年们为之疯狂。美国独有的学院间竞技制度,一

---

① Tocqueville, 1835, p. 116.
② 肋骨牵条:一段柔性木材或金属,在安装外部板材或外层时用以保持船的肋骨在合适位置。——译者
③ Hayek, 1960, p. 26.

直被用于部落识别,与最初和宣称的为年轻人(有时候,是冒名顶替的超龄运动员)提供一些有益身心的锻炼目的完全无关。一般来说,发明者不知道其发明将会被如何使用。尤吉·贝拉(Yogi Berra)说过,"预测是困难的,尤其是对未来的预测。"内森·罗森伯格强调了创新的不可预测性,提到贝尔实验室曾经不想为激光申请专利,因为主管觉得这个无聊的玩意儿没有任何用处;19世纪被用来制造缝纫机的技巧,却对 20 世纪的汽车制造起到了重要作用。[①] 托马斯·爱迪生曾相信他的留声机的主要用途是办公笔录。当有人向奥维尔·莱特(Orville Wright)询问飞机的前景时,他的回答是:"体育运动吧,主要是。"

但是,如果商人和发明家没有得到尊严,即使再多的自由和创新也不会打破旧蛋糕,至少一位社会学家会这样认为。外国人来到英国,虽然注意到英国贵族的傲慢和实权,却被商业在英国的受尊重程度震惊了。日本和中国把商业打压了三千年之久,认为商人是贱人。在基督教盛行的欧洲,商人在两千年里被认为是上帝的敌人。创新一直都被视为对就业的威胁,最聪明的头脑投身于军队、政治、宗教、官场、文学界。至今仍有人这样认为,经常是受到了 1848 年以后知识分子的反企业家观念的洗脑。

在 1700 年左右,阿姆斯特丹和伦敦破天荒地尊重了交易和创新,并给予公民履行契约的自由,现代世界也由此诞生。但至少从 18 世纪初的视角看去,是无从预测尊严和自由所起到的作用。经济学家布赖恩·阿瑟(Brian Arthur)和保罗·大卫教导了我们所谓的"路径依赖"理论,而阿姆斯特丹和伦敦的例子则是这个理论在当代的实例。接受企业家的尊严和自由,繁荣自会达到一个令人吃惊的高度;抵制这种世俗化思想,社会停滞就是可以

[①] Rosenberg,1994,p. 223.

预期的。① 尊严和自由仍然在起作用，今日的我们或不应再对它们的效力感到惊奇。中国大陆的深圳经济特区毗邻香港，它在短短20年之内，从一个小渔村变成了800万人口的大都市。诚然，在发展过程中确实出现了官员及其朋党的令人恶心的"寻租"现象。但是，在这种创造性毁灭之外，是人均收入的提高，最终惠及了最贫穷的人群。这样一种功绩需以修辞的转变为前提：不再认为百万富翁应关进监牢，开始尊重富人；不再抵制创造性毁灭，开始歌颂创新；不再提倡过度监管市场，开始让人们自由交易，就算有腐败也不要回头。

亚当·斯密开创了社会学乃至经济学，他在1776年称这个新的混合物是"明显和纯粹的自然自由体系"。② 但是我和他都认为，直到18世纪以前这个体系一直都没有被认为是"明显和纯粹"，所以才会产生"外部性"理论，这个看法会让读者感到惊讶吧。时至今日，学术圈的许多流派对这个体系仍然持怀疑态度，你仍然可以听到那些毫不讳言自己没有深入思考过这个话题的人却自信满满地宣称说：市场当然需要密切监管，贸易当然需要公平，移民当然需要限制，就业当然由政府计划所创造，或者商人不守诚信是常态，市场总是混乱，经济越复杂就越需要政府监管，银行或金融投机是在抢劫，或政府官僚总是公平和高效。许多人仍然宣称，比起在金融服务业工作和从事肉类批发行业的人，当教授、公务员，或从事其他非营利性行业更为体面。这些反企业家精神的人（很多都是我的好友）不相信企业家的箴言，不相信无论从事实上、道德上，还是从美学上来看，两个自由的成年人在达成自由协议之前，必须强烈预期这项协议能使双方互惠互利。他们坚决否认是自由契约和尊重市场让穷人走上现代致富之路。

---

① Arthur,1989,David,1990.
② Smith,1776,Vol. 2,4. 9. 51,p. 687.

他们无视历史证据，反而认为是政府或工会让穷人脱贫。

但是在17世纪末期，特别是在18世纪，欧洲社会的修辞发生了变化，大量欧洲人开始尊重企业家。今天全世界的许多人终于相信市场引导创新，有时也学会了赞美市场。那些无穷无尽和层出不穷的保护政策，总是宣称意图保护我们的工作，比起1600年却有了更多的敌人。压倒性的证据证明了允许创新是脱贫致富的最佳途径——无论是1900年脱贫的欧洲人，还是2000年脱贫的印度人莫不如此。这并非一种非理性的信念。我们已经见证了它的发生。(这让我们想起了一个老笑话："你相信婴儿洗礼吗?! 我亲眼见到了！")早在1641年，英国有一位叫刘易斯·罗伯兹(Lewes Roberts)的人就赞美了"头脑精明的商人，无时无刻不在想着发财，所作所为却造福了他们的国王、国家和国民"。① 再没人能比亚当·斯密说得更好了。在1675年，一位匿名的英国作家宣称："贪财取代了施舍，而且以一种无法用言语赞美的让人尊敬的方式造福社会。"注意词语"尊敬"。他问道："有哪个慈善机构会为了提供药品而跑去印度，屈尊做最低贱的工作，不拒绝最低下和最费力的职务吗?"请注意，在等级制度下，许多"职业"被认为是下贱、低级、不高尚的。在等级制度时代里，工作是"服务"，或是"仆人"。作家继续写到，可是"对财富的渴求会让人心甘情愿地做所有苦差事"，从而带来集体利益。② 再没人能比约翰·斯图亚特·穆勒说得更好了。达德利·诺斯(Dudley North)，出身贵族，却通过企业家方式致富。他与奥斯曼人做生意，在1691年写下了这段文字："迫使人以任何规定的方式做生意，也许会使一些人盈利并满足他们的利益；但是，公众没有因此获益，因为这是夺取一个人的财富给予另外一个人。"③再没人能

---

① 引自 McKeon, 1987(2002), p. 202。
② 引自 McKeon, 1987(2002), p. 197。
③ North, 1691, preface, p. viii.

比米尔顿·弗里德曼说得更好了。伏尔泰在 1733 年强烈地讽刺道,"我不知道对国家来说谁更有用,是一位准确地知道国王何时起床的领主……还是一位使国家富裕的伟大商人,从他的办公室向苏拉特或开罗发出订单,为世界繁荣贡献力量"。① 世人关注的重点很快就从商人转移到了生产者,虽然后者同样是低买高卖。但是,再没人能比年轻的罗伯特·诺齐克(Robert Nozick)说得更好了。低价买进香料或蒸汽机,然后高价卖出,这样的生意第一次得到了尊重。世人的尊重颠覆了长久以来盛行的各类反企业家的等级制度和等级观念:做生意是肮脏下流的,商人是危险、不体面的工作,而有荣誉的职业,例如绅士、教士、公务员或者证券交易委员会的官员,应该保持高贵身份。

用经济学家的术语来解释这段历史,即企业家新近获得的自由和尊严构成了创造世界的外部性。它们在之前的年代和各地不曾尝试过,是因为它们躲在幕后,而且当权者愚昧地希望它们一直在幕后。当权者无法想象,当允许经济创新的尊严和自由走上前台时,会为他们自己——附带地,会为他们的臣民带来多么巨大的财富。有一点,没有经济学家对此提出过有说服力的证据。经济学本身是一个如此奇怪的现代发明,它的出现就足以证明修辞在现代的独特转变。萨拉曼卡的教授们,阿姆斯特丹和伦敦的小册子作者们,爱丁堡的政治经济学家们都是 16 世纪、17 世纪和 18 世纪的人物,他们在 18 世纪的西班牙和意大利,以令人吃惊的现代方式捍卫自由市场。他们的思想很难在欧洲寻到更早的源头,只能在他处寻到一些蛛丝马迹。另一点是,之前从来没有过一个国家依靠企业家的尊严和自由取得成功的例子,从没有一个国家会任由臣民发明创造,从而作为历史上铁的证据。例如,人们从亚得里亚海的珠宝生意获得的经验居然是殖民地是通

---

① Voltaire,1733,letter 10,p. 154f.

往致富之路，国门持续地开放或会带来其他国家失落的财宝，比如圣马可广场的狮子。人们忽视了，是威尼斯人发明了复式记账法和其他和平技艺。但是，17世纪的荷兰和如今21世纪初的中国，却向世人表明了企业家的尊严和自由的真正力量。

企业家的尊严和自由一直被认为是极端荒谬的事情，直到西班牙学术界，荷兰的商界和一些政治圈子，接着是英国，再是美国（所有圈子）对它们的态度发生了突然间的转变。的确，在儒教体系下，企业家位于第四也是最低的社会阶层；在基督教的福音书中，富人少有能进入天堂的。的确，市场需要监管，这是为了保障富人的利益——或者，至少为了维持富人持续的统治，通过把一些利益出让给一些挑选出来、听话和生活相对不错的穷人［比如让拙劣的汽车工人1小时挣30美元，让库克郡（现在叫"史壮杰郡"，为了纪念腐败的郡长史壮杰）医院的高中毕业的管理者一年挣10万美元，当地联合食品和商业工人国际公会的成员，比沃尔玛员工拼命工作所挣的还多］。的确，应该把所有人都按照从神级到奴隶级一一排定座次，除了那些蒙受皇恩、通过国家考试，或者是执政党内的人士，这些特权人士可以超脱桎梏之外。

简言之，我在这里选定的人物是真正的自由主义者：

德拉·考特兄弟、理查德·奥弗顿（Richard Overton）、约翰·李尔本、威廉·沃尔温、托马斯·雷恩巴勒（Thomas Rainsborough）、理查德·兰伯尔德（Richard Rumbold）、斯宾诺莎（Spinoza）、达德利·诺斯、阿格农、西德尼、洛克、伏尔泰、休谟、杜尔哥（Turgot）、孟德斯鸠、亚当·弗格森、斯密、托马斯·潘恩、德斯蒂·德·特拉西（Destutt de Tracy）、杰弗逊、斯塔尔夫人（Madame de Staël）、邦雅曼·贡斯当（Benjamin Constant）、威廉·冯·洪堡、查尔斯·孔德（Charles Comte）（不是奥古斯特·孔德）、查尔斯·迪诺耶尔（Charles Dunoyer）、马尔萨斯（Malthus）、李嘉图、哈里埃特·马蒂诺（Harriet Martineau）、托克维尔、纠泽佩·马志尼（Giuseppe Mazzini）、弗里德里克·巴斯夏、穆勒、亨利·梅恩（Henry Maine）、理查德·科布登（Richard Cobden）、伊丽莎白·卡迪·斯坦顿（Elizabeth Cady Stanton）、凯沃尔（Cavour）、约翰·奥古斯特·格里彭斯泰特（Johan August Gripenstedt）、赫伯特·斯宾塞（Herbert Spencer）、莱桑德·斯普纳（Lysander Spooner）、卡尔·冯·罗特克（Karl von Rotteck）、约翰·鲁道夫·托尔贝克（Johan Rudolf Thorbecke）、卡尔·门格尔、艾克顿公爵（Lord Acton）、约瑟芬·巴特勒（Josephine Butler）、克努特·维克塞尔、路易吉·伊诺第（Luigi Einaudi）、H. L. 孟肯（H. L. Mencken）、约翰·赫伊津哈（Johan Huizinga）、弗兰克·奈特、路德维希·冯·米塞斯（Ludwig von Mises）、薇拉·凯瑟、罗斯·怀尔德·莱茵（Rose Wilder Lane）、瓦尔特·李普曼，直到20世纪50年代的佐拉·尼尔·赫斯顿（Zora Neale Hurston）、卡尔·波普尔（Karl Popper）、以赛亚·伯林（Isaiah Berlin）、迈克尔·波兰尼、弗里德里希·哈耶克、雷蒙·阿隆、亨利·赫兹利特（Henry Hazlitt）、伯纳德·德·茹弗内尔（Bertrand De Jouvenel）、罗纳德·科斯（Ronald Coase）、米尔顿·弗里德曼、詹姆斯·罗斯·弗里德曼、穆瑞·罗斯巴德（Murray Rothbard）、詹姆斯·布坎南、路德维希·拉赫曼（Ludwig Lachmann）、戈登·图洛克、托马斯·索威尔（Thomas Sowell）、琼·肯尼迪·泰勒（Joan Kennedy Taylor）、罗伊·A. 乔尔德斯（Roy A. Childs）、朱利安·西蒙（Julian Simon）、伊斯瑞尔·柯兹纳、弗农·史密斯（Vernon Smith）、温蒂·莫艾洛依（Wendy McElroy）、诺曼·巴里（Norman Barry）、劳伦·罗马斯基（Loren Lomasky）、蒂博·麦坎（Tibor Machan）、安东尼·德·雅赛（Anthony De Jasay）、道格拉斯·迪恩·尤利（Douglas Den Uyl）、道格拉斯·拉斯穆森（Douglas Rasmussen）、大卫·弗里德曼（David Friedman）、詹德兰·库卡塔斯（Chandran Kukathas）、罗纳德·哈姆威（Ronald Hamowy）、汤姆·帕尔默（Tom Palmer）、丹

拉沃伊(Don Lavoie)、大卫·鲍兹(David Boaz)、理查德·爱泼斯坦(Richard Epstein)、泰勒·柯文(Tyler Cowen)、大卫·施密茨(David Schmidtz)、唐纳德·布德罗(Donald Boudreaux)、彼得·贝奇(Peter Boettke)、丹尼尔·克莱恩(Daniel Klein)和年轻的罗伯特·诺齐克(Robert Nozick)。这是明显和纯粹的自然自由体系。保守主义者以贵族口吻嘲笑创新和企业家,进步主义者以知识分子口吻嘲笑市场和企业家。道不同不相为谋。真正的自由主义者主张:在欧洲西北部,特别是在荷兰,然后在英国,正是不同寻常的企业家的尊严和个人自由,在社会重新评价企业家精神和生活的帮助下,带来了不同寻常的国家财富。现代自由意志主义思想家汤姆·帕尔默从这个假设的后果来为之辩护:

> 如果对个人权利的尊重被证明不能通往秩序与繁荣,而会通往混乱、饥荒,与文明的毁灭,那没人会支持这样的所谓权利,那些仅有的支持者无疑会被视为人类公敌。那些只有通过有意识的秩序思维看到秩序存在的人——极权主义者、君主专制主义者——唯恐个人权利会带来这样不幸的后果。但如果可以证明,人人行使自己的自由(一种严格区分群己权界的自由——作者)……不会引发混乱,而会带来秩序、合作与逐步进步的人类福祉,那么,对个体的尊严和自由自主的尊重将不仅被认为能与社会和谐共存,甚至会被认为是实现社会和谐、繁荣和高度文明的必要前提。①

平等派的理查德·兰伯尔德在1685年阐述了这种全新自由的著名的消极面:"我敢肯定,没有人出生即被标记为神,凌驾于

---

① Palmer,1997,p.442.

他人之上；因为没有人出生时就背着一副马鞍，被穿着靴子和踏着马刺的人所骑。"①而威廉·冯·洪堡在1792年阐述了同样著名的积极面："人(Mensc,意指所有男女)的真正目的是最大限度和最和谐地把他的力量发展成一个完整和一致的整体。要实现这样的发展，自由是重要和必不可少的前提条件。"②注意，康德式(新型的)对于有尊严人格的尊重在这里与政治上实现个人自由相结合了。

保守派政治理论家托德·林德伯格(Tod Lindberg)指出，新保守主义曾有一阵因经验主义研究而焕发出勃勃生机。经验主义研究了"二战"后美国的自由主义造成的恶果——最低工资不幸地伤害了穷人，教育开支不幸地使中产阶级教师工会致富并且教坏了穷人后代，外国援助不幸地让权贵富得冒油，而穷人只能望眼欲穿，等等。在20世纪70年代，我们芝加哥学派的经济学家热衷于举出这样的证据。但是，林德伯格总结说："对本质上是抢劫的行为，放弃自由主义不是恰当的回应。或者宽泛地说，我们不应赞同前自由主义时代，或反自由主义和'保守的'选择，或其他带有'新'的主义，而应当放弃那些与现实格格不入的(战后自由主义盛行的)元素，并支持那些与现实相容的元素。这是我们当前和未来的政治主张。"③我对此深表赞同，甚至"社会主义"瑞典的经济史也证明了我的正确。

用经济术语来表达，尊严和自由是过去最大的"外部性"，在形形色色的现代经济成功里随处可见它们的影子，例如英国、法

---

① 引自 Brailsford,1961,p. 624。对比约翰·李尔本在1646年的指控，他说如果上议院像国王那样行动："你们打算做的……只是推翻我们旧的统治者和暴君，这样一来，你们也许可以登上他们的位置，奴役我们。"(Brailsford,1961,p. 93)
② 《政府的范围和职责》(*The Spheres and Duties of Government*)的第二章的第一句(因为书中的自由意志主义内容，这本书只在他去世之后的1851年出版，并很快被翻译成英语)。(德文 Mensc 指受尊敬的人。——译者)
③ Lindberg,2004。

国、澳大利亚、现在的印度。正如人类历史学家艾伦·麦克法兰在总结自由主义主题时写道:"政治和宗教自由似乎与经济财富的形成有着密切的关联。"①这是一种较为婉转的说法了。尝试新奇事物的自由概念,源于"一种自由",换言之,是一种特权。就像"伦敦市的一个自由公民"这个说法,来自各色愉快的意外事件,来自各种阶层的共鸣——中产阶级、工人阶级、殖民地人民、妇女、黑人、同性恋者——并表现出了西北欧及其殖民地的特征。因而,阿比·西耶士(Abbé Sieyès)在 1789 年的革命小册子《什么是第三等级?》(What is the Third Estate?)中写道:"人不因特权而自由,而因属于所有人的权利而自由。"②与此同时,从事商业和制造业的生活渐渐地受到些许尊重,不仅仅在当地受到尊重,远离家乡时也是。为了启迪我的自由意志主义同僚们,我要重申一遍,单单拥有自由并不够。政治理论家詹姆士·奥特森(James Otteson)提出了一个许多自由意志主义者相信的定理:"只有那些尊重私有财产和能高效行政执法的国家才能繁荣,就这么简单。"③我会争辩说,未必。除非"尊重"这个词语在"执行产权法"之外还有更多的含义。光有事功是不够的,我们还需要赞同企业家的其他美德。

旧的贵族和农民/基督徒的美德修辞认为,人们出生即背负罪恶和需要被奴役,这种修辞就算从未完全地被舍弃,也开始受到怀疑。诞生于中世纪的威尼斯或安特卫普的企业家修辞在 17 世纪被提升为一种理念,配备了它自己的文学、历史和生活符号,不再完全借自法院或教会。大众终于能够"用那个单词的最深层

---

① Macfarlane,2000,p. 207.
② Sieyès,1789,chap. 2;"特别待遇不能给予人自由,所有人都属于的权利才能给予人自由。"(On n'est pas libre par des privilèges, mais par les droits qui appartiennent à tous)
③ Otteson,2006,p. 160.

意义来说服友邻旧秩序的邪恶和新秩序的合法性"[正如历史学家莱欧拉·奥斯兰德(Leora Auslander)最近对早现代欧洲进步主义政治所作的分析那样,她做了修辞推广工作]。荷兰率先接受了这一理念,然后是"新模范军",用滑膛枪、加农炮和军事操练来应对反动派的挑战,适时拉开了企业家时代的帷幕。① 理查德·斯梯尔(Richard Steele)和约瑟夫·艾迪生(Joseph Addison)在1711—1712年的《旁边者》(*Spectator*)周刊上,对比了企业家和绅士贵族的美德(这份杂志很快被荷兰和瑞典所仿效)。10年之后,斯梯尔在1722年的戏剧《有良心的情人》(*The Conscious Lovers*)中,借西兰德(英文Sealand直接意思为从海洋到陆地,代表商人涉足之广)之口宣称,"我们商人是绅士的一种(这里意味着地位在贵族阶级之下的任何有尊严的群体,并非像后来那样,特指乡村地主和其合伙人),在20世纪登上世界舞台,我们与有田地的你们一样高尚,一样有用,而你们总是认为自己的地位在我们之上。说真话,你们的商业行为不过是买卖一车干草或者一头肥牛"。② 又过了十年,乔治·里洛(George Lillo)在1731年令人难堪的戏剧《伦敦商人》(*The London Merchant*)可作为变化的象征——虽然变化总是受到来自贵族、知识分子和农民或无产阶级的挑战。戏剧里的诚实商人(起了一个可笑的名字"大好人")在第一幕里就宣布:"由于商人从未玷污过绅士的名声(考虑到在阿勒颇的代管者),没有理由把商人排除在绅士之外。"③直到1818年以前,这出戏每年至少上演一次,以伦敦的学徒为熏陶对象。

---

① Auslander 2009,p. 12. H. N. 布莱斯福德在评论17世纪40年代的英国时解释得极好,他说:"煽动舆论和组织公众的技巧是那个时代的新发现。"(Brailsford 1961, p. 62)这种自由技巧在17世纪20年代诞生于荷兰,后来虽遇到过挫折,依旧在阿姆斯特丹等地兴盛起来[平均派成员理查德·奥弗顿(1620—1680年)在阿姆斯特丹学到这门技巧;洛克在17世纪80年代学会,可以与之对比]。
② Steele,1722,act 4,sc. 2(p. 159 in Quintana 1952).
③ Lillo,1731,act 1,sc. 1(p. 294 in Quintana 1952).

曾经被严格地限制于法院使用的礼节,渐渐为中产阶级所用。在19世纪末,在巴思的"八角室"里,上流商人("绅士的一种")的女儿们能够与真正的农村绅士的儿子们一起跳舞。一个世纪之后,美国制造商和华尔街王者的女性继承人们,例如丘吉尔(Churchil)的母亲,重振了英国公爵家族的财产雄风。又过了一个世纪,英国上议院的领主们和瑞典的贵族被剥夺了他们的宪法特权。

我强调过,变革在最初阶段是社会和修辞上的变化,也就是说,是语言习惯的变化,人们内心和交谈方式的改变。但是,社会变化无疑激发了心理的变化。从经济学角度看,社会和心理都是"外部性"。爱荷华市的诚实汽车修理工压根不会想到讹诈一笔修理费,或者违逆自尊心在那里磨洋工,这是一个企业家社会里的真实特性。而他在芝加哥的技工兄弟,却会受到大都市的社会影响,产生一种不同的心态,把所有客户都当成待宰的羔羊。人会受到社会的影响。

普通企业家生活的尊严和自由的双重道德变化产生了一种"理性与感性统治",我们至今从中受益。其美德表现为商业上的"事功"和家庭上的"仁爱",再结合由"希望"激发的几近疯狂的创新"勇气",由"信念"和"节制"在政治上提供保护,而且工人阶级——我们所有人的祖先起点——因其生活条件的大幅改善,也渐渐加入了保护者之列。工人阶级本身最终由于创新的企业家之间的竞争和为企业家保驾护航的政客们的努力,而加入到了市民阶层,拥有了投票尊严、房子、汽车、教育,并且跻身为"绅士"中产阶级。这些美德结合在一起就形成了自我定义的中产阶级。

从1919年到1935年,上中西部地区的挪威移民在他们的社区报纸《迪科拉邮报》(*Decorah-Posten*)上读到了出自彼得·罗森泰(Peter Rosendahl)之手的一个漫画连载,漫画描述了汉·奥拉(Han Ola)和汉·珀(Han Per)的冒险经历("汉"代表着"他",还

第四十二章 普通人的尊严和自由是最重要的"外部性"

有"先生",也许有一些的讽刺暗示,比方说,在爱尔兰英语中,"他自己"指的是某人的丈夫)。其中一个经久不衰的笑话就是珀对发明创造的执着,有时他会疯狂地重新发掘古老的技术。在连载期间,珀尝试了足足 60 种新机器,都以悲惨下场而告终。"罗森泰把他刻画为永远的乐观主义者,"负责连载的一位编辑说到,"他会尝试所有机械化的方法,除了农夫的户外工作外,还有妻子的室内劳动。"(见图 3)①

1. "But what in the world kind of patent have you made now, Per?" "Oh, it's just an electric fan for driving the windmill. When you turn that pointer you can change the speed. There are three speeds: 'light wind,' 'strong wind,' and 'hurricane.'
2. "I've set the pointer at 'light wind.'" "It won't run. Try 'strong wind.'"
3. "Does it turn around now, Per?" "Yes, now it runs lickety-split!"
4. "Now I've set the pointer on 'hurricane,' Per."

图 3 彼得·罗森泰:太多太少都不行,漫画 270,《迪科拉邮报》1927 年 5 月 6 日

正如漫画人物反复强调的,这是非常美国式的做法。在企业家时代,人人能自由地梦想发明创造,并且会发现他们的尝试得到社会的尊重。甚至连傻瓜都有梦想的自由。无论是追求荣耀还是商业化的尝试,他们通过发明创造找到了自己的尊严和回报,并促成社会整体的进步。对于历史上这独一无二的疯狂一幕,用修辞的变化来解释似乎能自圆其说,且比起左右两派的唯

---

① Rosendahl,1919-1935,p. Xi. 顺便说一句,漫画家"罗森泰"这个名字似乎出身于不寻常的男爵爵位(挪威的农夫与丹麦人不同,而像瑞典人一样,在他们恶劣的土壤上耕种,基本上不属于任何男爵的农奴)。与我的祖先们的戴姆什维克(Dimelsvik)有三英里远。

物论解释来,它更加符合事实。这种解释还具备偶然的优点,特别是针对西北欧。荷兰史学家彼得·李伯庚(Peter Rietbergen)写道:"在一个完全偶然的情况下,许多(欧洲的)本无足轻重的特性开始大放异彩。"①牛顿能自由畅想,伏尔泰能自由撰写,这是无比重要的事情。17世纪晚期和18世纪初期的荷兰人以及后来的英国人能畅谈企业家的尊严和自由,也是无比重要的。

---

① Rietbergen,1998,p. xxiv.

第四十三章　这个模型可以被公式化

我们的论证可以用一张图表来总结。根据你的思想倾向，你可以选择接受或不接受。这张图表用视觉术语重申了某些要点（这些要点可以依次被转化成一组方程式，带有倍数下标，还有微分项，等等。我会在不久后着手构建一个正式的经济模型。但是，这张箭头图表更容易理解，我们也不需要像普通的函数数学那样只给出一种原因，休谟的撞球因果律）。①

为了避免在这张意大利面条图中造成无意义的大量混乱，我们可以减去两种对经济大飞跃没有贡献，或没有起到太大作用的所谓因素（意大利面条图中的"面条"）。想象一下，如果我们把想象得到的所有因素都放在意大利面条图里，把那些从1500年至今欧洲所有重大事件都囊括在内，即使它们对解释经济大飞跃没有帮助或只有很少的帮助，那也会是一片混乱。以几百年前在印度洋欣欣向荣或在欧洲帝国主义里举足轻重的国际贸易为例，那只是让庸人不至于失业和把世界地图染成红色罢了。因此，对于那些不是经济大飞跃重要历史原因的"面条"，我们予以忽略。

有一类被忽略的因素的确有影响，但其影响对欧洲和亚洲而言都是一样的。这类因素就是背景条件，比如城市的扩张，或财产权利的稳固等。本书前面的许多章节一直致力于向读者证明

---

① 在其优雅的新作中（Cartwright, 2007），科学哲学家南希·卡特赖特提出多种撞球因果关系——"辅助"、"怂恿"、"为之排除障碍"，等等。若我们再度唤醒亚里士多德式对物质、形式、效率及终极原因的反思，或许也能从中获益。

这类因素不能很好地解释现代世界的起源,因为它们出现在中国、印度、阿拉伯世界,还有奥斯曼帝国,甚至在一些非洲和新大陆的王国中也有它们的影子,有时候比起西北欧还要更早一些,程度也更大(见表3)。另一类在意大利面条图里忽略的因素是偶然事件,也就是1500年以后在欧洲实际或预期发生的事件。有时候,据说是这些偶然事件产生了现代世界,但我们已证明这种说法是夸大其词(见表4)。

表3　　1500年前所有欧亚文明的背景条件,无论好坏,
在这以后只是程度加剧罢了

文学、艺术和科学之花
尊重学问;大学
精英的教育
印刷和纸张
指南针
钟表(尤其在欧洲)
一神教(尤其在欧洲,包括东正教和伊斯兰世界)
和平与资产阶级繁荣(欧洲较少)
城市化(北欧较少)
(-?或+?)城市的高死亡率
能干官僚(特别是中国)
高出籽率(非欧洲,因其没有种太多稻子或玉米)
投资能力(欧洲较少,见出籽率)
大规模长途贸易(欧洲较少)
奴隶制及奴隶贸易(特别在中东)
大规模及深度的国内贸易及市场
良好的国内运输,特别是未经改良的河道、运河及沿海船只
适宜的气候

第四十三章 这个模型可以被公式化

续表

(-)气温在1300年达到最高点后小冰河期(1300—1850)的发端
(-)疟疾
(-? 或+?)鼠疫
对利润的渴望
法治
私有产权
货币(中国甚至有纸币)
复杂和理性的金融体系
某些受偏爱地区的高收入
煤炭的大规模使用(中国、印度、欧洲)

表4　1500年至今的偶然事件,对伟大事实并不构成太多贡献

新教伦理
节俭
理性主义的崛起
贪婪的崛起
西班牙和葡萄牙的帝国主义
价格革命
荷兰、英国、法国的贸易(对企业家尊严的贡献除外)
荷兰、英国、法国的帝国主义
奴隶贸易
储蓄率的增加
资本的原始积累
剩余价值,再投资
常规投资
教育(直到1900年左右)

续表

对工人阶级的剥削
科学(直到 1900 年左右)
(一)贵族和绅士阶级持续的崇高声望
常规的运输改善(运河、港口)
英国人的遗传
英国的社会继承
斯图亚特王朝的失误和征税
光荣革命
制度变革
规模经济

如果你对一项感到愤慨("她凭什么说英帝国主义是一个'偶然'?!"),那只能说前面的相关章节的论证没能说服你(见第二十六章和第二十七章)。你可能是对的,但我会请你科学地证明,而不仅是表现愤怒。顺便说一句(我对历史学同事的评价),"证明"并不是东拼西凑地罗列一堆与经济学毫不相关的证据。如果你想要证明,比方说,想证明对外贸易很重要——并非一个全球普遍的"背景条件"——你必须用经济学思考方式来构筑你声称相关的证据。你不能只是说,"政治上同意我的非经济史学家们全都相信帝国主义或贸易很重要"。这是一个科学问题,不是一个政治问题(虽然它的答案肯定有政治含义)。除了表现愤怒外(我对经济学同僚的评价),"证明"也非指在肤浅地读过一些被"校正"过的历史后,就设想一种教育积累模型或黑死病模型。那是一个六英寸的障碍,就像统计"显著性"一样。实际上以这种或那种方式粗略"预测"(更准确地说是"事后诸葛亮")欧洲历史进程的模型,其数量之多,数也数不清。你的定性或定量证明必须是完整的,才能反驳我。你的证明必须有彻底的科学性。

第四十三章 这个模型可以被公式化

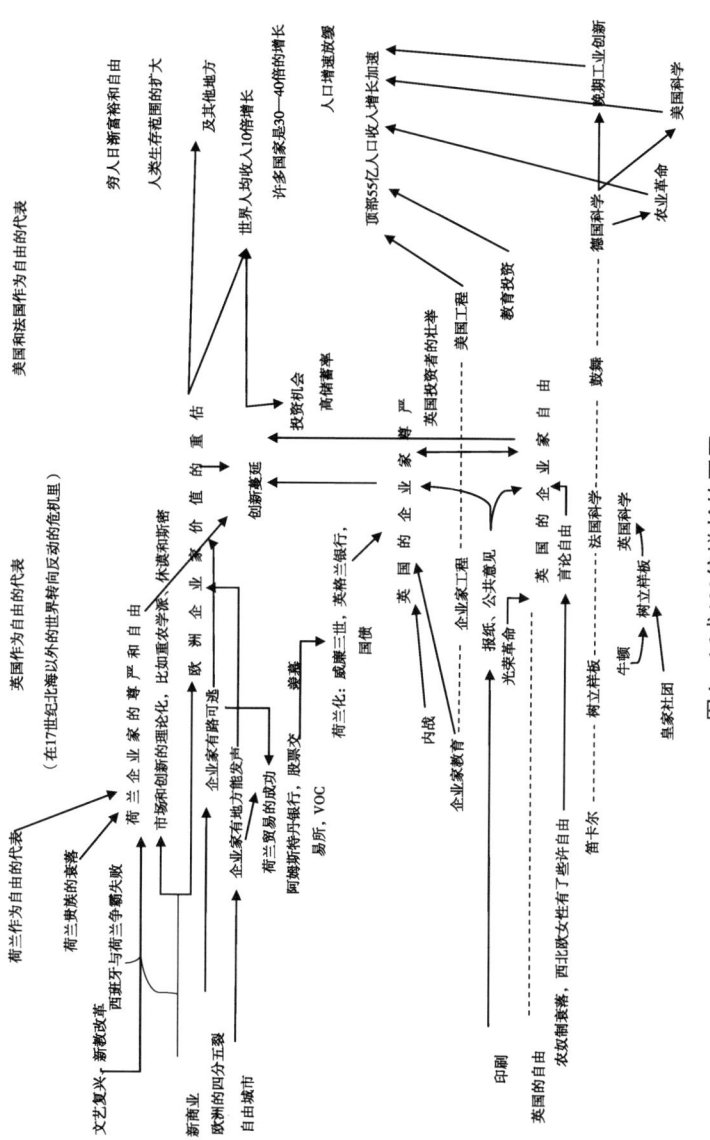

图4 16或100倍增长的原因

简言之，我认为图 4 中跨越数世纪的图解模型要胜过其他严格的唯物主义解释。这个模型可以轻松地用数学来表达，比如微分方程式，我在之前也已经说过。并且我认为图中按世纪来组织的线条是一种很好的总结全书观点的方式，很适合习惯图表式思考的读者理解。一位年轻的接受传统经济学思想教育的经济学家会对这个模型感到困惑，因为在他头脑里，只有约束最大化的模型才是"模型"。他犯了一个哲学错误，且所受的教育使他无从知道自己犯了错误。

但是此处的关键是效用最大化模型（我向经济学同僚重申）无法解释真正的创新，虽然我非常喜欢这种萨缪尔森—贝克尔思想，也写过无数的文章著作来称颂它。这也是本书的中心思想：一般的效用最大化方式，如对外贸易的扩张，或沼泽排水及开凿运河等常规项目投资，均无法解释现代世界。奥派经济学家所说的发现才是原因。如奥派经济学家（如柯兹纳）正确论证的那样，真正的发现，如莫基尔的"宏观创新"，绝非有条不紊投资的结果，而总是一次意外，前提是做好思想准备和有开放的讨论空间。如果我们要讨论真正的发现，那和常规的探索比如石油勘探不同，不存在可以最大化的效用和可以遵从的约束。谈到石油，真正令人震惊的宏观发现是：你可以从地下大量采集原油并从中提炼出煤油和汽油。相比之下，在这个想法被发现之后，如何投资钻井获得最大的石油生产收益，才是一个理性研究的项目。两者的区别（致经济学家）与奈特风险（可计算，所以在效应最大化的世界里，常常是确定的，可部分避免）和不确定性（无从计算）之间的区别一样。无论 1500 年的欧洲，还是 1600 年的英国，还是 1800 年实际人均收入增长 16 倍的英国，都没人能想象到这轮史无前例的经济大飞跃。在"令人震惊"的同时，它也是不确定的。

但我可以稍微满足一下经济学同僚的饥渴，提供一种更接近他们认为是"模型"的东西。这里的国民产值函数关系式是：

$$Q = I(D,B,R) \cdot F(K,sL)$$

这其中，I 是创新函数，取决于 D——创新者的尊严，还有 B——创新者的自由（字母 L 是所需的劳动），还有 R——创新的租值或利润。创新函数 I 与新古典主义的传统生产函数 F 相乘，生产函数 F 取决于一般的有形资本和土地 K，还有原始劳动 L，L 要乘以一个教育和技能系数 s。

这种表述方式当然没有什么深奥的数学在内。"数学"仅仅是一种经济学家能理解的隐喻式语言，并让我与他们交流经济和社会思想而不会过分混乱。我将函数 $I(\cdot)$ 单独列出，是为了强调经济增长主要取决于熊彼特/奥地利学派主张的创新，而非像有些经济学家和历史学家仍然相信的古典/马克思主义/或者萨缪尔森派主张的资本积累。经济学家曾一度认为增长取决于有形资本（函数 K），如今一些人认为它取决于各种形态的人力资本（sL）。对于唯资本论，我已经提供了充分的历史证据加以反驳，除此之外，经济学家彼得·休伊特（Peter Howitt）在最近的论文里比较了今天全美范围内的情况，并得出结论说，"在全国劳动人口人均 GDP 的变动里，有超过 60% 的变动来自生产力而非有形和人力资本的积累"，而且生产力对其增长率的贡献超过了 90%。[1] 他认为，"因而，几乎一切都可以通过'索洛余值'理论来解释"。1957 年索洛经典论文里的 A 项就是此处的 $I(\cdot)$ 函数。[2] 休依特继续说道："我会倾向于以创新为基础的经济增长理论，这是部分原因。"这似乎是一个合理的结论。亚当·斯密也早就预料到了这点，他在《道德情操论》(Theory of Moral Sentiments)[1759 年

---

[1] Howitt, 2005, p. 7 in the Brown University preprint.
[2] 索洛模型：20 世纪 50 年代中期由美国著名经济学家索洛提出（增长速度方程为模型）$Y=F(K,L,t)$。其中假定存在着如下形式的生产函数：$Q_t = A_t f(L_t, K_t)$，式中：Q_t 为 t 时期的总产出；L_t 为 t 时期投入的劳动量；K_t 为 t 时期投入的资本量；A_t 代表 t 时期的技术水平。——译者

(1790年版本)]里就处理了变量 D 即尊严,在《国富论》处理了变量 B 即自由[并大量探讨了 $F(\cdot)$ 函数]。斯密相信明显和纯粹的自然权利体系(自由 B,但联系了尊严 D)是必要的,在他的设想中,单单这个体系也足以导致(适度的)经济增长。

即便这个未指定的函数形式 $Q = I(\cdot) \cdot F(\cdot)$ 的格式如此模糊,也显露出一些定性的地方来。当然,没有实际数据的衡量,我们的知识只能贫瘠浅薄和无法令人满意。在创新函数 $I(\cdot)$ 中,R 项即经济家称为的租值,其他人则称为利润。它部分代表了常规的创新激励,比如捡起 100 美钞。无论是否常规,这个函数项都有两个方面,取决于你观察它的时机——在创新之前或之后,"事先"或"事后",就像贡纳尔·缪尔达尔(Gunnar Myrdal)之后的经济学家会说的,"从事先"或"从事后",即从开始时的角度或从结束时的角度。我认为,函数项 R 有时表示"常规"(这是一个很有用的记忆方法,可用于记住尊严 D 和自由 B 这两个非经济和非常规的变量),但事关取决于警觉和构想未来的能力时,函数项 R 必然就非常规了。"事先"正是罗伯特·卢卡斯的公式——"他们为自己和孩子所设想的可能生活",以金钱表达(即以世俗化而非神圣事物或动物精神来表达,比如关心孩子的神圣价值观——这是经济学家思维方式的局限)。如此,函数项 R 把"事先考虑"看作部分的常规收益,在马德拉斯一位企业家的眼前徘徊。企业家设想,如果他能将空调推广成亚特兰大的标准设备,自己将变得多么富有。不过它也是伊斯雷尔·柯兹纳公式中的非常规收益,例如约翰·埃里克森(John Ericsson)想象将螺旋桨推进器推广到船舶行业中所获得的收益。哪些创新是可以想象的,取决于即将问世的新设备或新制度。据说即将问世的创新有时需取决于相对要素价格,不过我们看到了这种观点有很多漏洞。另外,当带有独立冷凝器的蒸汽机普及时,许多人终于想到,也许可以更多地压缩蒸汽,让它在更高的压力下输出同样的动力。那是

第四十三章 这个模型可以被公式化

瓦特本人意识到的不愿意去实践的创新,因为他害怕发动机会产生可怕的爆炸。但很多人尝试了,把它应用到了铁路和蒸汽船只上。

然而,企业家个人"事先"想象的 R 值,经过竞争会事后消散成一个社会的 R 值,为 $I(\cdot)$ 函数赋予一个真实和非投机性的事后高度。如果 R 值消散太快——太容易被仿效,或是无法获得专利的知识——那么创新激励就被削弱。但不存在能使 R 值最优化的纸上制度公式或参数。一旦某人历经千辛万苦获得一个发现,那他人学习的边际成本就接近于零;经济学家说,牛顿和莱布尼兹(Leibnitz)(他们意见不一)应该获得资金赞助,从而能获得最优的数学创新数量。(其实这个例子再次证明宏观创新或不是常规货币成本与收益的最佳分析对象。)但只要发明工作完成(经济学家就会转换立场说),最优的复制价格就该是零,社会应当立刻停止向牛顿和莱布尼兹签署支票。这是一个悖论,没有统一的解决方法,要看情况而定。我们可以用一座桥来说明:布鲁克林大桥耗费巨资建成,某种程度上需要举债支持,但从 1884 年 5 月 24 日迄今,经过这座桥的人的社会机会成本是零,因此经济学家从社会角度看,收取过桥通行费来偿还债务是不理性的。整个创新时代就是一座智力得不到补偿的大桥以无比巨大的跨度建成的时代。

函数 $I(\cdot)$ 中的其他项: D 代表尊严, B 代表自由,都是无补偿的外部性。在个人回报消散之后, R 同样没有补偿。但在此之前,它能获得超额利润补偿,远超出常规投入 K 和 sL 的机会成本。当被补偿时,租值即 R 就干扰了分配时的边际生产规则,因分配全然取决于 $F(\cdot)$ 函数的常规性。如果经理知道雇工或投资者要生产什么,她就知道该给他们多少回报;如果租值 R 脱离均衡状态,她的预期就会被干扰。这种干扰也提供了一种衡量 R 的方法,我们可以通过观察无法用 K 和 sL 的常规边际生产来解释的经济回报来衡量。函数项 R 的"事后"回报搅动着社会各个阶层，换言之，干扰了边际生产的常规分配——以钢铁大王卡内基为例，早年利润都归了他；后由于国内外钢铁企业的竞争，利润就归了众人。如果没有租值消散，如果收益最后没有归到众人，那创新就无法在平等主义立场上站住脚——当然历史证明了创新带来平等。自李嘉图时代以来，经济学家坚持不懈地从道德上攻击土地的事后租值，原因就在于此。根据社会学，仅仅持有土地就能获得大量租值，中世纪国民收入的一半流入贵族阶层，创造了一个贵族或教士社会。相比之下，来自创新的大量(最终消散的)租值，却倾向于创造一个企业家社会。金钱带来荣耀，当然，金钱即荣耀。

偿付与未偿付之分就是 $I(\cdot)$ 函数和 $F(\cdot)$ 函数被分开对待的原因，并且它至少在逻辑上证明了我早前的"经济大飞跃是极大外部效应结果"的判断。$F(\cdot)$ 函数是常规的，而你也能根据一位经济学家如何看待函数项 R 来分辨她是否承认非常规性在经济生活中的作用。奥派经济学家将 R 视为无意的发现；萨缪尔森学派则希望让 R 回到常规的边际收益与边际成本，即迫使它回到常规的 $F(\cdot)$ 函数里。(这两个学派很偶然的都是"新古典主义"，前者出自门格尔，后者出自马歇尔，这其实说明了把传统的萨缪尔森学派称为"新古典"多么不合适。)休伊特在这一点上引用了莫基尔的先驱式历史著作，他说："经历最高速经济增长的国家，其国民未必有最强烈的开发新技术的动机(用我的话说，即萨缪尔森派的高租值 Rs)，而是其国民最能容忍和接受经济增长的许多负面效应(即企业家拥有高度的尊严 D 和自由 B)。那些负面效应几乎总是……创造性毁灭里毁灭一方的结果。"[①]在荷兰(在 18 世纪变成一个真正的贵族国家并扼杀创新之前)、英国和

---

① Howitt,2005,p. 10;and Mokyr,1990,p. 179.

新生的美国,高度的尊严 D 和自由 B 减少了创新的反对力量,而欧洲大陆反犹太主义,或法国干预主义则以国家利益之名保护这个或那个产业。

代表尊严的变量 D 和代表自由的变量 B 有各自的动态性。当表现为美德时,尊严关联信念和公正,关联到你是谁,你应该尊敬谁;而自由联系希望和勇气,追求冒险的勇气[如神学家保罗·田立克(Paul Tillich)所说]和希望。(我再次对自由意志主义者说,光有希望和勇气并不够。)预期或实现的租值 R,联系到节制(为投资而储蓄)和事功(理性,拾起面前的 100 美元钞票而不好高骛远)。第七美德,对人或超凡事物(科学、上帝、家庭)的仁爱,影响其他不被承认和未被偿付的变量,也很重要。约翰·埃里克森与钢铁厂老板科尼利厄斯·H. 德拉梅特(Cornelius H. DeLamater)的伟大激情无疑极大影响了这位发明家的生活和工作。

美德如果未能得到平衡,就是恶习。以尊严为例,就会通往腐败——有时会对 $I(\cdot)$ 函数产生负面而不是正面影响。如果商人发展为一个骄傲贵族,腐败就会发生,例如佛罗伦萨,还有如左派所相信的美国掌权的精英们。同样,自由,包括言语行为,也同样会导致危险,会转变成一种负面影响,比如政治上的嫉妒表达,当穷人能发出自己的声音,能用投票来从富人那里窃取财富时就是如此。毕竟,这是让穷人脱贫的最直接方式。(在 20 世纪 60 年代,《纽约客》刊登了一幅漫画,画中一辆银行运钞车停在路边,护卫们把钱袋拿出来递给路边行人,其中一人宣布说:"好极了,消灭贫穷的战争终于开始了!")

随着时间的推移,函数 $I(\cdot)$ 中的变量 D、B 和 R 会纠缠在一起[正如 K 和 L 在函数 $F(\cdot)$ 里纠缠一样,比如在可代替性、互补性、特定人力资本,收益递减等方面]。一个社会,就像常规的生产一样,需要互相配合。例如,1900 年的创新在尊严方面取决于早年的自由和创新带来的早期租值。$D_t = G(B_{t-1}, R_{t-1})$。不久后,获得自由的群众倾向于获得相应的尊严,特别是当个人自由提高了个人收入,或者当全世界都承认是他们带来了福祉后。而当贵族和准男爵们成为新公司的荣誉主席时,反向的结果也可能发生,从尊严到自由,或者(不太令人愉快的)从尊严到高租值。

同样,随着时间的推移,创新函数 $I(\cdot)$ 的变量能对生产函数 $F(\cdot)$ 的常规变量造成影响。用传统的方式来思考,就是想象从整个表达式 $Q = I(\cdot) \cdot F(\cdot)$ 中衍生的需求曲线(边际收入生产曲线)。在这个衍生曲线中,函数 $I(\cdot)$ 是一个倍数,提高资本和或多或少受过教育的劳动者的边际产量。从长远看,早先论证过的资本的非初始化特性可以在此处表达为 K 和 sL 的供给是有弹性的。因此,资本积累,无论是有形资本或人力资本的积累,都将取决于 $I(\cdot)$ 经过修正的估值结果。随着函数 $I(\cdot)$ 在创新时代的增长,储蓄会被发现用于恰当的投资,因为更高的生产力彰显了 R 的存在并使其变得常规。同样,从长远看,技术教育会灵活地对需求做出反应——虽然"技术"的定义也在随时代变化,16 世纪盛行拉丁文(如外交官要求会拉丁文),或者 20 世纪流行微分方程式,而 21 世纪流行数模。

创新发生的国际环境也很重要。以 1850 年的俄国为例,从停滞经济体的角度来看,随着 19 世纪的历史进程,可以想象其 R 值也变得越来越大,终于在某些国家超过了很低的尊严 D 和自由 B 的值——也就是格申克龙—伯拉德点。在不尊重企业家的地方,比如大革命前夜的法国,被鄙视的社会阶层可以用高度的自由来弥补(事实上并没有)。不管怎样,法国也会慢慢进入现代化,因其毗邻两个国家:首先是在军事和经济成功的荷兰,然后是同样成功的英国。这表明了"事先"租值 R 的重要性。在经历了 1701—1714 年西班牙王位继承战争的耻辱后,小国荷兰与新兴的英国(和南部战线的贵族奥地利)联手灭掉了实力强大和野心勃勃的路易十四的气焰,法国也得到了教训,知道自己缺少什么。

代数的好处在于任何人都可以超越这种存在性定理,定性的、纯哲学的论断和反论,毕竟,它们能够证明任何所谓的事实模式。我们可以多一点科学性,把注意力集中在各种效应的相对重要性上面。例如,假设函数 $I(\cdot)$ 和 $F(\cdot)$ 是柯布—道格拉斯生产函数[1],即每个变量都有一个固定的指数(你问为什么:因为数学计算方便,还因为如果你没有先验的知识计算指数的变化,以常数开头是明智的第一步;而且没有特殊理由假设它们会在内部发生变化)。然后,得到每个变量的变化率(使用 $*$ 来表示" $*$ 前的变量变化率",并使用对应的希腊字母来表示字母之后的变量的弹性——指数系数),明显就生成下列方程:

$$Q^* = [\delta D^* + \beta B^* + \rho R^*] + [\kappa K^* + \lambda^* + \lambda L^*]$$

如果你喜欢以对数方式来思维,你可以用对数线性方程式来表达同样的意思。无论是哪种表达式,如果没有交叉项,只能适用于变量微小改变的情况,但如果有交叉相,也可以轻松地(可能会有点冗长)重新表达。如果你对某种交叉项特别有兴趣,你应该这样做,例如,在 K^* 和 D^* 之间,有形资本累积和企业家尊严的百分比变化。

方程式可以用人均形式来表达,只需要在等式两边除以 L^*:

$$(Q/L)^* = [\delta D^* + \beta B^* + \rho R^*] + [\kappa K^* + \lambda^* + (\lambda - 1)L^*]$$

对于这样一个等式,我们可以变换成各种各样的表达式。(我重申:它们只是重新表述先前论证过的内容,不是什么激动人

---

[1] 柯布—道格拉斯生产函数:是最初由美国数学家柯布(C. W. Cobb)和经济学家保罗·道格拉斯(Paul H. Douglas)共同探讨投入和产出的关系时创造的生产函数,是以美国数学家 C. W. 柯布和经济学家保罗·H. 道格拉斯的名字命名的,是在生产函数的一般形式上做出的改进,引入了技术资源这一因素。用来预测国家和地区的工业系统或大企业的生产和分析发展生产的途径的一种经济数学模型,简称生产函数。是经济学中使用最广泛的一种生产函数形式,它在数理经济学与经济计量学的研究与应用中都具有重要的地位。——译者

心的新奇内容。)如果技能变量可以随受教育年数而衡量,则从对教育回报的截面研究来看,相对于解释经济大飞跃时的巨大变化,与受教育时间相关的 s 的斜率应该是相当小的。一个大学毕业生对 Q 的贡献不会比高中毕业生强过 10 倍(这是一种带有侮辱性质的假设,如果你有未上大学的朋友,就会觉得这假设很愚蠢)。这种衡量只在大学能准确挑选极少数天才精英的情况下才有用。但这样的筛选实际上不可能成功,英国的 11 岁儿童升学考试的悲惨经验已经证明了这点,而就连爱因斯坦起初也无法谋得一个教师工作。所以,这个方程式可以让我们公开怀疑教育的力量。

另外,创新函数里的变量尊严 D、自由 B 甚至租值 R 或可由教育而得到改善。理由很简单,更高的技能水平 s 带来更高的尊严 D,因为社会尊重高水平企业家,或因为对技术的深刻理解是创新的必要前提;或者是由于经济学的教导(我也对 s 有过适当的贡献)使人们尊重经济事务的自由,从而实现更高的尊严 B。然而我要重申,s 效应可能并常常是堕落的,比如通过向企业家的优秀后代灌输企业家没有尊严的思想来腐化他们,或者怂恿企业家的后代堕落为国家官僚,使他们相信政府必须践踏企业家的自由。秘鲁马克思主义组织"光辉道路"的领袖是一名哲学教授;在希特勒的纳粹党卫军中,获得人文学科高级学位的军官比例相当之高;德国工程师建造了毒气室。

同样,除非我们能够假设,或者(不太可能)实际上度量规模经济,这会增大弹性 κ 值,否则即便 K 的百分比变化再大也无法解释人均收入的提高。如果要用规模经济来解释现代世界,那我们必须证明它们在古代和世界其他地方都能起到作用。但我们显然无法在历史上的其他地方找到它们,如果要假设它们在 1700 年的英国突然出现,那我们会奇怪为何没有先例。而且正如实际上度量的那样(不是纸上谈兵的存在性定理),规模经济的作用很有限,把函数 $F(\cdot)$ 变量里的系数总和从柯布—道格拉斯生产函数的 1.0 提高到大概 1.1 的水平。出于竞争和边际生产力分配理论的理由,资本贡献给生产要素的比重就是这里的弹性 κ(严格来说在没有规模经济时:如果经济规模很小,大约是这样)。这种弹性在现代经济很小(大约是 0.10 或 0.20),虽然比土地更重要时要高。

谈到土地更重要:当土地不重要时,L 所占的份额很高,然后项 $\lambda-1$(当然它是负的,投入到固定土地上的劳动会有收益递减现象)很小,因为那种情况下的 λ 值接近于 1.0[规模经济其实可以使 $\lambda-1$ 转变成适度的正数,意味着人口的增加使我们更为富裕,甚至不用考虑在函数 $I(\cdot)$ 里的规模经济]。在经过人力资本强化的现代经济里,劳动自身获得了国民收入中更多的份额,从而极大削弱了马尔萨斯的收益递减的预期。换言之,当劳动回报占国民收入的比重提高时,另一个与劳动力相关的项,λs^*(衡量技能的效果)会变得更高。在这里,我们用数学表达了这个观点:人力资源变得比自然资源更加重要——土地在 K 值里没有反映,只有当 $\lambda-1$ 很高时才导致收益递减。在中世纪,这一项的数值很高,当时劳动只能得到一半的国民收入回报,其他都流向了土地。当人类社会向现代演变时,$\lambda-1$ 值减少了,从而来自收益递减的威胁也降低了,从 0.5 降到 0.1。所以,醒醒吧,环境保护主义者们。

事实上,没有理由把函数 $I(\cdot)$ 中的系数增加到 1.0。相反,在鼓励大量创新下,双倍的尊严也许会导致远远多于双倍的产量。你会怀疑"尊严"是否可以被度量。请等我的下一卷书作[①],我会进行尝试:或许我们可以通过民意调查来度量尊严,例如"价

---

① 即指 McCloskey, Deirder N., 2016. Bourgeois Equality: How Ideas, Not Capital or Institutions, Enriched the World. Chicago and London: The University of Chicago Press。

值观调查"公司；或许我们可以通过庸俗文学中的商人创新英雄的流行程度来度量；再或许，我们可以通过文章中赞美创新的比例来度量[例如，早年对塞缪尔·约翰逊（Samuel Johnson）的引用]。相比之下，自由更容易度量，而且一直在被度量，比如开办一个企业需要多少时间，或者辞退工人的容易程度等，这些都是现在常见的调查内容。同样地，它也不需要用一个规模收益常数系数来约束：例如，β 系数本身也许远远高于 1.0，比如在以庸俗语言写的作品里（未经审查出版），书页里"自由"这个词的比例可以高出 50%，这样在计算时人均国民收入就轻松增加 50% 了。

经济学家把诸如此类的社会或政治事情和我在函数 $I(\cdot)$ 中所总结的事情视为相对常数（或经济的外生因素），所以他们更为关心函数 $F(\cdot)$。不过公式化有一个更大的教训，函数 $F(\cdot)$ 的确很不错，也是经济学家的焦点，但函数 $I(\cdot)$ 才是现代世界的缔造者。函数 $F(\cdot)$ 是海岸，函数 $I(\cdot)$ 才是海浪。

第四十四章　反对企业家使穷人遭殃

一些学者却质疑企业家时代,称其为"全球化",而全球化正是他们所憎恨的,正如他们憎恨麦当劳、企业家和资本主义。自1848年以来,知识阶层一直质疑企业家并反复攻击,每一次新的攻击都表现得像是面对强权勇敢地说出真相,都像是一个大胆的新见解,但是从福楼拜(Flaubert)和萧伯纳(G. B. Shaw)一直到辛克莱·刘易斯(Sinclair Lewis)和大卫·马密(David Mamet),他们的表达形式都完全一样。反全球化的知识阶层特别关心全球化过程中的失败者,例如瑞典木材大王史文森(Svenson)的瑞典竞争对手琼森(Jonson),或者瑞典木材的英国竞争对手莱特曼(Wrightman),他们特别关心落败一方因失去工作而陷入贫困的群体,却不曾关心过那些在竞争中胜出的一方。他们的结论是我们为经济增长付出了过度的代价。马克思主义文艺评论家伊格尔顿在2006年宣称:"全球资本主义……助长了仇恨、焦虑、不安全感和羞辱感,这些情绪哺育了原教旨主义。"① 著名左派人士,历史社会学家伊曼纽尔·沃勒斯坦在1983年宣称:"资本主义作为一个历史制度,和历史上曾经存在过并被其摧毁或改造的形形色色的制度相比,根本不代表先进性。"②

这就是历史学家肯尼思·彭慕兰和史蒂夫·托皮克(Steven

---

① Eagleton,2006.
② Wallerstein,1983(1995),p. 98.

Topik)在其精彩的经济史拼贴画《贸易打造的世界》(The World that Trade Created)中的主题(2006年;1999年版的再版)。他们与数不清的反创新者一样,深情评价说:"(20世纪的中国)农村长者禁止在田里使用更高效的镰刀,因其带来的好处比不上挑起农夫、受雇收割者和小偷之间新的争斗的好处。"①那听起来不错,如果主角是俄国旧时农夫就更完美了。记住欧文·拉铁摩尔对清朝保守主义的评价:"中国通过开创中央集权的帝制官僚主义而得以改变,一代又一代的官员都从地主阶级产生,土地利益和行政利益的结合牢牢扼杀了创新,几乎完全阻止了工业的发展。"②

但是扼杀创新,无论对旧时俄国人和俄国农夫,还是对旧时中国人和中国官员都不是好事。如果羡慕加妒忌、保护制度、利益链条,和强制让新旧技术和谐相处占据了上风,那创新和现代世界就被阻断。琼森否决了史文森,而宗教法庭让伽利略沉默。

莫基尔举出了大量这种"搬起石头砸自己的脚"的例子:在1299年,佛罗伦萨立法禁止本城的银行家使用阿拉伯数字;在15世纪末期,巴黎的抄写员把印刷机在当地的使用推迟了整整20年;在1397年,科隆的既得利益者宣布用冲压机制造别针非法,只允许手工制作;在1561年,一位纽伦堡人发明了一种车床,而纽伦堡市议会竟立法把生产和销售这种新车床的人都关进监狱;在1579年,但泽市议会秘密下令溺死丝带织布机的发明者。③ 这类悲剧一直持续到今天——因为这些反创新活动都出自事功的自利,而非原始时代所特有的蒙昧。在18世纪70年代晚期,史特拉斯堡理事会禁止当地的一家棉纺厂在本镇销售它的产品,因为专事进口布料的商人会受到干扰,"如果生产者同时又是商人,所

---

① Pomeranz and Topik,2006,pp.134-135.
② Lattimore,1940,p.393.
③ Mokyr,1990,p.179.

有的商业秩序都会被扰乱"。① 在 1865 年,由于圣路易斯的威金轮渡公司的阻止,第一次尝试建造一座横跨密西西比河的伊兹桥的计划遭到了挫败。而就在前些日子,芝加哥市议会的白人议员在左翼学者的支持下,成功阻止了沃尔玛在城市南部的"食物荒漠"地区开设大卖场。

如果企业家的尊严和自由没有被公众整体接受,那在知识阶层的冷嘲热讽和利益集团的阴谋设计之下,穷人的富裕将遥不可及,因为不会有创新。正如已故的基督教经济学家保罗·海恩(Paul Heyne)所说,经由税收和再分配的强制慈善教条所实现的仅仅是"神圣化的嫉妒"。旧式供应商取得了胜利,其他所有人都失败了。你请求上帝夺走邻居的双眼,或杀死邻居的山羊。你在田野或工厂里继承你祖父的工作,而不是去读大学。你停留在旧思想里止步不前和被束缚在老式轮渡公司里。无论满意或不满意,你依旧过着每天 3 美元收入的生活,使用着老式设计的镰刀。你仍然得在科蒂奇格罗夫和 79 大街的街角酒品店为孩子购买食物。我们中的大多数仍然会过着无法形容的贫穷和无知的生活。

彭慕兰和托皮克在谈到对印第安人的剥削时并没有说错,因捆绑美洲小麦秸秆而产生了更多麻线的需求,导致马雅印第安人和雅基印第安人被迫收割仙人掌来制作麻线。② 不过,他们错在把剥削归结于(通常没有证据支持)创新本身而非前资本主义时代的权力框架。在前资本主义时代的集权制度下,独裁者们以罪恶的手段利用麻线、咖啡、蔗糖、橡胶的贸易机会来剥削。在这些国家里,这种先前存在的罪恶(在邪恶的市场机会出现以前以其他方式剥削)常常是被资本主义本身所消灭的。资本主义在全世界掀起了一股人均收入提高的浪潮,并在这股浪潮的冲击下,为

---

① Quoted by Pollard,1981,p. 60.
② Pomeranz and Topik,2006,pp. 131–132.

普通人带来了政治权力。在英国,是自由派企业家最早单枪匹马地支持终结奴隶制;在美国,也是企业家在1789年宪法第一修正案里支持保护言论和信仰自由;并且在法国,也是企业家在黎明前夕支持形形色色推翻旧制度的自由。

到了19世纪初的西北欧,人类经济史上第一次出现了公众舆论,尤其是精英阶层舆论里重要的一部分,在明确拒绝令人羡慕的身份和上千年的惯例,并和平行的非经济思想世界一样,逐渐接受经济的创造性积累和毁灭。启蒙者直接挑战旧思想传播者的利益,宣布"抛弃旧思想,接受新思想"。16世纪和17世纪迅速崛起的学院和大学使学问民主化了,其普及速度直到19世纪才被超越。与此同时,西北欧洲的创业者们也在以同样喜新厌旧的态度谈论创造发明和市场交易。用新机器淘汰旧机器;用允许创新的新法令淘汰限制创新的旧法令。彼得·李伯庚(Peter Rietbergen)观察到,来源于精英和识字文化的文件指示形成了一种新的文化,替换了"数世纪以来,由当权者口头发号施令的制度……不过对于领命者,仍保留了某种亲近的形式"。"共同规则体"成为法国处处使用的标准化的法律正式语言("official"这个词语来源于"officio",字面解释为负责集合职员的人)。① 公众舆论导致的道德改变无疑证明了它相较于其毁灭或改造的先前各种历史制度的进步性,因为它为普通人的日常生活引入了一套新颖的功利主义法则或全新的宪政性质的政治经济。人们愿意更换工作和允许技术进步,或至少相信抵制技术进步是无益的。拒绝机械化的思想逐渐式微。人们也不再嫉妒加羡慕地把某人的财富或财产归因于政治或巫术因素。人们渐渐达到了小说家菲利普·罗斯(Philip Roth)所谓的状态:一个能宽容地理解不平等

---

① Rietbergen, 1998, pp. 234-235.

和不幸谜团的文明人。① 或至少,人们从信仰高度个人色彩的政治——比如这种信仰导致了 17 世纪初沿着德法边界数以千计的巫婆被烧死——转变为不再眷恋的非个人色彩的信仰,或信仰多数统治、官僚、政府、无形的手,或习以为常。亚历山大教皇在 1733—1734 年说:"因而,上帝和自然连为一体,自爱就是他爱。"这种信念在当时已经成为共识。②

对创造性积累和毁灭的接受,被证明提供了一种安全保障,保证了所有船只都能在创新浪潮中冲浪。你甚至不需要一艘船。人们接受了推销计算机的新工作,放弃了打铁的旧工作。结果是完全不可预料的,是世界史上的一次创造性发现。我要说,创造性发现及其蕴含的创造性毁灭旧思想旧事物的含义,其中的关键是要能接受其后果。否则我们就会面临反对,部分就像左派和右派的反对那样。站在左派的有卡尔·波兰尼的"双重运动",将工资定义成奴役;站在右派的有"怀旧之情",念念不忘昔日的家庭妇女和向尊贵阶层脱帽致敬的工人。左右两派都宣称新式镰刀是可怕事物,都不满镰刀供应商的利润,都阻碍企业家的进步,以及之后穷人的脱贫。

让我们考察一下左派的反企业家修辞。同情穷人是有良心的表现,左派当然是有良心的。就凭所有人的祖上都是穷人,我们就应当同情穷人,否则就是不同情祖先,就是大不敬。如果右派理念更倾向富人,声称穷人是自作自受,那他们应被鄙视。到此为止我表示赞同。然而即便进步主义者的最美好和最得意的方案也有不良后果,例如左派人士狂热信仰的"工资即奴役"概念,即与其高尚本意相反,恰在粗暴伤害穷人。左派设立了最低工资并立法反对血汗工厂,结果让穷者愈穷。

---

① Roth,2006,p. 101.
② Essay on Man,epistle 3,lines 17—18.

毕竟，若是分析一下左派的教条（右派也好不到哪里去），则为了一份工资而选择一份恶劣的工作——为了免予饥饿——与"奴役"完全不是一回事。即便以百姓自己的标准来衡量，由警察和军队执行的奴役、屠杀和国家强制政策也会使生活过得更糟。与上街乞讨这般更为糟糕的选择相比，工作和工资却让百姓过得更好。在柬埔寨，工人们排队等候进耐克鞋厂工作的机会。相比之下，没人会选择被军队或警察强制（霍布斯在《利维坦》里幻想的自由选择的极权主义国家除外）。没人会自愿排队接受中央情报局的水刑，但人们确实在排队等候工作。如果政府通过禁令、保护措施、最低工资等手段阻止人们接受恶劣的工作，政府就剥夺了穷人看来更优的选择。当然政府在采取这类强制措施时总是出于第二杯卡布奇诺带来的暖意（或者说愚昧），认为这是在帮穷人谋取福利。政府这样做无异于窃取穷人的生意。纽约的血汗服装工厂让工人的子孙后代读了大学，自由市场经济学巨匠米尔顿·弗里德曼的父母就曾在那里短暂工作过一段时间。即便从短期看，父母在纽约的血汗工厂工作也比在城市垃圾堆里找寻食物，或者回俄罗斯坐等下一场大屠杀要来得强一些。人们愿意排队进血汗工厂工作，原因就在于此。

无论左派的马克思还是右派的卡莱尔，及其他质疑现代世界的人，都将有偿工作称为奴役。这是卡莱尔观点的一部分，在美国南部颇有一定市场，卡莱尔认为，大英帝国下的奴隶制曾是一件好事，与北方可怖的工资劳动制相比，弹奏班卓琴的黑人过着快乐的奴隶生活。这种说法一直延续到现代，正如1999年版本的《简明牛津字典》中，"工资奴隶"被轻描淡写地定义为"完全依靠雇佣收入维生的人"，附加注释是"非正式"，而非"讽刺"或"诙谐"。[①] 于是，《简明牛津字典》的编辑朱迪·皮尔索尔（Judy

---

① Oxford, 1999, p. 1610.

Pearsall)过的就是这种奴役生活,她也许住在英国伦敦 NW 6 区的半独立式的住宅里,开着最新的沃尔沃汽车,却依然是个"奴隶"。你也可能是个奴隶吧。根据这样的定义,我肯定是个奴隶了,我们所有人都是奴隶。奥斯卡·王尔德(Oscar Wilde)在 1891年宣称:"社会主义(王尔德对社会主义的了解仅限于萧伯纳的一篇演讲内容)将解放我们,将把我们从为他人而活的污秽生活中解脱出来。"他所认为的污秽指慈善,也指有偿工作,"一个不得不为他人制作东西的个人,只为满足他人的需要和愿望,他不是凭兴趣在工作,也必然无法在工作中发挥自己的最大潜力"。① 即使有产者也难以幸免,因为财产"意味着无尽地申明自己的所有权,无尽地关心它的保值,无尽地为其担心"。工人或资本家都是为他人生产的奴隶,只有艺术家是自由的。这种进步主义或保守主义的术语,就像是把恶语相加称为"口头强奸"一样。奴隶或奴役应涉及真实奴役和真实强奸的物理暴力,而不是针对居住在 NW 6 区或马林县的中产阶级的烦恼,那是对这个术语的贬低。

从长远来看,对创造性毁灭的接纳缓解了贫穷。实际上,这一直是唯一有效的缓解方法。工资调控、保护措施和其他进步主义立法,与其美好愿望(自我陶醉)相反,往往事与愿违。他们保住了旧的工作,也保住了旧的贫穷。只有创新,而非工会或监管,在制造新的工作岗位,在让更多孩子读大学,在把这股浪潮掀得更高。工会或监管只有在顺应创新的时候,才能实现其美好的愿望。[经常性地,比如在瑞典,或有时在美国——美国矿业工人联合会的主席约翰·L. 刘易斯宣称说,他计划通过提高工会工资来消除自己非常厌恶的地下采煤业。他真行。他把工人推向了采

---

① Wilde 1891(1930),pp. 257,270. 下一段引用来自第 259 页。编辑赫斯基·皮尔森评论说,王尔德受到萧伯纳的一篇演讲启发,"他自己没有太多地关注经济学"(第 xii 页)。令人惊奇和包罗万象的维基百科全书的词条"工资奴隶"给出了纳姆·乔姆斯基(Noam Chomsky)等反对我的论证,以及罗伯特·诺齐克等的支持论证。

矿业的技术前沿,在这里(请屏住你的呼吸)就是露天采矿。]

彭慕兰和托皮克(及很多左派友人)等反对全球化的学者,本应更关注企业家的尊严和自由所带来的巨大回报,但他们对此兴趣寥寥。他们满腔热情地关心穷人的境遇。其实亚当·斯密、约翰·斯图尔特·穆勒、米尔顿·弗里德曼等巨匠,包括我,几百年来也一直在关心穷人。我对左派的建议是(不额外收取费用),不要再抨击创新——这个使全世界穷人摆脱贫穷的唯一有效的手段了。奈奥米·克莱因的《休克主义》(The Shock Doctrine)攻击米尔顿·弗里德曼的经济自由化,她却没有意识到,自从弗里德曼的观点在 1973 年左右(从长远看则是 1776 年)首次产生影响以来,它使全世界的穷人更加富裕了。2009 年流行的一段政治时髦语这样说道:"米尔顿·弗里德曼,解救全球苦难的光荣教父。"①他解救的一些苦难是:从 1973 年(当时弗里德曼 61 岁,离他获得诺贝尔奖还有三年)到 1998 年(弗里德曼时年 86 岁),全世界穷人的人均实际收入增长了 40%。② 那些遵从弗里德曼哲学的国家,人均实际收入的增长水平要远高于 40% 的世界平均水平。中国在 1978 年以后深受弗里德曼思想的影响(他的 1962 年著作《资本主义和自由》被中国改革者广泛地阅读),其人均实际收入增长了 3.7 倍,或者说 270%。而经济彻底自由化的爱尔兰,则增

---

① 我意识到你对弗里德曼的观点根深蒂固,因为你深刻了解他与智利皮诺切特政权的关系,这些知识来源于《乡村之声》(Village Voive)杂志的无可辩驳的大量故事。但是,让我设法化解你的观点。实际上,并且根据自由意志主义原则,弗里德曼在战时服役之后,就从未向任何政府提供建议或接受它们的金钱——包括皮诺切特统治下的智利,实际上他与智利只有微弱的联系。因为不想与政府有任何瓜葛,弗里德曼拒绝了智利国立大学的两个名誉学位。我参加了在芝加哥大学举行的一次教职员会议,我们经济系提议从伊朗国王那里获得数百万美元的教育经费来培养伊朗的经济学教授,却被米尔顿一人力排众议否决了。他起身责备我们:"我们不能与伊朗国王那样的独裁者合作。"我们很震惊,并为自己接受金闪闪美元的冲动感到羞愧。

② Maddison, 2006, p. 264, and also for the Chinese figure below.

长了3.2倍,或者说是220%。① 由于弗里德曼学说致力于市场和创新,我在爱尔兰的贫穷的第六个表亲得到了拯救。

彭慕兰和托皮克在他们的著作里始终都不承认自由市场导致全球富裕,这是左派的典型作风。从1800年到今天,挪威的日人均实际收入从3美元增加到了137美元,从更广的范围来看,全世界的日人均实际收入从3美元增加到了30美元。商业孕育了全世界的历史学家,但他们却不承认这是自人类驯化植物和动物之后最重大的经济事件。一只大象坐在房间里,彭慕兰和托皮克却只谈论家具。

让我们换种说法,反全球化和反现代化的学者们本应关心日收入3美元的传统社会的不幸,然而他们却没有。曾几何时,是村庄的长者决定镰刀样式、包办婚姻和制定法律。沃勒斯坦在1983年声称自己并不寻求"描绘一幅资本主义出现之前的社会的田园牧歌",却继而否认(他在一场承认自己"鲁莽"的讨论里)1800年以来全世界普通人在物质和精神条件方面的明显进步。② 在彭慕兰和托皮克撰写他们的著作时,经济的进步甚至更为明显,然而他们却没能注意到,我们曾普遍贫穷,而今天我们中的许多人(例如我们这些教授)依据历史和国际标准已经成为富人,他们没能注意到,全球60亿人中有40亿走在致富的道路上,甚至连最底层的10亿人的脱贫希望也很大。那些从沃勒斯坦、彭慕兰和托皮克处学习过去数百年历史的人,或者从奈奥米·克莱因处学习过去数十年历史的人,完全不会意识到全世界范围的贫困是如何被消灭的。

左派对物质进步的明确否定(同理右派明确否定精神进步)在逻辑学理论中是一种"人身攻击"(罗织)的谬误。就像一位为

---

① Maddison,2006,p. 273.
② Wallerstein,1983(1995),p. 100.

香烟公司辩护的律师,却因吸烟引发的癌症倒在法庭上一样,全球化和现代经济增长的反对者们自身生活条件的改善就自证其谬了。比起祖上数辈的贫困,沃勒斯坦、克莱因、彭慕兰和托皮克过着无比富裕的生活,繁荣的社会为他们提供了电脑、出版商和教育,让他们有条件愤慨和错误地声言穷人在物质和精神上更加贫穷。他们生活条件的改善就自证其谬。彭慕兰和托皮克的祖上每天只能挣3美元,和你我的祖上一样。被嫉恨的资本主义却让后代——彭慕兰、托皮克、麦克洛斯基——能潜心研究中国、拉丁美洲、英国的经济史,而不用再烹饪土豆或是修理木鞋。

我们所有人,无论是喜欢幻想的可爱左派朋友,还是严厉坚定的刻板右翼朋友,包括我本人,都希望穷人能过上好日子。任何有理智的人都不会太关心佛罗里达州费希尔岛的富人们在庄园里的奢华生活。诚然,右派常常愚蠢地对穷人表示不耐烦,("去找份工作,废物——最好像我一样做个高级理财顾问!")不愿意承认他们虔诚膜拜的保守主义制度有时是等级歧视和种族性别歧视的工具。哈佛大学从20世纪20年代初直到今天一直在歧视犹太人,最近只是程度有所缓和。① 美国南部的医院曾实行种族隔离制度,致使爵士乐歌手贝西·史密斯(Bessie Smith)在1937年死在前往一家偏远黑人医院途中;种族歧视在今天依然盛行,只是程度稍轻而已。但是反过来,由沃勒斯坦、彭慕兰、托皮克和克莱因代表的左派,却始终不愿意承认,从1800年到今天一直是企业家的创新,而非政府保护或者工会组织,使贫苦人民大规模脱贫。事实确实如此。19世纪的自由主义者说过,如果我们选择了正确的工作和发明了正确的产品,将是一个多赢加一输的局面。过去确实如此,而且好处远远超出他们的预期。

我们一定不能让消逝世界的挽歌占据耳畔,使我们听不到新

---

① Karabel,2005,chap. 3.

世界的颂歌。穆勒在1848年抱怨右翼的反工业哀歌,后来出现在了本杰明·迪斯雷利(Benjamin Disraeli)和穆勒的朋友托马斯·卡莱尔的文学作品里(就此而言,今日的极端左派其实复苏了以前极端右派的观点):在"依赖和保护理论里……穷人的命运……应该被政府包揽和决定,而非由他们所决定……在那些对现状不满和对过去遗憾,只知道一种慈爱形式的人看来,这是他们理想中的未来"。① 让贵族和专家治国吧。我们可以看到,在历史上,就连最可爱的集权主义者泰勒、桑斯坦(Sunstein)和罗伯特·弗兰克都倾向于专家治国。② 或者,正如穆勒同时代的巴斯夏所解释的:"为了管理人民的生活,政府应该知道一切并且预见一切,人民只需要等待政府的照顾……将如此多的期望寄托在国家身上,假定个体的愚蠢和目光短浅,假定集体智慧和远见的存在,再也没有比这更愚蠢的事情了。"③保守主义者和进步主义者都假设村庄长辈、法国议会的议员、康奈尔大学的经济学家、芝加哥大学的法律学教授,或是我们这类的专家,更适合处理创新事务。他们认为我们比农夫更懂得如何改良镰刀,比铁路工作人员更懂得修一条从巴黎到马德里的直达铁路的好处。伟大的自由主义者昂内尔·特里林(Lionel Trilling)在1950年写到,危险在于"我们自由主义者和进步主义者明白,除了没有得到平等对待外,穷人在各方面都和我们相同"。特里林在另一篇文章中写道,"我们必须意识到存在于我们最慷慨愿望之中的危险",因为"一旦我们将人民置于我们的启蒙利益的目标时,人民就成了我们怜悯的对象,智慧的对象,最终是压迫的对象"。特里林的这篇文章曾被英国教授詹姆斯·西顿(James Seaton)在1996年其影响广泛的著

---

① 穆勒1871年,第4卷,第7章,第1节。最初1848年的版本相同,后来穆勒深受哈里特·泰勒的思想影响(穆勒在他的自传中提及)。
② Thaler and Sunstein,2008;Hirsch,1976;Frank,1985;Frank and Cook,1995.
③ Bastiat,1845,2.15.58-59.

作中引述。① 每个护士或母亲都知道危险的存在,当她爱一个人时,她会为爱人挡开危险。

西顿赞赏特里林的观点,他批评已故的理查德·罗蒂(一位哲学家,我非常敬佩他深奥的认识论,但他在经济学方面太过天真,我也无法说服)说:"尽管罗蒂赞美讽刺的意义,他却把自由主义者(美国的自由派)定义成厌恨残暴的人,从而产生了一个诱导性的概念,让人(自由主义者)误以为仅仅表达自由派观点就证明自己是这个残暴世界里的善人。"②您坐下,一边品尝黑咖啡和美味的羊角面包,一边阅读《纽约时报》,每日里发泄着自己对报纸上刊登的残暴行径的愤怒,让自己得到救赎,却不去思考报纸上鼓吹的"保护"政策是否真的为穷人和受害者带来实际好处。你见证了基督复活,并得到救赎,却丝毫不管站在州街和华盛顿街角的布道者通过扩音器鼓吹仇恨是否对路过的行人有什么影响。美国进步主义在上帝代言人的子民里有着深厚的基础,这并非偶然。这一事实差不多可以解释以马克思主义为基础的欧洲左派与具有古怪的卫道士性质的美国自由派政治之间的差别[例如,作为浸信会神学家兼社会福音运动领袖沃尔特·劳申布什(Walter Rauschenbusch)的孙子,罗蒂的政治观点具有宗教道德特征]。

---

① Seaton,1996,p.35,使我注意到了特里林的担忧。参考书目是特里林对亨利·詹姆斯的评论,《卡撒玛西玛公主》和《礼貌、道德和小说》,均出自特里林1950年的作品。

② Seaton,1996,p.34.

第四十五章　企业家时代证明了政治或环保悲观主义的失败

经济学家布莱恩·卡普兰（Bryan Caplan）认为，经济学家与一般人之间存在四点分歧。① 经济学家说：市场因逐利而自我运转良好；外国人理应和我们在道德上被平等看待；生产是为了消费（而非"就业"）；以及世界正变得越来越好。普通人的看法正好相反，他们相信食品市场应被严格监管（即优质面包能获利，而劣质面包被曝光是不够的）；保护本国工作岗位，抵制"中国制造"洪水般涌入在道德上是正当的；新建一个橄榄球场"创造就业机会"一定是个好主意；而且天始终在往下塌。

我会补充一个第五点的分歧。普通人并非真的相信自己的工作使他人受益。他认为这只是一份工作。我装模作样去干活，他们装模作样付我工资，仅此而已。所以他相信，只有慈善或志愿工作是在"回馈社会"。相比之下，从酒店的第八层楼看经济的经济学家，则把市场和创新视为无数利他主义（经常在无意中）引擎。我们努力做好本职工作就是在做善事。利润，无论是我们自己工作所得还是实业巨子赚到的，都有设计新的做事方法尽力帮助消费者的作用。正如亚当·斯密在 1776 年的著名陈述："所以，由于每个人都努力使用他的资本……其生产物的价值能达到最高程度，他就必然竭力使社会的年收入尽量增大起来。确实，

---
① Caplan,2007,chap. 2. 2.

他通常既不打算促进公共的利益,也不知道他自己是在什么程度上促进那种利益。('我装模作样去工作')……他所盘算的也只是他自己的利益。在这场合,像在其他许多场合一样,他受着一只看不见的手的指导,去尽力达到一个并非他本意想要达到的目的。也并不因为事非出于本意,就对社会有害。他追求自己的利益,往往使他能比在真正出于本意的情况下更有效地促进社会的利益。我从来没有听说过,那些假装为公众幸福而经营贸易的人做了多少好事。"①

卡普兰争辩说,以公民原则治理经济将使公民陷入贫困。和自从布坎南、哈耶克、巴斯夏、托克维尔和穆勒以来的许多伟大人物的担心一样,他也担心民主政治可能走上灾难性的贸易保护主义和再分配之路,比如庇隆时代的阿根廷。他说得没错。民主政治若是没有自由贸易、创造性毁灭、企业家美德这些修辞的保驾护航,就会扼杀创新甚而毁灭经济,这是令人感到悲哀的真相。(从这个意义上说,民主是最坏的制度,除了那些在人类历史上尝试过的其他制度。)在荷兰、英国和北美殖民地出现之前,所有农业经济体都以一种相似的自我毁灭的理论来治理(甚至连荷兰人、英国人和美国人也花了很长时间才让自己国家看起来像是民主政体)。人类上千年来的统治理论都是贵族政治,穷人的存在只是为了让一小群地主、教士和国王过着舒适的生活。

诡异的是,贵族政治和公民政治在落实到具体政策时都很类似。他们都反对正和的企业家理论,都推崇剥夺企业家的利润,都推崇以排外主义态度对市场严格监管,都推崇非理性的宏伟的公共建设项目,都推崇让一小群人过上舒适的生活(在公民政治下,就是公立学校的教师、从事公共服务的工会工人,还有州立大

---

① Smith,1776,Vol. 2,4.2.9,p. 456.(中文引自[英]亚当·斯密《国富论》,郭大力、王亚南译,商务印书馆2014年版。——译者)

学的教授们），此外，他们都推崇让人们在同样岗位干一辈子的保护主义，都推崇一种冷酷的零和信仰，认为一个人或一个国家的获益必然来自他人或他国的损失，唯有慈善和财富的再分配可以帮助到国内外的穷人。

重点是，一种全新和更友善的资产阶级经济学家的原则虽只主宰了短暂的岁月，却产生了现代世界及令人目瞪口呆的经济大飞跃。然而在许多国家，甚至在所有国家里都有那么一小群人，特别是知识分子阶层，其所推崇的公民宗教依然是公民政治或贵族政治的翻版：贸易保护主义、家长制、反科技主义，还有来自左右两派的骄傲的反资本主义，在欧洲与反美主义结成了同盟。20世纪60年代的法国思想家在撰写缜密的经济著作时，压根没有读过非马克思主义的经济作品（对马克思的思想也不求甚解）。吉尔·德勒兹（Gilles Deleuze）、让·鲍德里亚（Jean Baudrillard），乔治·巴塔耶（Georges Bataille）等前贤们在谈论经济时，却不曾熟悉过最优秀和最深邃的经济学思想和著作，他们只看过《共产党宣言》，还有《狱中札记》（Prison Notebooks）的一些篇章。在各国大学的人文学科里，这种行径的持续逐渐腐蚀了批判思想。

全世界的教育普遍都在灌输这种腐朽思想。以法国中学生必修的社会科学为例，这门课程共三册被称为《二十世纪的历史》（Histoire du XXe siècle，2005），公开宣称"经济增长导致了忙碌的生活方式，引发过度劳累、压力过重、神经衰弱、心血管疾病，一些人甚至认为导致了癌症的多发"。① 这样一种论断直接违背了无数西方企业家和工人，乃至现在东方人的亲身经历。今天的年轻人会接受教育到20岁，而在60岁出头时就能退休并安享晚年（和祖父母相比，今天的人均寿命延长了20年）。如果他们是法国铁路部门的火车司机，50岁就能退休；如果他们是铁路管理人

---

① Theil，2008，接下来的引言也出于此。

员，就是55岁退休。美国的情形也类似，在工会协议下，涉及公共安全的岗位可以较早退休。但是在1910年的里尔的棉纺厂里每周工作60小时的工人，所承受的工作压力很可能超过今天巴黎的一位每周工作35小时的电脑销售员，甚至会超过一位火车司机。而里尔棉纺厂的工作比起在那以前的1810年的奥弗涅的多姆山西边的农场工作，在劳动强度和精神压力方面似乎也要好很多。纺织工人们至少不用在晚冬无事可干，而到收获期又累到半死，此外还要没完没了地打谷子，孩子们到4月还得挨饿。不管怎样，人们确实乐意从奥弗涅的农场来到里尔的棉纺厂工作，后来剩余农场里的农夫来到了更近一些的米其林轮胎厂工作，再后来，他们又欣然从工厂去了巴黎卖电脑，或者去驾驶高速火车。

法国教科书承认，我们数十年来虽见证了"财富翻倍"，却也见证了"双倍的失业、贫穷和排外现象，其不良影响构成了深刻社会疾病的大背景"。然而，法国失业率的高居不下和禁止穆斯林致富也许不是"美式"创新造成的，而是法国的排他性精英教育造成的。法国贬低除"高等学院"之外的所有大学教育，而巴黎周围那些远离工厂的勒·柯布西耶（Le Corbusier）式高层公寓"集中营"无形中把穆斯林进行了种族隔离，此外，政府还大量介入了雇工条款，对就业进行重重管制，比如一旦某人奇迹般地得到了一份工作，雇主就几乎不可能解雇她。根据世界银行的统计，2006年法国在雇工便利性方面排在178个国家中的第144位。德国也同样面临高失业率困扰，排在第137位，而失业率惊人的南非（仿效德国的雇工法律），则排在第91位。相比之下，失业率较低的国家有英国（排名21位）和美国（排名第1位）。①

资本主义，根据法国教育者的说法，是"残酷"、"野蛮"的，最糟糕的是（瞧好了这句）"美国式"的。他们说，比起在20世纪70

---

① World Bank, 2006.

年代覆盖从古巴到越南的四分之一地球的社会主义来,今日全球化的资本主义更加糟糕。许多美国左派赞同他们的国际同志,他们和法国教师一样,都会倡议"在国际层面上规范资本主义"并再度尝试 1917—1989 年光荣的古拉格群岛式的中央计划经济。这类观点深深植根于知识阶层。在 1966 年,就在西方对社会主义的光明前景最为乐观之时,联合国发布了《经济、社会和文化权利国际公约》(ICESCR),其中甚至都没提到私有产权。那些真正的自由主义英雄,从洛克到杰斐逊,再到穆勒,还有薇拉·凯瑟,在棺材里也会被气得半死吧。

社会主义中央计划经济的一个新的变种就是环境保护主义。现如今美国的学校把它作为一种公民宗教在传授(德国、荷兰,特别是瑞典甚至更为狂热地拥护环保主义),其声势就好比美国在 20 世纪 50 年代传授反共产主义,或法国在 19 世纪 90 年代传授民族主义,或英国在 16 世纪 90 年代传授"存在之链"(the great chain of being)一样。物理学家弗里曼·戴森(Freeman Dyson)不是一个右翼疯子,他在非右翼倾向的《纽约书评》(New York Review of Books)中写道:"存在一种被称为环境保护主义的全球世俗宗教,认为我们是地球的管家,掠夺这颗行星……是一种罪孽,尽可能俭朴的生活才是正义之路。环保主义道德正在全球范围内被灌输给下一代。环保主义已经取代社会主义成为首席世俗宗教。"①经济学家兼神学家罗伯特·纳尔逊(Robert Nelson)认为,美国的公民宗教实际上曾一度是企业家经济学,如今却变成具有进步主义特点的环境保护主义。② 在瑞典,环保主义宗教甚至接近于古老的迷信。瑞典人自小就从家教和幼儿园教育中接受敬

---

① Dyson 在他的书《关于平衡的一个问题:权衡全球变暖政策的选择》(A Question of Balance: Weighing the Options on Global Warming Policies, 2008, p.45)以同情的态度分析了永远值得称赞的经济学家威廉·诺德豪斯的论点。

② Nelson, 2009.

畏自然的熏陶,学习仁慈的森林巨魔穆尔(Mulle)的故事,而且对自然的敬畏作为一种宗教教导,贯穿于瑞典人的青少年教育时期,在教学课程中占据了显著的位置。以至于长大成年后,每个瑞典人都是一个热情的自然教者,会在星期天去森林采摘莓果。人类需要与先验之物进行类似的接触(虽然神学家观察到,崇拜任何上帝都会存在偶像存在的问题)。与北欧神话时代或路德教派盛行的年代相比,今天的瑞典并没有变得更世俗化。瑞典人貌视阿拉,却热情地崇拜先验的怪物:穆尔(Mulle)、拉克沙(Laxe)、费利费玛(Fjällfina)和诺娃(Nova)。①

今天的左派环保主义者对马尔萨斯的理论顶礼膜拜,他们无视科学证据,只从数学"逻辑"上认定"资源""一定"是有限的(这种没有证据的逻辑,不需要对社会科学或社会事实进行费心费力的研究,这也许解释了为何呆板的环保主义能吸引如此众多的物理学家,特别是生物科学家吧)。2010年的新兴左派说,忘了马克思吧,马尔萨斯万岁。

然而,自1798年以来的科学证据不仅没有给聪颖的哲学家/记者/经济学家马克思面子,也丝毫没有给同样聪明的教士兼经济学家马尔萨斯面子。经济史学家埃里克·琼斯说:"经济史为一个总量固定和稳定耗竭的资源假设提供了证据解药",只是,"对于这些证据的恐惧却难以根除,而且抵抗出人意料的强烈"。②新的左派环保主义者无视了压倒性的证据:收入取决于人的创造性而非自然资源;创新释放了如中国香港和日本这样资源匮乏地区的创造性;由此带来的高收入在改善环境的同时,也产生了对更优质环境的需求。根据或可称为的环境萨伊定律("供给创造出它自己的需求"),创新带来的创造力使环境得到了改善,并且

---

① 穆尔是创造出来关于自然的四个虚构怪物之一,拉克沙代表水,费利费玛代表山,诺娃代表未受污染的自然。——译者
② Jones,2003,p. 58.

由于公民企业家化了,由创新带来的富裕又产生了改善环境的需求。甚至中国也发生了这种现象,那里正发生着一场小型,却充满活力和勇敢的环保运动。欧洲、东亚、美国和其他高收入地区已实现了这样的结果,比如自1950年以来,发达城市的空气质量得到了根本性的改善。

但是这只九头蛇继续长出新脑袋,无视科学的证据。左派环保主义的一位代表人物保罗·埃利希在1968年的《人口爆炸》(*The Population Bomb*)一书中写道:"养活全人类的战役已经结束了。无论从现在起采取什么应急方案,在20世纪七八十年代都会有数亿人开始饿死。在这个日期后,没有任何事情可以阻止全世界死亡率的大幅上升。"[1]埃利希在1968年坚定地下了这个科学预言,然而在此之后,全世界的死亡率(以及不久之后的出生率)却显著地下降了。已故的经济学家朱利安·西蒙详细阐述了从20世纪50年代到90年代的抵御人口爆炸的经济发现,他在1996年写到,人口爆炸论者"强辩说所有的历史证据(现代条件下的人口增长有利于经济增长,并且经济增长有利于人口增长的放缓)仅仅是'暂时性的',一定会'在将来某个时刻'逆转,这种声明已经超出普通科学的范畴"。西蒙还和埃利希打赌矿物资源是否在被耗尽,这场打赌非常著名,最后西蒙赢了。[2]

然而,科学证据很难让人口爆炸论者感到难堪,他们继续诅咒母爱。他们中的很多人在各自的领域都是优秀科学家,但是,当他们冒冒失失地闯进经济学领域又对此一无所知时,就变得不靠谱了。例如,古生物学家奈尔斯·埃尔德里奇在1995年以赞同的态度引述了哥伦比亚的一位地质学家在20世纪60年代的预言,那位地质学家根据"简单的测量大型沉积盆地的体积"推测

---

[1] Ehrlich, 1968, p. xi.
[2] Simon, 1996.

出,全世界将在20世纪90年代中期耗尽有经济开采价值的石油储量。① 实际上,在20世纪60年代以后,全世界"探明的石油储量"一直在增长(这是一个奇迹,除非你意识到"勘探"本身就是一种经济活动),因此到1995年,埃尔德里奇一定知道经通胀指数修正后的石油价格并没有上升。然而,他没有从自己在经济学方面犯下的错误吸取适当的教训,也没有从当时所认同的20世纪60年代埃利希或罗马俱乐部的类似错误中吸取教训。他没能看到,在一个人会对经济激励做出反应的世界里,人也同样会对环境忧虑做出反应,刻板地利用经济或环境变量进行推论作用并不大,从20世纪60年代到90年代的历史就证明了这点。石油价格会暂时上涨,而石油公司会耗费更多的资金勘探先前未知的石油储备。婴儿死亡率在下降,节育措施的成本在降低,女性加入了有偿劳动的大军,所以女性不会生育太多的孩子。教育打开了一条完整的人生道路,少年选择了教育,而父母选择生育更少的孩子,因为当脑力劳动的需求超过体力劳动的需求时,为每一个孩子的教育投入更多成了更优选择。

麦考利在1830年问道:"究竟是根据什么原则,当回顾过去看到的唯有改善,我们却预期未来一片衰退?"②真的,这是根据什么原则得出的结论呢?埃利希的1968年的《人口爆炸》成了著名的畅销书,而在进入新千年之后,他继续捍卫那些主张,否定"绿色革命",否定全世界出生率大幅下降,否定人均寿命的提高,否定环境改善的巨大成就,比如伊利湖的再生、禁止烟煤污染城市、禁止喷雾罐中使用腐蚀臭氧层的喷雾剂,等等。他认为以上这些现象和成就都是暂时的,一定会在将来的某个时刻逆转,人类文明的鼎盛时期已经过去,前方等待我们的只有衰退。

---

① Eldridge,1995,p. 9. 他错误的科学来源于英语语言的信条——只有"科学"是与自然和生物有关的:埃尔德里奇信赖地质学家,他没有向经济学家或历史学家咨询。
② Macaulay,1830,pp. 186,187.

第四十五章 企业家时代证明了政治或环保悲观主义的失败

然而,尽管左派环保主义者在科学方面完全没有证据支持,他们却赢得了修辞的胜利。比如到目前为止,在没有证据或太多理由的情况下,关于"可持续性"这个隐晦和在道德上有疑问的概念的讨论就已经结束了("可持续性"意味着强制今天的穷人出钱,为可能非常富裕的遥远的下一代埋单)。在20世纪50年代,关于同样隐晦和在道德上值得推敲的"累进税制"的大辩论以同样的方式结束了,还有在20世纪初的十年中,同样的"种族退化"大辩论也以同样的方式结束。[①]

长久以来,经济学家一直试图提供理性和证据,而深信不疑的环保主义者们却懊恼地拒绝倾听,他们从历史中接受的教训是如此的痛苦,以至于他们不再试着从科学和道德上反驳经济学家了。由此,启迪了20世纪末新一代增长理论家的经济学家阿林·杨格在1928年写道(他英年早逝,且影响直到最近才开始出现):

> 有利于经济均衡的作用力在任何时候都是发散的,但对它们的所有分析都无法照亮这个领域,因为偏离均衡状态和远离先前的趋势是经济运动的特征。就算我们深入研究作用力,去研究增加的收益如何在公司成本里供给产品的价格里证明自身,也不会有太多结果……持续击败促使经济均衡的作用力的反作用力比我们普遍认识到的更普遍,更深深植根于现代经济体系的结构。[②]

我们唯有同意和肯定这种集成和高端的模型在抵销规模不

---

① Blum and Kalven,1963;Pearson,1900.
② Young,1928.

经济(diseconomies of scale)方面貌似有理。我的经济学家同僚(还有,特别是现在的大学生,将来的经济学家们)都非常聪明。他们的模型恰当地否定了环保主义者的马尔萨斯概念,否定了不断增长的人口导致劳动力投入的收益的迅速递减,以至于在人口爆炸影响下,人们会回到以前日均3美元收入的日子的判定。阿林·杨的追随者们会说(我当然也同意,否则我会失去我的工会资格):恰恰相反,环境保护者所执着的自然资源在现代世界里是不重要的约束条件。正如朱利安·西蒙所阐述的,人脑的力量才是"终极资源"。① 如果我们足够智慧,我们就能生产出便宜的食物,就能修复和保存大气中的碳。因此,当全世界变得更有教养和更自由时,当仇视企业家创新的民粹逐渐褪去时,成功就能哺育更多的成功。用经济学家的术语,会产生"规模经济",一个良性螺旋。

由此,如果人类除了体格强壮和能繁殖外,还有更多的能力,那么人类聚集到城市的现象就未必是坏事,而是好事了。戈德斯通注意到,"到了20世纪末,每20年(一代人的时间)内出生人口的数量比200年前全世界的人口总和还要多"。② 但在创新时代的大背景之下,这成了好事而非坏事。比起1800年之前的所有世代,今天的每一代都更有机会诞生像苏格拉底、伊本·赫勒敦、海军上将郑和、艾萨克·牛顿、詹姆斯·瓦特这样的伟大人物。人口遗传学家把小规模群体血统的逐渐消失称为"奠基者效应",根据这个理论,今天全世界的所有人仅仅起源于大约一千个非洲人。非洲的遗传多样性暗示着在大约50年以后,非洲能达到欧洲当今的生活水准,非洲人将主导世界文化,将产生10个莫扎特

---

① Simon,1981(1996).
② Goldstone,2009,p.17.

和20个爱因斯坦。①

但是诸位读者:如果寻常生活和杰出的发明创造缺少尊严和自由这两个观念,创新就不会产生,没人愿意接受合适的教育,我们将回归到贫穷、肮脏、野蛮和物资短缺的世界(虽然绝不是独居),在信奉马尔萨斯理论的人口爆炸论者看来,劳力投入的不经济将超过了规模经济。简言之,社会观念的改变才是"工业革命"的起因,物质和经济因素——贸易、投资、开发利用、人口增长,或是不可避免的阶级崛起、私有财产的保护——都解释不了"工业革命"。它们或是不变的社会背景;或是很久以前就具备的条件;或者在以为它们出现的时候并没有出现;或者很无力;或者与主题无关;或者只是修辞改变的结果;再或者它们需要有尊严和自由的个人才能产生正确的效果。反过来,这些物质事件似乎也不是道德和修辞变化的主因。恰恰相反,企业家事功的威信在大约1700年的时候,很大程度上出于非经济的理由而崛起,西北欧洲人的交谈方式开始改变,至今他们对经济事务的交流仍然尊重着各种美德的平衡。经济事功逐渐被视为美德,虽然它只是一个优秀市民的诸多美德之一。

---

① 对比蒂什科夫(Tishkoff)等人在2009年的报告,有关非洲的113种不同的语言群体的2400人的遗传构造。

第四十六章　谨慎却亲切的乐观主义

如果说社会精英倾向创新的观念导致"工业革命",并且如历史上所发生的那样,艺术界和知识界精英在1848年以后反对创新,首先是民族主义(nationalism),其次是社会主义(socialism),再次是国家社会主义(national socialism),最后是激进的环保主义等都在反对创新,那为何这些层层阻碍都没有中止工业革命呢?

一种回答是,精英和公众之间形成了一种意见分歧,在一个新世界里,公众意见逐渐与精英意见并驾齐驱,甚至凌驾于后者之上。时至今日,还有知识精英鄙视广告,倡导中央计划经济,相信人口爆炸和环境破坏注定让人类灭绝。而大众却不这么认为。1848年以后的许多艺术家和教授都投向了左派,发展出了一套社会主义乃至环保主义修辞。其他人则投向了右派,发展出了精英主义乃至法西斯主义修辞,甚至自由的公共意见本身。但与此同时,游离于精英群体之外的自由的公共意见逐渐倾向于创新,而且越来越主导着政治舞台,让保守主义者和进步主义者深恶痛绝。

在经济学界,精英嘲讽企业家美德的典型例子莫过于弗里德里希·哈耶克的遭遇了。这位伟大的自由意志主义经济学家来自奥地利,后加入英国国籍。时至今日,提及哈耶克的名字还会招致经济学左派和中间派的无知讥笑。哈耶克在伦敦经济学院时,以一位国际著名经济学家的身份撰写了《通往奴役之路》(*The Road to Serfdom*,1944),对种种集体主义进行了抨击并受到公众热烈的欢迎。欧洲的学者圈没人注意到这本广受欢迎的著作,但当这本书在美国出现时却刮起了一阵旋风,部分因为右倾的《读者文摘》刊登了此书的一个长篇摘要。由于这本著作的缘故,在1944年可与伟大的凯恩斯相提并论的哈耶克,在1950年被芝加哥大学经济系拒之门外。从1950年到1962年,哈耶克在芝加哥的十多年里只能委身于社会思想委员会——当然这份工作不算辛苦。这位经济学巨匠会被社会科学大厦的第四层所拒绝,实在是非常诡异。

无论如何,律师乃至受过教育的商人遵从了哈耶克所推崇的市场价值观,反对来自左右两派的诋毁。在美国,艾森豪威尔政府是这种分歧的典型,精英阶层嘲笑艾克(艾森豪威尔的昵称)和他的经济政策——他的内阁被称为"八个百万富翁和一个水管工"[劳工部长,马丁·德尔金(Martin P. Durkin)曾经是水管工工会的主席]。但是企业家精神的政策却保留了下来,并且卓有成效。

这些制度和国家保存了企业家的尊严和自由的观念,使之得以安然度过左派和右派在1930年以后数十年对市场经济的悲观主义并涅槃重生。极右政治可能也确实中止过工业革命。在新罗马式荣耀、战争、生存空间和社团主义支持下的国家中央计划和在战争、钢铁、拖拉机支持下的社会主义中央计划一样难以为继。然而,或因"二战"以后法西斯主义过于臭名昭著,对自由主义的威胁越来越多地来自左派。经济学本身也在1933—1981年这半个世纪里与社会主义度过了一段蜜月,但继而坚决地回归了自由主义的本源。在美国,非精英观点(参见《读者文摘》)一直是反社会主义的坚强堡垒,福利国家英国也是如此,只是程度较轻。一个没有美国的世界或许会在1945年以后永远地反对"工业革命",就像一个没有英国和荷兰的世界从最开始就不会形成企业家的尊严和自由。①

一个深层回答是,左倾和右倾确实终止了"工业革命"及其果实,至少在那些坚决反对创新的地区是如此,比如法西斯主义西班牙。固然,自由市场在 1945 年的时候看似已走到尽头,甚至美国也差点迈入社会主义门槛。曾几何时,全世界最优秀的经济学家,例如约瑟夫·熊彼特,约翰·梅纳德·凯恩斯、阿尔文·汉森、奥斯卡·朗吉(Oskar Lange)、保罗·萨缪尔森和阿巴·勒纳(Abba Lerner)等都认为——带着或多或少的欢欣鼓舞——不论四面楚歌的民主是否能够幸存,世界都会从资本主义转向社会主义。苏联在 20 世纪 30 年代表面上的成功给许多人留下了特别深刻的印象,他们没有看到苏联模式究竟在多大范围内成功,没有看到为之付出了多少代价(6000 万条生命死亡),只看到了斯大林战胜了希特勒。

他们没能站在长远角度看到,当模仿的机会耗尽,万众瞩目的社会主义中央计划经济就无法产生真正的创新。在苏联经验的研究者里,只有寥寥无几的数位,例如 G.沃伦·纳特(G. Warren Nutter)、亚历山大·格申克龙和艾布拉姆·伯格森(Abram Bergson)等,在 20 世纪五六十年代坚决反对盛行的精英观点,即东欧的社会主义已经成功产生了超越资本主义的经济增长。② 我们后来发现,经历了 20 世纪 30 年代史诗般的增长(模仿)以后,苏联的经济增长率一直在稳定下降,到 80 年代降到了极低的水平,甚而产生了负增长。③ 其实,世界银行的经济学家威廉·埃斯特里(William Easterly)和斯坦利·菲舍尔(Stanley Fis-

---

① 我把这些假设归功于 2009 年 3 月与西北大学经济学研究生的讨论。
② Nutter,1962,Gerschenkron,1947 和 Gerschenkron,1962 针对苏联经济成长的一个论文集;Bergson,1961。
③ 网址 http://www.answers.com/topic/soviet-economic-growth 上的"有问必答"(Answers.com)汇总表讲述那个悲伤的故事,以古尔·奥弗·劳里·库尔特韦格、詹姆斯·诺论、安格斯·麦迪逊的研究为基础。

cher)在1995年推测,苏联的"全要素生产率"只有在20世纪50年代才是正数。① 在苏联的意识形态中,资本投入被视为免费(资本主义是罪恶的——只有劳动产生价值——资本的价值应该为零),所以相应地就产生了粗放型增长,机器和建筑资本被滥用。全速运转的巨型工厂就是这么来的。

对一些经济学家而言,像苏联模式这样的社会主义中央计划经济是一种特别有害的思想,像哈耶克和路德维希·冯·米塞斯这样的经济学家已经在理论层面上提供了扎实的理由,解释了苏联为什么注定会失败。遗憾的是,直到很久之后的1984年,经济学家约翰·肯尼思·加尔布雷思(John Kenneth Galbraith)还会写道:"无论从统计数据还是城市面貌来看,都能肯定近年来苏联制度已经取得了极大的物质进步……通过观察街上的行人(或许加尔布雷思没有花太多时间考察苏联的外省)……和餐馆、剧院和商店,我们可以知道苏联人民过上了好生活……苏联的成功部分是因为与西方工业经济相比,它能充分利用人力。"一直到1985年,伟大的经济学家保罗·萨缪尔森还会写下这样的语句:"结果最重要,苏联的计划经济体制毫无疑问是一个强大的经济增长发动机……苏联模式确实证明了,命令经济能够调动资源带来快速的经济增长。"甚至在1989年,莱斯特·瑟罗还在问:"经济命令(即瑟罗所推崇的工业经济政策)能够显著地……加速经济增长吗?苏联的卓越表现证明了可行……今日的苏联拥有可以媲美美国的经济成就。"②当苏联轰然倒塌,其统计数据最终被公开时,人们发现苏联早在20世纪60年代农业就已经衰败,纳特、格申克龙和伯格森被证明是正确的。苏联的人均产出和消费充其量只有美国的一小部分。

---

① Easterly and Fischer, 1995, p. 42, table 4.
② The Galbraith, Samuelson, and Thurow quotations come from D'souza, 1997.

然而还有一个更深层次的回答：一旦尊严和自由这只"猫"从袋子里跑出来，就很难再把它塞回去了。虽然在一些地区会发生倒退，比如阿根廷或波兰，但是这只猫会四处逡巡。如果我们竭力反对这只猫，我们可以用战争、独裁、贸易保护主义、反对创新再次杀死它。但那并非易事。

如果说新的创新修辞哺育了现代世界，那么有可能——逻辑上存在的可能——失去创新修辞也将失去现代世界。换言之，创新时代可能产生反资本主义的意识形态，从而毁灭创新。事实上，正如我所说的，它已经出现了，比如法西斯主义，比如知识阶层对企业家的一贯蔑视，比如环保主义者对企业家经济学的鄙夷。这些都是恼人的反动活动，力图扼杀企业家及其创新和世俗般的事功思考方式。

问题在于古老的"资本主义的文化矛盾"的命题，这是丹尼尔·贝尔（Daniel Bell）在1978年提出的，而熊彼特早在1942年——黑暗十年中最黑暗的岁月——就宣布，未来的希望会被寄托于社会主义。哈耶克也在1944年悲观地说，知识阶层正在推崇一条通往奴役之路。卡尔·波兰尼（Karl Polanyi）在1944年的著作《大转型》里回归到了社会主义中央计划制度，把它视为一个希望而非问题。他希望在威权政府控制下，社会响应创新并且重建一个政府适当介入及保守的经济体系，即"双重运动"。

本书至此，你应该知道，我深切忧虑企业家和创新修辞的丢失，不会把它视为一种希望，我用"六行诗"热情洋溢地歌颂企业家时代的主要意图就是反对你们接受这种灾难性的损失。正如经济史学家斯蒂芬·戴维斯（Stephen Davies）所说："我们这个时代的使命之一就是让企业家和艺术家（知识界）和解。"[1]我们需要企业家美德，七种主要美德以各种各样的特性组合构成了我们

---

[1] Davies，2005.

的道德生活——不仅是美德事功。我们需要企业家修辞支持这块丰富多彩且颜色日渐多样的美德调色板。在这种修辞的支持下,企业家们用创新纾缓了全世界的贫穷。无论在19世纪的英国还是今天的中国和印度,都是充满激情的创新在缓解贫穷,然而这些国家的政府针对穷人的政策和援助计划却常常有害无益。个人或宗教慈善机构的少量捐款,或者政府对政府之间的外国援助,或者来自中产阶级好友的帮助,非但没有作用,反而常常伤害了穷人,或者在送达穷人之前就被富人夺走。像美国或意大利这样的今日富裕国家,从1900年以来的实际人均收入增长了10倍,我们无法用八小时工作制法令或者妇女工作权法来解释(例如,20世纪20年代,美国出台了禁止妇女每天工作超过8个小时的法律,这项法律使得女性无法被提拔到需要早到晚走的管理层职务)。如果最低工资法能使收入增长10倍,那再好不过,因为这证明了政府禁止特定交易行为的确能促成实际收入的爆炸式增长,而政府只需通过议会制定法律就行了。不幸的是,政府活动无法产生这样的奇迹。法院、警察、公共卫生、一些警察、一些军队、民权法律等都是绝好的想法,还有公立学校,在被官僚及追求终身制和高额养老金的工会夺取以前,也是个绝佳想法。然而现代社会的繁荣大部分要归功于创新,只有很小一部分——如果它确实对穷人整体带来积极影响——可以归功于政府或工会在市场上的作为。

无论是站在旧的社会主义立场和民族主义立场,还是新的环保主义立场,很多知识分子仍然渴望回归到全面的中央计划经济体制或法西斯主义,而这将带来一场浩劫。我们也可以从20世纪全球盛行计划经济或法西斯主义的地区的悲惨下场得出自己的判断。令人惊奇的是,自由资本主义在20世纪20年代被左右两派嘲笑为软弱无力,在20世纪三四十年代被认为是毫无希望,并在20世纪90年代和21世纪初面临无人捍卫的危险[如弗朗西斯·福山(Francis Fukuyama)所说],然而就是它被证明是成功的试验。从1917年到今天,从苏维埃社会主义共和国到北朝鲜的人民民主共和国,都证明了全盘计划经济在物质和精神方面的失败;而从1922年到1945年,及随后的西班牙、葡萄牙、伊拉克、叙利亚等国,也证明了全盘法西斯主义在物质和精神方面的失败。忽视它们的失败是不科学的。同样,忽视当前中国和印度的市场创新,或者忽视从1700年以来北海地区由修辞的变化导致创新的产生,忽视翻了16倍或100倍的增长,也是不科学的。

另一方面,虽然我不相信效率增益是过去经济增长的核心,基于同样的理由,我也不相信面前的未来需要过分担心福利国家或工会化的劳动组织带来的效率损失。只要企业家的尊严和自由继续支持创新,效率就不会受到太大的损害。哈伯格三角并非通往极大繁荣之路,因此我们也无须为经济上低效的组织安排造成的一些损失而过分遗憾。这其实是哈伯格的发现,而与他的(和我的)思想倾向相反。事功是一种美德,也是一件好事,但若社会整体企业家化,七美德里的其他美德——节制、公正、勇气、仁爱、信念和希望——也会支持创新。

以瑞典经济为例,尽管这个国家在20世纪60年代后因身心健康的民众选择不工作而付出重大代价,但还是保留了大量的企业家和创新的活力,[在这个全球最健康的现代国家里,普通人平均每年要旷工约50天,完全是古时圣礼拜一的翻版。("我对电过敏",拒绝工作的瑞典人这样说。)][1]的确,有人会争辩说,福利制度让瑞典人有机会尝试创业,不像人均收入更高的美国,瑞典人不会有创业失败的耻辱。1960年的瑞典是一个富裕的普通资本主义经济体,由于自由主义改革,这个国家从19世纪50年代全欧洲最贫穷的国家(仅强于俄罗斯)成长为全世界第四富有的国

---

[1] Schmitt,2007,table 1.

家。自1910年之后的40年以来，按人均计算，瑞典产生了世界上最多的真正的第一流自由主义经济学家。国有化在瑞典从来都没有市场，多数企业都是私有的：萨博的汽车分部是私有的，在被通用收购后，它在2009年平静地破产。1938年，当美国的罗斯福正咆哮着反对经济上的保皇派并威胁投资家时，瑞典的工会和企业却在萨尔特舍巴登达成了和平相处的共识，在社会民主党的统治下，给予了实业家广泛的技术投资和赚钱的自由。瑞典在19世纪末的自由经济主义在20世纪中叶的福利制度里找到了共鸣。确实，从1960年到1990年的福利主义教条和工会力量[奥洛夫·帕尔梅(Olof Palme)在20世纪60年代说："政治之风刮向左边：让我们起航吧！"]使瑞典的人均收入下滑到了世界第17位——虽然消灭了许多贫穷。① 但是我们现在知道，像瑞典或荷兰这样的福利国家，并没有处在通往奴役之路的第一阶段。让我们美国人、意大利人或印度人感到震惊的是，尽管理论上说瑞典和荷兰会变成奴役国家，但是他们的政府官员几乎总是心系公共利益，而精英文化机构和风险资本委员会也自然地成为政府职能部门。

作为一位经验主义科学家，我必须承认，社会民主主义取得了成功，至少在有着优良行政传统的国家获得了成功（在那些彻底资本主义化的国家实现了现代生活水平以后；实际上，这样的顺序恰是正统马克思主义的教导：社会主义是从成熟的资本主义大树上摘下的果实）。即便我要指摘中央计划的毛病，或批评激进环保主义者无视历史证据，我也必须承认这个事实。证据表明，某些国家可以将社会保障保持在一个非常慷慨的水平（怪脾气的自由意志主义者可能会补充一句：慷他人之慷），而不会变成威权统治。（有些国家，比如委内瑞拉，却直接迈向了威权统治。）

---

① Lindbeck，2009.

无论如何,当今左派和右派的最大危险还在于造就一个主宰一切的全能政府。那些批评奥巴马总统是"社会主义者"的人士忘记了,布什政府以军事形式扩张政府的程度不亚于奥巴马政府以非军事形式的政府扩张。比起德国的"民主"共和,和在1939年非常活跃的法西斯主义选择(还有当今的反移民运动)相比,西欧的社会民主主义无疑是民主化的。①

我们需要加强创新修辞。这并不意味着宣扬"贪婪是美德",我曾在《企业家的美德》(The Bourgeois Virtues)里详尽论述过,这种修辞虽然很受华尔街和经济系欢迎,却是幼稚和不道德的。在这一点上,我完全同意我信仰马克思主义的朋友们。大卫·哈维使用保罗·特雷纳(Paul Trainor)对新自由主义的定义:"它把市场交换视为'道德本身,能够作为所有人类行为的指南'。"②那是唯事功。我说这是在胡说八道,让它见鬼去吧。加强创新修辞意味着承认我们商业社会中的所有美德,并清醒地认识到它们的缺陷,比如对唯事功的狂热。它意味着歌颂前途光明的创新和尊重公正的市场交易安排。它并不意味着支持大银行挤压小银行;或通过政府资助选择市场优胜者,从而使美国制造更有竞争力。它意味着接受创造性毁灭的结果。当然,我们一定不能对企业家美德顶礼膜拜,用先知亚伯拉罕的箴言说,那是骄傲的偶像崇拜。我们也一定不能把它们像邪神巴尔或财神玛门那样彻底逐出门外,那种策略只会诱使商人无视道德(反正已经被诅咒了)和重新将事功——贪婪之罪——视为唯一美德。

弗兰克·奈特、罗伯特·帕特南、弗朗西斯·福山一直深深忧虑"资本主义的矛盾",政治学家理查德·博伊德(Richard Boyd)对此深刻总结说:"在资本导致的巨大财富差距和极度不平

---

① 正如 Berman,2006 年极有说服力地提出。
② Harvey,2005,p. 3.

等、恣意习惯、觉醒、个人主义、低俗,及冲突的合力下,会一举毁掉自由制度赖以生存的前现代社会资本。"①我不这样认为,我在本书和《企业家美德》中已经详细阐述了自己的观点。

但是,至少存在着一种意识形态的腐化堕落产生致命残留物的可能性,比方说在美国饱受争议的公司 CEO 离职天价补偿金问题。把家得宝公司经营得业绩惨淡的理查德·纳德利(Richard Nardelli)或许不值五千万一年的薪水;而他在管理克莱斯勒汽车公司期间,将该公司折腾至破产境地,自己却拿了天价薪酬。另一方面,经济学家几乎都不关心这些事情。我们经济学家很久之前就正确地指出,高管人员的薪水,不论其支付形式有多么奇怪,仅仅是相关公司营业利润的很小一部分。然而从修辞角度说,经济学界以外的人是正确的。许多人认为,企业高管拿着诡异的天价薪酬,出行享受为满足自尊心的公司飞机,还享受着供应商提供的全家度假,这些行为都腐化了接受创造性毁灭的美国修辞。那才是重要的。

我在本书对人类经济和伦理道德历史进行了全新诠释,我的解释是否正确会牵扯到很多事情。如果我是正确的,那么道德、修辞、理念和认知的改变造就现代世界的这一科学发现将会十分重要。维多利亚时代的旅行作家兼无神论者亚历山大·金莱克(Alexander Kinglake)曾经提议,所有教堂都在正门前竖立一块大型告示牌,上书"如果神真的存在,这个地方很重要"(Important If True)。② 我的论证也是如此。在经济史领域,再没有比工业革命和大规模纾解贫困何以在最初发生更为重要的问题了,尤其是为何能延续下来。正是这种持续让我们更加富裕、更加自由并能取得更伟大的人类成就。工业革命在最近的延续——最壮观的是

① Boyd,1997,p. 529.
② Tuckwell,1902,chap. 5.

在中国和印度这些让人感到不可思议的地区——证明了全世界都可以做到。如果你还心存怀疑,中国和印度的成就证明了欧洲在遗传方面并没有什么特别。它还证明了,在一个创新世界里,马尔萨斯的诅咒缺乏力量。

例如,如果这样一个愉快的结果主要应归功于思想、道德和"修辞",我们或许应该把我们的社会望远镜转向思想、道德和修辞。仅仅盯着贸易、帝国主义、人口统计学、工会、私有产权——虽然这些内容都非常有意思——却无法胜任全部的科学需要。思想是一个历史暗物质,从1890年到1980年被忽视了几乎整整一个世纪。

为了洞察这个暗物质,我们需要一种更面向思想的全新经济学,它将承认如语言塑造经济的想法。对于这样一种人文经济科学——在本书和相关著作中所探寻的,一些人也致力于此——人类科学的方法将与目前应用的数学方法与统计学方法同样有用。① 这种被拓展的经济科学既审视文学作品也用电脑模仿,既分析故事也模拟最大值,既用哲学阐述也用统计学度量,既探寻神圣的意义也呈现世俗的看法。人文和社会科学的实践者将不再彼此嘲笑,将开始阅读彼此的著作和参与彼此的课程。就像他们的物理学和生物学同僚们自然做法那样,他们会合作从事科学研究。就像我们从研究生的教育中所看到的,这并不困难。一位

---

① Hirschman,1977;and recently Klamer,2003,2007;Bronk,2009. 肯尼斯·鲍尔丁(1910—1993年),一位重要的经济学家和重要的教友会教徒,是一个比较旧的代表。已故的卫斯理大学的斯坦利·莱伯戈特(1918—2009年)是利用所有证据的另一个例子——同时引证了《李尔王》和商务部。(他的例子也证明了文科院校的经济学家适合辨别人文经济科学,如果他们不再寻求从世界顶级理工学院获得认同的话。)到了20世纪40年代,我们有更多经济学家可以佐证,从德高望重的亚当·斯密(1723—1790年)到受尊敬的弗兰克·奈特(1885—1972年)和富有洞察力的约瑟夫·熊彼特(1883—1950年),以及自相矛盾的梅纳德·凯恩斯(1883—1946年)。而在20世纪六七十年代,萨缪尔森的第一代追随者转向了文科的专业经济学,他们对历史、哲学、神学和文学的傲慢无知加强了这种趋势。

聪明的人文学者在两三年内就能学会足够的数学和统计学知识并在经济学上学以致用。一位聪明的经济学家，虽然略显困难，也能在两三年内在英语系里学会足够的修辞和精读知识。妨碍这种科学合作的是无知的嘲笑，而非任务的困难。

你当然不能忘记还有政治道德的存在。如果我们所理解的经济不只是事功这个唯一美德，我们就能赋予经济以新的道德含义。如果创新是理想中的道德改变的结果，我们就能尊重创新。修辞改变究其本身毕竟部分是尊严和自由的反作用。反之，尊严和自由也部分是一系列事件的结果（记住我们前面的图表）：欧洲长期以来完善的私有产权制度、中世纪城镇的自由、小国之间的竞争而非亚洲的一国独霸、农奴制在俄国之外地区的衰败、新教主义和所有古老的亚伯拉罕宗教中的个人尊严理论、地中海地区之外的妇女的局部解放、"科学革命"带来的头脑解放冲击了欧洲相对原始的科学、宗教和世俗威权的不平衡垮台，同时亚洲却放弃了宽容的传统、至少一个小型公共领域的出现、一些职业向天才开放、军事技术的改善，给了西方和中国人击败骑马贵族或骑象贵族的武器、从中国和伊斯兰世界模仿和改进而来的印刷术，使得连续出版和合理并不受审查的剧院和出版社成为可能。所有这些都在1600—1800年被不完美地实现，但又是令人吃惊的新颖。似乎从它们在西北欧实践的程度来看，即便引入最新的历史发现，那种亚洲落后论的东方概念也是错误的。

如果技术革新部分是新的尊严和自由的结果，那作为"企业家价值重新评估"的后代，享有尊严和自由的我们可以适度对此感到幸福，而不必堕入骄傲的罪恶里。如果我们的企业家大厦不是建立在帝国主义，不是建立在剥削，不是建立在不平等贸易的地基上（炮舰和橡胶树奴隶的短暂时期除外，它们对企业家经济起了微不足道的贡献），那我们在自我批评的同时，也可以感到自豪。如果正经的创新是道德的，我们就能理直气壮地实践道德，超越右派幼稚的"贪婪是美德"或左派幼稚的"打倒老板"的思维。在一个完整的专业历史构建起来之前，我们在理解过去经济史时需要超越 1848 年甚至 1914 年的见识：甜蜜的农夫、浪漫的中世纪、邪恶的磨坊主、凄惨的机器、隔绝的工人、刺激明显低于我们的社会阶层的消费。如果我们要有未来，我们最好知道历史的真相，从真相倾听教训，而不要从左派或右派的历史童话中获得我们的政治灵感。

"给女人一碗米饭，你拯救了她一天"，这是基督徒自诩的"基督教慈善"的最简单形式。"给男人一袋种子，你就拯救了他一年"，这是一个资本投资计划，美国以对外援助的方式尝试了数十年，却没有取得太多成果。但是，给男人和女人以创新的自由，并说服他们尊重创业和培养企业家美德，你就拯救了他们的一生，还有他们的孩子和孩子的孩子。这是企业家的方式，并在创新时代收获了丰硕的果实。

当企业家美德无法兴盛，尤其是得不到社会的其他阶层和政府和企业家本身的尊重时，结果就很可悲。经济学家维吉尔·史多尔(Virgil Storr)和彼得·贝奇(Peter Boettke)特别提到了巴哈马群岛，"巴哈马过去经济史上的所有成功模式几乎都是海盗式的"，结果那里的企业家纷纷"追求'租值'而非(生产性)利润"。① 仅仅依赖海盗式的贪婪，即以利己主义为核心的事功，而没有其他美德的平衡，比如公正(除非说到历史上真正的海盗行为，海盗本身实行的民主正义)，并不会产生很好的结果。与左右两派的普遍看法相反，唯事功的海盗道德并非企业家的特征。伯纳德·曼德维尔和依凡·波斯基(Ivan Boesky)错了，事功并非一个创新社会的唯一美德。人(更不必说青草、细菌、老鼠)总是审慎的，也总是有不愿意平衡其他美德的贪婪的人。全世界在 1700 年左右

---

① Boettke and Storr,2002,pp. 180-181. 对比 Storr,2006。

发生改变的,是在一个所有美德的体系之内对经济和智力创新价值的重新评估。

然而创新,甚至在一个恰当的美德体系中,却被许多公知嘲讽蔑视了一个半世纪之久,从托马斯·卡莱尔到奈奥米·克莱因莫不如此。若是依据公知们的主意行事,如果我们愿意,我们就会重复20世纪中叶的民族主义惨剧。如果我们只是想象一下扰乱理想的田园生活,拒绝创新的好处,那我们大可继续过着可怜的牧羊人和自耕农生活,几乎没有智力和精神上的成长。如果我们崇拜等级制度,信仰暴力和迷信国家,我们大可把自己的生命交付给军工复合体。如果我们因担忧环境而放弃经济原则,我们可以回到每天3美元收入的日子,继续住在瓦尔登湖畔的森林小屋中,依靠城镇里的朋友提供钉子和图书。在21世纪初的今天,如果我们愿意,我们甚至可以增加一点反企业家的宗教极端思想,比如最近的飞机撞上世贸中心的"9·11"事件,或者旧时像《登山宝训》(*Sermon on the Mount*)这样的读物。

但我不建议这样做。我建议重新拾起企业家美德,因为它们赋予了我们发挥的空间,用冯·洪堡的话说:把人类的力量发挥到最极致和最和谐,塑造一个完整和健全的整体。我们要放弃资源重组和效率,或者剥削穷人造就现代世界的观念。我们要建立一个全新的历史和经济学科,一个人文学科,承认数字、语言、利益、修辞、行为和意义。

附录1 参考书目

本书中我一般给出参考书目的首次出版日期,因为相比单纯地引用"霍布斯(1986)",它能提供更多关于思想史的信息。有些地方会使用以后的版本,在使用以后版本的时候,都标示有更多的出版细节。

Abbing, Hans, 2002, *Why Artists Are Poor: The Exceptional Economy of the Arts*. Amsterdam: Amsterdam University Press; and Chicago: University of Chicago Press.

Abramovitz, Moses, 1956, "Resources and Output Trend in the United States since 1870." *American Economic Review* 46: 5-23.

Acemoglu, Daron, Simon Johnson, and James Robinson, 2005, "The Rise of Europe: Atlantic Trade, Institutional Change, and Economic Growth." *American Economic Review* 95: 546-579.

Acemoglu, Daron, 2002, "Technical Change, Inequality and the Labor Market." *Journal of Economic Literature* 40: 7-72.

Acemoglu, Daron, 2008, "Growth and Institutions." In S. N. Durlauf and L. E. Blume, eds., *The New Palgrave Dictionary of Economics*, 2nd ed. London: Palgrave Macmillan.

Adams, Henry, 1907 (published 1918), *The Autobiography of Henry Adams*. New York: Modern Library, 1931.

Adhia, Nimish, 2009, "Bourgeois Virtues in India: How

Bollywood Heralded India's Economic Liberalization."Manuscript,Department of Economics, University of Illinois at Chicago. At http://www.allacademic.com/meta/p_mla_apa_research_citation/3/6/3/7/6/p363765_index.html.

Aghion,P. ,C. Harris, O. Howitt, and J. Vickers,2001," Competition,Imitation and Growth with Step-by-step Innovation." *Review of Economic Studies* 68:467-492.

Akerlof, George A., 1997, " Social Distance and Social Decisions."*Econometrica* 65(September):1005-1027.

Akerlof,George A. , and Robert J. Shiller,2009, *Animal Spirits: How Human Psychology Drives the Economy, and Why It Matters for Global Capitalism*.Princeton:Princeton University Press.

Alexopoulos,Michelle,and Jon Cohen,2009,"Measuring Our Ignorance, One Book at a Time: New Indicators of Technological Change,1909-1949. " Working Paper 349.Department of Economics, University of Toronto.

Allen,Robert C. ,1977,"The Peculiar Productivity History of American Blast Furnaces,1840-1913. "*Journal of Economic History* 37 (September):605-633.

Allen, Robert C. , 1983, "Collective Invention." *Journal of Economic Behavior and Organization* 4:1(January):605-633.

Allen, Robert C. , 1992, *Enclosure and the Yeoman: The Agricultural Development of the South Midlands*, 1450-1850. Oxford: Clarendon Press.

Allen, Robert C. , 2006, " The British Industrial Revolution in Global Perspective:How Commerce Created the Industrial Revolution and Modern Economic Growth."Paper presented at Nuffield College, Oxford University. At http://www.nuffield.ox.ac.uk/users/allen/unpublished/econinvent-3.pdf.

Allen, Robert C., 2009, *The British Industrial Revolution in Global Perspective*. Cambridge: Cambridge University Press.

Allen, Robert C., Jean-Pascal Bassino, Debin Ma, Christine Moll-Murata, and Jan Luiten van Zanden, 2009, "Wages, Prices and Living Standards in China, 1738–1925: In Comparison with Europe, Japan, and India." London School of Economics Working Paper. At http://www.lse.ac.uk/collections/economicHistory/EconomicHistoryworking.

Alschuler, Albert W., 2000, *Law Without Values: The Life, Work, and Legacy of Justice Holmes*. Chicago: University of Chicago Press.

Anderson, Terry L., and Peter J. Hill, 2004, *The Not So Wild, Wild West: Property Rights on the Frontier*. Stanford: Stanford University Press.

Anthony, David W., 2007, *The Horse, the Wheel, and Language: How Bronze-Age Riders from the Eurasian Steppes Shaped the Modern World*. Princeton: Princeton University Press.

Appleby, Joyce Oldham, 1978, *Economic Thought and Ideology in Seventeenth-Century England*. Princeton: Princeton University Press.

Appleby, Joyce Oldham, 2010, *The Relentless Revolution: A History of Capitalism*. New York: Norton.

Aquinas, Thomas, 1267–1273, *Summa Theologica*. Translated by Fathers of the English Dominican Province.

Ardagh, John, 1991, *Germany and the Germans: After Unification*. New rev. ed. London: Penguin.

Aron, Raymond, 1983 (1990), *Memoirs*. Translated by George Holoch. Abridged ed. New York: Holmes and Meier.

Arthur, W. Brian, 1989, "Competing Technologies, Increasing Returns, and Lock-In by Historical Events." *Economic Journal* 99:

116-131.

Ashton, Thomas S., 1948, *The Industrial Revolution*, 1760-1830. Oxford: Oxford University Press.

Asplund, Martin, 2008, "The Shining Make-Up of Our Star." *Science* 322(October 3): 51-52.

Augustine, St. 398 CE. *Confessions*. Translated by F. J. Sheed. New York: Sheed and Ward, 1943.

Auslander, Leora, 2009, *Cultural Revolutions: Everyday Life and Politics in Britain, North America, and France*. Berkeley: University of California Press.

Austen, Ralph, 1987, *African Economic History: Internal Development and External Dependency*. Portsmouth, N. H.: Heinemann; London: James Currey.

Baechler, Jean, John A. Hall, and Michael Mann, eds., 1988, *Europe and the Rise of Capitalism*. Oxford: Blackwell.

Baechler, Jean, 1971(1975), *Les Origines du Capitalisme*. Paris: Gallimard. Translated as *The Origins of Capitalism*. Oxford: Basil Blackwell.

Bahtra, Ravi, 1987, *The Great Depression of* 1990. New York: Simon and Schuster.

Bailyn, Bernard, 2003, *To Begin the World Anew: The Genius and Ambiguities of the American Founders*. New York: Vintage Books(Random House).

Balassa, Bela, 1981, *The Process of Industrial Development and Alternative Development Strategies*. Princeton University, Department of Economics, International Finance Section.

Balázs, Étienne, 1964, *Chinese Civilization and Bureaucracy: Variations on a Theme*. New Haven: Yale University Press.

Baran, Paul A., and Paul M. Sweezy, 1966, *Monopoly Capital: An Essay on the American Economic and Social Order*. New York: Monthly Review Press.

Barbalet, Jack, 2008, *Weber, Passion and Profits: "The Protestant Ethic and the Spirit of Capitalism", in Context*. Cambridge: Cambridge University Press.

Barnett, Correlli, 1972, *The Collapse of British Power*. London: Eyre Methuen.

Barnett, Correlli, 1974, *Marlborough*. London: Eyre Methuen. Ware, Hertfordshire: Wordsworth Editions, 1999.

Bastiat, Frédéric, 1845, *Economic Sophisms*. Translated by Arthur Goddard. Irvington-on-Hudson, N.Y.: Foundation for Economic Education, 1996.

Bates, Robert H., 1981, *States and Markets in Tropical Africa: The Political Basis of Agricultural Policy*. Berkeley: University of California Press.

Bauernschuster, Stefan, Oliver Falck, Robert Gold, and Stephan Heblich, 2009, "The Shadows of the Past: How Implicit Institutions Influence Entrepreneurship", Jena Economic Research Papers. At www.jenecon.de.

Baumol, William J., 2002, *The Free Market Innovation Machine: Analyzing the Growth Miracle of Capitalism*. Princeton: Princeton University Press.

Baumol, William J., Robert E. Litan, and Carl J. Schramm, 2007, *Good Capitalism, Bad Capitalism, and the Economics of Growth and Prosperity*. New Haven: Yale University Press.

Bayly, Christopher, 1989, *Imperial Meridian: The British Empire and the World*, 1780–1830. London: Longman.

Bean, Richard N., 1975, *The British Trans-Atlantic Slave Trade*, 1650–1775. New York: Arno Press.

Becker, Gary, and George Stigler, 1977, "De Gustibus Non Est Disputandum." *American Economic Review* 67:76–90.

Becker, Sascha O., Erik Hornung, Ludger Woessmann, 2009, "Catch Me If You Can: Education and Catch-up in the Industrial Revolution." Stirling Economics Discussion Paper 2009–19. At https://dspace.stir.ac.uk/dspace/handle/1893/1613.

Bell, Daniel, 1978, *The Cultural Contradictions of Capitalism*. New York: Basic Books.

Bellah, Robert N., Richard Masden, William M. Sullivan, Ann Swidler, and Steven M. Tipton, 1985(1996), *Habits of the Heart: Individualism and Commitment in American Life*. Updated edition. Berkeley and Los Angeles: University of California Press.

Bennett, H.S., 1921/1932, *The Pastons and Their England*. Cambridge: Cambridge University Press, 1970.

Berg, Maxine, and Kristine Bruland, eds., 1998, *Technological Revolutions in Europe: Historical Perspectives*. Cheltenham: Elgar.

Berg, Maxine, and Patricia Hudson, 1994, "Growth and Change: A Comment on the Crafts-Harley View of the Industrial Revolution." *Economic History Review* 47:147–149.

Berg, Maxine, 1985, *The Age of Manufactures: Industry, Innovation and Work in Britain* 1700–1820. Oxford: Oxford University Press.

Berg, Maxine, 1998, "Product Innovation in Core Consumer Industries in Eighteenth-Century Britain." pp.138–157 in Berg and Bruland.

Bergson, Abram, 1961, *The Real National Income of Soviet Russia* since 1937.Cambridge,Mass.:Harvard University Press.

Berman,Harold J.,1983,*Law and Revolution:The Formation of the Western Legal Tradition*. Cambridge, Mass.: Harvard University Press.

Berman,Harold J.,2003,*Law and Revolution,II:The Impact of the Protestant Reformations on the Western Legal Tradition*.Cambridge, Mass.:Harvard University Press.

Berman,Sheri,2006,*The Primacy of Politics:Social Democracy and the Making of Europe's Twentieth Century*.Cambridge:Cambridge University Press.

Bernhofen,Daniel M., and John C. Brown,2009,"Testing the General Validity of the Heckscher-Ohlin Theorem:The Natural Experiment of Japan."Paper,Hi-Stat,Institute of Economic Research,Hitotsubashi University,Tokyo. At http://d.repec.org/n? u = RePEc:hst: ghsdps:gd09−058&r = his.

Bértola, Luis, 2010, "Institutions and the Historical Roots of Latin American Divergence." Working Paper, Economic and Social History Program,Universidad de la República,Urguguay.

Blanning,Tim,2007,*The Pursuit of Glory:Europe* 1648−1815. New York:Viking and Penguin.

Blaut,James,1993,*The Colonizer's Model of the World:Geographical Diffusionism and Eurocentric History*. New York: Guilford Press.

Blum,Walter J., and Harry Kalven, Jr.,1963,*The Uneasy Case for Progressive Taxation*.Chicago:University of Chicago Press.

Boettke,Peter J., and Virgil Henry Storr,2002,"Post Classical Political Economy." *American Journal of Economics and Sociology* 61 (1):161−191.

Bogart, Dan, 2009, "Did the Glorious Revolution Contribute to the Transport Revolution? Evidence from Investment in Roads and Rivers." Manuscript, Department of Economics, University of California, Irvine.

Boldrin, Michael, and David K. Levine, 2009, "A Model of Discovery." Department of Economics, Washington University of St. Louis. At http://levine.sscnet.ucla.edu/papers/aea_pp09.pdf.

Boskin, Michael J., Ellen R. Dulberger, Robert J. Gordon, Zvi Griliches, and Dale W. Jorgenson, 1998, "Consumer Prices, the Consumer Price Index, and the Cost of Living." *Journal of Economic Perspectives* 12:1 (Winter):3-26.

Boswell, James, 1791, *The Life of Samuel Johnson, LL. D.* 2 Vols. London: J. M. Dent, 1949.

Botton, Alain de, 2005, *On Seeing and Noticing*. London: Penguin.

Bourdieu, Pierre, 1979 (1984), *Distinction: A Social Critique of the Judgment of Taste*. Translated by Richard Nice. London: Routledge and Kegan Paul.

Bowles, Samuel, and Herbert Gintis, 2006, "The Evolutionary Basis of Collective Action." pp. 951–967 in Barry R. Weingast and Donald A. Wittman, eds., *The Oxford Handbook of Political Economy*. Oxford: Oxford University Press.

Bowles, Samuel, and Herbert Gintis. Forthcoming. *A Cooperative Species: Human Sociality and Its Evolution*.

Bowles, Samuel, 2007, "Genetically Capitalist? Review of *Farewell to Alms*." *Science* 318, No. 5849 (October 19):394-396.

Boyd, John, 2008, "Multiscale Numerical Algorithms for Weather Forecasting and Climate Modeling: Challenges and Controversies."

Sian News (*Journal of the Society for Industrial and Applied Mathematics*) 41(9) :1 ,16 only.

Boyd , Richard , 1997 , " Frank H. Knight and Ethical Pluralism. " *Critical Review* 11(4) :519 – 536.

Brailsford , H. N. , 1961 , *The Levellers and the English Revolution*. Edited by Christopher Hill. Nottingham : Bertrand Russell Peace Foundation , Spokesman Books , 1976.

Braudel , Fernand , and Frank Spooner , 1967 , " Prices in Europe from 1450 to 1750. " pp.378 – 486 in E. E. Rich and C. H. Wilson , eds. , *The Cambridge Economic History of Europe*, Vol. 4 , *The Economy of Expanding Europe in the Sixteenth and Seventeenth Centuries*. Cambridge : Cambridge University Press.

Braudel , Fernand , 1979 , *Civilisation matérielle , economie , et capitalisme*. Translated by S. Reynolds. *Civilization and Capitalism , Fifteenth-Eighteenth Century*, Vol. 2 , *Les jeux de l'échange* (*The Wheels of Commerce*). New York : Harper and Row , 1982.

Bray , Francesca , 2000 , *Technology and Society in Ming China*, 1368 – 1644. American Historical Association Pamphlet.

Bresnahan , Timothy , and Robert J. Gordon , 1997 , Introduction. pp. 1 – 26 in Timothy Bresnahan and Robert J. Gordon , eds. , *The Economics of New Goods*. Chicago : University of Chicago Press.

Broadberry , Stephen N. , 2003 , " Labor Productivity. " In Mokyr 2003a.

Broadberry , Stephen N. , and Douglas Irwin , 2006 , " Labor Productivity in the United States and the United Kingdom during the Nineteenth Century. " *Explorations in Economic History* 43 :257 – 279.

Broadberry , Stephen N. , and Gupta Bishnupriya , 2005 , " The Early Modern Price Divergence : Wages , Prices and Economic Development in Europe and Asia, 1500 – 1800." CERP Discussion Paper 4947. London: Centre for Economic Policy Research.

Bronk, Richard, 2009, *The Romantic Economist: Imagination in Economics*. Cambridge: Cambridge University Press.

Buchanan, James M., 1987, "The Constitution of Economic Policy." Nobel Lecture, Dec. 8. Reprinted in *American Economic Review* 77 (June): 243–250. At http://nobelprize.org/nobel_prizes/economics/laureates/1986/buchanan-lecture.html.

Buchanan, James M., 2003, "Justice among Natural Equals: Memorial Marker for John Rawls." *Public Choice* 114: iii–v.

Buchanan, James M., 2006, "Politics and Scientific Inquiry: Retrospective on a Half-Century." pp. 980–995 in Barry R. Weingast and Donald A. Wittman, eds., *The Oxford Handbook of Political Economy*. Oxford: Oxford University Press.

Buchanan, James M., and Gordon Tullock, 1962, *The Calculus of Consent: Logical Foundations of Constitutional Democracy*. Ann Arbor: University of Michigan Press.

Butler, Joseph, Bishop, 1725, *Fifteen Sermons*. pp. 335–528 in *The Analogy of Religion and Fifteen Sermons*. 1736. London: Religious Tract Society.

Butler, Samuel, 1912, *The Notebooks of Samuel Butler*. At Project Gutenberg http://www.gutenberg.org/etext/6173.

Campbell, Bruce M. S., 2000, *English Seigneurial Agriculture, 1250–1450*. Cambridge: Cambridge University Press.

Campbell, Bruce M. S., 2005, "The Agrarian Problem of the Early Fourteenth Century." *Past and Present* 188: 3–70.

Campbell, Bruce M. S., 2009, "Factor Markets in England before the Black Death." Manuscript, School of Geography, Archaeology and

Palaeoecology, Queen's University, Belfast.

Cannadine, David, 1994 (2005), *The Aristocratic Adventurer*. London: Penguin. From Cannadine. *Aspects of Aristocracy*. New Haven: Yale University Press.

Caplan, Bryan, 2007, *The Myth of the Rational Voter: Why Democracies Choose Bad Policies*. Princeton: Princeton University Press.

Carlos, Ann, and Frank Lewis, 1999, "Property Rights, Competition and Depletion in the Eighteenth-Century Fur Trade: The Role of the European Market." *Canadian Journal of Economics* 32: 705-728.

Carlyle, Thomas, 1829, "Signs of the Times." At http://www.victorianweb.org/authors/carlyle/signs1.html.

Cartwright, Nancy, 2007, *Hunting Causes and Using Them: Approaches in Philosophy and Economics*. Cambridge: Cambridge University Press.

Carus-Wilson, Eleanora M., 1941, "An Industrial Revolution of the Thirteenth Century." *Economic History Review* ser.1, 11: 39-60.

Cather, Willa, 1913, *O Pioneers!* Harmondsworth: Penguin.

Cather, Willa, 1931 (1992), "Two Friends." pp. 673-690 in *Cather, Stories, Poems, and Other Writings*. Library of America. New York: Viking Press.

Chapman, Stanley D., 1970, "Fixed Capital Formation in the British Cotton Industry 1770-1815." *Economic History Review* 23: 235-266.

Chapman, Stanley D., and J. Butt, 1988, "The Cotton Industry, 1775-1856." In Feinstein and Pollard 1988.

Chartres, John, 2003, "England: Early Modern Period." In Mokyr 2003a.

Chekola, Mark, 2007, "The Life Plan View of Happiness and the

Paradoxes of Happiness." pp. 221 – 236 in Luigino Bruni and Pier Luigi Porta, eds., *Handbook on the Economics of Happiness.* Cheltenham, U.K.: Edward Elgar.

Chenery, Hollis B., 1960, "Patterns of Industrial Growth." *American Economic Review* 50:624–654.

Cicero, Marcus Tullius. 44 BC. *De officiis* [Concerning Duties]. Translated by W. Miller. Loeb ed. Cambridge, Mass.: Harvard University Press, 1913.

Cipolla, Carlo M., 1994, *Before the Industrial Revolution: European Society and Economy*, 1000–1700. 3rd ed. New York: W. W. Norton.

Clapham, John H., 1926, *An Economic History of Modern Britain: The Early Railway Age.* Cambridge: Cambridge University Press.

Clark, Gregory, and David Jacks, 2007, "Coal and the Industrial Revolution." *European Review of Economic History* 11(April):39–72.

Clark, Gregory, and Gillian Hamilton, 2006, "Survival of the Richest: The Malthusian Mechanism in Pre-Industrial England." *Journal of Economic History* 66(September):707–736.

Clark, Gregory, 1987, "Why Isn't the Whole World Developed? Lessons from the Cotton Mills." *Journal of Economic History* 47(March):141–173.

Clark, Gregory, 1988, "The Cost of Capital and Medieval Agricultural Technique." *Explorations in Economic History* 25:265–294.

Clark, Gregory, 2007a, *A Farewell to Alms: A Brief Economic History of the World.* Princeton: Princeton University Press.

Clark, Gregory, 2007b, "Some Limited Responses to My Critics." PowerPoint presentation to the Social Science History Association, Chicago meeting, November 17.

Clark, Gregory, 2007c, "A Review of Avner Greif's Institutions and the Path to the Modern Economy:Lessons from Medieval Trade." *Journal of Economic Literature* 45(September):727-743.

Clark, Gregory, 2008, "In Defense of the Malthusian Interpretation of History." *European Review of Economic History* 12 (August):175-199.

Clark, Henry C., ed., 2003, *Commerce, Culture, and Liberty: Readings on Capitalism before Adam Smith*.Indianapolis:Liberty Fund.

Clegg,Cyndia Susan,1997,*Press Censorship in Elizabethan England*.Cambridge:Cambridge University Press.

Clough, Arthur Hugh. "The Latest Decalogue." 1862, Reprinted p.1034 in H.H.Abrams and others, *The Norton Anthology of English Literature*,Vol.2.New York:W.W.Norton,1962.

Coatsworth,John H.,1979,"Indispensable Railroads in a Backward Economy:The Case of Mexico." *Journal of Economic History* 39 (December):939-960.

Cohen,Edward E.,1992,*Athenian Economy and Society:A Banking Perspective*.Princeton:Princeton University Press.

Coleridge,Samuel Taylor,1817(1852),*A Lay Sermon*. In Coleridge,*Lay Sermons*,at Google Books.

Collier,Paul,2007,*The Bottom Billion:Why the Poorest Countries Are Failing and What Can Be Done about It*.Oxford:Oxford University Press.

Collins,Francis,2007,*The Language of God:A Scientist Presents Evidence for Belief*.New York:Simon and Schuster.

Collins,Harry,1985,*Changing Order:Replication and Induction in Scientific Practice*.Chicago:University of Chicago Press.

Comte-Sponville,André,1996(2001),*A Small Treatise on the*

Great Virtues. New York: Henry Holt, Metropolitan/Owl Books.

Connolly, Michelle, and Kei-Mu Yi, 2009, "How Much of South Korea's Growth Miracle Can Be Explained by Trade Policy?" Working Paper 09-19, Federal Reserve Bank of Philadelphia. At http://d. repec.org/n? u=RePEc:fip:fedpwp:09-19&r=his.

Coontz, Stephanie, 1992, *The Way We Never Were: American Families and the Nostalgia Trap.* New York: Basic Books. Paperback ed. 2000.

Cosgel, Metin M., Thomas J. Miceli, and Jared Rubin, 2009, "Guns and Books: Legitimacy, Revolt and Technological Change in the Ottoman Empire." Department of Economics, University of Connecticut, Storrs. Working Paper 2009-12. March.

Cottrell, Philip L., 1980, *Industrial Finance, 1830-1914: The Finance and Organization of English Manufacturing Industry.* London: Methuen.

Cowen, Tyler, 1998, *In Praise of Commercial Culture.* Cambridge, Mass.: Harvard University Press.

Cowley, Abraham. c, 1665, "Of Avarice." pp. 197-202 in Samuel Johnson and John Aikin, eds., *The Works of Abraham Cowley.* republished 1806. Google books digitized November 13, 2006.

Cowper, William, 1785, *The Task.* At http://www.luminarium. org/eightlit/cowper/cowperbib.php.

Cox, Michael, and Richard Alm, 1999, *Myths of Rich and Poor.* New York: Basic Books.

Crafts, N. F. R., and C. Knick Harley, 2004, "Precocious British Industrialization: A General Equilibrium Perspective." pp. 86-110 in Leandro Prados de la Escosura, ed., *British Exceptionalism: A Unique Path to the Industrial Revolution.* Cambridge: Cambridge University

Press.

Crafts, Nicholas F.R., 2004(2005), "The First Industrial Revolution: Resolving the Slow Growth/Rapid Industrialization Paradox." *Journal of the European Economic Association* 3 (April/May): 525-534. Manuscript, London School of Economics. At http://www.lse.ac.uk/collections/economicHistory/pdf/First% 20Industrial% 20Reveloution%20-%20NFRC.pdf.

Crafts, Nicholas F. R., and C. Knick Harley, 1992, " Output Growth and the British Industrial Revolution: A Restatement of the Crafts-Harley View." *Economic History Review* 45: 703-730.

Crafts, Nicholas F.R., S.J. Leybourne, and T.C. Mills, 1991, "Britain." pp.109-152 in Richard Sylla and Gianni Toniolo, eds., *Patterns of European Industrialization: The Nineteenth Century*. London: Routledge, and Fondazione Adriano Olivetti.

Crouzet, François, 1965, "La formation du capital en Grande-Bretagne pendant la Révolution Industrielle." pp. 589 - 642 in *Deuxième conférence internationale d'histoire économique/ Second International Conference of Economic History*, Aix-en-Provence 1962, École pratique des hautes études - Sorbonne, Sixième Section: Sciences économiques et sociales, Congrès et Colloques, tome VIII (Mouton and Co.: Paris-The Hague).

Crouzet, François, 1985, *The First Industrialists: The Problem of Origins*. Cambridge: Cambridge University Press.

Csikszentmihalyi, Mihaly, and Eugene Rochberg-Halton, 1981, *The Meaning of Things: Domestic Symbols and the Self*. New York: Cambridge University Press.

D'Souza, Dinesh, 1997, "Justice to Ronald Reagan." *Washington Times*, November 6, 1997, Reprinted 2000 in American Enterprise Institute, *On the Issues*, http://www.aei.org/include/pub_print.asp? pubID=8269.

Dandekar V. M., 1966, "Transforming Traditional Agriculture: A Critique of Professor Schultz." *Economic and Political Weekly* 1(1): 25-36.

Danford, John W., 2006, "'Riches Valuable at All Times and to All Men': Hume and the Eighteenth-Century Debate on Commerce and Liberty." pp.319-347 in David Womersley, ed., *Liberty and American Experience in the Eighteenth Century*. Indianapolis: Liberty Fund.

Darity, William A., Jr., 1982, "A General Equilibrium Model of the Eighteenth-Century Atlantic Slave Trade: A Least-Likely Test for the Caribbean School," *Research in Economic History* 7:287-326.

Darity, William A., Jr., 1992, "A Model of 'Original Sin': Rise of the West and Lag of the Rest." *American Economic Review* 82: 162-167.

Daudin, Guillaume, 2004, *Commerce et prospérité: La France au le XVIIIe siècle*. Paris: PUPS.

Daudin, Guillaume, 2008, "Domestic Trade and Market Size in Late Eighteenth-Century France." Oxford Economic and Social History Working Papers. http://www.economics.ox.ac.uk/index.php/papers/details/domestic_trade_and_market/.

David, Paul A., 1969, "Transport Innovations and Economic Growth: Professor Fogel On and Off the Rails." *Economic History Review* ser.2, 22:506-525.

David, Paul A., 1990, "The Dynamo and the Computer: A Historical Perspective on the Modern Productivity Paradox." *American Economic Review* 80:355-361.

David, Paul A., 2008, "The Historical Origins of 'Open

Science': An Essay on Patronage, Reputation and Common Agency Contracting in the Scientific Revolution." *Capitalism and Society* 3: 1–103. Berkeley Electronic Press.

 Davies, Howard, and Paul D. Ellis, 2000, "Porter's 'Competitive Advantage of Nations': Time for a Final Judgment?" *Journal of Management Studies* 37(8):1189–1213.

 Davies, R. S. W., and Sidney Pollard, 1988, "The Iron Industry, 1750–1850." In Feinstein and Pollard 1988.

 Davies, Stephen, 2005, "Warriors and Merchants." *Freeman* (November):38–39.

 Davis, Lance E., and R. A. Huttenback, 1986, *Mammon and the Pursuit of Empire: The Economics of British Imperialism*. Cambridge: Cambridge University Press. And a shorter version in 1988 with Susan G. Davis as coauthor, to which reference is made.

 De Cecco, Marcello, 1975, *Moneyand Empire: The International Gold Standard*, 1890–1914. Totowa, N. J.: Rowman and Littlefield.

 de la Court, Pieter, 1662, *Interest van Holland*. English trans. At libertyfund.org.

 de la Court, Pieter, 1669, Selections from *Political Maxims of the State of Holland*. Part of the 1669 edition of *Interest van Holland*, trans. J. Campbell, 1743. pp. 10–36 in Clark 2003.

 De Long, J. Bradford, 1989, "The 'Protestant Ethic' Revisited: A Twentieth-Century Look." *Fletcher Forum* 13 (Summer):229–242, and in manuscript. At http://econ161.berkeley.edu/pdf_files/Protestant_Ethic.pdf.

 de Vries, Jan, 2003, "Long-Distance Trade between 1500 and 1750." In Mokyr 2003a.

 de Vries, Jan, 2008a, "Did People in the Eighteenth Century Really Work Harder, and, If So, Why?" Paper presented to the Midwest Economics Association, Chicago, March.

de Vries, Jan, 2008b, *The Industrious Revolution: Consumer Behavior and the Household Economy*, 1650 to the Present. Cambridge: Cambridge University Press.

de Vries, Jan, 2008c, "Review of Clark, A Farewell to Alms." *Journal of Economic History* 68:1180-1181.

Deakin, Simon, 2008, "Legal Origin, Juridical Form and Industrialization in Historical Perspective: The Case of the Employment Contract and the Joint-Stock Company." Centre for Business Research, University of Cambridge. Working Paper 369.

Deane, Phyllis., and W. A. Cole, 1962, *British Economic Growth*, 1688-1959. Cambridge: Cambridge University Press.

DeLong, J. Bradford, 2007, "Barry Ritholtz Does Not Seem to Understand the Purpose of 'Core Inflation.'" At DeLong blog, Grasping Reality with Both Hands, http://delong.typepad.com/sdj/2007/09/barry-ritholtz-.html.

Demetz, Peter, 1997, *Prague in Black and Gold: The History of a City*. New York: Penguin.

Demsetz, Harold, 1967, "Toward a Theory of Property Rights." *American Economic Review* 57(May):347-359.

Dennison, Tracy K., and A. W. Carus, 2003, "The Invention of the Russian Rural Commune: Haxthausen and the Evidence." *Historical Journal* 46(3):561-582.

Desert Fathers. 300-500 CE. *The Desert Fathers: Sayings of the Early Christian Monks*. Translated by Benedicta Ward. London: Penguin, 2003.

Desmet, Klaus, and Stephen Parente, 2009, "The Evolution of

Markets and the Revolution of Industry: A Quantitative Model of England's Development, 1300 – 2000." Centre for Economic Policy Research Discussion Paper 7290. At http://d. repec. org/n? u = RePEc:cpr:ceprdp:7290&r=his.

Diamond, Jared, 1997, *Guns, Germs, and Steel: The Fates of Human Societies.* New York: Random House.

Donaldson, Lex, 1995, *American Anti-Management Theories of Organization: A Critique of Paradigm Proliferation.* Cambridge: Cambridge University Press.

Douglas, Mary, and Baron Isherwood, 1979, *The World of Goods.* New York: Basic Books.

Du Plessis, Stan, 2008, "Economic Growth in South Africa: A Story of Working Smarter, Not Harder." Presentation May 20 to a conference at the Faculty of Theology, University of Stellenbosch, on Religion and the Eradication of Poverty in the Context of Economic Globalization. Department of Economics, University of Stellenbosch.

Dupré, Louis, 2004, *The Enlightenment and the Intellectual Foundations of Modern Culture.* New Haven: Yale University Press.

Durie, Alastair J., 2003, "Scotland." In Mokyr 2003a.

Dyson, Freeman, 2008, "The Question of Global Warming." *New York Review of Books* 55:20(June 12). At http://www.nybooks.com/articles/21494.

Eagleton, Terry, 1996, *Heathcliff and the Great Hunger: Studies in Irish Culture.* London: Blackwell Verso.

Eagleton, Terry, 2006, "Lunging, Flailing, Mispunching: Review of Dawkins, The God Delusion." *London Review of Books*, October 19, 32 – 34. At http://www. lrb. co. uk/v28/n20/terry-eagleton/lunging-flailing-mispunching.

Eagleton, Terry, 2009, *Reason, Faith, and Revolution: Reflections on the God Debate.* New Haven: Yale University Press.

Eagleton, Terry, 2009, *Trouble with Strangers: A Study of Ethics.* Malden, Mass.: Wiley-Blackwell.

Earle, Peter, 1989, *The Making of the English Middle Class: Business, Society and Family Life in London, 1660 - 1730.* London: Methuen.

Easterlin, Richard A., 1973, "Does Money Buy Happiness?" *Public Interest* 30:3-10.

Easterlin, Richard A., 1974, "Does Economic Growth Improve the Human Lot? Some Empirical Evidence." pp.89-125 in Paul David and Melvin Reder, eds., *Nations and Households in Economic Growth: Essays in Honor of Moses Abramowitz.* New York: Academic Press.

Easterlin, Richard A., 1981, "Why Isn't the Whole World Developed?" *Journal of Economic History* 41(1):1-19.

Easterlin, Richard A., 1995, "Industrial Revolution and Mortality Revolution: Two of a Kind?" *Journal of Evolutionary Economics* 5: 393-408, reprinted in Easterlin 2004.

Easterlin, Richard A., 2003, "Living Standards." In Mokyr 2003a.

Easterlin, Richard A., 2004, *The Reluctant Economist: Perspectives on Economics, Economic History, and Demography.* Cambridge: Cambridge University Press.

Easterlin, Richard A., ed., 2002, *Happiness in Economics.* An Elgar Reference Collection. Cheltenham, U.K.: Edward Elgar.

Easterly, William, and Fischer, Stanley, 1995, "The Soviet Economic Decline: Historical and Republican Data." *World Bank Economic Review* 9(3):341-371.

Easterly, William, 2001, *The Elusive Quest for Growth: Economists' Adventures and Misadventures in the Tropics*. Cambridge: MIT Press.

Economist Intelligence Unit, 2005, "Quality of Life Index." At http://www.economist.com/media/pdf/QUALITY_OF_LIFE.pdfy.

Edelstein, Michael, 1994a, "Foreign Investment and Accumulation, 1860 – 1914." pp. 173 – 196 in Floud and McCloskey 1981.

Edelstein, Michael, 1994b, "Imperialism: Cost and Benefit." pp. 197-216 in Floud and McCloskey 1981.

Edgerton, David, 1991, *England and the Aeroplane: An Essay on a Militant and Technological Nation*. London: Macmillan. Full pdf at http://www3.imperial.ac.uk/pls/portallive/docs/1/7292625.PDF.

Edgerton, David, 1996, *Science, Technology and the British Industrial "Decline,"* 1870-1970. Cambridge: Cambridge University Press, for the Economic History Society.

Edgerton, David, 2005, *Warfare State: Britain*, 1920 – 1970. Cambridge: Cambridge University Press.

Edgerton, David, 2007, *The Shock of the Old: Technology and Global History since* 1900. Oxford: Oxford University Press.

Edwards, Jeremy, and Sheilagh Ogilvie, 2008, Contract Enforcement, Institutions and Social Capital: The Magribi Traders Reappraised. CESifo Working Paper 2254. At CESifo-group.org/wp.

Ehrlich, Paul R., 1968, *The Population Bomb*. New York: Ballantine.

Ekelund, Robert B., Jr., and Robert D. Tollison, 1981, *Mercantilism as a Rent-Seeking Society: Economic Regulation in Historical Perspective*. College Station: Texas A&M University Press.

Elbaum, Bernard L., and William Lazonick, eds., 1986, *The Decline of the British Economy*. New York: Oxford University Press.

Eldridge, Niles, 1995, *Dominion*. New York: Henry Holt.

Eliot, T. S., 1921, "The Metaphysical Poets." pp. 241 – 250 in Eliot, *Selected Essays*, 1917–1932. London: Faber.

Eltis, David, and Stanley L. Engerman, 2000, "The Importance of Slavery and the Slave Trade to Industrializing Britain." *Journal of Economic History* 60: 123–144.

Embree, Ainslee, ed., 1988, *Sources of Indian Tradition*. Vol. 1, *From the Beginning to* 1800. 2nd ed. New York: Columbia University Press.

Emmer, P. C., 2003, "Low Countries: Dutch Empire." In Mokyr 2003a.

Engels, Friedrich, 1877 – 1878, *Anti-Dühring*. At http://www.marxists.org/archive/marx/works/1877/anti-duhring/index.htm.

Engerman, Stanley L., 1972, "The Slave Trade and British Capital Formation in the Eighteenth Century: A Comment on the Williams Thesis." *Business History Review* 46: 430–443.

Epstein, Joseph, 2006, *Alexis de Tocqueville: Democracy's Guide*. New York: Harper-Collins.

Epstein, Richard, 2009, "Property Rights and the Rule of Law: Classical Liberalism Confronts the Modern Administrative State." Speech to the Mont Pelerin Society, Stockholm, August 17.

Epstein, S. R., 1991, *Wage Labor and Guilds in Medieval Europe*. Chapel Hill: University of North Carolina Press.

Epstein, S. R., 1998, "Craft Guilds, Apprenticeship, and Technological Change in Preindustrial Europe." *Journal of Economic History* 58: 684–714.

Ethington, Philip J. , 1997, "The Intellectual Construction of 'Social Distance': Toward a Recovery of Georg Simmel's Social Geometry." In *Cybergeo*, refereed electronic edition of *European Journal of Geography* 30 (September 16), http://www. cybergeo. presse. fr/essoct/texte/socdis.htm.

Federico, Giovanni, 2005, *Feeding the World: An Economic History of Agriculture*, 1800 - 2000. Princeton: Princeton University Press.

Feinstein, Charles H. , 1972, *National Income, Expenditure and Output of the United Kingdom*, 1855-1965. Cambridge: Cambridge University Press.

Feinstein, Charles H. , 2003, "National Income Accounts: Investment and Savings." In Mokyr 2003a.

Feinstein, Charles H. , 2005, *An Economic History of South Africa: Conquest, Discrimination and Development*. Cambridge: Cambridge University Press.

Feinstein, Charles H. , and Sidney Pollard, eds. , 1988, *Studies in Capital Formation in the United Kingdom*, 1750-1920. Oxford: Clarendon Press.

Fenoaltea, Stefano, 1971-1972, "Railroads and Italian Industrial Growth, 1861 - 1913." *Explorations in Economic History* 9 (1): 325-351.

Ferguson, Niall, 1997, "What If Britain Had 'Stood Aside' in August 1914?" pp.228-280 in Ferguson, ed. , *Virtual History*. London: Picador. New York: Basic Books, 1999.

Field, Alexander J. , 2003, "The Most Technologically Progressive Decade of the Century." *American Economic Review* 93: 1399-1413.

Field, Alexander J., 2006, "Technological Change and U.S. Productivity Growth in the Interwar Years." *Journal of Economic History* 66:203-236.

Fielding, Henry, 1749, *The History of Tom Jones, a Foundling*. 2 Vols. Bohn's Popular Library. London: Bell and Sons, 1913.

Findlay, Ronald, and Kevin H. O'Rourke, 2007, *Power and Plenty: Trade, War, and the World Economy in the Second Millennium*. Princeton: Princeton University Press.

Finley, Moses, 1973, *The Ancient Economy*. Sather Classical Lectures 43. Berkeley: University of California Press.

Fleischacker, Samuel, 2004, *A Short History of Distributive Justice*. Cambridge, Mass.: Harvard University Press.

Floud, Roderick C., and Deirdre N. McCloskey, eds., 1981, *The Economic History of Britain since* 1700. Vol.1, 1700-1860. 1st ed. Cambridge: Cambridge University Press.

Floud, Roderick C., and Deirdre N. McCloskey, eds., 1994, *The Economic History of Britain since* 1700. Vol.1, 1700-1860. 2nd ed. Cambridge: Cambridge University Press.

Flynn, Dennis O., 1996, *World Silver and Monetary History in the Sixteenth and Seventeenth Centuries*. Collected Studies Series. Aldershot: Ashgate/Variorum Press.

Flynn, Dennis O., and Arturo Giráldez, 1995a, "Born with a Silver Spoon: The Origin of World Trade in 1571." *Journal of World History* 6:201-221.

Flynn, Dennis O., and Arturo Giráldez, 1995b, "Arbitrage, China, and World Trade in the Early Modern Period." *Journal of the Social and Economic History of the Orient* 38:429-448.

Flynn, Dennis O., and Arturo Giráldez, 2002, "Cycles of Silver:

Global Economic Unity through the Mid-eighteenth Century." *Journal of World History* 13(2):391-427.

Flynn, Dennis O., and Arturo Giráldez, 2004, "Path Dependence, Time Lags and the Birth of Globalisation: A Critique of O'Rourke and Williamson." *European Review of Economic History* 8:81-108.

Flynn, Dennis O., Arturo Giráldez, and R. von Glahn, eds., 2003, *Monetary History in Global Perspective*, 1500-1808. Aldershot: Variorum.

Fogel, Robert W., 1964, *Railroads and American Economic Growth: Essays in Econometric History*. Baltimore: Johns Hopkins University Press.

Fogel, Robert W., 1979, "Notes on the Social Saving Controversy." *Journal of Economic History* 39:1-54.

Fogel, Robert W., 2002, *The Fourth Great Awakening and the Future of Egalitarianism*. Chicago: University of Chicago Press.

Fogel, Robert W., 2004, *The Escape from Hunger and Premature Death, 1700-2100: Europe, America, and the Third World*. New York: Cambridge University Press.

Fogel, Robert W., 2005, "Reconsidering Expectations of Economic Growth after World War II from the Perspective of 2004." NBER Working Paper W11125.

Fogel, Robert W., 2008, "Forecasting the Cost of U.S. Health Care in 2040." NBER Working Paper 14361.

Folbre, Nancy., 2001, *The Invisible Heart: Economics and Family Values*. New York: The New Press.

Foreman-Peck, James, 2003, "Long Distance Trade: Long-Distance Trade since 1914." In Mokyr 2003a.

Forgacs, David, ed., 2000, *The Antonio Gramsci Reader: Selected*

Writings 1916-1935. New York: New York University Press.

Fouquet, Roger, 2008, *Heat, Power and Light: Revolutions in Energy Services.* Cheltenham: Edward Elgar.

Frank, Andre Gunder, 1998, *Reorient: Global Economy in the Asian Age.* Berkeley: University of California Press.

Frank, Robert H., 1985, *Choosing the Right Pond: Human Behavior and the Quest for Status.* New York: Oxford University Press.

Frank, Robert H., 1999, *Luxury Fever: Money and Happiness in an Era of Excess.* New York: Free Press.

Frank, Robert H., and Philip J. Cook, 1995, *The Winner-Take-All Society: Why the Few at the Top Get So Much More than the Rest of Us.* New York: Free Press.

Fremdling, Rainer, 2000, "Transfer Patterns of British Technology to the Continent: The Case of the Iron Industry." *European Review of Economic History* 4:197-220.

Frey, Bruno. *Happiness: A Revolution in Economics.* Cambridge: MIT Press.

Friedman, Benjamin M., 2005, *The Moral Consequences of Economic Growth.* New York: Knopf.

Friedman, Benjamin M., 2007, "Industrial Evolution [review of *Farewell to Alms*]." *New York Times Sunday Review of Books,* December 9.

Galor, Oded, and Omer Moav, 2002, "Natural Selection and the Origins of Economic Growth." *Quarterly Journal of Economics* 117 (November):1133-1191.

Galton, Francis, 1901, "The Possible Improvement of the Human Breed under Existing Conditions of Law and Sentiment." Huxley Lecture to the Anthropological Institute, printed as pp.1-34 in Galton, *Es-*

says in Eugenics. London: Eugenics Education Society.

Gapinski, James H., 1993, *The Economics of Saving*. Boston: Kluwer Academic.

Geertz, Clifford, Hildred Geertz, and Lawrence Rosen, 1979, *Meaningand Order in Moroccan Society*. New York: Cambridge University Press.

Gerschenkron, Alexander, 1947, "The Soviet Indices of Industrial Production." *Review of Economics and Statistics* 29:217-226.

Gerschenkron, Alexander, 1957 (1962), "Reflections on the Concept of 'Prerequisites' of Modern Industrialization." *L'industria* 2. Reprinted as pp.31-51 in Gerschenkron, *Economic Backwardness in Historical Perspective: A Book of Essays*. Cambridge, Mass.: Harvard University Press.

Gerschenkron, Alexander, 1962, *Economic Backwardness in Historical Perspective: A Book of Essays*. Cambridge, Mass.: Harvard University Press.

Gerschenkron, Alexander, 1970, *Europe in the Russian Mirror: Four Lectures in Economic History*. Cambridge University Press.

Gilbert, W.S., and A.S. Sullivan, 1893, "Utopia, Limited." In *The Complete Plays of Gilbert and Sullivan*. New York: W. W. Norton, 1976.

Gilomee, Hermann, and Bernard Mbenga, eds., 2007, *New History of South Africa*. Cape Town: Tafelberg.

Gilomee, Hermann, 2003, *The Afrikaners: Biography of a People*. Cape Town: Tafelberg; Charlottesville: University of Virginia Press.

Gintis, Herbert, 2007, "The Evolution of Private Property." *Journal of Economic Behavior and Organization* 64:1-16. At http://www-unix.oit.umass.edu/~gintis/.

Gintis, Herbert, 2008, "Five Principles for the Unification of the Behavioral Sciences." Manuscript, Sante Fe Institute and Central European University. May 13, 2008. At http://www.umass.edu/preferen/gintis/NewUnity.pdf.

Gladwell, Malcolm, 2006, "The Formula: What If You Built a Machine to Predict Hit Movies?" New York (October 16): 138-149.

Goffman, Erving, 1961, *Asylums: Essays on the Social Situation of Mental Patients and Other Inmates*. New York: Doubleday.

Goldgar, Anne, 2007, *Tulipmania: Money, Honor, and Knowledge in the Dutch Golden Age*. Chicago: University of Chicago Press.

Goldin, Claudia, and Lawrence F. Katz, 2008, *The Race between Education and Technology*. Cambridge, Mass.: Harvard University Press.

Goldsmith, Raymond W., 1984, "An Estimate of the Size and Structure of the National Product of the Early Roman Empire." *Review of Income and Wealth* (September): 263-288.

Goldstone, Jack A., 2002a, "The Rise of the West - or Not? A Revision to Socio-economic History." *Sociological Theory* 18(2): 175-194. Manuscript available at http://www.hartford-hwp.com/archives/10/114.html.

Goldstone, Jack A., 2002b, "Efflorescences and Economic Growth in World History: Rethinking the 'Rise of the West' and the Industrial Revolution." *Journal of World History* 13: 323-389.

Goldstone, Jack A., 2003, "Feeding the People, Starving the State: China's Agricultural Revolution of the Seventeenth-/Eighteenth Centuries." Paper presented to the Global Economic History Network. Irvine, California.

Goldstone, Jack A., 2007a, "Discussion of Clark's Farewell to

Alms." Meet-the-author session at the Social Science History Convention, Chicago, November. http://eh. net/bookreviews/ssha_farewell_to_alms.pdf.

Goldstone, Jack A., 2007b, " Review of Clark's Farewell to Alms." *World Economics* 8(3):207-225.

Goldstone, Jack A., 2009, *Why Europe? The Rise of the West in World History*, 1500-1850. New York: McGraw-Hill.

Goldstone, Jack A. Forthcoming. *A Peculiar Path: The Rise of the West in World History*, 1500-1850. Cambridge, Mass.: Harvard University Press.

Goody, Jack, 1996, *The East in the West*. Cambridge: Cambridge University Press.

Goody, Jack, 2006, *The Theft of History*. Cambridge: Cambridge University Press.

Goody, Jack, 2010, *The Eurasian Miracle*. London and Malden, Mass: Polity.

Gordon, Robert J., 1990, *The Measurement of Durable Goods Prices*. Chicago: University of Chicago Press.

Gordon, Robert J., 2006, " The Boskin Commission Report: A Retrospective One Decade Later."NBER Working Paper 12311.

Grafen, Alan, 1987, " The Logic of Divisively Asymmetric Contests: Respect for Ownership and the Desperado Effect." *Animal Behaviour* 35:462-467.

Graff, Gerald, and Cathy Birkenstein, 2005, *They Say/I Say: The Moves That Matter in Academic Writing*. New York: W.W. Norton.

Graff, Gerald, 1992, *Beyond the Culture Wars: How Teaching the Conflicts Can Revitalize American Education*. New York: W.W. Norton.

Grantham, George, 2003, " Agriculture: Historical Overview." In

Mokyr 2003a.

Grantham, George, 2007, "Discussion of Clark's Farewell to Alms." Meet-the-author session at the Social Science History Convention, Chicago, November. http://eh.net/bookreviews/ssha_farewell_to_alms.pdf.

Grantham, George, 2009, "Science and Its Transactions Cost: The Emergence of Institutionalized Science." Manuscript, McGill University and Paris School of Economics. At http://d.repec.org/n? u = RePEc: mcl: mclwop: 2009-05&r = his.

Greenblatt, Stephen, 1997, "General Introduction." pp. 1-76 in *The Norton Shakespeare*. New York: Norton.

Greenfeld, Liah, 2001, *The Spirit of Capitalism: Nationalism and Economic Growth*. Cambridge, Mass.: Harvard University Press.

Greif, Avner, 2006, *Institutions and the Path to the Modern Economy: Lessons from Medieval Trade*. Cambridge: Cambridge University Press.

Grief, Avner, 2008, "Contract Enforcement and Institutions among the Magribi Traders: Refuting Edwards and Ogilvie." Department of Economics, Stanford University. At mpra.ub.uni-meunchen.de/9610/.

Grierson, Philip, 1978, "The Origins of Money." *Research in Economic Anthropology* 1: 1-35.

Grotius (Hugo de Groot), 1625, "Preliminary Discourse concerning the Certainty of Rights in General," in *De iure belli ac pacis*. English trans. of 1738, from the French of Jean Barbeyrac, 1720. At Online Library of Liberty, http://oll.libertyfund.org.

Guinnane, Timothy, 2009, Speech to the Chicago Friends of Economic History, May 8. Department of Economics, Yale University.

Habakkuk, H. J., 1962, *American and British Technology in the Nineteenth Century: The Search for Labour-Saving Inventions.* New York: Cambridge University Press.

Hanawalt, Barbara, 1979, *Crime and Conflict in English Communities, 1300-1348.* Cambridge: Harvard University Press.

Hansen, Alvin H., 1939, "Economic Progress and Declining Population Growth." *American Economic Review* 29(March): 1-7.

Hansen, Alvin H., 1941, *Fiscal Policy and Business Cycles.* New York: W.W.Norton.

Harberger, Arnold C., 1954, "Monopoly and Resource Allocation." *American Economic Review* 44(May): 77-87.

Harberger, Arnold C., 1964, "The Measurement of Waste." *American Economic Review* 54(May): 58-76.

Hardin, Garrett, 1968, "The Tragedy of the Commons." *Science* 162: 1243-1248.

Harley, C.Knick, 1980, "Transportation, the World Wheat Trade and the Kuznets Cycle." *Explorations in Economic History* 17: 218-250.

Harley, C.Knick, 1993, "Reassessing the Industrial Revolution: A Macro View." pp.171-226 In Mokyr 1999.

Harris, John R., 1992, *Essays in Industry and Technology in the Eighteenth Century: England and France.* Aldershot, England: Ashgate Variorum.

Harris, John R., 1996, "Law, Espionage and Transfer of Technology from Eighteenth-Century Britain." pp.123-136 in Robert Fox, ed., *Technological Change: Methods and Themes in the History of Technology.* Amsterdam: Harwood Academic Publishers.

Harris, John R., 2000, *Industrial Espionage and Technology Transfer: Britain and France in the Eighteenth Century.* Aldershot, England:Ashgate.

Hartwell, R. M., 1961, "The Rising Standard of Living in England, 1800–1850." *Economic History Review*, ser.2, 13:397–416.

Hartwell, R.M., 1965, "The Causes of the Industrial Revolution: An Essay in Methodology." *Economic History Review* 18:164–82. Reprinted as pp.53–80 in Hartwell, editor. *The Causes of the Industrial Revolution in England*. London: Methuen, 1967.

Harvey, David, 2007, *A Brief History of Neoliberalism*. New York: Oxford University Press.

Harvey, David, 2009, "The Crisis and the Consolidation of Class Power: Is This Really the End of Neoliberalism?" *Counterpunch* march 13/15. At http://www.counterpunch.org/harvey03132009.html.

Hawke, G.R., 1970, *Railways and Economic Growth in England and Wales* 1840–1870. Oxford: Oxford University Press.

Hayek, Friedrich A., 1945, "The Use of Knowledge in Society." *American Economic Review* 35(4):519–30.

Hayek, Friedrich A., 1960, *The Constitution of Liberty*. Chicago: University of Chicago Press.

Hayek, Friedrich A., ed., 1954, *Capitalism and the Historians: Essays by* Hayek, T.S. Ashton, L.M. Hacker, W.H. Hutt, and B. de Jouvenel. Chicago: University of Chicago Press.

Heckscher, Eli.F., 1931, *Mercantilism*. Translated by Mendel Shapiro. London: Allen and Unwin, 1934.

Heilbroner, Robert, 1953, *The Worldly Philosophers: The Lives, Times, and Ideas of the Great Economic Thinkers*. 7th ed. New York: Simon and Schuster, 1996.

Hejeebu, Santhi, and Deirdre McCloskey, 2000, "The Reproving of Karl Polanyi." *Critical Review* 13(Summer/Fall):285–314.

Hejeebu, Santhi, and Deirdre McCloskey, 2003, "Polanyi and the History of Capitalism: Rejoinder to Blyth." *Critical Review* 16(1): 135-142.

Hellie, Richard, 2003, "Russia: Early Modern Period." In Mokyr 2003a.

Henriksson, Anders, 1983, "Life Reeked with Joy." *Wilson Quarterly*. Spring: 169-171.

Hersh, Jonathan, and Hans-Joachim Voth. 2009. "Sweet Diversity: Colonial Goods and the Rise of European Living Standards after 1492." Manuscript at http://d.repec.org/n? u = RePEc: upf: upfgen: 1163&r = his.

Heston, Alan, 2002, "Review of Fernand Braudel, Civilization and Capitalism, Fifteenth-Eighteenth Century." EH. Net Economic History Services, Aug 1. http://eh.net/bookreviews/library/heston.

Hexter, Jack. H., 1961, "The Myth of the Middle Class in Tudor England." In *Reappraisals in History*. London: Longmans, Green.

Higgs, Robert, 1997, "Regime Uncertainty: Why the Great Depression Lasted So Long and Why Prosperity Resumed after the War." *Independent Review* 1(Spring): 561-590.

Higgs, Robert, 2006, *Depression, War, and Cold War: Challenging the Myths of Conflict and Prosperity*. New York: Oxford University Press.

Hill, Kim R., and A. Magdalena Hurtado, 2003, "Hunting." In Mokyr 2003a.

Hines, James R., Jr., 1999, "Three Sides of Harberger Triangles." *Journal of Economic Perspectives* 13(2): 167-188.

Hirsch, Fred, 1976, *The Social Limits to Growth*. London: Routledge and Kegan Paul.

Hirschman, Albert O., 1977, *The Passions and the Interests: Political Arguments for Capitalism before Its Triumph*. Princeton: Princeton University Press.

Hirschman, Albert. O., 1958 (1988), *The Strategy of Economic Development*. New Haven: Yale University Press.

Hiser, Rodney F., 2003, "Moral Consequences of Institutional Structure." *Planning and Markets* 6 (1). At http://www-pam.usc.edu/.

Hobbes, Thomas, 1651, *Leviathan*. Edited by C. B. Macpherson. Harmondsworth: Penguin, 1986.

Hobsbawm, Eric J., 1957, "The British Standard of Living, 1790–1850." *Economic History Review*, ser.2, 10: 46–68.

Hoffman, Philip T., 1997, *Growth in a Traditional Society: The French Countryside, 1450–1815*. Princeton: Princeton University Press.

Hoffman, Philip T., 2003a, "Agriculture: Property Rights and Tenure Systems." In Mokyr 2003a.

Hoffman, Philip T., 2003b, "France: Early Modern Period." In Mokyr 2003a.

Hoffman, Philip T., 2006, "The Church in Economy and Society." pp.72–86 in Stewart J. Brown and Timothy Tackett, eds., *Enlightenment, Reawakening and Revolution, 1660–1815*. Cambridge History of Christianity, Vol.7. Cambridge: Cambridge University Press.

Hohenberg, Paul, 2003, "Urbanization." In Mokyr 2003a.

Hollander, Anne, 1994, *Sex and Suits: The Evolution of Modern Dress*. New York: Knopf.

Holmes, Oliver Wendell, Jr., 1895, "An Address Delivered on Memorial Day, May 30." pp. 263–270 in Joseph T. Cox, ed., *The Written Wars: American Prose through the Civil War*. North Haven,

Conn: Archon.

Honeyman, Katrina, 2007, *Child Workers in England*, 1780 – 1820. Aldershot: Ashgate.

Hoppit, Julian, 1996, "Patterns of Parliamentary Legislation, 1660–1800." *History Journal* 39: 109–131.

Hoppit, Julian, 2002, *Risk and Failure in English Business*, 1700 – 1800. Cambridge: Cambridge University Press.

Housman, A. E., 1921, "The Application of Thought to Textual Criticism." *Proceedings of the Classical Association* 18: 67–84.

Howitt, Peter, 2005, "Coordination Issues in Long-Run Growth." In K. Judd and L. Tesfatsion, eds., *Handbook of Computational Economics*, Vol. 2, *Agent-Based Computational Economics*. Preprint at Department of Economics, Brown University.

Hudson, Patricia, ed., 1989, *Regions and Industries: A Perspective on Britain's Industrial Revolution*. Cambridge: Cambridge University Press.

Hudson, Patricia, 1986, *The Genesis of Industrial Capital: A Study of the West Riding Wool Textile Industry c.*1750 – 1850. Cambridge: Cambridge University Press.

Hudson, Patricia, 1992, *The Industrial Revolution*. Sevenoaks, Kent: Edward Arnold.

Hume, David, 1754 – 1755, *The History of England*. Vol. 6. 1778 ed. Indianapolis: Liberty Fund, 1983.

Hume, David, 1777 (1987), *Essays Moral, Political and Literary*. Edited by E. F. Miller. Rev. ed. Indianapolis: Liberty Fund.

Huppert, George, 1977, *Les Bourgeois Gentilhommes: An Essay on the Definition of Elites in Renaissance France*. Chicago: University of Chicago Press.

Huppert, George, 1999, *The Style of Paris: Renaissance Origins of the French Enlightenment*. Bloomington: Indiana University Press.

Hynes, William, David S. Jacks, Kevin H. O'Rourke, 2009, "Commodity Market Disintegration in the Interwar Period." Institute for International Integration Studies. Discussion paper 285. Trinity College, Dublin. At http://www.tcd.ie/iiis/documents/discussion/pdfs/iiisdp285.pdf.

Iannaccone, Lawrence, 1998, "Introduction to the Economics of Religion." *Journal of Economic Literature* 36(3): 1465-1495.

Imlah, J. A. H., 1958, *Economic Elements in the Pax Britannica: Studies in British Foreign Trade in the Nineteenth Century*. Cambridge, Mass.: Harvard University Press.

Inglehart, Ronald H., R. Foa, C. Peterson, and C. Welzel, 2008, "Development, Freedom, and Rising Happiness: A Global Perspective (1981-2007)." *Perspectives on Psychological Science* 3: 264-285.

Inikori, Joseph E., 2002, *Africans and the Industrial Revolution in England: A Study in International Trade and Development*. Cambridge: Cambridge University Press.

Innes, Stephen, 1988, Introduction. In Innes, ed., *Work and Labor in Early America*. Institute of Early American History and Culture, Williamsburg. Chapel Hill: University of North Carolina Press.

Innes, Stephen, 1994, "Puritanism and Capitalism in Early Massachusetts." pp. 83-113 in J. A. James and M. Thomas, eds., *Capitalism in Context: Essays on Economic Development and Cultural Change in Honor of R. M. Hartwell*. Chicago: University of Chicago Press.

Ippolito, R. A., 1975, "The Effect of the Agricultural Depression on Industrial Demand in England: 1730-1750." *Economica* 42: 298-312.

Isaacson, Walter, 2003, *Benjamin Franklin: An American Life*.

New York:Simon and Schuster.

Israel, Jonathan, 1989, *Dutch Primacy in World Trade*, 1585 - 1740.Oxford:Oxford University Press.

Israel, Jonathan, 1995, *The Dutch Republic: It's Rise, Greatness, and Fall*, 1477-1806.Oxford:Clarendon Press.

Israel, Jonathan, 2001, *Radical Enlightenment: Philosophy and the Making of Modernity*, 1650-1750.Oxford:Oxford University Press.

Jacob, Margaret C., 1981 (2006), *The Radical Enlightenment - Pantheists, Freemasons and Republicans*.London:Allen and Unwin.2nd rev.ed.Lafayette, Louisiana:Cornerstone.New preface and introduction at http://www.cornerstonepublishers.com/radical.pdf.

Jacob, Margaret C., 1997, *Scientific Culture and the Making of the Industrial West*.New York:Oxford University Press.

Jacob, Margaret C., 2001, *The Enlightenment: A Brief History*. Boston:Bedford/St.Martin's.

Jardine, Lisa, 1996, *Worldly Goods: A New History of the Renaissance*.London:Macmillan.

Johnson, Samuel, 1753, *Adventurer* 99(October 16).

Johnson, William A., 2000, "Towards a Sociology of Reading in Classical Antiquity." *American Journal of Philology* 121:593-627.

Jones, Eric L., 1981, *The European Miracle: Environments, Economies, and Geopolitics in the History of Europe and Asia*.Cambridge: Cambridge University Press.

Jones, Eric L., 1988, *Growth Recurring: Economic Change in World History*.Oxford:Clarendon Press.

Jones, Eric L., 2003, "Natural Resources:Historical Overview." In Mokyr 2003a.

Jones, G.T., 1933, *Increasing Returns*.Cambridge: Cambridge University Press.

Jordan, Miriam., 1998, "Foreign Rivals Spur India's Homegrown Firms." *International Herald Tribune*, February 5.

Karabel, Jerome, 2005, *The Chosen: The Hidden History of Admission and Exclusion at Harvard, Yale, and Princeton*. Boston: Houghton Mifflin.

Keizer, Kees, Siegwart Lindenberg, and Linda Steg, 2008, "The Spread of Disorder." Science 322: 1681-1685.

Kelling, George L., and James Q. Wilson. "Broken Windows." *Atlantic* (March 1982).

Kendrick, John W., 1956, "Productivity Trends: Capital and Labor." Occasional Papers of the National Bureau of Economic Research, New York.

Kendrick, John W., 1961, *Productivity Trends in the United States*. Princeton: Princeton University Press.

Kennedy, Paul, 1976 (2006), *The Rise and Fall of British Naval Mastery*. Amherst, N.Y.: Humanity Books.

Kennedy, Paul, 1987, *The Rise and Fall of the Great Powers: Economic Change and Military Conflict from 1500 to 2000*. New York: Random House.

Keynes, John Maynard, 1937, "Some Economic Consequences of a Declining Population." Galton Lecture to the Eugenics Society. February.

Khurana, Rakesh, 2007, *From Higher Aims to Hired Hands: The Social Transformation of American Business Schools and the Unfulfilled Promise of Management as a Profession*. Princeton: Princeton University Press.

King, Robert G., and Sergio T. Rebelo, 1993, "Transitional Dynamics and Economic Growth in the Neo-classical Model." *American Economic Review* 83:908-931.

Kirzner, Israel M., 1973, *Competition and Entrepreneurship*. Chicago:University of Chicago Press.

Kirzner, Israel M., 1976, "Equilibrium vs. Market Processes." In Edwin Dolan, ed., *The Foundations of Modern Austrian Economics*. Kansas City:Sheed and Ward.

Klamer, Arjo, 2003, "A Pragmatic View on Values in Economics."*Journal of Economic Methodology* 10(2):191-212.

Klamer, Arjo, 2007, *Speaking of Economics:How to Get Into the Conversation*.London:Routledge.

Knight, Frank, 1923, "The Ethics of Competition." *Quarterly Journal of Economics*, reprinted as pp.33-67 in Knight 1935.

Knight, Frank, 1935, *The Ethics of Competition*.New York:Harper and Bros. Reprinted New Brunswick, N. J.: Transaction Publishers, 1997.

Kritzler, Edward, 2008, *Jewish Pirates of the Caribbean*. New York:Random House.

Kropotkin, P. A., Prince, 1901, "Modern Science and Anarchism."Trans,1903,reprinted pp.57-93 in E.Capouya and K. Tompkins,eds., *The Essential Kropotkin*.New York:Liveright,1975.

Krugman, Paul, 1996, *Pop Internationalism*. Cambridge: MIT Press.

Krugman, Paul, 1997, *Development, Geography, and Economic Theory*.Cambridge:MIT Press.

Krugman, Paul, 2000, "Where in the World Is the 'New Economic Geography'?" pp. 49 - 60 in G. L. Clark, Maryann P. Feldman,and M.S.Gertler, eds., *The Oxford Handbook of Economic*

Geography.Oxford:Oxford University Press.

Kuhn, Steven L., Mary C. Stiner, David S. Reese, and Erksin Güleç, 2001, "Ornaments of the Earliest Upper Paleolithic: New Insights from the Levant." *Proceedings of the National Academy of Science* 98:7641–7646.

Kussmaul, Anne, 1981, *Servants in Husbandry in Early Modern England*.Cambridge:Cambridge University Press.

Lachmann, Ludwig, 1977, *Capital, Expectationsand the Market Process*.Kansas City:Sheed Andrews and McMeel.

Lal, Deepak, 1998, *Unintended Consequences: The Impact of Factor Endowments, Culture, and Politics on Long-Run Economic Performance*.Cambridge, Mass.:MIT Press.

Lal, Deepak, 2006, *Reviving the Invisible Hand: The Case for Classical Liberalism in the Twenty-First Century*.Princeton:Princeton University Press.

Landes, David S., 1965, "Technological Change and Industrial Development in Western Europe,1750–1914." In H.J.Habakkuk and M.M.Postan, eds.*Cambridge Economic History of Europe*, Vol.6.Cambridge:Cambridge University Press.

Landes, David S., 1969, *The Unbound Prometheus: Technological Change and Industrial Development in Western Europe from 1750 to the Present*.Cambridge:Cambridge University Press.

Landes, David S., 1998, "East Is East and West Is West." pp.19–38 in Berg and Bruland.

Landes, David S., 1998, *The Wealth and Poverty of Nations: Why Some Are So Rich and Some So Poor*.New York:W.W.Norton.

Landes, David S., 2006, *Dynasties: Fortune and Misfortune in the World's Great Family Businesses*.New York:Penguin.

Langford, Paul, 2000, *Englishness Identified: Manners and Character 1650-1850*. Oxford: Oxford University Press.

Langlois, Richard, 1994, Review of Lazonick, *Business Organization*. *Journal of Economic Behavior and Organization* 23:244-250. At http://www.ucc.uconn.edu/~langlois/lazonick.html.

Lanham, Richard A., 1993, *The Electronic Word: Democracy, Technology, and the Arts*. Chicago: University of Chicago Press.

Lanham, Richard A., 2009, *A.C. Harberger: A Conversation*. DVD and transcript. Indianapolis: Liberty Fund.

Lattimore, Owen, 1940, *Inner Asian Frontiers of China*. New York: American Geographical Society.

Lawrence, D. H., 1923, *Studies in Classic American Literature*. London: Penguin, 1991.

Layard, Richard, 2009, "Now Is the Time for a Less Selfish Capitalism." *Financial Times*. March 12, p.17 only.

Lazonick, William, 1979, "Industrial Relations and Technical Change: The Case of the Self Actor Mule." *Cambridge Journal of Economics* 3(September):231-262.

Lazonick, William, 1981, "Production Relations, Labor Productivity and Choice of Technique: British and US Cotton Spinning." *Journal of Economic History* 41:491-516.

Lazonick, William, 1991a, *Business Organization and the Myth of the Market Economy*. New York: Cambridge University Press.

Lazonick, William, 1991b, "Business History and Economics." *Business and Economic History* ser.2, 20. At http://www.h-net.org/~business/bhcweb/publications/BEHprint/v020/p0001-p0013.pdf.

Lebergott, Stanley, 1984, *The Americans: An Economic Record*. New York: W.W. Norton.

Lebergott, Stanley, 1993, *Pursuing Happiness: American Consumers in the Twentieth Century*. Princeton: Princeton University Press.

Lebergott, Stanley, 1996, *Consumer Expenditures: New Measures and Old Motives*.Princeton:Princeton University Press.

Lee,James, and Cameron Campbell,1997,*Fate and Fortune in Rural China*.New York:Cambridge University Press.

Lee,James, and Wang Feng, 1999, *One Quarter of Humanity: Malthusian Mythology and Chinese Realities*.Cambridge,MA:Harvard University Press.

Lehmann,Helmut T.,1970,Introduction.[*Martin Luther's*] *Three Treatises*.2nd ed.Philadelphia:Fortress Press.

Lenin, V. I., 1902, *What Is to Be Done?* Translated by J. Fineberg,G.Hanna,and R.Service.London:Penguin,1988.

Lepore, Jill, 2008, "The Creed: What Poor Richard Cost Benjamin Franklin." *New York* January 28:78-82.

Lessnoff,Michael,2003,"Religion."In Mokyr 2003a.

Levitt,Steven B.,and Stephen J.Dubner,2009,*Super Freakonomics*.New York:William Morrow.

Levy, David M., 2001, *How the Dismal Science Got Its Name: Classical Economics & the Ur-Text of Racial Politics*.Ann Arbor:University of Michigan Press.

Levy,David M.,and Sandra J.Peart,2001,"The Secret History of the Dismal Science, Part I: Economics, Religion and Race in the Nineteenth Century." January 22.Library of Economics and Liberty.5 June. At http://www. econlib. org/library/Columns/LevyPeartdismal. html.

Lewis,H.Gregg,1986,*Union Relative Wage Effects:A Survey*.Chicago: University of Chicago Press.

Lewis, Sinclair, 1922, *Babbitt*. Modern Library. New York: Harcourt, Brace.

Lillo, George, 1731, *The London Merchant*. pp. 287 – 343 in Quintana 1952.

Lindbeck, Assar, 2009, "Three Swedish Models." Speech to the Mont Pelerin Society, Stockholm, August 17.

Lindberg, Tod, 2004, "Neoconservatism's Liberal Legacy." *Hoover Institution Policy Review* October/November. At http://www.hoover.org/publications/policyreview/3436416.html.

Lorenz, Edward, 1991, *Economic Decline in Britain: The Shipbuilding Industry*. Oxford: Oxford University Press.

Lucas, Robert E., Jr., 2002, *Lectures on Economic Growth*. Cambridge, Mass.: Harvard University Press.

Luciani, Patrick, 2004, "Do Cities Create Wealth? A Critique of New Urban Thinking and the Role of Public Policy for Cities." AIMS Urban Futures Series 2. Atlantic Institute for Market Studies Halifax, Nova Scotia. June. At http://www.aims.ca/library/Luciani.pdf.

Lyovin, Anatole V., 1997, *An Introduction to the Languages of the World*. Oxford: Oxford University Press.

Macaulay, Thomas Babbington, 1830, "Southey's Colloquies on Society." *Edinburgh Review*, Jan. Reprinted in *Critical, Historical, and Miscellaneous Essays by Lord Macaulay* (Boston, 1860 [1881]), 2: 132-187.

Macdonnell, A. G., 1933, *England, Their England*. London: Macmillan.

Macfarlane, Alan, 1978, *The Origins of English Individualism: The Family, Property, and Social Transition*. Oxford: Basil Blackwell.

Macfarlane, Alan, 1987, *The Culture of Capitalism*. Oxford: Basil Blackwell.

Macfarlane, Alan, 2000, *The Riddle of the Modern World: Of Liberty, Wealth, and Equality*. Basingstoke: Palgrave.

Machlup, Fritz, 1963 (1975), *Essays in Economic Semantics*. New York: New York University Press, 1975.

MacLeod, Christine, 1988, *Inventing the Industrial Revolution*. Cambridge: Cambridge University Press.

MacLeod, Christine, 1998, "James Watt: Heroic Invention and the Idea of the Industrial Revolution." pp.96-115 in Berg and Bruland.

MacLeod, Christine, 2007, *Heroes of Invention: Technology, Liberalism and British Identity*, 1750-1914. Cambridge: Cambridge: Cambridge University Press.

Maddison, Angus, 1965, *Industrial Growth and World Trade*. National Institute of Economic and Social Research. Cambridge: Cambridge University Press.

Maddison, Angus, 2006, *The World Economy*. Comprising *The World Economy: A Millennial Perspective* (2001) and *The World Economy: Historical Statistic* (2003) bound as one. Paris: Organization for Economic Cooperation and Development.

Maddison, Angus, 2007, *Contours of the World Economy*, 1-2030 AD. Oxford: Oxford University Press.

Malthus, Robert Thomas, 1798, *An Essay on the Principle of Population*. 2nd ed.1803.

Mandeville, Bernard, 1705, 1714, *The Fable of the Bees, or Private Vices, Publick Benefits*. 2 Vols (enl. eds.1723, 1728; from poem of 1705, "The Grumbling Hive"). With a Commentary Critical, Historical, and Explanatory by F. B. Kaye. Indianapolis: Liberty Fund, 1988.

Manski, Charles F., 2008, *Identification for Prediction and Decision*. Cambridge, Mass.: Harvard University Press.

Mantoux, Paul, 1906, *La révolution industrielle au XVIIIe siècle*. Trans. Marjorie Vernon, *The Industrial Revolution in the Eighteenth Century*. London: Jonathan Cape, 1929.

Manuelli, Rodolfo, and Ananth Seshadri, 2005, "Human Capital and the Wealth of Nations." Manuscript, Department of Economics, University of Wisconsin – Madison. At http://www.ssc.wisc.edu – manuelli/research/humcapwealthnation5_05.pdf.

Marglin, Stephen A., 1974, "What Do Bosses Do? The Origins and Functions of Hierarchy in Capitalist Production." Part 1, *Review of Radical Political Economics* 6(Summer): 33–60; and Part 2, 60–112. Reprinted in A. Gorz, ed., *The Division of Labour: The Labour Process and Class Struggle in Modern Capitalism* (Brighton, 1976) and as pp. 25–68 in Warwick Organizational Behaviour Staff, eds., *Organizational Studies* (London: Routledge, 2001).

Marglin, Stephen A., 2008, *The Dismal Science: How Thinking Like an Economist Undermines Community*. Cambridge, Mass.: Harvard University Press.

Margo, Robert, 2008, "*Review of Clark's Farewell to Alms*." EH-Net. March. http://eh.net/mailman/listinfo/eh.net-review.

Marsalis, Wynton, and Geoffrey C. Ward, 2008, *Moving to Higher Ground: How Jazz Can Change Your Life*. New York: Random House.

Marshall, Alfred, 1890, *Principles of Economics*. London: Macmillan.

Marshall, Gordon, D. Rose, H. Newby, and C. Volger, 1988, *Social Class in Modern Britain*. London: Unwin Hyman.

Marx, Karl, and Friedrich Engels, 1848 (1988), *The Communist Manifesto*. 1888 English translation, with additional notes and introduction by F. L. Bender. Norton Critical Edition. New York: W. W. Norton.

Marx, Karl, 1846, "Letter [on Proudhon, in French] to Pavel Vasilyevich Annenkov." Translated by Peter and Betty Ross, *Marx Engels Collected Works*, Vol. 38, p. 95, December 28. Reproduced at http://www.marxists.org/archive/marx/works/1846/letters/46_12_28.htm.

Marx, Karl, 1859, "*Selections from the Preface to A Contribution to the Criticism of Political Economy.*" Translated by N. I. Stone, 1904. pp. 42–46 in Lewis S. Feuer, ed., *Basic Writings on Politics and Philosophy, Karl Marx and Friedrich Engels*. New York: Anchor Books, 1959.

Marx, Karl, 1867 (1962), Das Kapital. German ed., Zurück zum Gesamtverzeichnis Karl Marx/Friedrich Engels – Werke. Seitenzahlen verweisen auf: Karl Marx – Friedrich Engels – Werke, Band 23, S. 11 – 802, Dietz Verlag, Berlin/DDR, at http://www.mlwerke.de/me/me23/me23_000.htm.

Marx, Karl, 1867, *Capital: A Critique of Political Economy*. Vol. 1. Edited by F. Engels. Translated from the 3rd German ed. by S. Moore and E. Aveling, 1887. New York: Modern Library, n. d.

Marx, Leo, 1964, *The Machine in the Garden: Technology and the Pastoral Ideal in America*. London: Oxford University Press.

Mathias, Peter, 1953 (1979), "An Industrial Revolution in Brewing, 1700–1830." *Explorations in Entrepreneurial History* 5: 208–224. Reprinted pp. 209–230 in Mathias, *The Transformation of England: Essays in the Economic and Social History of England in the Eighteenth Century*. New York: Columbia University Press, 1979.

Mathias, Peter, 1959, *The Brewing Industry in England*. Cambridge: Cambridge University Press.

Mathias, Peter, 1972 (1979), "Who Unbound Prometheus? Science and Technical Change, 1600–1800." In Mathias, ed., *Science and Society*, 1600–1800. Cambridge: Cambridge University Press. Reprinted pp.45–87 in Mathias, *The Transformation of England: Essays in the Economic and Social History of England in the Eighteenth Century*. New York: Columbia University Press, 1979.

Mathias, Peter, 1973 (1979), "Credit, Capital and Enterprise in the Industrial Revolution." *Journal of European Economic History* 2: 121–143. Reprinted as pp.88–115 in Mathias, *The Transformation of England: Essays in the Economic and Social History of England in the Eighteenth Century*. New York: Columbia University Press, 1979.

Mauss, Marcel, 1925, *Essai sur le don*. Translated as *The Gift*. Oxford: Routledge, 1990. Routledge Classics 2002.

Maxwell, Lee M., 2003, *Save Women's Lives: History of Washing Machines*. Eaton, Colo.: Oldewash.

McCants, Anne, 1997, *Civic Charity in a Golden Age: Orphan Care in Early Modern Amsterdam*. Champaign: University of Illinois Press.

McCants, Anne, 2009, "Review of Lisa Jardine's *Going Dutch: How England Plundered Holland's Glory*." EH-NET. At eh.net-review@eh.net.

McCloskey, Deirdre N., 1970, "Did Victorian Britain Fail?" *Economic History Review* 23: 446–59.

McCloskey, Deirdre N., 1972a, "The Enclosure of Open Fields: Preface to a Study of Its Impact on the Efficiency of English Agriculture in the Eighteenth Century." *Journal of Economic History* 32:

15-35.

McCloskey, Deirdre N., 1972b, "*Review of Ramsey's The Price Revolution in Sixteenth Century England,*" *Journal of Political Economy* 80(November/December):1332-1335.

McCloskey, Deirdre N., 1973, *Economic Maturity and Entrepreneurial Decline:British Iron and Steel*,1870-1913.Cambridge,Mass.: Harvard University Press.

McCloskey, Deirdre N.,1975a, "The Economics of Enclosure: A Market Analysis." pp.123 - 160 in E. L. Jones and William Parker, eds.,*European Peasants and Their Markets:Essays in Agrarian Economic History*.Princeton:Princeton University Press.

McCloskey, Deirdre N., 1975b, "*Review of Williamson's Late Nineteenth-Century American Development.*" *Times Literary Supplement* (December 12).

McCloskey, Deirdre N.,1976,"English Open Fields as Behavior Towards Risk." *Research in Economic History* 1(Fall):124-170.

McCloskey, Deirdre N.,1980, "Magnanimous Albion:Free Trade and British National Income,1841-1881." *Explorations in Economic History* 17(July):303-320.Reprinted in Forrest Capie, ed., *Protectionism in the World Economy*(Cheltenham:Edward Elgar,1992).

McCloskey, Deirdre N.,1981, "The Industrial Revolution,1780-1860:A Survey." Chapter 6 in Floud and McCloskey 1981,pp.103-127,reprinted In Mokyr 1985.

McCloskey, Deirdre N.,1983, "Theses on Enclosure."pp.56-72 in Papers Presented to the Economic History Society Conference at Canterbury,simultaneous meetings of the Agricultural History Society.

McCloskey, Deirdre N.,1985a, *The Rhetoric of Economics*.Madison:University of Wisconsin Press.2nd rev.ed.,1998.

McCloskey, Deirdre N., 1985b, *The Applied Theory of Price*. 2nd ed. New York: Macmillan.

McCloskey, Deirdre N., 1989, "The Open Fields of England: Rent, Risk, and the Rate of Interest, 1300-1815." pp.5-51 in David W. Galenson, ed., *Markets in History: Economic Studies of the Past*. Cambridge: Cambridge University Press.

McCloskey, Deirdre N., 1990, *If You're So Smart: The Narrative of Economic Expertise*. Chicago: University of Chicago Press.

McCloskey, Deirdre N., 1991a, "History, Nonlinear Differential Equations, and the Problem of Narration." *History and Theory* 30:21-36.

McCloskey, Deirdre N., 1991b, "The Prudent Peasant: New Findings on Open Fields." *Journal of Economic History* 51: 343-350.

McCloskey, Deirdre N., 1994a, "Bourgeois Virtue," *American Scholar* 63:2(Spring):177-191.

McCloskey, Deirdre N., 1994b, "The Industrial Revolution: A Survey," a new essay, in Floud and McCloskey, eds., *The Economic History of Britain*, 1700-*Present*, 2nd ed. Cambridge: Cambridge University Press.

McCloskey, Deirdre N., 1994c, *Knowledge and Persuasion in Economics*. Cambridge: Cambridge University Press.

McCloskey, Deirdre N., 1995a, "*Allen's Enclosure and the Yeoman: The View from Tory Fundamentalism*." Manuscript, available at deirdremccloskey.org.

McCloskey, Deirdre N., 1995b, "Once Upon a Time There Was a Theory." *Scientific American* (February):25 only.

McCloskey, Deirdre N., 1998, "Bourgeois Virtue and the History of P and S," *Journal of Economic History* 58:2(June):297-317.

McCloskey, Deirdre N., 2001, "Women's Work in the Market, 1900-2000." In Ina Zweiniger-Bargielowska, ed., *Women in Twentieth Century Britain:Economic,Social and Cultural Change*.London:Longman/Pearson Education.

McCloskey, Deirdre N., 2006a, *The Bourgeois Virtues:Ethics for an Age of Commerce*.Chicago:University of Chicago Press.

McCloskey, Deirdre N.2006b.

McCloskey, Deirdre N., 2006c, "*Keukentafel* Economics and the History of the British Empire." *South African Journal of Economic History* 21(September):171-176.

McCloskey, Deirdre N., 2006d, "The Hobbes Problem from Hobbes to Buchanan," First Annual Buchanan Lecture, George Mason University, April 7, 2006, Reproduced at http://www.gmu.edu/centers/publicchoice/pdf%20links/dpaper4706.pdf and at deirdremccloskey.org.

McCloskey, Deirdre N., 2007, "Thrift as a Virtue, Historically Criticized." *Revue de Philosophie Économique* 8(December):3-31.

McCloskey, Deirdre N., 2008a, "The Prehistory of American Thrift." Forthcoming in Josh Yates, ed., *Thrift and American Culture*. New York:Columbia University Press.

McCloskey, Deirdre N., 2008b, "'You Know, Ernest, the Rich are Different from You and Me':A Comment on Clark's A Farewell to Alms".*European Review of Economic History*12:2(August):138-148.

McCloskey, Deirdre N., 2008c, Comments on Clark's Farewell to Arms, Social Science History Association, November, 2007, *Newsletter of the Cliometrics Society*, 2008.

McCloskey, Deirdre N., 2008d, "How to Buy, Sell, Make, Manage, Produce, Transact, Consume with Words." Introductory essay in Edward M.Clift, ed., *How Language Is Used to Do Business: Essays on the Rhetoric of Economics*. Lewiston, N.Y.: Mellen Press.

McCloskey, Deirdre N., 2008e, "Adam Smith, the Last of the Former Virtue Ethicists." *History of Political Economy* 40 (1): 43-71.

McCloskey, Deirdre N., and J. Richard Zecher, 1976, "How the Gold Standard Worked, 1880-1913." pp.357-385 in J.A.Frenkel and H. G. Johnson, eds., *The Monetary Approach to the Balance of Payments*. London: Allen and Unwin. Reprinted as pp. 63 - 80 in B. Eichengreen, ed., *The Gold Standard in Theory and History*. London: Methuen.

McCloskey, Deirdre N., and J. Richard Zecher, 1984, "The Success of Purchasing Power Parity: Historical Evidence and Its Implications for Macroeconomics." pp. 121 - 150 in Michael Bordo and Anna J.Schwartz, eds., *A Retrospective on the Classical Gold Standard 1821- 1931*. National Bureau of Economic Research. Chicago: University of Chicago Press.

McCloskey, Deirdre N., and John Nash. 1984. "Corn at Interest: The Extent and Cost of Grain Storage in Medieval England." *American Economic Review* 74(March): 174-187.

McCloskey, Deirdre, and Arjo Klamer, 1995, "One Quarter of GDP is Persuasion." *American Economic Review* 85:2(May): 191-195.

McCloskey, Robert G., 1945, "The Case for 'Foot in the Door.'" *National Municipal Review* 34(March): 121-124, 128.

McCormick, Michael, 2001, *Origins of the European Economy: Communications and Commerce A.D. 300-900*. Cambridge: Cambridge University Press.

McDougall, Walter A., 2004, *Freedom Just Around the Corner: A*

New American History,1585–1828.New York:Harper Collins.

McGrath, Alistair, 2007, *Dawkins' God: Genes, Memes, and the Meaning of Life*.London:Blackwell.

McInerney,James O., and Davide Pisani, 2007, "Paradigm for Life." *Science* 318(November 20):1390–1391.

McKeon, Michael, 1987 (2002), *The Origins of the English Novel*,1600–1740.2nd ed.Baltimore:Johns Hopkins University Press.

McNeill, William H., 1964, *Europe's Steppe Frontier, 1500–1800:A Study of Eastward Movement in Europe*.Chicago:University of Chicago Press.

McNeill, William. H., 1982, *The Pursuit of Power: Technology, Armed Force, and Society since A. D. 1000*. Chicago: University of Chicago Press.

Mellinger,Andrew D.,Jeffrey D.Sachs,and John L.Gallup,2002, "Climate,Coastal Proximity,and Development."pp.169–194 in G.L. Clark,Maryann P.Feldman,and M.S.Gertler,eds., *The Oxford Handbook of Economic Geography*.Oxford:Oxford University Press.

Menand,Louis,2009,"Show or Tell? Should Creative Writing Be Taught?" *New Yorker* June8 & 15:106–112.

Migheli,Matteo,2009,"The Two Sides of a Ghost:Twenty Years without the Wall." Manuscript, University of Eastern Piedmont, Department of Public Policy and Collective Choice,Alessandria,Italy.At http://d.repec.org/n? u=RePEc:uca:ucapdv:125&r=his.

Milanovic, Branko, 2009, "Global Inequality and Global Inequality Extraction Ratio:The Story of the Last Two Centuries." At http://mpra.ub.uni-muenchen.de/16535/.

Mill,John Stuart,1843,*A System of Logic*,*Ratiocinative and Inductive*.London:John W.Parker.

Mill, John Stuart, 1845, "The Claims of Labour." *Edinburgh Review*. Reprinted in *The Collected Works of John Stuart Mill*, Volume IV- *Essays on Economics and Society Part I*, ed. John M. Robson (Toronto: University of Toronto Press, London: Routledge and Kegan Paul, 1967). At Liberty Fund, Online Library of Liberty.

Mill, John Stuart, 1871, *Principles of Political Economy and Taxation*. Books 4 and 5. Donald Winch, ed. London: Penguin, 1970.

Millar, John, 1787 (1803), *An Historical View of the English Government*. 1803 posthumous reprint of 2nd ed. available at Liberty Fund: On-Line Library of Liberty. At http://oll.libertyfund.org/.

Miller, Edward, 1951, *The Abbey and Bishopric of Ely*. Cambridge: Cambridge University Press.

Milton, John, 1644, "Areopagitica: A Speech for the Liberty of Unlicensed Printing to the Parliament of England." Renascence [sic] Editions. At http://www.uoregon.edu/~rbear/areopagitica.html.

Minsky, Hyman P., 1992, "The Financial Instability Hypothesis." Paper. erome Levy Economics Institute, Bard College, New York.

Mitch, David, 1992, *Education and Economic Development in England*. Princeton: Princeton University Press.

Mitch, David, 1999, "The Role of Education and Skill in the Industrial Revolution." pp. 241-279 In Mokyr 1999.

Mitch, David, 2003, "Human Capital." In Mokyr 2003a.

Mitch, David, 2004, "Education and Skill of the British Labour Force." Chap. 12 in Floud and Johnson, eds., *The Cambridge Economic History of Modern Britain*, Vol. 1, *Industrialisation*, 1700- 1860. Cambridge: Cambridge University Press.

Mitchell, Brian, with the assistance of Phyllis Deane, 1962,

Abstract of British Historical Statistics. Cambridge: Cambridge University Press.

Mokyr, J., ed., 1999, *The British Industrial Revolution: An Economic Perspective*.Boulder:Westview.

Mokyr,Joel,ed.,1985,*Economic History and the Industrial Revolution*.Totawa,N.J.:Rowman and Littlefield.

Mokyr, Joel, ed., 1985, *The Economics of the Industrial Revolution*.Totowa,N.J.:Rowman and Allanheld.

Mokyr, Joel, ed., 2003a, *The Oxford Encyclopedia of Economic History*.6 Vols.Oxford:Oxford University Press.

Mokyr,Joel.

Mokyr,Joel,1977,"Demand vs.Supply in the Industrial Revolution."*Journal of Economic History* 37:981-1008.

Mokyr, Joel, 1990, *The Lever of Riches: Technological Creativity and Economic Progress*.New York:Oxford University Press.

Mokyr,Joel, 2002, *The Gifts of Athena: Historical Origins of the Knowledge Economy*.Princeton:Princeton University Press.

Mokyr,Joel,2003b,"Industrial Revolution."In Mokyr 2003a.

Mokyr,Joel,2007a,"The European Enlightenment,the Industrial Revolution,and Modern Economic Growth." Max Weber Lecture,European University Institute,Bellagio,March 27.At http://facultywcas.northwestern.edu/~jmokyr/Florence-Weber.PDF.

Mokyr, Joel, 2007b, "Discussion of Clark's *Farewell to Alms*." Meet-the-author session at the Social Science History Convention,Chicago, November. http://eh. net/bookreviews/ssha _ farewell _ to _ alms.pdf.

Mokyr,Joel, 2008, "Intellectual Property Rights, the Industrial Revolution, and the Beginnings of Modern Economic Growth."

Research Symposium on Property Rights Economics and Innovation. Searle Center on Law, Regulation, and Economic Growth. Northwestern University School of Law. Nov. 13. At http://www.law.northwestern.edu/searlecenter/papers/Mokyr_industrial.pdf. Published in *American Economic Review* 99(May 2009):349-355.

Mokyr, Joel, 2010, *The Enlightened Economy: An Economic History of Britain 1700 – 1850.* London: Penguin Press; New Haven: Yale University Press.

Montaigne, Michel de., 1588, *The Complete Essays of Montaigne.* Edited and translated by Donald Frame. Stanford: Stanford University Press, 1958.

Montesquieu, Charles-Louis de Secondat, baron de La Brède et de, 1748, *De l'esprit des lois (TheSpirit of the Laws).* Numerous editions.

Moore, Basil J., 2006, *Shaking the Invisible Hand: Complexity, Endogenous Money and Exogenous Interest Rates.* Basingstoke: Palgrave Macmillan.

More, Thomas, 1516, *Utopia.* Translated by C. H. Miller. New Haven: Yale University Press, 2001.

Moulton, Brent R., 1996, "Bias in the Consumer Price Index: What Is the Evidence?" *Journal of Economic Perspectives* 10: 4 (Fall):159-77.

Mueller, John, 1999, *Capitalism, Democracy, and Ralph's Pretty Good Grocery.* Princeton: Princeton University Press.

Munkhammar, Johnny, 2007, *The Guide to Reform.* Stockholm: Timbro Publishers.

Murrell, Peter, 2009, "Design and Evolution in Institutional Development: The Insignificance of the English Bill of Rights." At

SSRN:http://ssrn.com/abstract=1522864.

Musson, A. E., 1972, *Science, Technology and Economic Growth in the Eighteenth Century*.London:Methuen.

Musson, A. E., 1978, *The Growth of British Industry*.New York:Holmes and Meier.

Musson, A. E., and Eric Robinson, 1969, *Science and Technology in the Industrial Revolution*.Manchester:Manchester University Press.

Najita, Tetsuo, 1987, *Visions of Virtue in Tokugawa Japan:The Kaitokudō Merchant Academy of Osaka*.Honolulu:University of Hawaii Press.

National Centre for Social Research, 2007, Press release.*Perspectives on a Changing Society*.British Social Attitudes, 23rd Annual Report.January 24. At http://www. natcen. ac. uk/natcen/pages/news_and_media_docs/BSA_%20press_release_jan07.pdf.

Neal, Larry, 1990, *The Rise of Financial Capitalism:International Capital Markets in the Age of Reason*.Cambridge:Cambridge University Press.

Nee, Victor, and Richard Swedberg, 2007, Introduction. pp. 1–18 in Nee and Swedberg, eds., *On Capitalism*. Stanford:Stanford University Press.

Nelson, Robert H., 1991, *Reaching for Heaven on Earth:The Theological Meaning of Economics*.Lanham, Md.:Rowman & Littlefield.

Nelson, Robert H., 2001, *Economics as Religion:From Samuelson to Chicago and Beyond*.University Park:Pennsylvania State University Press.

Nelson, Robert H., 2009, *The New Holy Wars:Economic Religion Versus Environmental Religion in Contemporary America*. University Park:Pennsylvania State University Press.

Nordhaus, William D., 1997, "Do Real Output and Real Wage Measures Capture Reality? The History of Lighting Suggests Not." pp. 29 – 70 in Timothy Bresnahan and Robert J. Gordon, eds., *The Economics of New Goods*.Chicago:University of Chicago Press.

Nordhaus, William D., 2004, "Schumpeterian Profits in the American Economy:Theory and Measurement." National Bureau of Economic Research Working Paper W10433.

Nordhaus, William D.,2008,*A Question of Balance:Weighing the Options on Global Warming Policies*. New Haven: Yale University Press.

North,Douglass C.,1968,"Sources of Productivity Change in Ocean Shipping,1600−1850."*Journal of Political Economy* 76:953−970.

North, Douglass C., 1990, *Institutions, Institutional Change and Economic Performance*.Cambridge:Cambridge University Press.

North, Douglass C., 1991, "Institutions." *Journal of Economic Perspectives* 5:1(Winter):97−112. At http://www.compilerpress.atfreeweb.com/Anno%20North%20Institutions.htmt.

North, Douglass C., 1993, "Nobel Prize Autobiography." From *Les Prix Nobel*.*The Nobel Prizes* 1993, Editor Tore Frängsmyr [Nobel Foundation], Stockholm, 1994, At http://nobelprize.org/nobel_prizes/economics/laureates/1993/north-autobio.html.

North, Douglass C.,2005,*Understanding the Process of Economic Change*.Princeton Economic History of the Western World.Princeton: Princeton University Press.

North, Douglass C., and Barry R.Weingast,1989, "Constitutions and Commitment: The Evolution of Institutions Governing Public Choice in Seventeenth-Century England."*Journal of Economic History* 49(December):803−832.

North, Douglass C., and Robert Paul Thomas, 1973, *The Rise of the Western World:A New Economic History*.Cambridge:Cambridge University Press.

North, Dudley, 1691, *Discourses upon Trade*. Edited by Jacob H. Hollander.Baltimore:Johns Hopkins University Press, 1907.Indianapolis:Liberty Fund, Library of Liberty.

Novak, Michael, 2007, "Beyond Weber."pp.220-238 in Nee and Swedberg 2007.

Novick, Peter, 1988, *That Noble Dream: The "Objectivity Question" and the American Historical Profession*. Cambridge: Cambridge University Press.

Nozick, Robert, 1974, *Anarchy, State, and Utopia*. New York: Basic Books.

Nussbaum, Martha, and Amartya Sen, 1993, *The Quality of Life*. Oxford:Clarendon Press.

Nussbaum, Martha, 1999, *Sex and Social Justice*. Oxford: Oxford University Press.

Nutter, G. Warren, 1962, *The Growth of Industrial Production in the Soviet Union*.NBER.Princeton:Princeton University Press.

Nuvolari, Alessandro, 2004, "Collective Invention during the British Industrial Revolution:The Case of the Cornish Pumping Engine." *Cambridge Journal of Economics* 28:347-363.

Nye, John V.C., 2007, *War, Wine, and Taxes:The Political Economy of Anglo-French Trade, 1689-1900*. Princeton: Princeton University Press.

Nye, John, 1991, "Lucky Fools and Cautious Businessmen:on Entrepreneurship and the Measurement of Entrepreneurial Failure." pp.131-152 in Joel Mokyr, ed., *The Vital One:Essays in Honor of*

Jonathan R.T.Hughes.Research in Economic History 6.

Ó Gráda, Cormac, 2009, *Famine: A Short History*. Princeton: Princeton University Press.

O'Brien, Patrick K., 1982, "European Economic Development: The Contribution of the Periphery." *Economic History Review* 2,35:1-18.

O'Brien, Patrick K., 1993, "Political Preconditions for the Industrial Revolution." pp.124-155 in O'Brien and Ronald Quinault, eds., *The Industrial Revolution and British Society*. Cambridge: Cambridge University Press.

O'Brien, Patrick K., and Leandro Prados de la Escosura, 1999, "Balance Sheets for the Acquisition, Retention and Loss of European Empires Overseas." *Itinerario* 23:25-52.

O'Brien, Patrick K., and Stanley Engerman, 1991, "Exports and the Growth of the British Economy from the Glorious Revolution to the Peace of Amiens." pp.177-209 in Barbara L. Solow, ed. *Slavery and the Rise of the Atlantic System*. Cambridge: Cambridge University Press.

O'Neill, Joseph, 2008, *Netherland*. New York: Pantheon.

O'Rourke, Kevin H., Leandro Prados de la Escosura, and Guillaume Daudin, 2008, "Trade and Empire, 1700-1870." Paper, Institute for International Integration Studies. Available at http://www.tcd.ie/iiis/documents/discussion/pdfs/iiisdp249.pdf.

O'Rourke, Kevin, and Jeffrey G. Williamson, 2002, "After Columbus: Explaining Europe's Overseas Trade Boom, 1550-1800." *Journal of Economic History* 62:417-455.

OECD, 2009, *Highlights from Education at a Glance*. Paris: Organization for Economic Cooperation and Development. At http://browse.oecdbookshop.org/oecd/pdfs/browseit/9609011E.PDF.

Ofer, Gur, 1987, "Soviet Economic Growth, 1928-1985." *Journal of Economic Literature* 25(4):1767-1833.

Offer, Avner, 1992, "The British Empire, 1870-1914: A Waste of Money?" *Economic History Review* 46:215-238.

Officer, Lawrence H., 2009, *Two Centuries of Compensation for US Production Workers in Manufacturing*. New York: Palgrave-Macmillan.

Ogilvie, Sheilagh, 2004, "Guilds, Efficiency, and Social Capital: Evidence from German Proto-industry." *Economic History Review* 57 (May):286-333.

Ogilvie, Sheilagh, 2007, "'Whatever Is, Is Right?' Economic Institutions in Pre-Industrial Europe." *Economic History Review* 60(4): 649-684.

Ohlin, Bertil, 1933, *International and Interregional Trade*. Cambridge, Mass: Harvard University Press.

Olmstead, Alan L., and Paul W. Rhode, 2008a, "Biological Innovation and Productivity Change in the Antebellum Cotton Economy." *Journal of Economic History* 68:1123-1171.

Olmstead, Alan L., and Paul W. Rhode, 2008b, *Creating Abundance: Biological Innovation and American Agricultural Development*. New York: Cambridge University Press.

Oschinsky, Dorothea, 1971, *Walter of Henley and Other Treatises on Estate Management and Accounting*. Oxford: Clarendon Press.

Ostrom, Elinor, 1990, *Governing the Commons: The Evolution of Institutions for Collective Action*. New York: Cambridge University Press.

Otteson, James, 2006, *Actual Ethics*. Cambridge: Cambridge University Press.

Overton, Mark, 1996, *Agricultural Revolution in England: The*

Transformation of the Agrarian Economy 1500–1850.Cambridge:Cambridge University Press.

Owen,Stephen,1996,*An Anthology of Chinese Literature*,*Beginnings to 1911*.New York:W.W.Norton.

Oxford University Press, 1999, *The Concise Oxford Dictionary*. Tenth ed.Judy Pearsall,ed.Oxford:Oxford University Press.

Özmucur,Süleyman,and Şevket Pamuk,2007,"Did European Commodity Prices Converge during 1500–1800?" pp.59–85 in T.J.Hatton,K.O'Rourke,and A.M.Taylor,eds.,*The New Comparative Economic History:Essays in Honor of Jeffrey G.Williamson*.Cambridge:MIT Press.

Pakenham,Thomas,1991,*The Scramble for Africa:White Man's Conquest of the Dark Continent*,1876–1912. New York:Random House.

Palmer,Tom G.,1997,"The Literature of Liberty." In David Boaz,ed.,*The Libertarian Reader*(New York:Free Press,1998),reprinted as pp.425–475 in Palmer,*Realizing Freedom*.Washington,D.C.:Cato Institute,2009.

Parente,Stephen L.,and Edward C.Prescott,2000,*Barriers to Riches*.Cambridge:MIT Press.

Paton,Alan,1948,*Cry, the Beloved Country*.London:Jonathan Cape.Parktown,South Africa London:Vintage,Random House,1987.

Payson,Steven,1994,*Quality Measurement in Economics:New Perspectives on the Evolution of Goods and Services*.Aldershot:Edward Elgar.

Peake,Harold,and Herbert Fleure,1928,*The Steppe and the Sown*.New Haven:Yale University Press.

Pearson,Karl,and Margaret Moul,1925,"The Problem of Alien

Immigration into Great Britain, Illustrated by an Examination of Russian and Polish Jewish Children." *Annals of Eugenics* 1:1-125.

Pearson, Karl, 1900, *The Grammar of Science*. 2nd ed. London: Adam and Charles Black.

Peart, Sandra, and David Levy, 2005, *The "Vanity of the Philosopher": From Equality to Hierarchy in Post-Classical Economics*. Ann Arbor: University of Michigan Press.

Perdue, Peter, 2003, "Silk Road." In Mokyr 2003a.

Perdue, Peter, 2005, *China Marches West: The Qing Conquest of Central Eurasia*. Cambridge, Mass.: Harvard University Press.

Persky, Joseph, 1990, " A Dismal Romantic." *Journal of Economic Perspectives* 4(Autumn):165-172.

Pew Research Center, 2008, "Overview." In *Inside the Middle Class: Bad Times Hit the Good Life*. At http://pewsocialtrends.org/assets/pdf/MC-Executive-Summary-and-Overview.pdf.

Pincus, Steven C. A., 2006, *England's Glorious Revolution*, 1688-1689: *A Brief History with Documents*. Boston: Bedford/St. Martin's.

Pincus, Steven C. A., 2009, *1688: The First Modern Revolution*. New Haven: Yale University Press.

Pipes, Richard, 1999, *Property and Freedom*. New York: Knopf.

Plantinga, Alvin, 2000, *Warranted Christian Belief*. New York: Oxford University Press.

Plattner, Marc F., 1999, " From Liberalism to Democracy." *Journal of Democracy* 10:121-134.

Polanyi, Karl, 1944, *The Great Transformation*. Boston: Beacon Press.

Polanyi, Michael, 1958, *Personal Knowledge: Towards a Post-Critical Philosophy*. Chicago: University of Chicago Press.

Polanyi, Michael, 1966, *The Tacit Dimension*. Garden City, N. Y.: Doubleday.

Pollard, Sidney, 1964, "Fixed Capital in the Industrial Revolution." *Journal of Economic History* 24:299-314.

Pollard, Sidney, 1973, "Industrialisation and the European Economy." *Economic History Review* 2,26:634-648.

Pollard, Sidney, 1981a, *The Integration of the European Economy since 1815*. London: Allen and Unwin.

Pollard, Sidney, 1981b, *Peaceful Conquest: The Industrialization of Europe*, 1760-1970. Oxford: Oxford University Press.

Pollock, Fredrick, and F. M. Maitland, 1895, *The History of English Law before the Time of Edward the First*. Cambridge: Cambridge University Press.

Pomeranz, Kenneth, and Steven Topik, 2006, *The World That Trade Created: Society, Culture, and the World Economy 1400 to the Present*. London, and Armonk, New York: M.E.Sharpe.

Pomeranz, Kenneth, 1993, *The Making of a Hinterland: State, Society, and Economy in Inland North China*, 1853-1937. Berkeley: University of California Press.

Pomeranz, Kenneth, 2000, *The Great Divergence: China, Europe, and the Making of the Modern World Economy*. Princeton: Princeton University Press.

Pooley, Colin G., 1989, "Segregation or Integration? The Residential Experience of the Irish in Mid-Victorian Britain." pp.60-83 in R.Swift and S.Gilley, eds., *The Irish in Britain*, 1815-1939. London: Rowman and Littlefield.

Popkin, Samuel L., 1979, *The Rational Peasant: The Political Economy of Rural Society in Vietnam*. Berkeley: University of California

Press.

Porter, Michael E., 1990, *The Competitive Advantage of Nations*. New York: Free Press.

Postan, M. M., 1966, "England." pp.549-632 in Postan, ed., *The Cambridge Economic History of Europe*, Vol.1, *The Agrarian Life of the Middle Ages*. 2nd ed. Cambridge: Cambridge University Press.

Prados de la Escosura, Leandro, 1993, "La pérdida del imperio y sus consecuencias económicas." In Prados de la Escosura and S. Amaral, eds. *La independencia America: Consecuencias económicas*. Madrid: Alianza.

Prakash, Om, 2003, "India: Colonial Period." In Mokyr 2003a.

Prebisch, Raúl, 1959, " Commercial Policy in the Underdeveloped Countries." *American Economic Review* 49 (May): 251-273.

Prentice, David, 2008, "The Origins of American Industrial Success: Evidence from the US Portland Cement Industry." Manuscript, La Trobe University. At http://mpra.ub.uni-muenchen.de/13409/.

Price, Richard, 1787, "The Evidence for a Future Period of Improvement in the State of Mankind." At http://www.constitution.org/price/price_7.htm.

Quintana, Ricardo, ed., 1952, *Eighteenth-Century Plays*. New York: Random House.

Raftis, J. Ambrose, 1964, *Tenure and Mobility: Studies in the Social History of the Medieval English Village*. Toronto: Pontifical Institute of Medieval Studies.

Raftis, J. Ambrose, 1996, *Peasant Economic Development within the English Manorial System*. Montreal: McGill-Queens University Press.

Ransom, Roger L., 1970, "Social Returns from Public Transport Investment: A Case Study of the Ohio Canal." *Journal of Political Economy* 78(September/October): 1041-1060.

Rawksi, Thomas G., and Lillian M. Li., eds. *Chinese History in Economic Perspective*. Berkeley: University of California Press.

Rawls, John, 1971, *A Theory of Justice*. Cambridge, Mass.: Harvard University Press.

Rawls, John, 1993, *Political Liberalism*. New York: Columbia University Press.

Rawski, Thomas G., ed. *Economics and the Historian*. Berkeley: University of California Press.

Reinhart, Carmen M., and Kenneth Rogoff, 2008, "This Time Is Different: A Panoramic View of Eight Centuries of Financial Crises." At http://www.publicpolicy.umd.edu/news/This_Time_Is_Different_04_16_2008%20REISSUE.pdf.

Reiter, Paul, 2000, "From Shakespeare to Defoe: Malaria in England in the Little Ice Age." *Merging Infectious Diseases* 6(January/February). Coordinating Center for Infectious Diseases, Centers for Disease Control and Prevention, Atlanta, GA. http://www.cdc.gov/ncidod/EID/vol6no1/reiter.htm.

Richards, John F. *The Mughal Empire*. New Cambridge History of India, Vol. 1, pt. 5. Cambridge: Cambridge University Press.

Richardson, David, 2003, "Slave Trade." In Mokyr 2003a.

Richardson, Philip, 1989, "The Structure of Capital during the Industrial Revolution Revisited: Two Case Studies from the Cotton Textile Industry." *Economic History Review* 42: 484-503.

Ridley, Matt, 1996, *The Origins of Virtue: Human Instincts and the Evolution of Cooperation*. New York: Penguin.

Rietbergen, Peter, 1998, *Europe: A Cultural History*. 2nd ed. London: Routledge.

RingmanRingmar, Erik, 2007, *Why Europe Was First: Social Change and Economic Growth in Europe and East Asia*, 1500-2050. London: Anthem Press.

Ritholtz, Barry, 2007, "Inflation: CPI, Core Rate, Inflation ex-Inflation." At Rotholtz blog Seeking Alpha, http://seekingalpha.com/article/48927-inflation-cpi-core-rate-inflation-ex-inflation.

Robinson, Joan, 1966, *An Essay on Marxian Economics*. 2nd ed. London: Macmillan (first ed. 1942).

Rosenberg, Nathan, and L. E. Birdzell. 1986. *How the West Grew Rich*. New York: Basic Books.

Rosenberg, Nathan, 1978, *Perspectives on Technology*. Cambridge: Cambridge University Press.

Rosenberg, Nathan, 1982, *Inside the Black Box: Technology and Economics*. Cambridge: Cambridge University Press.

Rosenberg, Nathan, 1994, *Exploring the Black Box: Technology, Economics, and History*. Cambridge: Cambridge University Press.

Rosendahl, Peter J., 1919-1935, *More Han Ola og Han Per*. Bilingual Edition. Edited by Einar Haugen and Joan N. Buckley. Iowa City: University of Iowa Press, 1988.

Rostow, W. W., 1960, *The Stages of Economic Growth: A Non-Communist Manifesto*. Cambridge: Cambridge University Press.

Roth, Guenther, 1987, Introduction. pp. 1-24 in H. Lehmann and G. Roth, eds., *Weber's Protestant Ethic: Origins, Evidence, Contexts*. Cambridge: Cambridge University Press.

Roth, Philip, 2006, *Everyman*. London: Vintage.

Rothschild, Emma, 2001, *Economic Sentiments: Adam Smith,*

Condorcet, and the Enlightenment. Cambridge: Harvard University Press.

Rousseau, Jean-Jacques, 1755, *A Discourse upon Political Economy*.Liberty Fund ed.Online Library of Liberty.

Sabel, Charles, and Jonathan Zeitlin. 1985. "Historical Alternatives to Mass Production: Politics, Markets and Technology in Nineteenth-Century Industrialization." *Past and Present* 108: 133-176.

Sahlins, Marshall, 1974(2004), *Stone Age Economics*.New York: Aldine de Gruyter.2nd ed., London: Routledge.

Sampson, Geoffrey, 2005, *The "Language Instinct" Debate*. Rev. ed.London: Continuum.

Samuelson, Paul A., 1947, *The Foundations of Economic Analysis*.Cambridge, Mass: Harvard University Press.

Sandberg, Lars G., 1979, "The Case of the Impoverished Sophisticate: Human Capital and Swedish Economic Growth before World War I."*Journal of Economic History* 39:225-242.

Sato, R., 1963, "Fiscal Policy in a Neo-classical Growth Model: An Analysis of Time 'Required for Equilibrating Adjustment'." *Review of Economic Studies* 30(1):16-23.

Schama, Simon, 1987, *The Embarrassment of Riches: An Interpretation of Dutch Culture in the Golden Age*.Berkeley: University of California Press.

Scheidel, W., 2008, "Real Wages in Early Economies: Evidence for Living Standards from 2000 BCE to 1300 C.E." SSRN Working Paper.At papers.ssrn.com/sol3/papers.

Schmidtz, David, 1993, "Reasons for Altruism." pp.52-68 in Ellen Frankel Paul, Fred D. Miller, and Jeffrey Paul, eds., Altruism.

Cambridge: Cambridge University Press. Reprinted as pp. 164–175 in Aafke E. Komter, ed., *The Gift: An Interdisciplinary Perspective*. Amsterdam: University of Amsterdam Press, 1996.

Schmitt, John, 2007, "Is the Unemployment Rate in Sweden Really 17 Percent?" *Issue Brief*. Washington, D. C.: Center for Economic and Policy Research. http://static. scribd. com/docs/b6wb0alv0m8m9.swf.

Schmoller, Gustav, 1884(1897), "The Mercantile System and Its Historical Significance." A chapter from the English edition of 1897 of *Studien uber die wirtschaftliche Politik*. At http://socserv2. socsci. mcmaster.ca/-econ/ugcm/3ll3/schmoller/mercant.

Schmookler, Jacob, 1966, *Inventions and Economic Growth*. Cambridge, Mass.: Harvard University Press.

Schmookler, Jacob, 1972, *Patents, Invention and Economic Change*. Cambridge, Mass: Harvard University Press.

Schor, Juliet B., 1993, *The Overworked American: The Unexpected Decline of Leisure*. New York: Basic Books.

Schor, Juliet B., 1998, *The Overspent American: Upscaling, Downshifting, and the New Consumer*. New York: Basic Books.

Schor, Juliet B., 2004, *Born to Buy: The Commercialized Child and the New Consumer Culture*. New York: Scribner.

Schreiner, Olive, 1883, *The Story of an African Farm*. Harmondsworth: Penguin, 1939.

Schultz, Theodore W., 1964, *Transforming Traditional Agriculture*. New Haven: Yale University Press.

Schumpeter, Joseph A., 1926 (1st ed. 1912; trans. 1934), *The Theory of Economic Development*. Cambridge, Mass.: Harvard University Press.

Schumpeter, Joseph A., 1939, *Business Cycles: A Theoretical, Historical and Statistical Analysis of the Capitalist Process.* New York: McGraw-Hill.

Schumpeter, Joseph A., 1942 (1950), *Capitalism, Socialism and Democracy.* 3rd. ed. New York: Harper and Row. Harper Torchbook ed.1962.

Schumpeter, Joseph A., 1954, *History of Economic Analysis.* Edited by Elizabeth B. Schumpeter. New York: Oxford University Press.

Scitovsky, Tibor, 1976, *The Joyless Economy: An Inquiry into Human Satisfaction and Consumer Dissatisfaction.* New York: Oxford University Press.

Seaton, James, 1996, *Cultural Conservatism, Political Liberalism: From Criticism to Cultural Studies.* Ann Arbor: University of Michigan Press.

Sellar, Walter C., and R.J. Yeatman, 1931, *1066 and All That: A Memorable History of England.* (Bound with *And Now All This.*) New York: Blue Ribbon Books, 1932.

Sellers, Charles, 1991, *The Market Revolution: Jacksonian America, 1815-1846.* Oxford: Oxford University Press.

Sen, Amartya, 1967, "Surplus Labor in India: A Critique of Schultz's Statistical Test." *Economic Journal* 77: 154-161.

Sen, Amartya, 1985, "Goals, Commitment, and Identity." *Journal of Law, Economic, and Organization* 1: 341-355.

Sen, Amartya, 1999, *Development as Freedom.* Oxford: Oxford University Press.

Sen, Amartya, 2005, *The Argumentative Indian: Writings on Indian History, Culture and Identity.* London: Allen Lane.

Seneca, Lucius Annaeus. 62-65 CE. *Letters from a Stoic* (*Epistulae Morales ad Lucilium*). Selected and trans. R. Campbell. London: Penguin, 1969.

ShalinsSahlins, Marshall, 1976, *Culture and Practical Reason*. Chicago: University of Chicago Press.

Shiue, C. H., 1999, "Market Arbitrage and Transport Routes: Evidence from Eighteenth-Century China." Cliometric Society Sessions at the ASSA.

Shiue, C. H., and W. Keller, 2007, "Markets in China and Europe on the Eve of the Industrial Revolution." *American Economic Review* 97: 1189-1216.

Siegel, Jacob S., 2002, *Applied Demography: Applications to Business, Government, Law and Public Policy*. San Diego: Academic Press.

Simmel, Georg, 1908, "The Stranger." In Simmel (1971) *On Individuality and Social Forms: Selected Writings*. Edited by Donald N. Levine. Chicago: University of Chicago Press, 1971.

Simon, Julian L., 1981 (1996), *The Ultimate Resource*. 2nd ed. Princeton: Princeton University Press.

Simon, Julian L., 1996, "A Reply to My Critics." In Simon 1981 (1996). At http://www.juliansimon.com/reply-critics.html.

Skinner, Quentin, 1998, *Liberty before Liberalism*. Cambridge: Cambridge University Press.

Smith, Adam, 1980, *Essays on Philosophical Subjects*. Edited by W. P. D. Wightman and J. J. Bryce Glasgow ed. Oxford: Oxford University Press.

Smith, Adam, 1759 (1790), *The Theory of Moral Sentiments*. Glasgow ed. Edited by D. D. Raphael and A. L. Macfie. Oxford University Press. Reprinted (Indianapolis: Liberty Classics, 1976, 1982).

Smith, Adam, 1776, *An Inquiry into the Nature and Causes of the Wealth of Nations*. Vol.1. Glasgow ed. Edited by Campbell, Skinner, and Todd. Indianapolis: Liberty Classics, 1976, Vol.2, 1981.

Snow, John, 1855, *On the Mode of Communication of Cholera*. 2nd ed. (1st ed. 1849). London. At http://www.ph.ucla.edu/EPI/snow/snowbook3.html.

Sokoloff, Kenneth L., 1988, "Inventive Activity in Early Industrial America: Evidence from Patent Records, 1790-1846." *Journal of Economic History* 48: 813-850.

Sokoloff, Kenneth L., and B.Z. Khan, 1990, "The Democratization of Invention during Early Industrialization: Evidence from the United States, 1790-1846." *Journal of Economic History* 50: 363-378.

Solow, Robert, 1957, "Technical Change and the Aggregate Production Function." *Review of Economics and Statistics* 39: 312-320.

Solow, Robert, 2007, "Survival of the Richest? (Review of Clark's *Farewell to Alms*)." *New York Review of Books* 54: 18 (November 22).

Sombart, Werner, 1906, *Warum gibt es in den Vereinigten Staaten keinen Sozialismus?* [Why is there no socialism in the United States?]. Tübingen: J.C.B. Mohr. Trans. New York: Sharpe, 1976.

Sorek, Rotem, and others, 2007, "Genome-Wide Experimental Determination of Barriers to Horizontal Gene Transfer." *Science* 318 (November 30): 1449-1452.

Stark, Rodney, 2003, *For the Glory of God: How Monotheism Led to Reformations, Science, Witch-Hunts, and the End of Slavery*. Princeton: Princeton University Press.

Stearns, Peter N., 2007, *The Industrial Revolution in World History*. 3rd ed. Boulder: Westview.

Steele, Richard, 1722, *The Conscious Lovers*. pp. 109 – 178 in Quintana 1952.

Stendhal, 1839, *The Charterhouse of Parma*. Translated by Margaret Shaw.Harmondsworth:Penguin,1958.

Stevenson,Robert Louis,1881,"Crabbed Age and Youth." pp. 875–883 in *Virginibus Puerisque and Other Papers*, pp.898–903 in *The Works of Robert Louis Stevenson*.New York:Walter J.Black,n.d.

Stigler, George, 1967, "Imperfections in the Capital Market." *Journal of Political Economy* 75(June):287–292.

Stone, Lawrence, and Jeanne C.Fawtier Stone, 1984, *An Open Elite? England* 1540–1880.Oxford:Oxford University Press.

Stone, Lawrence, 1964, "The Educational Revolution in England,1560–1640." *Past and Present* 28:41–80.

Storr,Virgil Henry,2008,"The Market as a Social Space:On the Meaningful Extraeconomic Conversations That Can Occur in Markets." *Review of Austrian Economics* 21:135–150.

Storr,Virgil,2006,"Weber's Spirit of Capitalism and the Bahamas' Junkanoo Ethic." *Review of Austrian Economics* 19(4):289–309.

Studer,R.,2007,"India and the Great Divergence:Assessing the Efficiency of Grain Markets in Eighteenth- and Nineteenth-Century India." University of Oxford Discussion Papers in Economic History and Social History 68.

Sullivan,Richard J.,1989,"England's 'Age of Invention':the Acceleration of Patents and Patentable Invention during the Industrial Revolution." *Explorations in Economic History* 26:424–452.

Supple,Barry,1959,*Commercial Crisis and Change in England* 1600–1642:*A Study in the Instability of a Mercantile Economy*.Cambridge:Cambridge University Press.

Swedberg, Richard, 2009, *Tocqueville's Political Economy*. Princeton：Princeton University Press.

Szostak, Rick, 1991, *The Role of Transportation in the Industrial Revolution*. Montreal：McGill-Queen's University Press.

Szostak, Rick, 2003, "Road Transport：Historical Overview." In Mokyr 2003a.

Tantillo, Astrida Orle, 2010, *Goethe's Modernisms*. New York：Continuum.

Taylor, Charles, 1989, *Sources of the Self：The Making of Modern Identity*. Cambridge, Mass.：Harvard University Press.

Taylor, Charles, 1992, *The Ethics of Authenticity*. (Massey Lectures, *The Malaise of Modernity*, 1991). Cambridge, Mass.：Harvard University Press.

Temin, Peter, 1964, *Iron and Steel in Nineteenth Century America：An Economic Inquiry*. Cambridge：MIT Press.

Temin, Peter, 1966, "Labor Scarcity and the Problem of American Industrial Efficiency in the 1850s." *Journal of Economic History* 26：277-298.

Temin, Peter, 1971, "Notes on Labor Scarcity in America." *Journal of Interdisciplinary History* 1：251-264.

Temin, Peter, 1997, "Two Views of the British Industrial Revolution." *Journal of Economic History* 57：63-82.

Temin, Peter, 2000, "A Response to Harley and Crafts." *Journal of Economic History* 60：842-846.

Temple, Robert, 1986 (2007), *The Genius of China*. Forward by Joseph Needham. 3rd ed. London：Andre Deutsch.

Temple, William, 1672, *Observations upon the United Provinces of the Netherlands*. Edited with an introduction by G. N. Clark. At http：//

en.wikisource.org/wiki/Observations_upon_the_United_Provinces_of_the_Netherlands.

Thaler, Richard H. and Cass R. Sunstein, 2008, *Nudge: Improving Decisions about Health, Wealth, and Happiness*. New Haven: Yale University Press.

Theil, Stefan, 2008, "Europe's Philosophy of Failure." *Foreign Policy* (January/February). At www.foreignpolicy.com.

Thomas, Robert Paul, and Richard N. Bean, 1974, "Fishers of Men: The Profits of the Slave Trade." *Journal of Economic History* 34: 885–914.

Thurow, Lester C., 1985, *The Zero-Sum Solution: Building a World-Class American Economy*. New York: Simon and Schuster.

Tillyard, E. M. W., 1943, *The Elizabethan World Picture: A Study of the Idea of Order in the Age of Shakespeare, Donne & Milton*. London: Chatto and Windus.

Tinniswood, Adrian, 2007, *The Verneys*. New York: Riverhead Books (Penguin).

Tishkoff, Sarah, and [24] others, 2009, "The Genetic Structure and History of Africans and African Americans." *Science* 324: 1035–1044. At http://www.sciencemag.org/cgi/data/1172257/DC1/1.

Tocqueville, Alexis de., 1835, *Journeys to England and Ireland*. Edited by Jacob Peter Mayer. Translated from the French by G. Lawrence and K. P. Mayer. New Haven: Yale University Press, 1958. New Brunswick: Transaction Books, 1988.

Tocqueville, Alexis de., 1856 (1955), *The Old Régime and the French Revolution*. Translated by S. Gilbert. Garden City, New York: Anchor Doubleday.

Tönnies, Ferdinand, 1887, *Community and Society: Gemeinschaft* and *Gesellschaft*. Translated and edited by Charles P. Loomis. New York:Dover,2002.

Tribe, Keith, 1995, "Natural Liberty and *Laissez Faire*:How Adam Smith Became a Free Trade Ideologue."pp.23-44 in S.Copley and K.Sutherlands,eds.*Adam Smith's Wealth of Nations*:*New Interdisciplinary Essays*.Machester:Manchester University Press.

Trilling, Lionel, 1950, *The Liberal Imagination*: Essays on *Literature and Society*.New York:Viking Press.

Tronto,Joan C.,1993,*Moral Boundaries*:*A Political Argument for an Ethics of Care*.New York:Routledge.

Tuckwell,W.,1902,*A.W.Kinglake*:*A Biographical and Literary Study*.Project Gutenberg EBook at http://www.gutenberg.org/dirs/etext96/awkbi10h.htm.

Tunzelmann, Nick von, 1995, *Technology and Industrial Progress*:*The Foundations of Economic Growth*.Aldershot:Edward Elgar.

Tunzelmann,Nick von,2003,"Technology."In Mokyr 2003a.

Turner,Michael E.,J.V.Beckett and B.Afton,2001,*Farm Production in England* 1700-1914.Oxford:Oxford University Press.

Turpin,Paul,2005,*Liberal Political Economy and Justice*:*Character and Decorum in the Economic Arguments of Adam Smith and Milton Friedman*.PhD diss.,Annenberg School for Communication,University of Southern California.

Tusser,Thomas,1588,*Five Hundred Points of Good Husbandry*. Edited by Geoffrey Grigson.Oxford:Oxford University Press,1984.

U. S. Census Bureau, Population Division, 2009, International Data Base. At http://www.census.gov/ipc/www/idb/worldgrgraph. php.

Usher, Abbott Payson, 1960, "The Industrialization of Modern Britain." *Technology and Culture* 1:2(Spring):109-127.

Van Vleck, Va Nee, 1997, "Delivering Coal by Road and Rail in Britain: The Efficiency of the 'Silly Little Bobtailed' Coal Wagons." *Journal of Economic History* 57:139-160.

Van Vleck, Va Nee, 1999, "In Defense (Again) of 'Silly Little Bobtailed' Coal Wagons: Reply to Peter Scott." *Journal of Economic History* 59(4):1081-1084.

Vargas Llosa, Mario, 2008, *Wellsprings*. Cambridge: Harvard University Press.

Vargas, Patrick T., and Sukki Yoon, 2006, "On the Psychology of Materialism: Wanting Things, Having Things, and Being Happy." *Advertising and Society Review* 7(1). At http://muse.jhu.edu/journals/asr/v007/7.1vargas.html#NOTE68.

Veblen, Thorstein, 1899, *The Theory of the Leisure Class*. New York: Macmillan.

Vickery, Amanda, 1998, *The Gentleman's Daughter: Women's Lives in Georgian England*. New Haven: Yale University Press.

Vlastos, Stephen, 1986, *Peasant Protests and Uprisings in Tokugawa Japan*. Berkeley: University of California Press.

Voltaire, 1733 (and later editions), *Philosophical Letters*.

Voth, Hans-Joachim, and Nico Voigtländer, 2008, "The Three Horsemen of Growth: Plague, War and Urbanization in Early Modern Europe." Manuscript. At http://www.econ.upf.edu/docs/papers/downloads/1115.pdf.

Voth, Hans-Joachim, 1998, "Time and Work in Eighteenth-Century London." *Journal of Economic History* 58(1):29-58.

Voth, Hans-Joachim, 2001, *Time and Work in England, 1760-*

1839.Oxford:Oxford University Press.

Voth,Hans-Joachim,2003,"Labor Time."In Mokyr 2003a.

Wade, Nicholas, 2006, *Before the Dawn: Recovering the Lost History of Our Ancestors*.New York:Penguin.

Wallerstein,Immanuel,1974,*The Modern World System.Vol.1: Capitalist Agriculture and the Origins of the European World-Economy in the Sixteenth Century*.New York:Academic Press.

Wallerstein, Immanuel, 1983 (1995), *Historical Capitalism* (1983).Bound with *Capitalist Civilization*(1995).London:Verso.

Walzer,Michael,1988,*The Company of Critics*.New York:Basic Books.

Waterman, Anthony, 2003, "Joan Robinson as a Teacher." *Review of Political Economy* 15:489-596.

Watson,Andrew M.,1983,*Agricultural Innovation in the Early Islamic World.The Diffusion of Crops and Farming Techniques*,700-1100.Cambridge:Cambridge University Press.

Weber,Max,1904-1905,*Die protestantische Ethik und der Geist des Kapitalismus*(*The Protestant Ethic and the Spirit of Capitalism*). Translated by T.Parsons 1930 from the 1920 German edition.New York:Scribner's,1958.

Weber,Max,1922(1947),*Wirtschaft und Gesellschaft:Grundriβ der Verstehenden Soziologie*(*The Theory of Social and Economic Organization*). Translated by A.M.Henderson and Talcott Parsons.New York:Free Press.

Weber, Max, 1923 (1927), *Wirtschaftsgeschichte* (*General Economic History*).Translated by Frank Knight.Glencoe,Ill.:Free Press.New Brunswick,N.J.:Transaction Books,1981.

Wells,John, and Douglas Wills, 2000, "Revolution, Restoration, and Debt Repudiation:The Jacobite Threat to England's Institutions and Economic Growth." *Journal of Economic History* 60(June):418-441.

West,E.G.,1978,"Literacy and the Industrial Revolution." *Economic History Review* 31:369-83.Reprinted In Mokyr 1985.

Westphal,Larry E.,1990,"Industrial Policy in an Export Propelled Economy:Lessons from South Korea's Experience." *Journal of Economic Perspectives* 4(Summer):41-59.

Westphal, Larry E., and Kim, Kwang Suk, 1977, "Industrial Policy and Development in Korea." World Bank Staff Working Paper 263.

Wex, Michael, 2006, *Born to Kvetch: Yiddish Language and Culture in All of Its Moods*.New York:Harper Perennial.

White,Lynn,Jr.,1962,*Medieval Technology and Social Change*. New York:Oxford University Press.

Whitehead, Alfred North, 1925, *Science and the Modern World*. New York:Simon and Schuster,1997.

Whitman,Walt, 1855, "Preface to the [First Edition of] The Leaves of Grass."pp.5-27 in Whitman 1945.

Whitman, Walt, 1871, "Song of the Exposition" (from *Drum Taps*).pp.262-272 in Whitman 1945.

Whitman, Walt, 1888, "A Backward Glance." pp. 296-312 in Whitman 1945.

Whitman, Walt, 1945, *The Portable Whitman*. Ed. Mark Van Doren.Rev.Malcolm Cowley.New York:Viking Press.

Wilde,Oscar,1891(1930),"The Soul of Man under Socialism." pp.257-288 in Wilde,*Plays*,*Prose Writings*,*and Poems*.Edited by H. Pearson.London:J.M.Dent.

Williamson, Jeffrey G., 1975, *Late Nineteenth-Century American*

Development:*A General Equilibrium History*. Cambridge: Cambridge University Press.

Williamson, Jeffrey G., 1987, "Did English Factor Markets Fail During the Industrial Revolution?" *Oxford Economic Papers* 39:641-678.

Williamson, Jeffrey G., 1990, *Coping with City Growth during the British Industrial Revolution*. Cambridge: Cambridge University Press.

Williamson, Jeffrey G., 2010, *Trade and Poverty: When the Third World Fell Behind*. Cambridge: MIT Press.

Winchester, Simon, 2008, *The Man Who Loved China*. New York: Harper Collins.

Wink, André, 2003, "India: Muslim Period and Mughal Empire." In Mokyr 2003a.

Witkowski, Jan A., and John R. Inglis, eds., 2008, *Davenport's Dream: 21st Century Reflections on Heredity and Eugenics*. Cold Spring Harbor, NY: Cold Spring Harbor Laboratory Press.

Wolcott, Susan, ed., 2007, "Discussion of Clark's *Farewell to Alms*." Meet-the-author session at the Social Science History Convention, Chicago, November. http://eh.net/bookreviews/ssha_farewell_to_alms.pdf.

Wootton, David, 1992, "The Levellers." pp.71-89 in John Dunn, ed., *Democracy: The Unfinished Journey*, 508 BC to AD 1993. Oxford: Oxford University Press.

Wordie, Ross, 1983, "The Chronology of English Enclosure, 1500-1914." *Economic History Review* 2,36:483-505.

World Bank, 2005, *Central Government Finances*. At http://siteresources.worldbank.org/DATASTATISTICS/Resources/table4_10.pdf.

World Bank, 2006, *Doing Business*. At http://www.doingbusiness.org/economyrankings/? direction=Asc&sort=0.

World Bank, 2008, *The Little Data Book*, 2008, Washington, D. C.: International Bank for Reconstruction and Development.

Wrigley, E. A., 1962, "The Supply of Raw Materials in the Industrial Revolution." *Economic History Review*, ser. 2, 15(1): 1–16.

Wrigley, E. A., 1988, *Continuity, Chance, and Change: The Character of the Industrial Revolution in England*. Cambridge: Cambridge University Press.

Wrigley, E. A., and Roger Schofield, 1981, *The Population History of England*, 1540–1871. Cambridge: Cambridge University Press.

Young, Allyn A., 1928, "Increasing Returns and Economic Progress." *Economic Journal* 38: 527–542.

Zanden, Jan Luiten van, 2003, "Inequality of Wealth of Income Distribution." In Mokyr 2003a.

Zanden, Jan Luiten van, 2004, "The Skill Premium and the 'Great Divergence.'" At http://www.iisg.nl/hpw/papers/vanzanden.pdf.

Zanden, Jan Luiten van, 2009, *The Long Road to the Industrial Revolution: The European Economy in a Global Perspective*, 1000–1800. Leiden: Brill.

Ziliak, Stephen, and Deirdre McCloskey, 2008, *The Cult of Statistical Significance: How the Standard Error Costs Us Jobs, Justice, and Lives*. Ann Arbor: University of Michigan Press.

附录2 人名表*

阿布拉莫维茨,摩西(Moses Abramovitz,1912—2000):美国经济学家。

阿尔都塞,路易(Louis Althusser,1918—1990):马克思主义哲学家。

阿尔姆,理查德(Richard Alm):美国达拉斯联邦储备银行研究部的高级经济分析员。

阿尔钦,阿曼(Armen Alchian,1914—2013):美国经济学家,现代产权经济学创始人。

阿吉翁、哈里斯、休依特和威格士(Aghion、Harris、Howitt、Vickers):分别指法国经济学家菲利普·阿吉翁(Philippe Aghion,1956—)、经济学家克里斯托弗·哈里斯(Christopher Harris),任职于英国剑桥大学国王学院,加拿大经济学家彼特·休依特(Peter Howitt,1946—),以及英国经济学家约翰·威格士(John Vickers,1958—)。

阿克莱特,理查德(Arkwright,1732—1792):英国纺织工业家、发明家。他发明的水力纺纱机在1769年获得专利权。

阿克洛夫,乔治(George Akerlof,1940—):美国加州大学伯克利分校任经济学首席教授。

阿奎那,托马斯(Thomas Aquinas,1225—1274):中世纪经院

---

* 此译名表系译者编纂。

哲学的哲学家和神学家,自然神学最早的提倡者之一,他把理性引进神学,用"自然法则"来论证"君权神授"说。

阿隆,雷蒙(Raymond Aron,1905—1983):法国重要思想家。

阿罗,肯尼斯(Kenneth Arrow,1921—):美国经济学家、作家、政治理论家,1972年因在一般均衡理论方面的突出贡献与约翰·希克斯共同荣获诺贝尔经济学奖。

阿普尔比,乔伊斯(Joyce Appleby,1929—):美国历史学家,加州大学洛杉矶分校的历史教授。

阿瑟,布赖恩(Brian Arthur,1946—):美国经济学家。

阿什顿,托马斯(Thomas Ashton,1899—1968):英国经济史学家。

阿西莫格鲁,达龙(Daron Acemoglu,1967—):美国经济学家,麻省理工学院经济学教授。

埃尔鲍姆,伯纳德(Bernard Elbaum):美国经济学家。

埃尔德里奇,奈尔斯(Niles Eldridge,1943—):美国生物学家和古生物学家,与斯蒂芬·杰·古尔德提出间断平衡理论,理论认为新种只能通过线系分支产生,只能以跳跃的方式快速形成。

埃克伦德,罗伯特(Robert Ekelund,1940—):美国经济学家。

埃里克森,约翰(John Ericsson,1803—1889):瑞典裔美国海军工程师,他发明了热式发动机,改进了螺桨推进器。

埃利斯,保罗(Paul Ellis):经济学家。

埃利希,保罗(Paul Ehrlich):斯坦福大学人口生物学家,其1968年的《人口爆炸》书认为,人口爆炸导致环境污染,死亡率将增高,寿命将大幅缩短。

埃斯特里,威廉(William Easterly,1957—):美国经济学家,纽约大学经济学教授,研究发展经济学。

埃文斯,沃克(Walker Evans,1903—1975):美国纪实摄影大师。

艾迪生,约瑟夫(Joseph Addison,1672—1719):英国著名散文家、诗人、剧作家以及政治家。

艾克顿公爵(Lord Acton,1834—1902):英语天主教史学家,政治家和作家,早在19世纪已经清楚地看出民族主义对于民主的威胁。

艾克隆德,罗伯特(Robert Ekelund,1940—):美国经济学家。

艾伦,罗伯特(Robert Allen,1942—):美国作家。

艾哲顿,大卫(David Edgerton):科技史专家。

爱泼斯坦,理查德(Richard Epstein,1943—):美国学者,以对古典自由主义的论述而著名。

安妮·洛佩兹,克劳德(Claude-Anne Lopez,1920—2012):美国作家、学者,致力于研究富兰克林。

奥布莱恩,帕特里克(Patrick O'Brien):伦敦政治经济学院经济史学系教授。

奥尔登巴内费尔特(Oldenbarnevelt,1547—1619):荷兰首相,政治家。在他的主导下创立了荷兰东印度公司,1618年被政敌逮捕,次年被公开斩首。

奥尔森,曼瑟尔(Mancur Olson,1932—1998):美国经济学家和社会学家,对制度经济学的诸多方面(私有财产,税收,公共物品,集体决议,合同权利等)有很大贡献。

奥尔特加·加塞特,何塞(José Ortega y Gasset,1883—1955):20世纪西班牙伟大的思想家之一,于文学和哲学皆有深厚造诣,他的思想和政治理念影响了西班牙的知识分子。

奥菲瑟尔,劳伦斯(Lawrence Officer):美国经济学家。

奥弗顿,理查德(Richard Overton,1640—1664):英国平等派

成员。

奥格尔维,希拉(Sheilagh Ogilvie):剑桥大学经济史教授。

奥格拉达,科尔马克(Cormac Ó Gráda):都柏林大学经济史学教授。

奥古斯特·格里彭斯泰特,约翰(Johan August Gripenstedt,1813—1874):瑞典商人和政治家。

奥林,贝蒂尔(Bertil Ohlin,1899—1979):瑞典经济学家和政治家。

奥罗克,凯文(Kevin O'Rourke):爱尔兰经济学家和历史学家。

奥姆斯特德,艾伦(Alan Olmstead):经济史学家。

奥斯兰德,莱欧拉(Leora Auslander,1959—):美国历史学家,芝加哥大学欧洲现代社会史教授。

奥斯特罗姆,埃莉诺(Elinor Ostrom,1933—2012):美国印第安纳大学兼亚利桑那州立大学教授,唯一一位女性诺贝尔经济学奖(2009)获得者。

奥特森,詹姆士(James Otteson,1968—):美国哲学家和政治经济学家。

巴巴利特,杰克(Jack Barbalet):澳大利亚社会学家。

巴贝奇,查尔斯(Charles Babbage,1792—1871):英国著名数学家、发明家、机械工程师以及科学管理先驱者。世界上第一台可编程机械计算机的设计者,并由于提出差分机以及分析机的设计理念,还被称为电脑先驱。

巴茨威克,约翰(John Bastwick,1593—1654):英国清教徒,作家。

巴尔加斯·略萨,马里奥(Mario Vargas Llosa):拥有秘鲁与西班牙双重国籍的作家及诗人,2010年诺贝尔文学奖获得者。

巴克尔,亨利(Henry Buckle,1821—1861):英国著名的实证

主义史家,以其1857—1861年所著《英国文明史》著称。

巴兰,保罗(Paul Baran,1910—1964):美国激进派经济学家(马克思主义经济学家)。

巴里,诺曼(Norman Barry):不详。

巴尼特,克雷里(Correlli Barnett,1927—　):英国军事史学家。

巴斯噶—尼科尔—贝利(Pascal-Nicole-Bayle):应为三个人物。

巴斯夏,弗里德里克(Frédéric Bastiat,1801—1850):19世纪法国的古典自由主义理论家、政治经济学家,以及法国立法议会的议员。

巴塔耶,乔治(Georges Bataille,1897—1962):法国评论家、思想家、小说家。

巴特拉,拉维(Ravi Bahtra,1943—　):美国经济学家,畅销书作家。

巴特勒,萨缪尔(Samuel Butler,1835—1902):19世纪英国作家。

巴特勒,约瑟芬(Josephine Butler,1828—1906):英国维多利亚时期的女权主义者和社会改革家。

巴泽尔,约拉姆(Yoram Barzel,1931—　):以色列经济学家,华盛顿大学经济系教授。

白乐日(Etienne Balazs,1905—1963):法国著名汉学家,研究中国古代经济史学者。

班菲尔德,爱德华(Edward Banfield,1916—1999):美国政治学家,对多位美国总统有影响力。

班扬,约翰(John Bunyan,1628—1688):和莎士比亚齐名的、同属英国文艺复兴后期的著名作家。

保罗·托马斯,罗伯特(Robert Paul Thomas):道格拉斯·诺斯同时代的经济学家。

鲍德里亚,让(Jean Baudrillard,1929—2007):法国哲学家,现代社会思想大师,后现代理论家。

鲍兹,大卫(David Boaz,1953—   ):美国卡托研究所执行主席,自由意志主义者。

贝尔,丹尼尔(Daniel Bell,1919—2011):美国社会学家,哈佛大学名誉教授。

贝克尔,加里(Gary Becker,1930—2014):美国著名经济学家、芝加哥经济学派代表人物之一、芝加哥大学教授,1992年诺贝尔经济学奖得主。

贝拉,罗伯特(Robert Bellah,1927—2013):美国伯克利加州大学埃利奥特社会学荣休教授。

贝拉,尤吉(Yogi Berra,1925—2015):美国著名职业棒球运动员。

贝林,伯纳德(Bernard Bailyn,1922):美国历史学家,教育家。

贝隆,皮埃尔(Pierre Belon,1517—1564):法国探险家、自然学家、作家和外交家。

贝洛赫,保罗(Paul Bairoch,1930—1999):"二战"后最伟大的经济史学家之一。

贝奇,彼得(Peter Boettke,1960—   ):美国经济学家,奥地利经济学派学者。

贝瑟尔,斯林斯比(Slingsby Bethel,1617—1697):1680年的伦敦治安官。

贝特拉,路易斯(Luis Bértola):乌拉圭共和国大学社会科学学院教授。

本内特(H. S. Bennett):应为历史学家。

比肯施泰因,凯茜(Cathy Birkenstein):伊利诺伊大学芝加哥分校英语讲师。

比什奴普莱利亚(Bishnupriya)：经济史学家。

边沁,杰瑞米(Jeremy Bentham,1748—1832)：英国的法理学家、功利主义哲学家、经济学家和社会改革者。

波考克(Pocock1924—　)：英国政治思想史学家,霍普金斯大学历史学教授。

波拉德,西德尼(Sidney Pollard,1925—1998)：英国经济史学家。

波兰尼,卡尔(Karl Polanyi,1886—1964)：匈牙利经济史学家、经济人类学家、社会学家。

波兰尼,迈克尔(Michael Polanyi,1891—1976)：英籍犹太裔物理化学家和哲学家,与哈耶克、波普尔同被誉为"朝圣山三巨星"。

波洛克,弗雷德里克(Frederick Pollock)：历史学家。

波普尔,卡尔(Karl Popper,1902—1994)：批判理性主义的创始人。

波斯基,依凡(Ivan Boesky,1937—　)：美国证券交易员,以在20世纪90年代的内幕交易案震惊华尔街。

波斯纳,理查德(Richard Posner,1939—　)：美国联邦上诉法院法官,曾任芝加哥大学法学院教授,法律经济学运动的重要人物。

波斯坦(M. M. Postan,1899—1981)：英国历史学家。

波特,迈克尔(Michael E. Porter,1947—　)：哈佛大学商学院著名教授,管理学专家。

玻尔,尼尔斯(Niels Bohr,1885—1962)：丹麦物理学家,通过引入量子化条件,提出了玻尔模型来解释氢原子光谱；提出互补原理和哥本哈根诠释来解释量子力学。他还是哥本哈根学派的创始人,对20世纪物理学的发展有深远的影响。

玻利瓦尔,西蒙(Simon Bolivar)：18世纪的一个伟大的英雄人物,他领导了南美洲大部分地区的反抗西班牙殖民统治。

伯恩斯,罗伯特(Robert Burns,1759—1796):被认为苏格兰的民族诗人。

伯格,玛克辛(Maxine Berg):经济史学家,英国华威大学历史教授。

伯格森,艾布拉姆(Abram Bergson,1914—2003):美国经济学家,苏联经济史专家。

伯克,埃德蒙(Edmund Burke,1729—1797):爱尔兰的政治家、作家、演说家、政治理论家和哲学家,他曾在英国下议院担任了数年辉格党的议员。

伯林,以赛亚(Isaiah Berlin,1909—1997):英国哲学家和政治思想史家,20世纪最著名的自由主义者。

伯曼,哈罗德(Harold Berman,1918—2007):美国法学专家。

博丹,让(Jean Bodin,1530—1596):法国政治思想家,法学家,近代资产阶级主权学说的创始人,近代西方最著名的宪政专家。

博加德斯,埃默里(Emory Bogardus,1882—1973):美国著名社会学家,加利福尼亚大学教授。

博加特,丹(Dan Bogart):经济史学家。

博伊德,理查德(Richard Boyd,1942—1970):美国哲学家。

布阿吉尔贝尔,皮埃尔(Pierre de Boisguilbert,1646—1714):法国立法者和商人,市场经济概念的发明者之一。

布德罗,唐纳德(Donald Boudreaux,1958—   ):美国经济学家,奥地利经济学派学者,乔治梅森大学教授。

布迪厄,皮埃尔(Pierre Bourdieu,1930—2002):法国当代著名的社会学家。

布坎南,帕特(Pat Buchanan,1938—   ):美国政治家,前总统尼克松、福特、里根的资深顾问。

布坎南,詹姆斯(James Buchanan,1919—2013):美国著名经济学家、公共选择学派代表人物、1986年诺贝尔经济学奖得主。

布莱克,费希尔(Fischer Black,1938—1995):美国经济学家,布莱克—斯科尔斯模型的提出者之一。因肺癌去世未与罗伯特·默顿和迈伦·斯科尔斯分享诺贝尔经济学奖殊荣。

布莱克,约瑟夫(Joseph Black,1728—1799)英国化学家,物理学家。

布兰宁,蒂姆(Tim Blanning,1942—   ):英国历史学家。

布雷斯纳汉,蒂莫西(Timothy Bresnahan):斯坦福大学教授。

布鲁姆,艾伦(Allan Bloom,1930—1992):美国高等教育学家、政治哲学家、翻译家,他的《美国精神的封闭》一书在世界各国颇具影响。

布伦纳,罗伯特(Robert Brenner,1943—   ):当代美国著名的马克思主义者、经济学家和历史学家。现任美国加州大学洛杉矶分校历史学教授。

布罗代尔,费尔南德(Fernand Braudel,1902—1985):法国著名历史学家,在名著《15—18世纪的物质文明、经济和资本主义》提出15世纪地理大发现创造了欧洲的奇迹。

布罗德伯里(Broadberry):经济史学家。

布洛克(Marc Bloch):历史学家。

策里克,史蒂芬(Stephen Ziliak,1963—   ):美国经济学教授。

达里迪,威廉(William Darity,1953—   ):美国经济学家。

达文波特,查尔斯(Charles Davenport,1866—1944):美国著名的优生主义者和生物学家。美国优生运动的领袖之一。

大卫,保罗(Paul David):经济史学家。

戴蒙德,杰瑞德(Jared Diamond,1937—   ):加利福尼亚大学洛杉矶分校医学院生理学教授。

戴森,弗里曼(Freeman Dyson,1923—   ):美国物理学家,普

林斯顿高等研究院教授。

戴维,汉弗莱(Humphrey Davy,1778—1829):英国化学家,煤矿安全灯的发明者。

戴维斯,霍华德(Howard Davies,1951—   ):伦敦政治经济学院院长。

戴维斯,斯蒂芬(Stephen Davies):经济史学家。

丹福,约翰(John Danford):政治学者。

丹拉沃伊(Don Lavoie,1951—2001):美国经济学家,奥地利经济学派学者,卡托研究所工作。

道格拉斯,玛丽(Mary Douglas,1921—2007):英国人类学家,因其对于人类文化与象征主义的作品而闻名于世。

道金斯,理查德(Richard Dawkins,1941—   ):英国著名演化生物学家、动物行为学家和科普作家。

得科,马赛罗(Marcello de Cecco):经济史学家。

德·茹弗内尔,伯纳德(Bertrand De Jouvenel,1903—1987):法国哲学家、政治经济学家和未来学家。

德·特拉西,德斯蒂(Destutt de Tracy,1754—1836):法国哲学家、政治家,最早提出"意识形态"一词。

德·托克维尔,亚历西斯(Alexis de Tocqueville,1805—1859):法国的政治思想家和历史学家,以《论美国的民主》而出名。

德·雅赛,安东尼(Anthony De Jasay,1925—   ):匈牙利哲学家,以反政府著作而闻名。

德尔金,马丁(Martin P. Durkin,1894—1955):曾经担任过美国劳工部长。

德弗理斯(Jan de Vries,1890—1964):荷兰历史学家。

德拉·埃斯科苏拉,普拉多斯(Prados de la Escosura):经济史学家。

德拉考特,皮埃尔(Pieter de la Court,1618—1685):荷兰经济学家和商人,著名的德拉考特家族的初代。

德拉梅特,尼利厄斯,H.(Cornelius H. DeLamater,1821—1889):美国钢铁大亨。

德勒兹,吉尔(Gilles Deleuze,1925—1995):法国后现代主义哲学家。

德隆,J. 布拉德福德(J. Bradford DeLong,1960—):加州大学伯克利分校经济学教授。

德姆塞茨,哈罗德(Harold Demsetz,1930—):美国经济学家。

迪恩,菲利斯(Phyllis Deane,1918—2012):英国经济史学家。

迪恩·尤利,道格拉斯(Douglas Den Uyl,1950—):美国作家,政治运动家。

迪肯,西蒙(Simon Deakin,1961—):剑桥大学法学教授。

迪莱克特,阿伦(Aaron Director,1901—2004):弗里德曼的大舅子,在芝加哥法学院任职多年。

迪诺耶尔,查尔斯(Charles Dunoyer,1786—1862):法国自由派经济学家。

迪斯雷利,本杰明(Benjamin Disraeli,1804—1881):英国保守党领袖、三届内阁财政大臣,两度出任英国首相。在把托利党改造为保守党的过程中起了重大作用。在首相任期内,是英国殖民帝国主义的积极鼓吹者和卫道士。

迪斯梅特,克劳斯(Klaus Desmet):经济史学家。

都伯纳,斯蒂芬(Stephen Dubner,1963—):美国记者。

杜·普莱西斯,斯坦(Stan du Plessis):南非经济学家。

杜丁,纪尧姆(Guillaume Daudin):经济史学家。

杜里,阿拉斯泰尔(Alastair Durie):应为英国斯特灵大学教授。

杜普瑞,路易斯(Louis Dupré):历史学家。

杜威(Dewey):应指约翰·杜威(John Dewey,1859—1952),美国哲学家和教育家,美国实用主义哲学的重要代表人物。

厄尔,彼得(Peter Earle):历史学家。

恩格曼,斯坦利(Stanley Engerman,1936—):经济史学家,罗切斯特大学经济学教授。

恩克鲁玛,夸梅(Kwame Nkrumah,1909—1972):加纳首任总统、非洲独立运动领袖。

法拉第,迈克尔(Michael Faraday,1791—1867):英国物理学家、化学家。

凡勃伦,托斯丹(Thorstein Veblen,1857—1929):美国经济学家和历史学家,以对资本主义的批评而著名。

范·奥兰治,莫瑞斯(Maurits van Oranje,1567—1625):荷兰的奥兰治亲王。

范多伦,马克(Mark Van Doren,1894—1972):美国诗人、作家,批评家。

范因斯坦,查尔斯(Charles Feinstein,1932—2004):英国著名经济史学家。

菲尔德,亚历山大(Alexander Field):经济史学家。

菲舍尔,斯坦利(Stanley Fischer,1943—):美国经济学家,美联储副主席。

菲斯,赫伯特(Herbert Feis,1893—1972):美国经济史学家。

费希,斯坦利(Stanley Fish,1938—):美国文学理论家,法律学者,作家。

费雪,罗纳德(R. A. Fisher,1890—1962):遗传学家兼统计学家,现代统计学与现代演化论的奠基者之一。

芬德雷,罗纳德(Ronald Findlay,1935—):贸易理论家,哥伦比亚大学经济学教授。

冯·亥姆霍兹,赫尔曼(Hermann Von Helmholtz,1821—1894):德国物理学家、生理学家、发明家。

冯·洪堡,威廉(Wilhelm von Humboldt,1767—1835):柏林洪堡大学的创始者,也是著名的教育改革者、语言学者及外交官。

冯·罗特克,卡尔(Karl von Rotteck,1775—1840):德国政治家,历史学家,言论自由的积极倡导者。

冯·米塞斯,路德维希(Ludwig von Mises,1881—1973):奥地利经济学派及自由意志主义运动的主要代表人物,著有《人的行为》等经典著作。

冯·特罗塔,洛萨(Lothar von Trotha,1848—1920):1904年,西南非洲爆发反对德国统治的赫雷罗起义,约150名德国移民被杀。为了报复,曾镇压义和团运动的冯·特罗塔将军颁布了臭名昭著的灭绝令(Vernichtungs Befehl),要把所有赫雷罗人斩尽杀绝。至1907年战争停止时,赫雷罗人的数量已经从8万下降到1.5万。纳马人的数量从2万下降到1万。德国方面有1749名军人和侨民死亡。

冯·滕泽尔曼,尼克(Nick von Tunzelmann):英国苏塞克斯大学科学政策研究中心名誉教授。

佛伯尔,南希(Nancy Folbre,1952—):美国女权主义经济学家,马萨诸塞大学阿默斯特分校经济系教授。

弗格森,尼尔(Niall Ferguson,1964—):英国籍苏格兰人,英国著名历史学家。哈佛大学历史系劳伦斯·A.蒂施教授、牛津大学耶稣学院高级研究员、斯坦福大学胡佛研究所高级研究员,罗斯柴尔德家族史研究权威。他是极少数能横跨学术界、金融界和媒体的专家之一。2004年被《时代》周刊评为"影响世界的100人"之一。

弗格森,亚当(Adam Ferguson,1723—1816):18世纪苏格兰启蒙运动的主要思想家之一。

弗莱德林,莱纳(Rainer Fremdling):格罗宁根大学经济史教授。

弗兰克,罗伯特(Robert Frank):康奈尔大学教授,经济学超级畅销书《牛奶可乐经济学》作者。

弗雷,布鲁诺(Bruno Frey,1941—):瑞士经济学家。

弗里德曼,本杰明(Benjamin Friedman,1944—):美国哈佛大学威廉·约瑟夫·迈尔政治经济学教授,著名经济学家。

弗里德曼,大卫(David Friedman,1945—):美国自由意志主义经济学家,货币主义大师米尔顿·弗里德曼之子。

弗里德曼,米尔顿(Milton Friedman,1912—2006):美国当代经济学家、芝加哥大学教授、芝加哥经济学派代表人物之一,货币学派的代表人物。

弗尼,约翰(John Verney,1640—1717):英国商人,托利党政治家。

伏尔泰(Voltaire,1694—1778):原名弗朗索瓦-马利·阿鲁埃(François-Marie Arouet),18世纪法国资产阶级启蒙运动思想家。

福格尔,罗伯特(Robert Fogel,1926—2013):美国著名经济学家、芝加哥经济学派代表人物之一、芝加哥大学教授。他用经济史的新理论及数理工具重新诠释了过去的经济发展过程,以他在计量经济史方面出色的工作荣获了1993年诺贝尔经济学奖。

福楼拜,古斯塔夫(Gustave Flaubert,1821—1880):19世纪中期法国批判现实主义小说家,著有《包法利夫人》等。

福伦达,尼科(Nico Voigtländer):经济学家。

福山,弗朗西斯(Francis Fukuyama,1952—):日裔美籍学者,哈佛大学政治学博士。

冈德·弗兰克,安德烈(Andre Gunder Frank,1929—2005):马克思主义经济学家,依附理论重要代表人物,世界体系理论的奠基人之一。

高尔顿,弗朗西斯(Francis Galton,1822—1911):英国科学家和探险家,差异心理学之父,心理测量学先驱之一。

高诺斯,弗朗索瓦(François Crouzet):英国经济学家。

戈德史密斯,奥利弗(Oliver Goldsmith,1728—1774):英国作家。

戈德斯通,杰克(Jack Goldstone,1953—   ):美国社会学家,被认为研究革命和长期社会变化权威。

戈登,罗伯特(Robert Gordon):美国西北大学经济学家。

戈登加,安娜(Anne Goldgar):历史学家。

戈尔丁,克劳迪亚(Claudia Goldin,1946—   ):美国经济学家,哈佛大学教授。

戈夫曼,欧文(Erving Goffman,1922—1982):加拿大社会学家和作家。

戈林,赫尔曼(Hermann Göring,1893—1946):纳粹德国的一位政军领袖,与"元首"阿道夫·希特勒的关系极为亲密。

格尔兹(Geertz):应指克利福德·格尔茨(Clifford Geertz,1926—2006),美国人类学家,解释人类学的提出者。

格拉夫,格拉德(Gerald Graff):伊利诺斯大学芝加哥分校英语和教育学教授。

格兰瑟姆,乔治(George Grantham,1941—   ):美国经济史学家,麦吉尔大学名誉教授。

格劳秀斯(Grotius,1583—1645):近代西方资产阶级思想先驱,国际法学创始人,被人们同时尊称为"国际法之父"与"自然法之父"。

格雷夫,阿弗纳(Avner Greif,1955—   ):斯坦福大学经济学教授。

格林布拉特,斯蒂芬(Stephen Greenblatt,1943—   ):美国文

学评论家。

格林菲尔德,里亚(Liah Greenfeld,1954—):波士顿大学社会学教授。

格申克龙,亚历山大(Alexander Gerschenkron,1904—1978):著名经济史学家。

格思,伍迪(Woody Guthrie,1912—1967):美国民歌手、作曲家,所创作的歌曲已成为美国民歌遗产的一部分。

葛兰西,安东尼奥(Antonio Gramsci,1891—1937):意大利共产党的创始人、意大利共产主义运动的主要理论家、当今欧洲公认的20世纪最早的社会主义思想家之一。

贡斯当,邦雅曼(Benjamin Constant,1767—1830):法国文学家和政治思想家,近代自由主义的奠基者之一。

顾迪,杰克(Jack Goody,1919—2015):英国人类学家,剑桥大学著名讲师。

哈巴谷,H. J.(H. J. Habakkuk,1915—2002):英国经济史学家。

哈伯格,A. C.(A. C. Harberger,1924—):美国著名经济学家,福利经济学的哈伯格三角就是他提出的。

哈德森,帕特(Pat Hudson):英国卡地夫大学教授。

哈丁,加勒特(Garrett Hardin,1915—2003):美国生态学者,反对人口膨胀,1968年在《科学》杂志上发表的"公地悲剧"论述最为著名。

哈格里夫斯,詹姆斯(James Hargreaves,1721—1778):1765年发明珍妮纺纱机。

哈里斯,约翰(John R. Harris):波士顿大学经济史学家。

哈利,科尼克(C. Knick Harley,1943—):英国经济史学家。

哈林顿,詹姆斯(James Harrington,1611—1677):17世纪英国资产阶级革命时期的政治思想家。

哈姆威,罗纳德(Ronald Hamowy,1937—2012):加拿大政治学者和社会思想家。

哈斯克尔,托马斯(Thomas Haskell):美国历史教授。

哈特维尔,马克斯(Max Hartwell,1921—2009):英国经济史学家,专注于工业革命的研究。

哈维,大卫(David Harvey,1935—   ):当代西方地理学家中以思想见长并影响极大的一位学者。

哈耶克,弗里德里希(Friedrich Hayek,1899—1992):奥地利经济学派经济学家,以坚持自由市场资本主义、反对社会主义、凯恩斯主义和集体主义而著称。

海恩,保罗(Paul Heyne,1931—2000):加哥大学伦理学与社会学博士。

海尔布隆纳,罗伯特(Robert Heilbroner,1919—2005):美国著名经济学家与经济思想史学家。在经济学界享有盛名。

海森堡,沃纳(Werner Heisenberg,1901—1976):德国物理学家,量子力学的主要创始人,哥本哈根学派的代表人物,1932年诺贝尔物理学奖获得者。

海因,皮特(Piet Heyn):荷兰著名海盗。

汉密尔顿,吉丽安(Gillian Hamilton):经济史学家。

汉普登,约翰(John Hampden,1595—1643):英国政治家。

汉森,阿尔文(Alvin Hansen,1887—1975):美国最早的凯恩斯主义者、新古典综合派的奠基人。

浩司曼,A. E.(A. E. Housman,1859—1936):英国诗人,拉丁学者。

贺拉斯(Horace,公元前65—前8):古罗马诗人、批评家。

赫克斯特,杰克(Jack Hexter,1910—1996):美国历史学家,英国史专家。

赫克歇尔,厄里(Eli Heckscher,1879—1952):瑞典著名经济

学家。

赫勒敦,伊本(Ibn‑Khaldūn,1332—1406):古代穆斯林史学家。

赫利尔,理查德(Richard Hellie):史学家,研究早现代俄罗斯的权威。

赫斯顿,艾伦(Alan Heston,1934—):美国经济学家。

赫希曼,艾伯特(Albert Hirschman,1915—2012):著名的发展经济学家。

赫伊津哈,约翰(Johan Huizinga,1872—1945):荷兰的语言学家和历史学家。

赫兹利特,亨利(Henry Hazlitt,1894—1993):美国自由意志主义哲学家、经济学家,著有《一课经济学》。

黑斯廷斯,沃伦(Warren Hastings,1732—1818):印度总督,任职期间巩固了英国对印度的统治。

亨利,瓦尔特(Walter of Henley):13世纪英国农民作家。

胡泼特,乔治(George Huppert):历史学家。

华,约翰(John Wa):不详,应与张五常同时代经济学家。

华盛顿·普伦凯特,乔治(George Washington Plunkitt,1842—1924):纽约市民主党政治机器"坦慕尼协会"的重要人物之一,掌握该协会长达25年之久。在担任国会议员和纽约州参议员期间,他曾极大地推动了当时一系列重要公共工程项目提案的通过,其中著名的有纽约市远郊公园、哈雷姆河快速路、华盛顿桥,155街高架桥和自然历史博物馆的扩建项目。普伦凯特是美国进步时代腐败的典型,他曾公开地为自己的行贿行为辩护。

华兹华斯(William Wordsworth,1770—1850):英国浪漫主义诗人,曾当上桂冠诗人。其诗歌理论动摇了英国古典主义诗学的统治,有力地推动了英国诗歌的革新和浪漫主义运动的发展。

怀尔德·莱茵,罗斯(Rose Wilder Lane,1886—1968):美国作

家、政治理论家,与伊莎贝尔·帕特森和艾茵·兰德一起掀起了美国现代自由意志主义运动,被称为自由意志主义三女杰。

怀特,林恩(Lynn White,1907—1987):美国中世纪史学家。

怀特黑德(Whitehead):指阿尔弗雷德·诺斯·怀特黑德(Alfred North Whitehead,1861—1947),英国数学家、哲学家。

惠勒,约翰(John Wheeler):英国商人。

惠特曼,沃尔特(Walt Whitman,1819—1892):美国著名诗人、人文主义者。

惠特曼·罗斯托,沃尔特(Walt Rostow,1916—　):美国经济史学家、发展经济学先驱之一。

惠廷顿,迪克(Dick Whittington,1350—1423):英国商人,曾三次担任伦敦市长。

霍彼特,朱利安(Julian Hoppit):历史学家。

霍布斯,托马斯(Thomas Hobbes,1588—1679):英国政治家、哲学家,重要思想家,主张君主专制,反对君权神授。

霍布斯鲍姆,埃里克(Eric Hobsbawm,1917—2012):英国马克思主义经济学家。

霍夫曼,菲利普(Philip Hoffman):历史学家。

吉莱斯皮,迪兹(Dizzy Gillespie,1917—1993):美国音乐节,被誉为使人"眩晕"的小号手。

吉内恩,蒂莫西(Timothy Guinnane):经济史学家,任教于耶鲁大学。

纪德,安德烈(André Gide,1869—1951):法国著名作家。保护同性恋权益代表。

加尔布雷斯,詹姆斯(J. K. Galbraith,1952—　):美国经济学家。

贾丁,丽莎(Lisa Jardine,1944—2015):英国历史学家。

杰弗逊,托马斯(Thomas Jefferson,1743—1826):美利坚合众

国第三任总统(1801—1809年),同时也是《美国独立宣言》主要起草人之一。

杰克斯,大卫(David Jacks):经济学家。

金蒂斯,赫伯特(Herbert Gintis,1940—　):美国经济学家,行为科学家。

金莱克,亚历山大(Alexander Kinglake,1809—1891):维多利亚时代的旅行作家兼无神论者。

卡迪·斯坦顿,伊丽莎白(Elizabeth Cady Stanton,1815—1902):美国女权运动的先驱领袖之一,曾于1848年提出美国第一个要求妇女选举权的运动纲领,她也是一个极为优秀的作家及演说家。

卡莱尔,托马斯(Thomas Carlyle,1795—1881):苏格兰评论家、讽刺作家、历史学家。他的作品在维多利亚时代颇具影响力。

卡鲁斯—威尔逊,埃莉诺拉(Eleanora Carus-Wilson):经济史学家。

卡米罗·本索·德·凯沃尔,康特(Count Camillo Benso de Cavour,1810—1861):意大利政治家,意大利统一运动的领袖之一。

卡内基,安德鲁(Andrew Carnegie,1835—1919):美国钢铁大王。

卡普兰,布莱恩(Bryan Caplan,1971—　):美国经济学家,乔治梅森大学经济学教授。

卡特莱特,艾德蒙特(Cartwright):牧师,1785年发明动力织布机。

凯德尔,恰拉尔(Caglar Keyder):经济史学家。

凯勒,加里森(Garrison Keillor,1942—　):美国作家。

凯里,亨利(Henry Carey,1793—1879):19世纪美国资本主义经济学派代表人物,林肯的首席经济顾问。

凯利，瓦尔特（Walt Kelly，1913—1973）：美国卡通画家。
凯姆斯勋爵（Lord Kames，1696—1782）：苏格兰哲学家。
凯塞尔，鲁本（Reuben Kessel）：美国经济学家，芝加哥学派。
凯瑟，薇拉（Willa Cather，1873—1947）：美国小说家、短篇小说家、诗人。
凯什岚斯基，马克（Mark Kishlansky，1948—2015）：17世纪英国政治史专家。
凯斯门特，罗格（Roger Casement，1864—1916）：爱尔兰民族主义者和诗人，曾做过大英帝国的外交官。
凯伊，约翰（John Kay，1706—约1764）：1733年发明飞梭。
坎贝尔，布鲁斯（Bruce Campbell）：历史学家和中世纪农业地理学家。
坎普拉德，英格瓦（Ingvar Kamprad，1926— ）：瑞典人，宜家家居的创始人。
康普顿，赛缪尔（Samuel Crompton，1753—1827）：1779年发明"骡机"。
考茨基，卡尔（Karl Kautsky，1854—1938）：社会民主主义活动家，亦是马克思主义发展史中的重要人物。
考克斯，迈克尔（Michael Cox）：美国达拉斯联邦储备银行副总裁兼首席经济学家。
考利，亚伯拉罕（Abraham Cowley，1618—1667）：英国作家、诗人和散文家。
考珀，威廉（William Cowper，1731—1800）：英国诗人。
柯布西耶，勒（Le Corbusier，1887—1965）：20世纪著名建筑师、城市规划家和作家。
柯林斯，哈里（Harry Collins，1943— ）：英国卡的夫大学社会学资深教授，著名科学知识社会学家。
柯林斯，兰德尔（Randall Collins，1941— ）：美国宾夕法尼亚

大学社会学教授。

柯文,泰勒(Tyler Cowen,1962—):美国经济学家,乔治梅森大学教授。

柯兹纳,伊斯雷尔(Israel Kirzner,1930—):美国经济学家,当代奥地利经济学派掌门人。

科贝特,威廉(William Cobbett,1762—1835):散文作家,记者,19世纪英国著名的政治家。

科布登,理查德(Richard Cobden,1804—1865):英国政治家,是英国自由贸易政策的主要推动者。

科恩,乔恩(Jon Cohen):美国作家。

科尔(W. A. Cole):经济史学家。

科尔科,加布里埃尔(Gabriel Kolko,1932—2014):加拿大历史学家和作家。

科利尔,保罗(Paul Collier):牛津大学非洲经济研究中心主任。

科曼,阿兰(Alan Kirman):经济学家。

科摩,佩里(Perry Como,1912—2001):美国"二战"后至摇滚升起的50年代中期的最伟大的流行歌手之一。

科斯,罗纳德(Ronald Coase,1910—2013):新制度经济学的鼻祖,1991年诺贝尔经济学奖得主。

科斯蒂亚,伊达尔戈(Hidalgo y Costilla,1753—1811):墨西哥民族英雄,墨西哥独立之父。

科特雷尔,菲利普(Philip Cottrell):英国经济学家。

克拉夫茨,尼古拉斯(Nicholas Crafts,1949—):英国华威大学经济史教授。

克拉克,格雷戈里(Gregory Clark,1957—):加州大学经济史学家。

克拉彭,约翰(John Clapham,1873—1946):英国经济史学家。

克莱恩,丹尼尔(Daniel Klein,1962—):美国经济学家,乔治梅森大学教授。

克莱芙(Robert Clive,1725—1774):1757年普拉西的胜利者,英国军人、政治家,为不列颠东印度公司在孟加拉国建立起军事、政治霸权。他与沃伦·黑斯廷斯一样,都是英属印度殖民地建立过程中的早期关键人物。

克莱格,辛迪亚(Cyndia Clegg):历史学家。

克莱因,奈奥米(Naomi Klein,1970—):加拿大作家。

克鲁格曼,保罗(Paul Krugman,1953—):美国经济学家,普林斯顿大学经济系教授,2008年获诺贝尔经济学奖。

肯德里克,约翰(John Kendrick,1917—2009):美国经济学家。

肯尼迪,保罗(Paul Kennedy,1945—):美国耶鲁大学历史学教授,重点研究和讲授当代战略和国际关系。

肯尼迪·泰勒,琼(Joan Kennedy Taylor,1926—2005):美国作家和政治运动家,以提倡女权主义而闻名。

肯尼思·加尔布雷思,约翰(John Kenneth Galbraith,1908—2006):美国经济学家、外交家。

孔德,查尔斯(Charles Comte,1782—1837):法国律师和政论家。

孔特—斯蓬维尔,安德烈(André Comte-Sponville,1952—):法国哲学家。

寇斯基尔,梅汀(Metin Cosgel):历史学家。

库恩,托马斯(Thomas Kuhn,1922—1996):美国科学史家,科学哲学家,代表作有《哥白尼革命》和《科学革命的结构》。

库卡塔斯,詹德兰(Chandran Kukathas,1957—):澳大利亚政治理论家,自由意志主义者。

库拉纳,拉克什(Rakesh Khurana,1967—):美国社会学家,哈佛商学院组织行为学教授、世界顶级管理思想大师。

库斯莫尔,安(Ann Kussmaul):经济史学家。

库兹涅茨,西蒙(Simon Kuznets,1901—1985):俄裔美国著名经济学家,1971年诺贝尔经济学奖获得者。他提出了著名的库兹涅茨曲线。

拉尔,迪帕克(Deepak Lal,1940—):英国经济学家。

拉尔森,马加利(Magali Larson):美国经济学家。

拉法提斯,安布鲁斯(Ambrose Raftis):史学家,研究中世纪历史。

拉赫曼,路德维希(Ludwig Lachmann,1906—1990):奥地利学派经济学家。

拉莫斯,皮埃尔(Pierre Ramus)(1515—1572):著名法国人文主义者。胡格诺派是16—17世纪法国新教徒形成的一个派别。

拉斯金(Ruskin,1819—1900):英国作家和诗人。

拉斯穆森,道格拉斯(Douglas Rasmussen,1948—):美国哲学家。

拉铁摩尔,欧文(Owen Lattimore,1900—1989):美国著名汉学家、蒙古学家,蒋介石的政治顾问。

拉佐尼克,威廉(William Lazonick,1945—):加拿大经济学家,研究全球经济的创新和竞争。

莱波雷,吉尔(Jill Lepore,1966—):美国历史学家,哈佛大学教授。

莱布尼兹(Leibnitz,1646—1716):17—18世纪之交德国重要的数学家、物理学家和哲学家,一个举世罕见的科学天才。曾与牛顿争夺微积分的发现权。

莱斯诺夫,迈克尔(Michael Lessnoff):历史社会学家,研究比较宗教学。

莱特,奥维尔(Orville Wright,1871—1948):飞机的发明者。

莱亚德,理查德(Richard Layard,1934):英国著名经济学家。

莱因哈特,卡门(Carmen Reinhart,1955—　):美国经济学家。

赖克,罗伯特(Robert Reich,1946—　):新自由派经济理论家,克林顿总统的挚友,克林顿政府经济计划的主要设计师,曾任美国劳工部长。

兰伯尔德,理查德(Richard Rumbold,1622—1685):克伦威尔麾下士兵,参与了暗杀查理二世及其兄弟詹姆士的计划。

兰德斯,大卫(David Landes,1924—　):美国哈佛大学历史学和经济学教授。

兰福德,保罗(Paul Langford,1945—2015):英国历史学家。

蓝哈姆,理查德(Richard Lanham):美国修辞学家。

蓝吉,朵洛西亚(Dorothea Lange,1895—1965):美国摄影家。

朗格卢瓦,理查德(Richard Langlois,1952—　):美国经济学家,康涅狄格大学教授。

朗吉,奥斯卡(Oskar Lange,1904—1965):波兰经济学家、政治家、外交家。在20世纪30年代的兰格论战中,奥地利学派的哈耶克打败了朗吉。

劳申布什,沃尔特(Walter Rauschenbusch,1861—1918):美国基督教神学家。

勒伯格特,斯坦利(Stanley Lebergott,1918—2009):美国著名经济学家。

勒吉恩,厄休拉(Ursula Le Guin,1929—　):美国科幻、奇幻与女性主义与青少年儿童文学作家。

勒纳,阿巴(Abba Lerner,1903—1982):俄裔英国经济学家。

雷恩巴勒,托马斯(Thomas Rainsborough,1610—1648):英国内战时期著名人物,平等派成员。

李伯庚,彼得(Peter Rietbergen):荷兰史学家。

李伯庚,彼得(Peter Rietbergen):荷兰天主教尼梅根大学文化历史系教授。

李尔本,约翰(John Lilburne,1614—1657):英国内战期间平等派的领导人,激进民主主义思想家。

李嘉图,大卫(David Ricardo,1772—1823):英国古典政治经济学的主要代表之一。李嘉图继承并发展了斯密的自由主义经济理论。他认为限制政府的活动范围、减轻税收负担是增长经济的最好办法。

李普曼,瓦尔特(Walter Lippmann,1889—1974):美国新闻评论家和作家,传播学史上具有重要影响力的学者之一。

李斯特,弗里德里希(Friedrich List,1789—1846):古典经济学的怀疑者和批判者,是德国历史学派的先驱者。

李约瑟(Joseph Needham,1900—1995):英国著名学者,中国科技史研究权威。他提出了著名的李约瑟难题:"尽管中国古代对人类科技发展做出了很多重要贡献,但为什么科学和工业革命没有在近代的中国发生?"

里洛,乔治(George Lillo,1691—1739):英国剧作家。

理查森,大卫(David Richardson):历史学家。

利奥波德二世(King Leopold II,1835—1909):比利时国王,1865—1909年在位,他是刚果自由邦的创立人和拥有者,以当地居民的残酷剥削、压迫和屠杀,遭到世界舆论的谴责。

列维特,史蒂芬(Steven Levitt,1967—   ):美国经济学家。

林德伯格,托德(Tod Lindberg):美国保守派政治理论家,斯坦福大学胡佛研究所专家。

林瑞谷(Erik Ringmar):瑞典隆德大学助教。

刘易斯,阿瑟(Arthur Lewis,1915—1991):英国经济学家,1979年获得诺贝尔经济学奖。他提出了著名的"刘易斯拐点",即劳动力过剩向短缺的转折点,是指在工业化过程中,随着农村富余劳动力向非农产业的逐步转移,农村富余劳动力逐渐减少,最终达到"瓶颈"状态。

刘易斯，格雷格（H. Gregg Lewis，1914—1992）：美国经济学家，以对劳动经济学的贡献而闻名。

刘易斯，辛克莱（Sinclair Lewis，1885—1951）：美国作家。

卢卡斯，罗伯特（Robert Lucas，1937—　）：美国著名经济学家、芝加哥经济学派代表人物之一、芝加哥大学教授，1995年诺贝尔经济学奖得主。

鲁宾，贾里德（Jared Rubin）：美国查普曼大学助教。

鲁道夫·托尔贝克，约翰（Johan Rudolf Thorbecke，1798—1872）：荷兰最重要的政治家之一。1848年，他几乎单枪匹马起草修改荷兰宪法，减少国王权利，而赋予国会。

路易斯·贝托莱，克劳德（Claude Louis Berthollet，1748—1822）：法国化学家。研究方向是染料和漂白剂的研究，还确定了氨气的成分。

罗宾逊，琼（Joan Robinson，1903—1983）：英国著名女经济学家，新剑桥学派的代表人物。

罗伯茨，理查德（Richard Roberts，1789—1864）：英国工程师。

罗伯特·马尔萨斯，托马斯（Thomas Robert Malthus，1766—1834）：英国教士、经济学家，以其人口理论闻名于世。

罗伯特·雅克·杜尔哥，安（Anne Robert Jacques Turgot，1721—1781）：法国政治家和经济学家，与重农学派有一定关系。

罗伯兹，刘易斯（Lewes Roberts，1596—1641）：英国商人。

罗得，保罗（Paul Rhode）：经济史学家。

罗德斯，塞西尔（Cecil Rhodes，1853—1902）：南非钻石大王，金融家和政治家。

罗蒂，理查德（Richard Rorty，1931—2007）：当代美国最有影响力的哲学家、思想家，也是美国新实用主义哲学的主要代表之一。

罗尔斯，约翰（John Rawls，1921—2002）：美国政治哲学家、伦理学家、普林斯顿大学哲学博士,哈佛大学教授,写过《正义论》、《政治自由主义》、《作为公平的正义:正义新论》、《万民法》等名著,是20世纪英语世界最著名的政治哲学家之一。

罗戈夫,肯尼思(Kenneth Rogoff,1953—　):美国经济学家。

罗杰斯,威尔(Will Rogers,1879—1935):美国幽默作家。

罗马斯基,劳伦(Loren Lomasky):美国哲学家,自由意志主义者。

罗默,大卫(David Romer,1958—　):美国经济学家,加州大学伯克利分校政治经济学教授。

罗森伯格,内森(Nathan Rosenberg,1927—2015):美国经济学家,擅长科学史。

罗森泰,彼得(Peter Rosendahl):美国漫画家。

罗斯,菲利普(Philip Roth,1933—　):美国著名作家,曾多次提名诺贝尔文学奖。

罗斯巴德,穆瑞(Murray Rothbard,1926—1995):美国的经济学家、历史学家、自然法理论家和奥地利经济学派代表人物之一,著有《美国大萧条》等作品。

罗斯福,泰迪(Teddy Roosevelt,1858—1919):前美国总统,写过自传《我的奋斗》。

洛克,约翰(John Locke,1632—1704):英国著名思想家、哲学家,在社会契约理论上做出重要贡献。洛克的思想对于后代政治哲学的发展产生了巨大影响。

洛伦兹,爱德华(Edward Lorenz,1917—2008):美国数学与气象学家,混沌理论之父,"蝴蝶效应"的发现者。他说过一句很出名的话:一个蝴蝶在巴西轻拍翅膀,可以导致一个月后得克萨斯州的一场龙卷风。

洛奇,大卫(David Lodge,1935—　):英国小说家和文学批评家。

马蒂厄斯,彼得(Peter Mathias,1928—　):英国经济史学家。

马蒂诺,哈里埃特(Harriet Martineau,1802—1876):英国女作家。

马戈,罗伯特(Robert Margo):经济史学家,波士顿大学教授。

马格林,斯蒂芬(Stephen Marglin):美国经济学家,哈佛大学教授。

马克卢普,弗里茨(Fritz Machlup,1902—1983):奥地利裔美籍经济学家。

马克思,格劳乔(Groucho Marx,1890—1977):美国喜剧演员,以智慧著称。

马洛亚爵士,托马斯(Sir Thomas Malory,1408?—1471):英国作家。他的中世纪故事集赋予亚瑟王的故事传说很高的参考价值,也是英国散文的第一部重要作品。

马密,大卫(David Mamet,1947—　):美国当代著名剧作家,电影编剧。

马萨利斯,温顿(Wynton Marsalis,1961—　):美国作曲家、艺术家。

马赛厄斯,彼得(Peter Mathias,1928—　):英国知名经济史学家。

马斯洛,亚伯拉罕(Abraham Maslow,1908—1970):美国社会心理学家、比较心理学家,人本主义心理学的主要创建者之一,最大的贡献是认为人的需求从低到高分为五个层次。

马歇尔,阿尔弗雷德(Alfred Marshall,1842—1924):当代经济学的创立者,现代微观经济学体系的奠基人,剑桥学派和新古典学派的创始人。

马志尼,纠泽佩(Giuseppe Mazzini,1805—1872):意大利作家及政治家,是意大利统一运动的重要人物。

麦迪森,安格斯(Angus Maddison,1926—2010):英国著名经

济学家,发展了生产法购买力平价理论及其在国际比较中的应用。其创建的"麦迪森数据库"惠及很多研究者。其代表作有《世界经济千年史》、《世界经济千年统计》等。

麦格拉思,阿利斯泰尔(Alistair McGrath,1953—　):北爱尔兰神学家、牧师、科学家。

麦卡洛克,J. R. (J. R. McCulloch,1789—1864):苏格兰经济学家,李嘉图学派代表人物。

麦凯恩,迈克尔(Michael McKeon):英语系教授。

麦坎,蒂博(Tibor Machan,1939—　):美国哲学家,自由意志主义者。

麦坎茨,安妮(Anne McCants):荷兰历史学家。

麦考利(Macaulay,1800—1859):英国历史学家,政治家。

麦克法兰,艾伦(Alan Macfarlane,1941—　):剑桥大学社会人类学系教授。

麦克劳德,克里斯汀(Christine MacLeod):科技史学家。

麦克利兰,戴维(David McClelland,1917—1998):美国社会心理学家。

麦克洛斯基,迪尔德丽(Deirdre N. McCIoskey):美国经济学家,在伊利诺伊大学芝加哥分校任职。

麦克尼尔,威廉(William McNeill,1917—　):著名历史学家、全球史研究奠基人、世界历史学科的"现代开创者",芝加哥大学荣誉退休教授。

曼德维尔,伯纳德(Bernard Mandeville,1670—1733):哲学家,英国古典经济学家。

曼纽利,鲁道夫(Rodolfo Manuelli):经济史学家。

曼斯基,查尔斯(Charles Manski,1948—　):美国西北大学经济学教授。

曼托,保罗(Paul Mantoux,1877—1956):历史学家。

梅恩,亨利(Henry Maine,1822—1888):英国法学家和历史学家。

梅尔维尔,赫尔曼(Herman Melville,1819—1891):19世纪美国小说家、散文家和诗人,著有《白鲸记》。

梅洛—庞蒂,莫里斯(Maurice Merleau-Ponty,1908—1961):法国20世纪最重要的哲学家、思想家之一。他在存在主义盛行年代与萨特齐名,是法国存在主义的杰出代表人物。

梅纳德·凯恩斯,约翰(John Maynard Keynes,1883—1946):现代西方经济学最有影响力的经济学家之一,提出著名的凯恩斯主义,主张政府利用发行货币来刺激经济增长。

梅纳德·史密斯,约翰(John Maynard Smith,1920—2004):演化博弈论之父。

梅特兰,F. M.(F. M. Maitland):历史学家。

门格尔,卡尔(Carl Menger,1841—1906):奥地利著名经济学家。现代边际效用理论的创始者之一。

蒙代尔,罗伯特(Robert Mundel,1932—   ):1999年诺贝尔经济学奖获得者,"最优货币区理论"的奠基人,被誉为"欧元之父"。

蒙哥马利·伯恩斯,查尔斯(Charles Montgomery Burns):美国动画《辛普森一家》中的一位反面固定角色。

蒙罗,约翰(John Munro):经济史学家。

孟肯,H. L.(H. L. Mencken,1880—1956):美国著名记者。

米恩(A. A. Milne,1882—1956):英国作家。

米尔顿,约翰(John Milton,1608—1674):英国诗人、政论家。

米拉诺维奇,布兰科(Branko Milanovic,1953—   ):世界银行研究部首席经济学家。

米勒,约翰(John Millar,1735—1801):苏格兰历史学家。

米奇,大卫(David Mitch):经济史学家。

米塞利,托马斯(Thomas Miceli):经济法学家。

密格里,马特奥(Matteo Migheli):应该是经济史学家。

明瑟尔,雅各布(Jacob Mincer,1922—2006):美国经济学家,现代劳动经济学的创始人之一。

缪尔达尔,贡纳尔(Gunnar Myrdal,1898—1987):瑞典经济学家、政治家,1974年获诺贝尔经济学奖。

摩尔,巴兹尔(Basil Moore):加拿大经济学家,偏凯恩斯主义。

摩尔,迈克尔(Michael Moore,1954—):美国纪录片制作人,左翼分子。

摩尔,托马斯(Thomas More,1478—1535):欧洲早期空想社会主义学说的创始人,著有《乌托邦》。

莫艾洛依,温蒂(Wendy McElroy,1951—):加拿大无政府主义者和女权主义者。

莫尔,托马斯(Thomas More,1478—1535):欧洲早期空想社会主义学说的创始人,才华横溢的人文主义学者和阅历丰富的政治家,以其名著《乌托邦》而名垂史册。

莫基尔,乔尔(Joel Mokyr):美国西北大学著名的经济史学家和理论经济学家。

莫里哀(Molière,1622—1673):原名让·巴蒂斯特·波克兰(Jean Baptiste Poguelin),法国喜剧作家、演员、戏剧活动家。

莫斯,马塞尔(Marcel Mauss,1872—1950):法国人类学家、社会学家、民族学家。迪尔凯姆的学术继承人。

默顿,罗伯特(Robert Merton,1944—):美国经济学家,与费希尔·布莱克和迈伦·斯科尔斯共同发明了金融期权数学模型,并因此与迈伦·斯科尔斯共同获得了1997年诺贝尔经济学奖。

木恩,托马斯(Thomas Mun,1571—1641):英国作家,关注经济学。

穆尔、拉克沙、费利费玛、诺娃(Mulle、Laxe、Fjällfina、Nova):瑞典神话里的怪物。Mulle是创造出来关于自然的四个虚构怪物之一,Laxe 代表水,Fjällfina 代表山,Nova 代表未受污染的自然。

穆尔塔图里,埃德华德,D. D.(Eduard D. D. Multatuli, 1820—1887):荷兰小说家,散文家。

穆勒,约翰(John Mueller, 1806—1873):英国著名哲学家和经济学家,19 世纪影响力很大的古典自由主义思想家。他支持边沁的功利主义。

纳德利,理查德(Richard Nardelli):家得宝公司前 CEO。

奈特,弗兰克(Frank Knight, 1885—1972):芝加哥学派创始人、芝加哥大学教授,20 世纪最有影响力的经济学家之一,也是西方最伟大的思想家之一,1930 年获得美国著名的古根海姆奖。

奈伊,约翰(John Nye):美国经济史学家。

尼尔,拉里(Larry Neal):伊利诺伊大学经济学教授。

尼尔·赫斯顿,佐拉(Zora Neale Hurston, 1891—1960):小说家、黑人民间传说收集研究家、人类学家,20 世纪美国文学的重要人物之一。

倪志伟(Victor Nee, 1945—   ):美国社会学家,因对经济社会的研究而出名。康奈尔大学社会学系教授。

诺德豪斯,威廉(William Nordhaus, 1941—   ):耶鲁大学史特林经济学教授,美国最有影响力的 50 名经济学家之一,全球研究气候变化经济学的顶级分析师之一。

诺齐克,罗伯特(Robert Nozick, 1938—2002):20 世纪最杰出的哲学家和思想家之一,哈佛大学教授。

诺斯,达德利(Dudley North, 1641—1691):英国商人、政治家和经济学家,著有《贸易论》。

诺斯,道格拉斯(Douglass C. North, 1920—2015):新经济史的先驱者、开拓者和抗议者。由于建立了包括产权理论、国家理论和意识形态理论在内的"制度变迁理论",获得 1993 年诺贝尔经济学奖。

诺瓦克,迈克尔(Michael Novak,1933—　):美国天主教哲学家。

帕尔梅,奥洛夫(Olof Palme,1927—1986):瑞典政治家,曾任瑞典首相。

帕尔默,汤姆(Tom Palmer,1956—　):美国卡托研究所资深成员,自由意志主义者。

帕克,查理(Charlie Parker,1920—1955):美国中音萨克斯演奏家。14岁时就因迷恋堪萨斯多姿多彩的音乐而辍学,成了一名主萨克斯手。对波普爵士乐的贡献最大。

帕克,杰弗里(Geoffrey A. Parker,1943—　):英国历史学家,尤其擅长西班牙史和早现代战争史。

帕克,罗伯特(Robert Park,1864—1944):美国社会学家。

帕伦特,斯蒂芬(Stephen Parente):美国伊利诺伊大学香槟分校经济学系教授。他因在经济增长理论和宏观经济学研究方面的卓越成就而在学术界享有盛誉。

帕特南,罗伯特(Robert Putnam,1941—　):美国哈佛大学公共政策学教授。曾任哈佛大学肯尼迪政府管理学院院长、美国政治学会主席。

派普斯,理查德(Richard Pipes,1923—　):美国哈佛大学教授,苏俄史学家和政治思想家。

潘恩,托马斯(Tom Paine,1737—1809):英裔美国思想家、作家、政治活动家、理论家、革命家、激进民主主义者。美国独立战争期间,潘恩写的小册子《常识》极大地鼓舞了北美民众的独立情绪。

培根,弗朗西斯(Francis Bacon,1561—1626):英国文艺复兴时期最重要的散文家、哲学家,第一个提出了唯物主义。

佩顿,艾伦(Alan Paton,1903—1988):南非作家,反种族隔离运动分子。

佩尔兹曼,山姆(Sam Peltzman):芝加哥大学布斯商学院教授。

佩森,史蒂芬(Steven Payson):经济学家,美国国家科学基金会学者。

彭慕兰,肯尼斯(Kenneth Pomeranz,1958—):美国著名历史学家,芝加哥大学历史系教授。

皮尔索尔,朱迪(Judy Pearsall):牛津词典总编辑。

皮尔逊,卡尔(Karl A. Pearson,1857—1936):英国数学家,生物统计学家,数理统计学的创立者,自由思想者,对生物统计学、气象学、社会达尔文主义理论和优生学做出了重大贡献。他被公认是旧派理学派和描述统计学派的代表人物,并被誉为现代统计科学的创立者。

平克,史蒂芬(Steven Pinker,1954—):著名的加拿大—美国实验心理学家、认知科学家和科普作家。

珀杜,彼得(Peter Perdue,1949—):美国历史学家,汉学家。

普拉卡,奥姆(Om Prakash):经济史学家。

普赖斯,理查德(Richard Price,1723—1791):威尔士伦理哲学家和传教士。

普雷斯顿,塞缪尔,H.(Samuel H. Preston,1943—):美国人口学家和社会学家。

普罗塔哥拉(Protagoras 约公元前490年或公元前480年—前420年或前410年):公元前5世纪希腊哲学家,智者派的主要代表人物。他提出一个著名的命题:"人是万物的尺度",认为事物的存在是相对于人的感觉而言的,人的感觉怎样,事物就是怎样。由此又断定"知识就是感觉",主张只要借助感觉即可获得知识。

齐美尔,格奥尔格(Georg Simmel,1858—1918):德国社会学家、哲学家。

齐美尔,乔治(Georg Simmel,1858—1918):德国社会学家、哲学家,19世纪末20世纪初反实证主义社会学思潮的主要代表之一。他反对社会是脱离个体心灵的精神产物的看法,认为社会不是个人的总和,而是由互动结合在一起的若干个人的总称。

乔尔德斯,罗伊,A.(Roy A. Childs,1949—1992):美国评论家,自由意志主义者。

切克拉,马克(Mark Chekola):美国学者。

琼斯,埃里克(Eric Jones,1936—):美国经济史学家。

瑞德里,麦特(Matt Ridley,1958—):银行家兼作家,发表过一些畅销书。

瑞格里,安东尼(Anthony Wrigley):经济史理论家。

萨金特,托马斯(Thomas Sargent,1943—):美国经济学家,2011年诺贝尔经济学奖获得者。

萨克斯,杰弗里(Jeffrey Sachs,1954—):著名全球发展问题专家,哥伦比亚大学经济学教授,哈佛大学国际研究中心主任。

萨林斯,马歇尔(Marshall Sahlins,1930—):美国人类学家。

萨缪尔森,保罗(Paul Samuelson,1915—2009):凯恩斯主义在美国的主要代表人物,1970年获得诺贝尔经济学奖。

萨普,巴里(Barry Supple,1930—):剑桥大学经济史教授。

萨特,让-保罗(Jean-Paul Sartre,1905—1980):法国20世纪最重要的哲学家之一,法国无神论存在主义的主要代表人物,西方社会主义最积极的鼓吹者之一。

塞拉斯,彼得(Peter Sellars,1957—):美国歌剧导演。

塞麦尔维斯,伊格纳兹(Ignaz Semmelweis,1818—1865):匈牙利产科医师,现代产科消毒法倡导者之一。

赛舍德里,安纳斯(Ananth Seshadri):经济史学家。

桑巴特,维尔纳(Werner Sombart,1863—1941):德国社会学家,思想家,经济学家。

桑德伯格,拉尔斯(Lars Sandberg):经济史学家。

桑普森,杰弗里(Geoffrey Sampson,1944—):英国苏塞克斯大学信息科学系教授。

桑斯坦(Sunstein):美国哈佛大学法学院教授,奥巴马竞选团队的法律事务顾问。

骚塞,罗伯特(Robert Southey,1774—1843):英国作家,湖畔派诗人之一。

瑟罗,莱斯特(Lester C. Thurow,1938—):美国著名经济学家,麻省理工学院管理学与经济学教授。

森,阿马蒂亚(Amartya Sen,1933—):美国经济学家,因为在福利经济学上的贡献获得1998年诺贝尔经济学奖。

沙利文,理查德(Richard Sullivan):经济史学家。

沙特尔,约翰(John Chartres):利兹大学教授。

沙伊德尔,沃尔特(Walter Scheidel):斯坦福大学历史学家。

施赖纳,奥莉芙(Olive Schreiner,1855—1920):南非作家、反战运动者。

施密茨,大卫(David Schmidtz,1955):美国哲学家,亚利桑那大学经济系。

施莫克勒,雅各布(Jacob Schmookler,1917—1967):美国经济学家。

施穆勒,古斯塔夫(Gustav Schmoller,1838—1917):德国新历史学派的创始人。

史多尔,维吉尔(Virgil Storr):美国经济学家。

史密斯,贝西(Bessie Smith,1894—1937):美国歌唱家,被称为"布鲁斯天后"。

史密斯,弗农(Vernon Smith,1927—):美国经济学家,实验经济学之父,2002年诺贝尔经济学奖获得者。

舒尔茨,西奥多(Theodore Schultz,1902—1998):美国著名经

济学家、芝加哥经济学派成员、芝加哥大学教授及经济系主任（1946—1961）；在发展经济学方面做出了开创性研究。

司汤达（Stendhal，1783—1842）：原名马里-亨利·贝尔（Marie-Henri Beyle），19世纪法国批判现实主义作家，著有《红与黑》等名著。

斯宾诺莎（Spinoza，1632—1677）：荷兰哲学家，西方近代哲学史重要的理性主义者。

斯宾塞，赫伯特（Herbert Spencer，1820—1903）：英国哲学家、社会学家。他为人所共知的就是"社会达尔文主义之父"。

斯蒂格勒，乔治（George Stigler，1911—1991）：美国著名经济学家、经济学史家、芝加哥大学教授，同弗里德曼一起并称为芝加哥经济学派的领袖人物，1982年诺贝尔经济学奖得主。

斯格尔，朱丽叶（Juliet Schor，1955—   ）：波士顿大学社会学教授。

斯金纳，昆汀（Quentin Skinner，1940—   ）：剑桥大学教授，思想史专家。

斯科尔斯，迈伦（Myron Scholes，1941—   ）：美国经济学家，由于他给出了著名的布莱克—斯科尔斯期权定价公式，该法则已成为金融机构涉及金融新产品的思想方法，由此获得1997年诺贝尔经济学奖。

斯诺，约翰（John Snow，1813—1858）：英国麻醉学家、流行病学家，被认为是麻醉医学和公共卫生医学的开拓者。首次提出预防霍乱的措施。

斯普纳，弗兰克（Frank Spooner）：历史学家。

斯普纳，莱桑德（Lysander Spooner，1808—1887）：美国19世纪的个人无政府主义者、政治哲学家、废奴主义者和法律理论家。

斯塔尔夫人（Madame de Staël，1766—1817）：法国评论家和小

说家,法国浪漫主义文学前驱。主要作品有《论卢梭的性格与作品》,赞扬卢梭思想。

斯塔克,罗德尼(Rodney Stark,1934—):美国宗教社会学家,研究范围相当广泛,从宗教献身、宗教体验,到科学、理性,再到世俗化、新兴宗教运动等。

斯特恩斯,彼得(Peter Stearns,1936—):乔治梅森大学教授。

斯特尔那斯·艾略特,托马斯(T. S. Eliot,1888—1965):是一位诗人、剧作家和文学批评家,诗歌现代派运动领袖。

斯梯尔,理查德(Richard Steele,1672—1729):英国著名散文家,与约瑟夫·艾迪生齐名。

斯通,劳伦斯(Lawrence Stone,1919—1999):英国历史学家,研究早现代英国史。

斯威德伯格,理查德(Richard Swedberg,1948—):瑞典社会学家,康奈尔大学社会系教授。

斯威齐,保罗(Paul Sweezy,1910—2004):20世纪美国著名马克思主义经济学家。

索科洛夫,肯尼思(Kenneth Sokoloff,1952—2007):美国经济史学家。

索洛,罗伯特(Robert Solow,1924—):美国经济学家,以其新古典经济增长理论著称,1987年获诺贝尔经济学奖。其提出的索洛增长模型是发展经济学中著名的模型。

索威尔,托马斯(Thomas Sowell,1930—):美国经济学家,奥地利经济学派的代表人物之一。

塔瑟,托马斯(Thomas Tusser,1524—1580):英国诗人、农场主。

泰勒,查尔斯(Charles Taylor):加拿大哲学家。

泰勒·柯勒律治,塞缪尔(Samuel Taylor Coleridge,1773—

1834):英国诗人、文评家,英国浪漫主义文学的奠基人之一。

坦蒂洛,阿斯特丽达(Astrida Tantillo):伊利诺伊大学芝加哥分校教授。

坦普尔,罗伯特(Robert Temple,1945—):美国作家。

坦普尔爵士,威廉(Sir William Temple,1628—1699):英国政治家,散文家。

汤普森,E. P.(E. P. Thompson,1924—1993):英国马克思主义历史学家。

汤普森,爱德华([E. P.] Thompson,1924—1993):英国著名的历史学家、作家、社会主义者、和平活动家。

汤因比,阿诺德(Arnold Toynbee,1852—1883):英国经济史学家,以致力于改善穷人生存条件而著称。

特朗普,唐纳德(Donald Trump,1946—):美国知名的房地产大亨、作家、主持人,2016年当选美国总统。

特朗托,琼(Joan Tronto,1952—):女性伦理学家,明尼苏达大学教授。

特雷弗·罗珀,休(Hugh Trevor Roper,1914—2003):德国右翼历史学家。

特雷纳,保罗(Paul Trainor):身份不详。

特里林,昂内尔(Lionel Trilling,1905—1975):美国社会文化批评家与文学家,哥伦比亚大学教授。

特明,彼得(Peter Temin,1937—):美国著名经济史学家,麻省理工学院荣誉教授。

滕尼斯,斐迪南(Ferdinand Tönnies,1855—1936):德国著名社会学家和哲学家,德国现代社会学的奠基人之一。提出了礼俗社会与法理社会的区别,礼俗社会就是传统的社会,规模小分工与角色分化少,人的行为受习俗传统的约束。法理社会是现在工业社会,规模大,有复杂的分工和角色分化,人的行为受规章法律的制约。

田立克,保罗(Paul Tillich,1886—1965):新教神学家、新正统神学家、被视为美国的存在主义者的代表人物。

图灵,艾伦(Alan Turing,1912—1954):英国数学家、逻辑学家,被称为计算机之父,人工智能之父。

图洛克,戈登(Gordon Tullock,1922—2014):美国著名经济学家,乔治梅森大学教授,以公共选择理论的研究著称。

涂尔干(Durkheim,1858—1917):法国社会学家,社会学的学科奠基人之一。

吐温,马克(Mark Twain,1835—1910):美国著名作家和演说家。

托利森,罗伯特(Robert Tollison,1942—):美国经济学家,擅长公共选择理论。

托皮克,史蒂夫(Steven Topik):美国加州大学尔湾分校教授,专攻拉丁美洲史。

瓦尔拉斯(Walras,1834—1910):法裔瑞士经济学家。

瓦萨,古斯塔夫(Gustav Vasa,1496—1560):瑞典国王,古斯塔夫一世,为瑞典封建君主专制的发展和不久后称霸波罗的海地区打下基础。

瓦特,詹姆斯(James Watt,1736—1819):英国发明家,第一次工业革命的重要人物。1776年制造出第一台有实用价值的蒸汽机。

瓦伊纳,雅各布(Jacob Viner,1892—1970):加拿大经济学家,芝加哥经济学派早期代表人物之一。

王尔德,奥斯卡(Oscar Wilde,1854—1900):19世纪出生在英国的著名艺术家,以其剧作、诗歌、童话和小说闻名。

威尔金森,约翰(John Wilkinson,1729—1808):英国人,发明家,世界上第一台真正的镗床(即炮筒镗床)的发明者。

威尔森,巴特(Bart Wilson):美国查理曼大学的实验经济学家。

威尔士,约翰(John Wells):应为经济学家。

威廉姆森,奥利弗(Oliver Williamson,1932—　):"新制度经济学"的命名者,2009年获诺贝尔经济学奖。

威廉姆森,杰弗里(Jeffrey Williamson,1935—　):经济学家,哈佛大学教授。

韦伯,马克斯(Max Weber,1864—1920):德国著名社会学家、经济学家和政治学家,在其名著《新教伦理与资本主义精神》中提出了一个著名的观点,即认为清教徒的思想影响了资本主义的发展。

韦尔斯,道格拉斯(Douglas Wills):应为经济学家。

韦奇伍德(Wedgwood,1730—1795):陶瓷工艺家和"新月学会"成员。

韦斯特,梅(Mae West,1893—1980):美国演员,20世纪30年代中期美国薪酬最高的女人。

维克塞尔,克努特(Wicksell,1851—1926):是瑞典学派的创始人,并且对奥地利学派、剑桥学派有着深远的影响。

维梅尔,杨(Jan Vermeer,1632—1675):荷兰画家,也称为代尔夫特的杨·范·德·梅尔。他擅长风俗(日常生活)画,被认为是17世纪荷兰画派大师之一。

维特根斯坦(Wittgenstein):应指路德维希·维特根斯坦(1889—1951),出生于奥地利,后入英国籍。哲学家、数理逻辑学家,语言哲学的奠基人,20世纪最有影响力的哲学家之一。

温彻斯特,西蒙(Simon Winchester,1944—　):英国作家。

温德尔·霍姆斯,奥利弗(Oliver Wendell Holmes,1841—1935):美国诗人老奥利弗·温德尔·霍姆斯之子,他是美国著名法学家,美国最高法院大法官。

温加斯特,巴里(Barry Weingast,1952—　):美国经济学家、政治学家。

温思罗普,约翰(John Winthrop,1588—1649):英属北美时期马萨诸塞湾殖民地的重要人物。

沃波尔,罗伯特(Robert Walpole,1676—1745):第一代奥福德伯爵,英国辉格党政治家。

沃德,杰弗里(Geoffrey Ward,1940):美国编辑、作家、历史学家。

沃尔夫冈·冯·歌德,约翰(Johann Wolfgang von Goethe,1749—1832):德国著名思想家、作家、科学家,是魏玛古典主义最著名的代表。

沃尔温,威廉(William Walwyn,1600—1681):英国平等派成员。

沃尔泽,迈克尔(Michael Walzer,1935—　):美国当代著名的政治哲学家,著名理论是正义战争论。

沃克,蒂莫西(Timothy Walker,1806—1856):美国律师。

沃勒斯坦,伊曼纽尔(Immanuel Wallerstein,1930—　):美国耶鲁大学高级研究员,任教于美国纽约州立大学宾厄姆顿分校社会学系。著名历史学家,社会学家,国际政治经济学家,新马克思主义的重要代表人物。

沃伦·纳特,G.(G. Warren Nutter,1923—1979):美国经济学家,苏联经济史专家。

沃斯,汉斯—乔亚吉姆(Hans-Joachim Voth):国际房地产联盟(ICREA)研究教授。

沃特利·蒙塔古夫人,玛丽(Mary Wortley Montagu,1689—1762):英国当时最有个性的女人,多才多艺的作家。将预防天花的接种方法带回英国,在未来几十年传遍欧洲大陆,挽救了无数的生命。

沃特曼,安东尼(Anthony Waterman):经济学家兼教士,身份不详。

伍顿,大卫(David Wootton,1950—　):英国律师和政治家。

西德尼,阿格农(Algernon Sidney,1623—1683):英国政治家。

西顿,詹姆斯(James Seaton):美国密歇根州立大学英语系教授。

西尔弗伯格,杰拉尔德(Gerald Silverberg):区域经济学家。

西季威克,亨利(Henry Sidgwick,1938—1900):英国功利主义哲学家和经济学家。

西蒙,朱利安(Julian Simon,1932—1998):美国马里兰大学工商管理教授。

西尼尔,纳索(Nassau Senior,1790—1864):英国古典经济学家,对当时的政治事务影响力很大。

西托夫斯基,蒂博尔(Tibor Scitovsky,1910—2002):美国经济学家,以关于个人消费与个人幸福的关系的论述而著名。

西耶士,阿比(AbbéSieyès,1748—1836):法国教士,法国大革命的主要政治理论家之一。

希尔,克里斯托弗(Christopher Hill,1912—2003):英国马克思主义历史学家。

希尔顿,罗德尼(Rodney Hilton,1916—2002):英国马克思主义经济史学家。

希格斯,罗伯特(Robert Higgs,1944—　):美国经济史学家。

希克斯,约翰(John R. Hicks,1904—1989):1972年诺贝尔经济学奖获得者,一般均衡理论模式的创建者。

希勒,罗伯特(Robert Shiller,1946—　):耶鲁大学经济系著名教授之一,2013年因"资产价格实证分析方面的贡献"获得诺贝尔经济学奖。

希钦斯,克里斯托弗(Christopher Hitchens,1949—2011):专

栏作家。

萧伯纳（George Bernard Shaw, 1856—1950）：爱尔兰剧作家，1925年因作品具有理想主义和人道主义而获诺贝尔文学奖。

小伯泽尔（L. E. Birdzell）：美国经济学家。

辛格，彼得（Peter Singer, 1946— ）：澳大利亚莫纳虚大学哲学系。其代表作《动物解放》一书从1975年出版以来，被翻译成二十多种文字，在几十个国家出版。英文版的重版多达26次。

熊彼特，约瑟夫（Joseph Schumpeter, 1883—1950）：一位有深远影响的奥地利经济学家（但并不是"奥地利学派"成员），其商业周期理论和创造性毁灭的企业家精神的表述享誉后世。

休谟，大卫（David Hume, 1711—1776）：苏格兰的哲学家、经济学家和历史学家，他被视为是苏格兰启蒙运动以及西方哲学历史中最重要的人物之一。

休伊特，彼得（Peter Howitt, 1946— ）：加拿大经济学家，布朗大学社会学系教授。

雅各布，玛格丽特（Margaret Jacob, 1963— ）：美国内布拉斯加大学历史学教授。

亚当斯，亨利（Henry Adams, 1838—1918）：美国历史学家，美国国父之一约翰·昆西·亚当斯的孙子。

杨格，阿林（Allyn Young, 1876—1929）：美国经济学家，1928年在英国科学促进协会F分部主席就职时演说了《报酬递增与经济进步》。这篇论文之所以非常著名，是因为它提供了一条与马歇尔不同的发展古典经济学思想的思路。

伊安纳孔，劳伦斯（Laurence Iannaccone, 1954— ）：美国加州查普曼大学经济学教授。

伊格尔顿，特里（Terry Eagleton, 1943— ）：英国马克思主义理论家、文化批评家和文学理论家。

伊纳西奥·卢拉·达席尔瓦,路易斯(Luiz Inácio Lula da Silva,1945—):巴西第四十任总统,2003—2010年在位,是巴西历史上第一位工人出身的总统。

伊诺第,路易吉(Luigi Einaudi,1874—1961):意大利政治家,自由党成员,是第二任意大利总统。

伊斯雷尔,乔纳森(Jonathan Israel,1946—):普林斯顿高等研究院历史学教授。

伊斯特利,威廉(William Easterly,1957—):美国经济学家,麻省理工学院教授。

伊斯特林,理查德(Richard Easterlin):美国著名人口经济学家,南加利福尼亚大学的教授。

英格尔哈特,罗纳德(Ronald Inglehart):美国密歇根大学勒文施泰因政治学讲席教授,社会研究所研究员。

英尼科里,约瑟夫(Joseph Inikori):经济史学家,英国罗切斯特大学教授,研究奴隶贸易。

约翰逊,塞缪尔(Samuel Johnson,1709—1784):英国文学史上重要的诗人、散文家、传记家和健谈家,编纂的《词典》对英语发展做出了重大贡献。

约瑟夫·汤因比,阿诺德(Arnold Joseph Toynbee):英国史学家。

赞登,范(Jan Luiten van Zanden):著名荷兰经济史学家。

扎贝尔,查尔斯(Charles Sabel,1947—):美国经济学家,哥伦比亚法学院教授。

詹姆斯(James):应指威廉·詹姆斯(James,1842—1910),美国心理学之父。美国本土第一位哲学家和心理学家,也是教育学家,实用主义的倡导者,美国机能主义心理学派创始人之一。

詹森,迈克尔(Michael Jensen,1939—):美国学者,在公司

控制理论和资本结构理论方面做了开创性工作,是代理经济学的创始人之一。

张伯伦,爱德华(Edward Chamberlain,1899—1967):美国著名经济学家,哈佛大学教授。

张五常(S. N. S. Cheung,1935—   ):出生于香港。国际知名经济学家,新制度经济学和现代产权经济学的创始人之一。

附录3　术语表

资产阶级(bourgeoisie)：资产阶级(又称为布尔乔亚)是根据一些西方经济学思想学派,尤其是马克思主义,为资本主义社会所做的阶级划分中的富有阶级之一。资产阶级的英语"bourgeoisie"来自法语,源于意大利语的"borghesia",而后者又是源于从希腊语"pyrgos"演化而来的"borgo",意思是村庄。因此"borghese"就是指在村庄中心拥有房子的自由人。

修辞(rhetoric)：即文辞或修饰文辞。"修"是修饰的意思,"辞"的本来意思是辩论的言辞,后引申为一切的言辞。修辞本义就是修饰言论,也就是在使用语言的过程中,利用多种语言手段以收到尽可能好的表达效果的一种语言活动。

事功(Prudence)："Prudence"一词有多种含义,既能用来表示善于经营和精明,还能表示深谋远虑和审慎。其比较合适的译法为"事功",是代表实践智慧的基本美德,是指能理性、实际的知识,合理的行动,效率,正确布置,灵活机智,功利,自利以及利益计算。

埃奇沃斯盒状图(Edgeworth box)：指方形的盒的长和高分别代表两个消费者(或生产者)所拥有的两种商品(或生产要素)的总量,盒状图中各点表示两种商品(或要素)的总供给量在两个消费者(生产者)之间的配置状态。埃奇沃斯盒状图揭示了当所有消费的总量或经济活动中使用的投入品总量固定时,如何配置资源、考察生产的效率。

生产可能性曲线（the production possibility curve）：是指一个国家或者地区在现有的技术和资源条件下能够最大限度地生产的产品的各种组合。

帕累托最优分配（Pareto-optimal reallocation）：也称为帕累托效率（Pareto efficiency），是指资源分配的一种理想状态，假定固有的一群人和可分配的资源，从一种分配状态到另一种状态的变化中，在没有使任何人境况变坏的前提下，使得至少一个人变得更好。

自由意志主义（Libertarianism）：一种唯心主义哲学思想，认为人的一举一动都是因为自由意志的存在，而非外物所决定。自由意志主义其实是古典自由主义的延伸，只不过自由主义（liberalism）一词在从英国传入美国后，在近代已经异化为"人权"，主张政府应该给予个人的种种福利，所以改名为libertarianism，以显示和自由主义的区别。自由意志主义是反对社会福利的，主张最大化个人选择自由。

无为而治（laissez faire）：这个词语也被译为"自由放任"，不过我以和老子的"无为而治"哲学思想别无二致。

礼俗社会（Gemeinschaft）：德国历史学家斐迪南·滕尼斯发明，与人治社会的含义接近。

法理社会（Gesellschaft）：德国历史学家斐迪南·滕尼斯发明，与法治社会的含义接近。

"存在之链"（拉丁语：scala naturae）：自然的阶梯，任何人都无法逾越。这是一个衍生于柏拉图、亚里士多德、普罗提诺和普罗克洛斯的概念，在中世纪期间进一步发展。它详细说明了所有物质和生命都依严格的、宗教的层次结构排列，据信由神颁布的。

溢出效应（spillover）：是指一个组织在进行某项活动时，不仅会产生活动所预期的效果，而且会对组织之外的人或社会产生影响。

边际效用递减：是指在一定时间内，在其他商品的消费数量保持不变的条件下，当一个人连续消费某种物品时，随着所消费的该物品的数量增加，其总效用（total utility）虽然相应增加，但物品的边际效用（marginal utility），即每消费一个单位的该物品，其所带来的效用的增加量有递减的趋势。

宪政经济学：分析宪法和宪政的经济后果的经济学。它着重研究在社会共同生活中制约和影响经济和政治行为者的规则的性质，宪政经济学的核心问题之一是"政府悖论"，经济的发展离不开政府的支持甚至推动，即政府的存在是经济发展的一个重要条件，但政府又常常成为经济发展的最大障碍。在这一问题的背后是权力与权利的博弈，是政治与经济的冲突，是政府对市场的侵犯。

资本的边际产量（marginal product of capital）：是指多投入一个单位的资本（假定其他的投入因素恒定）所得到的产量的增量。

经济人（希腊语：homo oeconomicus）：又称作"经济人假设"，即假定人思考和行为都是目标理性的，唯一试图获得的经济好处就是物质性补偿的最大化。

"后此故因此"（post hoc ergo propter hoc）：拉丁文，意思是："在此之后，因而必然由此造成。"这种推理形式很有强的误导性。

"前此故未因此"（Ante hoc ergo non propter hoc）：为了反驳后此故因此的谬误，作者发明了这个短语。

协整（cointegration）：是指多个时间序列自身不平稳，但是它们的线性组合是平稳的。其意义在于校正两个单位根变量关系的假设检验。

显著性 t 检验（t test of "significance"）：就是事先对总体（随机变量）的参数或总体分布形式做出一个假设，然后利用样本信息来判断这个假设（备择假设）是否合理，即判断总体的真实情况与原假设是否有显著性差异。

贸易条件(terms of trade)：出口商品与进口商品的交换比率，也称进出口商品比价计算公式是：贸易条件指数＝出口价格指数/进口价格指数×100%。

总易货贸易条件(gross barter terms of trade)：进口总额除以出口总额为总易货贸易条件。

重商主义(mercantilism)：18世纪在欧洲受欢迎的政治经济体制。它建立在这样的信念上：即一国的国力基于通过贸易的顺差，即出口额大于进口额，所能获得的财富。

吉姆·克劳法(Jim Crow law)：泛指1876年至1965年美国南部各州以及边境各州对有色人种(主要针对非洲裔美国人，但同时也包含其他族群)实行种族隔离制度的法律。吉姆·克劳是美国剧作家T.D.赖斯于1828年创作的剧目中的一个黑人角色的名字。

"交易成本"(transaction costs)：又称交易费用，是由诺贝尔经济学奖得主科斯(Coase, R. H., 1937)所提出的。

"准租值"(quasi-rents)：一个在短期内存在的概念，指从短期来看，供给固定且不存在其他用途的要素的报酬，即固定供给量的生产要素的收益。

"经济管制理论"(economic theory of regulation)：也称管制经济学，是对政府规制活动所进行的系统研究，是产业经济学的一个重要分支。

"公共选择学派"(Public Choice)：以经济学方法研究非市场决策问题的一个重要学派，其主要代表人物是詹姆士·布坎南、戈登·塔洛克。学派主张发挥市场的作用，在公共部门与私人部门之间，甚至在公共机构之间开展竞争，就像顾客的选择决定企业的命运一样，也可以通过公民对服务机构的选择决定对单个公共机构的存亡。

芝加哥经济学派(Chicago School of Economics)：是指芝加哥

大学的一群学者包括斯蒂格勒、德姆塞茨等,他们继承了奈特以来芝加哥传统的经济自由主义思想和社会达尔文主义,信奉自由市场经济中竞争机制的作用,相信市场力量的自我调节能力,认为市场竞争是市场力量自由发挥作用的过程。

奥地利经济学派(Austrian School):近代边际效用学派中最主要的一个学派。它产生于19世纪70年代,流行于19世纪末20世纪初。因其创始人门格尔和继承者维塞尔、庞巴维克都是奥地利人而得名。学派认为"企业家精神"是发展经济的主导力量,主张私人财产是为了有效运用资源所不可或缺的,并主张政府对于市场过程的干预将会导致不良后果。

计量金融学(quantitative finance):是指专为金融市场而设的一门应用数学,又称金融数学。

"新劳动经济学"(new labor economics):以人力资本为核心进行研究的微观经济学。

效用最大化(Max U):指单个消费者在货币收入一定的情况下,用货币收入购买商品或劳务达到最大满足程度的条件。